Die um zwei Kapitel ergänzte und aktualisierte Taschenbuchausgabe von Lothar Machtans Studie zeigt, daß Hitler homosexuell war – doch nicht darin liegt das Entscheidende: Viel wichtiger ist es zu sehen, was dies im Kontext der Zeit bedeutete, welche Folgen es hatte und welche Erkenntnischancen dies zu wissen bringt.

»(Dieses Buch) ist nicht nur eine höchst aufschlussreiche Lektüre voller illustrer Episoden und Personnagen. Sondern es liefert auch Hinweise zu Verfassung und Charakteristik des eigentümlichen NS-Machtkörpers, die bisher noch kaum entfaltet sind. Dass mit dem Bild Hitlers und der Seinen in der maßgeblichen Biographik und Historik zum Dritten Reich etwas nicht stimmen kann, hat Lothar Machtan jedenfalls sehr genau gespürt.«

Gerd Koenen, Neue Zürcher Zeitung

Lothar Machtan, geboren 1949, lehrt Neuere Geschichte an der Universität Bremen. Er ist Autor zahlreicher Studien zur Sozial- und Politikgeschichte des 19. und 20. Jahrhunderts. 1998 erschien sein vielbeachtetes Buch »Bismarcks Tod und Deutschlands Tränen«.

Unsere Adresse im Internet: www.fischer-tb.de

Lothar Machtan

Hitlers Geheimnis

Das Doppelleben eines Diktators

Fischer Taschenbuch Verlag

Überarbeitete und ergänzte Ausgabe
Veröffentlicht im Fischer Taschenbuch Verlag,
einem Unternehmen der S. Fischer Verlag GmbH,
Frankfurt am Main, Mai 2003

Lizenzausgabe mit freundlicher Genehmigung des
Alexander Fest Verlags in der Rowohlt Verlag GmbH,
Reinbek bei Hamburg
Für die deutsche Ausgabe:

Druck und Bindung: Clausen & Bosse, Leck
Printed in Germany
ISBN 3-596-15927-X

Inhalt

Vorbemerkung

Dieses Buch ist keine neue Hitler-Biographie, eher eine Aufforderung, die Biographie des deutschen Diktators künftig noch einmal zu überdenken. Denn in der Tat: Es geht um Hitlers Vita, um einen ihrer Angelpunkte sogar. Ich werde zeigen, daß Hitler Männer liebte, und ich will darlegen, daß es für das Verstehen seiner Person wie seiner Karriere unerläßlich ist, darüber im Bilde zu sein.

Zu dieser These bin ich durch Quellen gekommen, an denen die Forschung bislang vorbeigegangen ist, namentlich durch die hochbrisanten, bisher nie publizierten Aussagen von Hitlers Weltkriegskameraden Hans Mend. Sie veränderten meinen Blick auf Hitler so tiefgreifend, daß es mir unausweichlich schien, die biographische Literatur über ihn anders zu lesen. Hinzu kamen Dokumente seiner Privatgeschichte, aus deren Deutung und Kumulation sich schließlich, allen verbleibenden Lücken zum Trotz, ein erstaunlich schlüssiges Urteil gewinnen ließ: mit neuen Fakten und neuer Evidenz. Unserem Bild der Unperson fügt es Züge hinzu, die für ein genaueres Verständnis seiner Wirkungen von erheblichem Belang sind und womöglich auch eine neue Lesart seines Lebens verlangen.

Indes kommt ein Deutungsversuch wie dieser zunächst einem Sprung ins Dunkle gleich. Zwar gibt es Gründe, die ihn wissenschaftlich rechtfertigen, aber noch so gut wie keine Grundlagenforschung, auf die man sich dabei stützen könnte. Warum das so ist und was man dagegen tun kann, soll die Einleitung meines Buches klären. Von diesem Punkt aus werde ich einige Lebensstationen Hitlers im unmittelbaren Zusammenhang mit seiner Veranlagung skizzieren, um einen Hitler zu zeigen, der seine Homosexualität nicht völlig leugnen mochte, sie aber auch nicht leben konnte, einen Schauspieler, der fremde Identitäten und Attitüden einsetzte, um das Stigma seines Trieblebens zugleich zu überspielen und für sich zu nutzen, einen Angreifbaren, der sich zeitlebens mit Erpressern herumzuschlagen hatte, einen Leugner, der es unter keinen Umständen zulassen wollte, daß etwas über seine Neigung bekannt wurde. Kurz, einen Mann, der nie war, was er zu sein schien.

Mit Hitlers spektakulärem Aufstieg zum »Führer« wuchs sich dieses persönliche Problem zwangsläufig zu einem politischen aus, und schon deshalb muß der Historiker Hitlers Geheimnis unbedingt zum Gegenstand seiner Analyse machen, selbst um den Preis einer auf den ersten Blick vielleicht peinlichen Intimverletzung. Genau hier, in den schwer zu ergründenden Motivgeflechten persönlicher Intimität, lag daher auch das Hauptproblem des Buchs: Was der Autor von sich fordern mußte, schien nicht weniger als die Darstellung des nicht oder doch kaum Darstellbaren zu sein. Die Lösung war ein thesenbiographisches Konzept, ein empirisch gestützter Interpretationsvorschlag mit starker biographischer Gewichtung. Die Öffentlichkeit und die Forschung werden damit auf die ihnen gemäße Art und Weise umgehen.

Mag sein, daß meine re-konstruierende Deutung einer unvermeidlich bruchstückhaften Überlieferung hier und da als zu suggestiv empfunden wird: Aber das liegt nun einmal in der Natur des Themas, das absolut sichere Aussagen nur in einzelnen, allerdings signifikanten Fällen zuläßt. Der Befund selber ist dennoch eindeutig genug. Daß er es überdies erlaubt, aus den überlieferten Dokumenten ein haltbares »Indiziennetz« zu weben, das über genug Plausibilität verfügt, uns in Hitlers Homophilie etwas wie eine Lebensbahn kenntlich zu machen, weist darauf hin, daß es in der Geschichte des deutschen Diktators noch mehr als nur rein politisch-ideologische Antriebskräfte gegeben hat. Sie auszugraben und in den Gesamtzusammenhang zu rücken, in den sie als Zeugnisse gehören, kann uns nur weiterhelfen bei dem andauernden Bemühen, Hitler zu erklären.

Bremen, im Juni 2001
Lothar Machtan

Einleitung
Unperson mit Eigenschaften

Wer über Hitler schreibt, übernimmt Verantwortung, weil es bei den hier einschlägigen Fragen und Gesichtspunkten immer auch um öffentliche Interessen, ja öffentliche Moral geht. Das mag, bisweilen jedenfalls, heikel sein. Gleichwohl muß der Historiker sich dieser Aufgabe stellen, solange die Rätsel um die Figur Hitler ungelöst sind. Und sie sind vielfach ungelöst. Auch die bis heute vorliegende Hitler-Literatur, die kilometerlange Regale füllt, ist alles andere als akkumuliertes intellektuelles Kapital, auf das man mit Gewißheit zurückgreifen könnte, wenn die Frage lautet: Wer war Hitler?

Ein Dämon, ein »Jahrhundertmonster«?

Daß Adolf Hitler »Führer« eines nur zwölf Jahre währenden und katastrophal gescheiterten Regimes im 20. Jahrhundert war, hat ausgereicht, ihn weltweit zum bekanntesten Deutschen zu machen. Vieles spricht dafür, daß er diese traurige Berühmtheit auf unabsehbare Zeit behaupten wird. Mit keinem anderen deutschen Politiker verbinden sich so tiefgreifende weltgeschichtliche Veränderungen und so ungeheuerliche Verbrechen, sein Name steht für Weltkrieg und Holocaust. Doch was für ein Mensch war er? Was trieb ihn an? Und welches Verdienst hatte er an seinem einzigartigen Aufstieg?

Je mehr Zeit vergeht, desto weiter entfernen wir uns, so scheint es mitunter, von einer Antwort auf diese Fragen. Namentlich die persönlichen Züge Hitlers wirken in der Tat bereits »in chimärische Unschärfe entrückt«[1]. Welche Gründe gibt es dafür? Ian Kershaw hat kürzlich in einem Interview den vermeintlich wichtigsten genannt: »Wenn Sie abziehen, was Politik an ihm ist, bleibt wenig oder nichts.«[2] In seinen Augen war Hitler ein »Mann ohne Eigenschaften«[3], dem die öffentliche Sphäre alles, der Rest wenig bedeutete. Ein Privatleben, so Kershaw, kannte Hitler nicht.

Aber stimmt das wirklich? Gab es jenseits der öffentlichen Person, jenseits der Selbst- und Fremdinszenierungen nichts, das über Banalitäten hinausgegangen wäre? Das allerdings wäre ein nie dagewesenes historisches Phänomen: ein Machtmensch, der die Massen verführt und die Welt erschüttert, seelisch und charakterlich jedoch vollkommen leer ist, eine wahre »Spottgeburt aus Dreck«[4] also, die ihren politischen Aufstieg womöglich allein einer unglückseligen Verkettung bestimmter Umstände verdankt: der Erosion gesellschaftlicher Strukturen nach dem Ersten Weltkrieg vor allem, außerdem dem Ungeist einer dunklen Epoche, in der »Spottgeburten« nun einmal in die Sphären der Macht katapultiert wurden. Oder ist Hitler doch ein Dämon, ein »Jahrhundertmonster«, das sich menschlichen Beurteilungsmaßstäben weitgehend entzieht? Liegt darin die Quintessenz jenes inzwischen unübersehbaren Berges an Forschungsliteratur, der sich in den letzten Jahrzehnten aufgetürmt hat?

Tatsächlich hält die imposante Zahl von rund 120.000 Publikationen[5] in vielerlei Hinsicht nicht, was sie verspricht. John Lukacs, der etwas Ordnung in das Durcheinander zu bringen versucht hat, kommt zu dem bezeichnenden Schluß: »Wir sind mit Hitler noch lange nicht fertig.«[6] Ein bemerkenswertes Eingeständnis, wenn man bedenkt, daß kaum eine Figur der Geschichte ein so gewaltiges und auch nach einem halben Jahrhundert nicht nachlassendes Forschungsinteresse auf sich gezogen hat.

Gewiß: Wir wissen inzwischen viel über die Entstehung und Entwicklung des Nationalsozialismus, über den Zweiten Weltkrieg und über die politische wie militärische Geschichte des Dritten Reichs. Die sozioökonomischen und mentalen Gegebenheiten, die seine Errichtung förderten, sind umfassend untersucht, und Entsprechendes gilt für die erdrutschartigen Veränderungen der Parteien- und Wählerlandschaft um 1930, für die lange unterschätzten Intrigen der

Machtmakler um den greisen Reichspräsidenten von Hindenburg, denen Hitler die Berufung zum Reichskanzler verdankte, sowie für das moralisch wie intellektuell blamable Verhalten der traditionellen deutschen Eliten. Wir haben beträchtliche Einsichten in die Funktionsmechanismen der Führerdiktatur, in Hitlers Ideologie und jene Kulturgeschichte des deutschen Nationalismus, der sie größtenteils entstammte, und auch den Verbrechen der nationalsozialistischen Gewaltherrschaft widmen sich nicht nur zahlreiche Forschungsinstitute und Gedenkstätten, sondern in Gestalt der »Holocaust studies« befaßt sich mit ihnen überdies ein eigener akademischer Forschungszweig. Ihm fühlt sich nicht zuletzt ein so scharfsinniger und kritischer Publizist wie Ron Rosenbaum verpflichtet, von dem der bislang wohl luzideste Überblick über die (nichtdeutschen) Versuche stammt, »Hitler zu erklären«[7]. Dennoch hat Rosenbaum sein Buch ausdrücklich eine »Suche nach dem Ursprung des Bösen« genannt und damit, wie viele andere Autoren dieser Provenienz, von vornherein auf die *Unerklärbarkeit* Hitlers gesetzt,[8] dessen konkrete Lebensumstände denn auch nicht erneut analysiert werden.

Will man Näheres über die Persönlichkeit, den Charakter oder die private Existenz Hitlers erfahren, so bleiben unter den seriösen Veröffentlichungen lediglich eine Handvoll biographischer Standardwerke, eine noch kleinere Anzahl von Detailstudien sowie die Schriften einiger Außenseiter, die sich des Themas aus psychologischer, medizinischer oder journalistischer Perspektive angenommen haben: insgesamt eine frappierend geringe Menge. Und noch etwas kommt hinzu: Vielfach handeln solche Bücher gar nicht von Hitler selbst, sondern von den Bildern, die man sich von ihm gemacht hat oder noch heute macht. Hauptsächlich anhand von verbreiteten Stereotypen konstruiert und historisch nur wenig gesichert, sagen sie viel über die Gesellschaft aus, die sie hervorgebracht hat, über die tatsächlichen Lebensumstände der Person, um die es hier bei alledem geht, allerdings nur wenig.

»Machiavellistischer Tyrann« oder »antibürgerlicher Plebejer«?

Als die Toten des Zweiten Weltkriegs begraben, die Trümmer größtenteils beseitigt und wenigstens einige Urheber des Desasters gerichtet und bestraft worden waren, erhob sich naturgemäß die Frage, wie all das hatte geschehen können und wer eigentlich der Mann gewesen war, der die politische Verantwortung dafür trug. Mit der Zeitgeschichte und der Politikwissenschaft verschrieben sich damals zwei junge Disziplinen eigens dem Versuch, Antworten darauf zu finden.

Der erste Markstein der Hitler-Forschung wurde sieben Jahre nach Kriegsende von einem englischen Historiker gesetzt. 1952 legte Alan Bullock mit ›Hitler. Eine Studie über Tyrannei‹ eine Biographie vor, die sich bis heute behauptet hat.[9] Bullock vermochte nicht nur auf jener großen Tradition angelsächsischer Geschichtsschreibung aufzubauen, die den handelnden Menschen ins Zentrum der Betrachtung rückt, als wissenschaftlicher Berater bei den Nürnberger Prozessen konnte er zudem auf die umfangreichen dort gesammelten Quellenbestände zurückgreifen. In seinem Buch wird Hitler als exzessiver Machiavellist gekennzeichnet, dem es um nichts als persönliche Machtfülle ging, der bereit war, dafür ganz Deutschland zu zerstören, und der bei alldem von keinem Dogma, keinem Glauben, keiner Ideologie angetrieben wurde, sondern die Macht um der nackten Macht willen suchte, kurz: der ein Tyrann um der Tyrannei willen war, bar jeder Skrupel und Hemmungen, entwurzelt, ohne Heim und Familie, jemand, für den es keinerlei menschliche Bindungen und keinerlei Traditionen, weder Ehrfurcht vor Gott noch vor den Menschen gab, dem alle höheren geistigen Errungenschaften letztlich fremd blieben und der intellektuell nie über einen primitiven Sozialdarwinismus hinauskam. Seine Macht verdankte er zwei herausragenden Fähigkeiten: rhetorischem Geschick und schauspielerischem Talent. Er redete unaufhörlich, um die Empfindungen anderer zu manipulieren, ein Zug, der seine logische Ergänzung in tiefer Abneigung gegen jede Diskussion fand, im unüberwindbaren

Mißtrauen gegen Intellektuelle und im Hang, Gegner einfach niederzuschreien. Im übrigen besaß Hitler, so Bullock weiter, die Begabung, ganz in seinen Rollen aufzugehen und das, was er vortrug, im jeweiligen Augenblick selbst für wahr zu halten. Mit solcher »Selbstdramatisierung«[10] überzeugte er andere, konnte er seinen brutalen Machtwillen erfolgreich verschleiern. So inszenierte er sich selbst als Mythos, kultivierte diesen sorgfältig und machte ihn eigenen Zwecken dienstbar. Und solange er dies und nichts anderes tat, hatte er glänzende Erfolge. Erst als er anfing, an seinen Mythos auch selber zu glauben, versagte seine Intuition.

Politisch wichtige Eigenschaften sind jedoch nur ein Teil der facettenreichen Persönlichkeitsskizze, die Bullock liefert. So kommt er auch auf Hitlers Sexualität zu sprechen; dieser habe sich in Gesellschaft von Frauen in seinem Element gefühlt, sei aber wahrscheinlich Syphilitiker und impotent gewesen. Damit nicht genug: Wir erfahren selbst Kleinigkeiten aus Hitlers Alltag, etwa welche Nahrungsmittel er bevorzugte (vegetarische) oder verabscheute (Gekochtes), daß er an Schlaflosigkeit und Verdauungsbeschwerden litt, wie sein Tagesablauf auf dem Berghof bei Berchtesgaden aussah und welche Vorlieben und Lieblingsbeschäftigungen er hatte (Wagner; große, schnelle Autos; Sahnekuchen; schöne, aber dumme Frauen; Blumen; Hunde; seichte Unterhaltungsfilme; Baupläne studieren; Schmeicheleien anhören) beziehungsweise was er nicht mochte (Widerspruch; zu Bett gehen; Alkohol; regelmäßige, konzentrierte Arbeit; Zigarettenrauch; moderne Kunst). Solche gewissermaßen »menschlichen« Seiten, wie man sie auch bei anderen Personen finden könnte, entmythologisieren Hitler: Bullock will sich nicht nur dem irrationalen Kern dieses Politikerdaseins, sondern auch der dazugehörigen Alltagswelt widmen und den Diktator dadurch faßbar machen.

Aber wie überzeugend ist Bullocks Hitler-Bild aus *heutiger* Sicht? Er selbst bemerkt: »Es kann sich niemand hinsetzen und über die Geschichte seiner eigenen oder auch irgendeiner anderen Zeit schreiben, ohne an seine Aufgabe mit vorgefaßten Meinungen heranzugehen, mit Meinungen, die seinem Wesen und dem Bezirk seiner persönlichen Erfahrungen entspringen.«[11] Bullock hat diese »vorgefaßten Meinungen« in späteren Jahren teilweise geändert. In seiner 1991 veröffentlichten Doppelbiographie ›Hitler und Stalin‹ versteht er den Nationalsozialismus als eine dem Kommunismus vergleichbare Ideologie und ›Mein Kampf‹ als eine politische Programmschrift.[12] Auch ihr Autor ist nun weit mehr als bloß ein Tyrann um der Tyrannei willen, der sich vornehmlich mit Rednergabe und Schauspielertalent an die Macht hievte.[13] Der Deutungswandel erwies sich als notwendig, weil die Forschung mittlerweile plausibel hatte nachweisen können, daß Hitler zumindest einige echte Überzeugungen hatte und daß auch seine Anhängerschar von solchen getrieben, mithin keineswegs *nur* durch geschickte Demagogie verführt worden war. An diesen Kenntnisstand knüpfte Bullock an, ohne seine Darstellung von Hitlers Charakter dadurch gravierend zu revidieren. In einem kürzlich geführten Gespräch mit Ron Rosenbaum deutete er Hitlers Ideologie als dessen »Waffe und Schutzschild gegen Reue, Schuldgefühle, einfach alles«[14]. Skrupelloses Streben nach Macht bleibt für Bullock Hitlers hervorstechendster Charakterzug. Noch immer sieht er ihn als geistig und emotional primitiven Tyrannen,[15] auch wenn er ihm nun eine spezifische Form von ideologischem Selbstbetrug attestiert.

Als Joachim Fest 1973 – zwanzig Jahre nach Bullock – Hitler erneut zum Gegenstand einer großangelegten Biographie machte, hatten sich politische Umstände und Zeitgeist erheblich gewandelt. Der Zweite Weltkrieg lag inzwischen fast ein halbes Menschenalter zurück, der Kalte Krieg begann einer Entspannungspolitik zu weichen, und die Achtundsechziger brachen mit manchen tradierten Überzeugungen und Rechtfertigungsmustern. In politischen Auseinandersetzungen ging es dabei nicht zuletzt um die Rolle der älteren Generation im Dritten Reich, um Schuld und Verantwortung. Insbesondere das deutsche Bürgertum wurde auf die moralische Anklagebank gesetzt und, so der Jargon der Zeit, »ideologiekritisch hinterfragt«. Die unmittelbar nach dem Zweiten Weltkrieg verbreitete Vorstellung eines monolithischen, totalitären Staates, der dem allmächtigen Diktator als williges Werkzeug diente, konnte nicht länger überzeugen. Gleichzeitig war die Biographie als historiographisches Genre einem generellen Apologieverdacht ausgesetzt, und es wurden sogar Forderungen laut, sie ganz aus dem Repertoire geschichtswissenschaftlicher Darstellungen zu streichen. In solchen Thesen meldete die Sozial- und Gesellschaftsgeschichte ihren Führungsanspruch an.

Demgegenüber war Fests Buch, der Form nach eine klassische Biographie, die stark mit psychologischen (nicht: psychoanalytischen) Deutungsmustern arbeitete, ein dezidiert konservatives Unterfangen. Fast überflüssig zu sagen, daß sie von Anfang an heftig kritisiert wurde, zumal Fest kein zünftiger Historiker, sondern ein einflußreicher Journalist und Publizist und seine ambitionierte Studie mehr als nur Geschichtsschreibung im akademischen Sinn war, nämlich, auch dies ein Politikum, der Versuch einer Ehrenrettung des deutschen Bürgertums nach Auschwitz – und mit ihm all jener humanitären und demokratischen Ideale, die den Kern bürgerlicher Kultur ausmachen.

Fest zeichnete Hitler als antibürgerlichen Vertreter eines revolutionären Rechtsradikalismus und strich die medialen Fähigkeiten heraus, durch die er öffentliche Stimmungen aufzunehmen und eine Partei wie die NSDAP zum Erfolg zu führen wußte. Hitler lebte von den Ressentiments der Gescheiterten, der in den Krisen der Weimarer Republik vom sozialen Absturz Bedrohten. Er kannte sie, weil ähnliche Emotionen auch ihn umtrieben, weil er das Obdachlosenasyl und sämtliche Formen des gesellschaftlichen Abstiegs selbst erlebt hatte, und nicht anders als die von ihm geschaffene Partei war er vulgär, rüde, brutal. Durch sein schauspielerisches Talent konnte er diese Roheit zwar einige Zeit überdecken, doch später, namentlich in den letzten Jahren des Zweiten Weltkriegs, trat sie wieder ungeschminkt hervor. Hitler, der sich bürgerliche Kultur und Humanität nie wirklich zu eigen zu machen vermochte, hegte schon aus diesem Grund heftige, gegen das Bürgertum gerichtete Affekte, ein Zug, für den Fest den Begriff von der »Unperson«[16] prägte, der in der Folgezeit allerorten aufgegriffen wurde.

Hitler, wie Fest ihn sah, war von einem extremen Radikalismus getrieben und zog aus allem stets die äußersten nur denkbaren Konsequenzen. Und eben dieser »exzessive Charakter«[17] machte die deutsche Version des rechtsradikalen Totalitarismus so besonders gefährlich. Zugleich empfand Hitler nach Fest durchaus »Bewunderung für die bürgerliche Welt«[18], ja besaß ein ausgeprägtes »Bedürfnis nach Zugehörigkeit«[19] zu ihr, weshalb er beispielsweise vorgab, sich für Wagner, Nietzsche oder auch für Architektur zu interessieren, obwohl er von alledem in Wirklichkeit nichts verstand. Im übrigen teilt Fest Bullocks Überzeugung, daß Hypokrisie und Rhetorik die beiden großen persönlichen Stärken Hitlers waren, hebt diesen Aspekt aber sehr viel deutlicher hervor. Hitlers öffentliche Auftritte seien von einer ausgeprägten Theaterphantasie gekennzeichnet gewesen, er habe über ein intuitives Gespür für die Seelenlage, die Erwartungshaltung und die emotionalen Bedürfnisse seines Auditoriums verfügt und so fast überall den richtigen Ton angeschlagen.

Doch Hitler besaß nach Fest durchaus auch klassische Politikereigenschaften. Er war ein gewiefter Taktiker, der Situationen einschätzen und Interessenlagen durchschauen, Schwächen anderer auf Anhieb erkennen und so immer wieder nützliche Momentankoalitionen herbeiführen konnte, kaltblütig, listig und stets bereit zu höchstem Risiko. Wie alle völkisch Gestimmten nach der Oktoberrevolution von 1917 haßte er den russischen Kommunismus und empfand angesichts des allgemeinen Modernisierungsprozesses eine tiefe Skepsis; anders jedoch als all seine Konkurrenten war er in der Lage, seine Angst in einem Programm fruchtbar zu machen. Der Kampf gegen das Judentum und die Eroberung von »Lebensraum« waren die zentralen Zielvorgaben seiner Politik, die er trotz aller taktischen Schwenks zeitlebens konsequent verfolgte, sobald er über die nötigen Machtmittel verfügte.

Im Privaten, so Fest, war Hitlers Leben überschattet von chronischer Beziehungsarmut und einem unbefriedigten Geschlechtstrieb. Wir sehen ihn in der österreichischen Frühzeit mit lockeren, jeweils nur kurz dauernden Jugendfreundschaften beschäftigt, dann als eigenbrötlerischen Frontsoldaten und als von einer servilen, machthungrigen Kamarilla eher bedrängten denn wirklich umgebenen Berufspolitiker, schließlich als den vereinsamten, sich immer mehr im Bunker verkriechenden, von Wirklichkeitsverweigerung und Krankheit zerrütteten, vorzeitig gealterten Mann der letzten Lebensjahre. Die ekstatischen öffentlichen Auftritte der »großen Zeit« in den zwanziger und dreißiger Jahren waren, so gesehen, gleichsam sexuelle Ersatzhandlungen. Lediglich das Verhältnis mit seiner Nichte Geli Raubal sei so etwas wie eine tiefere menschliche Beziehung gewesen: »Sie war seine einzige und, so eigentümlich unangemessen es klingen mag, große Liebe, voll der Verbotsgefühle, der Tristanstimmungen und der tragischen Sentimentalität.«[20] Weiter ausgeführt wird das allerdings nicht.

Der wesentliche Grund für die Zurückhaltung des Biographen, Hitlers Privatleben näher zu beschreiben, dürfte darin liegen, daß der Gesichtspunkt für sein zentrales Erkenntnisinteresse zu wenig abwirft. Der Mensch Hitler interessiert Fest nur insoweit, wie dessen Psychologie und Politik ihm Anhaltspunkte liefern, den damaligen Zeitgeist, die sogenannte »Epochensehnsucht«, zu erfassen; auch deshalb legt er das Schwergewicht seiner Darstellung auf die Jahre zwischen 1929 und 1941. Eigentlich wider bessere Einsicht: Denn Fest hat wie kein anderer betont, daß Hitlers Charakter und Überzeugungen, schon früh festgelegt, sich ab Mitte der zwanziger Jahre kaum noch veränderten.

Damit indes kein Mißverständnis aufkommt: Alan Bullock und Joachim Fest verdanken wir die bislang besten Hitler-Biographien und somit fast alles, was wir heute über den Gegenstand wissen beziehungsweise zu wissen meinen. Wie Bullock, der mit seiner Doppelbiographie ›Hitler und Stalin‹ 1991 nochmals in die aktuelle Diskussion eingriff, ist sich auch Fest seiner bleibenden Bedeutung als Hitler-Biograph voll und ganz bewußt. Daß er nach über zwanzig Jahren Hitler-Forschung eine unveränderte Neuausgabe seiner Studie von 1973 für gerechtfertigt hielt, zeigt deutlich, wovon hier die Rede ist: nämlich daß die nicht abzuschüttelnde Zeitgenossenschaft Hitlers zwar »zu einer noch immer ansteigenden Flut von Schriften und Untersuchungen« führt, »vieles davon« aber »dem Bild kaum zusätzliche Erkenntnisse abgewinnt«.[21] Wohl wahr. Tatsächlich hat die Geschichtsschreibung ähnlich fundierte und umfassende biographische Studien wie die von Bullock und Fest nicht mehr zustande gebracht; sie sind die Nestoren, auf deren Schultern die Hitler-Forschung bis heute ruht. Ihre Hitler-Porträts sind unsere Hitler-Bilder. Dennoch haben sie, wie sich zeigen wird, nicht die ganze Person gesehen, sondern »nur« den Diktator.

Intentionalisten und Funktionalisten

In den siebziger Jahren wurde der Buchmarkt von Titeln zum Dritten Reich geradezu überschwemmt, und bald war das Schlagwort von der »Hitlerwelle« geprägt. Das starke öffentliche Interesse beflügelte Autoren unterschiedlichster Provenienz, und ohne Frage hat man nie wieder so leidenschaftlich kontrovers über das Phänomen Hitler und seine Ursachen diskutiert wie damals. Als sich dann vor rund zwanzig Jahren ein Deutungsmonopol zweier akademischer Schulen abzuzeichnen begann, war es mit dieser Lebhaftigkeit allerdings vorbei. Immerhin hatte man mit großem Ernst ein breites Spektrum von Interpretationsansätzen erwogen, deren wichtigste hier im flüchtigen Überblick genannt seien: Hitler war ein recht normaler, gutbürgerlicher Mann (Werner Maser); Hitler war ein »Mysterium«, das man nicht weiter erklären kann (John Toland); Hitler war ein bedeutender Feldherr, der von den Engländern verkannt und in den Selbstmord getrieben wurde (David Irving); Hitler war ein Psychopath (Robert G. L. Waite); Hitler war das Opfer einer unglücklichen Kindheit (Alice Miller und Erich Fromm); Hitler war zeitlebens von dem Gedanken besessen, seine von einem jüdischen Arzt falsch behandelte Mutter zu rächen (Rudolph Binion).

Mit den zuletzt genannten Deutungen betraten die sogenannten Psychohistoriker – meist stramme Freudianer – das Feld. In den USA war ihr Einfluß auf die öffentliche Debatte keineswegs gering, und in gewisser Weise sind sie dort bis heute en vogue.[22] Zeitweise beeinflußten sie aber auch die Diskussionen in Deutschland, freilich ohne hier jemals eine vergleichbare Deutungsmacht zu gewinnen. Problematisch an ihnen bleibt, daß keine »Ferndiagnose« im Sinne Freuds durch stichhaltige Quellen bestätigt oder widerlegt werden kann, auch daß all diejenigen, die einen rein psychoanalytischen Ansatz verfolgen, nicht nur unhistorisch, sondern auch forciert reduktionistisch argumentieren, ganz gleich, ob es sich bei Hitler nun um einen »Psychoneurotiker der obsessiven und hysterischen Sorte«[23] oder um einen »narzißtisch Perversen«[24] gehandelt haben mag. Meist bleibt es bei Zuschreibungen, für die der Psychoanalytiker gute Gründe, die Historie aber keine Quellen zu bieten hat, so daß aus bloßen Mutmaßungen weitere Mutmaßungen entstehen. Folglich fiel es der Geschichtswissenschaft denkbar leicht, die psychoanalytischen Erklärungsmuster zurückzuweisen, obwohl einige Punkte durchaus weiterer Nachforschung wert gewesen wären. Die Historiker zeigten sich von etwas anderem beeindruckt: von Ideologiekritik und gesellschaftlicher Strukturanalyse. »Intentionalisten« und »Funktionalisten« traten auf den Plan.

Die Intentionalisten nahmen vor allem Hitlers »Weltanschauung« ernst, so ernst, daß diese nun ins Zentrum aller Betrachtungen rückte. Demnach war der Nationalsozialismus ein relativ geschlossenes ideologisches Gedankengebäude, von Hitler aus verschiedenen überkommenen Versatzstücken zusammengefügt und dann in den Rang eines politischen Programms erhoben, und das Dritte Reich nichts anderes als eine mehr oder weniger konsequente Umsetzung dieser Ideologie. Dabei blieb es durchaus kontrovers, wieweit die praktische Umsetzung nationalsozialistischer Überzeugungen durch die tagespolitischen Ereignisse modifiziert oder gar grundsätzlich in Frage gestellt wurde und wie Hitlers Programm sich, verglichen mit anderen zeitgenössischen Programmen, einordnen ließ. Ja, wir wissen nicht einmal, wie authentisch die von Hitler artikulierten Anschauungen tatsächlich waren, ob er also »seine Ideen ebenso ernst nahm, wie die ideologische Schule das tut«[25].

An diesem Punkt setzte die Kritik der Funktionalisten an. In ihren Augen zählte vor allem die konkrete Ausübung gesellschaftlicher

Macht im Nationalsozialismus, nicht irgendwelche Programme. Mit den inzwischen fast schon Gemeingut gewordenen Schlagworten vom »schwachen Diktator« inmitten eines »polykratischen Systems« und der »kumulativen Radikalisierung« machten sie auf die Tatsache aufmerksam, daß die Nationalsozialisten seit 1933 in der staatlichen Verwaltung ein einziges Chaos anrichteten, wobei die schnell wuchernden Bürokratien vornehmlich als Machtbasen ranghoher NS-Funktionsträger dienten, die ihre Zeit und Energie nicht zuletzt darauf verwandten, sich – teils mit nackter Gewalt – erbitterte Machtkämpfe zu liefern. Die Dinge eskalierten. Es kam zu den Exzessen von Krieg und Völkermord, aber schließlich auch zum »Absturz« des strukturell überlebensunfähigen, auf Selbstzerstörung angelegten Systems.

So weit ließe sich der funktionalistischen Position durchaus folgen, gäbe es da nicht ein Problem: die partout nicht zähmbare Gestalt Hitlers, dessen Überlegenheit, allen strukturellen Defekten des Herrschaftssystems zum Trotz, bis zum bitteren Ende erhalten blieb. Sie stört das Modell. Was also tun, um den Diktator theoriekompatibel zu machen?[26]

Der Nestor der funktionalistischen Schule, Hans Mommsen, hat in diesem Zusammenhang vor allem den Personenkult betont, der zunächst von der Münchner NSDAP-Ortsgruppe ausging, dann von Goebbels systematisch entfaltet und schließlich zur eigentlichen Grundlage der Hitlerschen Machtposition wurde. Auch habe sich Hitler durch einen kleinen Zirkel blind ergebener Anhänger vom Rest des NS-Führungspersonals abschirmen lassen und so selbst im engeren Kreis eine Art Aura wahren können. Sein eigenes Politikverständnis sei im Grunde aber rein propagandistischer Natur gewesen, weswegen er letztlich, so Mommsen, für das administrative Chaos auch selber verantwortlich gewesen sei und jenen Prozeß der kumulativen Radikalisierung in Gang gesetzt habe, der sein Regime in den Untergang führte. Mit einem Wort: Hitler war ein »politischer Falschmünzer«[27]. Er lebte davon, daß andere ihn überschätzten.

Über Mommsens glänzende Ausführungen zum Hitler-Mythos als zentralem Element der NS-Herrschaft, die zweifellos ein großer

Erkenntnisfortschritt waren, und über die Bedeutung des inneren Zirkels um Hitler für dessen politischen Stil soll hier nicht gestritten werden. Indes: Ob sich ein derart wirkungsvoller Mythos bei einem im Prinzip »schwachen Diktator« tatsächlich von außen inszenieren ließ, das darf bezweifelt werden. Hitler mag ein »politischer Falschmünzer« gewesen sein; dennoch ist auch Falschmünzerei eine Kunst, wenngleich keine ehrenhafte. Zudem ist sie fast nie erfolgreich gewesen. Daß das im Fall Hitlers nicht so war, spricht für dessen demagogische und taktische Fähigkeiten, denn ohne Können bleibt Macht machtlos oder verfällt rasch. Hitlers Macht hingegen war ein Faktor, mit dem man in der Politik jederzeit zu rechnen hatte – bis 1945.

Keine Frage mithin, Mommsen will die Rolle, die Hitler persönlich gespielt hat, kleiner machen, als sie historisch war. Doch mit Begriffen wie dem »Falschmünzer« ist es keineswegs getan. Sie verwischen mehr, als sie erklären, und sind zu unscharf, um das Phänomen Hitler wirklich zu fassen. Statt dessen zeigen sie die Grenzen eines Geschichtsverständnisses, in dem für machtvolle Individuen per definitionem kein Platz ist. Oder anders gewendet: Was kann von einer Person übrigbleiben, die den Anspruch auf individuelle Charakterzüge von vornherein verwirkt hat?

Charismatiker ohne Persönlichkeit?

In gewisser Weise hat Ian Kershaw Mommsens Erbe angetreten und es sich dabei zur Aufgabe gemacht, Intentionalisten und Funktionalisten zu versöhnen. Er legte wichtige, ja richtungweisende Studien zur öffentlichen Meinung im Dritten Reich und zum Hitler-Mythos vor, und in seiner 1998 erschienenen großen Biographie[28] führt er souverän nahezu alles zusammen, was die Forschung im Lauf eines halben Jahrhunderts zur Politik-, Wirtschafts-, Sozial- und Gesellschaftsgeschichte der Weimarer Republik und der frühen NS-Zeit hervorgebracht hat. Am besten ist Kershaw aber dort, wo er die Ausübung von Macht, genauer: von personalisierter Macht, analysiert. Offensichtlich fasziniert ihn die »Mystik der

Macht«, die in der Hitler-Diktatur fraglos einen ihrer größten Triumphe feierte. Für Kershaw war sie vornehmlich ein Produkt der deutschen Gesellschaft und ihrer spezifischen, auf Hitler übertragenen Hoffnungen und Ängste; deshalb nimmt er den Diktator vornehmlich als Projektionsfläche der in ihn gesetzten Erwartungen wahr, ein in vielerlei Hinsicht fruchtbares Prinzip. Problematisch wird es allerdings, sobald er auf die »charismatische Natur« von Hitlers Macht zu sprechen kommt. Denn Kershaws Hitler ist alles andere als ein Charismatiker, ihm mangelt es vielmehr gerade an jenen Voraussetzungen, die es ihm erlaubt hätten, aus seiner Persönlichkeit heraus so etwas wie Charisma zu erzeugen. Laut Kershaw hatte Hitler gar keine Persönlichkeit: Es sei nicht nur »Tatsache, daß Hitlers Leben außerhalb der Politik weitgehend ereignislos war«, sondern ihm fehlte sogar »eine persönliche Existenz oder Geschichte außerhalb der politischen Ereignisse, an denen sie beteiligt ist«[29]. Also möge sich der Biograph gar nicht erst »auf Hitlers Persönlichkeit, sondern [...] auf das Wesen seiner Macht«[30] verlegen.

Mit einem Wort: Kershaw hat kein wirkliches Interesse an Hitlers persönlicher Lebensgeschichte. Den Privatmann will er sich lieber vom Hals halten, denn der scheint ihm nach zehnjährigem intensivem Studium »noch abscheulicher als zuvor«[31]. Und genau deshalb sind die im engeren Sinn biographischen Passagen von Kershaws Buch im ganzen auch eher uninteressant. Wo er dennoch einmal auf den Menschen Hitler zu sprechen kommt, ist er mit moralisierenden Verdikten und Klischees schnell bei der Hand, und überhaupt ist es merkwürdig, daß seine Untersuchung als eine in vielerlei Hinsicht neue Hitler-Biographie rezipiert wird. Das nämlich ist sie nicht. Kershaws biographische Erkenntnisse stammen fast alle aus zweiter Hand, und seine Deutungen von Hitlers Leben sind mehr oder weniger Produkt seiner gesellschaftsgeschichtlich, aber eben nur gesellschaftsgeschichtlich bestechenden Analyse. Insofern hat Klaus Hildebrand mit seiner Bemerkung, Kershaw habe »nichts Neues« über Hitler zu sagen, völlig recht.[32]

Inzwischen ist von anderer Seite kritisiert worden, daß Kershaw weder die private noch die öffentliche Seite dessen einblende, was er als charismatische Qualität Hitlers beschreibt.[33] Ein so durchschlagender politischer Erfolg einer privaten »Unperson« lasse sich nur erklären, wenn man hochpathologische Ursachen in Rechnung stelle, und zwar bei Hitler ebenso wie bei den damaligen Deutschen. Ob Hitlers Aufstieg deshalb eine »Wahnkarriere«[34] war, darüber läßt sich gleichwohl streiten. Überzeugender argumentiert Ludolf Herbst, der, ebenfalls in kritischer Abgrenzung zu Kershaw, auf Hitlers »*nicht*-charismatische Persönlichkeit« verweist, die ihren Erfolg vielmehr dem gelungenen Wechselspiel von »Inszenierungskunst und Charismapolitik« verdanke.[35] Auch hier allerdings wird die von Kershaw behauptete »Substanzlosigkeit der Privatperson des Diktators«[36] nicht weiter in Zweifel gezogen. Interessant ist schließlich noch der jüngst erfolgte Hinweis auf Hitlers »Pseudologenexistenz« und darauf, daß Hitler in seiner Selbstmontage offensichtlich einer »typisierten Hochstaplertaktik« gefolgt ist.[37]

Hitlers »posthume Biographie«

Wer etwas Neues über Hitler sagt, dem droht Ungemach, wenn er sich nicht nach mehreren Seiten hin absichert. Es gilt, Tabuzonen, Fallstricke und Sprachregelungen zu beachten, natürlich auch die richtige Gesinnung und Haltung zu zeigen. Doch je nachhaltiger sich dergleichen inzwischen eingespielt hat, desto deutlicher wird erkennbar, was der Preis für die selbstbeschränkende Anpassungsleistung ist: eine andauernde Irritation über Hitler, die zum Teil schon neurotische Züge trägt. Hin- und hergerissen zwischen Überrationalisierung und Moralisierung, Tatsachenstrenge und Faktenignoranz, Denkverboten und Voyeurismus, Rätselraten und dem Wunsch nach objektiv gültigen Erkenntnissen, hat sich die Debatte in eine beängstigende Schieflage manövriert. Auch die Reaktionen auf das Buch von Kershaw machen dies deutlich. Einerseits findet man überschwengliches Lob für eine Arbeit, die uns nun endlich ein erschöpfendes und womöglich endgültiges Bild des

Diktators geliefert habe, andererseits wird der Zugang zu Hitler weiterhin mit paradoxen oder sinnlosen Formeln verstellt. Man hört vom »Charisma einer Unperson ohne inneren Kern« (Frankfurter Rundschau)[38], von einem »Unmenschen ohne Eigenschaften« (Welt am Sonntag)[39], einem »Drachen, der ein Würmchen war« (Frankfurter Allgemeine Zeitung)[40]. Auch gibt es eine regelrechte Erleichterung über die angebliche Entdämonisierung Hitlers: »Ian Kershaw treibt Dämonen aus«, so die ›Welt‹[41]. Und doch lastet die traumatische Präsenz des »Führers« unverändert auf den Meinungsmachern. Ist er wirklich »kleinzuschreiben«[42], indem man das zum »Drachen« stilisierte Fabelwesen entgegen aller geschichtlichen Evidenz zum »Würmchen« werden läßt?

Der Exorzismus des deutschen Feuilletons ist das Vexierbild der gegenwärtigen Debatte und die überbordende Hitler-Literatur Teil ihrer Problematik. Keine Rede von streng wissenschaftlichen Arbeitsbedingungen auf diesem Gebiet: *sine ira et studio*. Keine Rede auch von Zufriedenheit über den erreichten Forschungsstand. Die verbreitete Auffassung, der Unmensch Hitler sei inzwischen nach allen Regeln der Sezierkunst auseinandergenommen und kein Winkel seiner schwarzen Seele ausgespart, kein Detail seiner Lebensgeschichte unausgeleuchtet geblieben, erweist sich als ebenso naiv wie unzutreffend. Allzuviel wissen wir immer noch nicht über ihn, etliche Rätsel sind geblieben, und der erreichte Erkenntnisgewinn wurde überdies mit nicht unbeträchtlichen intellektuellen Folgekosten bezahlt. Schärfer formuliert: Daß die historische Forschung bislang so wenig gegen die Legendenbildung zur Person Hitlers auszurichten vermochte, liegt nicht zuletzt daran, daß sie sich dieser jenseits von Ideologie und Politik noch so gut wie gar nicht angenommen hat. Es ist ein Phänomen, das sich kaum anders als mit Hitlers »posthumer Biographie« erklären läßt: damit, daß der Diktator nicht nur seine Mitwelt, sondern auch seine Nachwelt auf fatale Weise in Bann gezogen hat. Angesichts der Barbarei, die er ausgelöst hat, ist das vielleicht auch verständlich: Als historische Person mußte Hitler zur Angstneurose, zur Horrorvision werden, und so blieb er auch für die Nachgeborenen, was er schon für viele Zeitgenossen war: unbegreiflich, ein Mysterium. Politisch und intellektuell gewendet heißt das: eine Drohbotschaft, die sich der im engeren Sinne wissenschaftlichen Auseinandersetzung weitgehend entzog.

Warum also sollten wir der Rede von der Substanzlosigkeit dieses merkwürdigen Charakters weiter Glauben schenken? Man muß nur tiefer in Hitlers Vergangenheit graben, um auf Möglichkeiten zu stoßen, das Rätsel zu beenden. Dabei ist man gut beraten, mit jenen dreißig Jahren zu beginnen, in denen er noch *nicht* Politiker war. Auf der Suche nach den archetypischen Verhaltensmustern und Persönlichkeitsmerkmalen jedenfalls, die seiner Biographie ihr unverwechselbares Profil gegeben haben, wird man in dieser Zeit zweifellos am ehesten fündig werden. Mit welchem Recht wird seine Vita nur von 1945 her erzählt, werden unbestreitbare Möglichkeiten biographischen Verstehens durch eine teleologische Betrachtungsweise erstickt? Denn als Hitler beschloß, sein Heil in der Politik zu suchen, hatte er bereits einige Lebenserfahrung, ja, man kann sagen: eine ereignisreiche Biographie. Und vielleicht liegt, unter anderem, gerade hier das Geheimnis seines Erfolgs.

Will man rekonstruieren, welche Erfahrungen ihn entscheidend prägten, muß man bei seinem Umfeld einerseits, seinem Innenleben andererseits ansetzen. Wo und wie hat Hitler das gesucht (und möglicherweise auch gefunden), worin noch jeder Mensch den primären Gehalt seines Lebens gesehen hat – Glück, Liebe, Anerkennung? Es sind nicht Beziehungen zu Frauen, es sind nicht Ehe und Familie, die ihm hierzu verholfen haben. Aber irgend etwas muß selbst diesem Leben vor oder wenigstens neben der Politik eine emotionale Orientierung, ein Leitmotiv gegeben haben. Was also spricht dagegen, Hitlers Tun auch aus einem Geflecht sehr persönlicher Beweggründe zu erklären? Was spricht dagegen, nach Triebfedern seines Agierens zu suchen, die bereits gespannt waren, bevor er die Bühne der Politik betrat?

Abwehrreaktionen

Hitler gehört zu den verachtungswürdigsten Figuren der Geschichte, seine Untaten waren mörderisch und durch nichts zu rechtfertigen, und doch ist es falsch, in ihm lediglich eine tollwütige Bestie zu sehen. Hitler hatte menschliche Eigenschaften, die für sein Tun keineswegs unwesentlich waren, und wir dürfen sein Bild nicht weiter dadurch verzerren, daß wir ihn dieser Eigenschaften berauben. Wir müssen ihn vielmehr konsequent auf menschliches Maß zurückführen – auch und gerade mit Blick auf sein Gefühlsleben, über das sich im Lauf der Jahre Vorstellungen verfestigt haben, die mehr von der traumatisierenden Kraft seiner Schreckensherrschaft als von gesichertem Wissen geprägt sind. Die damit verbundenen Zerrbilder lassen den Diktator noch monströser und unfaßbarer erscheinen, als er ohnedies schon war.

Dabei hat man etwas übersehen, genauer: nicht sehen wollen, das Hitlers Leben und Taktieren womöglich bis zu einem gewissen Grad erklären kann – seine Homosexualität. Dieser Punkt ist völlig unerforscht, und es muß darüber nun endlich mehr Gewißheit geben. Verschiedene Ereignisse, Begegnungen und Querverbindungen in Hitlers Lebensgeschichte sind so auffällig, daß man sie nur als Teil eines homosozialen Kontextes zu begreifen vermag. Und je genauer man hinblickt, desto zwingender wird der Schluß. Ich werde folglich in diesem Buch über Hitlers Emotionen reden – aber ganz emotionslos; an heikle Dinge in seinem Leben rühren – aber nicht um der Sensation willen; aus womöglich irritierenden Quellen zitieren – aber dabei auf nüchterne Quellenkritik nicht verzichten. Es gilt, einen bestimmten Aspekt von Hitlers Leben so sachlich wie möglich zu beschreiben und dadurch eine Angelegenheit zu thematisieren, die jahrelang tabuisiert gewesen ist.

Das Unterfangen birgt allerdings Gefahren, und besonders eine Reaktion ist vorherzusehen: der Vorwurf, Hitler werde über die Probleme seines Sexuallebens womöglich exkulpiert, vermenschlicht oder verharmlost. Auch aus diesem Grund hat ein wissenschaftliches Interesse an der Frage, wie Hitlers Sexualität biographisch und politisch zu gewichten ist, seine besonderen Schwierigkeiten. Wer sie aufgreift, gerät schnell unter Apologieverdacht, dabei war es noch stets die wichtigste Aufgabe des Biographen, *sämtliche* erklärungsrelevanten Fakten aus dem jeweiligen Lebenszusammenhang zu untersuchen und zu deuten. Außerdem ist es durchaus Pflicht des Historikers, sich über Schamgrenzen hinwegzusetzen, jedenfalls dann, wenn es um Personen geht, deren öffentliches Leben ohne Kenntnis ihres Privatlebens nicht hinreichend verstanden werden kann. Schweigt man über solche Punkte aus Gründen, die nicht der Wissenschaft selbst entspringen, so gibt man wichtige Erkenntnismöglichkeiten preis. Wenn also im folgenden Hitlers Sexualität behandelt wird, dann nicht, um seine Schuld in irgendeiner Weise zu »relativieren«, sondern um Aufschluß über den Zusammenhang von privater und politischer Geschichte zu erlangen. Kurz: Als Historiker darf man, ja *muß* man zu alldem etwas sagen.

Historisch-kritische Beweisführung

Was muß der Historiker tun, um zu einem begründeten Urteil über die Bedeutung von Hitlers Homosexualität zu gelangen? Entscheidend ist zunächst einmal der Nachweis, daß er Beziehungen zu Männern gehabt hat, die einem Liebesverhältnis gleichen, und/oder daß es zu sexuellen Handlungen mit diesen oder anderen Partnern gekommen ist. Wenn dafür konkrete Anhaltspunkte fehlen, bleibt es bei einer Vermutung. Psychohistorisch gewonnene Indizien indessen reichen zur Beweisführung nicht aus,[43] denn es handelt sich dabei um Deutungen, die nicht mit geschichtlichen Tatsachen verwechselt werden dürfen. Hitlers Posen, seine Gestik oder Mimik auf Fotografien und in Filmen, seine Accessoires wie Schnurrbart oder Peitsche, seine effeminierten Züge, sein athletisch-monumentaler Kunstgeschmack, sein ausgeprägtes Wohlgefallen am männlichen Körper, all das kann uns noch keine überzeugenden Aufschlüsse über seine Homosexualität liefern. Um zu halbwegs gesicherten Erkenntnissen zu gelangen, braucht man vielmehr schriftlich festgehaltene Aussagen von glaubwürdigen Zeugen, Fakten, die Auskunft über Hitlers gleichgeschlechtliche Beziehungen und über die Männer geben, denen er zugetan war. Erst am Ende eines solchen quellengestützten Vorgehens wird man von einem schlüssigen Nachweis sprechen können. Folglich sollte von Beginn an klar sein, daß man von der Überlieferung auch nicht Unmögliches verlangen darf, denn es gibt Lücken, die von schriftlichen Quellen nicht abgedeckt werden können. Sie sind da und werden, so steht zu vermuten, immer bleiben.

Die Quellenlage ist prekär, aber keineswegs hoffnungslos. Daß sie sich als so schwierig erweist, muß uns nicht wundern: Bis vor kurzem war Homosexualität einer der größten Tabubereiche der abendländischen Geschichte.[44] Dies hat zu einem eklatanten Mangel an einschlägigem Quellenmaterial geführt.

Hitler ist keine Ausnahme. Wenn überhaupt, dann haben Homosexuelle meist nur einen kleinen Ausschnitt ihres wahren Gefühlslebens dem Papier anvertraut, und oft sind selbst solche bruchstückhaften Zeugnisse von den darin »belasteten« Personen aus Angst vor Stigmatisierung vernichtet worden. Auch mündlich ist wenig überliefert, weil homosexuelle Männer bis weit ins 20. Jahrhundert hinein von einem großen Teil der Bevölkerung als »sittlich verkommen« und »minderwertig« denunziert wurden und weil die Diskriminierten über ihre Veranlagung deshalb meist nur mit Eingeweihten sprachen.[45] Man muß immer wieder daran erinnern, daß gleichgeschlechtliche Liebe damals, anders als heute, gesellschaftlich nicht einmal in Ansätzen akzeptiert war. Im Gegenteil: Homosexuelle standen aufgrund der allgegenwärtigen Infamierungsgefahr unter unausgesetztem seelischem Druck.

Die Hauptschwierigkeit, etwas über Hitlers Intimsphäre in Erfahrung zu bringen, hat also weniger mit diesem selbst als mit dem historischen Tabubereich Homosexualität zu tun. Man steht vor einem Gestrüpp aus Verdrehung, Heuchelei und Mimikry, das nur schwer zu durchdringen ist; die dekuvrierenden Bekenntnisse von Thomas und Klaus Mann sind die sprichwörtlichen Ausnahmen von der Regel. Klassische Primärquellen, die über Hitlers Homosexualität in vergleichbarer Weise Auskunft geben könnten, Fotos etwa, Liebesbriefe oder Tagebücher, liegen bekanntlich nicht vor.[46] Hitler lebte in ständiger Sorge, daß etwas Belastendes über ihn aktenkundig werden und somit an die Öffentlichkeit gelangen könnte, und vermied deshalb jeden vertraulichen Schriftverkehr.[47]

Überhaupt zeigte sich Hitler, was sein Privatleben betraf, als ein wahrer Meister der Geheimhaltung. Nicht nur sein zeitweiliger Freund Ernst Hanfstaengl »spürte sofort sein unablässig wachsames Mißtrauen, sobald man bewußt oder unbewußt seiner Vergangenheit, seinem Charakter, seiner Intimsphäre nachspüren wollte. Dann verschloß er sich sofort wie eine Auster oder überspielte das Thema mit vernebelnden Maximen.«[48] Auch bei Gesprächen im engsten Kreis war er darauf bedacht, Punkte, die ihn selber betrafen, zu verschleiern, so daß man geradezu von einer Verhüllungsneurose sprechen muß. Seine hervorstechende Gabe war das Lügen – und die Fähigkeit, eigenen Lügen zu glauben. Bis zu einem gewissen Maß wurzelt das wohl in seiner persönlichen Geschichte, denn wer sich – zunächst aus Not – stets nur mit Mimikry durchs Leben geschlagen hat, dem wird Täuschung und Schauspielerei so sehr zur Gewohnheit, daß man im klassischen Sinn von einer zweiten Natur sprechen kann. Und ebendies macht die Interpretation seiner halbformellen Äußerungen über Sexualität, Frauen und Ehe so heikel. Oft dienten gerade diese Äußerungen der gezielten Desinformation, waren wesentlicher Bestandteil jenes Tarnnetzes, das er hinter den Kulissen zu spinnen wußte.

Beeidete Zeugenaussagen über Hitlers Homosexualität, protokolliert im Zuge eines Strafverfahrens oder Polizeiverhörs, sind im Original nicht überliefert, obwohl derartige Unterlagen, die sich auf den Hitler der frühen Jahre (1910–1923) beziehen, einmal vorhanden waren. Für die späteren »Kampfjahre« findet sich kein Hinweis auf solche Schriftstücke. Wenn es sie gegeben hat, dann sind sie von Hitler und seinen Leuten mit Sicherheit vernichtet worden.

Hitlers Vernichtungswille gegenüber allem, was Einblick in sein Leben hätte geben können, ist vielfach dokumentiert. Er ließ verschwinden, was er verschwinden lassen konnte, und sein Arm reichte weit, auch vor 1933. Er hat Mitwisser bestochen, eingeschworen, erpreßt oder umgebracht. Schon das legt nahe, daß er Kompromittierendes aus der Welt schaffen, daß er um jeden Preis verhindern wollte, »ertappt« zu werden. Und Hitler sah seinen Ruf gewiß nicht durch politische Verbrechen gefährdet – zu denen er sich vielmehr verblüffend freimütig bekannt hat –, sondern durch Enthüllungen über sein Privatleben. Daß er Angst hatte, aufgrund der widrigen Umstände seiner ersten Lebenshälfte als »Verlierer« gesehen zu werden, ist unwahrscheinlich; schließlich galt er seit Mitte der zwanziger Jahre trotz seiner fragwürdigen Vergangenheit und seiner brülldemagogischen Attitüde als halbwegs reputierlicher Berufspolitiker, und daß er aus kleinen Verhältnissen stammte, war bekannt. Es gab ein größeres Geheimnis denn seine Vorgeschichte als »Sozialfall«, ein Stigma, das ihn für alle Zeiten bloßzustellen drohte: seine Homosexualität. Um dies zu verheimlichen, mußte er ein Tarnleben führen, und er hütete sein Geheimnis mit allen nur erdenklichen Mitteln. Hier lag, was den Kampf um Macht und Machterhalt ebenso wie um die Sicherung des Nachruhms anging, seine gravierendste Schwäche und größte Gefährdung. Hitler selbst hat also die entscheidenden Spuren verwischt. Darin unterscheidet er sich nicht von anderen prominenten Homosexuellen; das Besondere an seinem Verhalten liegt lediglich im generalstabsmäßig organisierten und skrupellosen Ausschalten aller Enthüllungsrisiken.[49]

Wie steht es aber mit eventuellen Mitwissern, Betroffenen, Eingeweihten? Zunächst ist die Zahl derer, die wirklich etwas wußten, immer schon überaus klein gewesen. Die meisten von ihnen waren 1945/46 tot: Einige hatte Hitler umbringen lassen (Ernst Röhm und seinen Kreis, den Hauptmann Karl Mayr, den Kriegskameraden Hans Mend, den Publizisten Fritz Gerlich, die Polizeipräsidenten August Schneidhuber und Graf Helldorf), andere hatten Selbstmord begangen (Geli Raubal, Eva Braun, Walter Hewel, Philipp Bouhler, Martin Bormann, Heinrich Himmler, Hermann Göring), wieder andere waren hingerichtet worden (Julius Streicher, Hans Frank). Die wenigen Wissenden wiederum, die Hitler überlebten, standen trotz des Zusammenbruchs des Nazi-Regimes loyal zum »Führer« und blieben selbst jetzt, da alles vorbei war, im Bann von Hitlers Geheimhaltungswahn. Manche vernichteten aufschlußreiche Dokumente und schwiegen, andere taten in ihren Memoiren alles, um das Privatleben des »Führers« auch posthum zu glätten; zu nennen sind hier besonders Albert Speer, Baldur von Schirach, Heinrich Hoffmann, Fritz Wiedemann und Heinz Linge. Oft haben sie nur einzelne Aspekte weggelassen oder hinzugefügt, doch solche geringfügigen Verfälschungen und Aussparungen sind mitunter bekanntlich wirkungsvollere Geschichtsklitterungen als glatte Lügen. Ein anschauliches Beispiel dafür bieten Speers Ausführungen über Hitlers Unfähigkeit zu freundschaftlichen Gefühlen. Was für ein negativer Euphemismus!

Die einstigen Satrapen schrieben und verkauften ihre Erinnerungen aus den gleichen Motiven, aus denen sie zuvor Hitler gedient hatten: aus Eigennutz – und natürlich auch aus einem enormen Rechtfertigungszwang. Schließlich hatten sie sich immer auch an den *privaten* Hitler gebunden und standen, so gesehen, in einer Art persönlicher Haftung, zumal sich im innersten Kreis um Hitler ausschließlich Leute behaupten konnten, die mit dem »Führer« eine oder mehrere Wesenseigenschaften teilten: demagogisches Talent, kriminelle Tatkraft, Größenwahn, Verblendung, Schmierigkeit, Hochstapelei. Oder eben, so scheint es jetzt, eine Veranlagung: Homosexualität. Dabei machte es offenkundig keinen Unterschied, ob es sich um Leute aus gutbürgerlichem Hause wie Albert Speer oder um Gangster wie Max Amann handelte, um kongeniale Diaboliker wie Joseph Goebbels oder gutgläubige Zeloten wie Philipp Bouhler. Was sie an Hitler band, war, was sie mit ihm *verband*, und wenngleich diese Bindungen sich bei manchen im Lauf der Zeit gelockert, gelöst oder sogar in Antipathien verwandelt haben, blieben sie doch weiterhin lebens- und haltungsprägend.

Jedenfalls wagte es kein Mitglied seiner früheren Entourage, Hitler mit homosexuellen Neigungen in Verbindung zu bringen. In der

Tat: Ein solches »Outing« wäre nicht nur ein unerhörter Tabubruch gewesen, sondern hätte für jeden Beteiligten wenn nicht den Tod, so doch Ächtung seitens der ehemaligen »Kameraden« mit sich gebracht. Wahrscheinlich haben deshalb so prominente Eingeweihte wie Hitlers Chefadjutant Wilhelm Brückner ebenso hartnäckig geschwiegen wie weniger prominente, beispielsweise Julius Schaub, Emil Maurice oder Ernst Schmidt.

So bleibt ein kleiner Rest von ernstzunehmenden Zeitzeugen, die sich ziemlich eindeutig über Hitlers Sexualleben geäußert haben, darunter August Kubizek, Kurt Lüdecke, Ernst Hanfstaengl, Rudolf Diels, Erich Ebermayer, Eugen Dollmann, Christa Schroeder oder Hans Severus Ziegler. Alle teilen übereinstimmend mit, daß Hitler gewiß keine sexuellen Beziehungen zu Frauen hatte; einige sagen geradeheraus, daß Hitler homosexuell war; andere sagen es verschlüsselt. Das sind Indizien, Hinweise, Anhaltspunkte. Über die Glaubwürdigkeit dieser Zeugen entscheidet die Quellenkritik, die hier besonders intensiv betrieben werden muß: Welche Dokumente sind echt? Wurden sie von jemandem verfaßt, der wußte, wovon er sprach? Warum existieren die Papiere? Wie sind sie zu lesen? Wie können wir sie zum Sprechen bringen? Und welche Schlußfolgerungen sind erlaubt?

Quellenkritische Enttarnung

Fragen wie die obengenannten stehen im Mittelpunkt der folgenden Darstellung, die gewissermaßen das Protokoll einer quellenkritischen Enttarnung ist. Es geht um die nüchterne Sichtung und Deutung all jener Quellen, die womöglich Hinweise auf Hitlers sexuelle Veranlagung geben. Dabei muß die jeweilige Überlieferung nicht nur einer eingehenden »äußeren« Prüfung, sondern in ihrem Aussagegehalt auch einer Art Plausibilitätstest unterworfen werden. Ziel der Analyse ist es, jene Quellen, die einer strengen Evaluierung standhalten, zu einer Beweiskette zusammenzufügen. Dabei wird sich zeigen, daß Hitler seine Homosexualität trotz aller

Anstrengungen nicht gänzlich verbergen konnte, denn es gab Menschen in seinem Leben, die sich, aus lauteren wie aus unlauteren Motiven, irgendwann veranlaßt sahen, ihr Wissen anderen anzuvertrauen.

Ein weiterer wichtiger Schritt, die These des Buches zu untermauern, ist die Untersuchung von Hitlers engeren Freundschaftsbeziehungen. Immer wieder suchte Hitler die Nähe einzelner Männer, an die er sich nicht nur über längere Zeiträume persönlich band, sondern denen er auch ein außergewöhnliches Maß an Vertrauen schenkte. Die meisten von ihnen waren homosexuell oder hatten zumindest ausgeprägte homoerotische Neigungen, und es fällt auf, daß Hitler einige der Beziehungen nach einer bestimmten Zeit unter sehr merkwürdigen Umständen abrupt beendet hat. Anders als bislang angenommen, waren seine Männerfreundschaften in Wahrheit eben »Männerlieben«, und man kann auch hier durchaus Namen nennen: August Kubizek, Rudolf Häusler, Ernst Schmidt, Dietrich Eckart, Ernst Röhm, Ernst Hanfstaengl, Emil Maurice, Rudolf Heß, Julius Schreck, Hans Severus Ziegler, Albert Speer und andere mehr. Manche Beziehungen waren fest, andere locker, manche eher kameradschaftlicher, andere eher erotischer Natur. Aufschluß über diese Partner und Freunde zu gewinnen, über ihre Charaktereigenschaften und ihren sozialen Hintergrund, heißt zugleich, Aufschluß über die Person Adolf Hitler zu gewinnen.

Mit Frauen hatte Hitler, wie angesichts der genannten Hinweise kaum überrascht, weniger im Sinn. Zwar kokettierte er, er brauche einen »weiblichen Gegenpol gegen meine einseitig männlichen Instinkte«[50], aber nie hat er auch nur für kurze Zeit ernsthaft um die Liebe einer Frau geworben. Wohl versuchte er mehrmals, Beziehungen zu Frauen aufzunehmen, doch ohne Erfolg: Es kam zu keinem erfüllten Verhältnis. Kein Wunder, ging es ihm doch vor allem darum, seine gleichgeschlechtliche Veranlagung zu bekämpfen oder zu kaschieren. Und ab 1927 pflegte er, wie viele Homosexuelle jener Zeit, solche Verbindungen nur noch zum Zweck der Tarnung und Täuschung.

Bemerkenswert sind in diesem Zusammenhang Hitlers äußere Lebensumstände vor 1933: das ständige Unterwegssein, die verschiedenen »festen Wohnsitze« (München, Haus Wachenfeld bei Berchtesgaden, Berlin), die vielen Privatbesuche in Weimar und Bayreuth, das häufige Reisen inkognito sowie die Geheimhaltung von Aufenthaltsorten. Indizien eines Doppellebens?

Gleich zu Beginn seiner politischen Karriere hatte sich Hitler in dem homoerotisch geprägten Umfeld seiner Entourage eingerichtet. Hier fühlte er sich offenkundig wohl, und so hat er dieses »Gruppenleben« bis zu seinem Ende fortgeführt. Seine Gefolgsmänner, die ihm bedingungslos ergeben waren, zeigten dabei auffällig wenig Interesse an Frauen; daß Hitler sie dennoch zur Heirat drängte, ist nicht weiter verwunderlich. Keine Verschwörung ohne Maskerade. Die Struktur des inneren Kreises garantierte überdies nicht nur den festen Zusammenhalt, sie beugte auch Denunziationen oder Erpressungen vor und schuf, wie man ohne Übertreibung sagen kann, etwas wie eine Schicksalsgemeinschaft, weil alle etwas zu verbergen hatten, die einen ihre sexuelle Veranlagung, die anderen zwielichtige Geschäfte.

Und Hitler verstand es, seine engsten Gefolgsleute enger und enger an sein politisches Schicksal zu binden. Hier entfaltete sich in der Tat »ein von kleinkrimineller Schäbigkeit« durchdrungener Diktator, ein »Ränkeschmied, der ständig in Erpressereien und Lügengeschichten verwickelt war«[51] – und doch all diesen Widrigkeiten zu trotzen und seinen Kopf zu retten verstand. So ist die Zuversicht, die er später ausstrahlen konnte, wohl nicht zuletzt darauf zurückzuführen, daß er den Gefährdungen seiner Politikerkarriere auf so unglaubliche Weise entronnen war, und tatsächlich ist es mehr als erstaunlich, daß zwischen 1930 und 1934 niemand seine Integrität ernstlich in Frage zu stellen vermochte. Diesen Umstand hat er dann, so scheint es, durch einen Akt euphorischer Autosuggestion in »Vorsehung« umgemünzt, ja in das »Schicksal« einer ganzen Nation.

Hitler habe seine Berufung als Politiker weitgehend aus seinem Lebenslauf abgeleitet, sagte Albert Speer 1945, und seinen Optimismus damit begründet, »daß er in seinem Leben schon viele schwierige Situationen mitgemacht habe, die immer günstig für ihn ausgegangen seien«[52]. Es ist richtig: Eine härtere Schule als Hitler dürften nur wenige Politiker seiner Generation durchgemacht haben, und die Zähigkeit sowie die eisernen Nerven, die er sich gern zugute hielt, sind – nicht anders als seine Wandlungsfähigkeit – zu einem wesentlichen Teil auf ebenjenen »Überlebenskampf« zurückzuführen. Insofern hängt sein unglaublicher Aufstieg zumindest in einigen nicht unerheblichen Aspekten auch mit seiner homosexuellen Veranlagung zusammen; man muß die historischen Tatbestände nur sachgerecht aufarbeiten und analysieren, unaufgeregt und ohne falsche Rücksichtnahme.

Dennoch: Selbst wenn nach Sichtung alles vorliegenden Materials der Schluß, daß Hitler homosexuell war, eindeutig ist – nach Maßgabe eines historischen Indizienbeweises –, bleibt dieser Schluß, bleibt diese Wahrheit nicht einfach darzustellen – um so weniger, als die nationalsozialistische Diktatur ein besonders düsteres Kapitel in der Repressionsgeschichte der Homosexuellen ist. Wie läßt sich das mit unserer These vereinbaren?

Hitler wußte, daß es Dinge in seinem Leben gab, die seinem Charisma, dem entscheidenden Grund seiner Macht, so abträglich sein konnten, daß sie um jeden, wirklich *jeden* Preis verborgen werden mußten. Je schneller sein politischer Aufstieg vonstatten ging, je mehr er ins Scheinwerferlicht der Öffentlichkeit geriet, desto größer wurde die Gefahr, als Homosexueller entlarvt zu werden. All das spitzte sich zu, als die SA unter Führung von Hitlers früherem Freund Ernst Röhm Machtansprüche erhob. Aus Sicht Hitlers war Röhm 1934 kurz davor, die Büchse der Pandora zu öffnen. Hitler fürchtete eine Verschwörung, und Röhm wußte viel zuviel über ihn. Panische Angst vor Sexualdenunziation und dem damals damit zwangsläufig verbundenen politischen und gesellschaftlichen Absturz ließen den schwankenden Diktator zum Äußersten greifen: Es kam zu den Röhm-Morden, und im Zuge dieser Aktion suchte Hitler auch gleich andere Zeugen seiner Homosexualität auszuschalten, eine brachiale Maßnahme, um mögliche Denunzianten und Erpresser abzuschrecken. Röhm hatte mit dem Feuer gespielt, Hitler hatte es gerade noch austreten können. Dabei mag hinzugekommen sein, daß er sich stark belastet fühlte und mit dem brutalen Vorgehen gegen die »homosexuelle SA« die eigene »Reinheit« bekräftigen wollte.

Dergestalt diente die öffentliche Verfolgung von Homosexuellen durchaus Hitlers eigenem Interesse. Er schüchterte Zeugen ein und unterband Erpressung, und es liegt auf der Hand, daß all das nicht zuletzt mit psychischen Schäden verbunden gewesen sein muß, genauer: mit einer Art Bewußtseinsspaltung. Hitler hatte sich an den gesellschaftlichen Konventionsdruck in einer extremen Weise überangepaßt, und trotz aller Anstrengungen kam er nie aus der aufreibenden, ja zermürbenden Zwangslage heraus, seine Homosexualität, koste es, was es wolle, verheimlichen zu müssen. Und noch etwas ließ sich nicht ausschalten: die Gefahr, von den Mitbuhlern um Macht und Einfluß im Dritten Reich irgendwann ausspioniert und erpreßt oder öffentlich gedemütigt zu werden, von Leuten also, die Hitler an krimineller Energie durchaus ebenbürtig waren.

Doch vor jeder weiteren Deutung soll nun das Sichten der Quellen stehen. Hitlers gleichgeschlechtliche Veranlagung läßt sich belegen, das werden die nachfolgenden Kapitel zeigen. Aber nicht darin liegt das Entscheidende. Viel wichtiger ist es, die Tatsache seiner Homosexualität als historische zu begreifen und zu sehen, was dies im Kontext der Zeit bedeutete, welche Folgen es hatte und welche Erkenntnischancen es birgt. Dadurch eröffnet sich, so hoffe ich, ein neuer Blick auf das »Phänomen Hitler« und die Möglichkeit einer radikalen Historisierung dieser zentralen Figur des 20. Jahrhunderts. Denn als das jederzeit vom Absturz bedrohte Scheindasein, das es in Wahrheit gewesen ist, hat man Hitlers Leben noch nie wahrgenommen, und genau darin liegt die Provokation dieses Buches.

Erstes Kapitel
Mißglückte Fluchten

Der junge Adolf Hitler sah sich zu Höherem berufen: Nicht Beamter, nicht Angestellter wollte er werden, sondern Künstler. Doch trotz des klaren Wunsches trieb er zwischen seinem 16. und 25. Lebensjahr, also zwischen 1905 und 1914, eher ziellos dahin, ein Möchtegern-Bohemien. Unsere Kenntnisse über diesen Lebensabschnitt sind vielfach unzureichend, und wer sich mit ihm befaßt, stößt schnell auf Widersprüche und Vertuschungsbemühungen, auch auf erstaunliche Lücken in den historischen Quellen. Selbst wenn inzwischen einige Zusammenhänge und Geschehnisse jener Phase rekonstruiert werden konnten, liegt die Biographie des frühen Hitler noch immer im dunkeln.[1]

Doch zunächst zu dem, was wir wissen.[2] Viel ist es nicht. Gleichwohl ergibt sich aus den uns bekannten Fakten ein äußerer Rahmen, an dem wir uns orientieren können.

Im Juni 1905 verkaufte Hitlers seit 1903 verwitwete Mutter das Haus der Familie in Leonding und zog mit ihren beiden Kindern Adolf und Paula sowie mit ihrer Schwester Johanna Pölzl, der »Hanitante«, ins nahegelegene Linz. Damals besuchte der 16jährige Adolf noch die Realschule im etwa achtzig Kilometer entfernten Steyr, wo er während der Woche auch lebte; mit dem Zeugnis für das Schuljahr 1904/05 brach er die Schule ohne Abschluß ab und kehrte zu seiner Familie zurück. In der zweiten Hälfte des Jahres 1905 lernte er dann im Linzer Landestheater den 17jährigen Tapeziererlehrling August Kubizek kennen, und zwischen den beiden entwickelte sich eine enge Freundschaft.

Im Mai 1906 besuchte Hitler zum ersten Mal Wien und blieb dort für mindestens zwei Wochen. Ein Jahr später zog die Familie von Linz nach Urfahr auf die gegenüberliegende Seite der Donau. In den ersten Septembertagen reiste Hitler abermals nach Wien, um die Aufnahmeprüfung für die Kunstakademie abzulegen; den ersten Teil der Prüfung bestand er, beim anschließenden Probezeichnen Anfang Oktober fiel er jedoch durch. Enttäuscht kehrte er zu seiner Mutter zurück, die damals an Krebs litt, bereits bettlägerig war und kurz vor Weihnachten verstarb. Nachdem er die Nachlaßangelegenheiten geregelt hatte, ging der 18jährige, ausgestattet mit einer Erbschaft von etwa 1.000 und einer monatlichen Waisenrente von 25 Kronen, im Februar 1908 endgültig nach Wien.

Nur wenig später folgte ihm August Kubizek. Er nahm ein Musikstudium auf, und die beiden bezogen gemeinsam ein Zimmer bei einer Frau Zakreys in der Stumpergasse 31, einem Haus, in dem Hitler schon während seines zweiten Wien-Aufenthaltes gewohnt hatte. Etwa vier Monate lebten sie zusammen, bis Kubizek am Ende des Schuljahres zu seinen Eltern nach Linz fuhr und dort den Sommer über blieb. Er erhielt einige Postkarten und Briefe von Hitler, zuletzt Ende August, als dieser bei der »Hanitante« im Waldviertel war.

Zurück in Wien, versuchte Hitler im September erneut, die Aufnahmeprüfung an der Kunstakademie abzulegen, wurde diesmal allerdings gar nicht erst zum Probezeichnen zugelassen. Im Herbst war dann auch August Kubizek wieder in der Stadt, um sein Studium fortzusetzen, doch suchte er sich nun ein eigenes Zimmer. Am 18. November meldete sich Hitler aus der Wohnung in der Stumpergasse ab und zog als »Student« in die nahegelegene Felberstraße, wo er neun Monate lang, bis zum 20. August 1909, wohnte. Zwei Tage darauf war er in seiner neuen Unterkunft in der Sechshauser Straße 56, die, wie auch die Felberstraße, in der Nähe des Westbahnhofs lag, unter der Berufsangabe »Schriftsteller« gemeldet. Noch nicht einmal vier Wochen später, am 16. September 1909, verzog er von dort nach »unbekannt«.

Wo Hitler in den folgenden fünf Monaten lebte, ist amtlich nicht dokumentiert. Vor seinem Einzug in das Männerheim Meldemannstraße im Bezirk Brigittenau am 9. Februar 1910 hatte er offenbar keinen festen Wohnsitz, und zeitweise hielt er sich wohl im Obdachlosenasyl in Meidling auf. Hier lernte er vermutlich auch den fünf Jahre älteren Reinhold Hanisch kennen, mit dem er die kommenden Monate über in engem Kontakt stand. Die beiden hatten eine Art Geschäftsbeziehung: Hitler malte Postkarten und Bilder, Hanisch versuchte sie zu verkaufen. Doch schon bald gab es in der Person des Trödlers Josef Neumann einen Konkurrenten für Hanisch, und über eine angebliche Veruntreuung von erzielten Erlösen gerieten Hitler und Hanisch in einen Streit, der im August 1910 bei der Polizei aktenkundig wurde. Letzteren brachte er sogar ins Gefängnis.

Im Frühjahr 1911 änderte sich Hitlers finanzielle Situation: Seine Waisenrente wurde der inzwischen verwitweten Halbschwester Angela Raubal überschrieben. Er war nun vollkommen auf sich gestellt, und das für gut zwei Jahre. Erst im Mai 1913 wurde dem inzwischen 24jährigen sein väterliches Erbteil in Höhe von 820 Kronen ausgezahlt; daraufhin verließ er Wien in Begleitung des fast fünf Jahre jüngeren Rudolf Häusler und ging nach München, wo sie in der Schleißheimer Straße 34, beim Schneidermeister Popp, gemeinsam ein Zimmer bezogen. In Österreich war Hitler seiner Pflicht zur Militärstellung nicht nachgekommen. Doch den Behörden gelang es, ihn in München ausfindig zu machen, weshalb er im Januar 1914 bei der Polizei einvernommen wurde und sich nach einigen bürokratischen Querelen Anfang Februar in Salzburg mustern lassen mußte, für den Militärdienst aber als »zu schwach«[3] und damit untauglich befunden wurde, so daß er nach München zurückkehren konnte.[4] Am 15. Februar 1914 zog Häusler aus dem gemeinsamen Zimmer aus, blieb jedoch bis zu seiner Rückkehr nach Wien Anfang August in Hitlers Nähe wohnen.[5] Um dieselbe Zeit meldete sich dieser als Kriegsfreiwilliger in München.[6]

Soweit der Lebensabriß, wie er sich aus Daten, Meldezetteln und Gerichtsakten ergibt. Über Hitler als Person sagt all dies natürlich kaum etwas, und auch die spärlichen schriftlichen Zeugnisse, die von ihm und seinen Freunden existieren, vermitteln kein aussagekräftiges Bild. Wir sind auf die Berichte und Erinnerungen weniger Zeitzeugen angewiesen, etwa auf die 1953 erschienenen Memoiren von August Kubizek, auf eine Artikelserie von Reinhold Hanisch, die 1939 posthum veröffentlicht wurde, oder auf Äußerungen, die Hitlers Münchner Vermieterin Frau Popp 1934 in einem Interview machte. Selbst diese spärlichen Anhaltspunkte jedoch sind problematisch: Untersucht man die Entstehungszusammenhänge genauer, wird schnell klar, daß keiner der Genannten alles, was er wußte, sagen konnte oder wollte.

Dennoch hatten die Zeitzeugen etwas mitzuteilen, wollten sie etwas sagen, auch wenn es die historische Wahrheit mitunter bestenfalls andeutete. Damit aber ist unsere Aufgabe umrissen. Wir müssen den Quellen trotz ihres sonderbaren Verhüllungscharakters ein stimmiges Bild abringen, wobei es sinnvoll erscheint, vornehmlich zwei Aspekte zum Ausgangspunkt der Darstellung zu machen: gewisse Auffälligkeiten im Sexualverhalten des jungen Hitler einerseits und die bekannten Eigenarten des ihn umgebenden homosozialen Milieus, wie es uns in zeitgenössischen Schilderungen überliefert ist, andererseits.[7] Tut man das, gewinnen die verschwommenen Konturen der Jugendjahre plötzlich an Schärfe, und das vorher Widersprüchliche erhält immer wieder eine überraschende Plausibilität.

Daß Hitlers Kindheit und Jugend ohne Frage ein besonderer Stellenwert zukommt, darauf hat bereits der Medizinhistoriker Fritz Redlich hingewiesen. Redlich hat sich bemüht, das Wurzelwerk möglicher sexueller Veranlagungen im Umfeld von Hitlers familialer Herkunft, von dessen Kindheit und Jugend herauszupräparieren. Folgt man seiner ebenso akribischen wie quellenkundigen Untersuchung, dann erlebte der jugendliche Hitler die Phase seines Heranwachsens als besonders schmerzhaften Prozeß; eindeutig falle er unter die Freudsche Kategorie der »latenten« oder »unbewußten« Homosexualität. Später habe Hitler diesen Trieb wahrscheinlich verdrängt, so genau freilich wisse man das nicht.[8] Die von Redlich nicht weiter untersuchte Frage, ob im Gewahrwerden und Bewältigen »infantiler Homosexualität« nicht tatsächlich ein wichtiges Erklärungsmoment für Hitlers merkwürdige Lebensumstände zwischen 1905 und 1914 liegen könnte, ergänzt und bestätigt dabei durchaus die Eigentümlichkeit der historischen Quellenlage: Wer sich der Biographie des jungen Hitler nähert, muß sich seinen Pfad durch ein Gestrüpp von Widersprüchen bahnen, bekommt es mit zweifelhaften Zeugen zu tun, sieht sich Vertuschung, Materialvernichtung und Desinformation gegenüber.[9] Was war es, das aus diesem Lebensabschnitt unbedingt verschwinden, das verschwiegen oder manipuliert werden mußte? Die offenkundige Fragwürdigkeit der frühen Biographie liefert, so läßt sich behaupten, schon mehr als einen »Anfangsverdacht«.

Der erste Freund: August Kubizek

»Durch mein ganzes Leben hindurch zieht sich die Persönlichkeit meines Jugendfreundes wie ein roter Faden.«[10] Mit diesem Satz brachte Kubizek 1949 zum Ausdruck, was ihm seine Beziehung zu Hitler bedeutete, und vier Jahre später widmete er ihr sogar ein ganzes Buch. Doch wer war August Kubizek?

Kubizek wurde am 3. August 1888 in Linz geboren.[11] Nach der Schulzeit begann er eine Tapeziererlehre im väterlichen Betrieb, aber seine eigentliche Leidenschaft galt der Musik, eine Neigung, die sich durch die Freundschaft mit Hitler so sehr verstärkte, daß er im Februar 1908 mit dem Einverständnis der Eltern nach Wien ging und dort ein Musikstudium aufnahm. Im Herbst 1911 schloß er es erfolgreich ab.[12]

In den folgenden Jahren arbeitete er als Kapellmeister an verschiedenen Bühnen, und am 1. September 1914, kurz nach Kriegsausbruch, heiratete er in Wien eine Geigerin, mit der er drei Söhne hatte.[13] Die Einberufung zum Militär unterbrach seine Karriere jäh; als er 1918 in seinen alten Beruf zurückkehren wollte, gab es kaum befriedigende Engagements. So kam ihm die Ausschreibung für die Stelle eines Gemeindebeamten in der Kleinstadt Eferding in der Nähe von Linz, wo seine Mutter mittlerweile lebte, wie gerufen.

Obwohl er keinerlei Verwaltungskenntnisse mitbrachte, wurde ihm der Posten übertragen, da man jemanden mit der »Befähigung zur künstlerischen Leitung des Musikvereines sowie zur Betreuung der kulturellen Belange«[14] suchte. 1926 wurde er zum Stadtsekretär, drei Jahre später zum Stadtamtsleiter befördert, was er bis 1945 blieb. Trotzdem fühlte er sich stets mehr als Künstler denn als Beamter und bemerkte in diesem Sinne einmal, er finde es »erklärlich, daß ich als *Künstler* in meiner Stadtamtsführung fallweise etwas großzügig sein mag, da ich als Musiker eben Stimmungen unterworfen bin«[15].

1923, also 15 Jahre nachdem sie sich zum letzten Mal gesehen hatten, wurde Kubizek durch ein Titelblatt der ›Münchner Illustrierten‹ wieder auf seinen ehemaligen Gefährten Hitler aufmerksam. Der hatte damals schon eine gewisse Berühmtheit erlangt, was Kubizek gleich an die Postkarten, Briefe und Zeichnungen denken ließ, die seine frühere Freundschaft mit dem Parteiführer bezeugten. Doch war die Zeit noch nicht reif, damit hausieren zu gehen: Vorerst genügte es, Hitlers Karriere aus der Ferne zu verfolgen.[16]

Erst 1933 suchte er durch ein Glückwunschschreiben zur Machtübernahme den persönlichen Kontakt. Und überraschenderweise schien Hitler über Kubizeks Werdegang und Lebensumstände unterrichtet zu sein, denn in seinem sonst eher unverbindlichen Antwortbrief läßt er zwar dessen Mutter grüßen, den Vater aber nicht: Ihm muß demnach bekannt gewesen sein, daß dieser gestorben war. Weiter schreibt er: »Ich würde sehr gerne – wenn die Zeit meiner schwersten Kämpfe vorüber ist – einmal persönlich die Erinnerung an diese schönsten Jahre meines Lebens wieder wachrufen.«[17] Anscheinend aber kam es zu einer solchen Begegnung zunächst nicht.

Einige Jahre später, im Frühjahr und Sommer 1938, wuchs Hitlers Interesse an seinem alten Jugendfreund schlagartig. Im März, kurz nach der Eingliederung Österreichs ins Deutsche Reich, standen drei SS-Männer aus Berlin vor Kubizeks Haustür. Seine Hitler-Dokumente hätten sie ihm abnehmen wollen, berichtete er später, doch sei es ihm gelungen, die aufdringlichen Herren abzuwimmeln.[18] Was wir von Kubizek nicht erfahren, ist, daß er sich 1938 in

Schwierigkeiten befand, nachdem man nicht nur ein Straf-, sondern auch ein Disziplinarverfahren gegen ihn eingeleitet hatte.[19] Möglicherweise war Nachricht davon bis nach Berlin gedrungen. Jedenfalls nahm sich Hitler bei seinem nächsten Besuch in Linz am 7. April 1938 Zeit für ein Treffen mit dem früheren Freund, bei dem gewiß auch dessen Probleme zur Sprache kamen. Kubizek brauchte Beistand, und Hitler versagte sich dem Bedrängten nicht. In seinen Erinnerungen liest man freilich nur: Wie in alten Zeiten habe Hitler über seine Umbaupläne für Linz doziert und sich zudem Kubizeks Lebensverhältnisse schildern lassen; dann habe er versprochen, das Musikstudium von Kubizeks Söhnen am Linzer Konservatorium zu finanzieren.[20]

Hitler war jetzt sichtlich um den einstigen Freund bemüht. Im April 1938 lud er ihn auf den Obersalzberg ein, und auch ein Privatbesuch in Eferding war geplant.[21] Ob es wirklich zu diesen Begegnungen kam, wissen wir nicht, sicher aber ist, daß Kubizek mit Hitlers Vertrautem, Rudolf Heß, in Linz eine Aussprache hatte. »Ich spürte sogleich«, schreibt er darüber, »daß diese Herzlichkeit echt war und wirklich von Herzen kam.«[22] Es ist unverkennbar: Der Jugendfreund des »Führers« war plötzlich interessant geworden. Die Vermutung, daß dieses Interesse mit den zeitgleichen Vorwürfen gegen ihn zu tun hatte, liegt nahe.

Um was für Vorwürfe handelte es sich? Aus den Akten der oberösterreichischen Landesregierung geht hervor, daß im Mai 1938 ein Untergebener Kubizeks, der Eferdinger Gemeindesekretär Franz Neuburger, seinen Vorgesetzten in einem Gasthaus öffentlich beschuldigt hatte. Neuburger war Nationalsozialist und fühlte sich, da er seit März 1938 das Amt eines Ortsgruppenkassenleiters der NSDAP bekleidete,[23] offenbar stark genug, mit dem parteipolitisch ungebundenen Kubizek einen Streit auszufechten, wahrscheinlich weil er sich davon etwas für seine weitere Laufbahn versprach. Doch Kubizek wehrte sich, und mit Erfolg. Im Oktober 1938 nahm Neuburger die belastenden Äußerungen in einer »Ehrenerklärung« zurück.

Die entsprechenden Schriftstücke sind überliefert, aber gerade in jenem Dokument, das Neuburgers Vorwürfe festhält, sind einzelne Passagen unkenntlich gemacht worden: »Ich erkläre hier ganz offen, daß Kubizek Geld gestohlen und unterschlagen hat. Kubizek versuchte, mich zum Diebstahl zu verleiten. Kubizek ist ein [Wort gestrichen] unfähiger Beamter [Satzteil gestrichen]. Ich habe bereits dafür gesorgt, daß Kubizek nicht mehr zum Führer kommen kann.«

In Neuburgers überraschendem Widerruf einige Wochen später heißt es dann, er habe »keinerlei Gründe« gehabt, »solch schwerwiegende Anschuldigungen und Vorwürfe gegen Herrn Amtsleiter Kubizek zu erheben. Meine diesbezüglichen Bemerkungen waren vielmehr auf irrtümliche Anschauung der in strafrechtlicher Hinsicht vollkommen in Ordnung gewesenen Gebarung der Gemeindekasse und teils auf Verhetzung zurückzuführen.«[24] Wie ist der Rückzug zu erklären? Das Strafverfahren jedenfalls wurde eingestellt, und im Frühjahr 1939 beantragte Neuburger seine Versetzung.[25]

Zugleich deutet manches darauf hin, daß es hier um mehr als nur um den Vorwurf der Unterschlagung ging. Warum sonst wurden Passagen in Neuburgers Aussage nachträglich gestrichen? Etwas an seinen Äußerungen muß so heikel gewesen sein, daß es nicht aktenkundig werden durfte, und tatsächlich hat der stellvertretende Bürgermeister von Eferding, Hugo Wanivenhaus, im Juli 1938 vor dem Bezirksrichter eine Aussage gemacht, die einen erpresserischen Hintergrund der Angelegenheit nahelegt: »Kubicek [hat] sich immer für seinen so schweren Widersacher eingesetzt und Neuburger ihm eigentlich seine ganze Existenz zu verdanken.« Gleichwohl habe Neuburger ihm, Wanivenhaus, gegenüber erklärt: »Ich werde Kubicek vernichten [...], beruflich, gesellschaftlich und in jeder Beziehung.« Neuburger muß mithin, soviel ist unmißverständlich, einiges in der Hand gehabt haben. Wanivenhaus sprach von »Umstände[n], die unter der Bevölkerung bekannt sind und besprochen werden«, die er aber »hier« nicht näher anführen wolle.[26] Jedenfalls werde Kubizek schon seit zwei Jahren von Neuburger bedrängt.

Vermutlich haben wir es mit einer klassischen Sexualdenunziation zu tun, die angesichts von Kubizeks Vergangenheit freilich, ohne daß Neuburger auch nur im Traum daran gedacht haben dürfte, gleichzeitig einen Schatten auf Hitler werfen konnte. Dies wenigstens würde das plötzliche Interesse der obersten Nazi-Führung besser erklären als der Vorwurf, Kubizek habe öffentliche Gelder veruntreut. Und bemerkenswert ist auch, daß Hitler seinen Jugendfreund im Sommer 1939, also kurz nach der Affäre, einlud, mit ihm die Bayreuther Festspiele zu besuchen, wofür Kubizek sich überschwenglich bedankte: »Mein Führer! Sie allein können es begreifen, daß Sie mir durch Ihre hochherzige Großmut die Erfüllung meines liebsten Lebenstraumes ermöglichten [...]. Wie hat sich doch so überwältigend groß und herrlich Ihre Sendung, deren Sie sich schon damals vor 35 Jahren voll bewußt gewesen sind, verwirklicht und erfüllt. Ich neige mich vor der unbegreiflichen Größe meines Führers! [...] Ich grüße Sie mein Führer tiefbewegten und dankbarsten Herzens.«[27]

1940 kam es zu einem weiteren Treffen. Wieder sahen sich die beiden in Bayreuth und verbrachten hier, zum letzten Mal, einige gemeinsame Stunden, für Kubizek erneut ein aufwühlendes Erlebnis.[28] Und doch ließ Hitler, auch wenn sie sich künftig nicht mehr persönlich sahen, seinen alten Gefährten von nun an nicht mehr aus den Augen.

Kubizek wiederum, mittlerweile als »Jugendfreund des Führers« zu einiger Berühmtheit gelangt, besaß nach wie vor Unterlagen, in denen ihre Freundschaft festgehalten war. Verschiedene Parteidienststellen warben um die Erinnerungsstücke, er aber gab seinen Schatz nicht her. Oder doch nicht vollständig. Es war seine »Versicherungspolice«. Im April 1940 trat er der NSDAP bei[29] und erhielt in der Freizeitorganisation »Kraft durch Freude« den Posten des örtlichen »Propagandaleiters, Kulturhauptstellenleiters und Ortsverwalters«[30]; 1943 dann schrieb er im Auftrag der Partei die erste Fassung seiner Hitler-Erinnerungen und wurde, wohl zum Lohn dafür, noch im selben Jahr per Ausnahmegenehmigung in eine höhere Besoldungsgruppe eingestuft.[31] Darüber hinaus bekam er direkte Zuwendungen aus der Hitlerschen Privatschatulle, eine einmalige Zahlung von 6.000 Reichsmark und eine laufende Beihilfe von monatlich 500 Reichsmark,[32] beides damals sehr viel Geld.

Gleich nach Kriegsende wurde Kubizek von der amerikanischen Besatzungsmacht seines Amtes enthoben und für 16 Monate inhaftiert.[33] Im Entnazifizierungsverfahren stufte man ihn als »belastet« ein, und erst durch den Einsatz von Franz Jetzinger, einem ehemaligen sozialdemokratischen Politiker,[34] der über Hitlers Frühzeit in Österreich forschte und im Zuge dieser Arbeit 1948 auf Kubizek gestoßen war, gelang es, den Status »minderbelastet« und damit die Wiedereinsetzung ins Amt zu erreichen, mit unmittelbar sich anschließender Überleitung in den Ruhestand.[35] Indirekt hatte Kubizek dabei von seiner alten Freundschaft mit Hitler noch einmal profitiert. Jetzingers Hilfe ist als eine Art Gegenleistung anzusehen, und zwar für Informationen, die Kubizek ihm für sein Buchprojekt über Hitlers Jugend geliefert hatte. Im Herbst 1953, drei Jahre bevor er verstarb, veröffentlichte dieser schließlich sein eigenes Buch: ›Adolf Hitler. Mein Jugendfreund‹.

Kubizeks Hitler

Was schwebte Kubizek vor, als er sich entschloß, ein Buch über seine Beziehung zu Hitler zu schreiben? Er dachte nicht an einen nüchternen Tatsachenbericht, eher an eine Novelle oder einen Roman; nur so, meinte er, könne das Schicksal seines Freundes, »dieses einmaligen Menschen«[36], angemessen dargestellt werden. Dabei hatte er ein konkretes Vorbild vor Augen: ›Schwammerl. Ein Schubertroman‹ (1910) von dem deutsch-österreichischen Heimatschriftsteller Rudolf Hans Bartsch.[37] Der Band erzählt von dem Komponisten Franz Schubert, von seinen durch überreiche Begabung hervorgerufenen Leiden, von seinem extremen, rauschhaften Leben, von seiner schwärmerisch-verzweifelten Liebe zu Frauen und von der Innigkeit jener Männerfreundschaften, in die sich das »Schwammerl« auf der Suche nach Geborgenheit und Trost immer wieder flüchtet. Sie kristallisieren sich beispielhaft in einer langen Szene, in der Schubert und der Maler Moritz von Schwind von einer eheähnlichen Beziehung träumen.[38] Gehalten ist der Roman in einem süßlichen, gemütvoll-behäbigen Tonfall. Die erotischen Passagen sind diskret, aber kaum mißzuverstehen. War es ein Zufall, daß ausgerechnet ein Lebensbericht über den mutmaßlich homosexuellen Schubert für Kubizek wichtig wurde?

Nach eigenem Bekunden folgte er diesem Vorbild allerdings auch, weil er Hitler in ein anderes Licht rücken, weil er ihm die »Fratze«[39] nehmen wollte. Sein alter Freund sollte wieder als Mensch wahrgenommen werden, als »eine einmalige Erscheinung in der Geschichte des deutschen Volkes«, wie er noch 1948 gegenüber Jetzinger betonte: »Schließlich endete auch Napoleon in der Verbannung, wiewohl er einer der Größten seiner Nation war. Die Wahrheit brachte den Sieg der Anschauung. So wird es auch einmal mit Adolf Hitler sein.«[40] Kubizeks Glaube an Hitler, so scheint es, war trotz aller Verbrechen und Katastrophen unerschüttert, seine Liebe ungebrochen. Ihm lag etwas auf der Seele, was er der Nachwelt über den Jugendfreund sagen wollte, und man kann sich mit guten Gründen fragen, ob darin nicht mehr als nur Unbelehrbarkeit lag. Jedenfalls sollten wir Kubizek aus diesem Bedürfnis heraus als Zeitzeugen begreifen und als Quelle ernst nehmen.

»Meine Freundschaft zu Adolf Hitler trug vom Anfange an den Stempel des Ungewöhnlichen«[41], sagt Kubizek, geradezu »seltsam«[42] sei sie gewesen. Und tatsächlich, sein Buch schildert eine Beziehung, die für Heranwachsende aus kleinbürgerlichen Verhältnissen kaum typisch gewesen sein dürfte. Man sieht zwei junge Männer, die über ihre Schwärmerei für Richard Wagner zusammenfinden, gemeinsam ins Theater gehen, durch ihre Heimatstadt bummeln und ausgedehnte Wanderungen in die landschaftlich reizvolle Umgebung unternehmen. Trotz der sie verbindenden Interessen sind sie sehr unterschiedlich: Während Hitler die Rolle des belehrenden Alleinunterhalters übernimmt, begnügt sich Kubizek, fasziniert von der exaltierten Persönlichkeit des Freundes, mit dem

Part des geduldigen Zuhörers. Hitler sieht er als einen phantasievollen, intelligenten, wißbegierigen Menschen, der zugleich aber, ganz dem Bild einer über den bürgerlichen Konventionen stehenden Künstlernatur entsprechend, auch etwas Unbeständiges, Impulsives und Jähzorniges hat. Sich selbst zeichnet Kubizek als den intellektuell unterlegenen, eher weichen Typus, der dem bewunderten Gefährten treu ergeben ist. Auf dieses Gefälle in der Beziehung der beiden Männer, das der Wirklichkeit weitgehend entsprochen haben dürfte, ist vielfach hingewiesen worden, mit der Schlußfolgerung, daß es eigentlich gar keine Freundschaft gewesen sei und der naive Kubizek dem ichsüchtigen Hitler nur als Auffangbecken unermüdlicher Redereien gedient habe.[43] Kubizek selbst war es, der mit der Formulierung vom »instrumentalen Charakter« der Freundschaft dieser Lesart das passende Stichwort lieferte.

Völlig zutreffend ist das nicht. Die Freundschaft der beiden, wie sie sich bei genauerer Lektüre darstellt, war durchaus ein emotional stark aufgeladenes, auf Gegenseitigkeit beruhendes Verhältnis. Beide suchten beharrlich die Nähe des anderen – und fanden sie auch: »Innigkeit« und »Tiefe«, wie Kubizek schreibt. Er schildert uns den »Jünglingsbund«, wie er zu sagen pflegt, denn auch in einer Weise, die einer Liebesbeziehung in nichts nachsteht, berichtet von wirklicher Vertrautheit, von gegenseitigem Verständnis und großem Einfühlungsvermögen. Dabei hielt sein sonst so egozentrischer und dominanter Freund zwar regelmäßig »unerbittlich an seinem Standpunkt fest«, konnte aber »sogleich so rücksichtsvoll sein, daß er mich immer wieder beschämte«. Schließlich heißt es sogar: »Bei Gott, niemand auf dieser Erde, nicht einmal meine Mutter, die mich doch so innig liebte und am besten kannte, vermochte meine geheimen Wünsche so unvermittelt auszusprechen wie mein Freund.« Die einstige »Theaterbekanntschaft« hatte sich binnen kurzem zu einer »tiefen, romantisch verklärten Freundschaft gewandelt«.

Hitler wachte denn auch eifersüchtig über Kubizek: »Weil ich es nicht leiden kann, wenn du mit anderen jungen Leuten gehst und sprichst.« Die Vorstellung, daß Kubizek »neben der Freundschaft zu ihm noch für andere Menschen Interesse hatte«, habe Hitler, so Kubizek, einfach nicht ertragen können, immer »galt für ihn in dieser Hinsicht absolute Ausschließlichkeit«. Im Februar 1908, als Hitler einige Tage vor Kubizek nach Wien gereist war, drängte er den Freund daher, ihm so bald wie möglich zu folgen. »Warte schon sehnsuchtsvoll«, schreibt er auf einer Karte, »auf Nachricht von Deinem Kommen. Schreib bald und bestimmt, damit ich alles zum feierlichen Empfange bereit mache. Ganz Wien wartet schon. Also komm bald. Hole Dich natürlich ab.« Hitler habe sich in Wien ohne ihn eben schrecklich einsam gefühlt, kommentiert Kubizek diese Sätze: »Das ›sehnsuchtsvoll‹ des ersten Satzes ist sicherlich ernst gemeint. Daß er das ›Komme bald‹ nochmals wiederholt, sogar in der Form ›Bitte nochmals komme bald!‹ beweist, wie sehr er auf mein Kommen gewartet hat.«

Als Hitler die Zeilen schrieb, konnte er kaum erwarten, daß endlich Wirklichkeit würde, wovon er und sein Freund schon so lange träumten: ein erfülltes Leben in der Großstadt als »Künstlerpaar«. In Linz hatten sie einst einen Lotteriegewinn ersehnt, der ihnen eine solche Zweisamkeit ermöglichen könnte; sie stellten sich vor, gemeinsam eine Etage zu beziehen, und Hitler richtete in Gedanken bereits die Wohnung in allen Einzelheiten ein. Er selbst wollte Zeichner werden, während Kubizek endlich seiner musikalischen Neigung folgen sollte. Für den Sommer planten sie große Reisen, wobei Bayreuth als Ziel natürlich an erster Stelle stand. Ein Paar wollten sie sein, auch nach außen: Damit »alle Leute« sie »für Brüder halten«[44], nahmen sie sich vor, auf der Straße die gleiche Kleidung zu tragen.

Bis zu einem gewissen Grad suchten Kubizek und Hitler 1908 in Wien tatsächlich dieses Traumbild zu verwirklichen und demonstrierten partnerschaftliche Verbundenheit zum Beispiel dadurch, daß sie die gleichen Wintermäntel und »breitrandige, schwarze Hüte« trugen. »Man mußte uns damals«, schreibt Kubizek, »für Brüder halten, was wir auch wollten.«[45] Und auch alles andere paßt ins klischierte Bild romantischer Jugendfreundschaft: die langen Wanderungen in die Umgebung, die Suche nach Ungestörtheit,

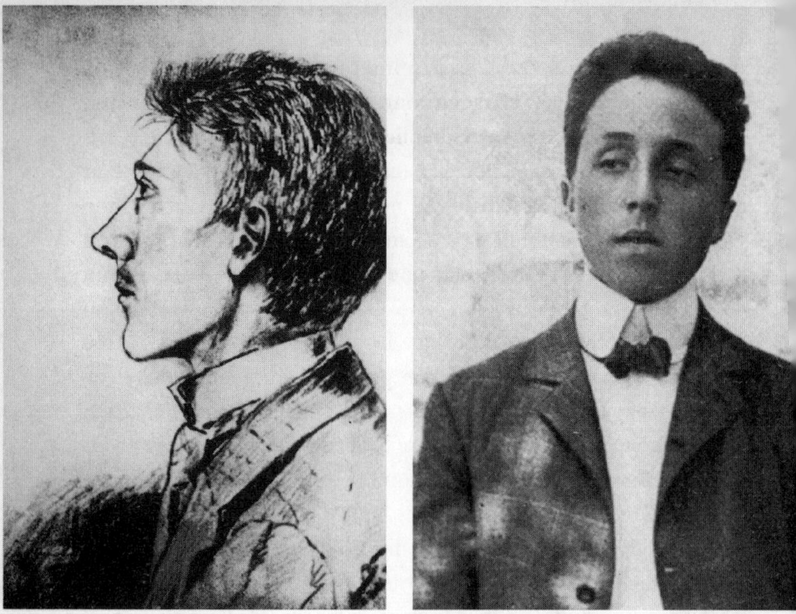

Hitler und sein Jugendfreund August Kubizek; die Zeichnung dürfte aus dem Jahr 1905, die Fotografie aus dem Jahr 1907 stammen.

nach Plätzen, an denen sie »niemand anderer fand«[46], die sommerlichen Ausflüge zum Baden, auch Touren in entfernter gelegene Gegenden, wo sie dann über Nacht blieben.[47] Doch den Gleichklang ihrer Seelen spürten Kubizek und Hitler nicht nur in der Natur, sondern, so darf man vermuten, auch während ihrer zahlreichen Opernbesuche. Außerdem hörten sie die sonntäglichen Aufführungen der »Wiener Sängerknaben« in der Burgkapelle, denn »Adolf liebte diesen berühmten Knabenchor ganz besonders«[48].

Kubizeks Darstellung deckt sich, auch wenn es hier bloß um Zufälligkeiten gehen mag, in mancher Hinsicht mit zeitgenössischen Schilderungen homosexueller Freundschaftskultur. Der Sexualwissenschaftler Magnus Hirschfeld berichtet etwa, daß homosexuelle Liebespaare die Abgeschiedenheit der Natur und das Dunkel berauschender Opernaufführungen suchten[49] und daß die Aufführungen der »Wiener Sängerknaben« eine ganz besondere Anziehungskraft auf sie ausübten;[50] ebenso wissen wir aus der zeitgenössischen Literatur, daß viele von ihnen Richard Wagner verehrten[51] und daß Bayreuth als internationaler Treffpunkt homosexueller Prominenz bekannt war.[52] Inwieweit Kubizek und Hitler sich dessen bewußt waren, läßt sich nicht feststellen, und es bleibt im ganzen, schon der unspezifischen Richtung dieser Beobachtungen wegen, historisch wie psychologisch auch nur von marginalem Wert: Alle Liebespaare suchen Abgeschiedenheit, nicht nur die homosexuellen, und die Musik Wagners kann man trotz ihrer erotischen Grundierung natürlich jenseits jeder sexuellen Orientierung lieben. Doch die Details, soviel sei vermerkt, passen zur Typik. Und daß eine Art Wagner-Fanatismus für die Beziehung von allergrößtem Belang war, ist nicht zu bestreiten. Die in der Wiener Hofoper aufgeführten Wagnerschen Musikdramen seien, so Kubizek, Höhepunkte ihrer Freundschaft gewesen: »In der weihevollen Atmosphäre des Linzer Theaters«, bemerkt er, »hatten wir unseren Jünglingsbund geschlossen, im ersten Opernhaus Europas bekräftigten wir ihn immer wieder von neuem.«

Noch aufschlußreicher wird Kubizeks Buch, wenn er erzählt, daß seinem Freund andere Menschen »physisch zuwider« gewesen seien. Hitler habe »ständige Angst« davor gehabt, mit jemandem »körperlich in Berührung zu kommen – er reichte nur selten und nur wenigen Menschen die Hand«. So werden Hitler die Körperkontakte mit Kubizek um so bedeutsamer, und in Momenten tiefer Verbundenheit habe er immer wieder die Hand des Gefährten ergriffen, »innige Berührungen«[53] seien das gewesen. Ein solcher Moment war auch das beglückende Wiedersehen auf dem Wiener Westbahnhof im Februar 1908. In einer Frühfassung seiner Erinnerungen hat Kubizek es so geschildert: »Mein Freund erwartete mich schon am Bahnsteig, begrüßte mich in freudiger Erregung mit einem Kuß und führte mich dann gleich in seine Behausung, woselbst ich die erste Nacht zubringen sollte.«[54] Für die Veröffentlichung wurde die Passage bewußt abgeschwächt: »Er freute sich offensichtlich über meine Ankunft, begrüßte mich herzlich und gab mir nach damaliger Gepflogenheit einen leichten Kuß auf die Wange.«[55]

Im schwärmerischen Ton der ersten Fassung, aber auch noch in der deutlich zurückgenommenen zweiten Version spiegelt sich viel von dem, was für Kubizek auch sonst die besondere Qualität der Freundschaft zu Hitler ausmacht: das zärtliche Besorgtsein um das Wohlergehen des anderen, die körperliche Nähe und erotische Anziehung, das Bedürfnis nach weltabgewandter Zweisamkeit. Unbewußt zeichnet Kubizek damit das Bild einer romantischen Liebesbeziehung, das ihn selbst Jahrzehnte später noch anrührte.

Von Frauenbekanntschaften der beiden jungen Männer weiß Kubizek hingegen nichts zu berichten. Im Gegenteil: Als er während der Wiener Zeit von einer Musikschülerin einmal einen kurzen Besuch erhielt, habe die »gute alte Zimmerfrau das junge hübsche Mädchen« gesehen und »erstaunt die Augenbrauen« hochgezogen. Prompt folgte eine Eifersuchtsszene mit seinem Freund. Hitler habe ihn wütend angefahren und gemeint, ihr gemeinsames Zimmer sei zu eng für ein Rendezvous mit »musikalischem Weibsgezücht«. Selbst als Kubizek beteuerte, das Mädchen sei keineswegs aus »Liebeskummer« zu ihm gekommen, sondern weil sie eine Frage zum Unterricht hatte, konnte Hitler sich nicht beruhigen.[56]

Obwohl Hitler auf Frauen durchaus attraktiv gewirkt habe,[57] sagt Kubizek, hätten umgekehrt Frauen auf ihn keinerlei Anziehungskraft ausgeübt. »Es war daher selbstverständlich, daß Adolf Liebeleien oder Flirt nicht kannte, daß er aber auch vorgekommene kokette Annäherungen von Mädchen oder Frauen immer abgewiesen hat. Frauen und Mädchen interessierten sich für ihn sowohl in Linz wie auch in Wien. Er wußte aber solchen Bestrebungen immer aus dem Weg zu gehen.« Gleichgültigkeit gegenüber dem anderen Geschlecht habe Hitler übrigens bis zu seinem Tod als eine Art Ideal hochgehalten: »Die späteren Aussprachen mit dem Führer haben mir dies bewiesen.«[58]

Wenn Frauen in der Privatsphäre Hitlers und Kubizeks überhaupt eine Rolle spielen durften, dann die Mütter. Sie waren für beide, neben dem Freund, der wichtigste seelische Bezugspunkt.[59]

Kubizek berichtet denn auch von Hitlers »grenzenloser Liebe zu seiner Mutter«: Zwischen ihnen habe vor allem in den schwierigen Monaten vor Klara Hitlers Tod eine »einzigartige seelische Harmonie« geherrscht. Und Kubizek, dem »alle Liebe der Mutter« gegolten hatte, besaß eine ähnlich innige Mutterbeziehung. Nicht auszuschließen ist dabei, daß die beiden Mütter den besonderen Charakter der Freundschaft ihrer Söhne sogar erkannt, verstanden und gebilligt haben; so deutet es sich zumindest in einer Szene an, in der Kubizek am Sterbebett von Klara Hitler Abschied nimmt: »›Gustl‹, sagte sie – sie nannte mich sonst immer nur ›Herr Kubizek‹, in dieser Stunde aber gebrauchte sie den Namen, den Adolf für mich verwendete – ›bleiben Sie meinem Sohne der gute Freund, auch wenn ich nimmer bin. Er hat ja niemand mehr.‹ Ich versprach es mit Tränen in den Augen.«[60]

Von Jetzinger wissen wir, daß Kubizek eine homosexuelle Veranlagung Hitlers »energisch und entrüstet in Abrede«[61] stellte. Das entspricht dem Tenor seines Buches, das geradezu durchsetzt ist von Passagen, die den Leser von der sich immer wieder aufdrängenden Vermutung abbringen sollen, seine Beziehung mit Hitler sei mehr als eine herkömmliche Männerfreundschaft gewesen. »Voll und ganz« will Kubizek bestätigen, »daß Adolf sowohl in körperlicher wie auch in geschlechtlicher Beziehung absolut normal war. Das Außergewöhnliche an ihm lag weder im Erotischen noch im Sexuellen, sondern in anderen Bereichen seines Wesens.«[62] Und doch: Sämtliche Ausführungen Kubizeks zu diesem Thema wirken wie ein einziger verborgener Hinweis, daß seine Schilderungen eines starken Gegengewichts und sozusagen laufend eingefügter Dementis bedurften, wenn sie beim Leser keinen zweideutigen Eindruck hinterlassen sollten. Das geht so weit, daß Hitler von seinem Jugendfreund gleichsam »heterosexualisiert« wird.

Am deutlichsten zeigen sich diese Bemühungen dort, wo Kubizek die Geschichte von Hitler und der etwa gleichaltrigen Linzer Beamtentochter Stefanie erzählt. Stefanie, deren Existenz tatsächlich belegt ist,[63] war genau das, was Kubizek für seine Zwecke brauchte: Hier konnte er einen Hitler präsentieren, der der Liebe zu einer Frau fähig schien, und so gleichzeitig ihre eigene Beziehung ins rechte Licht rücken. Nicht umsonst walzt er die Romanze lang und breit, in nahezu aufdringlicher Weitschweifigkeit, aus: Für Hitler sei Stefanie das ein und alles, die große Liebe seines Lebens gewesen, »der einzige Mensch auf Gottes Erde, der außerhalb dieser verruchten Menschheit stand, ein Wesen, das, von strahlender Liebe verklärt, seinem gequälten Dasein Sinn und Inhalt gegeben hatte«[64]. Unwillkürlich gewinnt man den Eindruck, daß es sich bei alldem um eine Projektion gehandelt haben muß, und tatsächlich: Erwiesenermaßen hat Hitler nie auch nur die geringste Anstrengung unternommen, mit der »Angebeteten« zusammenzukommen.

Ähnlich ist es auch sonst. Kubizeks Behauptung etwa, Hitler habe wie ein Mönch in selbstgewählter Askese gelebt und, nicht zuletzt aus Angst vor Geschlechtskrankheiten, den mannigfaltigen erotischen Verlockungen der Großstadt souverän widerstanden,[65] wird zu penetrant vorgetragen, als daß sie den Leser überzeugen könnte. Ein Beispiel: Auf der Suche nach einer Wohnung für ihn, berichtet Kubizek, sei es gleich nach seiner Ankunft in Wien zu einer bemerkenswerten Szene bei einer Vermieterin gekommen. Während des Gesprächs mit der Frau »löste sich durch eine zu hastige Bewegung die Schnur, die den Schlafmantel zusammenhielt. ›Oh, pardon, meine Herren!‹ rief die Dame sogleich und faßte den Mantel wieder zusammen. Doch der Augenblick hatte genügt, um uns zu zeigen, daß sie unter ihrem Seidenmantel nicht mehr als ein kleines Höschen trug. Adolf wurde puterrot, stand auf, faßte mich am Arm und sagte: ›Komm, Gustl!‹«[66]

Kubizek freilich ging es bei dieser Episode nicht allein darum, Hitlers moralische Integrität zu illustrieren, zugleich wollte er rechtfertigen, daß die beiden jungen Männer später gemeinsam in ein kleines enges Zimmer zogen. Noch weitere seltsame Wohnungsbesichtigungen müssen herhalten, damit er Hitler am Ende sagen lassen kann: »Am besten, wir ziehen zusammen. Diese Lösung käme uns beiden zugute, weil wir dadurch schon einmal ein Zimmer bewohnen würden, weil wir ferners dauernd beisammen bleiben könnten und schließlich, weil wir auf diese Art uns gegenseitig ergänzen würden.«[67] Auch hier macht sich wieder eine auffällige Umständlichkeit, fast Gewundenheit der Erklärungen bemerkbar, als sollten allfällige Verdachtsmomente um jeden Preis unterdrückt werden. Wieso, fragt man sich, bezogen die beiden eigentlich nicht gleich ein gemeinsames Zimmer? Bei der damals in Wien herrschenden Wohnungsnot hätte das ohnehin nahegelegen. Zudem träumten sie schon seit Linz davon, zu zweit unter einem Dach zu leben. Aber Kubizek wollte anscheinend unbedingt eine Geschichte in seine Darstellung einbauen, die jede Vermutung, es habe sich bei der Beziehung zu Hitler um Liebe gehandelt, entkräftete.

Offenbar in derselben Absicht hat er noch eine weitere, äußerst aufschlußreiche Begebenheit eingefügt. Sie zeigt einen Hitler, der an der Homosexualität grundsätzlich Anstoß nimmt:

> »An der Ecke Mariahilfer Straße – Neubaugasse sprach uns eines Abends ein gut gekleideter, sehr bürgerlich aussehender Mann an und fragte nach unseren Lebensverhältnissen. Als wir ihm erzählten, daß wir Studenten seien, ›mein Freund studiert Musik‹, erklärte Adolf, ›ich Architektur‹, lud er uns in das Hotel Kummer zum Abendessen ein. Er ließ uns auftragen, was wir wünschten. Endlich konnte sich Adolf einmal an Mehlspeisen und Torten gründlich satt essen. Dabei erzählte er uns, daß er ein Fabrikant aus Vöcklabruck wäre, Frauenbekanntschaften ablehne, da sie ja doch nur auf Gelderwerb ausgerichtet seien. Mir gefiel besonders, was er von der Hausmusik erzählte, für die er sehr empfänglich sei. Wir bedankten uns, er begleitete uns sogar noch auf die Straße, dann gingen wir heim.
> Auf unserer Bude fragte mich Adolf, wie mir dieser Herr gefallen habe. ›Ausnehmend gut!‹ antwortete ich, ›ein sehr kultivierter Mann mit ausgeprägten künstlerischen Neigungen.‹
> ›Und sonst?‹ forschte Adolf mit einem für mich rätselhaften Ausdruck im Gesicht.
> ›Was soll sonst noch sein?‹ fragte ich erstaunt.
> ›Nachdem du anscheinend nicht begreifst, Gustl, worum es

sich in diesem Falle handelt, schau dir diese kleine Karte an!‹
›Welche Karte?‹
Tatsächlich hatte dieser Mann Adolf, ohne daß ich es bemerkt hatte, eine Visitenkarte zugesteckt, auf der eine Einladung vermerkt stand, ihn im Hotel Kummer zu besuchen.
›Es handelt sich um einen Homosexuellen‹, erklärte Adolf sachlich.
Ich erschrak. Ich hatte bisher noch nicht einmal das Wort gehört, geschweige denn, daß ich mir darunter etwas Bestimmtes vorstellen konnte. So klärte mich Adolf denn über diese Erscheinung auf. Natürlich war auch daraus schon längst für ihn ein Problem geworden, das er ebenso als eine widernatürliche Erscheinung mit allen Mitteln bekämpft sehen wollte, wie er sich persönlich solche Menschen mit geradezu ängstlicher Gewissenhaftigkeit vom Leibe hielt.«[68]

Das soll man glauben?

Kubizek und Hitler verbrachten nur gut vier Monate zusammen in Wien. Danach trennten sich ihre Wege. Der genaue Grund dafür bleibt rätselhaft, schlüssige Erklärungen fehlen, und namentlich Kubizeks eigene Version wirkt nicht sonderlich überzeugend: Ihr zufolge leistete er nach einem Sommeraufenthalt bei den Eltern in Linz seinen Militärdienst ab und kehrte erst im November 1908 nach Wien zurück. Hitler, so Kubizek, habe zu diesem Zeitpunkt schon nicht mehr in dem gemeinsamen Zimmer gewohnt, sein Freund sei, ohne eine Nachricht zu hinterlassen, einfach verschwunden. Jetzinger allerdings kann plausibel darlegen, daß der Kubizeksche Geburtsjahrgang erst ein Jahr später stellungspflichtig war und Kubizek somit wahrscheinlich nicht 1908, sondern erst 1909 seinen Militärdienst leistete.[69] Merkwürdig auch, daß er von Hitler seit Ende August nichts mehr gehört haben will. Wie konnten so enge Freunde so lange ohne Nachricht voneinander bleiben? Glaubhafter erscheint die Annahme, daß Kubizek bereits im September wieder in Wien war, wo es dann, auf welche Weise auch immer, zur Trennung kam. Aber warum die Verschleierung? Vermutlich paßte ein unschönes Ende einfach nicht ins stilisierte Bild dieser Männerfreundschaft, dieses »Jugendbündnisses«.

Und wie war es wirklich? Immerhin finden sich bei Kubizek einige mehr oder weniger versteckte Hinweise auf die schwierigen Momente der Beziehung, die ahnen lassen, wie sich das Verhältnis der beiden in Wien entwickelte. Des öfteren, heißt es beispielsweise, seien die Freunde in der Frage der Tageseinteilung aneinandergeraten. Während Kubizek morgens in die Akademie ging, habe Hitler bis nachmittags geschlafen und sich dann durch die musikalischen Übungen seines Freundes, »dieses ewige Geklimper«[70], gestört gefühlt. Zudem habe sich das politische Interesse Hitlers in Wien erheblich verstärkt, während Kubizek dafür überhaupt keinen Sinn gehabt habe. »Ohne Zweifel«, betont er, »war diese gegensätzliche Entwicklung, durch die ich für Adolf als Gesprächspartner immer ungeeigneter wurde, einer der Gründe, der ihn veranlaßte, eigene Wege zu gehen.«[71] Während Kubizek also mit großem Ernst und Fleiß sein Musikstudium fortsetzte, ließ Hitler sich in der Stadt treiben, ja blieb mitunter auch mehrere Nächte weg: »Weiß Gott, wo er überall herumgelaufen war, wo er geschlafen und wie er gehungert hatte.«[72] War er auf der Suche nach neuen Kontakten? Jedenfalls zerbrach die Beziehung mehr und mehr, und der Traum von einer gemeinsamen ästhetischen Existenz scheiterte.

Nach der Trennung geriet Hitler auch finanziell in eine schwierige Lage. Zwar bekam er 1908 von seiner »Hanitante« eine Geldsumme geliehen, die ihn für einige Monate über Wasser hielt, doch blieb er auf zusätzliche Einnahmequellen dringend angewiesen, zumal die Miete für die neue Wohnung in der Felberstraße »bestimmt höher [war] als bei der Frau Zakreys«[73]. Mit der Abmeldung aus dieser zweiten Wiener Wohnung verschwindet Hitler im September 1909 für fünf Monate aus den Meldeunterlagen. War er tatsächlich obdachlos, wie Reinhold Hanisch nahelegt,[74] oder fand er bei einem Bekannten Unterkunft? Denkbar ist auch, daß Hitler sich damals gar nicht in Wien aufhielt, sondern sein Glück woanders suchte. Wir wissen es nicht.

Die Affäre Eulenburg

In den Jahren 1906 bis 1909 war das Thema Homosexualität durch die Anklage gegen Philipp Fürst zu Eulenburg, den damals besten Freund des deutschen Kaisers, in der deutschen Öffentlichkeit fortwährend präsent. Der Publizist Maximilian Harden hatte Eulenburg in der Zeitschrift ›Zukunft‹ sittlicher Verfehlungen und eines unheilvollen Einflusses auf Wilhelm II. beschuldigt; seitdem kreiste die Affäre, in der Sexualdenunziation gezielt als Waffe gegen den politischen Gegner eingesetzt wurde, um die zutiefst irrationale Vorstellung, daß Homosexuelle für öffentliche Ämter ungeeignet seien. Harden beispielsweise meinte, der politische Einfluß von »normwidrig Veranlagten« stehe dem nationalen Interesse Deutschlands auf verhängnisvolle Weise entgegen. Doch nicht nur darüber wurde debattiert. Harden war Jude, und dadurch wurden gleichzeitig Vorurteile ganz anderer Art geschürt: Stramme Nationalisten führten die Affäre auf eine »jüdische Schmutzkampagne« zurück, die in ihren Augen nicht nur die kaiserliche, sondern die deutsche Ehre überhaupt beflecken sollte.

Da im Lauf der verschiedenen Prozesse auch über Eulenburgs Jahre in Wien, wo er zwischen 1894 und 1902 deutscher Botschafter war, immer mehr Details publik wurden,[75] erregte der Skandal in der österreichischen Zeitungslandschaft großes Aufsehen. Das »Dach des Nachbarn brennt«[76], schrieb die ›Oesterreichische Kriminal-Zeitung‹ 1907. Von nun an schaute man, durch die Vorgänge im Deutschen Reich aufmerksam geworden, auch im eigenen Land genauer hin und stellte fest, daß es in Wien, wie in vielen anderen europäischen Großstädten auch, eine beachtliche homosexuelle Subkultur gab. Anonymität fungierte dabei als Schutzschild: Bisweilen kamen Homosexuelle aus der Provinz für einige Tage in die Metropole, um in Restaurants, Kaffeehäusern, Hotels, Badeanstalten oder auf dem Strich[77] unerkannt die Infrastrukturen gleichgeschlechtlicher Liebe zu nutzen. Im Wien der Jahrhundertwende war eine »aufdringlich erotische Grundstimmung«, wie Kubizek schrieb, »auf Schritt und Tritt zu fühlen«.[78]

Im subkulturellen Spektrum Wiens befand sich das homosexuelle Milieu am äußersten Rand. Hier hatte man eine ausgefeilte Technik des Verschweigens und Versteckens entwickelt, was dem Erpresserwesen, dem sogenannten Rupfertum, ein lohnendes Betätigungsfeld erschloß. Hinzu kam jetzt, angesichts des plötzlichen Interesses der Öffentlichkeit, daß es sich beispielsweise »Kriminalzeitungen« zur Aufgabe machten, grelles Licht in das argwöhnisch beobachtete Milieu zu werfen. Sie berichteten über einschlägige Treffpunkte wie Cafés oder Hotels und informierten ihre neugierigen Leser über besondere Gewohnheiten Homosexueller; entrüstet sprach man von »Päderastenunfug«[79] und »ungeheuerlichen Zuständen«, die aus der schönen Kaiserstadt »einen Schweinestall, das Eldorado von nicht entschuldbaren Wüstlingen und Erpressern gemacht«[80] hätten. Zugleich wurde in vereinzelten Leserbriefen gegen die Denunziationskampagne Front gemacht und für Fairneß gegenüber den Stigmatisierten geworben. Auch die homosexuelle Emanzipationsbewegung bemühte sich um Aufklärung.[81] So begann sich die hermetische Abschottung des Milieus durch die öffentliche Debatte ein wenig zu lockern, was Betroffene durchaus als peinlich, ja bedrohlich empfanden.

Von der allgemeinen Erregung, die der Eulenburg-Skandal hervorrief, wurde auch der eifrige Zeitungsleser Adolf Hitler erfaßt. Und wenn er wirklich, wie Kubizek uns weismachen will, ein erklärter Feind der »widernatürlichen Erscheinung« Homosexualität gewesen wäre, dann hätte er sich des Themas ohne Frage in ›Mein Kampf‹ angenommen, und zwar in deutlicher Frontstellung *gegen* den Eulenburg-Kreis. Davon jedoch kann keine Rede sein. Zwar schreibt Hitler in ›Mein Kampf‹, daß er in seiner Wiener Zeit »alle Ereignisse in Deutschland mit größtem Feuereifer« verfolgt habe. Gleichwohl heißt es darauf: »Der Kampf, der zu dieser Zeit gegen Wilhelm II. geführt wurde, fand damals nicht meine Billigung.« Er sei sogar entrüstet gewesen, daß die Wiener Presse »mit scheinbar besorgter Miene, aber, wie mir schien, schlecht verhehlter Boshaftigkeit ihren Bedenken gegen den Deutschen Kaiser Ausdruck verlieh. [...] Und nun bohrte dann dieser Finger in der Wunde nach

Herzenslust herum. Mir schoß in solchen Fällen das Blut in den Kopf.«[82] An anderer Stelle empört er sich darüber, daß »alte bewährte Erscheinungen des staatlichen oder sonstigen öffentlichen Lebens [...] mit solch elenden Schmähungen überhäuft wurden, daß ihr Name in kurzem drohte zum Symbol einer ganz bestimmten Niedertracht oder Schurkerei zu werden. Man muß diese infame jüdische Art, ehrlichen Menschen mit einem Male [...] die Schmutzkübel niedrigster Verleumdungen und Ehrabschneidungen über das saubere Kleid zu gießen, studieren, um die ganze Gefahr dieser Presselumpen richtig würdigen zu können.«[83] Lobend hingegen erwähnt Hitler das »antisemitische ›Deutsche Volksblatt‹«, das sich »anläßlich einer solchen Angelegenheit [...] anständiger«[84] verhalten habe als das Gros der Wiener Presse. Die Zeitung hatte sich demonstrativ auf die Seite des deutschen Kaisers gestellt und ihn gegen Harden in Schutz genommen. »Maximilian Harden alias Isidor Witowski«, so hetzte das ›Volksblatt‹, sei der »Schweinehirt« der jüdischen Wiener Presse, die jetzt einen ähnlichen Tumult veranstalte wie die Schweine im Stall, wenn diesen das Futter in den Trog gekippt werde.[85]

Solche Kraftworte werden bei Hitler auf fruchtbaren Boden gefallen sein, denn den Zusammenhang zwischen seiner eigenen Veranlagung und den öffentlichen Anwürfen des Juden Harden gegen den homosexuellen Berater des deutschen Kaisers wird er schon gespürt haben. Er muß sich durch die Hardenschen Enthüllungen persönlich angegriffen gefühlt haben. Und er haßte nicht nur Harden, sondern auch dessen Kronzeugen, den Sexualwissenschaftler Magnus Hirschfeld: »Das, was dieser alte Schweinejude feilbietet«, sagte er später, »bedeutet gemeinste Verhöhnung des Volkes.«[86] Bis in die zwanziger Jahre hinein attackierte Hitler jene Teile der Öffentlichkeit, die seinerzeit Eulenburg moralisch verurteilt hätten, nun aber auf der Seite Hirschfelds stünden: »Früher konnte man sich in moralischer Entrüstung über Eulenburg nicht genugtun, heute preisen dieselben Lügner einen Magnus Hirschfeld als sittlichen Vorkämpfer.«[87]

Offenbar hat sich Hitler unter dem Druck der Eulenburg-Affäre

Panik in Weimar A. Weisgerber (München)

„Wolfgang, laſſen wir die Hände los! — der Dr. Magnus Hirſchfeld kommt!"

Antisemitisch gefärbte Persiflage der Münchner Intellektuellenzeitschrift ›Jugend‹ auf die Bemühungen des Sexualforschers Magnus Hirschfeld, Homosexualität zu enttabuisieren.

in etwas hineingesteigert, das am Ende in wütende antisemitische Ausfälle mündete. Der tiefe Haß auf Harden und Hirschfeld mag dabei ein von persönlichen Ressentiments vergifteter Bodensatz für Hitlers spätere Verschwörungstheorien vom »internationalen Judentum« gewesen sein; ob es allerdings zwischen seinem Feindbild der Wiener Zeit und dem eklatanten Antisemitismus späterer Jahre tatsächlich eine direkte Verbindung gibt, darüber läßt sich nur spekulieren. Doch Hitler hatte zweifellos ein Vorurteil verinnerlicht, das in der Folgezeit durch die Lektüre rassistischer Schundliteratur weiter verfestigt wurde.[88] »Ich selbst«, bekannte er dazu 1929 eher beiläufig in einem Zeitschriftenartikel, »war seit meinem achtzehnten Jahre zur Erkenntnis der Judengefahr gekommen«, und achtzehn war er eben 1907, als der Eulenburg-Skandal seine höchsten Wellen schlug.[89] Fortan verband sich seine Angst vor Stigmatisierung mit seinem Haß auf das Judentum. Ausgangs- und Bezugspunkt seiner Ansichten freilich war das Reizthema Homosexualität gewesen, und seine Verblendung wuchs noch, als er erlebte, wie der Eulenburg-Skandal generell gegen die Deutschen eingesetzt wurde, etwa von italienischen Studenten in Wien, die in ihrem Kampf um Chancengleichheit die deutschen Kommilitonen mit Anspielungen auf sexuelle Perversion und Effeminiertheit verspotteten,[90] oder vom Pariser Kabarett, das damals Zoten über »la vice allemand« verbreitete. »Solche, die sich darüber ärgern«, schrieb die Wiener Kunstzeitschrift ›Der Sturm‹, »mögen sich zunächst bei Maximilian Harden bedanken. Nicht weil er die Deutschen in einen unverdienten schlechten Ruf gebracht, sondern weil er einen wirklich bei uns bestehenden Abusus ausposaunt hat.«[91]

Solche sexuell grundierten Animositäten gingen damals Hand in Hand mit einem sich allmählich steigernden Nationalitätenhaß, wie er im Wien der Jahrhundertwende von obskuren Welterklärern, Rassen- und Verschwörungstheoretikern aller Art ohnedies schon gepredigt wurde. So entstand eine von massiven Vorurteilen durchzogene Atmosphäre, die auch den jungen Hitler prägte.[92] Welch bedrohliche Brisanz das Thema Homosexualität besaß, muß ihm dabei wieder und wieder bewußt geworden sein, ein Gesichtspunkt, der als ein festes, ständig gegenwärtiges Hintergrundsfaktum auch in jene Lebenswelt gehört, in der sich Hitler spätestens seit Ende 1909 bewegte, als er merkte, daß er als Künstler nicht durchkommen würde.

Zu Beginn des 20. Jahrhunderts war es ein offenes Geheimnis, daß die städtischen Obdachlosenasyle und Männerheime nicht nur Auffangbecken für gestrauchelte Existenzen waren, sondern zugleich auch Zentren homosexuellen Lebens: Laut Hirschfeld bildeten in diesen Massenquartieren »homosexuelle Vorkommnisse einen beliebten und keineswegs nur theoretischen Unterhaltungsstoff«[93]. Manchen Heimbewohnern sei der gleichgeschlechtliche Verkehr Ersatz für fehlende Kontakte mit Frauen gewesen, andere hätten sich mit Prostitution über Wasser gehalten. Ähnlich hat sich auch Hitlers späterer Feind Ernst Hanfstaengl geäußert, der dem amerikanischen Geheimdienst 1942 anvertraute, daß das Heim, in dem Hitler in Wien wohnte, im Ruf eines Ortes stand, »zu dem sich ältere Männer begaben, die auf der Suche nach jungen Männern zum Zwecke homosexueller Vergnügungen waren. Es ist wahrscheinlich, daß Hitler zu dieser Zeit mit diesen Typen von alten Lebemännern und jungen Gigolos vertraut wurde.«[94]

In einem solchen Umfeld also verbrachte Hitler mehr als drei Jahre; das Heim in der Meldemannstraße, eine nach damaligen Maßstäben relativ moderne und komfortable Unterkunft, war eine reine Männerwelt.[95] Rund 70 Prozent der Bewohner waren jünger als 35 Jahre, und die geringe Fluktuation zeugt von ziemlich stabilen sozialen Strukturen. Reinhold Hanisch, den Hitler aus dem Männerheim kannte, berichtet, daß dieser keineswegs ein Einzelgänger gewesen sei, sondern, im Gegenteil, über eine bemerkenswerte Fähigkeit verfügt habe, die Kontakte zu seinen Mitbewohnern zu vertiefen und so etwas wie einen Freundeskreis aufzubauen.

Zu diesem Freundeskreis zählte vor allem Reinhold Hanisch selbst, weshalb er der wichtigste Zeitzeuge für die nun folgende Lebensphase Hitlers ist. Wer war er? Aus den spärlichen biographischen Angaben, die überliefert sind, ergibt sich folgendes Bild: Im

Herbst 1909 kam Hanisch, nachdem er zuvor als Diener in Berlin gearbeitet und dort zweimal wegen Diebstahl eingesessen hatte, als 25jähriger nach Wien, wo er ab Ende Dezember 1909 abermals als Hausdiener beschäftigt war. Ob er in der ersten Hälfte des Jahres 1910 im Männerheim in der Meldemannstraße wohnte, wie er selbst aussagte, oder woanders, wie es die Melderegister ausweisen, kann nicht mehr geklärt werden.[96] Zweifellos aber hielt er sich regelmäßig im Männerheimmilieu auf und lernte hier im Winter 1909/10 Hitler kennen. Die beiden schlossen Freundschaft, ja arbeiteten zusammen; Hanisch sollte später einmal Hitler seinen »einstigen Mitarbeiter« nennen.[97] Doch bald gab es Streit, und die Verbindung ging in die Brüche. Vermutlich tauchte Hanisch danach bis 1913 immer wieder unter falschem Namen im Männerheim auf.[98] Daß gleichzeitig auch unter seinem richtigen Namen mehrere Wohnungswechsel im Wiener Melderegister verzeichnet sind,[99] deutet auf ein sprunghaftes Leben, das offenbar nur als Versteckspiel möglich war. Im August 1913 kehrte er dann in seine Heimat zurück, nach Gablonz in Böhmen,[100] und diente von 1914 bis 1917 in der österreichischen Armee. Er verlobte sich und kam im Juli 1918 aufs neue nach Wien, wo er noch im selben Monat heiratete (die offenbar kinderlose Ehe wurde zehn Jahre später geschieden). 1923 saß Hanisch, wie schon zuvor, wegen Diebstahls im Gefängnis.

Nach dem rasanten Aufstieg der NSDAP und ihres Führers zu Beginn der dreißiger Jahre versuchte er, aus seiner alten Freundschaft Profit zu schlagen. Aber es sollte ihm nicht gelingen, im Gegenteil: Er begab sich sogar in Gefahr. Hanisch hatte Bilder gefälscht, die er als wertvolle Werke des jungen Hitler an den Mann bringen wollte, und wurde deswegen 1932 verhaftet und 1933 noch einmal. Danach erhielt ein österreichischer Nationalsozialist namens Feiler den Parteiauftrag, über Hanisch an originale und gefälschte Bilder des »Führers« zu gelangen.

Feiler, der zeitweilig mit Hitler in persönlichem Kontakt stand, zeigte Hanisch wegen Betrugs an, der somit erneut ins Gefängnis mußte. Doch nicht nur durch Fälscherei zog er sich den Zorn des mächtigen Diktators zu, sondern auch durch seine Zusammenarbeit mit hitlerkritischen Biographen wie Konrad Heiden und Rudolf Olden, die 1933, als die Zeitungen über den Prozeß gegen Hanisch berichteten, auf ihn aufmerksam geworden waren. Im November 1936 wurde er abermals verhaftet, angeblich wegen fortgesetzten Handels mit gefälschten Hitler-Bildern. Gravierender war wohl, so hat es den Anschein, daß man in seiner Wohnung zwei Manuskripte fand, in denen er über seine Zeit mit Hitler berichtete – leider ist über den Inhalt der Texte nichts bekannt. Einige Wochen nach seiner Verhaftung, am 4. Februar 1937, starb Hanisch im Alter von 53 Jahren. Der Gerichtsarzt stellte Herzversagen fest.[101]

Hanisch war schon zwei Jahre tot, als im April 1939 unter seinem Namen in Amerika die dreiteilige Artikelserie ›I Was Hitler's Buddy‹ erschien. Auf welchem Wege das Manuskript dorthin gelangt war, wissen wir nicht, auch nicht, welches Original der Veröffentlichung zugrunde lag. In dem Text erzählt Hanisch, wie er den angeblich völlig verwahrlosten Hitler im Obdachlosenasyl kennenlernte, wie er ihm half, sich dort zurechtzufinden, und wie sie, nachdem verschiedene Gelegenheitsjobs nicht genug eingebracht hatten, ihre eigene »Firma« gründeten; er berichtet von Hitlers damaliger »Weltanschauung« und dessen politischen Vorbildern; er schildert auch Hitlers Verhältnis zu Frauen. Er porträtiert einen jungen Mann, der ihm zwar recht verschroben und unzuverlässig vorkam, der ihm aber doch – zumindest zeitweise – ein guter Kamerad war. Einmal heißt es, Hitler und er seien »enge Freunde« gewesen: »Wir wußten alles voneinander.«[102] Ein ehemaliger Mitbewohner aus dem Männerheim, Karl Leidenroth, der noch in den dreißiger Jahren mit Hanisch zusammenarbeitete, hat dies bestätigt und gesagt, Hanisch und Hitler hätten in der Tat »in den allernächsten Beziehungen gestanden«[103].

Von Kubizek wissen wir, daß Hitler 1908 die Freude an der Malerei vergangen war, er habe damals weder Bilder gemalt noch verkauft.[104] Als er Hanisch kennenlernte, entdeckte er sie augenscheinlich wieder. Warum? Wollte er sein Talent nicht verkümmern lassen? Wohl kaum, denn Hitler hat auch später nie etwas gesagt, was auf eine Erneuerung seiner künstlerischen Ambitionen in den Jahren vor dem Ersten Weltkrieg schließen lassen würde.[105] Es waren reine Überlebensstrategien, die ihn bewogen, Hanischs Wunsch nachzukommen und zum Zeichenstift zu greifen. Auch ist nicht klar, was wir uns unter dem Geschäftsunternehmen der beiden genau vorzustellen haben. Wir wissen nur, daß es sie ganz leidlich durchbrachte.

Um so tiefer muß es Hanisch getroffen haben, als im Sommer 1910 mit Josef Neumann ein »Nebenbuhler« auf den Plan trat, der Hitler in Sachen Bilderverkauf offenbar eine bessere Zusammenarbeit bieten konnte als er selbst und auch privat, so scheint es, zur Konkurrenz wurde. Neumann, Hilfsarbeiter und Trödler, 31 Jahre alt, jüdischen Glaubens und ledig, war von Ende Januar bis Mitte Juli 1910 in der Meldemannstraße registriert.[106] Laut Hanisch war er ein »Geschäftsmann«, der »vor keiner Arbeit zurückschreckte«[107]. Er sei ein gutherziger Kerl gewesen, der Hitler sehr gemocht habe, und dieser wiederum habe auch Neumann überaus geschätzt; für Hitler sei Neumann zu einem »echten Freund«[108] geworden.

Im Juni 1910 meldete sich Hitler für knapp eine Woche aus dem Männerheim ab,[109] angeblich für einen Ausflug, den er, 20 Kronen Verdienst in der Tasche, mit Neumann unternommen haben soll. Sehr zum Leidwesen des düpierten Hanisch, der ihn »für eine Woche nicht finden [konnte]. Er besichtigte mit Neumann die Sehenswürdigkeiten in Wien und verbrachte viel Zeit im Museum.«[110] Diese wenigen Tage sind der einzige belegte Zeitraum, in dem Hitler sich nicht im Männerheim aufhielt. Daß er und sein Begleiter ihre Unterkunft verließen, um aus reiner Kulturbeflissenheit eine ganze Woche lang Bildungseinrichtungen zu besuchen, ist allerdings kaum glaubhaft. Sollte Neumann für Hitler mehr als nur ein »normaler Freund« gewesen sein?[111]

Das wenigstens würde erklären, warum der bei der Polizei aktenkundig gewordene Streit zwischen Hitler und Hanisch mit soviel Erbitterung ausgetragen wurde: Im Grunde ging es nicht um Unterschlagung und Namensfälschung, sondern um Konkurrenz, Eifersucht, Rache. Das Zerwürfnis sollte für Hitler noch lange Jahre unangenehme Folgen haben; für ihn blieb Hanisch bis zu seinem Tod eine Gefahr. Durch seine Kontakte zur ausländischen Presse drohten Enthüllungen, und man konnte nie wissen, wie weit der lästige Mitwisser gehen würde. Daß dem »Führer« der Tod Hanischs 1937 nicht ungelegen kam, liegt daher auf der Hand.[112]

Mit Rudolf Häusler in die Schwabinger Boheme

»So begann ich immer mehr ein Doppelleben zu führen; Verstand und Wirklichkeit hießen mich in Österreich eine ebenso bittere wie segensreiche Schule durchmachen, allein das Herz weilte woanders.«[113] Über Hitlers Leben im Wien der Jahre 1911 und 1912 wissen wir wenig mehr, als uns diese sibyllinischen Sätze aus ›Mein Kampf‹ verraten. Erst mit Rudolf Häusler, der im Februar 1913 als 19jähriger ins Männerheim kam und ein enger Freund Hitlers wurde, können wir seine Situation wieder einigermaßen erfassen.

Häusler hatte ein wechsel-, ja rätselhaftes Leben. Nach einem längeren Aufenthalt mit Hitler in München kehrte er 1914 bei Kriegsausbruch nach Wien zurück, um anschließend bis 1918 Soldat in Italien und Rumänien zu sein. 1917 heiratete er; ein Jahr später kam eine Tochter zur Welt. Nach dem Krieg lebte er mit seiner Familie in Wien, wo er in den zwanziger Jahren als Kaufmann und Bankbeamter arbeitete. 1929 starb seine Frau, und Häusler ging keine neue Ehe mehr ein, lebte von 1933 bis 1938 in der Tschechoslowakei und war dort Geschäftsführer eines Hotels sowie, kurzfristig, in einer Zuckerfabrik tätig. Im Frühjahr 1938 zog es ihn wieder nach Wien, wo er einen hauptamtlichen Posten bei der Deutschen Arbeitsfront (DAF) erhielt. Über den Zeitpunkt seines Eintritts in die NSDAP gibt es widersprüchliche Angaben, vermutlich war er schon seit 1929 Mitglied. Einigermaßen sicher dagegen ist, daß er 1944 aus der Partei ausgeschlossen wurde: Offenbar hatte sich während seines Aufenthalts in der Tschechoslowakei etwas ereignet, das ihn nicht länger tragbar erscheinen ließ. Doch die genauen Umstände und Hintergründe sind unbekannt.[114]

Lange Zeit war über Häusler, der 1973 in Wien verstarb, weiter nichts herauszubekommen. Zwar wurde sein Name 1952 in der ›Neuen Revue‹ erwähnt, aber danach sollte es über vierzig Jahre dauern, bis die Historikerin Brigitte Hamann von Häuslers Tochter Marianne Koppler mehr erfahren konnte: etwa, daß ihr Vater 1933 sechs Wochen lang in Berlin war und unbedingt Hitler sprechen wollte, daß man ihn aber, anders als später Kubizek, nicht zu seinem alten Gefährten vorgelassen hat.[115] Er geriet zur Persona ingrata, ohne daß wir wissen, warum. In einem Personal-Fragebogen der DAF gab er 1939 an: »1911 lernte ich Adolf Hitler kennen, der sich meiner annahm, mich politisch aufklärte und so in mir den Grundstock für meine politische und allgemeine Bildung legte. 1912 nahm er mich mit nach München, wo wir gemeinsam wohnten und Gelegenheitsarbeiten nachkamen.«[116]

Nach Darstellung von Marianne Koppler kam Rudolf Häusler aus einer gutbürgerlichen Wiener Beamtenfamilie. Der Vater war streng und dominant, die Mutter hingegen liebevoll und fürsorglich. Rudolf galt als das »schwarze Schaf« der Familie; »wegen eines derben Bubenstreiches«[117] wurde er von der Schule geworfen, und sein Vater setzte ihn später, und zwar an seinem 18. Geburtstag im Dezember 1911, vor die Tür. Häusler, der eine Ausbildung zum Handlungsgehilfen begonnen hatte, stand auf der Straße.

Vermutlich haben sich Häusler und Hitler um ungefähr diese Zeit kennengelernt. Wie sich ihre Beziehung in den folgenden Monaten gestaltete, entzieht sich unserer Kenntnis, aber wir wissen, daß der 20jährige Häusler im Februar 1913 zu Hitler ins Männerheim in der Meldemannstraße zog. Die beiden nannten sich »Adi« und »Rudi«, besuchten gemeinsam Opernaufführungen, und bald schwärmte auch Häusler leidenschaftlich für Wagner. Die Verbindung zu seiner Mutter hat er nie abreißen lassen, sie versorgte den Verstoßenen heimlich weiter, machte ihm die Wäsche und half mit Essen aus. Häusler stellte ihr den neuen Freund denn auch vor, und ähnlich wie im Fall Kubizeks gelang es Hitler, die Mutter von der Nützlichkeit eines Umzugs der beiden nach München zu überzeugen. Sie vertraute ihm ihren Sohn an. Der Zeitpunkt für eine Veränderung war günstig: Häusler hatte im Frühjahr 1913 seine Lehre abgeschlossen, und Hitler verfügte ab Mai 1913 aufgrund der Auszahlung des väterlichen Erbteils über eine größere Geldsumme. So konnten die Freunde in München einen Neuanfang wagen. Sie lebten fast neun Monate gemeinsam in einem Zimmer, dann hatte Häusler von Hitlers Redefluß, seinem Jähzorn, seiner Rechthaberei genug und suchte sich eine eigene Unterkunft.[118]

Im Gespräch mit Marianne Koppler hat Brigitte Hamann auch die Frage nach einer möglicherweise homosexuellen Beziehung der beiden Freunde gestellt, worauf sie zur Antwort erhielt, daß der Vater seiner Tochter gegenüber »keinerlei Andeutungen auf eine mehr als freundschaftliche Beziehung« gemacht habe. »Häuslers Tochter kann sich dies bei ihrem Vater, der alles andere als ein Frauenverächter war, ›einfach nicht vorstellen‹. Sie weiß aber andererseits, daß er ihr so etwas auch nie gesagt hätte.«[119]

Dennoch, wie merkwürdig, wie auffällig und aussagestark sind die Parallelen, die es zwischen Hitlers Verhältnis zu Häusler und Hitlers Verhältnis zu Kubizek gibt: die bürgerliche Herkunft der beiden Freunde, die verständnisvolle Mutter, die Wagner-Begeisterung, die gemeinsam geschmiedeten Zukunftspläne, der Neuanfang in einer anderen Stadt und letztlich auch das Unvermögen, für längere Zeit zusammenzuleben. Sollte denkbar sein, daß der formbare Häusler Hitler die Chance bot, noch einmal zu versuchen, was fünf Jahre zuvor mit Kubizek so kläglich gescheitert war? Dann müßte man folgern, daß Hitler seinen Wunsch nach einer festen Beziehung auf künstlerischer und, womöglich, homoerotischer Grundlage noch keineswegs aufgegeben hatte. Deshalb auch der neuerliche Fluchtversuch, diesmal allerdings nicht nach Wien, sondern zusammen mit Häusler in die Kunstmetropole München, die damals, im Sommer 1913, in dem Ruf stand, bei weitem nicht so spießig zu sein wie das bigotte Wien.

»Im Frühjahr 1912 kam ich endgültig nach München. Die Stadt selber war mir so gut bekannt, als ob ich schon seit Jahren in ihren Mauern geweilt hätte.«[120] So beschrieb Hitler 1924 in ›Mein

Kampf‹ seine Ankunft in Deutschland. Auch 1921 hatte er in einem Lebenslauf das Jahr 1912 als Zeitpunkt seiner Übersiedlung nach München angegeben.[121] Warum die Unterschlagung des letzten Jahres in Wien?

Gewiß, in einer »Führer«-Biographie sah es im nachhinein besser aus, den Aufenthalt im verhaßten »Rassenbabylon« Wien zu verkürzen und den in einer rein »deutschen« Stadt länger erscheinen zu lassen. Trotzdem ist es durchaus möglich, daß Hitler schon 1912, zumindest zeitweise, in München war und daß seine Vertrautheit mit der bayerischen Metropole weniger dem Bücher- als dem Milieustudium entsprang. Wahrscheinlich hat Hitler die Stadt – ähnlich, wie er es 1906 auch in Wien getan hatte – bereits vor seiner Ausreise aus Österreich in Augenschein genommen; nicht zuletzt die von ihm gewählte Formulierung, »*endgültig* nach München« zu gehen, deutet in diese Richtung. Und daß er überhaupt noch bis Mai 1913 in Wien blieb, hängt wohl mit der Auszahlung der väterlichen Erbschaft zusammen, die er damals erwartete. In seinem Antrag auf Entlassung aus der österreichischen Staatsbürgerschaft[122] jedenfalls schrieb er im April 1925, er befinde sich »seit dem Jahre 1912 in Deutschland«. Wenn das stimmt, kann es nur heißen, daß er sich bis zu seiner formellen Abmeldung aus Wien vorzugsweise im Deutschen Reich aufgehalten hat.

Hinzu kommt, daß es für ihn einen ebenso gewichtigen wie dringenden Grund gab, Wien den Rücken zu kehren: den drohenden Militärdienst. Auf Kubizeks Gestellungsbefehl hatte Hitler mit »maßloser Wut« reagiert und dem Freund eindringlich geraten, die Musterung zu ignorieren oder Untauglichkeit zu simulieren, schlimmstenfalls »heimlich über die Grenze [zu] gehen«. Hitler selbst jedenfalls war fest entschlossen, sich dem Wehrdienst zu entziehen. Eines seiner Hauptmotive könnte dabei die Furcht vor den drakonischen Strafen gewesen sein, mit denen in der k.u.k. Armee damals »die Unzucht mit Personen desselben Geschlechts« geahndet wurde, zumal unmittelbar nach seinem Weggang aus Wien die spektakuläre Affäre um den homosexuellen Geheimdienstchef Oberst Redl, die im Sommer 1913 in die Schlagzeilen kam, allge-

Rudolf Häusler, mit dem sich Hitler 1912 in Wien angefreundet hatte. 1913 zogen sie gemeinsam nach München um.

meines Stadtgespräch war und es kaum vorstellbar ist, daß der Skandal keine Repressionen für homosexuelle Soldaten mit sich brachte. Hitler hatte nun erst recht allen Grund, den Militärdienst in Österreich zu verweigern.

Überdies war München Anfang des Jahrhunderts, wie ein zeitgenössischer Beobachter formulierte, »geradezu ein Eldorado für Homosexuelle«[123]. Hitler und Häusler zogen nach Schwabing, das damals wie kein anderes Viertel der Stadt für Bohemekultur stand, geprägt von zahllosen Zugereisten, die hier ihr Lebensglück zu finden hofften. In dem buntschillernden Bevölkerungsgemisch, das »den Stadtteil Schwabing zum Kulturbegriff Schwabing« machte, fanden sich, wie Erich Mühsam anschaulich beschrieben hat, die unterschiedlichsten Typen zusammen: »Maler, Bildhauer, Dichter, Modelle, Nichtstuer, Philosophen, Religionsstifter, Umstürzler, Erneuerer, Sexualethiker, Psychoanalytiker, Musiker, Architekten, Kunstgewerblerinnen, entlaufene höhere Töchter, ewige Studenten, Fleißige und Faule, Lebensgierige und Lebensmüde, Wildgelockte und adrett Gescheitelte«[124]. Es war eine »Massensiedlung von Sonderlingen«[125], in der sich eine Art Gegenwelt zum Wilhelminismus herausgebildet hatte, ein Milieu aus lauter selbsternannten Avantgardisten, die vor allem ihre antibürgerlichen Affekte kultivierten und zur künstlerischen Lebensform stilisierten. Homosexualität war weniger verpönt als anderswo, besonders dann, wenn sie im Gewande einer Oscar-Wilde-Imitation oder mit der Attitüde eines Stefan-George-Jüngers daherkam.[126] Außerdem gab es zahlreiche hochangesehene Intellektuellen- und Künstlerzirkel, die sich in den einschlägigen Cafés und Bierkellern der Schwabinger Szene trafen.[127] Wie sehr Adolf Hitler 1912/13 von diesem »leuchtenden München« gebannt gewesen sein muß, läßt sich leicht erahnen.

Doch wie zuvor in Wien glückte es ihm nicht, als Künstler Fuß zu fassen. Er blieb erfolglos, ein anonymer Außenseiter, nur mit dem Unterschied, daß er jetzt, fünf Jahre nach Kubizek, wieder mit einem Freund zusammenlebte. Häusler hielt es immerhin neun Monate mit ihm in dem engen, zweieinhalb mal fünf Meter großen Zimmer aus,[128] fünf Monate länger als Kubizek in Wien. Ansonsten ist über Hitlers Lebenswandel im letzten Jahr vor Ausbruch des Krieges kaum etwas Verläßliches überliefert. Völlig unglaubwürdig jedenfalls sind die Äußerungen von Hitlers Vermieterin Anna Popp, die ihrem »Zimmerherrn« – vermutlich weisungsgemäß – eine grundsolide Lebensführung bescheinigte, während sie Häusler mit keinem Wort erwähnte. Hitler, meinte sie 1934 in allzu offenkundiger Übertreibung, sei ein einsamer, fleißiger Student gewesen und habe vom frühen Morgen bis in die Nacht hinein gelesen und gearbeitet; seinen Lebensunterhalt habe er mit dem Verkauf selbstgemalter Bilder bestritten.[129] Das war, wenn nicht absichtliche Vertuschung, bestenfalls die Fassade, die Hitler zu wahren verstand, denn es ist mehr als unwahrscheinlich, daß er bei seinem bescheidenen Talent auch nur annähernd vom Verkauf seiner »Kunst« leben konnte: Selbst weitaus begabteren Künstlerkollegen war das damals in München kaum möglich.[130] Und wenn er gegenüber dem Linzer Magistrat nicht gelogen hat, dann verwandte er »als selbständiger

Kunstmaler« ohnehin nur »einen Bruchteil« seiner Zeit »zum Broterwerb«. Wie er da bei einer Konkurrenz von mehr als 3.000 Münchner Malern auf ein Jahreseinkommen von 1.200 Reichsmark gekommen sein will,[131] ist rätselhaft.

Vielleicht aber läßt sich durch die Berichte von Zeitzeugen, die 1913/14 in München Bilder von Hitler erworben haben, ein wenig Licht ins Dunkel bringen.[132] Von ihnen erfahren wir, daß der junge Künstler am liebsten Geschäfte und Biergärten aufsuchte, um seine Werke zu veräußern. So erzählt beispielsweise der Münchner Arzt Dr. Hans Schirmer, damals Junggeselle und Mitte Vierzig, wie er »im Hochsommer 1911 oder 1912« eines Abends »bei einer Maß Bier« im Garten des Hofbräuhauses auf einen jungen, »im Äußeren recht mitgenommen aussehenden« Mann aufmerksam geworden sei, der durch die Tischreihen schlenderte und den Gästen ein Bild zum Kauf anbot: »Es mochte gegen zehn Uhr abends geworden sein, als ich ihn wieder bemerkte und sah, daß er sein Bild immer noch nicht angebracht hatte. Als er bald darauf in meine Nähe kam, fragte ich ihn, da mich sein Schicksal rein menschlich berührte, ob er das Bild verkaufen wolle.« Die beiden wurden sich einig. Da Schirmer jedoch nicht genügend Geld bei sich hatte, verabredeten sie sich für den nächsten Tag in der Wohnung des Arztes. Dort bot Hitler an, weitere Bilder anzufertigen, und Schirmer ging darauf ein, »obwohl meine eigene wirtschaftliche Lage schon damals nicht leicht war«. Noch in derselben Woche lieferte Hitler die versprochenen Werke – abermals in der Wohnung – ab. Schirmer bemerkte dazu: »Wieder empfand ich, daß er hart zu kämpfen hatte, daß er aber auch zu stolz war, um sich etwas schenken zu lassen. Andererseits scheint er aber auch von mir selbst den Eindruck gewonnen zu haben, daß ich kein reicher Mann war, und ich glaube, daß er deswegen weiterhin auch nicht mehr gekommen ist.«[133]

Ähnliche Begegnungen und Kontakte scheint es des öfteren gegeben zu haben, und man muß annehmen, daß Hitler sie gesucht hat. Da war zum Beispiel der Münchner Seifenfabrikant und Parfümeriebesitzer Dr. Schnell, der sich erinnert, daß eines Tages bei ihm im Geschäft ein junger Maler gestanden habe, »der wahrscheinlich von irgend jemand gehört hatte, daß ich manchmal schon Maler unterstützt habe«. Hitler verkaufte ihm ein Bild und erhielt weitere Aufträge. Und es hat den Anschein, daß die Verbindung auch später nicht abriß, sonst wäre Schnell von Hitler kaum »lange Zeit nach der Machtübernahme« in das Hotel »Vierjahreszeiten« eingeladen worden. »Dort erkundigte er sich nach meinem Ergehen sowie nach den Bildern und erbot sich, mir einen Gefallen zu erweisen, falls ich einen Wunsch hätte.«[134]

Intensiver und einträglicher war die Bekanntschaft mit dem damaligen Justizassessor Ernst Hepp, in dem Hitler offenbar tatsächlich den langersehnten Freund und Gönner gefunden zu haben schien. Als ein Mitarbeiter des NSDAP-Hauptarchivs sich 1939 bei Hepp und dessen Schwester Martha nach Aquarellen des »Führers« erkundigte, erfuhr er, daß der »junge Künstler« öfters zum Essen in die Wohnung der Familie sowie in deren Landhaus nach Wolfratshausen eingeladen worden war. Hepp ließ sich von Hitler eine Reihe von Bildern malen, empfahl die Arbeiten seines Schützlings weiter und schenkte ihm mehrmals Karten für Opern- oder Konzertaufführungen. Außerdem half er ihm bei seinen fast schon verzweifelten Bemühungen, in der bayrischen Armee dienen zu dürfen.[135]

Auch in München verstand Hitler es also trefflich, Verbindungen anzubahnen. Offenbar handelte es sich um Männer, denen er gefiel und nicht einfach nur leid tat. Er vermochte sich einzuschmeicheln, zeigte sich unterwürfig, beflissen, vielleicht auch hartnäckig. Die zweifelhafte Qualität seiner Bilder dürfte das Echo, das er immer wieder fand, kaum bewirkt haben; dazu war schon das Angebot auf dem Münchner Kunstmarkt viel zu gut. Es muß um mehr gegangen sein als um die Suche nach einem Mäzen. Und Schnell und Hepp zeigen stellvertretend, daß Hitler dabei Erfolg hatte. Zugleich wollte er sicher auch Anschluß an das gewinnen, was man damals noch »höhere Kreise« nannte. Möglich, daß hierin ein entscheidender Schritt zu sehen ist: Die reine »Boheme« wenigstens, in der er bisher gelebt hatte, ließ er nun hinter sich. Augenscheinlich brauchte er ihren Schutz nicht mehr, sondern traute es sich zu, in

Hitler bejubelt die deutsche Mobilmachung am 2. August 1914 auf dem Münchner Odeonsplatz.

der bürgerlichen Gesellschaft Fuß zu fassen, wenngleich als Außenseiter. Das heißt, daß er vor der allmählichen Etablierung eines Doppellebens nicht mehr zurückschreckte.

Im übrigen folgte Hitler, wie schon zuvor in Wien, auch in München keinem konkreten Lebensplan. Oft war er im Schwabinger Café »Größenwahn«, wo er die höhere Bohemekultur beobachten wollte, deren Repräsentanten für ihn freilich unerreichbar blieben,[136] vielleicht mit Ausnahme des Mythologen Alfred Schuler, der damals aber bereits zu einer Randfigur der Szene herabgesunken war.[137] Schuler, der sich als »erotischen Werber« für den Swastika- und Mutterkult[138] verstand, soll auf seiner Suche nach homosexuellen Kontakten in Schwabing auch auf einen »jungen Mann [...] namens ›Adolf‹« gestoßen sein, so jedenfalls eine der Schlüsselfiguren der Schwabinger Vorkriegsboheme, der Literat und Schriftsteller Karl Wolfskehl.[139] Es spricht nichts dagegen, seinem Hinweis zu trauen. Im Gegenteil: Durch Schuler, den antisemitischen Esoteriker, der sprachgewaltig die Heraufkunft einer neuen Zeit verkündete, hätte Hitler tatsächlich unmittelbar an die abstrusen Lehren jener rassistischen Welterklärer anknüpfen können, bei denen er schon in Wien gelegentlich sein ideologisches Heil gesucht hatte.[140]

So oder so: Hitler war aufs tiefste beeindruckt vom Schwabinger Milieu, in dem er bestätigt fand, daß er nicht der einzige Exzentriker, der einzige »Verrückte« auf der Welt war. Hier schien so etwas wie eine ästhetisch veredelte Daseinsform greifbar, in der auch sexuelles Anderssein ohne Nachteil gelebt werden konnte. Die Frage war nur, wann und mit wem Hitler den Weg in dieses Dasein finden würde. Doch bevor es zu einer Antwort kam, bot ihm der Ausbruch des Ersten Weltkriegs einen neuen Fluchtweg – und damit die Möglichkeit, weiterhin alles offenzuhalten. Eine Weile konnte sich Hitler nun von der Euphorie und Aufbruchstimmung tragen lassen, mit der die Deutschen damals gegen eine »Welt von Feinden« antraten, während seine persönlichen Probleme vorübergehend in den Hintergrund rückten.

Typische Erfahrungen: Hitlers Anfänge in Wien und München

Alles folgt, so scheint es, einem bestimmten Typus: Seitdem der junge Hitler homoerotische Gefühle in sich entdeckt haben mag,[141] wird er von dem doppelten Verlangen getrieben worden sein, sie irgendwie zu leben, zugleich aber der öffentlichen Schande zu entgehen, und man kann vermuten, daß er sich zu diesem Zweck zunächst in Phantasiewelten rettete, in denen er sich zu etwas Besonderem stilisieren und seine Andersartigkeit akzeptieren konnte.[142] Dennoch mußte er mit der Tatsache seiner Veranlagung auch lebenswirklich fertig werden. Vielleicht hat er deshalb jene Sehnsucht nach einer künstlerisch veredelten und zugleich gedeckten Existenz jenseits moralischer Verhaltensvorschriften entwickelt, die ihn fortan umtrieb.

Das große Vorbild hierbei war Richard Wagner, von dem er zu wissen glaubte, daß auch er homosexuell gewesen sei.[143] Seine Vertiefung in die Wagnersche Biographie hatte ihm außerdem die Erkenntnis vermittelt, daß allein das Genie ein Recht darauf habe, anders zu sein und zu leben als die bürgerliche Welt. Daher beschloß Hitler, ein Genie zu werden, und das hieß 1907: Er mußte seine künstlerischen Fähigkeiten zu genialischem Format entfalten und seine bohemehafte Attitüde in einen Lebensstil umsetzen, denn damals waren Boheme und Künstlerschaft noch die einzigen Lebensformen, denen die bürgerliche Gesellschaft eine Sonderstellung bis hin zu »freien«, anders gesagt: »unmoralischen« Neigungen einräumte.[144] Das angestrebte Künstlertum lieferte ihm folglich ein echtes Identifikationsangebot, und der formbare August Kubizek schien wie geschaffen, bei der Verwirklichung dieses Lebensentwurfs zu helfen. So zog es Hitler mit Macht in die subkulturellen Freiräume der Großstadt.

Doch sein Traum sollte sich, allen Bemühungen zum Trotz, weder in den Wiener noch in den Münchner Jahren erfüllen. Künstlerisch blieb er bestenfalls Mittelmaß, und je deutlicher er sich dessen bewußt wurde, desto bemühter dürften seine Anstrengungen geworden sein, das eigene Scheitern mit den übersteigerten Selbstwertgefühlen des »großen Künstlers« zu kompensieren, die Diskrepanz mithin gleichzeitig auszuhalten und zu überspielen. Fluchten in hochentwickelte Phantasiewelten, Trugbilder und Selbstkonstruktionen, all das wird er gegen seine inneren Anfechtungen ausgespielt haben. Über sich selbst hinauszuwachsen gehörte schließlich schon seit Linz zum Programm seines Lebensentwurfs und die Verwirrung von Schein und Sein zum Grundrepertoire seines Verhaltens. Daß er dafür eine eigene Wirklichkeit schaffen und überdies bewirken mußte, daß andere an sie glaubten, wird er gewußt haben. Über die nötigen Erfahrungen verfügte er seit Jahren.

Aus diesem Grund spielte die Zurückweisung als Künstler für ihn denn auch eine ganz andere und weitaus fatalere Rolle als für die vielen Möchtegern-Genies seiner Generation, die mit ihren Ambitionen ebenfalls gescheitert waren. Die Nichtzulassung zur Akademie beraubte ihn nicht bloß der künstlerischen, sondern auch der moralischen Existenzmöglichkeit, von der er sich allein Erlösung versprechen konnte. Hinzu kam der Eulenburg-Skandal mit seinen bedrohlichen Auswirkungen auf das homosexuelle Milieu. Beides zusammen wird seine Aggressionen gesteigert, seine Rachegefühle gegenüber der bürgerlichen Gesellschaft verschärft und seine Empfänglichkeit für obskur-radikale Heilslehren noch vergrößert haben.

Für alles andere, was ihm im Leben wichtig war, suchte er sich, populär gesagt, die passende »Zweierbeziehung«, wenngleich nie mit einer Frau: Nicht einmal Andeutungen männlich-weiblicher Liebe gibt es zwischen seinem 18. und 25. Lebensjahr. Statt dessen suchte er Männergemeinschaften, die zumindest homoerotisch grundiert und zugleich an »Prinzipiellem« orientiert waren. Und auch hier zeichnet sich wieder etwas Typologisches ab: Die Beziehungen nämlich, die er aufzubauen verstand, entsprachen wenigstens zeitweise jenem Muster der Künstlerfreundschaft, das Kubizek noch Jahre später in seinen Erinnerungen bemühen sollte. Wenn man die Wohnung teilte, ging es um Freundschaft, nicht bloß um die Senkung von Lebenshaltungskosten. Ob damit allerdings noch mehr verbunden war, ob man zum Beispiel das, was er bei »Gustl« oder »Rudi« fand, Glück nennen darf und welche Rolle diese Beziehungen bei der Stabilisierung seines eigenwilligen Charakters spielten, darüber lassen sich nur Vermutungen anstellen.

Wichtig scheint indessen noch ein weiterer Punkt. Spätestens seit seiner Wiener Männerheimzeit war Hitler das homosexuelle Milieu der Großstadt vertraut. Innerhalb des Heims wird er Gefühle von Inklusion und Schutz verspürt haben, außerhalb davon eher das Gegenteil. Fortan wußte er, wie gefährlich das Halbschattendasein war und wie sehr man sich vor Enttarnung, Denunziation und Nachstellung in acht zu nehmen hatte. Später schrieb er: »In der Zeit dieses bitteren Ringens zwischen seelischer Erziehung und kalter Vernunft hatte mir der Anschauungsunterricht der Wiener Straße unschätzbare Dienste geleistet.«[145] Die prägende Rolle seiner frühen Jahre ist damit, so oder so, durchaus treffend zusammengefaßt.

Zweites Kapitel
Kamerad Hitler

Das »Mend-Protokoll«

Im September 1948 erreichte den deutschen Diplomaten Werner Otto von Hentig ein eingeschriebener Brief aus London. Er enthielt ein »Hitler-Dokument«, das erst vier Jahrzehnte später zusammen mit anderen Unterlagen aus Hentigs Nachlaß an das Institut für Zeitgeschichte in München gelangen sollte.[1] Das Anschreiben, mit dem ein gewisser Helge Knudsen das Dokument damals an Hentig versandt haben wird, ist nicht erhalten, und auch sonst findet sich kein Hinweis auf die Quelle. Liegt das womöglich an der Brisanz dieses Schriftstücks? Denn brisant ist es tatsächlich, weil hier ein ehemaliger Kriegskamerad Adolf Hitlers namens Hans Mend so offen über den Diktator herzieht, daß es dem Leser noch heute die Sprache verschlägt.

Womöglich war Hentig einer jener »deutschen Diplomaten«, die dem Historiker Werner Maser versicherten, daß das »Mend-Protokoll« »eine wesentliche Rolle« für den deutschen Widerstand gegen Hitler gespielt habe, aber »namentlich nicht genannt zu werden wünsch[t]en«.[2] Der Text, an dem die Forschung bislang achtlos vorbeiging, ist noch ein zweites Mal überliefert, und zwar in Form einer Abschrift, die der bayerische General Karl Kriebel in den fünfziger Jahren anfertigen ließ. Sie gelangte 1986 in das Bayerische Hauptstaatsarchiv und ist mit folgender Notiz versehen: »Am 13.8.1951 übergab mir Herr Professor Schmid Noerr/Percha das anliegende Protokoll leihweise zur Kenntnisnahme. Er bemerkte dazu: Er kenne Hans Mend recht genau. [...] Das Protokoll habe er, Schmid Noerr, selbst im Auftrag der Abwehr [des militärischen Geheimdienstes unter Admiral Canaris – L. M.] aufgenommen und durch ständige Gegenfrage gewährleistet, daß nur positive Angaben hineinkamen und alles klar sei. Das Protokoll besitze nur er. Es sei damals zur Kenntnis von Canaris und Generaloberst Beck [dem führenden Kopf des deutschen Widerstands – L. M.], ebenso auch einiger ausländischer Diplomaten gekommen.«[3]

Tatsächlich war der Philosoph und Schriftsteller Friedrich Alfred Schmid Noerr in der Widerstandsbewegung aktiv, und 1937/38 arbeitete er im Auftrag von Beck den »Entwurf einer Deutschen Reichsverfassung« aus.[4] Als er dieses »Dokument des Widerstandes« 1961 dann veröffentlichte, bezog er sich auch auf Gespräche, die er kurz vor dem Krieg mit Diplomaten wie Hentig und anderen »tatgewillten Widerstandskreisen« geführt habe.[5] Und damit schließt sich der Kreis. Wir wissen jetzt, daß der historisch-politische Stellenwert des »Mend-Protokolls« nicht eben gering zu veranschlagen ist. Personen von Rang und Namen haben seinen Inhalt für glaubwürdig gehalten und es ebendeshalb in Umlauf gesetzt; wahrscheinlich war es sogar eines jener Dossiers, das die Oppositionsgruppe innerhalb der Abwehr ihrem »konspirativen Aktendepot«[6] zuführte, um Hitler im Falle einer Festsetzung den Prozeß machen zu können. »Man [muß] Hitler«, so Helmuth Groscurth, der eine zentrale Rolle bei den Staatsstreichplänen vom November 1939 spielte, »lebend in die Hand bekommen, ihn auf seinen Geisteszustand untersuchen und dann das zweifellos negative Ergebnis veröffentlichen lassen.«[7] Als Schmid Noerr sich im Dezember 1939 an Mend wandte, dürfte es ihm ebenfalls darum gegangen sein, belastendes Material gegen Hitler aufzutun.

Was er bei seiner eingehenden Befragung Mends in Erfahrung gebracht und dann in seinem Dossier der Nachwelt überliefert hat, bezieht sich hauptsächlich auf die Jahre 1914 bis 1919. Das war die Zeit, in der Mend als Ordonnanzreiter im Stab des List-Regiments Gelegenheit hatte, den Kameraden Hitler, der dort ebenfalls Dienst tat, aus persönlichem Umgang heraus genauestens kennenzulernen.[8] Besonders geht es um Hitlers Freunde, seine Eigenheiten und seine Homosexualität. Hier eine Reihe wörtlicher Zitate:

»Hitler war als Österreicher und wegen körperlicher Schwächlichkeit im August 1914 bei seiner freiwilligen Gestellung zurückgewiesen worden. Er hatte um diese Zeit sich arbeitslos in München aufgehalten, und seine Absicht war einfach gewesen, beim Militär unterzukommen, um wieder ordentlich zu fressen zu haben. [...] Nach seiner Abweisung durch die ärztliche Kommission stellte er sich am Wittelsbacher Palais in München auf zu einer Zeit, zu der, wie er wußte, König Ludwig das Haus zu verlassen pflegte. Es gelang ihm, den König abzupassen, als er mit seinem Generaladjutanten v. Leonrod herauskam. Hitler vertrat Leonrod den Weg und sprach ihn an: er sei Österreicher, wolle aber in Österreich nicht dienen. Er habe sich in München als Kriegsfreiwilliger gemeldet, sei abgewiesen worden, bitte nun die Majestät unmittelbar um Unterstützung seines Gesuches. Leonrod notierte sich seinen Namen. So war Hitler nach seiner eigenen Erzählung zum List-Regiment gekommen.
Von der Zeit an, als Hitler als Regimentsordonnanz zu uns ins Feld gekommen war, hatte er nie mit der Waffe zu tun. Er war nie etwas anderes als Meldegänger und befand sich beim Regimentsstab hinter der Front. Alle zwei bis drei Tage hatte er einen Meldegang zu tun, die übrige Zeit hat er ›hinten‹ gemalt, politisiert und Krach gemacht. Er erwarb sich bei der gesamten Mannschaft, mit der er in Berührung kam, sehr rasch den Spitznamen: ›der narrische Adolf‹. Er machte auf mich von Anfang an den Eindruck einer psychopathischen Erscheinung. Er bekam, sobald ihm jemand widersprach, häufig Wutanfälle, warf sich auf den Boden und schäumte. Der Soldat [Ernst] Schmid[t] (jetzt Maurermeister in Garching bei München), mit welchem Hitler von früher her befreundet war, da er mit ihm gelegentlich schon auf dem Bau gearbeitet hatte, war sein Spezi. Daneben verkehrte er am liebsten mit den Soldaten Tiefenböck (jetzt Inhaber eines Kohlenbüros in München) und Wimmer (jetzt aktiver Straßenbahner in München). Sie alle drei waren gleichfalls Meldegänger beim Stab des Regiments.

Der einzige von diesen, der freiwillig vor die Front ging, war der Jude Lippert (von Beruf Reisender; er kam später als Büroangestellter ins Braune Haus, wo er seit 1934 und meines Wissens bis heute noch tätig ist. Er steht nicht unter den Judengesetzen). – Bataillonsadjutant beim List-Regiment war der Oberleutnant Gutmann, ein Jude, Schreibmaschinenfabrikant in Nürnberg (jetzt ausgewandert), an den sich Hitler immer heranmachte, wenn er irgendeine Vergünstigung sich erbitten wollte. Dieser Oberleutnant Gutmann war es auch, der ihm Weihnachten 1914 das E.K. II verschaffte. Es war bei Bezaillère (am Bayernwald) bei Ypern. In diesem Gefecht wurde Oberst Engelhardt vom List-Regiment verwundet. Als man ihn zurücktrug, nahmen sich hinter der Front Hitler und Bachmann seiner an. Da es Hitler verstand, von dieser seiner Tat geräuschvolles Aufhebens zu machen, gelang es ihm, Oberleutnant Gutmann in der genannten Weise für sich zu gewinnen.
Inzwischen hatten wir Hitler näher kennengelernt. Wir bemerkten, daß er niemals eine Frau anschaute. Er stand bei uns gleich anfangs im Verdachte der Homosexualität, denn er war sowieso als abnormal bekannt. Er war äußerst exzentrisch und zeigte in dieser Richtung weibische Züge. Er hatte nie ein festes Ziel und keinerlei feste Überzeugungen. – Es war 1915, wir lagen damals in der Brauerei Le Fébre bei Fournes. Wir hatten Heulager. Hitler lag mit ›Schmidl‹, seiner männlichen Hure, nachts zusammen. Wir hörten ein Rascheln im Heu. Darauf knipste einer seine elektrische Taschenlampe an und brummte: ›Da schaut einmal die zwei schwulen Brüder.‹ Ich selbst interessierte mich für diese Sache nicht weiter.
Hitler konnte es bei keiner Gelegenheit unterlassen, bei den Kameraden politische Hetzreden zu halten. Er bezeichnete sich stets als einen Vertreter des ›klassenbewußten Proletariats‹. Wenn er sich sicher glaubte, sprach er von seinen Vorgesetzten als von dem ›arroganten Offizierspack‹, nannte sie ›Raubritter‹, ›Wegelagerer von Adel‹ oder ›ausbeuterische bürgerliche Klique‹. Äußerungen wie die folgende: ›Diese Schweine liegen

auf Rosshaarmatratzen, und wir können Rossfleischsuppe fressen‹, gehörten zu seinen oft wiederholten Tiraden. [...]
Ende 1918 traf ich Adolf Hitler wieder. Ich begegnete ihm am Marienplatz in München, wo er mit seinem Freund, dem ›Schmidl‹, zusammenstand. Er begrüßte mich mit den Worten: ›Na, Schimmelreiter, wo kommst denn du her? Gott sei Dank, daß die Königskronen vom Baum gefallen sind. Jetzt haben wir Proleten auch was zu sagen.‹ Hitler lebte damals im Obdachlosenasyl in der Lothstraße 29 in München. Bald darauf flüchtete sich Hitler, nachdem er mehrere Tage bei mir in meiner Wohnung kampiert hatte, wegen Nahrungsmangels in die Kaserne nach Traunstein. Es gelang ihm, mit Hilfe seines E.K. I und seiner geläufigen Suada sich hier, wie in Zukunft öfters, seinen Weg zu bahnen. Auf die Tatsache, daß er im Lauf des Jahres 1915, als das List-Regiment furchtbar dezimiert war, zusammen mit allen damals Überlebenden ohne Ausnahme zum Gefreiten befördert worden war, legte er weniger Gewicht. Denn es war doch auffallend, daß ein Mann, der den Weltkrieg von Oktober 1914 an bis zu seinem Ende mitgemacht hatte, ohne weitere Beförderung geblieben war. – Im Januar 1919 habe ich Hitler bei der Zeitungsfrau am Marienplatz wieder getroffen. Ich mußte mich seiner schämen, so herabgekommen stand der ›rote Hitler‹ vor mir. [...] Dann, eines Abends, saß ich mit einem Mädel im Kaffee Rathaus. Da kam der ›Adi‹ mit seinem Freund Ernst Schmid[t] [...] herein. Hitler sprach mich an: ›Servus Schimmelreiter, weißt du keine Wohnung für uns beide?‹ Damals bot ich ihm aus Barmherzigkeit ein Nachtquartier bei mir an. Mein Mädel sagte dann zu mir: ›Wenn du mit solchen Leuten Verkehr hast, dann gehe ich nicht mehr mit Dir.‹
Ich hörte dann davon, daß Hitler als Redner öffentlich auftrat. Das erste Mal habe ich ihm heimlich, um ihm nicht zu begegnen, in Geislgasteig zugehorcht. Das war Anfang 1920. Dann habe ich ihn auch im Zirkus Krone und in verschiedenen Bierkellern reden hören. Da sagte ich zu mir: aha, jetzt redet der

Hitler ja schon ganz anders. Adi hat die Farbe gewechselt, der rote Bursche!
Eines Tages im Januar 1920 kam dann Hitler zu mir in meine Wohnung in der Schleißheimer Straße und klagte, er könne nicht nach Hause. Auf die Frage nach dem Grund gab er keine Antwort. Mir war es auch gleichgültig. Ich sagte zu ihm: ›Also schläfst du eben bei mir.‹ [...] Er blieb ein paar Tage bei mir. [...] Aber Hitler konnte sich in München nicht halten. Er fuhr zu Jakob Weiss nach Abens in der Holledau [...], der ihn dann in sein Elternhaus führte und ihn abfütterte. – Dieses haltlose Umherirren führte Adolf Hitler endlich auch zu General Epp. [...]
Mein Eindruck von Adolf Hitler in dieser ersten Münchner Zeit nach dem Krieg bestätigte durchaus meine Erfahrungen, die ich im Feld unzählige Male mit ihm gemacht habe. Hitler erschien mir wie ein tausendblättriges Buch. Hitler hat stets zwei Gesichter gehabt. Er war die Scheinheiligkeit in Person. Das eine Gesicht zeigte den eifrigen Wichtigtuer vor den jeweiligen Vorgesetzten und, wenn es sein mußte, auch vor den Kameraden. Es war ganz gewöhnlich, daß, wenn Hitler hinten in Ruhestellung oder beim Stab davon hörte, daß vorne irgendein Erfolg errungen war, erregt unter die Leute stürzte, mit den Armen fuchtelte und schrie: ›Wir haben gesiegt! Wir habens den Franzosen (oder Engländern) wieder einmal gegeben!‹ Aber er war auch immer der bei den Vorgesetzten sich einschmeichelnde Denunziant, sobald ein Vorteil für ihn dabei heraussprang. Die Kameraden hüteten sich deshalb vor ihm. [...] Hitlers anderes Gesicht war das eines heimlichen finsteren Verbrechers. Seine ganze Haltung war die eines rücksichtslosen Menschen, der versteht, sich in eine Gloriole zu hüllen. Er war, seit ich ihn kenne, kein guter, aber ein großer Schauspieler. Keinem Wort, das er sprach, war zu trauen. Er log mit jedem Wort, handelte stets anders, als er sprach. [...]
Als Hitler im Winter 1918 nach München zurückkam, bemühte er sich ununterbrochen um eine führende Stellung bei den

Kommunisten. Er konnte aber bei der Münchner Leitung der Kommunistischen Partei nicht unterkommen, obwohl er sich ultraradikal gab. Da er aber sofort eine Bonzenstellung in der Partei verlangte, wobei er nichts hätte zu arbeiten brauchen – denn das war immer sein Ziel –, so stieß er bei den Kommunisten trotz seiner Todfeindschaft gegen alle Besitzenden auf Mißtrauen. Er wurde hingehalten, vielleicht hielt er sich von einem gewissen Zeitpunkt ab auch für kommunistisch bespitzelt. Jedenfalls ging er dann zur Rache zu dem Freikorps Epp, wo er auf Grund seines E.K. I bei Epp Vertrauen fand. Epp beauftragte ihn zunächst mit der Stimmungsmache bei den Soldaten und bezahlte ihn dafür. Bald konnte er sich als ›Instruktionsoffizier‹ bezeichnen. In dieser Eigenschaft besuchte er nachts allerlei Lokale und stieß bei dieser Gelegenheit auf Anton Drexler. [...] Alsbald drang Hitler in die Drexler-Partei ein und bekam die Parteinummer 1512. Aber sogleich machte er sich an die Zerschlagung dieser Partei, indem er den Sekretär Drexlers, einen gewissen Harrer, der völligen Unfähigkeit bezichtigte und zur Seite drängte. Drexler, dem jede Streiterei verhaßt war, wich aus Schwäche vor Hitler zurück. Hitler ließ da sogleich seine später so oft erfolgreich angewandte Einbrechertaktik spielen, indem er den Fuß zwischen eine geöffnete Tür klemmte und nicht eher nachgab, bis er hinter dieser Tür stand. So gelang es ihm, die Drexler-Partei zu sprengen; und mit sieben Mann hat er dann den eigenen Laden aufgemacht.«

Mends Hitler-Porträt läßt an derber Direktheit nichts zu wünschen übrig. Doch fassen wir die wichtigsten Botschaften, die es übermitteln will, noch einmal mit anderen Worten zusammen: Zwischen seinem 25. und 30. Lebensjahr sei Hitler vor allem ein prinzipienloser Vorteilsjäger gewesen. Er habe sich beim bayerischen Militär erfolgreich anzubiedern und durchzuschlagen verstanden; seinen Dienst habe er ohne jeden frontkämpferischen Ehrgeiz versehen, um die übrige Zeit in der Etappe totzuschlagen. Am liebsten sei er mit seinen Freunden Tiefenböck, Wimmer und Schmidt zusammengewesen, mit dem letzteren auch intim. Nach Kriegsende hätten Hitler und Schmidt gemeinsam eine Wohnung gesucht. Hitler habe im rechtsradikalen Lager erst Fuß gefaßt, nachdem er von linken Gruppierungen abgewiesen worden sei, es dort schließlich aber mit der ihm eigenen Durchtriebenheit, Wichtigtuerei, aber auch mit »Einbrechertaktik« bis zum Parteiführer gebracht.

Natürlich müssen wir, wenn wir über den historischen Wahrheitsgehalt dieser Aussage befinden wollen, die mitgeteilten »Tatbestände« überprüfen. Doch die erste Frage lautet: Wer war Hans Mend, und was motivierte ihn zu seiner Abrechnung mit Hitler?

Wer war Hans Mend?

Schmid Noerr hat Mend als einen »gesunden Bauernsohn« bezeichnet, der im Ersten Weltkrieg »ein berühmt schneidiger, fast tollkühner Meldereiter« gewesen sei und bei der Truppe den Namen »Schimmelreiter« getragen habe.[9] Doch das ist nur ein kleiner Ausschnitt aus Mends sonst keineswegs einfachem Leben.[10] Am 16. März 1888 in der Nähe von Rothenburg (ob der Tauber) als Sohn einer kinderreichen Kleinbauernfamilie geboren, war Johannes Mend von klein auf nur harte Arbeit gewöhnt. Gleich nach dem Abgang von der Volksschule mußte er für sich selbst sorgen und verdingte sich als Lauf- und Stallbursche in herrschaftlichen Häusern. Von 1908 bis 1911 diente er beim 2. Bayerischen Ulanenregiment, um danach als sogenannter Bereiter auf das Gestüt Waldfried bei Frankfurt zu gehen. Mit der Mobilmachung meldete er sich als Reservist zum Heer, wo er von Oktober 1914 bis August 1916 dem List-Regiment als Meldereiter angehörte; daß er während dieser Zeit den Meldegänger Hitler kennenlernte und engen persönlichen Kontakt mit ihm hatte, ist eine amtlich gesicherte Tatsache. Bis zu seiner Ausmusterung im Dezember 1918 war Mend anschließend anderen Truppenteilen zugewiesen. Nach der Rückkehr ins Zivilleben versuchte er, als Pferdehändler sein Auskommen zu finden, scheiterte aber kläglich. Im August 1919 erhielt er in München wegen Diebstahl und Betrug eine fünfmonatige Gefängnisstrafe, die allem Anschein nach zur Bewährung ausgesetzt wurde. Inzwischen Vater eines unehelichen Sohnes, wurde er noch im selben Jahr aus der bayerischen Landeshauptstadt ausgewiesen. Wo er sich in der Folgezeit aufhielt, wissen wir nicht, doch ist bekannt, daß er 1920/21 in Nürnberg Eigentumsdelikte beging. Im August 1921 verurteilte ihn das Landgericht Ansbach zu einer Gefängnisstrafe von zwei Jahren, weshalb er bis Mai 1923 in der Haftanstalt Liebtenau einsaß.

Da bot sich ihm durch den spektakulären Aufstieg seines Kriegskameraden Adolf Hitler bei der völkischen Rechten in Bayern eine ungeahnte Chance. Er spekulierte darauf, daß das, was er aus den gemeinsamen Kriegsjahren über Hitler wußte, dem nach Höherem strebenden Politiker nicht gleichgültig sein konnte, und heftete sich also gleich nach seiner Entlassung an die Fersen des Parteiführers. Über die Kontaktaufnahme sind wir nur durch einen urschriftlich nicht überlieferten Brief informiert, den Hitler am 28. Juni 1923 an Mend schrieb.[11] Dieses Schreiben sowie eine andere Postsendung an Mends Adresse in Stuttgart vom 5. Juli 1923 sind im Briefausgangsbuch von Hitlers damaligem Sekretär Fritz Lauboeck verzeichnet, und hier findet sich auch noch ein weiterer bedeutsamer Hinweis: Mend erhielt Geldbeträge in Höhe von 100 beziehungsweise 300 Reichsmark.[12] Hitler ahnte wohl, daß er seinen alten Kriegskameraden nur durch solche Zuwendungen von Dummheiten abhalten konnte.

Nicht lange danach ging Mend für mehrere Jahre als Jockey ins Ausland, zunächst nach Amsterdam, später nach Brüssel. Die Hintergründe für diesen Neuanfang kennen wir nicht – hatte Hitler seine Hand im Spiel? Ein viermonatiger Krankenhausaufenthalt in Würzburg, der sich bis Anfang 1930 hinzog, ist das nächste, was wir von ihm wissen. Von hier ging er für ein halbes Jahr nach Stuttgart, um schließlich im November 1930 seinen Wohnsitz wieder in München zu nehmen. In jene Zeit fällt eine erneute Verurteilung, diesmal wegen Urkundenfälschung. Mend hatte sich eine Kriegsbeschädigtenrente erschwindeln wollen. Wahrscheinlich erinnerte er sich bald an ein lohnenderes Betätigungsfeld, denn sein ehemaliger Kamerad Hitler schickte sich 1930 an, die politische Macht im Deutschen Reich zu erobern, und stand im Zentrum des öffentlichen Interesses. Man kann sich jedenfalls leicht vorstellen, was in dem schlichten, aber draufgängerischen Mann vorgegangen sein muß, als er sein eigenes Schicksal mit dem seines früheren »Putzers« verglich. Wie konnte es sein, daß Hitler, der keineswegs mehr geleistet hatte als er, plötzlich einen solch kometenhaften Aufstieg erfuhr? Eine Ungerechtigkeit sondergleichen! – So oder ähnlich könnte Mend gedacht haben, als er sich Ende 1930 in München Zugang zum Kreis um Hitler zu verschaffen wußte. Es sei dort damals »wild« zugegangen, erinnerte er sich später; »alles Sinnen und Trachten des engeren Kreises um Hitler war auf nichts anderes als auf Eigennutz gerichtet«.[13] Da mochte Mend nicht abseits stehen – um so weniger, als er um Dinge wußte, die Hitlers Karriere schnell beenden konnten.

Das Erstaunliche ist, daß es Mend tatsächlich gelang, über Hitlers Entourage bis zu diesem selber vorzudringen. Wir wissen das aus zuverlässiger Quelle: »Er war vor der Machtübernahme Anhänger der NSDAP«, heißt es in einem Dossier der Gestapo, »zur damaligen Zeit ist Mend auch mit führenden Persönlichkeiten der NSDAP und mit dem Führer zusammengewesen.«[14] Bald sah man ihn unter den Getreuen, die Hitler in seinem Stammlokal, dem Café Heck, um sich zu sammeln pflegte. »Ich hatte den Eindruck«, sagt Mend, »daß mich Hitler für seine Sache gewinnen wollte.«[15] Für welche Sache? Die Antwort enthält eine Schrift, die der Huber Verlag im Herbst 1931 unter dem Titel ›Adolf Hitler im Felde 1914–1918‹ auf den Markt brachte.[16] Als ihr Autor wird Hans Mend genannt. Nach dessen eigenen Worten war es Hitlers »nähere Umgebung, [die] mich dazu aneiferte«[17], den Band zu schreiben – ein Auftrag freilich, für dessen Ausführung Mend die elementarsten Voraussetzungen fehlten. Er war ja kaum in der Lage, einen fehlerfreien Satz zu schreiben – und nun ein ganzes Buch? Es liegt nahe, daß es um etwas ganz anderes ging.

Gut möglich, daß Hitler versucht hat, Mend zu kaufen. Darauf verweist der politische Kontext, in dem man Mends Buchprojekt sehen muß. Seit 1931 hatte nämlich die sozialdemokratische ›Münchener Post‹ damit begonnen, Hitlers Soldatenzeit genauer unter die Lupe zu nehmen, und dabei gleich Ehrenrühriges entdeckt.[18] Wollte man den von Hitler in ›Mein Kampf‹ reklamierten Frontsoldatenmythos glaubwürdig unterfüttern, bedurfte es jetzt mithin einer gezielten Gegenpropaganda. Mindestens ebenso wichtig jedoch war der persönliche Aspekt. Durch die Veröffentlichung seiner Kriegserinnerungen in einem formal parteiunabhängigen Verlag (der allerdings seit den zwanziger Jahren als Lieferant völkischen Schrifttums bekannt war)[19] sollte dem unbequemen Kameraden nicht nur eine Einkommensquelle erschlossen werden; vor allem wollte man ihn als Risikofaktor unschädlich machen, indem man ihm einen positiven Bericht über seine Zeit mit Hitler im Felde abrang.[20] Ein gelungener Coup: nützliche »Führer«-Propaganda, Umarmungsstrategie und Prävention in einem. Mend biß auf den Köder an und trug fortan den Haken in der Lippe.

Wir wissen nicht, wer die Anekdoten und Episoden, die Mend 1930/31 aus seiner Kriegszeit noch erinnerlich waren, in jener halbwegs lesbaren Form zu Papier brachte, die sie am Ende hatten. Doch ›Adolf Hitler im Felde‹ erschien und fand nicht zuletzt durch den höchst effizienten Medienapparat der NSDAP weite Verbreitung. Im linken Lager galt das Bändchen sogleich als »parteioffiziöse Veröffentlichung«, und Egon Erwin Kisch sah darin sogar »den militärischen Ergänzungsband« zu Hitlers eigenem Buch.[21] Der tendenziöse Inhalt ist schnell wiedergegeben; schon in Vorwort und Einleitung wird im Grunde alles gesagt. Die Schrift, so der Verlag, wende sich an die vielen Skeptiker, die heute wissen wollten, wo »der neue Führer [...] Adolf Hitler während des Weltkrieges war und was er dort geleistet«. Jetzt sei »es gelungen, einen Blutzeugen und Kriegskameraden zu entdecken, der Seite an Seite mit Adolf Hitler gekämpft und gelitten hat«. Mit den Aufzeichnungen dieses »schlichten Soldaten« würden »dem deutschen Volke kleine Ausschnitte aus den ihm unbekannten Jahren des Mitkämp-

In seiner 1931 veröffentlichten Propagandaschrift ›Adolf Hitler im Felde‹ stilisierte Hans Mend den »Führer« zum vorbildlichen Frontkämpfer.

fers Adolf Hitlers um das deutsche Vaterland« vermittelt. Originalton Mend: »Mit diesem Buch will ich dem deutschen Volk wahre und ungeschminkte Aufklärung über ›Adolf Hitler als Frontsoldat‹ geben. Als Kamerad habe ich oft Gelegenheit gehabt, seine Äußerungen über den Krieg zu hören, seine Tapferkeit zu sehen und seine glänzenden Charaktereigenschaften kennen zu lernen. [...] Hier will ich beweisen, daß er schon im Felde ebenso war wie heute: tapfer, furchtlos, überragend.« Die Quintessenz lautet denn auch: »Jeder, der ihn im Felde kannte, mußte zugeben, daß er ein Muster von einem Frontkämpfer war«, der »im Stellungskrieg als Gefechtsordonnanz auf gefährlichem und verantwortungsvollem Posten Übermenschliches geleistet [hat]«.

Doch damit nicht genug: Auch auf dem Gebiet der Politik habe sich Hitler im Weltkrieg rühmlich hervorgetan. Seine »gesunde Weltanschauung« sei schon damals auf die Verschmelzung von Nationalismus und Sozialismus hinausgelaufen und natürlich darauf, »die germanische Rasse von den jüdischen Parasiten [zu] befreien und diese Rassenverderber und Volksausbeuter nach Palästina [zu] schicken«. Bereits 1916 habe er prophezeit, »daß wir noch Vieles von ihm hören werden. Wir sollen nur abwarten, bis seine Zeit gekommen ist.« Und selbst unter dem Eindruck der Niederlage im November 1918 habe er »den Glauben an das deutsche Volk nicht verloren. Er versicherte uns, daß er sein Leben in die Schanze schlagen wolle und sein ganzes Ich einsetzen werde, um den Verrat am deutschen Volke und den Gefallenen zu rächen.« Fazit: »Wenn jeder Deutsche so deutsch gedacht und gehandelt und seine Pflicht als Soldat während des Krieges so erfüllt hätte, wie es Adolf Hitler getan hat, [...] so wäre dieser schmachvolle Frieden uns erspart geblieben.«

Aber so ganz hielten sich Mend und sein Ghostwriter auch wieder nicht in jedem Belang an die informelle Absprache mit ihren Auftraggebern. Denn zum einen trugen sie selbst für den leichtgläubigen Leser ein wenig zu viele hagiographische Farben auf und ließen ihren Helden dadurch nicht immer im besten Licht erscheinen. Zum anderen leisteten sie sich etwas, das damals fast schon an ein Sakrileg grenzte: Sie äußerten sich ziemlich unverblümt über Hitlers schäbiges Erscheinungsbild, seine Marotten und Attitüden, und in ebendiesen komisch wirkenden Passagen scheint ihre Darstellung noch am echtesten. Mend rechtfertigte die Preisgabe der Details damit, daß ihn doch schließlich mit Hitler »eine Kameradschaft verband, wie sie nur der echte Frontsoldat kennt«. »Wir waren ja wie Brüder aneinander gewöhnt.«

Das Resultat, um einige Kostproben zu geben, liest sich folgendermaßen: »Hinter den Häusern von Lavarie holte ich Adolf Hitler und Meldegänger Schmidt ein. Sie wunderten sich, daß ich meinen Schimmel nicht reite, und machten ihre Witze. In seiner humoristischen Art verbeugte sich Hitler vor mir wie ein Zeremonienmeister vor seiner Majestät. Um seiner Aufzieherei ein Ende zu machen, gab ich meinem Braunen die Sporen, sodaß er ausschlug und Hitler mit den Vorderfüßen getroffen hätte, wenn dieser nicht wendig wie ein Windhund über den Graben hinweggesprungen wäre. [...] Hitler und Schmidt [...] setzten gleich ihren Weg nach dem Graben fort. Im Vorbeigehen rief Hitler, den Helm abnehmend: ›Auf Wiedersehen, Herr Rittmeister!‹ Ich schrie ihm nach: ›Mach daß Du fortkommst, sonst werf ich Dir eine Schaufel Dreck nach!‹« Oder: »In dem Raume, wo wir lagen, gab es unzählige Ratten. Hitler vertrieb sich die Zeit damit, dieselben mit dem Seitengewehr in die Flucht zu schlagen, wenn sie ihn während der Nacht nicht zur Ruhe kommen ließen. Er lag neben mir und bei seinem plötzlichen Aufspringen trat er mir so stark auf die Füße, daß ich hätte laut aufschreien können. In meinem Zorn warf ich ihm einen Reitstiefel an den Kopf. So etwas ärgerte ihn aber nicht, er ließ sich in seiner Rattenjagd nicht stören. Auch auf die verschiedensten militärischen Kosenamen reagierte er nicht. Zuletzt ließ ich ihn halt weiter jagen.«

Hitler als Spaßvogel und Quälgeist, das war das eine. Das andere war die bohemehafte Attitüde, die er auch im Krieg beibehielt. Dazu Mend: »An stillen Tagen, wo wenig zu tun war, vertrieb jeder seine Zeit nach seinem Belieben. [...] Adolf Hitler beschäftigte sich hauptsächlich mit Literatur und Malerei. Mit großem Geschick karikierte er Wiener Judentypen.« Und über die deutsche Kunstgeschichte, sein »Lieblingsthema«, »konnte er wie ein Professor erzählen«. Zudem fällt auf, daß Mend immer wieder auf Hitlers unzertrennliche Freundschaft mit Ernst Schmidt zurückkam; noch in der letzten Szene seines Buches trifft er die beiden im Januar 1919 als Paar auf dem Münchner Rathausplatz: »Hitler war im Arbeitsanzug und auf der Suche nach einer Unterkunft.« Bedenkt man, daß Mend an anderen Stellen Hitler als ausgesprochenen »Weiberfeind« schildert, war das, so läßt sich folgern, schon mehr als Stichelei.[22]

Mit all diesen pikanten Details befand Mend sich auf dem besten Weg, den »Führer« der Lächerlichkeit preiszugeben, und man fragt sich, ob das aus schlauer Berechnung, aus Frechheit oder nur aus Dummheit geschah. Hitler soll sich denn auch äußerst verärgert über das Buch gezeigt haben, wie wir von Mend selbst sowie vom Hitler-Intimus Max Amann wissen.[23] Um so bemerkenswerter, daß Hitler nicht versuchte, Mend zu desavouieren; das war ihm offenbar zu riskant. Er wußte nur zu gut, daß sein Privatleben und seine Vergangenheit jetzt, wo er politischen Einfluß hatte, öffentlich verhandelt werden würden, und da konnte Mends Wissen leicht zum Gegenstand massenhafter Neugierde, das heißt: gefährlich für ihn werden. Solange die ihm feindliche Presse das Buch indessen lediglich für eine Verherrlichungsschrift hielt, die dem Zweck diente, »Hitler als Held im Kriege herauszustellen«[24], mochte er damit leben. Der ›Völkische Beobachter‹ empfahl Mends Erinnerungsband jedenfalls unverdrossen als »die schönste Weihnachtsgabe für jeden Hitler-Anhänger«[25].

So mußte sich Hitler damit begnügen, persönlich auf Distanz zum »Schimmelreiter« zu gehen, was freilich neues Ungemach heraufbeschwor. Denn Mends Wichtigtuerei hatte durch sein Debüt als »Schriftsteller« nur weiteren Auftrieb erhalten, und da mußte die plötzliche Zurücksetzung durch Hitler, mit dem er vor kurzem noch am Stammtisch schwadroniert hatte, ihn besonders empören – um so mehr, als er sein Zeitzeugnis wahrscheinlich nicht zuletzt als Sprungbrett für eine neue Karriere betrachtete.

Aber Mend war kein gewiefter Taktiker, bloß ein in Ungnade gefallener Schnorrer. Er suchte den Eklat, und am 8. Oktober 1932 kam es dann, wie es kommen mußte. Der schwer Düpierte baute sich im Café Heck vor Hitler auf und machte ihm eine Szene: »Hör mal Adolf«, will er ihn angeschrien haben, »warum grüßt Du mich nicht. Hast Du vielleicht Deine Wohltäter vergessen? Wem dankst Du, daß Du überhaupt hier bist? Da reden wir später noch darüber! Du Halbmensch, Du ausgestopfter Scherenschleifer. Du bekommst es morgen schriftlich von mir. Ich rate Dir Adolf, mach mir nur den Mund nicht wässrig!«[26] Und tatsächlich, Mend ließ es nicht bei der theatralischen Drohgebärde bewenden, sondern sorgte für einen richtigen Skandal. Schon am darauffolgenden Tag konnte Fritz Gerlich, Hitlers schärfster journalistischer Gegner,[27] in seiner Zeitschrift ›Der Gerade Weg‹ einen offenen Brief Mends an Hitler publizieren, womit das Ganze die Züge eines klassischen Erpressungsmanövers annahm. Unverhohlen schrieb Mend: »Hätte ich in meinem Buche all dasjenige angeführt, was ich bewußt verschwiegen habe, dann wäre Hitler sicher nicht als der große Held herauskristallisiert worden. Ich rate ihm, sich nicht zu weit in die höheren

Sphären zu begeben. Es wäre viel nützlicher für ihn und seine Partei, wenn er zurückdächte, was er einst war.«[28] Er habe, so Mend einige Monate später, »diesen Brief in demselben Ton geschrieben, wie ich es mit Hitler von früher her gewöhnt war«[29] – ein Ton mithin, in dem sich Hitler und Mend bislang möglicherweise zu verständigen gewußt hatten. Indem Mend nun allerdings die Öffentlichkeit suchte, hatte er eine elementare Spielregel der Halbwelt verletzt. Das bedeutete Krieg. Und den konnte Mend niemals gewinnen.

Zum einen wäre Hitler mit einer Sexualdenunziation, und darauf zielte die Mendsche Drohung im Kern, zu diesem Zeitpunkt kaum mehr zu Fall zu bringen gewesen. Man hätte dergleichen leicht als »Schmutzkampagne niederträchtiger Vaterlandsfeinde« abtun können, wie im Zusammenhang mit der Röhm-Affäre dies noch ausführlicher zu erörtern sein wird. Zum anderen aber war Mend für eine politisch nachhaltige Schädigung Hitlers einfach zu unbedeutend, und man hätte ihm ohne Schwierigkeiten eigene »Verfehlungen« nachweisen können, durch die seine Glaubwürdigkeit schnell in Zweifel gezogen worden wäre. Und schließlich: Mend mußte sich mit der Distanzierung von seinen Kriegserinnerungen, die immerhin von sämtlichen Nazi-Buchhandlungen vertrieben wurden, selbst am meisten schaden. Er hatte sich zu weit vorgewagt – und verrannt. Das große Echo, das sein offener Brief in der nazifeindlichen Presse gefunden hatte, mochte ihn in dieser Einsicht bestärkt haben. Zwar nahm man seine Angriffe auf Hitler hier mit Genugtuung zur Kenntnis, hofierte ihn aber keineswegs als Verbündeten. Hitler wiederum, der Erpreßte, ließ ihn zappeln, indem er Nervenstärke zeigte und einfach abwartete.

Aufgrund dieser Situation ging Mend Ende November 1932 in die Defensive. Seine Presseerklärung vom 1. Dezember 1932 läßt keinen anderen Schluß zu.[30] Zwar ist noch ein Rest von Kraftmeierei zu spüren, wenn er sagt, daß sein »Originaltext« für das Hitler-Buch »vom Verleger bedeutend zugunsten der Partei geändert und zusammengezogen wurde«, oder darauf hinweist, daß Hitler als Meldegänger wohl nicht mehr geleistet habe, »als es die absolute

Pflicht erforderte«. Aber im ganzen ist sein Ton plötzlich recht verhalten, und er vermittelt den Eindruck, daß er »nur in der Erbitterung über das unkameradschaftliche Benehmen Hitlers« an die Öffentlichkeit getreten sei, ja, weil »die Umgebung Adolf Hitlers es verstanden hat, mich von ihm fernzuhalten, obwohl er mir seine Freundschaft brieflich beteuert hatte«. Soviel barsche Zurückweisung, mag das heißen, habe er nicht verdient, da er doch »Adolf Hitler als meinen ehemaligen Kriegskameraden und seine Partei bei allen Gelegenheiten, sogar unter eigenem Lebenseinsatz, selbstlos stützte und verteidigte«. Das war der Grundtenor seiner reichlich wirren Rechtfertigung, in der von »bewußt Verschwiegenem« über Hitlers Vergangenheit keine Rede mehr war.

Der angehende Diktator durfte aufatmen – was ihn freilich nicht daran hinderte, den Herausforderer nun seinerseits enorm unter Druck zu setzen. »Ich fühlte mich seitdem dauernd unter Beobachtung«, gab Mend 1939 zu Protokoll und verwies auf anonyme Drohbriefe sowie andere Einschüchterungsversuche, mit denen er sich seit Neujahr 1933 konfrontiert sah. Als Hitler dann im Besitz der politischen Macht war, sollte es für ihn allerdings noch schlimmer kommen. Nach Mends eigener Schilderung passierte folgendes: »Am 9. März 1933 (am Tag der Rathauserstürmung [in München – L. M.]) lag ich nachts in tiefem Schlaf. Da wurde die Tür aufgerissen, und als ich erwachte, sah ich zwei Revolver auf mich gerichtet. Ich rief aus dem Bett: ›Was wollt Ihr Banditen?‹ Antwort: ›Noch ein Wort und du hast eine Kugel im Kopf.‹ Ich: ›Das könnt Ihr ja machen.‹ Ich sah jetzt durch die Dunkelheit zwei Leute in Parteiuniform. Da trat ein dritter in Zivil ein und sagte ruhiger zu mir: ›Schimmelreiter, Sie gehen mit.‹ Ich kleidete mich an, die zwei Leute in SA-Uniform immer mit gespannten Revolvern immer hinter mir drein. Der eine von ihnen war Kugler, später in der Reichstagsleitung, und Groll, Hauptamtsleiter. Sie brachten mich hinunter ins Auto. Ich frug: ›Braunes Haus?‹ Der Zivilist antwortete: ›Nein, Polizeipräsidium.‹ Dort angekommen, empfing mich Regierungsrat Beck, später bei der Gestapo. Er ordnete Isolierhaft gegen mich an und entließ mich mit den Worten: ›Ruhig verhalten.‹ –

Hitler erfuhr von meiner Verhaftung durch Zufall [Fragezeichen von Schmid Noerr]. So wurde ich, wie man mir sagte, auf seine direkte Veranlassung, an Pfingsten wieder freigelassen. Die ganze Zeit über hatte ich in strenger Isolierhaft gesessen.«[31]

Wir wissen, daß im Fall Mend nichts ohne Hitlers ausdrücklichen Befehl geschehen ist: Er wurde »auf Anordnung des persönlichen Adjutanten des Führers, Obergruppenführer Brückner, in Schutzhaft genommen«[32]. Auffällig und interessant dabei ist dieses: Die Verfolgung des Erpressers zielte noch nicht auf physische Vernichtung, sondern zunächst einmal auf Neuverpflichtung durch Einschüchterung und Gnadenerweis. Mend sollte begreifen, daß nur Hitler allein ihn vor dem Untergang zu retten vermochte, daß dieser Einsatz des »Führers« aber strikte Loyalität, ja Unterwerfung voraussetzte. Mend hat die Botschaft auch sofort verstanden, wie der reumütige Brief beweist, mit dem er wenige Tage nach seiner Haftentlassung den NSDAP-Schatzmeister Schwarz um Wiederaufnahme in die Partei bat. Nun sollen es auf einmal »Verleumdungen und üble Nachreden« gewesen sein, durch die das Verhältnis zu Hitler gestört worden und »es zum Bruch unserer gegenseitigen Freundschaft und Kameradschaft gekommen« sei. Er »lehne jede Verantwortung in dieser Angelegenheit ab«, sei aber »jederzeit bereit, eine Widerrufung [seines offenen Briefes] ergehen zu lassen«. Trotz seiner dreimonatigen Schutzhaft stehe er »meinem inneren Drange folgend voll und ganz hinter meinem Kriegskameraden Adolf Hitler und sein [sic!] Werk, und ich bin der Letzte, der ihn in seiner schweren Verantwortung für das deutsche Volk nicht unterstützen würde«.[33] Zudem will Mend »damals viel gravierendes Material verbrannt«[34] haben; auch das sicherlich auf Geheiß höherer Instanzen.

Doch eine Parteiaufnahme kam ebensowenig in Frage wie eine persönliche Vorsprache bei Hitler oder dessen Adjutanten. Mend wurde geduldet, im übrigen jedoch unter Kuratel gestellt. »Es ist ein unerhörter Zustand, wenn man mich 5 Minuten vor 12 einfach aus der Partei ausschaltet«, hatte er noch im Juli 1933 an Schwarz geschrieben, »ich will weiter nichts als mein Recht!« Doch daran war nach seiner Entgleisung nicht mehr zu denken. In der Folgezeit suchte Mend immer wieder an Hitler heranzukommen und bat dessen Adjutanten, seine Schreiben doch »dem Führer persönlich zu unterbreiten«, denn er sei »sicher, daß Adolf Hitler mir als seinem nächsten Kriegskameraden eine Unterredung gewähren wird«. Die wollte er nutzen, um ein für allemal klarzustellen, daß er »nur das Opfer gewisser Denunzianten« gewesen sei, »welche aus meinen Erlebnissen mit Adolf Hitler Geld herausschlagen wollten«.[35] Aber die Hoffnung auf eine offizielle Rehabilitierung, womöglich gar durch Hitler persönlich, zerplatzte endgültig im März 1935, als Hitlers Adjutant Wiedemann ihm förmlich mitteilte, sein Besuch sei nicht mehr erwünscht.[36] Vorangegangen war eine interne Anweisung Amanns, »den ehemaligen Meldereiter Mend nicht zu empfangen«: Der »Führer« habe es »abgelehnt, mit Mend zu sprechen«. »Ich halte Mend«, fügte Amann hinzu, »für einen ausgemachten Halunken.«[37]

Man könnte meinen, daß Mend nach dieser harschen Abfuhr erledigt war. Doch gerade die Jahre 1934 und 1935 scheinen die stabilsten seines Lebens gewesen zu sein. Zwischen 1930 und 1933 hatte er in München achtmal sein Quartier gewechselt, nun bezog er in der Nymphenburger Straße erstmals eine respektable Wohnung, in der er mehrere Jahre lebte.[38] Daneben soll er eine Bleibe in Berg am Starnberger See gehabt haben, wo er mit der Verwaltung des Schloßgutes Elsholz zu tun hatte. Wie sich der dortige Gemeindesekretär später erinnerte, war Mend »immer sauber angezogen, hat nicht gearbeitet, und ich habe mich oft gefragt, wovon er lebt«[39]. Wir wissen es: Da war zunächst sein Hitler-Buch, das trotz der »Führer«-Schelte 1934 in neuer Auflage vom nationalsozialistischen Eher Verlag vertrieben wurde und sicherlich einiges an Tantiemen abwarf. Im selben Jahr kam auch noch eine Ausgabe in Kurzschrift hinzu, die »im Auftrag der Reichsleitung«, wie der Autor mit stolzgeschwellter Brust seinem Bruder schrieb, an »allen deutschen Mittel- und Hochschulen« als Lehrbuch eingeführt wurde[40] und eine nennenswerte Einnahmequelle gewesen sein muß. Mends Hitler-Erinnerungen wurden jetzt auch im Rundfunk zitiert, und angeblich wollte man sie sogar verfilmen.[41] Außerdem war Mend damals als Bilderhändler tätig, genauer: Er handelte mit von Hitler gefertigten Bildern, Gemälden, Kohle- und Bleistiftzeichnungen, die Mitte der dreißiger Jahre bekanntlich hoch im Kurs standen. Zu seinen Kunden zählten Baldur von Schirach, Otto Dietrich, Julius Schreck und andere Nazi-Prominenz. Im November 1935 wollte er sich mit seinen Bilderschätzen auch bei Hitler noch einmal in Erinnerung bringen. Doch dieser ließ ihn wissen, »daß der Ankauf der Bilder nicht gewünscht wird«[42]. Mit seinem Vorstoß wird Mend nur altes Mißtrauen geweckt haben, denn daß ausgerechnet ein so unsicherer Kantonist wie Mend nun seine Kriegsmalerei verkaufte, das konnte Hitler gar nicht recht sein. Mend wußte einfach zuviel.

Und noch etwas kam hinzu. Mend besaß viele Original-Fotografien von Hitler, mit denen er als Bilderhändler – vornehmlich aus Reklamegründen – damals ohne Zweifel hausieren ging. Späteren Zeugenaussagen zufolge sollen sie Hitler in sehr unvorteilhaften Posen, wohl auch in verdächtiger Nähe zu manchem Kameraden, gezeigt haben.[43] Doch für Mends Geschäfte waren sie wie eine Selbstempfehlung, da sie belegten, daß er wirklich ein Kriegskamerad des »Führers« gewesen war. Eine Zeugin, die die Aufnahmen gesehen hatte, gab im Februar 1958 zu Protokoll: »Mend sagte seinerzeit, daß die Gestapo hinter ihm her wäre und Hitler unbedingt die Bilder wollte.«[44] Dieser Umstand mag dazu beigetragen haben, daß er erneut ins Fadenkreuz von Hitlers Handlangern geriet. So drohten nach zweijähriger Ruhepause neue Mißhelligkeiten.

Mend selbst hat, was nun geschah, so geschildert: »Im Sommer des Jahres 1936 sollte es auch mir an den Kragen gehen. Ich wurde unter nichtiger, abgekarteter Anklage vor Gericht gestellt. Landgerichtsdirektor Welz, Blutordensträger, war Vorsitzender des Gerichtes. Nach Aussage des Kriminalrats Weiss von der Gestapo (früher bayerische Volkspartei und ein guter Bekannter von mir) war damals Welz auf die Gestapo gekommen und hatte mit Bezug auf mich gesagt: ›Den vernichten wir.‹ – Staatsanwalt Seiler hatte die Anklage. Er hat später zu mir selbst gesagt: ›Es hat mir hernach das Essen nicht mehr geschmeckt.‹«[45]

Was war passiert? Bedauerlicherweise sind die Polizei- beziehungsweise Gerichtsakten dieses Falles nicht mehr aufzufinden, möglicherweise ein Indiz dafür, wie brisant die Angelegenheit war. Mend jedenfalls gibt an, während einer polizeilichen Vorladung überraschend verhaftet worden zu sein, so daß die Gestapo seine Abwesenheit zu umfangreichen Haussuchungen in München und Berg nutzen konnte, wo sie auch Dokumente sicherstellte. Als Mend, der inzwischen längst zu einer Haftstrafe verurteilt worden war, zwei Jahre später über seinen Anwalt von der Durchsuchung erfuhr, wollte er von seiner Vermieterin Genaueres wissen: Ob denn auch die Kohlezeichnungen und »anderes vom Führer«, das er besessen habe, mitgenommen worden seien? Er dachte dabei nicht zuletzt an Hitlers »Briefe, welche unter keinen Umständen in unbefugte Hände geraten dürfen«. »Sind diese für mich unersetzlichen Dokumente auch beschlagnahmt worden?«[46] Sie waren es, und Mend sollte sie nie wiedersehen. Ebensowenig »meine Uhr, welche ich vom Führer bekam«. Seinem Rechtsanwalt, der die Herausgabe der Dinge erwirken wollte, teilte die Staatspolizei München kurz darauf mit, daß die seinerzeit sichergestellten »Photographien etc. auf Weisung einer höheren Stelle vom Staatspolizeiamt Berlin beschlagnahmt [wurden]. Eine Herausgabe kommt nicht mehr in Frage.«[47] Um die gleiche Zeit wurde auch Mends Buch »auf Weisung des Geheimen Staatspolizeiamtes Berlin im Einvernehmen mit der Kanzlei des Führers eingezogen und vernichtet«[48].

Wir können davon ausgehen, daß Mend 1936 einem von langer Hand geplanten und von Hitler selbst angeordneten Unternehmen zum Opfer fiel. Er sollte regelrecht ausgeschaltet werden, und zwar mit einer Anklage, die ihn nicht nur ins Zuchthaus bringen, sondern darüber hinaus auch moralisch vernichten würde. »Sittlichkeitsverbrechen an Kindern« lautete sie und brachte ihm am 27. Oktober 1936 eine Zuchthausstrafe von zweieinhalb Jahren und drei Jahre Ehrverlust ein. Mend hat den Vorwurf der Kinderschändung zeit seines Lebens bestritten, und es spricht nichts dafür, ihm in diesem Punkt nicht zu glauben, um so mehr, als wir inzwischen wissen, mit welcher Skrupellosigkeit das NS-Regime Sittlichkeitsdelikte und

-prozesse einsetzte, um unbequeme Gegner durch Rufschädigung zur Räson zu bringen.[49] Schließlich sah dabei alles nach einem legalen strafrechtlichen Verfahren aus, auch wenn in Wahrheit nicht die Justiz, sondern das Diktat Hitlers über den Prozeßausgang entschied. So auch bei Hans Mend, wo sogar der Staatsanwalt lediglich auf Gefängnisstrafe plädiert hatte.[50] Aber an Mend sollte ein Exempel von besonderer Härte statuiert werden. Wenige Wochen nach seiner Verurteilung wurde er dem Landgerichtsarzt Dr. Vogel vorgeführt, der seinen Auftraggebern am 16. Dezember 1936 gern bescheinigte, daß es sich bei Mend um einen »zu Triebhandlungen neigenden Psychopathen« handele.[51] Der Abgeurteilte mußte für ein halbes Jahr ins Zuchthaus Straubing in Niederbayern und anschließend »zur Beobachtung« in die Psychiatrische Abteilung der Münchner Strafanstalt Stadelheim, wo man »sachverständig« nachweisen wollte, daß er »durch seinen verbrecherischen Trieb zweifellos eine große Gefahr für die Allgemeinheit« bildete und deshalb jederzeit in polizeiliche Vorbeugehaft genommen werden konnte. Am 14. Dezember 1937 erging tatsächlich ein solcher Erlaß:[52] Mend wurde zunächst ins Konzentrationslager Brual Rhede verbracht, dann in das Lager Esterwegen. Erst am 24. Dezember 1938, also genau zwei Jahre nach Haftantritt, war die Tortur für ihn vorläufig beendet. Der Rest der Strafe wurde bis zum 24. Dezember 1942 zur Bewährung ausgesetzt, und er konnte nach München zurückkehren.

Doch was hatten die Nazis aus Mend gemacht? Abgestempelt als ein abscheulicher Triebverbrecher, hatte er seine Ehre und moralische Integrität verloren, ein gefährlicher Krimineller, der bei Fehlverhalten jederzeit wieder verhaftet werden konnte. Und warum diese geballte Repressionspolitik, diese martialischen Einschüchterungsmethoden? Nur um einem unbedarften Angeber eine Lektion zu erteilen? Wohl kaum. Trotz der Durchsichtigkeit seines Imponiergehabes war Mend eine Macht, vor der Hitler sich offenbar fürchtete: die Macht seiner nicht zu bewältigenden Vergangenheit. In dem unberechenbaren »Schimmelreiter« blieb sie präsent, und

Hitler, zu Recht oder zu Unrecht, fühlte sich verfolgt. Spielte der alte Kamerad da nicht mit dem Feuer? Folglich holte Hitler zum Präventivschlag aus, ließ alle Mendschen Briefe, Fotos und Bilder beschlagnahmen und sorgte durch die Stigmatisierung Mends als »Triebverbrecher« dafür, daß diesem künftig jede Glaubwürdigkeit genommen war.

Womöglich hat Mend das alles nicht durchschaut, als er im Januar 1939 nach Berg zurückkehrte und seine Arbeit als Gutsverwalter wieder aufnahm. Zumindest ging er nicht in Sack und Asche, und schon im Herbst 1939 mußte er »wegen staatsfeindlicher Äußerungen staatspolizeilich gewarnt«[53] werden. Im Dezember 1939 gab er sein Geheimwissen dann sogar einem Regimegegner preis; wir haben eingangs darüber gesprochen. Was kann Mend zu dem selbstmörderischen Schritt bewogen haben? Sein Haß auf Hitler, gewiß. Auch die Überredungskünste von Schmid Noerr, der ihn vielleicht von einem baldigen Sturz des Diktators überzeugte. Oder war es vor allem der Mut des Verzweifelten, der nichts mehr zu verlieren hat und deshalb die Flucht nach vorne antritt? Welches Motiv auch immer ausschlaggebend gewesen sein mag, Mends Aussage gewinnt vor dem geschilderten Hintergrund erheblich an Glaubwürdigkeit. Er hat mit ihr weit mehr riskiert, als er sich an Vorteilen erhoffen konnte, ja, er setzte sogar sein Leben aufs Spiel. »Ich lasse dem Schicksal seinen Lauf«, sagte er kurz vor seiner Haftentlassung zu seiner Vermieterin. »Bin ja sooft vor dem Tode gestanden. Ich bin hart geworden.«[54]

Mend scheint, seit die NS-Justiz ihn drangsaliert hatte, offener über Hitlers gleichgeschlechtliche Veranlagung gesprochen zu haben als je zuvor. »Wie er mir erzählte, erzählte er vielen« – so berichtete der Starnberger Theologe und Kunsthistoriker Dr. Herbert Paulus später und fügte hinzu: »All das hat mich noch weiter in meiner Gegnerschaft zu dem NS-System bestärkt, da er nie übertrieben hat.«[55] Nun gab es 1940 freilich weit mehr Anhänger des NS-Systems als Gegner, zumal in Bayern. In Berg am Starnberger See hatte man einigen von ihnen aufgetragen, den »Psychopathen« Mend nicht aus den Augen zu lassen. Hierzu zählte zweifellos der

Berger Bürgermeister und NSDAP-Ortsgruppenleiter Karl Laux, der genau wußte, daß seine Parteigenossen nur nach einem »triftigen Grund« suchten, um Mend bei passender Gelegenheit abermals »in eine Art Sicherheitsverwahrung zu bringen«.[56] So wundert es nicht, daß Laux Mend im September 1940 denunzierte. Dieser habe sich »eine grobe Beleidigung des Führers« zuschulden kommen lassen, und eine Zeugin, eine gewisse Eva König, habe die Sache auch schon »durch einen älteren bekannten Parteigenossen in München zur Anzeige gebracht«.[57] Erneut schnappte die Falle zu: Mend wurde verhaftet, nachträglich verschiedener Sittlichkeitsdelikte beschuldigt (diesmal gegenüber Frauen) und vom Sondergericht München zu zwei Jahren Gefängnis verurteilt.[58] Am 14. Februar 1942 teilte die Strafanstalt Zwickau der Münchner Staatsanwaltschaft lapidar mit, daß Mend verstorben sei.[59] Der hatte sein Schicksal zwei Jahre zuvor wohl schon vorausgesehen, als er seiner Freundin aus dem Untersuchungsgefängnis schrieb: »Ich sehe mein Ende vor Augen, ich bin eben zuviel auf der Welt.«[60]

Die Akten zu diesem letzten Strafverfahren hatte der Leiter der Anklagebehörde umgehend »dem Reichsminister der Justiz vorzulegen«[61], was das anhaltende Interesse Hitlers an der Affäre Mend unterstreicht. Ein berechtigtes Interesse, denn bei dem neuerlichen Prozeß ging es um die Frage, »warum der Führer nicht heiratet«. Ob Mend sie aufgeworfen hat, wie die Denunziantin behauptete, oder ob diese, wie Mend es darstellte, ihn bewußt provoziert hat, wird sich nicht mehr klären lassen. Entscheidender ist indes die Antwort, die Mend gab:[62] Er wisse es ganz genau, denn kaum einer kenne den Führer so gut wie er. Er habe ihn oft nackt gesehen und dabei keine Deformation seiner Geschlechtsorgane feststellen können. Aber aus Frauen habe der Führer sich nichts gemacht, er sei eben so wie Röhm veranlagt. Woher er das nehme? Er habe doch im Krieg im Quartier das Bett unter Hitler gehabt. Für das Gericht gab es keinen Zweifel, daß Mend mit seinen Ausführungen »den Führer der gleichgeschlechtlichen Liebe« bezichtigte. Er »scheute sich«, heißt es im Protokoll, »insbesondere auch als ehemaliger Kriegskamerad des Führers nicht, diesen auf die schamloseste Weise anzugreifen«[63]. Erst 1958 gab Eva König preis, daß Mend noch etwas gesagt habe: »Wenn sie gebadet hätten [so Mend über Hitlers Gebaren im Krieg], wären sie immer nackt umeinander gesprungen. Dann hätte Hitler alles mögliche mit ihnen gemacht und wäre in der Nacht mit ihnen herumgezogen.«[64] Und um die gleiche Zeit soll Mend Gemeindesekretär Schneider folgendes erzählt haben: »In der Unterkunft [...] hätten er [Mend] und andere dem Hitler, während dieser schlief, den ›Schwanz‹ mit Schuhwichse angestrichen«[65] – eine rüde Form, homosexuelle Kameraden zu stigmatisieren, aber unter den extremen Lebensbedingungen an der Front offenbar gang und gäbe.

Die Kenntnis einschlägiger »Sittengeschichten« des Ersten Weltkrieges stellt die von Mend so drastisch geschilderten Ereignisse rasch in einen historischen Rahmen:[66] Natürlich schloß die Kampfgemeinschaft der Kriegskameraden libidinöse Aspekte schon immer ein; im körpernahen Umgang miteinander war selbst für heterosexuelle Soldaten die Grenze zur Gleichgeschlechtlichkeit schnell gestreift. Überdies darf die »bewußt erotische Form« der Kriegskameradschaft nicht übersehen werden, die, so Magnus Hirschfeld, im Ersten Weltkrieg »nicht gerade selten« war.[67] Das homosoziale Frontleben förderte homosexuelle Beziehungen und half zugleich, sie zu tarnen. Selbst im Falle einer Denunziation fiel die Strafe meist nur gering aus. Nicht selten gab es sogar Männergemeinschaften, die dergleichen wenn nicht teilten, so doch akzeptierten. Warum also soll der homosexuelle Gefreite Hitler seiner Neigung nicht gefolgt sein, solange er sicher sein konnte, daß seine Kameraden solche Dinge für sich behielten?

An dieser Stelle taucht die Frage auf, was wir eigentlich über Hitler im Weltkrieg wissen.[68] Er war, so scheint es, gern Soldat, zeigte sich aber an einer militärischen Karriere nicht interessiert. Seinen Dienst als Meldegänger und Ordonnanz bei der Regimentsbefehlsstelle des Stabes versah er zur Zufriedenheit seiner Vorgesetzten, schlug jedoch Beförderungsofferten wiederholt aus. Offenbar sah er in seinem Regiment seine Heimat, ja eine Familie, von der er sich auf keinen Fall trennen wollte. Von Kampfhandlungen in vorder-

Der Feldsoldat Hitler (ganz links) goutiert eine musikalische Darbietung seiner Kameraden, die sich zur »Kapelle Krach« formiert haben.

ster Linie verschont, blieb er bis 1918 ohne größere Verwundungen. In der Etappe zeichnete er – vornehmlich das Ruhequartier und Kameraden – oder verfaßte Gedichte. Briefe schrieb er dagegen selten, weil es für ihn außerhalb des Soldatenlebens augenscheinlich so gut wie nichts gab, was ihm noch lieb und teuer gewesen wäre. Und in der Tat: Daß der Heeresdienst ihn allem Anschein nach rundum zufrieden machte, ist psychologisch nur allzugut zu verstehen: Wie früher im Männerheim hatte er wieder das Gefühl, akzeptiert zu werden, mehr noch: dazuzugehören. Aber sein für die Kriegssituation fast schon auffälliges Wohlbefinden muß auch noch andere Gründe gehabt haben – einer davon könnte die Freundschaft mit Ernst Schmidt gewesen sein, die eine nähere Betrachtung verdient.

Kriegskamerad und mehr: Ernst Schmidt

Für fünf Jahre, vom Sommer 1914 bis zum Sommer 1919, waren Adolf Hitler und Ernst Schmidt unzertrennlich. Und ganz unabhängig von der Frage, ob man darin ein homosexuelles Verhältnis sehen will oder nicht, muß man festhalten, daß Hitler mit keinem anderen Freund so lange so eng liiert gewesen ist und daß es überdies niemanden gibt, der seine Metamorphose vom verkrachten Möchtegern-Künstler ohne parteipolitische Präferenzen zum rechtsradikalen Berufspolitiker näher miterlebt hat als ebendieser Kriegskamerad Schmidt, der erst 1985 verstorben ist. Wir wüßten heute wesentlich mehr über ihn, wenn sich ein Historiker mit ihm eingehend beschäftigt, ein Verleger ihn zu Memoiren angeregt oder ein Archivar sich um seinen Nachlaß gekümmert hätte. Das alles ist leider nicht geschehen. In Garching, wo er jahrelang Bürgermeister war, kann man heute nicht einmal mehr seine Personalakten finden. Immerhin läßt sich folgendes festhalten:[69]

Der am 16. Dezember 1889 im thüringischen Wurzbach geborene Ernst Schmidt war Sproß einer kinderreichen Müllersfamilie. Nach dem Besuch der Volksschule (1896 bis 1904) erlernte er das Malerhandwerk und legte 1907 seine Gesellenprüfung ab. Die Gehilfenzeit verbrachte er eigenen Angaben zufolge »bis 1912 in verschiedenen Gegenden Deutschlands, 1913 in der Schweiz, in Frankreich und ab Frühjahr 1914 bis Kriegsausbruch in Bozen«[70]. Obwohl gestellungspflichtig, hat er vor 1914 keinen Militärdienst geleistet, was seine damals nicht gerade selbstverständlichen Auslandsaufenthalte mit erklären mag.

Wir wissen nicht, wann und wo Schmidt Hitler kennengelernt hat. Vielleicht war der Wurzbacher Malergeselle 1914 in München Hitlers Zimmernachbar in der Schleißheimer Straße 34,[71] aber das ist nicht mehr mit Sicherheit aufzuklären. Fest steht nur, daß Schmidt am 6. August 1914 – am selben Tag wie Hitler – in das Bayerische Heer eintrat, wo er am 7. September dem List-Regiment zugewiesen wurde. Vom ersten Kasernentag an war er mit Hitler zusammen, und ab Oktober 1914 dienten beide an der Westfront. Dort sollen sie einen gemeinsamen Meldegang so gut erledigt haben, daß sie schon ab November 1914 beim Regimentsstab dauerhaft als sogenannte Gefechtsordonnanzen Verwendung fanden. Das sicherte ihnen im militärischen Gefüge im Vergleich zu anderen Mannschaftsteilen größere Freiheiten. Sie waren, wie Schmidt sagt, »immer zusammen«[72] und teilten insbesondere das Quartier. Stets wurden sie als Paar angetroffen, sowohl bei den Meldegängen im Feld, wo sie gemeinsam Regimentsbefehle zur Brigade oder zum Bataillon brachten, wie außerhalb des Dienstes in der Etappe.

Alle Meldegänger waren, wie Ernst Schmidt auch 1933 gegenüber einem Journalisten äußerte, ohnehin ziemlich eng miteinander befreundet, »aber drei von uns gluckten ganz dicht aufeinander, Hitler, Bachmann und ich. Ich fühlte mich besonders stark zu Hitler hingezogen.«[73] Die Meldegänger-Truppe von Fromelles beziehungsweise Fournes, wo Hitler sich während des Krieges am längsten aufhielt, muß somit eine besonders verschworene Gemeinschaft gewesen sein. Balthasar Brandmayer spricht, und das keineswegs pejorativ, vom »Meldegängerpack«, in dem sein Freund »Adi« eine feste Größe gewesen sei.[74] Was er an seinen Kameraden Jacob Weiß, Franz Wimmer, Max Mund, Josef Inkofer und eben auch Brandmayer hatte, vergaß Hitler zeit seines Lebens nicht. Das gleiche gilt für seine beiden wichtigsten Vorgesetzten, den Ordonnanzführer Karl Lippert und vor allem den Regimentsschreiber Max Amann. Angesichts dieser Strukturen konnte sich Hitler mit dem Militärdienst, den er bis 1914 ja entschieden abgelehnt hatte, nun doch gut arrangieren. Zwar hatte seine eilfertige Meldung als Freiwilliger bei der bayerischen Armee Anfang August 1914 zunächst wohl nur dazu gedient, der Überstellung nach Österreich zuvorzukommen, doch je mehr ihm in der Folgezeit klar wurde, daß sich die lästigen Zwänge der bürgerlichen Gesellschaft in der besonderen Situation des Krieges tatsächlich abschütteln ließen, desto deutlicher mußte er den Schritt ins Soldatenleben als einen Zugewinn an Lebensqualität empfinden. Hier erschloß sich ihm, was er später »den herrlichen Sinn einer männlichen Gemeinschaft« nennen sollte:[75] seine Überlebensgemeinschaft.

Wie sehr Hitler auf diese speziellen Rahmenbedingungen angewiesen war, zeigte sich, als er, Bachmann und Schmidt am 5. Oktober 1916 bei einem Volltreffer im Unterstand der Meldegänger verwundet wurden. Hitler und Bachmann kamen ins Lazarett nach Beelitz, Schmidt nach Brandenburg. Nach ihrer Genesung trafen sie sich in München wieder, und noch zwei weitere Meldegänger, Max Mund und Franz Wimmer, stießen dazu. Weihnachten 1916 wurde in der Kaserne gefeiert, und die bange Frage war, ob die Kameraden wieder gemeinsam zu ihrem Regiment an die Front zurückkehren könnten. Hitler versuchte alles, eine Versetzung zu verhindern. Fast flehentlich hatte er schon bei seiner Verletzung im Oktober 1916 den Adjutanten Fritz Wiedemann beschworen, beim Regiment bleiben zu dürfen; von München aus wiederholte er nun im Januar 1917 seine Bitte, ihn doch »zum 16. Reserve-Infanterie-Regiment anzufordern«, da es sein »dringendster Wunsch« sei, zu seinen »alten Kameraden« zurückzukehren.[76] Auch Feldwebel Amann bestürmte er in ähnlicher Weise. Deutlicher konnte Hitler nicht zum Ausdruck bringen, wie lebenswichtig diese soldatische Gemeinschaft für ihn war. Das »Meldegängerpack« war nicht nur seine Heimat, es gab ihm auch ein Lebensgefühl, das er auf keinen Fall mehr missen mochte. Im übrigen zeigte das auch seine Post an den »lieben Partner« Brandmayer, an den er so »oft denken« mußte, daß er ihm innerhalb von nur einer Woche gleich drei Karten schrieb: »auf ein baldiges Wiedersehen hoffend dein Kamerad und Partner«.[77] Schließlich erreichte Hitler sein Ziel: Im März 1917 durfte er zu seinem Regiment zurück, seiner »Wahlfamilie«.

Wahrscheinlich liegt hier auch der Schlüssel zu der bis heute unbeantworteten Frage, warum Hitler den gesamten Krieg hindurch einfacher Gefreiter blieb. Denn wenn nicht seine Geschicklichkeit, so hätte ihm zumindest seine Liebedienerei zu einer Beförderung verhelfen müssen, und tatsächlich soll es Offerten gegeben haben.[78] Aber Hitler wollte nicht; oder richtiger: Er konnte nicht wollen. Als Unteroffizier hätte er das aufgeben müssen, was ihm den Kriegsdienst bislang so teuer gemacht hatte: Ernst Schmidt, seine anderen »treuen Partner«, das relativ abgeschirmte Etappenleben und schließlich vor allem die letztendliche Duldung seiner gleichgeschlechtlichen Neigung. Ein Leben jenseits dieser informellen Normen und Strukturen hätte Hitler in eine existentielle Krise gestürzt – daher das regelrechte »Entsetzen«, mit dem er auf das Bemühen seines Feldwebels reagierte, ihn zu befördern.[79]

Schon Egon Erwin Kisch, selbst Meldegänger im Weltkrieg, war 1933 aufgefallen, daß mit der Militärkarriere Hitlers etwas nicht stimmen konnte: »Vier Jahre lang war er Gefreiter. Jeder alte Soldat weiß, daß der (etwas verspottete) Gefreitenrang nur ein kurzes Provisorium ist, nur die Vorstufe zum Unteroffizier. Hunderttausende können Infanteristen sein und es nie zum Gefreiten bringen, aber ein Gefreiter, der es in vier Jahren ›Frontdienst‹ nicht zum Unteroffizier bringt, müßte doch eine mehr als verdächtige Spezies sein. Entweder er drückt sich davor, eine Korporalschaft zu kommandieren, oder er ist dazu nicht fähig. [...] Noch grotesker erschiene die Nichtbeförderung dieses ewig unbeförderten Gefreiten, wenn ihm wirklich das Eiserne Kreuz I. Klasse verliehen worden wäre, wovon sich allerdings außer einer in sein Militärbuch gekritzelten Eintragung kein Beleg gefunden hat, weder der Verleihungsantrag noch die Urkunde, noch die Verlautbarung. Hitler [...] erwähnt die Kriegstat, die ihm den Orden verschafft hat, mit keinem Wort.«[80]

So ist es in der Tat; bis heute wissen wir nicht genau, wofür Hitler eigentlich 1918 das Eiserne Kreuz I. Klasse erhalten hat. Am glaubwürdigsten erscheint noch eine Version, die 1961 vorgetragen wurde. Danach soll der jüdische Stabsoffizier Sigmund Gutmann Hitler die Auszeichnung für einen riskanten Meldegang in Aussicht gestellt, später aber, nach erfolgreicher Erledigung des Auftrags, Schwierigkeiten bekommen haben, das Versprechen einzulösen. Über zwei Monate habe er sich dafür beim Divisionskommandeur abmühen müssen, so hat es Gutmann damals erzählt.[81] Nach einer Verlautbarung aus dem Jahre 1933 soll Hitler sogar fast drei Jahre auf die Verleihung gewartet haben.[82] Der Grund für die Zögerlichkeit dürfte weniger darin zu suchen sein, daß Gutmanns Vorgesetzte den Auszeichnungsvorschlag für unbegründet hielten, eher schon darin, daß eine solch hohe Dekorierung eines Gefreiten ohne gleichzeitige Beförderung zum Unteroffizier eigentlich undenkbar war.[83] Und für eine Beförderung war Hitler eben nicht zu haben. Gewiß hat es damals einen aufschlußreichen Schriftwechsel über all das gegeben; Hitler jedenfalls wußte genau, warum er die Militärpapiere später verschwinden beziehungsweise manipulieren ließ.[84]

Seltsam immerhin bleibt die Angelegenheit, und auch die NS-Propaganda sollte in den Jahren 1930 bis 1933 immer wieder Schwierigkeiten haben, den Sachverhalt der Öffentlichkeit halbwegs plausibel darzustellen.[85]

Zurück zu Hitler und Schmidt. Vom 30. September bis zum 17. Oktober 1917 hatten die beiden gemeinsam Heimaturlaub. In Brüssel, Köln, Leipzig und Dresden unterbrachen sie ihre Reise, um Sehenswürdigkeiten zu besichtigen. Dann fuhr Hitler weiter nach Berlin, wo er die Zeit mit Museumsbesuchen verbrachte, während sich Schmidt in seinem Heimatort Wurzbach aufhielt.[86] Aus dieser Zeit stammt die einzige Post Hitlers an Schmidt, deren Inhalt je öffentlich bekannt wurde; eine Karte, unterschrieben mit »Es grüßt dir dein A. Hitler«[87]. Ein merkwürdig blasses Zeugnis für eine so lange und innige Freundschaft.

Hitler (2. v. r.) und Ernst Schmidt (»Schmidl«, 3. v. r.); zwischen 1914 und 1919 verband die beiden Meldegänger eine enge Freundschaft.

Hitler hat Schmidt im Krieg viel über seine Lieblingsthemen Kunst und Architektur erzählt, hat ihm etliche Zeichnungen und Aquarelle geschenkt und ihn wahrscheinlich, so wie andere Kameraden auch, porträtiert. Schmidt war für diese Dinge empfänglich, und die »Künstlernatur Hitlers« imponierte ihm. Als Hitler ihn immer wieder auf seine berufliche Zukunft ansprach, will Schmidt ihn bestärkt haben, auf seine künstlerischen Fähigkeiten zu setzen und sie nach Kriegsende systematisch auszubilden.[88] Auch ein anderer Kamerad, Ignaz Westenkirchner, erinnerte sich später, daß Hitler damals den Plan verfolgte, Künstler zu werden. So habe er gesagt: »Um bis zum Examen leben zu können, werde ich wieder meine Bilder verkaufen. Vielleicht gehe ich auch zu den Schreihälsen, den Politikern.«[89] Schmidt hat gegenüber dem Historiker Werner Maser bestätigt, daß Hitler bis Kriegsende nicht wußte, ob er Maler oder Politiker werden solle.[90] Und – so muß man wohl ergänzend fragen – wenn Politiker, dann welcher Couleur? Schmidt selber war freigewerkschaftlich organisiert, Sozialreform und Marxismus dürften ihn deshalb nicht gerade abgestoßen haben. Die Politik hat in der Beziehung der Freunde also wohl keine ausschlaggebende Rolle gespielt – vielmehr das Ästhetische.

Nach dem Krieg, am 7. November 1918, ging Schmidt nach München, wo er zwei Wochen später auf Hitler traf, der nach einem Lazarettaufenthalt im pommerschen Pasewalk mit »bitteren Sorgen« nach Bayern gekommen war.[91] Die beiden Heimat- und Arbeitslosen »zementierten«, wie Schmidt sich ausdrückte, ihre »alte Freundschaft«. Gemeinsam wollten sie durch die wirren Zeitläufte finden,[92] zwei Schwache, die sich wechselseitig stützten. Nach kurzem Dienst im Gefangenenlager Traunstein schlugen sie sich seit Ende Januar 1919 in einer Münchner Demobilisierungskompanie mehr schlecht als recht mit Gelegenheitsarbeiten durch. Immerhin reichte der Verdienst für gemeinsame Opernbesuche: »Wir kauften nur die billigsten Sitze, aber das machte nichts. Hitler ging völlig in der Musik auf, bis zur letzten Note; er war dann blind und taub gegenüber allen sonstigen Dingen um ihn herum.«[93] Auch suchte er die Verbindung zu anerkannten Münchner Malern wie etwa Max

Zaeper, dem er mehrere seiner Arbeiten zur Begutachtung überließ. Seinen Künstlertraum hatte Hitler eben selbst im Revolutionsjahr 1919 noch nicht ausgeträumt, alles war offen: Er blieb ein politisch willenloser, beruflich schwankender Mensch.[94]

Auch deshalb klammerte sich Hitler 1919 weiter an die Instanz, die ihm mit 40 Mark Wehrsold wenigstens die nackte Existenzangst nehmen konnte: das Militär. Von dort bekam er bald sogar noch ein Zubrot. Am 7. März 1919 lernte er nämlich Hauptmann Röhm kennen, und zwar, wie Hitler später selbst angab, »in einem Keller, wo wir uns den Kopf zerbrochen haben, wie der revolutionären Bewegung entgegen getreten werden kann«[95]. Was sich mit hoher Wahrscheinlichkeit hinter der Formulierung verbirgt, sind Hitlers damalige Zuträgerdienste für den Offizier Ernst Röhm, seinerzeit Stabschef des Freikorpsführers Epp. Der hatte nämlich kurz zuvor begonnen, mittels einer Flugblattaktion bayerische Kämpfer zu rekrutieren.[96] Für eine solche Informantentätigkeit spricht auch eine andere Quelle, in der es heißt, daß Hitler zunächst beim Nachrichtendienst dieses konterrevolutionären Truppenverbandes angeheuert und dort durch Röhm seine Instruktionen erhalten habe;[97] gerade für das Frühjahr 1919 wird ihm eine auffällige Nähe zu den Münchner Soldatenräten nachgesagt.[98] Aber schon zwei Monate später wurde er in die unmittelbar nach dem Sieg der Gegenrevolution aufgestellte Entlassungs- und Untersuchungskommission des 2. Infanterie-Regiments aufgenommen und überprüfte nun die politische Gesinnung der zu entlassenden Kameraden. Ohne Röhms Empfehlung wäre dies wohl kaum gelungen.

Schon kurz darauf arbeitete Hitler für die Nachrichtenabteilung des Reichswehrgruppenkommandos IV unter Hauptmann Karl Mayr, abermals als Spitzel. Mayr hatte Hitlers besondere Fähigkeiten auf diesem Gebiet schnell erkannt und ihn für die systematische Denunziation von politisch unzuverlässigen Kameraden und Offizieren eingesetzt.[99] Auch hier von Skrupeln keine Spur; Geld und Akzeptanz waren Hitler offenbar wichtiger. Wenn der Führungsoffizier seinen V-Mann richtig beschreibt, war Hitler überaus erleichtert, daß Mayr ihm eine neue »Heimat« geboten hatte.[100] Und er muß darauf mit Überanpassung und Unterwürfigkeit reagiert haben.

In der Literatur ist noch nie die Frage aufgeworfen worden, was Hitler dem ambitionierten Generalstabsoffizier eigentlich zu bieten hatte, daß dieser ihn derart protegierte, zumal nichts in der Biographie Mayrs darauf hindeutet, daß hier so etwas wie Altruismus im Spiel gewesen sein könnte. 1928 nennt er Hitler kühl »ein mit monatlichen Subventionen ausgestattetes Individuum, von dem laufend Nachrichten erwartet werden konnten« [101]. Wir haben es mit einem erfolgsorientierten Geheimdienstchef zu tun, der nach dem Zusammenbruch des Kaiserreichs der Konterrevolution um jeden Preis zum Sieg verhelfen wollte.[102] Es gibt deshalb nur zwei Möglichkeiten: Entweder hatte Mayr private Gründe, sich Hitlers anzunehmen, oder er muß diesen für ein Naturtalent des Spitzel- und Denunziantenwesens gehalten haben. Das gleiche gilt für die Beziehung zu Röhm, dem der Gefreite zunächst auch in keinster Weise das Wasser reichen konnte. Dennoch hat der agile Hauptmann, der schon damals von den homoerotischen Qualitäten des soldatischen Nationalismus schwärmte,[103] Hitler ganz außergewöhnlich protegiert.

Während Hitler also eine Weiterbeschäftigung bei der Armee anstrebte, suchte der Malergeselle Schmidt Arbeit in München. Am 12. April 1919 wurde er ausgemustert, und am 28. April mietete er in der Implerstraße ein Zimmer, wo er jedoch nur gut einen Monat wohnte. Im Juni 1919 schlug er dann sein Quartier in der Schleißheimer Straße 43 auf, just in dem Haus, in dem in den Jahren 1913/14 Hitlers alter Freund Rudolf Häusler gelebt hatte.[104] Schmidt und Hitler sahen sich jeden Tag, verpflegten sich gemeinsam, verbrachten die Abende miteinander. Die Kaserne diente Hitler lediglich als Anlaufstelle, in der er hin und wieder Unterkunft finden konnte; einen Freundeskreis hatte er hier wohl nicht.[105]

Im Herbst 1919 setzte Hitler alles auf eine berufliche Zukunft in der Politik, ließ seinen besten Freund über diesen Umorientierungsprozeß allerdings noch im unklaren,[106] womöglich deshalb, weil dabei konkurrierende Männerbeziehungen im Spiel waren. Hitlers Flucht in eine ästhetische Existenz war gescheitert, nun begann seine Flucht in die politische Existenz – und das lief letztlich auf eine Loslösung von Schmidt hinaus.

Am 1. März 1920, also kurz nachdem Hitler sich in der Parteiführung bestimmenden Einfluß gesichert hatte, trat Schmidt der Deutschen Arbeiterpartei bei. Er war bereit, Hitler nun auch auf dieses Terrain zu folgen. Sie trafen sich immer noch privat, allerdings seltener in Hitlers neuer Unterkunft in der Thierschstraße als im Parteilokal, dem legendären »Sterneckerbräu«. Auch bei der Feier zu Hitlers 31. Geburtstag am 20. April 1920 war Schmidt dabei.

Doch im Sommer 1922 zog er dann in das hundert Kilometer von München entfernte Garching an der Alz. Das Verhältnis war damit an sein Ende gekommen, nicht jedoch die freundschaftliche Zuneigung zwischen den beiden Männern, und auch der persönliche Kontakt zu Hitler riß niemals ab. Schmidt hat Hitler immer wieder besucht, so auch im Mai 1924 auf der Festung in Landsberg. Politisch blieb er ebenfalls ein treuer Gefolgsmann seines Freundes, trat aus der sozialdemokratischen Gewerkschaft aus und gründete statt dessen im Frühjahr 1924 eine Ortsgruppe des Völkischen Blocks, der später in der NSDAP aufging. Schmidts Eintritt in die Partei am 1. Mai 1925 dankte Hitler ihm persönlich, indem er seinem »lieben und treuen Kriegskameraden zur Erinnerung« eine Goldschnittausgabe von ›Mein Kampf‹ überreichte.[107] Darin hat Hitler des Freundes sogar namentlich gedacht, freilich als »Schmiedt Ernst«.

Seit 1926 war Schmidt Ortsgruppenleiter der NSDAP in Garching. 1931 trat er als Scharführer der SA bei und brachte es dort bis zum Rang eines Sturmführers. 1932, als die »Heldenlegende« um Hitlers Frontsoldatenzeit Gegenstand heftiger öffentlicher Debatten und verschiedener Gerichtsverfahren wurde, stand er dem bedrängten Freund mit eidesstattlichen Erklärungen bei.[108] Um diese Zeit hielt er sich wohl wieder öfter in München auf. Auf einem Foto von Eva Braun aus dem Jahr 1932 sehen wir ihn an Hitlers Seite in der »Osteria Bavaria«, dem Lieblingsrestaurant seines »Führers«, der nun kurz vor der Machtübernahme stand. Als Reichskanzler

Auch nach seinem Aufstieg zum »Führer« pflegte Hitler noch den persönlichen Kontakt zu Ernst Schmidt, wie diese Aufnahme aus Eva Brauns Fotoalbum zeigt.

konnte Hitler Schmidts Treue und Verschwiegenheit dann großzügig entgelten und ihm zu relativem Wohlstand und zu großem Ansehen verhelfen.

1928, im Alter von schon fast vierzig Jahren, hatte Schmidt seine Meisterprüfung abgelegt, aber erst drei Jahre später war er in der Lage, sich in Garching selbständig zu machen. Zunächst konnte der Malereibetrieb ihn kaum ernähren, doch nach 1933 entwickelten sich die wirtschaftlichen Verhältnisse für ihn rasch zum Guten. 1934 hatte er bereits sieben Beschäftigte, konnte sich ein eigenes Haus bauen und besaß nun auch ein Auto, in den dreißiger Jahren *das* Symbol des erreichten gesellschaftlichen Aufstiegs. Er verdankte dies alles der Protektion durch seinen nunmehr mächtigen Freund.[109] 1933 wurde er zweiter Bürgermeister von Garching, was ihm weitere Vorteile, nicht allein auf materiellem Gebiet, sicherte. Am 9. November 1933 durfte er nach dem Gedenkmarsch zur Feldherrnhalle mit Hitler im Braunen Haus in München zusammensein und hatte 1934, als ihm das Goldene Parteiabzeichen verliehen wurde, einen Fototermin mit dem »Führer« am Chiemsee. In den folgenden Jahren sah man ihn des öfteren besuchsweise in der Reichskanzlei. Daß sich der Diktator derart um seinen ehemaligen Kriegskameraden kümmerte, dürfte nicht allein auf einen Herzenswunsch zurückzuführen sein: Es war auch kühle Berechnung. Hitler wollte den alten Freund bedingungslos verpflichten, sich seiner Diskretion ganz sicher sein. So hat er ihn sogar bei öffentlichen Selbstinszenierungen mit einbezogen, 1937 etwa, als der ›Illustrierte Beobachter‹ in einem großen Artikel über »Adolf Hitler und seinen Frontkameraden« Ernst Schmidt berichtete und letzteren mit dem Bekenntnis zitierte: »Wenn der Führer mich einmal zu einer besonderen Aufgabe rufen sollte, würde ich Beruf und alles liegen lassen und ihm folgen.«[110]

Doch gerufen wurde er nur einmal. Im Juni 1940, kurz vor dem Waffenstillstand mit Frankreich, besuchte Hitler mit Schmidt und Max Amann die gemeinsamen Kriegsschauplätze von einst.[111] Die aufwendige Nazi-Propaganda rund um das Spektakel muß Schmidt als seine größte öffentliche Auszeichnung verstanden haben. Und so war sie von Hitler auch gemeint. Die Ernennung zum Bürgermeister von Garching im Jahr darauf und zum Kreisleiter der NSDAP 1942 waren demgegenüber kaum der Rede wert.

Am 28. Mai 1945 wurde Bürgermeister Schmidt von den Amerikanern festgenommen und eine Woche später in das Arbeits- und Internierungslager Dachau überwiesen. Erst drei Jahre später kam er wieder frei. Auch nach dem Untergang des Dritten Reiches stand er uneingeschränkt zu Hitler. Bei den Verhören durch amerikanische Militärs 1945 behauptete er, er habe dessen »Genius« bereits 1914 erkannt. Und er fügte hinzu, daß der private Adolf Hitler ein großartiger Mann gewesen sei.[112] Auch später, so wissen gute Bekannte von Schmidt zu berichten, hütete er sich, »über Hitler etwas zu erzählen, das dessen Ansehen hätte schaden können«[113].

Blickt man auf die mehr als dreißig Jahre zurück, die die Freundschaft zwischen Hitler und Schmidt währte, und besonders auf die Zeit zwischen 1914 und 1919, so spricht einiges dafür, der Darstellung Hans Mends zu folgen und in dieser Männerverbindung eine Liebesbeziehung zu sehen, zumal sich im Leben des Soldaten Schmidt wie in dem des Soldaten Hitler keinerlei Hinweise auf Verhältnisse mit Frauen finden lassen. Frauen haben auch nach dem Krieg für Schmidt keine Rolle gespielt; bis 1935, als der fast 47jährige die mehr als zwanzig Jahre jüngere Elisabeth Obermüller heiratete, war er Junggeselle. Die Verbindung, die kinderlos blieb, war aller Wahrscheinlichkeit nach eine Tarnehe: Offenbar mußte Schmidt sich in Garching in acht nehmen. Das zumindest geht aus einer Stellungnahme hervor, mit der er sich 1948 im Rahmen seines Spruchkammerverfahrens zu verteidigen suchte, er erwähnt dort einen »nicht ernst zu nehmenden Schwätzer« namens Philipp Oberbuchner, »der mir anonyme Briefe gehässigen Inhalts geschrieben hat«. Doch sah Schmidt damals »von einer Anzeige ab«.[114] Er wird gewußt haben, weshalb.

Vom Typ her muß Schmidt Hitlers Jugendliebe August Kubizek recht ähnlich gewesen sein. In einem Begutachtungsbogen der NSDAP aus dem Jahre 1934 wird zumindest auf einen Charakterzug hingewiesen, der das nahelegt: »Traut sich manchmal weniger zu, als er kann.«[115] Eine Zurückhaltung, die Schmidt wie einst Kubizek so empfänglich für Hitlers Vereinnahmungsstrategie gemacht hat. Empfänglich war Schmidt aber wohl auch für Kunst und Literatur, wie der wohlbestückte Bücherschrank demonstriert, den der englische Journalist Heinz 1933 zu seinem großen Erstaunen in Schmidts Wohnung sah, mit Goethe, Schiller, Shakespeare und noch manch anderem Klassiker.[116] Für einen Anstreicher aus bescheidenen Verhältnissen ein eher ungewöhnlicher Lektürekanon. Zudem konnte sich Schmidt, wenn man seinen wenigen Interviews und schriftlichen Äußerungen Glauben schenken darf, durchaus gut artikulieren. Wenn also die Zeichen nicht trügen, so trafen sich mit Schmidt und Hitler zwei ambitionierte Autodidakten, die sich nicht nur aufgrund ihrer gleichgeschlechtlichen Veranlagung zueinander hingezogen fühlten.

Es war Hans Mend, der verhinderte, daß Hitlers »Schmidl« das Geheimnis seiner Liebe mit ins Grab nehmen konnte. Und nur eine eigentümliche Mischung aus Dummheit und Verschlagenheit, Neid und Enttäuschung, Draufgängertum und Empörung hatte Mend zu seiner Aussage bewogen. Die anderen Kriegskameraden waren dazu nicht gewillt, schon deshalb nicht, weil sich für die meisten von ihnen Hitlers Aufstieg zum »Führer« und Reichskanzler recht günstig ausgewirkt hatte. Fast alle, die ihn im Feld näher kennengelernt hatten, wurden von ihm nach 1933 auf die eine oder andere Weise fürsorglich bedacht. Sie wurden belohnt, und zwar dafür, daß sie dem mächtigen Diktator mit ihrem Wissen keine Schwierigkeiten machten und niemals machen würden. Den Kreis jener, die durch Begünstigung zum Schweigen verpflichtet wurden, genauer zu erforschen, wäre eine lohnende Aufgabe.[117] Mend dagegen fühlte sich nicht zum Schweigen verpflichtet. Im Protokoll seiner Erinnerungen findet sich der bereits zitierte Satz über Hitlers Leben, den wir nicht überlesen dürfen: Hitler habe mit Ernst Schmidt eine sexuelle Beziehung gehabt. Im Kontext der hier angestellten Ermittlungen gewinnt diese Aussage ein Gewicht, das für den Historiker so etwas wie Beweiskraft besitzt.

Zu ergänzen bleibt, daß in den siebziger Jahren Dokumente aus ehemaligen Beständen des Himmlerschen Sicherheitsdienstes (SD) aufgetaucht sein sollen, die weitere Details über Hitlers Sexualleben beim Militär enthielten. Ein britischer Schriftsteller will sie bei einem ehemaligen SD-Mitarbeiter eingesehen haben. Diesen Dokumenten zufolge stand Hitler 1916/17 in Frankreich einem homosexuellen Offizier namens Lammers – im bürgerlichen Leben Kunstmaler in Berlin – nackt Modell und ging mit ihm anschließend ins Bett. Dem Gefreiten, so ließ sich der Offizier 1936 vernehmen, habe dies nicht weniger Vergnügen bereitet als ihm selbst, und die Zeichnungen seien auch noch vorhanden.[118] Da weder das Vernehmungsprotokoll noch die Modellskizzen je den Weg in ein seriöses Archiv gefunden haben, läßt sich diese Information nicht überprüfen und leicht als Klatsch abtun. Dennoch paßt sie durchaus ins Bild, nicht anders als eine Mitteilung, die Hermann Rauschning gegenüber dem amerikanischen Geheimdienst gemacht hat und die

Karikatur auf den vergeblichen Versuch Hitlers, durch Gerichtsbeschluß die zahlreichen Zweifler an seinem Kriegsheldentum mundtot zu machen; hier mit Anspielung auf seinen Prozeß gegen die sozialdemokratische Zeitung ›Hamburger Echo‹ aus dem Jahre 1932.

besagte, daß gegen den Gefreiten Hitler und einen Offizier ein Verfahren wegen sexueller Handlungen anhängig gewesen sei.[119] Das ist ebenfalls vorstellbar und nur für denjenigen eine unzulässige Spekulation, für den nicht sein kann, was nicht sein darf.

Vom Militär- zum Politdienst

Fassen wir zusammen: Hitlers »Augusterlebnis« von 1914 war weniger eine politische denn eine persönliche Erweckung. Plötzlich schien es, als habe er nicht mehr nur eine unbefriedigende Vergangenheit, sondern auch eine hoffnungsvolle Zukunft, die Chance nämlich, den Zwängen der bürgerlichen Moral, der Konvention und nicht zuletzt des Arbeitsmarktes zu entgehen. Deshalb hat er den »Kampf von 1914«, wie er selbst sagte, so sehr »begehrt« und als »Erlösung aus den ärgerlichen Empfindungen der Jugend« erfahren.[120] Hitler hatte Glück, solange der Ausgang des Krieges für Deutschland offenblieb; für »gut« vier Jahre konnte er mit seinem Schicksal zufrieden sein. Deutschlands Niederlage nahm ihm dann 1918 seine »Wahlheimat« wieder und warf ihn auf sich selbst zurück. Was sollte er tun? Wandel und Radikalisierung des öffentlichen Lebens legten ihm nahe, sein Glück mit einem neuen Spiel der Selbstanpreisung, es mit neuen Partnern zu versuchen. Der Coup gelang, und Hitler wurde engagiert. Die Aufgaben, denen er sich nun zuwandte, boten ihm eine neue Fluchtmöglichkeit: die Politik. Bislang hatte er allenfalls ansatzweise politische Überzeugungen entwickelt: Was er aus Wien mitbrachte, war schließlich nicht viel mehr als ein Sammelsurium von Ressentiments gewesen. Seinem Selbstverständnis nach fühlte er sich eher den »kleinen Leuten« verbunden, und bis Anfang 1919 blieb er, so kann man vermuten, eine Art Gefühlssozialist. Aber feste Positionen waren das alles nicht, eher Attitüden, persönlichen Anschauungen und Empfindungen entsprungen, die aus Opportunitätsrücksichten auch immer wieder umschlagen konnten. Folgerichtig hatte er seinen Vorteil zunächst *zwischen* den Fronten gesucht. Noch als er beschloß, Berufspolitiker der deutsch-völkischen Rechten zu werden, hatte er keine Ahnung, wovon er sprach. Die Politik, so wie er sie verstand, war ihm aber ein hochwillkommenes Medium der Selbsterhöhung; um diese zu erreichen, griff er auf jedes Mittel zurück, das diesen Zweck heiligte: auf antisemitische Haßtiraden ebenso wie auf die konterrevolutionäre Terminologie des radikalen Nationalismus.

Als Hitler 1920 schließlich Massenbeifall erhielt, Begeisterungsstürme entfachte, hat er dies sofort instinktsicher ausgenutzt. Sein rhetorisches Geschick erwies sich als das Talent, das ihm den ersten wirklichen Erfolg seines Lebens bescherte. Nun war er »mit aller Lust und Liebe«[121] bei der Sache, er merkte, wie ihn seine Überredungsgabe immer mehr aus der Anonymität der Masse heraustreten, ja zur Hoffnung seiner Zuhörer werden ließ. Außerdem hatte er das Glück, sich den »richtigen« Männern – wie Röhm oder Mayr – zu verschreiben. Männern, die ihn nicht nur ausnutzten, sondern trotz seiner Verschrobenheiten aus irgendwelchen Gründen mochten und seine Politisierung förderten. Umgekehrt zeigte er ein hohes Maß an Einsatzbereitschaft und mobilisierte Schauspielkunst und seine Fähigkeit zur Lüge, um die in ihn gesetzten Erwartungen zu erfüllen, sie womöglich zu übertreffen. Sein Talent in derlei Dingen war – notwendigerweise – schon geschult. Im Angesicht von Erniedrigung und Stigmatisierung muß er vieles gelernt haben, was anfangs vielleicht schrecklich zu lernen war, wovon er nun aber auch profitieren konnte. Und noch etwas, das ihn stark motivierte, kam hinzu. Er ging in die Politik, weil hier, in der durcheinandergeratenen Welt der Weimarer Republik, plötzlich etwas greifbar war, nach dem er sich wohl immer gesehnt hatte: gesellschaftliche Achtung, die Anerkennung als »richtiger Mann« und darüber hinaus vielleicht so etwas wie Wiedergutmachung oder Rehabilitation.

Das alles wähnte er in erreichbarer Nähe, ohne mit seinen Lebensgewohnheiten radikal brechen, seine homosoziale Orientierung preisgeben zu müssen. Das beste Beispiel dafür ist wohl die Buhlschaft mit Hauptmann Ernst Röhm. Hitler spürte, daß er auf Röhm – und nicht auf Mayr – setzen mußte, also auf jemanden, der ihm mittels Organisationstalent und militärischer Begabung zu realer Macht, das heißt: zu schlagkräftigen Söldnern verhelfen konnte. War es Zufall, daß er sich dafür den homosexuellen Röhm aussuchte? Und war es Zufall, daß dieser Hitler verfiel? Wohl kaum. Die »Sexualbiographie«, mit der Hitler in die Politik eintrat, stellte gewissermaßen die Weichen für seine nun folgende Karriere.

Das gilt auch für eine bestimmte Eigenschaft, der Hitler seine rasche Bewährung in der Politik zu einem wesentlichen Teil verdankte: der Eigenschaft, großartig lügen zu können. Hitler war wahrscheinlich der beste Schwindler, der jemals die Bühne der Politik betreten hat. Das darf aber nicht im platten Sinn verstanden werden, denn Hitler hat ohne Zweifel um sein Leben gelogen, hat sich mit seinen Lügen gleichsam ein anderes, ein zweites Leben geschaffen, um der eigenen Selbstzweifel Herr zu werden. Und dieses Talent paarte sich mit zwei weiteren Eigenschaften: ausgeprägtem Mißtrauen und einer besonderen Fähigkeit zum Versteckspiel. All das *mußten* Homosexuelle, wollten sie sich selbst gegen Strafverfolgung und gesellschaftliche Stigmatisierung schützen, zu Beginn des 20. Jahrhunderts ausbilden,[122] und es bedarf keines Wortes, daß dies nichts mit gewissermaßen überzeitlich gültigen Wesenszügen zu tun hat. Vielmehr ließen die Intoleranz und mangelnde Liberalität der damaligen Gesellschaft ihnen gar keine andere Wahl, als auf dem Feld der Verstellung nach Meisterschaft zu streben. Bei Hitler war das nicht anders, nur muß er 1919/20 gespürt haben, daß er die ursprünglich aus Not entwickelten Eigenschaften im politischen Leben nun als eine Art Schubkraft für demagogische Höhenflüge einsetzen konnte.

Die persönlichen Voraussetzungen, die Hitler mitbrachte, waren somit für sein neues Betätigungsfeld wie geschaffen. In der politischen Agitation fand er ein Medium, über das er seine angesammelten Vorurteile ungehemmt freisetzen, und in seinem Publikum einen Resonanzverstärker, von dem jeder Politiker nur träumen konnte. Es war »seine Fähigkeit, Gefühlserregungen zu übertragen«, die ihm nach dem Urteil eines Zeitzeugen diesen Erfolg bescherte.[123] Der hatte aber noch einen anderen Grund: die restlose Identifikation mit Deutschlands politischem Schicksal, das Hitler wie kein zweiter zu verkörpern wußte. Nichts konnte er besser nachempfinden als die Schande, die das entehrte und ohnmächtige Deutsche Reich 1918/19 erlebte und die ihn vielleicht auch deshalb so tief erschütterte, weil er hier das Grunddilemma seines persönlichen Schicksals auf einer höheren, der politischen Ebene gespiegelt sah. Diese Identifikation setzte ihn in den Stand, seiner »unerschütterlichen Liebe« zu Deutschland ebenso glaubwürdig Ausdruck zu verleihen wie seiner Verachtung gegenüber den »Vaterlandsverrätern«, und so, von Empörung und Empathie getragen, erreichte er jene vielen Deutschen, die die Niederlage ihres Landes nicht verwinden konnten. Ihnen versprach er, die Ehre der Nation wiederherzustellen und deren »Schänder« einer gerechten Strafe zuzuführen. Das kam an, und den fanatischen Streiter für die »Deutschland über alles«-Gefühle machte es immer sicherer.

So läßt sich in gewisser Weise sagen, daß Deutschlands »Schicksalsschlag« von 1918/19 für Hitler wie gerufen kam, weil der Kampf für dessen Revision zugleich ein Kampf für seine persönliche Zukunft war. Er nahm die Nation gleichsam als Geisel, um seiner eigenen Stigmatisierung dauerhaft zu entkommen.

Daß Hitler es dann ab 1921 sehr wohl verstand, auch genuin politische Mittel der Agitation und Propaganda zwecks Einflußmehrung einzusetzen, und es darin ebenfalls bald zur Meisterschaft brachte, steht nicht im Widerspruch zu den skizzierten Befunden. Denn das gab ihm schon sein brennender Ehrgeiz vor: wenn nicht in der Kunst, dann wenigstens in der Politik ein Großer, womöglich der Größte zu werden. Und daß es dafür ideologischer Zielvorgaben, organisatorischer Strukturen, bestimmter Rituale und nicht zuletzt formeller wie informeller Machtmittel bedurfte, das hatte er sehr schnell begriffen.

Drittes Kapitel
Private Stationen einer öffentlichen Karriere

Als Adolf Hitler im September 1919 in die Deutsche Arbeiterpartei eintrat, war er politisch ein unbeschriebenes Blatt. Keine drei Jahre später galt er bereits als *der* Hoffnungsträger der deutsch-völkischen Bewegung und übte erheblichen Einfluß auf die Politik des Freistaates Bayern aus, und im November 1923 konnte er sogar einen offenen Staatsstreich gegen die Reichsregierung wagen, der im übrigen keineswegs so aussichtslos war, wie es im nachhinein scheinen mag. Der rasante Aufstieg hatte indes nicht nur strukturelle Ursachen. Ohne Förderung durch bestimmte Männer, die Hitler zur richtigen Zeit in den richtigen Milieus avancieren ließen, wäre er undenkbar gewesen. Wer waren diese Förderer, und was trieb sie an?

Ernst Röhm

Seit März 1919 nahm Hauptmann Röhm regen Anteil am Leben Adolf Hitlers. Nicht zufällig war er anwesend, als Hitler im Oktober des Jahres auf einer Kundgebung der Deutschen Arbeiterpartei im Münchner Hofbräukeller seine erste öffentliche Rede als »Politiker« hielt.[1] Und Röhm war von dem Auftritt so angetan, daß er den jungen Agitator nicht nur in seinen politischen Ambitionen bestärkte, sondern bald auch selbst der Splitterpartei beitrat. Er protegierte Hitler nach Kräften, und schon im Frühjahr 1920 durfte dieser an geheimen Treffen eines rechtsradikalen Verschwörerzirkels teilnehmen, die von Röhm zu jener Zeit unter dem Decknamen »Eiserne Faust« in München abgehalten wurden.[2] Hitlers

Gesichtskreis erweiterte sich dadurch schnell und beträchtlich. Schließlich gingen bei Röhm wichtige Repräsentanten des offiziellen Militärs wie auch der paramilitärischen Freikorps ein und aus,[3] und es gab in München wohl niemanden, der in dieser Szene so gute Verbindungen unterhielt und dessen Unterstützung solches Gewicht hatte. Für Hitler war es also ein ausgesprochener Glücksfall, daß sich gerade dieser Mann derart um sein Fortkommen bemühte. Er erkannte seine Chance und nutzte sie. Das Casino-Ambiente des Verschwörerzirkels um Röhm kam seiner Fähigkeit zur suggestiven Selbstanpreisung sehr entgegen: Bald hatten die dort maßgebenden Leute einen positiven Eindruck von ihm gewonnen. Doch der größte Pluspunkt war Röhms Sympathie für ihn.

Ernst Röhm hatte im Ersten Weltkrieg als Generalstabsoffizier Karriere gemacht und war nach dem Zusammenbruch des Kaiserreichs als Adjutant zu dem Freikorpsführer Ritter von Epp gestoßen.[4] Mit Epps Truppen beteiligte er sich im April/Mai 1919 an der Niederwerfung der Münchner Räterepublik, und er blieb ein Todfeind der jungen Weimarer Demokratie. Dadurch, daß kurz darauf Epp den Befehl über die in Bayern stationierte Infanterie übertragen bekam, gelangte er 1920 in eine militärpolitische Schlüsselstellung. Die Beziehung der beiden geriet aber 1921 in eine Krise, weil Röhm dem Kommandeur der Reichswehr in Bayern, Otto von Lossow, unterstellt wurde. »General von Epp«, so Röhm später, »empfand meine Zusammenarbeit mit der neuen Behörde (als) peinlich. Er glaubte wohl, daß ich mich seinem Einflusse allmählich entziehen wollte, und wurde kühler gegen mich.«[5]

Manches deutet auf eine homoerotische Beziehung zwischen Röhm und Epp,[6] und Hitler ist später einmal herausgerutscht, daß Röhms Homosexualität zum ersten Mal um 1920 bekannt wurde.[7] War es Zufall, daß auch er, der namenlose Gefreite Adolf Hitler, 1919 das Interesse des zwanzig Jahre älteren Generals und eingefleischten Junggesellen Epp geweckt hatte? Und sogar soviel Gefallen fand, daß der ihn gleich als »Instruktionsoffizier« in die Kaserne schickte?[8] Noch Ende 1920 war ihr Verhältnis so eng, daß der nunmehrige Führungsoffizier der Reichswehr dem nunmehrigen Parteiführer Mittel aus seinem Geheimfonds für Parteizwecke zur Verfügung stellte, ein Vorgang, den er später übrigens als eine »rein persönliche Angelegenheit« darstellte.[9] Die Achse Röhm-Epp erwies sich für Hitler also nicht nur als ein persönlicher, sondern auch als ein immenser politischer Vorteil.[10]

Hitler wäre töricht gewesen, wenn er die Möglichkeiten, die Röhm ihm bereitwillig eröffnete, nicht genutzt hätte. Zudem lernte er über ihn potentielle Parteigänger und -soldaten kennen, die sich ja nirgends besser als aus den Freikorps-Bataillonen rekrutieren ließen, mit Hitlers eigenen Worten »lauter tatkräftige junge Menschen, an Disziplin gewöhnt und von ihrer Dienstzeit her in dem Grundsatz aufgewachsen: Unmöglich ist gar nichts, und es geht alles, wenn man will.«[11] Hitler schaffte es tatsächlich, sich diesem nationalistisch-militärischen Milieu als politischer Hoffnungs- und Sympathieträger zu empfehlen. Röhm dürfte einiges dazu beigetragen haben, und so trifft eine Bemerkung, die der berüchtigte Freikorpsführer Gerhard Rossbach später einmal machte, wohl ins Schwarze: »Röhm zog diesem Intelligenten, Weichen, aber Besessenen die hohen Stiefel [...] an und setzte ihn in Marsch.«[12] Umgekehrt hätten sich wohl auch die Führer des »Deutschen Kampfbundes« von 1923, einer Allianz sogenannter »Vaterländischer Kampfverbände«, niemals der Befehlsgewalt eines ehemaligen Gefreiten untergeordnet, wenn Hitler nicht von Röhm aufgebaut und rückhaltlos unterstützt worden wäre.

Röhms soldatische Art, in einer habituellen Mischung aus Generalstäbler und Troupier verwurzelt, beeindruckte Hitler zutiefst. Hier gab es einen in etwa Gleichaltrigen, der unbeirrt seinen Weg ging und später sogar öffentlich erklärte, die Welt ausschließlich vom »soldatischen Standpunkt« aus zu betrachten: »bewußt einseitig«. Und der sein politisches Ziel kompromißlos verfocht, nämlich »dem deutschen Frontkämpfer den ihm gebührenden Anteil an der Leitung des Staates zu erkämpfen und dem idealen und realen Geist des Frontkämpfertums auch in der Politik Geltung zu verschaffen«. Punktum! Ein solches Bekenntnis schloß natürlich die demonstrative Verachtung alles Weiblichen, Unmilitärischen ein:

Der 31jährige Stabsoffizier Ernst Röhm und sein V-Mann Adolf Hitler im Jahre 1919.

»Die Schwätzer haben zu schweigen; die Männer allein zu bestimmen. Politische Deserteure und hysterische Weiber beiderlei Geschlechts müssen ausgeschifft werden; sie hemmen und schaden, wenn es zu kämpfen gilt.«[13]

Die ideologische Grundlage dieser Mentalität hat nicht zuletzt Hans Blüher geschaffen, der wohl einflußreichste Theoretiker der deutschen »Wandervogelbewegung«, welche er schon 1912 in einer aufsehenerregenden Schrift als »erotisches Phänomen« gedeutet hatte.[14] Es ging dort um die kulturtragende Rolle der Freundesliebe, wie sie sich vor allem in männerbündischen Gemeinschaften konstituierte: Erst sie brächten jene »männerheldischen« Naturen hervor, die aufgrund ihres persönlichen, erotisch fundierten Charismas starke Führer seien und kämpferische Gefolgschaften an sich binden könnten. Der 1925 erschienene programmatische Artikel ›Freundesliebe oder Homosexualität‹[15] des Arztes Karl-Günther

Heimsoth, eines engen Freundes und Freikorpskameraden Röhms, verrät, wie präsent die Vorstellungen Blühers damals in den völkischen Kreisen waren – und wie leicht sich die kämpferische Stilisierung des »mannmännlichen Eros« rassistisch aufladen und gegen die »Minderwertigkeit von Feminismus und Semitismus« wenden ließ. »Die übele Kehrseite des Männerhelden ist der Weibling«, ein Produkt des »homosexuellen Feminismus« und damit jener Bewegung, die »Homosexualität« schändlicherweise auf die »Frage der Befriedigung der sexuellen Notdurft Einzelner« reduziere. Mit dieser Ideologisierung gleichgeschlechtlicher Neigungen zum »deutschen Eros« zog man nicht nur einen klaren »Trennungsstrich« zu dem im völkischen Lager seit eh und je verhaßten »Homosexualitätspapst« Magnus Hirschfeld, sondern huldigte der Homoerotik sozusagen in politischer Absicht: als Beitrag zum Aufbau eines männlich strukturierten völkischen Staatswesens.

Später hat Blüher seine Theorie dann auch in unmittelbare Verbindung zu Hitler gebracht: »Hitler, der die ›Rolle der Erotik‹ gelesen hatte, erkannte auch an, daß es so etwas [homoerotisches Männerheldentum – L. M.] geben müsse.«[16] Und an anderer Stelle: »Hitler kannte meine Bücher natürlich sehr gut, und er wußte, daß seine Bewegung eine Männerbewegung war und auf denselben Grundkräften beruhte wie der Wandervogel.«[17] Das ist, trotz allem, vielleicht immer noch zu kurz gegriffen. Aber Ernst Röhm und seine Freikorpssozialisation zeigen, daß solche Zusammenhänge tatsächlich bestanden und für die militante Ausrichtung der NS-Bewegung von Bedeutung waren. Und daß ein Mann wie Heimsoth gleich mit mehreren späteren Nazi-Größen in engem Kontakt stand,[18] wird kein Zufall sein. Kurzum: Die ideologisch aufgeladene zwischenmännliche Erotik und Sexualität zählte zu den Eckpfeilern der faschistischen Männerbundskultur vor 1933.

Das also war die Welt, in der Röhm lebte, deren Ideale er hochhielt und in der nachrevolutionären deutschen Gesellschaft durchzusetzen suchte, und zwar durch einen skrupellosen, ja brutalen Kampf gegen die Werte und die Vertreter demokratischer Kultur. Als Kontrast zu diesen militanten Männlichkeitsphantasien erscheint Röhms musische Ader. Seine 1928 publizierten Memoiren zeigen, daß er recht sicher formulierte; wahrscheinlich war er auch ein guter Redner; zudem liebte er Musik. Ein Zeitzeuge berichtete später einmal, wie er Röhm 1924 auf einem Schloß im thüringischen Wolmirstedt erlebte. Dort habe Röhm »fast jeden Abend musiziert. Wir hatten einen herrlichen Flügel da in dem Konzertsaal in dem Schloß, und da er großer Wagnerianer war, spielte er vorwiegend Partien aus den Wagner-Opern, aus Siegfried und später aus den Meistersingern [...]. Er war begeisterter Bayreuther.«[19] Oder um Röhm selbst zu zitieren: »Meiner besonderen Neigung und Verehrung folgend, durfte ich wiederholt Gast im Hause Wahnfried in Bayreuth sein und konnte die überwältigenden Tonschöpfungen des deutschesten Meisters in vollendeter Weihe und Schönheit auf mich wirken lassen.«[20] Auch konnte der sonst so rauhbeinige Röhm im privaten Umgang durchaus zärtliche Worte finden, etwa in Briefen an seinen schutzbefohlenen »Liebling«, den Kunststudenten Martin Schätzl.[21]

Wie Röhm mit seiner gleichgeschlechtlichen Veranlagung umging, macht vielleicht am besten ein 1932 veröffentlichter, ›Nationalsozialismus und Inversion‹ betitelter Artikel deutlich, der, wenn er nicht von ihm selbst stammt, zumindest von ihm lanciert worden sein dürfte.[22] Es handelt sich um eine in Blüherschem Gedankengut wurzelnde Hommage an die Homoerotik, und der anonyme Verfasser durfte sogar die – niemals dementierte – Behauptung aufstellen, daß das »nicht nur eine persönliche Ansicht [ist], sondern die Meinung bis hinauf zum Führer«. Zunächst wird klargestellt, daß der »wesentliche Inhalt einer gleichgeschlechtlichen Liebesbeziehung« nicht »der coitus per anum, per os oder inter femora« sei. Dann aber wird die Bedeutung der Privatsphäre hervorgehoben, die niemanden etwas angehe: »Wir lieben den schaffenden Eros; für den koitierenden Eros führen wir keinen Kampf, ohne ihn deshalb zu verachten. Weil wir den Geschlechtstrieb als elementar empfinden, glauben wir, daß ein Teil seiner Kraft getrost sublimiert werden kann. Darum sind wir noch lange keine Verdränger. Im Gegenteil. Nur was im Biwak vor sich geht, interessiert uns nicht so, als daß wir es an die große Glocke hängen müßten.« Die Hauptsache war, so der Tenor, als Soldat und Kamerad seine Pflicht zu erfüllen. Wer dies tat, dem sollte privat im Grunde alles erlaubt sein; jedenfalls solange es den Blicken der Öffentlichkeit entzogen blieb. Das war gewissermaßen die moralische Seite der Angelegenheit. – Doch wie sah die persönliche aus?

»Ich bilde mir ein, gleichgeschlechtlich zu sein«, bekannte Röhm gegenüber seinem Freund Heimsoth 1929, »habe dies aber richtig erst 1924 ›entdeckt‹. Ich kann mich vorher an eine Reihe auch gleichgeschlechtlicher Gefühle und Akte bis in meine Kindheit erinnern, habe aber auch mit vielen Frauen verkehrt. Allerdings nie mit besonderem Genuß. Auch 3 Tripper habe ich mir erworben, was ich später als Strafe der Natur für widernatürlichen Verkehr ansah. Heute sind mir alle Frauen ein Greuel; insbesondere die, die mich mit ihrer Liebe verfolgen; und das sind leider eine ganze Anzahl. Dagegen hänge ich mit meinem ganzen Herzen an meiner Mutter und an meiner Schwester.«[23]

Vor dem Krieg soll Röhm eine Verlobte gehabt haben, aber offenkundig scheiterte die Verbindung schnell.[24] Er geriet in die rein männliche Welt der Schützengräben und Freikorps, in der er seine homoerotischen Präferenzen nicht zu verbergen brauchte. Mit wem Röhm dann gerade 1924 seine Homosexualität »richtig entdeckte«, wissen wir nicht; womöglich ist die Datierung auch falsch. Es gibt Hinweise darauf, daß er schon zu Beginn der zwanziger Jahre eine längere sexuelle Beziehung mit seinem »Liebling« Edmund Heines hatte;[25] anderen Quellen zufolge soll er sich seiner Veranlagung erst während der Haftmonate in Stadelheim 1923/24 voll bewußt geworden sein.[26] Wie auch immer, Röhm akzeptierte sich so, wie er war, und bekannte 1929 schließlich, über seine Homosexualität »absolut nicht unglücklich [...], im Innern vielleicht sogar darauf stolz« zu sein.[27] Überhaupt war er in diesen Dingen wohl recht unbefangen. So kam später nicht nur heraus, daß er sich Mitte der zwanziger Jahre mit Strichjungen eingelassen hatte, sondern er trat auch offen für die Abschaffung des Paragraphen 175 ein.[28]

Daneben fällt Röhms antibürgerlicher Impetus ins Auge. Mit

nichts kokettierte er so gern wie mit der Figur des Bürgerschrecks: »Da ich ein unreifer und schlechter Mensch bin, sagt mir der Krieg und die Unruhe eben mehr zu als die brave bürgerliche Ordnung.« Und immer wieder polemisierte er gegen die bürgerliche Doppelmoral: »Nichts ist verlogener als diese sogenannte Moral der Gesellschaft; mit keinem Begriff wird mehr Schindluder getrieben. Ich stelle vorweg fest, daß ich nicht zu den Braven gehöre und keinen Ehrgeiz habe, ihnen zugesellt zu werden. Zu den ›Moralischen‹ will ich aber schon gar nicht zählen, denn ich habe die Erfahrung gemacht, daß es mit der ›Moral‹ dieser ›Moralischen‹ meist nicht weit her ist. [...] Ich habe im Felde den Soldaten nicht darnach beurteilt, ob er den moralischen Anforderungen der bürgerlichen Gesellschaft entsprach, sondern darnach, ob er ein Kerl war oder nicht.«[29]

In der Zeit, als Röhm und Hitler sich kennenlernten, war der 32jährige durchaus keine abstoßende Erscheinung: Fotos aus jenen Jahren zeigen nicht den dicklichen, stiernackigen Mann, den man von zahlreichen Aufnahmen aus den dreißiger Jahren kennt, sondern einen schlanken, recht gutaussehenden Offizier. Und die tiefen Narben im Gesicht werden seine Kameraden und Liebhaber wohl eher als ehrenden Tapferkeitsbeweis denn als körperlichen Makel wahrgenommen haben, man denke nur an die entstellenden Schmisse, die in den schlagenden Verbindungen als Auszeichnung galten. Hans Frank, ein ehemaliger Freikorpskamerad, schildert Röhm so: »Bis dahin hatte ich gedacht, daß Homosexualität nur eine Eigenschaft besonders unmännlicher, weichlicher, genießerisch-schmarotzender Schwächlinge wäre. Aber Röhm war geradezu der Prototyp eines tapferen draufgängerischen Soldaten und wirkte rein äußerlich, auch seinem ganzen Auftreten nach, mit seinem von Kriegsnarben durchzogenen Gesicht, seiner frischen, starkentschlossenen Haltung als ›ganzer Mann‹. Seine blauen Augen strahlten immer lustig und hell. Er war überdies ein treuer aufopfernder Kamerad und immer ein bestqualifizierter Offizier gewesen, gesellschaftlich mit sicheren Manieren.«[30] Kurt Lüdecke, ein Zuträger Hitlers aus den frühen Münchner Jahren, erinnerte

Röhms Erscheinung ebenfalls an das »lebende Bild des Krieges selbst«, zugleich allerdings habe er eine »außergewöhnliche und ganz instinktive Höflichkeit« besessen. »Ich mochte seinen scharfen, offenen Blick und seinen festen Händedruck.«[31] So also ist Röhm, die Zentralfigur der paramilitärischen Szene, von seinen »Kampfgefährten« gesehen worden, ein Haudegen zwar, aber zugleich ein »kultivierter« Mann, der durchaus Ausstrahlung besaß. Ohne etwas an der Verabscheuungswürdigkeit seiner politischen Gesinnung und seiner kriminellen Energie zu ändern, deutet sich damit an, daß die Gründe für Röhms Erfolg nicht allein in skrupelloser Gewaltbereitschaft zu suchen sind.

Manche Quellen legen nahe, daß Ernst Röhm und Adolf Hitler eine sexuelle Beziehung hatten. Im Tagebuch eines ungenannten Reichswehrgenerals etwa, das 1934 zu Teilen im Ausland erschien,[32] ist davon die Rede – und ganz auszuschließen ist ein solches Verhältnis tatsächlich nicht. Jedenfalls werden Hitler und Röhm auch privat einige Zeit zusammen verbracht haben, sonst wären ihre Duzbrüderschaft und ihr ausgesprochen zwangloser Umgang miteinander kaum zu erklären. Aber ein Liebespaar? Im ganzen bleibt dergleichen unwahrscheinlich. In den Memoiren des Hitler-Vertrauten Ernst Hanfstaengl findet sich zwar die Andeutung, daß um das Jahr 1923 herum das »Freundschaftsverhältnis zwischen Hitler und Röhm« jene »Vertiefung erfahren« habe, »die über das brüderliche Du hinaus zu Gerüchten über angebliche weitergehende Zuneigungen zwischen den beiden Anlaß gegeben hat«. Doch am Ende hielt auch Hanfstaengl den Rumor für »stark übertrieben«.[33]

Hitler erkannte Röhms Planungs- und Organisationstalent, und er begegnete hier jemandem, der aufgrund seiner Autorität eine große Soldatenschar souverän unter Kontrolle halten konnte. Wenn Röhm kämpfte, legte er dabei eine »Männlichkeit« an den Tag, die Hitler sich gern abguckte; folglich beobachtete er Röhm und lernte von diesem, wie sich eine selbstbewußt-maskuline Haltung und eine homoerotische Neigung in Einklang bringen ließen. »Männlichkeit« vermochte Hitler bald so überzeugend zu demonstrieren, daß ihm selbst hartgesottene Soldaten auf den Leim gingen.

Umgekehrt erkannte Röhm Hitlers politisches Talent. Er sah in Hitler den Charismatiker und Verkünder, den An- und Verführer, der die Massen in mitreißenden Reden zu betören verstand und sie dann zu etwas brachte, was sie selbst nicht für möglich gehalten hätten: zu ekstatischer Begeisterung.[34] Und die beiden Männer wußten, wie gut sie einander ergänzten: Sie verstanden sich als Kameraden und Kampfgefährten, jeder auf seinem Gebiet. Zudem gab es zwischen ihnen noch das einende Band der Musik, und auch daß sie beide homosexuell waren, wird ihnen kaum entgangen sein und ihre Verbundenheit weiter gefördert haben.

»Mit Hitler«, schreibt Röhm in seinen Erinnerungen, »verband mich aufrichtige Freundschaft.« Selbst als es 1925 zum Bruch gekommen sei, habe er sich verpflichtet gefühlt, »als getreuer Kamerad zum Freunde offen zu reden«. Was war die Ursache des Konflikts? Die beiden hatten aus dem gescheiterten Putsch vom November 1923 unterschiedliche Schlußfolgerungen gezogen. Als Röhm im April 1924 aus der Haft entlassen wurde, hatte ihn Hitler zum SA-Kommandeur ernannt, eine Eigenschaft, in der Röhm daraufhin den »Frontbann« gründete, eine Neuauflage des früheren »Kampfbundes« aus der Zeit vor dem Putsch. Hitler erkannte bald, daß unter den sich konsolidierenden Verhältnissen der Weimarer Republik jede weitere Verfolgung der Freikorpsstrategie in eine politische Sackgasse führte. Deshalb zog er im Dezember 1924 die SA wieder aus dem »Frontbann« heraus – und Röhm, der für die nationalsozialistische Bewegung kategorisch »das Primat des Soldaten vor dem Politiker« verlangte, fühlte sich überfahren. Bald zeigte sich, daß ihre Auffassungen über die notwendige politische Taktik sich vollkommen widersprachen, und so schieden sich ihre Wege im Frühjahr 1925. Aber es war eine Trennung ohne Intrigen und öffentliches Nachkarten. Auch in den folgenden Jahren attackierte Röhm seinen einstigen Schützling nicht. Im Gegenteil: 1928 betonte er noch einmal ausdrücklich seine »Verbundenheit mit dem Herold und Träger des politischen Kampfes, Adolf Hitler«[35]. Röhm blieb loyal, seine persönliche Beziehung zu Hitler ungetrübt.[36]

Dietrich Eckart

Sieht man von der Freundschaft mit Röhm ab, hat sich Hitler mit seinem Einstieg in die Münchner Politik hauptsächlich einem Mann verschrieben: dem in die Jahre gekommenen Bohemien Dietrich Eckart. Allem Anschein nach eine Art bajuwarisches Urgestein und in der Rolle des Salonlöwen ebenso sicher wie in der des Intellektuellen, fand Eckart in Hitler einen Bewunderer und Schüler, den er glaubte formen, anfeuern und schließlich für seine mehr weltanschaulich als politisch gedachten Ziele in den öffentlichen Meinungskampf schicken zu können.

Um zu ermessen, was den gut 30jährigen Hitler zu dem zwei Jahrzehnte älteren, in die Politik geratenen Schriftsteller zog, sollte man zuerst einen Artikel zur Kenntnis nehmen, der glaubwürdigen Angaben zufolge einen Wutanfall bei Hitler auslöste – mit schlimmen Konsequenzen für den Autor, der dafür ins Gefängnis mußte.[37] Aus Anlaß von Eckarts 75. Geburtstag hatte es die ›Frankfurter Zeitung‹ 1943 gewagt, ein Charakter- und Lebensbild des längst Verstorbenen zu veröffentlichen, das den Nazi-Legenden über den einstigen Mentor Hitlers völlig zuwiderlief.[38] Es beschreibt einen Mann, »der, von den Abenteuern der Jahre umhergeworfen, immer wieder von neuem einen Anlauf genommen hatte, seinem Namen [...] öffentliche Anerkennung zu verschaffen«, der als Bühnenautor »grobe Ablehnung« erfuhr und dessen äußere Lebensbedingungen jahrelang »sehr elend« waren: »Irgendwo in einem Hinterhaus in Berlin hatte er einen Unterschlupf, und manchmal schlief er des Nachts auch auf einer Bank im Tiergarten.« Nein, das war keine Bilderbuchkarriere, und auch die Vorgeschichte liest sich problematisch: Nach einem abgebrochenen Medizinstudium, nach »Händel und Hader« mit seinen schlagenden Korpsbrüdern und einer erfolglosen Entziehungskur wegen Morphiumsucht habe Eckart 1893 sein Glück zunächst im Journalismus gesucht, bevor ihm 1895 der Tod des Vaters schließlich aus der finanziellen Notlage half. »Mit dem Vermögen, das nun an ihn gefallen, zieht der junge Eckart in die Welt; nach Leipzig, wo er ein großes Haus führt, Künstler um sich schart, Schauspieler, Musiker und Maler. Er geht auf kurze Zeit nach Berlin, [...] siedelt dann nach Regensburg über. Er ist ein freier, ungebundener Mann, allerdings die Leber macht Beschwerden, aber er lebt seinen Neigungen, seinen Stimmungen, in niemandes Fron.« Als ihm 1899 das Geld ausging, sei Eckart wieder nach Berlin gezogen, wo er nun für ein gutes Jahrzehnt von der Hand in den Mund lebte. Mit seiner Nachdichtung von Ibsens ›Peer Gynt‹ habe er es schließlich doch noch zu einem gewissen Bühnenerfolg bringen können – langfristig jedenfalls, denn zunächst »fällt von neuem alles über den Vermessenen her«, und der Autor mußte sich gegen scharfe Kritik zur Wehr setzen. Schließlich habe sein Freund und Gönner, der Generalintendant des Königlichen Schauspielhauses Graf Hülsen-Haeseler, dem umstrittenen Dichter einen Vorschuß für ein neues Bühnenstück verschafft, an dem er ab Herbst 1913 in einem Sanatorium in Blankenburg arbeitete. Vom Harz ging es 1915 nach München-Schwabing, wo der schmähliche Zusammenbruch des Kaiserreiches Eckart im Winter 1918/19 in die politische Arena trieb. Dort wurde er dann »bald auch mit Adolf Hitler bekannt«.

Man kann sich leicht ausmalen, warum dieses Porträt den Diktator in Rage brachte. Nicht nur, daß es seinen Mentor ins Zwielicht rückte, daß es von »Adolf Hitler«, nicht vom »Führer und Reichskanzler« sprach: Es mußte ihm überdies nachgerade als Vexierbild erscheinen, in dem Elemente seines eigenen Werdegangs, auch eigene Charakterzüge sichtbar wurden: die Fixierung darauf, als »Künstler« zu leben; die Abhängigkeit von fremder Hilfe; mehr Schein als Sein; die Gier nach Anerkennung und der Zwang zur Rechtfertigung; der kaum zu zügelnde Selbstbehauptungswille; und schließlich der abrupte Wechsel von der Kunst in die Politik. Eckart hatte als Künstler genau das erlebt, wovon der junge Hitler nur hatte träumen können. Doch gerade deshalb fühlte Hitler sich dem Mann aus Schwabing verbunden, der wie er ein Außenseiter der Gesellschaft war, aber einer, der von der Überzeugung, anderen überlegen zu sein, durchdrungen, ja besessen war – und der sich durchgebissen hatte. So konnte ihm Eckart ein Muster der eigenen Selbststilisierung sein.

Der »klassische« Boheme und der Pseudo-Boheme hatten sich im politisch unübersichtlichen Nachkriegsmünchen getroffen. Was dem Jüngeren noch fehlte, besaß der andere im Übermaß: Selbstvertrauen, Sicherheit im Auftreten, Verbindungen, Sendungsbewußtsein. Freilich hatte auch Hitler etwas zu bieten, wie Eckart auf den ersten Blick erkannte: Er war nicht nur rednerisch außerordentlich begabt, zäh und willensstark, sondern auch lernfähig und lernwillig, dankbar für Zuspruch und Förderung. Hitler war ein vielversprechendes Talent, dessen öffentliche Auftritte zudem beim Publikum ankamen. Und Eckart wußte, daß er selbst solche Massenerregungen nicht hervorzurufen vermochte.

Aus solchem instinktsicheren Blick füreinander entwickelte sich zwischen den beiden Männern eine enge Freundschaft. Er habe sich »zu seiner [Hitlers] ganzen Art hingezogen« gefühlt, bekannte Eckart später, »und mein Verhältnis zu ihm wurde inniger«.[39] Auch Hitler war schon von der ersten Begegnung begeistert, nicht zuletzt, wie er noch zehn Jahre später schwärmte, von dem »wundervollen Schädel dieses besten Deutschen [...]. Eine mächtige Stirn, blaue Augen, das ganze Haupt wie der Kopf eines Bullen. Und noch dazu eine Stimme von wunderbar biederem Klange.«[40] Räumlich rückten sie ebenfalls näher zusammen: 1921 war Eckart in die Thierschstraße gezogen, in der Hitler, nur wenige Häuser entfernt, seine dürftige Bleibe hatte. Für Eckart war der Jüngere fortan ganz schwärmerisch »mein Adolf«[41], während Hitler in Eckart ein Vorbild, ja mehr: einen »Polarstern«[42] sah. Eckarts Gefühle schmeichelten ihm, dem in vielen Bereichen Unterlegenen, ohne Frage ungemein.

Gern folgte Hitler Eckart – zumal in Sphären, die vornehmlich der Erbauung dienten. Das Umherstreifen mit dem lebensfrohen Dichter war ganz nach dem Geschmack des Adepten, der hier einen großen Nachholbedarf hatte, und Eckart war ein begnadeter Selbstdarsteller. Stets auf Allotria und Wirkung bedacht, besaß er gewiß auch jenseits der Politik einen Charme, der den Jüngeren einfing und an ihn band, sei es in Münchner Restaurants, Weinstuben und Bierlokalen,[43] sei es beim Karneval in Schwabing,[44] sei es privat.

Bisweilen zogen sich die beiden auch für einige Tage nach Berchtesgaden zurück.[45] Diese Freundschaft mit Eckart, vertraute Hitler seiner Sekretärin an, »gehörte zu dem Schönsten, was ihm in den zwanziger Jahren zuteil geworden war«[46].

Was die Innenseite der Beziehung anlangt, sollte noch auf etwas hingewiesen werden, das in dem Artikel der ›Frankfurter Zeitung‹ nicht zur Sprache kommt: Eckart war ein ausgesprochener Frauenverächter. Darauf hatte – vielleicht aus Naivität, vielleicht mit Hintersinn – Alfred Rosenberg hingewiesen, als er 1927 Eckarts »Vermächtnis« zu einem kleinen Band zusammenstellte.[47] »Ich weiß«, schreibt Rosenberg, »daß ich [...] hier einen Punkt andeute, der eine tiefe Tragik in Dietrich Eckarts Leben darstellt. Eckart sah einen Hang zum Nichtigen als das Wesentliche beim Weibe an, erklärte sie für unfähig, das Tiefe wirklich zu erfassen, sprach ihr gelegentlich das Wollen hierzu gänzlich ab. Höflichkeit der Frau gegenüber hatte er eine besondere Antipathie und erklärte diese als ein Zeichen unserer femininen Zeit. Das Weib sei Natur, kaum mehr.« Die Art und Weise, in der Eckart in seinen Stücken über das Wesen der Frau spreche – von Feigheit, Nachgiebigkeit, Listigkeit, Wollüstigkeit, Verrat ist da die Rede –, habe, so Rosenberg, sicher einen »seelischen Urgrund«, der im »rein Persönlichen« zu suchen sei. Doch davon abgesehen, habe Eckart ganz allgemein »im Mangel an Männlichkeit einen Zug des Verfalls« erblickt und deshalb das Erstarken »des weiblich-lyrischen Triebes durch haltlose Männer« als kulturelles Menetekel an die Wand gemalt.[48]

Vor diesem Hintergrund mag sich erklären, warum Eckart beispielsweise Magnus Hirschfeld mit geradezu pathologischem Haß bekämpfte. Eine seiner berüchtigten Flugschriften aus dem Jahre 1922 brandmarkt ihn als »Apostel für Sodomie«, der das »Laster noch mehr auf die Straße zerren [will], er will die Jugend von Grund aus vergiften und das Proletariat soll dem übersättigten galizischen Judenlumpen die Lustknaben stellen«. Am liebsten wäre es Eckart gewesen, wenn dem »alten Saubären« bei Gelegenheit »die Schädeldecke eingeschlagen« worden wäre.[49] Aber warum, vom Inhalt seiner Sätze einmal ganz abgesehen, hetzt er mit soviel Schaum vor

Hitlers Freund und Ziehvater: der antisemitische Schriftsteller und Ideologe Dietrich Eckart zu Beginn der zwanziger Jahre.

dem Mund, warum wirft er mit solch brutalen Kraftausdrücken um sich? Zumal Eckart doch sonst ganz das Gegenteil eines Moralapostels und einer Mönchsnatur war. Schlug er vielleicht so sehr auf Hirschfeld ein, weil er sich von dessen sexualrevolutionären Bestrebungen persönlich betroffen fühlte?

Jedenfalls liegt es nahe, daß Eckart mit der Verdammung des »weiblich-lyrischen Triebes« im Mann vermutlich einen Teil seines eigenen Ichs bekämpfte. Noch als 27jähriger hatte er einem Jugendfreund folgendes Gedicht gewidmet: »Du sahst mich oft, in Träume tief versunken, / Und sahst mich wieder kämpfen, ringen, streben; / Du sahst mich jubeln oft, von Liebe trunken, / Und sahst mit Haß befleckt mein junges Leben / […] / Treu bin ich mir in Wahrheit nie geblieben, / In einem nur, dich immer treu zu lieben.«[50] Die Zeilen lassen erahnen, was ein langjähriger Vertrauter Eckarts, Guido Karl Bomhard, gemeint haben könnte, als er lange nach dessen Tod schrieb, er habe Skrupel, »Dinge Preis zu geben, die ihn [Eckart] in ein falsches Licht stellen«, und dann mit Blick auf seine eigene Beziehung zu dem Schriftsteller hinzufügte, daß dies Intimissima betreffe, »die eben nur aus unserer beiderseitigen Originalität entsprungen sind und nur Bohemenaturen sich leisten konnten«.[51] Dazu paßt, daß Eckarts einzigem Verbündeten und Vertrauten unter den deutschen Bühnendirektoren, dem Grafen Georg von Hülsen-Haeseler, wiederholt vorgeworfen wurde, homosexuell zu sein.[52] Hülsen-Haeseler war es denn auch, der unerschütterlich zu dem glücklosen Eckart hielt. Ohne ihn hätte dieser den künstlerischen Durchbruch als Bühnendichter nie geschafft.[53]

Nimmt man alles zusammen, kann es kaum verwundern, daß Eckart nicht zum treusorgenden Ehemann taugte. Er war schon 45 Jahre alt, als er Rose Marx, eine reiche Witwe aus Blankenburg, heiratete. Nach Rosenberg war es der »rein männliche Verkehr« Eckarts, der die kinderlose Ehe schon nach wenigen Jahren zerstörte.[54] 1920 wurde die Scheidung eingereicht – die Akten darüber sind verschwunden. Es war das Jahr, in dem sich Eckart und Hitler trafen.

Kurz zuvor, im Winter 1918/19, hatte Eckart mit der Zeitschrift ›Auf gut deutsch‹ auf sich aufmerksam gemacht. Sie warnte vor einer »alljüdischen Weltverschwörung«, forderte wahren Sozialismus und wollte nur jenen Einfluß zubilligen, die »rein-deutschen Blutes« waren.[55] Vielleicht ließ die Lektüre des Eckartschen Hetzblattes den Berufsagitator Hitler aufhorchen, vielleicht war es aber auch die erste persönliche Begegnung mit Eckart. Seit dem Winter 1919/20 jedenfalls waren die beiden ein Herz und eine Seele, und das nicht nur in Sachen Politik. Eckart fühlte sich Hitler »tatsächlich *innerlich* [...] verbunden«, wie der Dichterfreund Bomhard berichtete, der auch ganz sicher zu wissen glaubte, »daß das Verhältnis Eckarts zu Hitler tiefgewurzelt und echt« war.[56] Hitler selbst hat in einem seiner Monologe mit Blick auf die Beziehung etwas gesagt, das der Sache wohl am nächsten kommt: »Ich war damals [...] noch ein Säugling.«[57] Das war zwar eigentlich auf seine stilistische Unfertigkeit im Vergleich zu dem »so geistreich« schreibenden Eckart gemünzt, zeigt aber besser als jede andere Formulierung, wie er sich damals überhaupt gegenüber dem älteren, in vielerlei Hinsicht überlegenen Freund gefühlt haben muß.

Eckart ebnete Hitler den Weg in die gehobenen Kreise Münchens und Berlins, von denen der politische Senkrechtstarter gesellschaftlich wie finanziell, aber auch persönlich profitierte, weil ihm der Zugang zu einer Schicht, nach deren Akzeptanz er sich jahrelang gesehnt hatte, größere Selbstsicherheit gab. Eckart brachte ihm gute Manieren bei, Eckart verbesserte seinen Schreibstil und ließ ihn stärker auf sein Äußeres achten,[58] Eckart lehrte Hitler, das Palavern am Stammtisch ebensogut zu beherrschen wie das Parlieren im Salon. Auch bei der innerparteilichen Durchsetzung war Eckart äußerst nützlich. So hat er wesentlich dazu beigetragen, daß Hitler im Sommer 1921 nicht bloß die Leitung der NSDAP, sondern zudem die gewünschten diktatorischen Befugnisse übertragen wurden. Und wenig später nahm er den Parteichef demonstrativ gegen innerparteiliche Kritiker in Schutz, denen Hitlers undurchsichtiger Lebensstil mißfiel. Er könne aus seiner »genauen Kenntnis der Dinge heraus« beschwören, daß Hitler charakterlich einwandfrei sei: »Selbstloser, opferwilliger, hingebender und redlicher kann, meiner festen Überzeugung nach, überhaupt kein Mensch einer Sache dienen.«[59] Im Gegenzug durfte Eckart um die gleiche Zeit den Posten des Hauptschriftleiters des parteieigenen ›Völkischen Beobachters‹ übernehmen.[60] Das war der Höhepunkt des symbiotischen Wirkens der beiden auf dem Feld der Politik: Eckart als geistiger Mentor einer Bewegung, die ansonsten ganz auf die Führerschaft Hitlers eingeschworen war, dessen »Tatkraft, Energie und Leidenschaft« wiederum Eckart am eindringlichsten zu preisen wußte. Bis 1922 sah Eckart sich und Hitler als eine politische Einheit an, und er scheint darin auch durch seine Gegner bestärkt worden zu sein.[61] Hitler hatte anfangs wohl keine Probleme damit, die ihm zugewiesene Rolle des Juniorpartners zu übernehmen. Doch irgendwann änderte sich das.

In weltanschaulichen Dingen gab zunächst sicherlich Eckart den Ton an. Seine Biographin Margarete Plewnia hat beispielsweise nachgewiesen, daß sich Hitlers Antisemitismus unter seinem Einfluß radikalisierte, genauer: daß Hitler dem Versuch, die Juden als »Deutschlands Verderber« darzustellen, erst Anfang 1920 so etwas wie eine »Argumentationskette« zugrunde legte – abgekupfert aus Eckarts Hetzschriften, die den Dichter seit 1919 auch in der Welt der Politik bekannt gemacht hatten.[62] Überhaupt kann Eckart wohl die intellektuelle Urheberschaft für fast alle politischen Vorstellungen beanspruchen, die Hitler bis Mitte der zwanziger Jahre entwickelt hat.

Was sich Hitler und Eckart bedeuteten, wie eng sie sich verschworen hatten, kann man auch daran sehen, wie sie einander zu schützen suchten. So erklärte Eckart im Sommer 1922 in einer Versammlung, er würde »allein noch den Revolver ziehen«, um Hitler gegen jeden polizeilichen Zugriff zu verteidigen.[63] Und als Eckart Anfang 1923 von der Reichsanwaltschaft wegen Beleidigung des Reichspräsidenten zur Rechenschaft gezogen werden sollte, wurde umgekehrt Hitler sofort beim bayerischen Ministerpräsidenten Knilling mit der schriftlichen Forderung vorstellig, »den Haftbefehl zu inhibieren, da andernfalls die Kampforganisation Widerstand gegen die Verhaftung leisten würde«[64].

Das eigentlich Außergewöhnliche ihrer Beziehung indessen dürfte in den Augen beider darin gelegen haben, daß sie hier das Politische mit dem für sie psychologisch Wichtigen verbinden konnten. Für Eckart wie Hitler war die Politik das ideale Medium einer eigentlich *künstlerisch* gedachten Selbstverwirklichung, weshalb der Traum vom engverbundenen Künstlerpaar auf seiten Hitlers durch die Freundschaft mit Eckart noch einmal Gestalt gewonnen haben mag. Als das Schauspielhaus in Berlin nach den Revolutionswirren Eckarts ›Peer Gynt‹ wieder aufführte, nahm Eckart seinen neuen Freund natürlich mit in die Reichshauptstadt.[65] Er schwärmte Hitler auch von der wunderbaren Atmosphäre in Bayreuth vor, die er einst als Kritiker genossen hatte.[66] Theater und Oper werden deshalb ebenfalls einen festen Platz in ihrer Freundschaft eingenommen haben. Immer wieder machte Eckart Hitler mit verschiedenen Persönlichkeiten aus dem kulturellen Leben bekannt; so etwa im Jahre 1920 mit dem vormaligen Generalintendanten der Königlichen Hofbühnen in München, Clemens von Franckenstein, der damals in der berühmten Lenbachvilla wohnte. Hitler habe sich, so ein bissiger Beobachter, durch die Einladung »ebenso beglückt wie gehemmt« gefühlt und für diesen Besuch »mit Reitgamaschen, Reitpeitsche, Schäferhund und Schlapphut ausstaffiert«. Die »liebenswürdig-kühlen Zwischenbemerkungen des Hausherrn« habe er dankbar aufgegriffen, schließlich aber die Unterhaltung »durchweg allein« bestritten und dabei »wie ein Divisionspfarrer« gepredigt.[67] Leider wird uns nicht mitgeteilt, was der genaue Gegenstand der Unterhaltung gewesen ist; aber erkennbar ist doch, wie bemüht der junge Politstar war, nicht allein im Bierkeller, sondern auch in höheren Kreisen Eindruck zu schinden.

Offensichtlich mußte Hitler damals sein Profil noch schärfen, zumindest legen das einige zeitgenössische Berichte nahe. Der Freikorpsführer Gerhard Rossbach beispielsweise kannte Hitler »aus dieser Zeit so: weich, mit dem Willen zur Härte, halbgebildet, mit dem Wunsche, universell zu sein, ein Bohemien, der Soldat werden mußte, wenn er wirklichen Soldaten imponieren wollte. Ein Mann, mißtrauisch gegen sich selbst und seine Möglichkeiten, deshalb voller Minderwertigkeitskomplexe all denen gegenüber, die schon etwas waren oder auf dem Wege waren, ihn zu überflügeln. Devot und unsicher, dabei oft grob, wo er ein Gefühl der Begrenzung hatte.«[68] Wenn diese Beschreibung zutrifft, dann gab es für Hitler tatsächlich einiges zu lernen und einzuüben. Zwar hatte er sich schon von Röhm vieles abgucken können, aber souverän war er noch nicht.

Das zeigt etwa auch seine Begegnung mit dem Vorsitzenden des Alldeutschen Verbandes, Claß, im Dezember 1920 in Berlin. Von ihr wird berichtet, Hitler habe sich dem nationalistischen Politiker als treuer Schüler zu erkennen gegeben und ihm sogar die Hände geküßt; er habe dabei reichlich »schmierig« und aufdringlich gewirkt.[69] Claß selbst schreibt in seinen Erinnerungen: »Dieser Mann war ein politischer Wildling, der das Bedürfnis hatte, die Überzeugungskraft dessen, was er vorbrachte, auch dem einzelnen gegenüber durch die Wucht seiner Stimme und durch Arm- oder Handbewegungen nachdrücklicher zu machen.« Nach einer Viertelstunde sei ihm klar gewesen, »daß ich es mit einem ausgesprochenen Hysteriker zu tun hatte«. Aber Claß sah auch, daß hier »ein Mensch [stand], der im politischen Leben unseres Volkes etwas ganz Neues war«, jemand, der schon durch den »unbedingte[n] Glaube[n] an sich selbst und an die Überzeugungskraft seiner Person« aus der Rolle eines normalen Parteiführers fiel.[70]

Hitler lernte schnell, Schwächen zu überdecken und das Bild eines versierten Politikers zu geben, so daß ihm Eckart als Mentor und Souffleur schon im Lauf des Jahres 1922 entbehrlich wurde. Nun wollte er auf eigenen Beinen stehen, und das gelang ihm auch. Als der Herausgeber der ›Deutschen Rundschau‹, Rudolf Pechel, im Herbst 1922 nach mehrmonatiger Abwesenheit wieder nach München zurückkehrte, wurde ihm von allen Seiten erzählt, daß Hitler »größenwahnsinnig« geworden sei.[71] Auch außenstehende Beobachter der politischen Landschaft nahmen Veränderungen an Hitler wahr, zum Beispiel der britische Generalkonsul in München, William Seeds, der ihn noch im Mai 1922 als unbedeutend abgetan hatte. Im November dagegen schrieb er nach London, Hitlers Rolle gehe inzwischen über die eines »skurrilen und ziemlich komischen Agitators« weit hinaus, viele sähen in ihm bereits einen deutschen Mussolini, und seine Popularität übersteige seit einiger Zeit sogar die des legendären Generals von Ludendorff.[72] Im Zuge dieses – objektiven wie subjektiven – Bedeutungszuwachses,[73] der ihm das Gefühl gab, von einer ganzen Zeitströmung getragen und beflügelt zu werden, scheint Hitler sich von Eckart gelöst zu haben. Er war ein agiler Schauspieler auf der politischen Bühne geworden, berechnend und mit vielen verschiedenen Gesichtern. Er konnte seine Affekte kontrollieren, ja gezielt einsetzen, und seine Verbindungen zum politischen Establishment waren gut genug[74] – er brauchte Eckarts Hilfe nicht mehr.

Eine gewisse Anhänglichkeit gegenüber der Person, der er seinen Erfolg zu einem wesentlichen Teil zu verdanken hatte, blieb dennoch. Und so wurde es ein Abschied auf Raten, mit etlichen Eifersuchtsszenen und wechselseitigen Kränkungen. Den Anfang machte wohl Eckart, als er auf Hitlers Distanznahme mit einem demonstrativen Flirt antwortete, und zwar mit einer rund dreißig Jahre jüngeren Frau, wohl wissend, wie sehr das Hitler verärgern, ja verletzen mußte.[75] Doch Hitler zeigte dies, so scheint es, zunächst nicht. Erst einmal half er dem von den Justizbehörden verfolgten Freund beim Versteckspiel in der Bergwelt von Berchtesgaden, wo er ihn im April 1923 nach beschwerlichem Fußmarsch sogar persönlich aufsuchte. Offensichtlich sorgte sich Hitler um den Flüchtigen, der denn auch seinerseits »ganz gerührt« über den unerwarteten Besuch war. Von einer Trübung des Verhältnisses konnte zu diesem Zeitpunkt noch keine Rede sein. [76]

Das änderte sich im Mai 1923, wie Ernst Hanfstaengl später dem amerikanischen Geheimdienst erzählte.[77] Als Hanfstaengl Anfang Juni 1923 Hitler und Eckart in den Berchtesgadener Bergen besuchte, habe sich Eckart in einem Vieraugengespräch bitter über Hitler beklagt, der sich nichts mehr sagen lasse und auf dem besten Weg sei, größenwahnsinnig zu werden. Besonders empört habe sich Eckart über »Hitlers Exhibitionismus« gezeigt: Er scharwenzele den ganzen Tag mit der Peitsche in der Hand um die Pensionswirtin Frau Büchner herum und rede unentwegt auf die »dumme Kuh« ein. Bei seinem Imponiergehabe versteige er sich dermaßen, daß er sich bereits mit Jesus Christus vergleiche. Am nächsten Tag, als er eine Bergtour mit Hitler unternahm, mußte sich Hanfstaengl dann dessen Lamento über Eckart anhören: Der sei ein »seniler Schwächling« geworden, der sich auf seine alten Tage in ein dreißig Jahre jüngeres Mädchen, in »dieses Annerl«, verliebt habe. Eckart sei unentschlossen und wisse nicht, was er wolle. Schopenhauer habe einen »ungläubigen Thomas« aus ihm gemacht, der sich nur noch nach einem »Nirwana« sehne. Immer wieder habe Hitler Eckart als alten Dummkopf beschimpft, wobei sein besonderer Zorn dessen Zuneigung zu dem jungen Mädchen gegolten habe.

Im Lauf des Frühjahres 1923 trennten sich die Wege von Eckart und Hitler endgültig.[78] Die Parteipolitik hatte Eckart danach gründlich »satt«, aber an »seinen Adolf« glaubte er nach wie vor, allen Auseinandersetzungen zum Trotz: »Ob Du's glaubst oder nicht«, soll er noch kurz vor seinem Tod im Dezember 1923 einem Freund erklärt haben, »Hitler ist der kommende Mann.«[79] Sein letztes Werk war ein »Zwiegespräch zwischen Adolf Hitler und mir«[80] – das Bemühen des Dichters, seiner Beziehung zu Hitler ein literarisches Denkmal zu setzen. Die Widmung, in der Hitler 1925 Eckart am Ende von ›Mein Kampf‹ »als der Besten einer« gerühmt hat, zeigt, daß auch er seinem ehemaligen Gefährten immer noch anhing. Ähnlich offenbart das eine Bemerkung, die er im selben Jahr nach dem Besuch des Goethe-Hauses in Weimar machte: »Wissen's, der Dietrich Eckart hat Gedichte geschrieben, so schön wie Goethe.«[81]

Ernst Hanfstaengl

Im März 1923 fiel im Kreis um Hitler auf, wie vertraut dieser plötzlich mit einem gewissen Ernst Hanfstaengl umging, der bis dahin nur als eine Art nützlicher »Gesellschaftssekretär« im Café-Troß des Parteiführers wahrgenommen worden war. Mittlerweile war Hanfstaengl offenkundig zu Hitlers Duzbruder avanciert.[82]

Einen Namen jedoch hat Hanfstaengl sich erst einige Jahre später als Auslandspressechef des »Führers« gemacht, eine Karriere, von der an anderer Stelle noch die Rede sein wird. Hier sei nur erwähnt, daß ein früherer Mitarbeiter von Goebbels in ihm jemanden sah, »der den Mut hatte, ein Original zu sein und es in Hitlers Umgebung zu bleiben«. Und: »Hitler hing irgendwie an diesem Hanfstaengl, das ist sicher.«[83]

Über den Lebensweg des 1887 geborenen Sohns einer angesehenen Münchner Kunsthändler-Familie wissen wir nicht allzuviel. Einige seiner Stationen allerdings sind doch dokumentiert: Von 1905 bis 1909 war Hanfstaengl in Harvard, obwohl er es zuvor am Königlichen Wilhelmgymnasium in München in acht Jahren nur bis zur mittleren Reife gebracht hatte.[84] Der Studienaufenthalt in Amerika war wohl in erster Linie eine Flucht vor diesen schulischen Problemen, deren Hintergründe wir nicht kennen. Auch wurde er in Harvard, wo er nach eigenen Angaben »unter anderem Psychologie, Deutsche und Englische Literatur, ferner Kunst- und Musikgeschichte studierte«, nur als »special student« zugelassen. Ein Kommilitone hat später berichtet, daß Hanfstaengl sich damals zwar immer den »richtigen Leuten« zugesellt, es aber dennoch nie geschafft habe, in einen der exklusiven »final clubs« der Universität aufgenommen zu werden.[85] 1909 kehrte er nach München zurück, um dort seinen Militärdienst als Einjährig-Freiwilliger abzuleisten und anschließend, im Spätsommer 1910, wieder zu Studienzwecken ins Ausland zu gehen, nach Wien, Grenoble, London, Paris und Rom. Ende 1911 übernahm er die Leitung des Hanfstaengl-Kunstsalons in New York, wo es ihm gelang, »unsere Verkaufsräume zum Treffpunkt zahlreicher bekannter Künstler und Kunstenthusiasten [...] zu machen«. Bis zum Ersten Weltkrieg fühlte er sich hier erklärtermaßen sehr wohl. Was die Manhattaner Kreise, in denen er sich bewegte, verband, war die Verachtung der »angelsächsischen Moralheuchelei«, der »puritanischen Scheinmoral«[86], womit – positiv gewendet – eine Art Libertinismus gemeint war. Das zeigt beispielsweise Hanfstaengls Freundschaft mit dem Literaten und Lebenskünstler Hanns Heinz Ewers.

Nach dem Zweiten Weltkrieg hat Hanfstaengl versucht, den hohen Stellenwert dieser Beziehung herunterzuspielen.[87] Doch Ewers' zweite Ehefrau widersprach ihm energisch, wie ein empörter Brief von ihr zeigt: »Über die langjährige Freundschaft, die zwischen dir und HHE [Hanns Heinz Ewers] bestand, weiß ich so gut wie du Bescheid. Wenn du heute diese Freundschaft leugnest, machst du dich damit zum Heuchler und Falschspieler. Ich habe dich durch HHE im Jahre 1919 in New York City kennen gelernt. Schon damals herrschten ausgesprochen freundschaftliche Beziehungen zwischen euch. Später, in Deutschland, warst du unzählige Male Gast in unserem Hause, Jahre hindurch sind wir eng miteinander verbunden gewesen [...], *denn HHE war dein Freund!*«[88] Hanfstaengl gab denn auch der »lieben Josephine« zu, daß er in Ewers zweifellos »einen herzwarmen, patriotisch empfindenden, mutigen Deutschen Menschen und eine echte Künstlernatur« zum Freund hatte und sich durchaus »zu ihm hingezogen fühlte«.[89] Wie auch immer, für unsere Zwecke lohnt es sich, einen genaueren Blick auf diesen engen Freund Hanfstaengls aus der Amerika-Zeit zu werfen.[90]

Durch unkonventionelle literarische Schöpfungen wie sein Kultbuch ›Alraune‹ und einen ebenso unkonventionellen Lebenswandel hatte Ewers es zu Beginn des 20. Jahrhunderts bereits zu einiger Berühmtheit gebracht. Er war mit Künstlern, Politikern und Okkultisten befreundet und bewegte sich in Homosexuellenkreisen. Er stand im Ruf eines extravaganten Snobs, den es immer wieder in ferne Länder zog und der Absinth und Meskalin brauchte, um produktiv zu bleiben. Sein Drama ›Enterbt‹ setzt sich in einer Weise mit den Sorgen, Nöten und Anfechtungen Homosexueller auseinander, die in ihrer Offenheit damals in Deutschland noch ihresgleichen suchte. Überhaupt galt Ewers schon vor dem Ersten Weltkrieg als Meister in der Behandlung heikler Stoffe.

1914 ging er nach New York und führte ein ausschweifendes Leben; in dem Milieu, in dem Ewers' Freundeskreis sich bewegte, spielten Sex und Rauschmittel eine große Rolle. Ewers hat diese Zeit in seinem Roman ›Vampir‹ (1919) geschildert, der für die einen eine amoralische »Wildnis sexualpathologischer Sumpfpfade« darstellte, für die anderen »eine göttliche Komödie und ein Satyrspiel zugleich«.[91] In dem dort gezeichneten High-Society-Milieu war der junge Hanfstaengl zu Hause.[92]

Hinzu kommt, daß Hanns Heinz Ewers, wie gesagt, in erotischer und sexueller Hinsicht besonders Männern zugetan war – trotz zweier (nicht zuletzt deshalb gescheiterter) Ehen und verschiedener Frauenbekanntschaften. Das wirft unweigerlich ein Licht auf seine langjährige Verbindung mit »PH«, wie er »Putzi« Hanfstaengl zu nennen pflegte. Gut möglich, daß es nicht bloß Freundschaft war, sondern so etwas wie Seelenverwandtschaft und das gemeinsame Verlangen nach homoerotischen Erfahrungen, das die beiden extremen Persönlichkeiten verband. Und für das Ausleben dieses Verlangens erwies sich das liberale New York des frühen 20. Jahrhunderts als ein ausgesprochen geeigneter Ort.[93]

Es war übrigens Ewers, der dem mit 33 Jahren immer noch un-

Hitlers »Stimmungsmacher« in München: der auf dem Bild etwa 36jährige Verlegersohn Ernst Hanfstaengl mit seiner Familie.

verheirateten Freund 1920 eine Frau »vermittelte«: Helene Niemeyer, die Tochter eines deutsch-amerikanischen Geschäftsmannes. Das unerwartete Interesse der jungen Frau habe ihn vor dem Absturz bewahrt, schrieb Hanfstaengl damals seiner Mutter.[94] Von heute auf morgen entschlossen sie sich zu heiraten. Über seine Ehefrau, mit der er immerhin fast 16 Jahre zusammen war, hat sich Hanfstaengl trotzdem so gut wie gar nicht geäußert, und wenn, dann alles andere als liebevoll. Von einem intakten Liebesleben der Eheleute Hanfstaengl könne keine Rede sein, sagt der gemeinsame Sohn Egon heute, und er fügt hinzu, daß sich die Mutter bereits sehr früh mit Scheidungsgedanken trug.[95]

Im Sommer 1921 kehrten Hanfstaengl und seine Frau mit ihrem sechs Monate alten Sohn Egon nach Deutschland zurück und suchten in München Fuß zu fassen, was sich schwieriger gestaltete als gedacht. Hanfstaengls Bruder Edgar weigerte sich hartnäckig, ihn als Teilhaber des Familienunternehmens zu akzeptieren. Überhaupt verstanden sich die Brüder nicht, denn Edgar hielt Ernst für unselbständig und vollkommen unfähig. So sah sich dieser nach anderen beruflichen Möglichkeiten um und verlegte sich zeitweilig auf die Schriftstellerei, dachte auch an die Produktion von Spielfilmen und arbeitete mit alten und neuen Freunden an Drehbüchern. Nebenbei besuchte er Geschichtsseminare an der Münchner Universität, wo er sich im Oktober 1921 als ordentlicher Student eingeschrieben hatte. Mit den devisenstarken Rücklagen aus seiner Amerika-Zeit konnte er sich ganz gut über Wasser halten.

Politisch ambitioniert war Hanfstaengl bis 1922 nicht. »Ich war ja ein Künstler«, schrieb er ein Jahrzehnt später, »ein Musiker oder Schriftsteller, aber, Gott weiß, kein Politiker.«[96] Plötzlich verfiel er dann doch der Politik, oder genauer: einem bestimmten Politiker. Kurt Lüdecke will den hochgewachsenen Mann mit dem langen, schmalen Gesicht im November 1922 Hitler vorgestellt haben, und zwar in der Absicht, das bei Hanfstaengl vermutete Vermögen der »Bewegung« zuzuführen.[97] Hanfstaengl verstand es, Hitler in kürzester Zeit so für sich einzunehmen, daß er dessen ganzes Vertrauen gewann. Schon bald sahen viele NSDAP-Mitglieder in Hanfstaengl eine Art »Kamarilla«.[98] »Im Jahre 1923«, schrieb die ›Münchener Post‹ einige Jahre später, »war es [ein] offenes Geheimnis, daß niemand so sehr das Ohr Hitlers besaß als E. Hanfstängl.«[99] Allein mit gemeinsamen politischen Interessen kann diese bemerkenswert rasche Annäherung kaum erklärt werden.

An Hitler fand Hanfstaengl »die auffällige Leuchtkraft seiner Augen« faszinierend, »seine eher zarten Hände und seine Gewandtheit im sprachlichen Ausdruck«. Bei öffentlichen Auftritten erlebte er ihn als »einen Mann mit ungeheurer psychischer Energie«, der mit der »Glut« seiner Sprache unglaubliche »Anziehungskraft« ausübte. Aber auch im privaten Umgang hatte Hitler »etwas Gewinnendes an sich, eine Unmittelbarkeit«, die Hanfstaengl sehr zusagte. Hitler sei »keineswegs eitel« gewesen, vielmehr war er »freundlich, anspruchslos und trat bescheiden und seiner selbst nicht ganz sicher auf«.

Das ließ Hanfstaengl den nötigen Raum, sich als schillernde Erscheinung in Szene zu setzen, und schon bald mochte Hitler den etwas aus der Art geschlagenen Großbürgersohn nicht mehr missen. Hanfstaengl spielte eine besondere Rolle für ihn: »Ich hänselte ihn gern«, so Hanfstaengl später, »und ich war wohl der einzige in seiner Nähe, von dem er sich ein gewisses Maß an Neckerei gefallen ließ.«[100] Was anderen bei Hanfstaengl geckenhaft und verschroben vorkam,[101] hat Hitler offenbar gerade angesprochen. In ihm, so schrieb er im April 1925, lernte er »einen Mann kennen, dessen Fanatismus sich teilt in Liebe zur Bewegung und in Haß gegen die Feinde derselben«. Und Hitler setzte hinzu: »Mir persönlich war er zum Freund geworden.«[102]

Spätestens ab Januar 1923 war Hitler regelmäßig zu Besuch in Hanfstaengls kleiner Wohnung in der Gentzstraße am Rande von Schwabing. Die beiden Männer sahen sich nun fast täglich, und ihr gemeinsames Interesse für Kunst, Musik und Geschichte ließ ihnen die Zeit nie lang werden. Gern beschäftigte sich Hitler auch mit dem kleinen Sohn Egon, und bisweilen mag er sich gar als Teil der jungen Familie gefühlt haben. Auch Helene Hanfstaengl mochte ihn, ja schwärmte noch Jahrzehnte später von der »expressiven vibrierenden Qualität«[103] seiner Stimme. Deren »ungeheure Kraft« hatte es auch ihrem Mann angetan, der von den einzigartigen »Klangeffekten« regelrecht berührt war.

Bisweilen trafen sich Hanfstaengl und Hitler aber auch in dessen Privatquartier in der Thierschstraße oder verbrachten die Abende im Kino. Als »Stimmungswecker« durfte Hanfstaengl Hitler 1922/23 immer wieder auf solchen »Besuchsfahrten« begleiten, etwa an den Starnberger See oder nach Berchtesgaden, nach Neuschwanstein, Murnau oder Berlin. Und er tat dergleichen gern, denn Hitler war ihm »ein ungewöhnlich unterhaltsamer Reisegefährte«, ja, er »konnte bezaubernd sein und [...] große Gedanken entwickeln«. Oft habe er auch »schauspielerische Meisterschaft« bewiesen, besonders wenn er andere Personen »kabarettreif« imitierte, so daß Hanfstaengl aus dem Lachen nicht mehr herauskam.

Mehr als alles andere aber liebte Hitler es, wenn Hanfstaengl mit seinem »ziemlich aufbrausenden Temperament« das etwas »wackelige Piano« im möblierten Zimmer in der Thierschstraße »emphatisch« traktierte, »mit Lisztschem fioturi und schönem romantischen Schwung«. Und »Hitler schrie fast vor Begeisterung: ›Ja, Hanfstaengl! […] Wunderbar!‹«[104] Seine größten Erfolge erzielte Hanfstaengl bei Hitler natürlich mit »Wagnermusik«, namentlich mit dem »Meistersingervorspiel« oder dem »Liebestod« aus ›Tristan und Isolde‹. »Das war es!« sagte er später. Daraus »muß ich ihm Hunderte von Malen vorgespielt haben, und er bekam niemals zuviel davon«: Es »tat ihm körperlich wohl«, so wohl, daß er »vor Vergnügen gluckste«.[105] Hanfstaengl brachte mit seiner Darbietung offensichtlich die ersehnte »Entspannung«. Deshalb »nötigte er mich in der Folge immer wieder telefonisch ans Klavier«. Und »obschon mir sein selbstherrliches Verfügen über meine Zeit nicht zusagte, machte ich mich doch auf den Weg in die Thierschstraße«.[106]

Wurden hier, auf gleichsam kompensatorischem Weg über die Musik, sinnliche Bedürfnisse befriedigt?[107] Seinem Sohn Egon, Hitlers Patenkind, hat Hanfstaengl später erzählt, daß Hitler für ihn ein sexuell ungemein attraktives »Viech« gewesen sei.[108] Die sexuelle Komponente mag bei dem einen im Reden, bei dem anderen im Klavierspielen durchgebrochen sein, suchte sich jedenfalls so oder so ihr Medium. Hanfstaengl selbst hat dies klar gesehen: »Das ganze Gewebe der Leitmotive, der musikalischen Ausschmückungen, Kontrapunkte und Kontraste, spiegelte sich in der Anlage seiner Reden genau wider; sie waren wie Symphonien aufgebaut und endeten in einem gewaltigen Ausbruch ähnlich dem Schall Wagnerscher Posaunen.«[109] Noch Jahrzehnte später nutzte Hanfstaengl die Klaviersymbolik dazu, sich andeutungsweise über Hitlers Sexualität zu äußern.[110]

Dies alles zeigt, daß politische Fragen für die Beziehung von Hanfstaengl und Hitler zunächst sekundär waren, wenn auch nie ganz unwichtig. Mit seinem ›Hitler-Liederbuch‹ beispielsweise wollte Hanfstaengl 1923/24 durchaus einen eigenen Beitrag zur völkischen Propaganda leisten – was Hitler geschmeichelt haben dürfte.

Sämtliche Klischees der damaligen Hitler-Rhetorik sind hier versammelt, von der Verschwörung des Judentums »zu Deutschlands Untergang« bis zur »Wiederauferstehung« des Reiches im Zeichen des Hakenkreuzes. Die Liedtexte strotzen nur so von rassistischen Ausfällen, und natürlich war es, so Hanfstaengl, allein »die Hitler-Medizin«, die Deutschland »retten« konnte.[111] Keine Frage, der Bürgersohn, der lange im Land der Freiheit gelebt hatte, war binnen kurzem ein echter Nationalsozialist geworden. Mit schmissigen Liedern empfahl er Hitler nicht nur dem »gemeinen Volk«, sondern auch dem gehobenen Münchner Bildungsbürgertum. Sogar im Seminar des Historikers Hermann Oncken soll Hanfstaengl damals als Führungsmitglied der NS-Studentengruppe »eifrige und wirkungsvolle Propaganda« für Hitler betrieben haben.[112]

Umgekehrt schloß die Beziehung zwischen Hitler und Hanfstaengl, obwohl vor allem homophiler Natur, keineswegs aus, daß letzterer sich von ihr auch berufliche Vorteile versprach und »davon überzeugt war, daß seine [Hitlers] genialen Gaben ihn an die Spitze bringen würden«[113]. In der gegnerischen Presse wurde Hanfstaengl damals bereits als Hitlers »Haus-Außenminister« gehandelt.[114] Diesen Posten glaubte aber auch Alfred Rosenberg für sich reserviert, so daß personelle Konflikte vorprogrammiert waren.

Überdies störte Hanfstaengl, daß die Aktivitäten seines Freundes immer »in eine Atmosphäre von Verschwörung und Intrige gehüllt« blieben – mit Konsequenzen auch für ihre Beziehung: »Hitler [...] führte eine halbdunkle Existenz; man wußte eigentlich nie genau, wo er steckte. Er war im Grunde ein Bohemien, der nirgends fest verwurzelt war.«[115] Hitlers Gefolgsleute in der NSDAP-Führung kritisierten ihren Chef in ganz ähnlicher Weise: »Wir vermissen bei Ihnen etwas das Bedürfnis nach einem engeren Kontakt mit Ihren Mitarbeitern und den Männern, die sonst in der gleichen Richtung arbeiten.« Hitler sei zu wenig erreichbar und habe keine Zeit für wichtige Parteidinge; offenbar übertreibe er das »Ausspannen in Künstlerkreisen und im Kreise schöner Frauen« und gebe so zu parteischädigenden »Gerüchten Anlaß«.[116] Auch seine Vermieterin Frau Reichert bezeichnete Hanfstaengl gegenüber Hitler als einen »richtiggehenden Bohemien«[117]. All das klingt nach einer Art Doppelleben, das nicht einmal enge Freunde durchschauten. Warum war Hitler hier so sehr auf Geheimnistuerei bedacht? Was steckte dahinter?

Geheimdossiers

Die sechs Bände umfassenden Hitler-Dossiers der Münchner Polizei aus den zwanziger Jahren hätten uns bestimmt eine Antwort liefern können. Doch Hitler ließ sie unmittelbar nach seinem Amtsantritt als Reichskanzler beschlagnahmen.[118] Immerhin: Ein kleiner Ersatz für diesen unwiederbringlichen Verlust könnte sein, was uns durch Eugen Dollmann über geheime Papiere aus dem Privatsafe des Reichswehrgenerals Otto von Lossow überliefert ist.[119]

Es war auf dem Weihnachtsfest 1923 im Bayerischen Kriegsministerium. Zu der Feier hatte Lossow auch den jungen Geschichtsstudenten Dollmann eingeladen, dessen Mutter eine alte Bekannte des Befehlshabers war, und ihn nach dem Abendessen zusammen mit einigen anderen Männern zu einer Aussprache in sein Arbeitszimmer gebeten, um über den gescheiterten Putschisten Hitler zu befinden und seinen energischen Widerstand gegen dessen Aktion zu rechtfertigen. Nach Dollmanns Aufzeichnungen soll Lossow bei dieser Gelegenheit wörtlich folgendes gesagt haben: »Seit der Niederschlagung des Putsches erhalte ich ständig Drohbriefe von alten und jungen Nazis, und meine Offiziere werden beschimpft und bespuckt, wo immer sie sich zeigen. Aber es wird mir und ihnen nichts passieren, zum Glück habe ich in China und in der Türkei gelernt, wie man sich gegenüber bösen Worten und Nötigungen aus Braunau verhalten soll. Seit dem 9. November wissen Hitler und seine Anhänger genau, daß jedes Attentat auf mich oder meine Offiziere einen europäischen Skandal bewirken würde.[120] Ich habe immer noch gute Freunde in der Welt, und dieses Spiel würde Adolf verlieren, so wie am 9. November.« Und damit, so Dollmann weiter, »zog der General aus einer Schreibtischschublade eine Polizei-Akte hervor, in der Geheimberichte und Zeugenaussagen über das Privatleben des Herrn Adolf Hitler gesammelt waren; und zwar von der Zeit ab, da Hitler nach dem Krieg wieder in München auftauchte – alle vom Sittenamt bzw. vom Polizeipräsidium in der Ettstraße.« Jeder der Anwesenden habe sofort verstanden, »welch eine gefährliche Waffe Otto von Lossow sich da in den Jahren seiner größten Macht in München zurechtgeschmiedet hatte«. Mit schneidender Stimme habe der General dann aus einigen Vernehmungsprotokollen vorgelesen:

»›Ich, Michael, 18 Jahre alt, traf am Abend des ... 19. Dezember ... in der Rosenheimer Landstraße einen Mann jüngeren Aussehens, der mich einlud, mit ihm zu essen und – gegen Bezahlung – mit ihm die Nacht zu verbringen. Seit Monaten arbeitslos und weil auch meine Mutter und meine Brüder Hunger litten, begleitete ich den Herrn zu sich nach Hause. Am Morgen ging ich fort.‹ Gezeichnet: Michael ... – Ein anderer: ›Mir, Joseph, näherte sich beim Spazierengehen ein Mann, mit dem ich ins Kino gegangen bin, und dann wollte er mich mit auf sein Zimmer nehmen, nachdem er mir auch noch Essen und Zigaretten gegeben hatte. Weil ich ihm sagte, daß ich als Jüngling begeisterter Soldat war und gerne Unteroffizier geworden wäre, erzählte er mir stundenlang von einem neuen deutschen Heer und forderte mich auf, unter meinen Kameraden Propaganda für einen von ihm begründeten neuen militärischen Verband zu machen. Er sprach sehr viel, aber wollte nicht, daß ich in seinem Zimmer rauchte. Ich verbrachte die ganze Nacht mit ihm und ...‹ Gezeichnet: Joseph ..., 22 Jahre alt. – Weiter: ›Ich, Franz ..., Lehrling, habe in einem Café in der Nähe der Universität die Bekanntschaft eines Herrn gemacht, der in österreichischem Dialekt sprach und der mir viel über Wien erzählte. Als er merkte, daß ich mich für seine Ausführungen interessierte, ging er dazu über, mir die Notwendigkeit einer Wiedervereinigung von Deutschland und Österreich zu erklären. Er fragte mich, ob ich bereit wäre, mein Schaffen diesem Ziel zu widmen. Er wollte mir dann noch entsprechende Bücher und Zeitschriften besorgen, deswegen sind wir zu ihm nach Hause gegangen. Und da es schon spät war und keine Tram mehr fuhr, lud er mich ein, bei ihm zu bleiben, und ich nahm an ... Der Herr heißt Adolf Hitler; er trug einen hellen Gabardinemantel, und eines seiner Charakteristika ist eine Haarsträhne, die ihm immer in die Stirn fiel.‹ Gezeichnet: Franz ...«

Lossow habe noch weitere junge Männer zitiert, die übereinstimmend ausgesagt hätten, von einem gewissen Adolf Hitler in kleinen Gaststätten und Wirtshäusern rund um München zum Essen eingeladen worden zu sein. Er habe mit ihnen über Politik sprechen wollen und gesagt, daß ihnen, den Jugendlichen, Deutschland und die Welt gehöre. Über solchen Unterhaltungen sei es dann Nacht geworden, »und diese jungen Männer der Nachkriegszeit, auf die zuhause nur Hunger und Not wartete, waren dann bereit, an der Seite von Adolf Hitler zu schlafen, dem guten Freund, der nicht müde wurde, ihnen Hilfe zu versprechen«.

Lossow, so Dollmann weiter, habe das Vorlesen aus den Polizeiakten mit folgender Erklärung beendet: »Durch zuverlässige Mittelsmänner habe er dafür gesorgt, daß Hitler darüber im Bilde ist, daß dieses [belastende] Material [über ihn] bereits ins Ausland verbracht sei. Falls er, Lossow, oder seine Offiziere [von den Nazis] angegriffen werden sollten, würden diese Dokumente von der internationalen Presse sofort veröffentlicht. Außerdem riet er den Anwesenden dringend, in ihrem eigenen Interesse über das Mitgeteilte zu schweigen.« Tatsächlich lebte Lossow bis zu seinem Tod im Jahre 1938 ungestört in München-Schwabing und am Starnberger See, während zum Beispiel einer seiner politischen Freunde, der bayerische Staatskommissar von Kahr, im Juli 1934 im Zuge der Röhm-Morde liquidiert wurde.

Diese Schonung ist in der Tat auffällig, denn Hitlers Haß auf den »Verräter« Lossow ist vielfach belegt.[121] Es wäre also nur konsequent gewesen, an dem General im Juni 1934 ebenso Rache zu nehmen wie an Kahr. Auch die enge Verbindung von Dollmann und Lossow wird durch Unterlagen im Dollmann-Nachlaß bestätigt.[122] Kurzum, es gibt keinen triftigen Grund, an der Existenz des Hitler-Dossiers zu zweifeln: Lossow hat sich in den Besitz der kompromittierenden Unterlagen gebracht, weil er sich davon einen Nutzen versprach. Auch andere Schriftstücke aus staatlichen Akten, die sich bis heute im Familienarchiv der Lossows befinden, stützen diese Auffassung. Tatsächlich hatte der Reichswehrgeneral um so mehr Grund, sich mit Umsicht abzusichern, als er sich mit Hitler auch bei dem Hochverratsprozeß in bemerkenswert mutiger Weise angelegt hatte.

»Die Zeit, in der kein Mensch mich gekannt hat, war für mich die schönste Zeit«, hat Hitler später einmal in nächtlicher Runde gesagt. »Alle haben mich für irgend etwas gehalten, nur nicht für Hitler.« Und: »Es existierte von mir kein Bild. Wer mich nicht kannte, konnte nicht wissen, wie ich aussehe.«[123] Erst ab 1923 stieg Hitlers Bekanntheitsgrad in München so, daß er sich Kontaktanbahnungen, wie sie die Münchner Polizei dokumentiert hatte, nicht mehr leisten konnte. Die zitierten Protokolle werden sich daher vorwiegend auf die Jahre 1920 bis 1922 bezogen haben. Das heißt aber nicht, daß Hitler keine neuen Verbindungen mehr gesucht hätte. Wir können lediglich nicht sagen, wie sich sein Sexualleben unter den Bedingungen des politischen Aufstiegs gestaltete.

Unbedingt beachtenswert ist, was der Schriftsteller Peter Martin Lampel in seinen unveröffentlichten Memoiren ›Niemandes Knecht‹ über den privaten Hitler jener Jahre gesagt hat:[124] nämlich, daß über Hitlers Homosexualität »manches uns alten Freikorpsleuten schon von München her nicht fremd [war]«, zum Beispiel die Liaison mit dem jungen Edmund Heines, der nach seiner Ermordung im Jahre 1934 von der Goebbels-Propaganda wie Röhm als »verderbter Homosexueller« gebrandmarkt wurde. »Deshalb wunderte ich mich gar nicht«, fährt Lampel fort, als der mit ihm gut befreundete Magnus Hirschfeld später »vertraulich von dem Besitz zweier Originalprotokolle sprach, die er besonders gut verwahrt habe und die die Aussagen zweier Siebzehn- oder Achtzehnjähriger aus [der] Gründungszeit der SA, einschließlich der Fotografien dieser beiden jungen Leute, enthielten; Hirschfeld nannte mir auch die darin beschriebenen Details. [...] Mit diesen Protokollen war Hitler einwandfrei festgelegt, im allerpersönlichsten Sinne.« Hirschfeld soll sie »durch einen Sonderkurier« nach Moskau geschickt haben. Lampel war von der Richtigkeit der Hirschfeldschen Angaben »absolut überzeugt« und glaubte zu Beginn der fünfziger Jahre, »daß hinreichend Zeugen dafür auch heute noch leben«.[125]

So wird durchaus erklärlich, warum Hitler, wie Hanfstaengl schreibt, die »verschiedenen Gruppen seiner Bekannten [...] voneinander wie in wasserdichten Abteilungen getrennt [hielt]. Er erzählte niemandem, wo er gewesen war oder wohin er ging; ebensowenig brachte er sie in Kontakt miteinander.« – So und nicht anders werden Doppelleben geführt. Freilich, meinte Hanfstaengl später, habe Hitler in dem »sexuellen Niemandsland, in dem er lebte«, nie »den Mann (gefunden), der ihm hätte Erlösung bringen können«.[126] Mag sein.

War es nun Zufall, daß Hitler zu Beginn der zwanziger Jahre Männer kennenlernte und für sich einnahm, die ihn rasch nach oben trugen? Sicher nicht. Die Beziehungen zu Ernst Röhm und Dietrich Eckart, Protagonisten zweier unterschiedlicher Welten, zeigen, daß Homoerotik Milieugrenzen zu verwischen vermochte. Hitler konnte so mit seinen ihm sonst in vielerlei Hinsicht überlegenen Freunden gleiche Augenhöhe erreichen und ein Vertrauensverhältnis aufbauen. Ohne die rückhaltlose Unterstützung durch Röhm und Eckart wäre er wohl gescheitert. Sie erkannten in ihm ein »Talent« und ebneten ihm den Weg. Hitler selbst hat in seine politische Karriere zunächst lediglich zwei Dinge eingebracht: seine suggestiv-aggressive Rhetorik und die Fähigkeit, sich als politischen Heilsbringer und bestmöglichen Repräsentanten des »Führer«-Prinzips zu stilisieren. Alles andere waren Anstöße und Anregungen von außen. Mehr noch: Von Röhm, Eckart und zum Teil auch von Hanfstaengl hat Hitler Identitäten geborgt, die er an sich nicht »besaß«. So, mit Versatzstücken, verhalf er sich zu jener

Selbststilisierung, die sich aus einer Ansammlung mehr oder weniger fiktiver Vorstellungen von ihm zusammensetzte. – Kurzum: Ohne die privaten Stationen ist Hitlers öffentliche Karriere kaum zu verstehen.

Viertes Kapitel
Vergebliche Liebesmühe

Als Hitler im November 1923, zwei Tage nach dem gescheiterten Putschversuch, verhaftet worden war, hatte er sich in einer existentiellen Krise befunden. Doch schon wenige Monate später waren alle Selbstzweifel Vergangenheit, und er erlebte gleichsam eine Wiedergeburt. Die Festungshaft in Landsberg hatte ihn verändert; als er im Dezember 1924 vorzeitig entlassen wurde, ging er voller Elan und Zuversicht an die Fortsetzung seiner Politikerkarriere. Hitler war sich sicher, daß nur er allein dem völkischen Lager Ziel und Richtung geben konnte. Allerdings setzte dies von nun an einen politischen Strategiewechsel voraus, dessen ideologischen Rahmen er in ›Mein Kampf‹ dargelegt hatte.[1] Gleichzeitig propagierte er statt der »altrevolutionären« Attitüde künftig den legalen, parlamentarischen Weg zur Macht. Dafür bedurfte es eines generellen Imagewandels: eines weniger skurrilen und halbwegs seriösen Erscheinungsbilds der Bewegung und ihres »Führers«. 1930 war das Ziel erreicht; die NSDAP galt als relativ geschlossene politische Kraft, ja als »Hitler-Partei«.[2]

In diesen Jahren des Aufstiegs schaffte Hitler es auch, neue Mitstreiter für seine »Kampfgemeinschaft« zu gewinnen. Politisch am wichtigsten war davon sicherlich Joseph Goebbels, in dem Hitler nicht nur einen leidenschaftlichen Verehrer fand, sondern auch einen ebenbürtigen Demagogen. Doch Goebbels bereitete der Partei von der Reichshauptstadt aus den Boden und konnte deshalb jeweils nur für kurze Zeit in München sein. Es waren drei andere Männer, mit denen Hitler in jenen Jahren am intensivsten in Kontakt stand.

Ein Foto aus dem Jahr 1932 zeigt zwei dieser engsten Vertrauten an Hitlers Seite:[3] Rudolf Heß, seinen Privatsekretär seit 1925, und Julius Schreck, seinen Chauffeur seit 1928. Auf diesem Gruppenbild fehlt nur Schrecks Vorgänger Emil Maurice – aus Gründen, die ich noch erläutern werde. Man sieht Heß, Schreck und Hitler an der Böschung eines Nordseedeiches, sie tragen modische Schlapphüte und blicken entspannt in Heinrich Hoffmanns Kamera. Von Distanz zum »Führer« keine Spur; alles wirkt so, als ob drei Freunde ausgelassene Stunden miteinander verbrächten. Und so war sie tatsächlich, Hitlers Beziehung zu Heß, Schreck und Maurice: getragen von dem Bewußtsein wechselseitiger Verbundenheit und Loyalität.

Nach homosexuellen Partnerschaften durften diese »Dienstverhältnisse« auf gar keinen Fall aussehen, und wohl nicht zuletzt deshalb tauchen in den Jahren nach Landsberg plötzlich Frauen in Hitlers Leben auf – auch in seinem öffentlichen. Doch Vorsicht ist geboten: Die Überlieferung ist hier äußerst unklar und strotzt vor Legenden. Sicher ist nur, daß Hitler sich damals demonstrativ bemühte, Kontakt zu Frauen aufzunehmen. Das gilt es zu erklären – allerdings aus einer Perspektive, die nicht »Hitlers Frauen«, sondern »Hitlers Männer« in den Mittelpunkt der Deutung stellt.

»Vertrauen bis zum Letzten«: Rudolf Heß

Am 25. Dezember 1924 ging Hitler in der Wohnung Ernst Hanfstaengls unruhig auf und ab und stöhnte schließlich: »Ach, mein Rudi, mein Hesserl. [...] Ist das nicht fürchterlich, daß er noch immer eingesperrt ist.«[4] Hanfstaengl hörte das nicht gern; er war eifersüchtig.

Als Heß kurz darauf aus der Haft entlassen wurde, wich er nicht mehr von Hitlers Seite. Wohl nicht nur für ihn begann damit eine Zeit »schönsten menschlichen Erlebens« mit der gemeinsamen Teilhabe »an Freud und Leid, an Sorgen und Hoffen, an Hassen und Lieben, an all den Äußerungen der Größe – und auch an all den kleinen Zeichen menschlicher Schwächen, die einen Menschen erst

Hitler mit seinen »Lieblingsjüngern« Rudolf Heß und Julius Schreck (r.) im Jahre 1932.

ganz liebenswert machen«.[5] Der 1924 geschlossene Freundschaftsbund hielt bis zu Hitlers Tod.

Viele Zeitgenossen sahen in Heß einen »an der Grenze des Pathologischen empfindsamen, weichen und sensiblen Menschen«[6] und entdeckten auffallend weibliche Züge an ihm. Schnell hatte er seinen Ruf weg und wurde »Fräulein Heß« (Otto Strasser), »Fräulein Gusti« (Ernst Hanfstaengl), »die schwarze Paula« (angeblich Ernst Röhm), »die schwarze Grete« (Bella Fromm) oder »die schwarze Emma« (Erich Ebermayer) genannt.[7] 1934 bezichtigte Strasser – »in voller Kenntnis der juristischen Folgen« – Rudolf Heß »vor dem deutschen Volk und der Weltöffentlichkeit der homosexuellen Gesinnung und der widernatürlichen Geschlechtsbetätigung« und berief sich dabei sogar auf dessen eigene Ehefrau.[8] Kurt Lüdecke dagegen konnte nach einer Begegnung mit »Fräulein Heß« gar nicht verstehen, wie der Mann zu solch einem Spottnamen gekommen war. Ihm präsentierte sich der nunmehrige »Stellvertreter des Führers« als »die Männlichkeit in Person«. Aber wie viele andere empfand er Heß als unnahbar; nicht ein einziges Mal habe dieser ihm in die Augen geblickt.[9]

Offenkundig war es nicht ganz leicht, das Wesen des verschlossenen und schweigsamen Mannes zu ergründen. Aufschlußreicher ist das Selbstporträt, das Heß 1923 in einem Brief an seine spätere Frau Ilse Pröhl gezeichnet hat: »Ich bin, glaub' ich, in allem eine eigentümliche Mischung, woraus auch die Spannungen entstehen, die mir zeitweise das Leben so schwermachen. Heute Bedürfnis nach Ausgeglichenheit, stiller Arbeit im Zurückgezogensein, nichts hören wollen von Politik u. Kriegsgeschrei, Sehnen nach einer Umgebung mit Kultur bis in die Fingerspitzen, nach Mozart, nach Klavier u. Flöte, und morgen Marsch durch Sturm u. spritzende Pfützen, Hineinstürzen in den Trubel, Volksrednerei, wilde Debatten, beinah' Verachtung dessen, was mir gestern noch lieb u. heilig – heute überweich; morgen rauh, borstig, polternd. – Ich kenn' mich nicht aus mit mir. Sind's moderne Kulturnerven in ihren Extremen, ist's etwas Ungehobenes, das vorerst vergeblich nach einem Ausweg sucht, ich weiß es nicht.«[10] Hier offenbart sich ein ähnlicher Typus wie bei Ernst Röhm: eine soldatische »Kämpfernatur« mit musischer Neigung. Einen Seelenzwiespalt, den Heß auch bei Hitler ausmachte: »Der scheinbar so rauhe Mensch ist innerlich rührend weich.«[11] Und: »Welch' eine Mischung von kalter, reifer Überlegenheit des Mannes mit hemmungsloser Kleinjungenhaftigkeit!«[12] Wenn das keine Wahlverwandtschaft war.

Was wissen wir über Heß' Leben, bevor er auf Hitler traf? Der Kaufmannssohn, Jahrgang 1894, verbrachte seine Kindheit in der ägyptischen Hafenstadt Alexandria. Als er 13 war, schickten ihn seine Eltern in ein Internat nach Bad Godesberg. Drei Jahre später ging er in die Schweiz, wo er eine Kaufmannsschule besuchte, um dann ab Oktober 1912 eine kaufmännische Lehre in Hamburg zu absolvieren. Im August 1914 meldete er sich als Kriegsfreiwilliger, und Anfang 1919, mit 24 Jahren, zog er nach seiner Entlassung aus dem aktiven Militärdienst nach München. Eigentlich hatte er in der bayerischen Hauptstadt Volkswirtschaft studieren wollen. Doch über seinen Kriegskameraden und Freund Max Hofweber geriet er bald in die rechtsradikale Szene. Heß wurde von Hofweber in die völkisch-antisemitische Thule-Gesellschaft eingeführt und beteiligte sich an Sabotageakten gegen die Räteregierung wie schließlich auch an deren militärischer Niederschlagung. Die persönlichen Kontakte, die sich während jener Monate ergaben, waren für den weiteren Verlauf seines Lebens entscheidend. Er lernte Dietrich Eckart, Ernst Röhm und Karl Mayr kennen, aber auch den Geopolitiker und Hochschullehrer Karl Haushofer. Von Mai bis Oktober 1919 diente Heß dem Freikorpsführer Epp, und hier wird er vermutlich zum ersten Mal Hitler begegnet sein.[13]

Nach Ilse Heß war das Leben ihres Mannes damals bestimmt durch »die beiden Pole der Universität und der Partei: Verkörperung des einen war der väterliche Freund Haushofer, des anderen Adolf Hitler«[14]. Heß hatte eine enge Beziehung zu dem 25 Jahre älteren Haushofer entwickelt,[15] die beiden saßen oft nächtelang in dessen Haus zusammen, ja unternahmen gemeinsame Reisen. »Er ist ein famoser Mensch«[16], schwärmte Heß gegenüber seinen Eltern, während Haushofer seinem »jungen Freund Rudolf Heß« einen Hymnus widmete, der nahezu alle pathetisch-banalen Klischees der Zeit in wenigen Zeilen versammelt: »Du hast – mit Deinen Augen, festlich hell – / verschloss'ne Thore nochmal aufgestrahlt! / Wie sich in abenddunkler Landschaft malt / ein Sonnenuntergang in einem Quell …«[17] Ilse Heß räumte später ein, daß sie »lange Zeit fast ein wenig eifersüchtig« auf Haushofer gewesen sei, denn der schien ihren Freund geradezu »absorbiert zu haben«.[18]

Doch nicht nur die Beziehung zu seinem »Karli«[19] füllte Heß damals aus, sondern auch seine Arbeit mit und für Hitler. Offiziell trat er der NSDAP erst am 1. Juli 1920 bei, bewegte sich aber wahrscheinlich schon Anfang des Jahres in ihrem Umfeld. Er baute den »Nachrichtendienst« der Partei mit auf und kümmerte sich zudem um organisatorische Fragen. Wichtiger allerdings war wohl, daß er bereits früh eine besondere Nähe zu Hitler verspürte. »Er ist mir ein lieber Freund geworden«, ließ Heß im April 1921 seine Kusine wissen. »Ein Prachtmensch!«[20] Und im August wandte er sich gegen parteiinterne Kritiker, denen Hitlers Lebensführung nicht paßte: »Ihr sitzet zu viel mit Dietrich Eckart und dem jungen Heß in der Fledermaus-Bar«, wurde der Parteiführer ermahnt, »das ist nicht gut für Euch!«[21] Heß hielt im ›Völkischen Beobachter‹ dagegen, daß er Hitler »sehr genau kenne«, seit nunmehr »anderthalb Jahren beinahe täglich mit ihm zusammen« sei und deshalb wohl am besten wisse, wie unberechtigt die Vorwürfe des Müßiggangs seien.[22] In einem Schreiben an den bayerischen Ministerpräsidenten von Kahr, mit dem Heß sich wenige Monate zuvor für seinen Freund eingesetzt hatte, heißt es: »Herrn Hitler kenne ich persönlich sehr gut, da ich ihn beinahe täglich spreche und ihm auch menschlich nahestehe.«[23]

Wir können also davon ausgehen, daß die Bindung zwischen Heß und Hitler bereits Anfang der zwanziger Jahre ungewöhnlich eng war. In den Augen von Ilse Heß waren da »nahezu magische« Kräfte am Werk,[24] und Hauptmann Karl Mayr berichtete, daß Heß Hitler immer wieder emotional aufputschen und dabei helfen konnte, die so erzeugten Erregungszustände in politische Agitation umzusetzen. Vor wichtigen Reden habe sich der Parteiführer daher manchmal tagelang mit Heß zurückgezogen; dieser habe es dann »irgendwie« geschafft, Hitler »in jenen rasenden Zustand zu versetzen, in dem er sich [...] an die Massen wandte«[25].

Angesichts der endlich gefundenen »Führerpersönlichkeit, die allein den Kampf durchzuführen vermag«, ließ sich Heß in seiner Hitler-Begeisterung bald von niemandem übertreffen: »Hitlers Wesen ist reinstes Wollen.«[26] Mit solchen Formeln erklärte er den Freund schon 1921 zur politischen Kultfigur. Zudem genoß er aufgrund seiner großbürgerlichen Herkunft, seines Offiziersstatus und seiner Umgangsformen das Vertrauen einflußreicher Persönlichkeiten und konnte so für Hitler wertvolle Kontakte herstellen. Für Karl Mayr war er sogar der »erste und erfolgreichste Mentor« des späteren Parteiführers.

Als Hitler sich 1921/22 mehr und mehr Dietrich Eckart und

Ernst Hanfstaengl zuwandte, trat Heß vorübergehend in den Hintergrund. Er nahm sein Studium wieder auf und ging für einige Monate an die Technische Hochschule nach Zürich.[27] In dieser Zeit intensivierte sich auch seine Beziehung zu Ilse Pröhl.[28] Als sich im Herbst 1923 in München der Putsch anbahnte, hielt er sich gerade im Landhaus seiner Eltern im Fichtelgebirge auf. Wenige Tage vor dem Umsturzversuch erreichte ihn Hitlers persönliche Weisung, sofort in die bayerische Hauptstadt zu kommen. So war Heß am Abend des 8. November wieder an seiner Seite, und gemeinsam stürmten sie den Saal des Bürgerbräukellers. Nachdem der Putsch gescheitert war, floh Heß nach Österreich, kehrte aber schon bald heimlich nach München zurück, wo er bei seinem Freund Haushofer Unterschlupf fand. Mitte Mai stellte er sich den Behörden und wurde kurz darauf ins Gefängnis nach Landsberg gebracht.

Hier war er unentwegt mit Hitler zusammen, dem »Tribunen«, wie er ihn jetzt nannte. Er wurde schnell dessen wichtigste Bezugsperson. Sie waren beide – gemeinsam mit dem Kampfbundführer Hermann Kriebel und dem Führer des Bundes Oberland, Friedrich Weber – in dem sogenannten Feldherrnflügel untergebracht. Emil Maurice fungierte dabei als Verbindungsmann zwischen den »Feldherren« und den »Landsknechten«. Den späteren Beschreibungen des Mithäftlings Hans Kallenbach läßt sich entnehmen, was da für eine Gesellschaft hinter den Gefängnismauern war. Eine vitale Kampfgemeinschaft, atmosphärisch irgendwo zwischen Männerheim und Offizierskasino angesiedelt. Von Niedergeschlagenheit oder gar Reue keine Spur. Sportliche Wettkämpfe und ausgelassene Kameradschaftsabende standen auf dem Programm. Überhaupt genossen die Putschisten den Komfort der »Haftanstalt«. Herrlich sei »die Einrichtung des uns immer zur Verfügung stehenden heißen Bades im modernen, nur für uns bestimmten Badezimmer«[29], jubelte Rudolf Heß in einem Brief an seine Mutter – und diese Badegelegenheit wurde viel und gern genutzt.[30] Manche Verhaltensweisen der Männer riefen allerdings hin und wieder den Anstaltsleiter auf den Plan: »Nacktkultur außerhalb der Festungsstube (im gemeinsamen Vorraum) gibt's nicht. Der Anstand ist überall zu wahren, ganz besonders, wo mehrere Haftgenossen mit Ihnen den Raum teilen.«[31] – Eine Äußerung, die tief blicken läßt.

Die Monate in Landsberg waren für Hitler gewiß keine wirkliche Strafe, konnte er sich hier doch erholen und entspannen. »Der Tribun sieht glänzend aus«, schrieb Heß an seine Freundin. Hitler turne und bade. Und da er »außer etwas Bier kaum Alkohol« trinke, »muß er ja gesund sein bei dem Fortfall der sonstigen Hetze, bei ausgiebigem Schlaf, frischer Luft und bei einem moralischen Zustand, der alles andere als niedergedrückt ist. Im Gegenteil! An Zukunftsplänen fehlt es ihm nicht.«[32]

In der Tat befand sich Hitler in einem Stimmungshoch, und Kershaw hat vollkommen recht, wenn er sagt, daß Hitlers »geradezu mystischer Glaube an die eigene Person, die mit ihrer Mission zur Rettung Deutschlands den Weg des Schicksals gehe, aus dieser Zeit datiert«[33]. Es war Rudolf Heß, der Hitler dazu brachte, an seine Berufung zu glauben; der ihm half, sich in die Rolle des »Führers des deutschen Volkes« einzuleben. Zwar hatte Hitler 1923 bereits einen ausgeprägten Erlöserwahn entwickelt, aber erst die auf Heß zurückgehende unermüdliche Arbeit am »Mythos« schuf die dazugehörige politische Dramaturgie. Der erste Teil von ›Mein Kampf‹ entstand in Landsberg deshalb nicht zufällig im Dialog mit Heß. Mit diesem Buch schrieb Hitler nicht nur seine politische Programmatik weltanschaulich fest, hier wollte er auch sein bisheriges Leben als Vorgeschichte einer Mission verkaufen. An Heß konnte er dabei, bevor er an die Öffentlichkeit trat, prüfen, ob seine Lügen überzeugten. Zugleich nahm der Vertraute Einfluß auf die ideologische Ausrichtung des Ganzen; das Lebensraumkonzept etwa ging auf ihn beziehungsweise seinen Freund Haushofer zurück, der häufig nach Landsberg kam, um mit den Häftlingen zu diskutieren.[34]

Dergestalt entwickelten Hitler und Heß nach und nach ganz bewußt ein bestimmtes Rollenspiel: Hitler war der »Führer« und Heß der treue »Hagen«[35], der bis in den Tod dienen wollte. Heß kannte Hitler nun besser als jeder andere, »die inneren Gedanken des Tribunen, seine Einstellung zu allen nur möglichen Fragen, seine ganze Art. […] Das gegenseitige Vertrauen bis zum Letzten,

Hitler und Rudolf Heß auf dem Obersalzberg bei Berchtesgaden, vermutlich 1929.

das Verstehen ist da.«[36] Folgerichtig schlug er im Frühjahr 1925 das Angebot einer Assistentenstelle bei Haushofer aus und wurde statt dessen, unter Inkaufnahme eines geringeren Gehaltes, Hitlers persönlicher Referent. Für Joseph Goebbels war Heß damals geradezu der Inbegriff des perfekten Gehilfen: »ruhig, freundlich, klug, reserviert: der Privatsekretär«[37]. Er organisierte die Termine, erledigte die Post, begleitete Hitler auf seinen Reisen, kümmerte sich um die Mahlzeiten und Übernachtungen. In der Abgeschiedenheit des Obersalzberges verbrachten die beiden viel Zeit zusammen, und 1926 entstand im »Kampfhäusl«, einer kleinen Blockhütte am Waldesrand, der zweite Teil von ›Mein Kampf‹.[38]

Nichts deutet darauf hin, daß die in Landsberg geschlossene Freundschaft zwischen Hitler und Heß in den folgenden Jahren jemals gefährdet war. Auch der Entschluß von Heß, im Dezember 1927 endlich seine langjährige Verlobte zu heiraten, führte zu keiner Verstimmung. Hitler selbst hatte sogar zu dem Schritt geraten. Doch am Tag der Hochzeit habe er ihn dann »zitternd und blaß« angetroffen, schreibt Heß an seine Mutter. »Vor lauter Aufregung« habe der »gute Tribun« nichts essen können, entspannt sei er erst »nach beendeter Feier mit Freund Maurice« gewesen.[39] An dieser Reaktion zeigt sich, wie nah Hitler die Entscheidung seines Freundes gegangen sein muß. Dabei war die Vermählung, so läßt sich vermuten, nicht sehr viel mehr als eine Tarnehe. Zwar fand Heß bisweilen durchaus liebevolle Worte für seine Frau Ilse, diese »Gefährtin in allem Denken und Fühlen«, letztlich jedoch blieb sie ihm lediglich ein »guter Kamerad«. Er habe, pflegte er mit Schopenhauer zu sagen, aus einem Sack voller Schlangen den einen Aal herausgefischt, der sich darin verirrt habe.[40] Kann es da erstaunen, daß Ilse Heß sich später beklagte, von ihrer Ehe nur »soviel wie eine Konfirmandin«[41] gehabt zu haben? Mit Blick auf »die ehelichen Freuden« verglich sie sich sogar mit einer »Klosterschülerin«.[42] Und dennoch soll Hitler, obwohl er von dieser Frau wahrlich nichts zu befürchten hatte, eine tiefe Abneigung gegen sie empfunden haben. Besonders ereiferte er sich, so ein Vertrauter, daß sie vor lauter Ehrgeiz, ihren Gatten zu beherrschen, »ihre eigene Weiblichkeit« verloren habe und zum »Mannweib«, zur »Männerfrau«[43] geworden sei. Interessant daran ist, daß es offenbar die männlichen Züge in ihrem Verhalten waren, in denen Hitler Konkurrenz witterte, nicht die weiblichen.

Auch Goebbels wollte, nachdem er Hitler persönlich kennengelernt hatte, diesen unbedingt »als Freund haben«. Er sah in ihm zwar einen »Brausekopf«, war aber überzeugt davon, daß Hitler »viel Herz« besitze. Dies habe sich nach einer Goebbels-Rede im Münchner Bürgerbräukeller gezeigt: »Am Schluß umarmt mich Hitler.« Goebbels war »glücklich«, zu Tränen gerührt und fand Hitler dann auch in kleinster Runde noch »glänzend. Könnte einen irre machen.« Kurz: »Ich liebe ihn.«[44]

Ähnlich überwältigt von Hitlers sentimentalen Anwandlungen hatte sich schon Heß in Landsberg gezeigt. Als sein »Tribun« eine Episode aus der Kriegszeit schilderte und dabei zu »schluchzen«

begann, war es, so Heß, »mit meiner Fassung zu Ende«. »Ich bin ihm ergeben mehr denn je! Ich liebe ihn!«[45]

»Er hat mich wie keinen ins Herz geschlossen«[46], meinte Goebbels. Doch solche Gefühle hat Hitler auch anderen gegeben, geben wollen. Er verstand sich darauf, Menschen zu umwerben, zu umgarnen, und seine Mitstreiter sollten sich, kein Zweifel, von ihm wirklich gebraucht wissen. Bestens vertraut mit dem menschlichen Hunger nach Anerkennung, der ja auch ihn in die Politik verschlagen hatte, bemühte er sich nach Kräften, diesen Hunger in seinem Kreis zu stillen. Er spürte vermutlich, daß er nur so etwas zurückbekommen konnte, auf das er selbst existentiell angewiesen war: hingebungsvolle Zuarbeit und unbedingten Glauben an seine Mission.

War bei all dem Homoerotik im Spiel? Bei Heß gewiß. Seine Frau hat erzählt, daß es Elemente der Jugendbewegung waren, insbesondere die »Gedanken und Anregungen« der Schriftsteller Hans Blüher und Gustav Wyneken, »die uns beschäftigten«.[47] Blühers zweibändiges, 1917 und 1919 erschienenes Werk ›Die Rolle der Erotik in der männlichen Gesellschaft‹ war damals für viele Männer eine Art Evangelium. Und der im Verdacht der Pädophilie stehende Schuldirektor Wyneken hatte 1921 unter dem Titel ›Eros‹ eine aufsehenerregende Verteidigungsschrift veröffentlicht, in der er der »Knabenliebe« und dem »platonischen Eros« das Wort redete.[48] Im Kern ging es Blüher und Wyneken um dasselbe: Es könne, so hat letzterer formuliert, dem Knaben »kein schöneres Glück, kein größeres Heil widerfahren [...], als daß ihm der Mann begegnet, dem er sich anvertrauen kann. Der Mann, der seine Sehnsucht versteht, dem er seine Liebe schenken kann, weil er Liebe von ihm ausstrahlen fühlt, der ihm sein Herz öffnet, ihn an seinem Leben teilhaben läßt, der ihm Symbol eines höheren, göttlicheren Lebens wird.«[49] Schon in den ersten Jahren des Wandervogels, war bei Blüher zu lesen, habe man »wahre Sehnsuchtsschreie nach dem geliebten Manne« vernehmen können: durch »schöpferische Handlungen« die Welt zu verändern bedeute, diese Handlungen vom »Eros« inspirieren zu lassen, »der auf den Helden und Halbgott geht«.[50]

Wir wissen nicht, wie intensiv sich Heß mit solchen Gedanken befaßt hat. Doch vieles spricht dafür, daß sie ihm, der über sich selbst sagte: »Ich kenn' mich nicht aus mit mir«[51], einigen Halt gaben und außerdem die Möglichkeit eröffneten, seine homoerotische Neigung zu akzeptieren, ja positiv zu wenden. Hitler jedenfalls wurde – in Übereinstimmung mit dem, was das zeitgenössische Schrifttum hierzu an Rechtfertigungsmustern liefern konnte – sein »Held« und »Halbgott«, eines der »letzten wirklichen Ideale auf dieser [...] Welt«[52]. Das hat ihm Hitler nie vergessen. In einem Brief an ihren Mann berichtete Ilse Heß 1954 von einem Gespräch mit Erich Kempka, dem letzten Chauffeur Hitlers. Dieser habe ihr von einer »sehr merkwürdigen Unterhaltung« erzählt, die er 1945 kurz vor Kriegsende mit dem »Führer« gehabt habe. Dabei sei von Hitler die »Äußerung gefallen – ein wenig wehmütig, ein wenig resigniert, ein wenig ironisch, aber mit unendlicher Zuneigung –, daß es wenigstens in all den Jahren gelungen sei, *einen* Idealisten reinsten Wassers unauslöschbar in die Geschichte zu stellen«, nämlich Heß.[53]

Heß diente Hitler bis zu seinem spektakulären Flug nach England in unveränderter Ergebenheit. Persönlich allerdings war es 1930 zu einer gewissen Entfremdung gekommen. Hitler stand nun vor Aufgaben, zu deren Lösung Heß wenig oder gar nichts beitragen konnte; die privaten Lebenswege trennten sich. Gerade deshalb war es für Heß am 30. Januar 1933 ein um so ergreifenderer Moment, als der nunmehrige Reichskanzler ihn »zu sich in sein Schlafzimmer im ›Kaiserhof‹ holte, aus der Menge der wartenden Führer im Empfangszimmer heraus«[54]. Damit unterstrich Hitler noch einmal symbolträchtig die alte Verbundenheit. Mehr jedoch bedeutete die Geste nicht. Zwar stand außer Frage, daß der neue Machthaber seinen langjährigen Freund nun gebührend für dessen treue Dienste belohnen würde. Doch als er Heß im April 1933 zu seinem »Stellvertreter« und einige Monate später auch zum Minister machte, war das bereits Teil einer Formalisierung ihrer Beziehung, nicht Rückkehr in das enge Verhältnis früherer Jahre. Gleichwohl konnte Heß sich gewiß sein und es auch öffentlich verkünden, »daß ich den Führer und seine letzten Gedanken kenne wie wohl kaum ein anderer«[55].

Hitler, Emil Maurice und Geli Raubal: ein Dreiecksverhältnis

»Heß' feierlicher Ernst«, soll Hitler im Sommer 1927 zu Heinrich Hoffmann gesagt haben, »geht mir manchmal an die Nerven.« Sosehr er das introvertierte Wesen seines Lieblingsjüngers auch schätzte, hin und wieder war Heß ihm einfach nicht munter genug. Ganz anders Emil Maurice, der exaltierte Draufgänger, den Hitler immer mehr ins Herz schloß. Seine erste öffentliche Auszeichnung erhielt Maurice im Januar 1922, als Hitler ihn schwärmerisch »unser[en] Windhund« nannte.[56] Der Parteiführer erinnerte dabei an eine Saalschlacht im Hofbräuhaus, die er später sogar als »Feuertaufe« für die SA darstellte. Damals, im November 1921, war ihm der schlanke, junge Mann, der kraftvoll und kampfeslustig wirkte, gleich aufgefallen.

Emil Maurice wurde 1897 in der Nähe von Eckernförde geboren und hatte in seiner norddeutschen Heimat eine Ausbildung zum Uhrmacher absolviert, bevor er im Herbst 1917 nach München kam. Nach dem Ende des Ersten Weltkrieges, in dem er noch einige Monate als Soldat gedient hatte, wurde er politisch aktiv. 1919 trat er der Hitler-Partei bei, und schon bald führte er deren »Turn- und Sportabteilung«, das heißt den Saalschutz, an. 1921 machte ihn Hitler dann zu seinem Chauffeur und damit zu einem seiner engsten Mitarbeiter.[57] Daß er nun zu den Eingeweihten zählte, bestätigt auch Julius Schaub, der Maurice nach dem Krieg als denjenigen bezeichnete, der »über die Frühzeit Hitlers bis 1925 wohl am meisten wissen«[58] dürfte. Mit dem »Stoßtrupp Hitler« war er im November 1923 am Putsch beteiligt; er wurde verurteilt und verbüßte seine Strafe von April 1924 bis Ende Januar 1925 in Landsberg.[59] Dort diente er als Verbindungs- und Vertrauensmann des »Führers«, erledigte dessen Korrespondenz und übernahm die Reinschrift des ›Mein Kampf‹-Manuskriptes.[60]

Wie Hitler und Heß hat Maurice die Haftmonate nicht als Last empfunden. Im Gegenteil, auf einem Foto, das in jenen Tagen aufgenommen wurde, wirkt der junge Mann ausgesprochen entspannt.

Maurice steht direkt hinter Hitler und blickt freundlich in die Kamera. Auffällig ist die Kleidung, ein Aufzug, wie man ihn auch später bei privaten Anlässen in Hitlers Umfeld immer wieder sieht: »Lederhosen, weiße Leinenhemden und ausgeblichene hellblaue Leinenjanker mit Hirschhornknöpfen«[61]. Für Nichtbayern eher eine etwas gewöhnungsbedürftige Garderobe. Als Goebbels 1926 seinen Chef »im Bergdreß« antraf, fiel ihm denn auch nur der Kommentar ein: »Sieht ganz putzig aus.«[62] Der norddeutsche Chauffeur Maurice dagegen konnte Hitler mit einer solch neckischen Ausstattung offenbar erfreuen.

Spätestens in Landsberg sind Hitler und Maurice Duzfreunde geworden. Hitler nannte ihn »Maurizl« oder »Mosel« und war für diesen seinerseits »Mein lieber Hitler«, für einen acht Jahre jüngeren Gefolgsmann ohne politische Verdienste eine sehr selbstbewußte Anrede. Sie findet sich auch in einem Brief, mit dem Maurice im Januar 1925 den Parteichef noch einmal ausdrücklich darum bat, ihn am Tag seiner Haftentlassung »wie versprochen« persönlich zu empfangen: »Auf ein frohes Wiedersehen in der Freiheit freut sich dein E. M.«[63] In der Folgezeit ließ Hitler den Chauffeur verblüffend offen an seinem Leben teilhaben. Maurice hatte einen Schlüssel für Hitlers Wohnung in der Thierschstraße, kümmerte sich um dessen Kleidung und Wäsche und um manch andere Dinge des Alltagslebens, die klassischerweise eher eine Haushälterin übernommen hätte.[64] Aber Maurice war auch zur Stelle, wenn es hart auf hart ging, und schreckte vor keiner Prügelei zurück[65], was Hitler seinem »braven Maurice«[66] niemals vergaß. Ebensowenig wie dessen Fahrkünste, die den Automobil-Fan Hitler ganz besonders entzückten. Sie seien »dauernd mit höchstmöglichem Tempo« dahingerast, erinnerte sich Rudolf Heß später. »›Maurice, Kompressor!‹ – so jagten wir durch die Gegend.«[67]

Doch Maurice hatte auch eine romantische, musische Seite. Auf dem erwähnten Foto hält er, gleichsam als Erkennungszeichen, eine Laute in der Hand, und tatsächlich blieb »Maurizls« Stimmungskunst vielen aus Hitlers Münchner Clique in bester Erinnerung. So Heinrich Hoffmanns Tochter Henriette, die erzählte, wie Maurice

Hitler mit seinem »Mosel« (Emil Maurice, 2. v. l.) während der gemeinsamen Festungshaft in Landsberg 1924.

bei Ausflügen »seine Gitarre aus dem Kofferraum holte, sich auf den Waldboden setzte und angelehnt an einen Baumstamm die irischen Volkslieder sang und wie wir mitsummten«. Für sie war Maurice »ein sensibler Mensch, kein ehrgeiziger Kämpfer, seine Freundlichkeit war verhüllte Zärtlichkeit«[68]. Es war wohl die Mischung aus Draufgängertum und Charme, die auch Hitler so attraktiv erschien.

Wie Hitler wirkte Maurice auf Frauen anziehend, nur wehrte er das Interesse des anderen Geschlechts nicht ab. Hans Kallenbach berichtet in seinen Erinnerungen an die Landsberger Haftmonate von einer Romanze, die sich über die Gefängnismauer hinweg entspann: Mit einer jungen Frau, die in einer der gegenüberliegenden Wohnungen lebte, habe der »schmachtende Liebhaber« allabendlich vertrauliche Winkzeichen ausgetauscht.[69] Der unablässige Spott der Mithäftlinge habe schließlich dazu geführt, daß »selbst dem Führer das süße Geheimnis des schönen Emil nicht verborgen blieb. Ein verzeihendes Schmunzeln erledigte für ihn die Angelegenheit.«[70]

Doch was gab es da zu »verzeihen«? Offenbar wachte Hitler doch ein wenig eifersüchtig über seinen »schönen Emil«. Möglicherweise beneidete er ihn auch um sein spielerisches Verhältnis zum anderen Geschlecht. Hätte Hitler ähnliche Möglichkeiten gehabt, wäre ihm jedenfalls eine so peinliche Situation erspart geblieben, wie er sie einige Jahre darauf bei der Silvesterfeier 1924/25 erleben mußte. Das Fest fand in der Wohnung von Heinrich Hoffmann statt, der sich erinnerte, wie damals eine seiner Mitarbeiterinnen aus dem Fotogeschäft, eine attraktive junge Frau, Hitler unter den Mistelzweig gelockt habe, der über der Tür angebracht war. Dort schlang sie, ganz dem Brauch folgend, dem Nichtsahnenden ihre Arme um den Hals und gab ihm einen innigen Kuß. »Niemals«, schreibt Hoffmann, »werde ich Hitlers erstaunten und entsetzten Gesichtsausdruck vergessen!« Es habe betretenes Schweigen geherrscht. »Verdutzt und unbeholfen wie ein Kind stand Hitler da, er biß sich auf die Lippen, um seines Ärgers Herr zu werden.« Kurz darauf verließ er völlig verstört die Feier.[71] Sein Verhältnis zum anderen Geschlecht, so scheint es, war noch immer pubertär, ja desolat. Schon in Landsberg war den Beamten aufgefallen, »daß Hitler den Frauen und Mädchen gleichgültig gegenüberstand«[72].

Der Mann, der jetzt bald vierzig wurde und Deutschland regieren wollte, mußte in diesem Punkt endlich mit sich ins reine kommen, nicht nur, weil er im Rampenlicht der Öffentlichkeit stand, sondern auch aus Gründen der Selbstachtung. Vielleicht hat er mit Blick auf Maurice sogar geglaubt, das eine tun zu können, ohne das andere zu lassen. Doch um das herauszufinden, benötigte er Hilfe und Zuspruch – und Maurice verweigerte sich nicht. »Zusammen folgten wir manchmal den Mädchen«, berichtete er, »ich war wie sein Schatten.«[73] Wenn er mit seinem Chef außerhalb von München unterwegs war, so vertraute er Hitlers späterer Sekretärin Christa Schroeder an, habe er »in der Zeit, die Hitler mit Besprechungen verbrachte, Mädchen aufreißen« müssen. »Man saß dann mit diesen beisammen und unterhielt sich. Hitler habe den Mädchen auch

Geld gegeben, aber irgendwelche Gegenleistungen hat er nie verlangt.«[74] Zudem, erinnerte sich Maurice, seien Hitler und er in München manchmal gemeinsam in die Kunstakademie gegangen, »um die Aktmodelle zu bewundern«[75]. Was mag Hitler sich davon versprochen haben? Wahrscheinlich wollte er seine übergroße Befangenheit loswerden. Aber dafür reichte all das sichtlich nicht aus.

Immerhin soll Hitler in den Jahren nach Landsberg verschiedenen Frauen Avancen gemacht haben: zunächst Töchtern aus Häusern, in denen er privat verkehrte,[76] dann Ada Klein, einer Mitarbeiterin des ›Völkischen Beobachters‹, mit der er sich laut Christa Schroeder in den Jahren 1925/26 mehrmals traf (bezeichnenderweise in der Wohnung von Emil Maurice). Jedoch sei es »nie zu Intimitäten gekommen«[77]. Als Hitler im Herbst 1926 jedoch die 16jährige Maria Reiter in Berchtesgaden kennenlernte, war das anders.[78] Zwar kann man, was diese »Hitler-Geliebte« 1959 im ›Stern‹ über ihre Beziehung berichtet hat, nicht unbesehen für bare Münze nehmen, aber ausgedacht hat sie sich die Affäre keineswegs. Die beiden haben sich 1926/27 tatsächlich des öfteren getroffen, Hitler nannte sie »Mimi«, »Mizzi« und »Mizerl«, sie schrieben sich Briefe und beschenkten sich gegenseitig. Allerdings wirken die Liebesbekundungen Hitlers recht aufgesetzt, phrasenhaft und unverbindlich, wenn nicht sogar wie hölzerne Sequenzen aus der Ratgeberliteratur für Verliebte: »Ja, Kind, Du weißt wirklich nicht, was Du mir bist und wie lieb ich Dich habe.« Wenn sie ihn besser kennenlernen wolle, dann möge sie sich an die Lektüre von ›Mein Kampf‹ machen: »Lies die Bücher, und Du wirst mich dann verstehen können.«[79] – Ist das Leidenschaft?

Zwar ließ Hitler das Fräulein Reiter eine Zeitlang in der Hoffnung, daß aus ihnen ein Paar werden könne. Doch im Laufe des Jahres 1927 schlief seine Zuneigung zu dem »lieben Kind« wieder ein. Und daß es zu einer wirklichen Liebesbeziehung nicht kommen konnte, hatte sich bereits vorher gezeigt. Folgendes soll sich abgespielt haben: Maurice chauffierte das Paar in den Wald. Während er diskret im Auto sitzenblieb, zogen Hitler und sein »Mizerl« los und erreichten schließlich eine Lichtung. Hier führte er seine Begleiterin vor einen hohen Tannenbaum: Er »drehte mich nach links, nach rechts. Er ging ein paar Schritte zurück – fixierte mich, so wie ein Maler sein Modell in Positur setzt. [...] ›Ein herrliches Bild‹, brachte er hervor.« Schließlich habe er sie an sich gerissen und gesagt: »›Mimilein, Liebes – holdes Mädel, jetzt kann ich einfach nicht mehr anders.‹ Er umschlang ganz fest meinen Hals. Er küßte mich. Er wußte nicht, was er tun sollte.« Woher hätte er es auch wissen sollen, da kein Verlangen ihm den Weg wies?

Lotte Bechstein, die von Hitler umworbene Tochter seiner Mäzenin Helene Bechstein, hat ihrem späteren Ehemann die Frage, warum sie damals nicht mit Hitler zusammengekommen sei, so beantwortet: »Der konnte nicht küssen.«[80] Nein, das konnte er bei Frauen wohl wirklich nicht; dafür war seine Fixierung auf das eigene Geschlecht zu stark und der Selbstzwang zur Heterosexualität zu sehr vom Willen bestimmt. Alle Anläufe, mit einer Frau eine Liebesbeziehung aufzunehmen, waren gescheitert.

Der Sorge, wie es weitergehen sollte, glaubte Hitler ledig zu werden, als in der zweiten Jahreshälfte 1927 seine Nichte Angela Raubal, genannt Geli, in München auftauchte. Bis heute ist die Beziehung, die sich zwischen ihm und der Tochter seiner Halbschwester Angela entspann, ein heißdiskutiertes Thema.[81] Meines Erachtens muß jede Deutung Maurice als Schlüsselfigur mit einbeziehen, denn es handelte sich um ein Dreiecksverhältnis. Anders gesagt: Hier verquickte sich Hitlers Frauenproblem mit seiner Liebe zu einem Mann.

Wann Hitler und seine Nichte sich zum ersten Mal trafen, ist nicht ganz sicher. Vermutlich fand die erste Begegnung im Sommer 1924 statt, als Angela Raubal mit ihren beiden Kindern, der 16jährigen Geli und dem Sohn Leo, den in Landsberg einsitzenden Halbbruder besuchte. Näher kennengelernt haben sich Onkel und Nichte aber wohl erst 1927, als Geli auf einer Klassenfahrt in München war und gemeinsam mit ihren Schulkameraden zu dem berühmten Verwandten ging. Im selben Jahr legte sie in Linz ihr Abitur ab und siedelte im Herbst nach München über. Doch bevor sie sich für ein Medizinstudium einschrieb und in der Nähe der Universität ein Zimmer bezog,[82] unternahm Hitler mit ihr, der Mutter und einer Freundin Gelis eine Tour durch Deutschland. Aufschlußreich ist in diesem Zusammenhang ein Brief von Rudolf Heß, der sich der Reisegesellschaft angeschlossen hatte, »um dem Tribunen einen Gefallen zu tun«. Hitler habe ihn darum gebeten, »damit er nicht allein mit dem ›Weibervolk‹ [...] sich zeigen muß«. Man war in Dresden und Berlin, ging in die Oper und besuchte das Schauspielhaus. Über Geli schreibt Heß, daß das »Nichtchen des Tribunen [...] ein hochgeschossener, hübscher 19jähriger Backfisch« sei, »immer lustig und so wenig auf den Mund gefallen wie der Onkel, im Gegenteil: Kaum daß dieser gegen das schlagfertige Mundwerk aufkommt.« Hitler sei »überzeugt, daß es über das zweite Semester nicht hinauskommt, sondern vorher heiratet. Andere, einschließlich des Nichtchens, sind der gleichen Meinung.«[83] Damals war derlei noch ein Scherz.

Kurz darauf aber verliebte sich Hitlers Nichte in Maurice. Ob dies auch umgekehrt der Fall war, wissen wir nicht. Wie sich anhand eines Briefes nachvollziehen läßt, den die schmachtende Geli ihrem »lieben Emil« am Heiligabend 1927 schrieb, macht indessen deutlich, daß Hitler diese Liaison zunächst keinesfalls akzeptieren wollte. Zwei Tage vor Weihnachten hatte er der jungen Frau gründlich den Kopf gewaschen und sogar damit gedroht, sie zu ihrer Mutter nach Wien zurückzuschicken. Sie habe, schreibt Geli, deshalb »so viel gelitten wie nie bisher. Aber es mußte so kommen, und es war bestimmt gut für uns beide. Ich habe jetzt das Gefühl, daß uns diese Tage verbunden haben für immer.« Daß Hitler die Beziehung dann doch nicht kategorisch unterband, ist nicht zuletzt auf eine Intervention von Ilse Heß zurückzuführen. Allerdings verlangte Hitler, so Geli weiter, »daß wir zwei Jahre warten. Bedenke Emil, zwei volle Jahre, in denen wir uns nur hie und da küssen dürfen und immer unter der Obhut O[nkel] A[dolfs]. Du mußt arbeiten, um für uns beide eine Existenz zu schaffen, und dabei dürfen wir beide uns nur in Gegenwart anderer sehen.« Darüber hinaus sollte die Liebe der beiden »vollkommen geheim« sein. Dennoch war Geli »glück-

Hitlers Nichte Geli Raubal, die Frau zwischen ihm und Emil Maurice.

lich, daß ich bei Dir bleiben kann. Wir werden uns ja oft sehen und auch oft allein, hat mir Onkel A. versprochen. Er ist ja goldig.«[84]

Offenbar war Frau Heß damals »der einzige Mensch«, »der glaubt, daß Du mich wirklich liebst«. Hitler wußte es wahrscheinlich besser, denn er kannte seinen »Maurizl« und nahm ihm ernsthafte Absichten kaum ab. Doch machte er gute Miene und war am Ende sogar »furchtbar nett«. Insofern kann Gelis Brief als ein Zeichen der Entwarnung gewertet werden: Man schien einen Modus vivendi gefunden zu haben. In etwas altväterlicher Weise hatte der Onkel seine verliebte Nichte auf den Boden der bürgerlichen Moral zurückgeholt und sich zugleich erstaunlich kompromißbereit gezeigt. Der ihn dabei leitende Hintergedanke wird kenntlich, wenn man fragt, was Hitler sich von der erwirkten Lösung eigentlich versprach: Er mußte weder auf Geli noch auf Maurice verzichten und behielt die Fäden in der Hand.

Doch auf Dauer konnte eine solche Dreiecksbeziehung nicht gutgehen, und in den folgenden Monaten kam es denn auch zu einem tiefen Zerwürfnis zwischen Maurice und Hitler. Nach Maurices späteren Angaben entließ ihn sein Chef Weihnachten 1927 »infolge einer persönlichen Auseinandersetzung«[85]. Hitler habe seine damalige Verlobung nicht gepaßt.[86] Dann bemerkte er noch, es sei die eifersüchtige Liebe zu seiner Nichte gewesen, die Hitler gegen ihn aufgestachelt habe: »Er liebte sie, aber es war eine seltsame uneingestandene Liebe.«[87]

Diese Behauptungen stimmen nun allerdings mit dem Grundtenor von Gelis Brief ganz und gar nicht überein. Nichts belegt, daß Hitler sich damals in Liebe zu seiner Nichte verzehrte. Aber wie kam es dann zum Streit? Hatte der Konflikt zwischen den beiden Männern überhaupt etwas mit Geli Raubal zu tun? Vielleicht darf man vermuten: weniger, als bislang angenommen wurde.

Tatsache ist, daß Maurice im April 1928 vor Gericht zog, um von Hitler einen nicht ausbezahlten Lohn in Höhe von 3.000 Reichsmark zu erstreiten. Er bekam recht; sein Arbeitgeber wurde zur Zahlung verpflichtet, wenn auch nur von 500 Reichsmark.[88] Aber damit war für Maurice die Sache nicht erledigt. Er setzte weitere Druckmittel ein. Geli soll einen erregten Wortwechsel zwischen ihm und Hitler belauscht und Otto Strasser davon erzählt haben. »Du wirst dieses Haus nie mehr betreten!« habe Hitler geschrien. »Wenn Du mich rausschmeißt, gehe ich hin und erzähle alles der ›Frankfurter Zeitung‹!« sei die wütende Entgegnung von Maurice gewesen.[89] Dieser schlug nun tatsächlich den Weg der Erpressung ein; ein Indiz dafür ist die von ihm aufgebauschte Affäre »Mimi Reiter«.

Schon 1927 waren bei der Parteileitung anonyme Briefe eingegangen, die Hitler der Verführung Minderjähriger beschuldigten. Später stellte sich heraus, daß eine gewisse Ida Arnold sie aufgegeben hatte, eine Freundin von Maurice. Sie hatte »Mimi« einmal zum Kaffee eingeladen und dabei geschickt ausgefragt. Hitler fühlte sich in die Enge getrieben und verlangte von Maria Reiter eine eidesstattliche Versicherung, »keinerlei Bindungen« mit ihm eingegangen zu sein.[90] Doch anders hat er sich im Sommer 1928 anscheinend nicht mehr zu helfen gewußt. Offenbar stand er unter höchstem Druck. Was aber konnte ihn, den Parteiführer, stärker gefährden als Enthüllungen, die intimste Details seines Privatlebens betrafen? Und wer wußte in diesem Punkt mehr als Emil Maurice?

Jedenfalls fürchtete Hitler, daß sein Frauenproblem in die Öffentlichkeit gezerrt würde, und dies so sehr, daß er sich bereits auf eine Auseinandersetzung vor Gericht vorbereitete. Einen wichtigen Helfer fand er dabei in dem obersten Parteirichter Walter Buch, den er Anfang Juli 1928 in seine Wohnung bat, um ihm einen Auftrag »in persönlicher Angelegenheit« zu geben. Buch wurde »ehrenwörtlich« verpflichtet, über den Inhalt des Geheimauftrags zu schweigen. Wenn nicht alles täuscht, so drohte Hitler damals ein Skandalprozeß – ein Prozeß, bei dem es um dunkle Flecken aus seinem Privatleben ging. Kurz darauf lud der Parteirichter Geli und Hitler zu einem längeren Aufenthalt in sein Haus ein, um ihnen »über das schwere Erlebnis [des Treuebruchs? – L. M.] hinwegzuhelfen«[91]. Doch die beiden entschieden sich für eine Reise nach Norddeutschland, wo sie in Hamburg und auf Helgoland in Begleitung von Joseph Goebbels »schöne Tage« verbrachten.[92] Über sein »schweres Erlebnis« hinweggeholfen hat Hitler diese Zerstreuung aber wohl nicht. Buch wenigstens war angesichts der »Menschenverachtung«, die Hitler noch im Herbst 1928 an den Tag gelegt habe, in »banger Sorge«. Dabei hatte er größtes Verständnis dafür, »daß die bitteren Enttäuschungen an Menschen, auf die Sie lange Zeit glaubten bauen zu können, Sie während der letzten Monate in eine derartige Stimmung gebracht haben«. Gleichwohl riet er zur Trennung, nicht zur Rache. »Sie dürfen sich nicht mit Leuten belasten, die Ihr Vertrauen gebrochen, Sie belogen haben (mag das auch nach Zeiten der anscheinend treuen Ergebenheit geschehen sein).« Und: »Das Vertrauen in den Führer« werde nur gefestigt, »wenn die Öffentlichkeit sieht, daß er stark genug ist, charakterlose Schwächlinge auch trotz jahrelanger Verdienste abzustoßen«[93].

Verklausulierte Formulierungen wie diese geben keinen Aufschluß über die wahren Hintergründe des Konflikts, zeigen jedoch, wie dramatisch sich die Dinge zugespitzt hatten. Offenbar mußten Hitlers Mitstreiter ihren ganzen Einfluß geltend machen, um den aufgebrachten Parteiführer von unüberlegten Handlungen abzuhalten. Die Beschwichtigungsversuche fruchteten: Ende des Jahres war der Streit beigelegt, und zwar ohne öffentlichen Skandal, Prozeß oder Blutvergießen. Der Boden freilich muß noch lange nachgebebt haben, anders ist die Tagebucheintragung, die Goebbels im Oktober nach einem Gespräch mit dem Gauleiter Karl Kaufmann machte, nicht zu verstehen. Der habe ihm »wahnwitzige Dinge vom Chef« erzählt: »Er und seine Nichte Geli und Maurice. Die Tragödie Frau. Soll man denn verzweifeln? Warum müssen wir alle so an der Frau leiden? Ich glaube fest an Hitler. Ich verstehe alles. Wahres und Unwahres.«[94] Auch Goebbels wußte mithin nicht so recht, wie er den »Wahnwitz« einordnen sollte. Er nahm die Affäre als Konkurrenzkampf um eine Frau wahr, und das konnte Hitler nur recht sein. Das Scheidungsdrama Hitler-Maurice hätte ja, wie es scheint, Dinge ins Rollen bringen können, die unbedingt unter Verschluß gehalten werden mußten, selbst engsten Mitarbeitern gegenüber.

Am 1. August 1928 stellte Hitler Maurice ein nicht zu beanstandendes Arbeitszeugnis aus.[95] Da war der angeblich schon ein »Verfemter«, der »ganz zurückgezogen« leben und sich »unter vielen harten Entbehrungen« eine neue Existenz aufbauen mußte.[96] Allzu schlecht allerdings ging es ihm in Wahrheit nicht. Immerhin eröffnete er in München bald ein Uhrengeschäft, und das, obwohl er jahrelang nicht mehr als Uhrmacher gearbeitet und auch keinen Meisterbrief hatte. Außerdem wird er ein beträchtliches Startkapital benötigt haben, und wer außer Hitler kam für eine solche Finanzspritze in Frage? Otto Strasser behauptete, Maurice habe 20.000 Reichsmark Schweigegeld erhalten.[97] Wie auch immer, Maurice verschwand von der Bildfläche. Aus der NSDAP trat er nicht aus,[98] Hitler und er jedoch waren geschiedene Leute.

Und Geli Raubal? Die hatte zwar ihren Verlobten verloren, wurde dafür aber von Hitler »entschädigt«, indem sie seit Ende 1928 seine ständige Begleiterin war. Er führte sie aus, und man sah die beiden beim Einkaufen, in der Oper, im Kino und im Theater. Sie erhielt Gesangsunterricht, kam mit auf Hitlers Reisen, und sogar an den Männerstammtischen, etwa im Café Heck, durfte die kesse Nichte Platz nehmen. Im Herbst 1929 bezog sie ein Zimmer in seiner Wohnung am Prinzregentenplatz. Zweifellos genoß Hitler dieses Brautpaarspiel, denn Geli war eine angenehme Gesellschafterin. Das fand fast jeder aus Hitlers Entourage; Heß schätzte sie von Anfang an, und für Julius Schaub war sie »ein großes Kind, das man gern haben mußte«, »ungemein lebenslustig« und ohne »Hemmungen«.[99] Hitler mochte ihre Art und war darauf aus, die Frau an seiner Seite »überall herumzuzeigen«, um damit »seinen Parteikameraden [...] zu imponieren«[100]. Hanfstaengl behauptete sogar, »daß Hitler sich eine Zeitlang wie ein verliebter Jüngling aufführte«[101]. Was sich tatsächlich zwischen ihm und Geli abspielte, darüber ließ und läßt sich spekulieren. Mehr als unwahrscheinlich ist aber, daß Hitler mit seiner Nichte intim wurde; Christa Schroeder etwa war sich sicher, daß er »keine sexuellen Beziehungen mit ihr«[102] gehabt hat.

Jedenfalls verfügte Hitler über die lebens- und unternehmungslustige junge Frau in immer größerem Maße, und irgendwann führte er sie ganz und gar am Gängelband seiner egoistischen Interessen. Gegenüber Hoffmann soll er gesagt haben: »Richtig! Ich liebe Geli und könnte sie heiraten, aber Sie kennen meine Ansichten und Sie wissen, daß ich dazu bestimmt bin, Junggeselle zu bleiben. Deshalb behalte ich mir das Recht vor, über den Kreis ihrer Männerbekanntschaften zu wachen, solange bis der Richtige kommt. Was Geli jetzt als Einschränkung betrachtet, ist in Wahrheit eine weise Voraussichtsmaßnahme. Ich bin fest entschlossen darauf zu achten, daß sie nicht in die Hände eines unwürdigen Abenteurers oder Schwindlers fällt.«[103] Dazu paßt, was Christa Schroeder später aus Hitlers Erzählungen deutlich heraushörte: daß er nämlich »Geli für ein gemeinsames Leben zu erziehen gedacht hatte«[104]. Das leuchtet ein. Hitler hatte mit seiner attraktiven Nichte ja endlich eine Frau gefunden und damit ein Reputationsproblem gelöst. Ihr nach außen eheähnliches Verhältnis führte zu Gerüchten, und dies wiederum war Hitler durchaus recht.

Allerdings hatte Hitler die Rechnung ohne den Wirt gemacht. Geli Raubal sah für sich nämlich so keine Lebensperspektive, zumindest keine dauerhafte. Was sie anfangs noch genossen hatte, wurde ihr jetzt bald zum Verdruß, zum Goldenen Käfig, und sie wollte zweifellos mehr sein als ein bloßes Vorzeigeobjekt. So wurde sie, wie Henriette von Schirach schreibt, »in den Jahren, die sie so nah bei Hitler lebte, verschlossen, sie wurde ernst«[105]. Die Folgen sind bekannt: Depressionen, Ausbruchsversuche und Streit, schließlich ihr früher Tod durch eine Kugel aus Hitlers Revolver. Was mit der 23jährigen im September 1931 tatsächlich geschah, das hat man immer wieder zu rekonstruieren versucht, aber mangels gesicherter Quellen bis heute vergebens. Moralisch allerdings ist die Sache klar: Hitler hat damals einen Menschen benutzt, um ein für ihn unlösbares persönliches Problem von sich wegzuschieben. Daß sein Opfer daran irgendwann zerbrechen würde, hat er in Kauf genommen.

Etwa anderthalb Jahre nachdem Geli Raubal ihrem Leben ein Ende gesetzt hatte, tauchte ihr einstiger Verlobter Emil Maurice plötzlich wieder auf. Nach der Machtübernahme der Nationalsozialisten diente er sich im Frühjahr 1933 abermals seinem »lieben Hitler« an. Später begründete er den Annäherungsversuch damit, daß Himmler ihn in diesen Wochen bedroht und verfolgt habe,[106] was durchaus zutreffen mag: Von 1928 her hatte der »Führer« ja noch manche Rechnung offen, die der neue Polizeichef von München nun begleichen wollte. Weiter berichtet Maurice, er habe sich in großer Sorge an Hitler persönlich gewandt, und glücklicherweise habe der ihm »zur Versöhnung sofort die Hand« gereicht und gesagt: »Mosel, ich habe Dir damals Unrecht getan.«[107] Was Maurice verschweigt, ist, daß er für diesen »Gnadenerweis« mit einer Komplizenschaft bezahlen mußte, die wohl zugleich als Mut- und Verläßlichkeitsprobe gedacht war. Am 9. März 1933 nämlich, dem Tag der Machtübernahme in Bayern, waren er und Max Amann, eskortiert von einem SA-Trupp, in die Redaktionsräume des ›Geraden Weges‹, der Zeitschrift des Hitler-Gegners Fritz Gerlich, gestürmt. »Wo ist Gerlich, die Sau?« soll sein Begleiter immer wieder gebrüllt haben. Als er sein Opfer schließlich fand, habe er ihm mehrmals brutal ins Gesicht geschlagen.[108] Vier Tage später erhielt Maurice von Hitler die handschriftliche Bestätigung, daß er für eine Position als Münchner Stadtrat vorgesehen sei.[109] Ein Porträtfoto aus dem Jahr 1933 zeigt ihn stolzerfüllt in SS-Offiziersuniform, die Ratsherrenkette um den Hals.[110]

Seine neue Verbundenheit mit Hitler konnte Maurice etwas später endgültig bei der blutigen Abrechnung mit Röhm unter Beweis stellen.[111] In Anerkennung »seiner Verdienste um die Niederschlagung der Verbrecherrevolte«[112] wurde er SS-Standartenführer. Damit hatte er den Makel der Abtrünnigkeit restlos beseitigt. Spätestens jetzt frischten Hitler und er ihre alte Bekanntschaft wieder auf. Im Oktober 1934 lud Hitler ihn zu einer Exkursion nach Landsberg ein, beim alljährlichen Gedenktag zum Hitler-Putsch war Maurice ebenfalls anwesend, und ein Foto aus jenem Jahr zeigt ihn vor der Feldherrnhalle in vorderer Reihe, direkt hinter Heß und Hitler.[113] Daß die beiden Männer sich mittlerweile nicht nur ausgesöhnt, sondern sogar wieder angefreundet hatten, kam nach dem Krieg zutage: Während Hitlers Aufenthalten in München sei Maurice »stets sein Begleiter«[114] gewesen, heißt es in den Entnazifizierungsakten. Und sein Anwalt räumte ein, daß Maurice nach 1933 »vom Führer bei seiner Anwesenheit in München gern gesehen wurde«[115].

Jetzt sparte Hitler nicht mehr mit Gesten der Fürsorge. 1935 hatte sich Maurice zu einer Heirat mit einer 14 Jahre jüngeren Medizinstudentin entschlossen. An der Verlobungsfeier nahm auch Hitler teil. Er »war ausgesprochen charmant zu mir«, erinnerte sich Hedwig Maurice später: »Nicht jener Charme, der angelernt ist, sondern einer, der aus dem Herzen kommt.«[116] Demonstrativ wurde annonciert, daß der »Führer« für die anstehende Hochzeitsfeier seine Wohnung zur Verfügung stelle.[117] Hitler mußte dann doch kurzfristig absagen, besuchte jedoch wenig später die Frischvermählten in deren neuer Wohnung und übergab 1.000 Reichsmark als Hochzeitsgeschenk.[118]

Indes war die Eheschließung auch mit Unannehmlichkeiten verbunden: Vor seiner Trauung hatte Maurice als SS-Mitglied eine Ahnentafel vorlegen müssen, und Himmlers eifrige Rechercheure machten einen jüdischen Vorfahren aus. Daher beabsichtigte der Reichsführer SS, den »Nichtarier« aus seiner Organisation auszuschließen. Doch Hitler befand, »daß in diesem einzigen Ausnahmefall« Maurice und seine Brüder in der SS verbleiben könnten, »da er sein allererster Begleiter war und er und seine Brüder und die ganze Familie Maurice in den ersten, allerschwersten Monaten und Jahren der Bewegung mit seltener Tapferkeit und Treue dienten«[119].

Die Behandlung, die Hitler Emil Maurice innerhalb eines Jahrzehnts angedeihen ließ, ist bemerkenswert: Zuneigung, Verdammung, Kompromittierung, Rehabilitation, Protektion. Zwei Erklärungen für dieses jähe Auf und Ab bieten sich an: Entweder hat Hitler trotz aller Enttäuschungen und Irritationen nie aufgehört, seinen »Windhund« zu lieben, oder er hat ihn so gefürchtet, daß es ihm klüger erschien, ihn zu korrumpieren als – mit unkalkulierbaren Folgen – zu liquidieren. Wahrscheinlich liegt die Wahrheit auch hier in der Mitte.

Hitlers Frauen: Magda Quandt und Leni Riefenstahl

Der Tod Geli Raubals 1931 war für Hitler eine Katastrophe. Sein Frauenproblem, durch die Verbindung mit ihr eine Zeitlang in den Hintergrund getreten, wurde wieder virulent, und vorerst war keine Lösung in Sicht – jedenfalls keine, die er nach innen wie nach außen halbwegs glaubwürdig vertreten konnte. Diese Situation drohte den sensationellen Karrieresprung, den die Reichstagswahlen vom September 1930 für ihn bedeuteten, zu gefährden. Denn als öffentliche Person konnte er die Frage nach dem Grund für seine Ehescheu eben nicht ewig unbeantwortet lassen, weder für seine Anhänger noch für seine Gegner. Aber auch weil Hitler, dessen Aura sich nicht zuletzt autosuggestiven Kräften verdankte, vor sich selbst nicht als »Versager« dastehen wollte, mußte er das Problem angehen.

Sehen wir also, wie er sich in den Monaten nach dem tragischen Ende seiner Nichte Frauen gegenüber präsentiert hat; genauer: gegenüber Frauen, die er augenscheinlich mochte (und umgekehrt), die attraktiv und bindungsfähig, ja bindungswillig waren. Magda Quandt ist hier als erste zu nennen und dann Leni Riefenstahl. Beide hätte Hitler 1931/32 heiraten können – wenn er denn gewollt hätte. Aber er wollte nicht nur nicht, sondern inszenierte sein Nichtwollen zudem so, daß daraus für lange Zeit ein öffentlich wirksames Palliativum wurde.

Magda Quandt, Privatsekretärin und Geliebte seines Propagandaleiters Goebbels, lernte Hitler im Herbst 1931 näher kennen. Sie war von seinen öffentlichen Auftritten derart »hingerissen und entflammt«, daß sie dem Parteiführer Mitte Oktober in dessen Berliner Hauptquartier, dem Hotel »Kaiserhof«, ihre Aufwartung machte.[120] Die Gefühle, die diese Begegnung bei beiden auslöste, schienen eine engere Beziehung durchaus in den Bereich des Möglichen zu rücken,[121] und Leni Riefenstahl gegenüber gab die Hitler-Verehrerin ohne weiteres zu, dem »Führer« in stärkster Liebe zugetan, ja »verfallen« zu sein: »Erst als mir klar war, daß Hitler, außer Geli, seiner Nichte, deren Tod er nie überwinden wird, keine Frau mehr lieben kann, sondern, wie er immer sagt, nur ›sein Deutschland‹, habe ich in eine Ehe mit Dr. Goebbels eingewilligt, weil ich nun dem Führer nahe sein kann.«[122]

Hier taucht zum ersten Mal eine Sprachregelung auf, die fortan zu einem wichtigen Versatzstück der Hitlerschen Camouflage werden sollte: die Liebesunfähigkeit nach dem Tod der Nichte. Freilich steht diese Formel in krassem Gegensatz zu der Tatsache, daß der Untröstliche bereits vier Wochen nach dem Selbstmord Geli Raubals wieder zu Liebeswerben in der Lage war, und es kommt noch hinzu, daß sich die Avancen wohl etwas länger hingezogen haben, als man angesichts der dürftigen Überlieferung annehmen mag. Am Ende stand die Dreiecksbeziehung Quandt–Goebbels–Hitler, die der damalige Stabschef der SA, Otto Wagener, auf Hitlers Geheiß eingefädelt hatte. Kurt Lüdecke hat einen aufschlußreichen Kommentar Magda Quandts überliefert: Bei ihrer Hochzeit am 19. Dezember 1931 sei Hitler in der Tat, wie die Amerikaner sagen, »the best-man« gewesen, »while the Doctor was only the groom« – Hitler war also der Trauzeuge und Goebbels »nur« der Bräutigam, eine unmißverständliche Akzentsetzung, zu der auch ihre Bemerkung paßt, Hitler betrachte jetzt, ein halbes Jahr später, ihre Berliner Wohnung als sein »zweites Zuhause« und fühle sich dort ausgesprochen wohl.[123]

Anfang 1932, mit nunmehr 43 Jahren, hatte Hitler endlich erreicht, was ihm schon lange vorgeschwebt haben mochte. Er erfreute sich der Zuwendung, der Bewunderung und Fürsorglichkeit einer charmanten Frau, ohne irgendwelche Verpflichtungen eingehen zu müssen. Außerdem hatte er einen seiner wichtigsten Gefolgsleute glücklich gemacht, indem er Goebbels zu einer Ehe verhalf, in die Magda Quandt sonst vielleicht nie eingewilligt hätte.[124] Gleichzeitig konnte er – mit Verweis auf Gelis Tod – verkünden, keine Frau mehr lieben zu können, ja sogar »den Drang zum körperlichen Besitz einer Frau überwunden«[125] zu haben. Sieben Jahre zuvor hatte er Rudolf Heß noch etwas ganz anderes weismachen wollen: Er vermeide »stärkere Neigungen [...] zu einem weiblichen Wesen«, weil er »jederzeit ohne den geringsten menschlichen, persönlichen Gedanken sich allen Gefahren aussetzen und wenn nötig sterben können« müsse.[126]

Aber Hitler wäre nicht Hitler gewesen, wenn er 1931 nicht auch noch versucht hätte, aus seiner persönlichen Situation politisches Kapital zu schlagen. Geli Raubals Tod gab ihm die Gelegenheit, seine Selbsterfindung als politischer Retter des deutschen Volkes um eine weitere Facette zu bereichern, nämlich um die Legende, daß Deutschland seine wahre und einzige Braut sei, für die er persönliche Opfer bringen müsse. Zunächst war das nicht viel mehr als die theatralische Übersteigerung eines womöglich halbwegs echten Schmerzes, den Hitler nach dem Selbstmord seiner Nichte empfunden haben mag. Aber je öfter er das Rührstück anderen vorführte, desto deutlicher trat das Künstliche, das Gewollte dabei hervor.[127] Die dramatische Trauerattitüde wurde zum Ablenkungsmanöver, zur Tarnung für die Lüge, daß nunmehr für den »Führer«

keine andere Liebe mehr in Betracht komme als die zu Deutschland.

Leni Riefenstahl hat in ihren Memoiren eine Begegnung mit Hitler am Strand von Horumersiel an der Nordsee überliefert,[128] die uns einen Einblick in die Natur jenes Privatmythos gewährt – eines Mythos, der letztlich, so muß man annehmen, auf der inneren Abwehr eines gleichgeschlechtlich veranlagten Mannes mit heterosexuellen Sehnsüchten beruhte. Ein fast sommerlicher Abend am Meer Ende Mai 1932 bildete die romantische Kulisse für einen Auftritt, den Riefenstahl folgendermaßen schildert: »Hitler war ganz entspannt und sprach von seinem privaten Leben und von Dingen, die ihn besonders interessierten. Das waren vor allem Architektur und Musik – er sprach über Wagner, König Ludwig und Bayreuth. Nachdem er darüber eine Zeitlang geredet hatte, veränderten sich plötzlich sein Ausdruck und seine Stimme. Leidenschaftlich sagte er: ›Aber mehr als alles andere erfüllt mich meine politische Aufgabe. Ich fühle in mir die Berufung, Deutschland zu retten – ich kann und darf mich dem nicht entziehen.‹ [...] Es war dunkel, und ich konnte auch die Männer hinter uns nicht mehr sehen. Wir gingen stumm nebeneinander. Nach einer langen Pause blieb er stehen, sah mich lange an, legte langsam seine Arme um mich und zog mich an sich. [...] Er schaute mich erregt an. Als er merkte, wie abwehrend ich war, ließ er mich sofort los. Er wandte sich etwas von mir ab, dann sah ich, wie er die Hände hob und beschwörend sagte: ›Ich darf keine Frau lieben, bis ich nicht mein Werk vollendet habe.‹«[129]

Auch wenn Riefenstahl, die damals offenkundig um die Gunst des kommenden Mannes buhlte,[130] vielleicht nicht so abwehrend reagierte, wie sie hier glauben machen will: So und nicht anders wird man sich Hitlers Benehmen verliebten Frauen gegenüber vorzustellen haben, als vorgebliche Liebesmüh' in donjuanesker Pose, deren Erfüllung aufgrund einer höheren Berufung versagt bleibt. Aus reflexartiger Abwehr gegen jede Berührung seitens einer Frau hatte Hitler eine höchst suggestive Methode entwickelt, um als prinzipiell liebesfähiger Mann erscheinen zu können, zu dem sich die Frauen durchaus hingezogen fühlen durften. Den Zugewinn an Selbstsicherheit, den ihm dieser schauspielerische Kunstgriff einbrachte, kann man gar nicht hoch genug bewerten. Auch seine Wirkung auf andere verfehlte er nicht.

Als Lüdecke im August 1932 versuchte, Hitler in einem vertraulichen Gespräch die wahren Gründe für das Nichtzustandekommen der Heirat mit Magda Quandt zu entlocken, konterte der mit der Bemerkung, er sei doch damals mit seiner Geli »der glücklichste Mann auf der Welt gewesen«[131]. Lüdecke, der offenbar nicht wußte, daß sich die Affäre vier Wochen *nach* Gelis Tod abgespielt hatte, fühlte sich vollkommen entwaffnet, besonders als Hitler auch noch zu weinen anfing.

Hitler dagegen gefiel sich in seiner neuen Rolle und orakelte etwa: »Es ist ganz richtig, daß ich die Blumen liebe, aber das ist doch noch kein Grund, warum ich Gärtner werden sollte.«[132] Mit solchen nebulösen Formulierungen wollte er Spekulationen bewußt Raum geben. Im Gespräch mit Kurt Lüdecke bemerkte er ein andermal, er höre immer wieder von »skandalösen Weibergeschichten«, in die Lüdecke verwickelt sei, könne allerdings über derartige Gerüchte nur sagen, es sei besser, »Frauen zu haben als Männer«.[133] Dies klang ganz so, als ob Hitler dabei eine Formulierung des deutsch-italienischen Schriftstellers Curzio Malaparte im Sinn hatte. Der hatte nämlich in seinem 1932 erschienenen Buch ›Der Staatsstreich‹ von Hitlers »tief weiblich(em) Geist« gesprochen: »Seine feminine Seite erklärt den Erfolg Hitlers, seine Gewalt über die Menge, den Enthusiasmus, den er in der deutschen Jugend hervorruft. [...] ›Nicht eine einzige Frauengeschichte ist über ihn in Umlauf‹, behauptet einer seiner Biographen. Es wäre besser, von den Diktatoren zu sagen, es sei nicht eine einzige Männergeschichte über sie in Umlauf.«[134] Hitler konnte diese Häme nicht gleichgültig sein – zumal seine Gegner sie sogleich genüßlich aufgriffen.[135] Unter dem Druck solcher Erfahrungen war schnell zu lernen, daß es ihm nur nutzen konnte, mit *Frauen* im Gerede zu sein. Auch in dieser Hinsicht hat ihm seine engere Umgebung in den Jahren 1932/33 zugearbeitet, denn sie vermittelte zahlreiche Bekanntschaften, bis es Hitler zuviel wurde und er sich den Verkuppelungsbemühungen zu entziehen begann. »Ich bin kein Frauenfeind«, soll er schon Ende 1933 zu Leni Riefenstahl gesagt haben, »ich habe schöne Frauen sehr gern um mich, aber ich vertrage es nicht, wenn man mir etwas aufzwingen will.«[136] Nach der Machtübernahme konnte er es sich erlauben, seine demonstrativ zur Schau gestellten Eroberungen zu reduzieren. Nur eine einzige von Hitlers Frauen scheint sich ihrer Theaterrolle voll und ganz bewußt gewesen zu sein: Eva Braun. Doch darauf soll an anderer Stelle noch eingegangen werden.

Hitlers »Nebenmann«: Julius Schreck

Was sich am Vormittag des 19. Mai 1936 auf dem Neuen Friedhof in Gräfelfing bei München abspielte, glich einem Staatsakt. Fast komplett war die Nazi-Elite angetreten, um Hitlers verstorbenem Fahrer Julius Schreck die letzte Ehre zu erweisen. Eine solche Aufwartung für einen Chauffeur dürfte beispiellos sein. Aber hier wurde mehr als nur ein treuer Angestellter zu Grabe getragen, und Hitler persönlich legte den ersten Kranz nieder, »meinem alten treuen Mitkämpfer und lieben Kameraden« gewidmet. Schon als er eintraf, habe sein Gesicht »die ganze Ergriffenheit eines Mannes« gespiegelt, »der seinen Kameraden, den Nebenmann eines langen, kampfharten Lebens, verloren hat«, vermerkte der Berichterstatter des ›Völkischen Beobachters‹.[137] Der Tod des »Nebenmannes« ging Hitler nahe. So nahe, daß er den Friedhof nach der kurzen Ansprache von Heinrich Himmler verlassen mußte.[138]

Hitler selbst hatte während der Feier kein Abschiedswort gesprochen, und auch ansonsten war von ihm in jenen Tagen nicht viel zu vernehmen. Erst am 30. Mai sah man ihn wieder in der Öffentlichkeit. Die Gedenkreden und Nachrufe seiner engsten Gefolgsleute deuteten an, was Hitler zu sagen nicht imstande oder nicht willens war: wie schwer der Verlust des »rauhen Haudegens mit einem warmen Herzen« ihn getroffen hatte. Schrecks »Liebe zum Führer« sei

»Staatsbegräbnis« für Hitlers Chauffeur und Freund Julius Schreck im Jahre 1936. Das Bild stammt aus dem ›Völkischen Beobachter‹.

»grenzenlos« gewesen, schrieb zum Beispiel Rudolf Heß, und »unermüdlich seine Sorge um den Führer«, dessen »höchstes Vertrauen« er stets besessen habe.[139] Auch Himmler hat in seiner Grabrede auf Schrecks Gabe hingewiesen, dem Führer »jeden Wunsch und jeden Gedanken von den Augen abzulesen und zu erfüllen«[140].

Julius Schreck war erst Ende Dreißig, als er überraschend an einer Infektion verstarb.[141] Er hatte es im Ersten Weltkrieg zum Vizefeldwebel gebracht und war im Mai 1919 zum Freikorps Epp gestoßen.[142] Gemeinsam mit Josef Berchtold gründete er im Frühjahr 1923 den »Stoßtrupp Hitler«.[143] Schrecks Polizeiakten verzeichneten damals diverse Delikte: von Betrug, Hausfriedensbruch und Beleidigung bis hin zur Körperverletzung. Nach dem mißglückten Novemberputsch konnte er zunächst nach Österreich fliehen, wurde jedoch Anfang 1924 an der Grenze festgenommen. Und im anschließenden Prozeß wurde er zu einem Jahr und drei Monaten Festungshaft auf Bewährung verurteilt. Unter seiner Federführung entstand 1925 die Stabswache, die später in Schutzstaffel (SS) umbenannt wurde; er war ihr erster Kommandant.[144] Als im April 1926 jedoch der alte Stoßtrupp-Führer Berchtold aus dem österreichischen Exil zurückkehrte, wurde Schreck kurzerhand abgesetzt, da die Oberleitung der SS der Meinung war, »daß Schreck nicht mit dem nötigen Führer- und Organisationstalent ausgestattet ist und auch nicht einen Namen hat, der die Gewähr bietet, daß die SS zu einer Elitetruppe der Bewegung werde«[145].

Diese Zurücksetzung hinderte Hitler nicht daran, ihn zwei Jahre später zu seinem Chauffeur, das heißt zum Nachfolger von Maurice, zu machen. Zwar hatte Schreck den Parteichef schon vorher gelegentlich gefahren,[146] doch von 1928 an stand er ihm rund um die Uhr zur Verfügung, für Privatfahrten ebenso wie für politische Termine. Als Hitlers Bekanntheitsgrad nicht zuletzt durch die zahllosen Polittouren stieg, gelangte der »Schreck der Landstraße« gleichfalls zu einer gewissen Berühmtheit.[147] »Immer wußte er sofort, ob er seine körperlichen Kräfte oder seine List oder seine Fahrkunst einsetzen mußte«, berichtet Schaub[148] und deutet damit an, daß Schreck für Hitler weit mehr war als nur eine Fahrbereitschaft. Gleichwohl kamen seine Chauffierkünste am Steuer der schnellen, aufsehenerregenden Mercedes-Limousine zugleich Hitlers Sinn für öffentliche Wirksamkeit entgegen: Die häufigen, rasanten Fahrten dürften ihm nicht nur ausnehmend gut gefallen haben,[149] sie dienten zweifellos auch der Imagebildung, sollten den dynamischen Aufbruch in ein neues Zeitalter symbolisieren.

An den ständigen Begleiter des »Führers« wandten sich sogar Leute aus dem engeren Kreis der Naziriege, wenn sie schnell und direkt an Hitler herankommen oder ihm etwas Vertrauliches mitteilen wollten.[150] Binnen weniger Jahre hatte Schreck eine herausgehobene Position in unmittelbarer Nähe Hitlers eingenommen. Sogar etwas dreist soll er, so Albert Speer, kraft seiner Stellung gewesen sein und »spöttische oder scharfe Bemerkungen über die Speichellecker in Hitlers Umgebung« gemacht haben: »Er war der einzige, der sich solche Freiheiten herausnehmen durfte.«[151] Nach Schrecks Tod gingen Gerüchte um, er sei einem Attentat zum Opfer gefallen, das eigentlich Hitler gegolten habe; die Attentäter hätten sich allerdings in ihrem Ziel getäuscht, da beide sich zum Verwechseln ähnlich sahen.[152] In der Tat wies ihre äußere Erscheinung starke Gemeinsamkeiten auf. Zwar war Schreck etwas stämmiger als Hitler und hatte ein volleres Gesicht, aber ihre Größe und Haarfarbe stimmten überein. Wie sein Chef trug Schreck einen Seitenscheitel und, was am auffälligsten war, den kurzgestutzten Schnurrbart.

Auf den ungezählten Autofahrten kreuz und quer durch Deutschland hatten beide Männer ein quasifamiliäres Verhältnis entwickelt. Liebevoll »fütterte« Hitler bisweilen den Fahrer unterwegs, »indem er ihm die Brotstücke zureichte«[153] – eine triviale, doch höchst bezeichnende Geste für den brüderlichen Umgang beider miteinander. Außerdem entsprangen längst nicht alle gemeinsamen Touren politischen Verpflichtungen. Oft fuhren sie nur los, um »abseits großer Verkehrswege Deutschlands Landschaft zu erleben«. Als Hitler noch nicht so bekannt gewesen sei, schreibt Schreck 1935 rückblickend, seien solche Ausflüge einfacher gewesen. »Da konnte man manches Mal in einem Gasthof unerkannt übernachten oder seine Mahlzeit einnehmen.«[154] Überliefert ist davon naturgemäß wenig. Aber zumindest eine Episode aus dem Jahre 1931 ist belegt: Zu Weihnachten hatte sich Hitler im Hause Wahnfried in Bayreuth angekündigt; doch die Wagners warteten vergeblich. Ein Anruf in München ergab, daß Hitler sich mit Schreck tatsächlich auf den Weg gemacht hatte, aber erst einige Tage später ließ er seine Freundin Winifred wissen, er habe lieber für sich sein wollen und deshalb einen Ausflug aufs Land unternommen.[155] Er war in Bad Berneck, einem Luftkurort etwa zwanzig Kilometer vor der Wagner-Stadt. Dort stiegen Hitler und Schreck im Hotel »Bube« – seit 1923 die bevorzugte Unterkunft der Hitler-Entourage – ab und blieben die Feiertage über. Sie waren die einzigen Gäste.[156]

Julius Schreck war seit 1920 verheiratet. Offiziell wohnte er bis in die dreißiger Jahre hinein mit seiner Ehefrau Maria bei seiner Mutter Magda in München; dann siedelte er nach Gräfelfing über und ließ seine Frau bei der Mutter zurück, ohne sich jedoch scheiden zu lassen. Wenige Wochen nach seinem Tod wandten sich Magda und Maria Schreck an Hitler. Sie wollten Geld. Aus dem Brief der Mutter geht hervor, daß sie sich auf den »ausdrücklichen Wunsch« des Sohnes mit dessen Ehefrau die Wohnung habe teilen müssen. Nun sei diese Lebensgemeinschaft obsolet geworden, und die »schon lange beabsichtigte Trennung« von der Schwiegertochter sei »in den Vordergrund gerückt«. Da ihr nun aber die Unterstützungszahlungen fehlten, die der Sohn ihr bislang gezahlt habe, müsse sie »mit großer Sorge in die Zukunft blicken«. Kurz und gut: »Das meinem Sohn entgegengebrachte Wohlwollen läßt mich hoffen, daß Sie, mein Führer, in diesem Sinne meine vorliegenden Zeilen betrachten.«[157]

In einem sehr viel weniger devoten Ton stellte dagegen Maria Schreck ihre Forderungen. Ihr kühl und energisch gehaltener Brief kommt gleich zur Sache: Von ihrem Mann habe sie immer nur das Lebensnotwendigste erhalten. Da sie nun einen eigenen Haushalt gründen wolle, aber keine Einrichtungsgegenstände besitze – die in der alten Wohnung gehörten alle der Schwiegermutter –, benötige sie neben Unterhaltszahlungen »eine Wohnung und dazu die dementsprechenden Möbel, Küche, Schlafzimmer u. Wohnzimmer. Im Vertrauen auf Ihr Wohlwollen rechne ich auf eine würdige Erledigung meiner wirtschaftlichen Lage.« Denn: »Ich habe die ganzen Jahre nie etwas gegen meinen Mann unternommen, um zu meinem Recht auf ausreichende Unterstützung zu kommen, weil ich ihm keine Schwierigkeiten in seinem Beruf in den Weg legen wollte. Seine Rede war immer, er werde mir nie vergessen, daß ich die bittersten Jahre seines Lebens so tapfer mit ihm geteilt habe. Der Tod hat ihn daran gehindert, sein Versprechen doch noch einlösen zu können und damit einer selbstverständlichen Pflicht nachzukommen. Ich habe das feste Vertrauen, daß die maßgebenden Stellen meine berechtigte Bitte nicht vollkommen überhören werden und mir nicht ein Leben zumuten, das die Öffentlichkeit über die tatsächliche Lage aufklärt.«[158] Eine einfache Frau, die 1936 derart forsch gegenüber dem mächtigen Diktator auftrat, mußte sich ihrer Sache sehr sicher sein. Ihr Hinweis auf die seltsamen Eheverhältnisse zeigte denn auch unverzüglich Wirkung. Hitler bestimmte, daß das Gehalt seines verstorbenen Fahrers bis auf weiteres zu gleichen Teilen der Mutter und der Ehefrau zugute kommen sollte.[159] Wie Albert Speer berichtet, hatte Hitler in seinem Privatgemach auf dem Obersalzberg neben dem Bildnis seiner angebeteten Mutter ein Foto von Julius Schreck aufgehängt.[160]

Die Münchner Clique

In München besaß Hitler eine kleine Zweizimmerwohnung in der Thierschstraße, die er 1920 angemietet hatte. Doch hielt er sich hier, so scheint es, nur selten auf. Dem Schriftsteller Hans Grimm, der Hitler im April 1928 besuchte, erschien die Unterkunft als nicht mehr denn ein »Absteigequartier«[161]. Die bescheidenen Wohnverhältnisse sollten sich erst relativ spät, im Oktober 1929, verbessern, dann allerdings einschneidend, denn Hitler bezog eine repräsentative Wohnung mit neun Zimmern am Prinzregentenplatz im vornehmen Stadtteil Bogenhausen.[162]

Ab Mitte der zwanziger Jahre pendelte der Parteiführer ständig zwischen München und Berchtesgaden, dem kleinen, abgeschiedenen Alpenort nahe der österreichischen Grenze, hin und her. Es war eine Gegend, in die er seit seinen Touren mit Eckart immer wieder gekommen war. Bis 1928 logierte er hier hauptsächlich in Pensionen und Hotels, im Oktober 1928 dann mietete er sich das kleine »Haus Wachenfeld« auf dem Obersalzberg,[163] ein idyllisches Refugium. Neben Berchtesgaden waren in den zwanziger Jahren noch Weimar, Bayreuth und bisweilen auch Bad Godesberg seine bevorzugten privaten Reiseziele.[164]

Und fast immer war Hitler in Begleitung. In München, in den bayerischen Alpen und auf seinen Touren quer durch Deutschland umgab er sich stets mit Mitgliedern seines seltsamen Hofstaates, jener Entourage, die man später als »Chauffeureska« bezeichnet hat.[165] Charakteristisch für die Wahrnehmung vieler Zeitgenossen ist das Befremden, mit dem Goebbels 1930 auf eine Begegnung mit

Hitlers Münchner Clique reagierte: »O, diese Spießerbande [...] Wie kann ein Mensch wie Hitler das auch nur 5 Minuten aushalten?«[166] In der Tat stellt sich die Frage, weshalb er soviel Zeit mit diesen Leuten verbrachte. Wofür brauchte er sie? Was hat er in ihnen gesucht? Und was offenbar gefunden?

Auf den ersten Blick präsentiert sich Hitlers Gefolge als eine krude Mischung aus wortkargen und leicht beschränkten Adjutanten, schlagkräftigen Leibwächtern, draufgängerischen Fahrern und derb-jovialen Spaßmachern. In den ganz frühen Jahren begegnen uns in Hitlers engerem Umfeld Gestalten wie der ehemalige Pferdehändler und Rausschmeißer Christian Weber, der Leibwächter Ulrich Graf oder der erprobte Saalkämpfer und talentierte Versammlungsredner Hermann Esser. Ungefähr ab Mitte der zwanziger Jahre bildeten dann drei Männer, Max Amann, Heinrich Hoffmann und Julius Schaub, den festen Kern seiner Gesellschaft und ließen sich diese Position bis 1945 von niemandem mehr streitig machen. Offenkundig gab es in diesem Zirkel keine streng fixierten Hierarchien und Aufgabenbereiche. Jeder der Getreuen war vielseitig einsetzbar und insofern in gewissem Sinne austauschbar. Zwar hatte kein einzelner für Hitler die Bedeutung solcher Initiationsfiguren wie Ernst Röhm oder Dietrich Eckart, gleichwohl erfüllten sie als Teile der Hitlerschen Stabstruppe eine wichtige informelle Funktion: Sie trugen dazu bei, Hitler privaten Freiraum zu verschaffen.

Hier ist insbesondere Julius Schaub zu nennen, neben Julius Schreck Hitlers zweites Faktotum. Ab Anfang 1925 bis ins Frühjahr 1945 organisierte er Hitlers Privatleben. Er begleitete ihn auf Reisen, regelte die Geldgeschäfte, sorgte für die Haushaltsführung. Er nahm die Gäste in Empfang, wimmelte unerwünschte Besucher ab und konnte so den Zugang zu Hitler steuern.[167] Von all den Männern in dessen nächster Umgebung war er es, der damals am genauesten »über alle intimen und persönlichen Angelegenheiten Hitlers informiert«[168] gewesen war. Speer sah in ihm den »treuesten Gefolgsmann des Führers«[169], und auch Schaub selbst betonte nach dem Krieg, daß er »Hitlers Schatten« war, »dessen täglicher Beglei-

Hitler in Begleitung seines persönlichen Adjutanten Julius Schaub (2. v. r.) vor dem Braunen Haus in München um 1932.

ter, sein immerwährender Gefolgsmann [...], vielleicht der Einzige, der ihm ungeschmückt wie ungestraft alles sagen konnte, das ihm in den Sinn kam«[170].

Doch neben den Eigenschaften eines persönlichen Adjutanten – insbesondere Diskretion, Zuverlässigkeit und Umsicht – konnte er seinem Herrn noch mehr bieten: Schaub war ein ausgesprochener Film- und Theaterliebhaber und ein gründlicher Kenner des Varietés. Hitlers Faible fürs Kino ist bekannt; Filmvorführungen besuchte er »mit bemerkenswerter Pünktlichkeit und Regelmäßigkeit«[171], und »ungemein für Theater« sei er auch gewesen, wie Schaub bei einer seiner späteren Vernehmungen zu Protokoll gab. Wenn der »Führer« verhindert gewesen sei, habe er die Vorstellungen allein besucht und dann am nächsten Morgen beim Frühstück davon berichten müssen.[172] Der Adjutant verfügte über zahlreiche persönliche Kontakte zur Münchner Theater- und Filmszene.[173] Bisweilen lud er Tänzerinnen und Schauspielerinnen »zu einer Plauderstunde in die Führerwohnung«. Bei solchen Gelegenheiten, so die Augenzeugin Christa Schroeder, habe Hitlers sonst so spröder und stets »grantelnder« Adjutant »sogar eine umwerfende Liebenswürdigkeit« an den Tag legen können.[174]

Den Männern aus dem Kreis um Hitler waren die Fähigkeit und unbedingte Bereitschaft gemeinsam, Hitlers besonderen Bedürfnissen und Schwächen umfassend entgegenzukommen. Sie garantierten ihm einen gesicherten Rückzugsraum, eine Privatsphäre und boten eine Art Familienersatz. Hier brauchte Hitler sich nicht zu verstellen, hier konnte er seinen Spaß an Trivialem und Primitivem ungeniert ausleben. Diese Vertrauten waren auf seine Sprunghaftigkeit und Exzentrik eingestellt und akzeptierten ihn so, wie er war. Ihr ungehobeltes Auftreten mochte von manchen Beobachtern als abstoßend empfunden worden sein, doch Hitler nützte ihre Derbheit. So mußte er sich, wenn es Unangenehmes zu erledigen galt, nicht selbst die Finger schmutzig machen.

Seine Günstlinge waren Hitler intellektuell weit unterlegen. Sie verfügten kaum über den Willen und die Fähigkeit, politisch auf ihn einzuwirken, höchstens in Personalfragen beteiligten sie sich an der einen oder anderen Intrige. Eine Kamarilla jedenfalls war das nicht. Als gutbezahlte Handlanger spannen sie mit Fleiß und Ausdauer an jenem Kokon mit, der Hitlers Privatleben schützte. Aufopfernd, verschwiegen, treu und unbedingt zuverlässig: So erschienen sie nach außen. Bei genauerem Hinsehen allerdings hätte man bei den meisten von ihnen persönliche Verfehlungen entdecken können, und das erklärt zugleich einiges über die Binnenstruktur der Riege. Denn Hitler wollte Helfer mit lädierten Biographien; erst ein genaues Wissen um die peinlichen und belastenden Dinge aus dem Leben seiner Männer gab ihm die Sicherheit, diese jederzeit unter Kontrolle zu haben. Ernst Hanfstaengl war sogar der Überzeugung, daß Hitler gegen fast jeden von ihnen ein »moralisches Faustpfand und Druckmittel« in der Hand hatte.[175] Sie sollten kompromittierbar und damit willfährig sein – nur so konnte Hitler ein dichtes Netz aus verschiedensten Abhängigkeiten über sie werfen, aus dem es kein Entrinnen gab.

Die Polizeiakten etwa wissen wenig Erfreuliches über das Privatleben von Julius Schaub zu berichten. Im April 1923 ging bei der Parteileitung der NSDAP ein Denunziationsschreiben ein, in dem Schaubs Ehefrau der Prostitution und Zuhälterei bezichtigt wurde: »Sind Sie über das Treiben dieser Frau unterrichtet? Gewiß nicht, denn sonst würden Sie dieselbe höchstwahrscheinlich an die Luft gesetzt haben, da sich Herr Hitler für solche Mitglieder bedanken würde, welche unter die Kontrolle der Sittenpolizei gehören.«[176] Im Mai 1925 wurde die Ehe geschieden. Das Gericht stellte ein Verschulden der Frau fest, da sie sich auf eine außereheliche Beziehung mit dem Meisterboxer Edmund Schneider – ein Mithäftling ihres Ehemanns in Landsberg[177] – eingelassen hatte. Doch auch Schaub, so das Scheidungsurteil, habe seine Frau stark vernachlässigt; man warf ihm »gröbliche Lieblosigkeit« vor.

Schaub heiratete erst 1931 wieder. Hitler war Trauzeuge und stellte seine Wohnung für die Hochzeitsfeier zur Verfügung.[178] Doch auch diese Verbindung vermochte offenbar Eskapaden des Adjutanten nicht zu verhindern.[179] Eine weitere Schwäche war Schaubs Hang zum Alkohol. Er habe sich bei Empfängen immer wieder »unmöglich benommen«, doch als man Hitler davon erzählte, machte der nur »eine verzweifelte Armbewegung« und seufzte: »Ja, ich weiß, es ist traurig. Aber was wollt ihr denn, ich habe keinen anderen Adjutanten.«[180] Schließlich war Schaub einmal mit einer »bösen Korruptionsgeschichte« ins Gerede gekommen und hatte sich mit Hitler kurzfristig sogar überworfen.[181] Ungeachtet dessen hat der »Führer« bald darauf in seinem Testament »meinen alten Julius Schaub« mit einer Einmalzahlung von 10.000 Mark sowie einer Monatsrente von 500 Mark bedacht.[182] Das war 1938. Fünf Jahre später sollte er sogar ein »Weihnachtsgeld« von sage und schreibe 300.000 Reichsmark erhalten.[183] Hitler wollte Schaubs Loyalität – auch über seinen Tod hinaus. Da mußte vorgesorgt werden.

Nicht weniger wichtig als solche konkreten Mittel war, daß Hitler die Berufensten aus seinem engsten Kreis unlösbar in seinen Bann zu schlagen wußte. Er gab ihnen das Gefühl, dem »Führer« zu bedingungsloser Treue verpflichtet zu sein. Den besten Beweis, daß er darauf tatsächlich bauen konnte, hat ihm Ende April 1945 wiederum Julius Schaub geliefert, der sich noch in letzter Minute aus dem brennenden Berlin nach Bayern aufmachte, um die Panzerschränke mit Hitlers Privatpapieren in der Münchner Wohnung sowie auf dem Obersalzberg auszuräumen und deren Inhalt zu verbrennen.[184] Was dies für Schriftstücke waren, darüber schwieg Schaub sich allerdings beharrlich aus – bis zu seinem Tod. Nur einmal deutete er geheimnisvoll an, daß ihr Bekanntwerden »verhängnisvolle Auswirkungen gehabt hätte«[185]. Wahrscheinlich nicht zuletzt für ihn selbst, am allermeisten aber gewiß für Hitler.

Fünftes Kapitel
Der Kampf gegen Röhm

Nach seinem Ausscheiden aus der Führungsclique der Nationalsozialisten Mitte der zwanziger Jahre hatte Hitlers alter Weggefährte Ernst Röhm sich zunächst mit Gelegenheitsarbeiten durchschlagen müssen: als Vertreter des Deutschen Nationalverlags, dann als Angestellter der Gleisbaumaschinenfabrik Nobel.[1] Daneben schrieb er seine Erinnerungen, die 1928 unter dem Titel ›Die Geschichte eines Hochverräters‹ erschienen.[2] Doch all das waren für einen passionierten Soldaten wie Röhm lediglich berufliche Zwischenlösungen, und deshalb griff er im Dezember 1928 sofort zu, als er die Offerte erhielt, Militärberater der bolivianischen Armee zu werden. Hier, in Südamerika, erreichte ihn im Herbst 1930 ein Schreiben, in dem Hitler ihm anbot, das Amt des Stabschefs der SA zu übernehmen. Röhm willigte ein. Am 5. Januar 1931 trat er seinen neuen Posten an.[3] Er verfügte schnell über politische Macht, und Ende 1933 berief Hitler ihn sogar als Minister in die Reichsregierung. Nur wenige Monate später wurde Röhm allerdings Opfer einer beispiellosen Mordaktion – ein Verbrechen, das im Auftrag des »Führers« geschah. Was steckte hinter der merkwürdigen Entwicklung, und wie ist sie zu erklären?

Röhms Rückkehr

Die Frage, warum Hitler Röhm überhaupt zurückholte und ihm trotz früherer Differenzen die Führerschaft der SA anbot, läßt sich nur mit Blick auf die politische Konstellation der Jahre 1930/31 beantworten. Nach dem Rückzug Röhms aus der NSDAP-Führung

1925 war es Hitler zunächst gelungen, sein neues Konzept von der SA als einer auf Straßenterror und Propaganda spezialisierten Wahlkampftruppe innerparteilich durchzusetzen. In den folgenden Jahren trug diese Formierung wesentlich dazu bei, Wahlsiege einzufahren. Seit Januar 1930 stellte die NSDAP mit Wilhelm Frick in Thüringen erstmals einen Minister, im Juni wurde sie zweitstärkste Partei in Sachsen, und bei den Reichstagswahlen vom 14. September des Jahres verzeichnete sie schließlich spektakuläre Stimmengewinne und war fortan eine politische Kraft, mit der man rechnen mußte.

Spätestens jetzt mußte der »Führer« der nationalsozialistischen Bewegung in den Kategorien »großer Politik« denken und handeln. Das hieß vor allem, die traditionellen Eliten einzubinden und dadurch weitere Unterstützung zu erhalten. Hitler ist dieses Problem instinktsicher angegangen. Und ziemlich erfolgreich, wie sein geschicktes Taktieren mit den Kräften des deutschnationalen Lagers zeigt.[4] Von Beginn an war er sich darüber im klaren, daß er, wenn er die Macht erobern wollte, politische Konzessionen machen und dem Moralverständnis der alten Eliten bis zu einem gewissen Grad entgegenkommen mußte. Die SA aber sah dafür offensichtlich keine Notwendigkeit. Immer wieder überspannte sie mit ihren lärmenden Auftritten den Bogen. Übrigens auch innerparteilich: Erst im August 1930 hatte der Berliner SA-Führer Walther Stennes mitten im Wahlkampf offen gegen die Münchner Parteileitung rebelliert, vorgeblich wegen einer Erhöhung des Solds und weil er mehr SA-Kandidaten auf der Wahlliste der NSDAP durchsetzen wollte, in Wirklichkeit aber weil ihm wie so vielen anderen Mitgliedern der NSDAP-Kampftruppe die Strategie der legalen Machteroberung nicht paßte.[5] So kam es zu dem grotesken Schauspiel, daß randalierende SA-Trupps die Geschäftsstelle der Berliner Gauleitung besetzten. Zwar gelang es Hitler, der als Krisenmanager persönlich an die Spree geeilt war, die Lage wieder unter Kontrolle zu bringen, indem er am 2. September 1930 selbst das Amt des Obersten SA-Führers übernahm und als erstes eine bessere Bezahlung der Bürgerkriegstruppe verfügte.[6] Doch der politische Schaden war beträchtlich, zumal im ganzen Reich ähnliche Konflikte zwischen SA und Parteiorganisation schwelten.[7] Die sogenannte Stennes-Krise spitzte sich so zu, daß Hitler am Ende Ernst Röhm um Hilfe bat.

Angesichts der im Winter 1930/31 gegebenen Situation hätte Hitler keine klügere Entscheidung treffen können. Röhm entstammte dem männerbündischen Milieu, aus dem sich die SA im wesentlichen rekrutierte, er kannte die Sprache der Männer und ihre Lebensauffassungen. Aufgrund seiner »ruhmreichen« Freikorpsvergangenheit stand er im Ruf, ein furchtloser Kämpfer zu sein, und als einer der frühen Aktivisten der nationalsozialistischen Bewegung vermochte Röhm natürlich auch parteiintern Gewicht in die Waagschale zu werfen. Diese doppelte Verankerung bot die beste Gewähr dafür, daß Sturmabteilung und Partei nicht weiter auseinanderfallen und die »braunen Bataillone« politisch diszipliniert würden. Zudem eröffnete er der Partei den Zugang zu einem wichtigen Bündnispartner: der Reichswehrführung. Der Generalstabsoffizier Röhm verfügte hier über beste Verbindungen. Mit einem Wort: Röhm war der Mann, der die SA »hoffähig« machen konnte, ohne die schlichteren Gemüter in der Kampftruppe zu verprellen. Und mit seinem Buch ›Die Geschichte eines Hochverräters‹ eignete er sich auch noch als »Sympathieträger« für die rebellische Jugend. Im Kanon des offiziellen NS-Schrifttums stellte man es nicht ohne Grund unmittelbar neben Hitlers ›Mein Kampf‹ und Rosenbergs ›Mythus des 20. Jahrhunderts‹.[8] Daß es Hitler 1930/31 gelang, blaublütige Prominente wie den Kaisersohn August Wilhelm von Preußen oder den Prinzen Philipp von Hessen zum Eintritt in die SA und nicht etwa in die elitäre SS zu bewegen, zeigt auf einer anderen Ebene, wie ernst es ihm damals mit seinem Bemühen war, die Integrationsfähigkeit der SA zu verbessern. Ernst Röhm war ihm dabei die entscheidende Hilfe.

Aber Hitler wußte, daß er mit der Reinstallierung Röhms zugleich auch ein politisches Risiko einging. Röhm hatte sich für damalige Maßstäbe recht offen zu seiner Homosexualität bekannt und bot damit Angriffsfläche für inner- und außerparteiliche Gegner.

»Unverbrüchliche Freundschaft«: Hitler und sein Stabschef Ernst Röhm in der Phase der sogenannten »Machtergreifung« (1932/33).

Vor dieser Gefahr war Hitler ausdrücklich gewarnt worden; auch forderte man ihn auf, zur Frage der Homosexualität wenigstens öffentlich Stellung zu nehmen – ohne Erfolg natürlich.[9] Statt dessen versuchte er, sich und den SA-Chef auf unverbindlichere Weise abzusichern. Bereits am 3. Februar 1931 sorgte er für einen bemerkenswerten Erlaß. Der Betreff: »Angriffe wegen des Privatlebens« von »obersten und oberen SA-Führern«; nach Hitlers Verständnis zumeist aufgrund von Sachverhalten, »die gänzlich außerhalb des Rahmens des SA-Dienstes liegen«. Darüber »Entscheidungen zu treffen«, wies Hitler als »Zumutung grundsätzlich und in aller Schärfe zurück. Abgesehen davon, daß wertvolle Zeit, die im Freiheitskampf notwendiger ist, nutzlos vertan wird, muß ich feststellen, daß die SA eine Zusammenfassung von Männern zu einem bestimmten politischen Zweck ist. Sie ist keine moralische Anstalt zur

Erziehung von höheren Töchtern, sondern ein Verband rauher Kämpfer. [...] Das Privatleben kann nur dann Gegenstand der Betrachtung sein, wenn es wesentlichen Grundsätzen der nationalsozialistischen Anschauung zuwiderläuft.«[10] Hitler wollte damit zeigen, daß er über den Dingen stand, und außerdem Ernst Röhm den nötigen Schutz geben. Dem homophoben Goebbels paßte das gar nicht. »Das darf nicht sein«, schrieb er am 27. Februar 1931 in sein Tagebuch, »die Partei als Dorado der 175erei. Dagegen werde ich mit aller Macht anrennen.«[11]

Politisch erfüllte Röhm schnell alle in ihn gesetzten Erwartungen. Es gelang ihm, Ausschreitungen wie die der letzten Monate zu unterbinden und die Spannung zwischen SA und Parteiorganisation abzubauen, selbst wenn sie bis 1934 niemals völlig verschwand. Die SA gewann immer mehr Mitglieder, auch außerhalb des traditionellen Freikorpsmilieus. Das erkannte sogar Goebbels uneingeschränkt an: »Der Stabschef Röhm hat das Wunder fertig gebracht, aus zerfahrenen und losen Gruppen eine feste und unzerreißbare Organisation zu formen.«[12] Zumindest nach außen befand sich die SA jetzt auf dem Legalitätskurs Hitlers und hatte jedem Putschgedanken abgeschworen.

Doch Röhms Erfolge verdankten sich nicht nur seinem Ruf als tüchtiger Offizier, sondern auch seiner eigenwilligen Personalpolitik. Schlüsselpositionen innerhalb der SA besetzte er bevorzugt mit homosexuell veranlagten Männern, die nun ihrerseits bestimmte Freunde auf bestimmte Stellen zogen. So wurde Röhms Liebhaber aus den zwanziger Jahren, Edmund Heines, den auch Hitler gut gekannt haben soll,[13] 1931 sein Stellvertreter und SA-Obergruppenführer von Schlesien,[14] und den überaus wichtigen Posten des SA-Gruppenführers von Berlin-Brandenburg übernahm ein weiterer Vertrauensmann aus alten Freikorpszeiten, Wolf Heinrich Graf von Helldorff, dem man einschlägige Verbindungen zur Berliner Homosexuellenszene und ein äußerst enges Verhältnis zu seinem Vorgesetzten nachsagte.[15] Jedenfalls galt er bis 1933 als »Röhms Vertrauensmann« in Berlin.[16] Eine sensationelle SA-Karriere durchlief auch Karl Ernst, der in den zwanziger Jahren in dem Berliner Homosexuellenlokal »Eldorado« die Bekanntschaft von Hauptmann Paul Röhrbein gemacht hatte, dem Führer der ersten Berliner SA.[17] Röhrbein stellte Ernst, der bald »Frau Röhrbein« genannt wurde, 1931 seinem alten Freund Röhm vor, und der förderte ihn nach Kräften. Schon im April 1931 war Ernst, nunmehr Röhms Liebling, Führer der SA-Untergruppe Ost, und ein Jahr später saß er im Deutschen Reichstag.

Die Folge solcher Seilschaften war, daß die SA nach und nach in den Ruf eines Ordens zum Zwecke gleichgeschlechtlicher Ausschweifungen geriet. Goebbels sah für die »Zukunft der S.A. sehr schwarz. Der Schatten des § 175 steht […] darüber.«[18] Und der Hamburger Kunsthistoriker Christian Isermeyer, selber homosexuell, erinnerte sich vor wenigen Jahren in einem Interview: »Ich habe auch Leute aus der SA kennengelernt. Die gaben 1933 in Berlin noch rauschende Feste. [...] Auf einem bin ich wohl auch mal gewesen. Irgend jemand, den ich kannte, hat mich dorthin mitgenommen. [...] Es war ganz sittsam, aber ausgesprochen schwul, nur Männer. [...] Na ja, die SA war damals erzschwul.«[19] Eugen Dollmann, zu der Zeit Student in München, berichtete ähnliches; in München hätten die Spatzen von den Dächern gepfiffen, »was in Röhms Häusern und denen seiner Helfer vorging«[20].

Auch im »Braunen Haus«, in der Adjutantur der Obersten SA-Führung, gelangten Homosexuelle zu politischem Einfluß, etwa der Röhm-Intimus Graf Spreti, der Nachfolger von Du Moulin Eckart, über dessen Neigungen man sich allerdings Widersprüchliches erzählte.[21] Hitler sah sich später (regierungsintern) sogar zu der Formulierung genötigt, daß nur »aus der unglücklichen Veranlagung des [ehemaligen] Stabschefs [...] die minderwertige Besetzung der SA-Führerstellen zu erklären«[22] sei. Die homoerotische Ausrichtung der SA wurde für die NS-Führung zu einer offenen Flanke, einem Einfallstor für politische Gegner, innerparteiliche Konkurrenten und braune Moralapostel. Daran änderten selbst Röhms Erfolge nichts.

Röhm in Bedrängnis

Die Ausschaltung des Berliner SA-Führers Walther Stennes gehörte zu den vordringlichsten Aufgaben, mit denen Hitler Ernst Röhm betraut hatte. Nachdem Stennes Ende März 1931 erneut gegen die Münchner Parteileitung gemeutert hatte, enthob Röhm ihn kurzerhand des Amtes.[23] Während im August des Vorjahres der NSDAP eine echte Krise drohte, war die Angelegenheit diesmal schnell zugunsten Hitlers erledigt, nicht zuletzt aufgrund der sorgfältigen Vorarbeit Röhms, der rechtzeitig ranghohe SA-Führer von Stennes weg zu Hitler gezogen hatte. Die für die nationalsozialistische Bewegung und ihr öffentliches Erscheinungsbild so wichtige politische Lage in der Reichshauptstadt war nun ein für allemal zugunsten Hitlers geklärt – dank Röhm.

Auch der Berliner Gauleiter Joseph Goebbels, der in den Auseinandersetzungen sein eigenes Spiel zu spielen suchte und dessen Position bis zuletzt undurchsichtig blieb, mußte sich einreihen. Vielleicht aus Groll über seine Hintansetzung, die ihn politisch zu marginalisieren drohte, vielleicht aus wirklicher Angst vor einer »Sexualisierung« der NS-Bewegung wandte er sich im Frühjahr 1931 offen gegen jenen Mann, der Hitlers Willen so erfolgreich exekutiert hatte. Bei allen möglichen Gelegenheiten machte er die bösartigsten Witze über Röhms Homosexualität und stellte auf diese Weise sicher, daß die Gerüchteküche auch weiterhin brodelte.[24] Goebbels zeigte sich jetzt immer stärker besorgt hinsichtlich des »§ 175. Da traue ich manchem nicht. Röhm? Man muß Hitler rechtzeitig warnen. Das wäre der Anfang vom Ende.«[25]

Einem Bericht der kommunistischen ›Roten Fahne‹ zufolge war die Berliner Gauleitung damals »ein Herd von Korruption und Intrigen« und wollte Röhm nach allen Regeln der Kunst demontieren. Kompromittierendes über den SA-Chef wurde nicht nur gestreut, sondern sogar meistbietend verkauft.[26] Auf einer Schriftleitersitzung des ›Angriff‹ forderte Goebbels den aus München angereisten Hitler-Getreuen Max Amann auf, »bei Hitler im Auftrage der norddeutschen Parteigenossen die Absetzung [des] Stabschefs [zu] verlange[n]«, weil Röhm aufgrund peinlicher Presseenthüllungen – unter anderem in der sozialdemokratischen ›Münchener Post‹[27] – »völlig untragbar« geworden sei.[28] Der Berliner Gauleiter stand nicht allein mit dieser Meinung.

Besonders der Stennes-Nachfolger und Hauptmann a.D. Paul Schulz unterstützte die Front der Röhm-Gegner in der Partei.[29] Gleich nach seiner Ernennung zum (kommissarischen) SA-Führer Ost hatte er den Schulterschluß mit dem angeschlagenen Gauleiter Goebbels gesucht, dem das gerade recht kam: »Schulz will politisch handeln. Damit würde meine Lage in Berlin mit einem Male wundervoll und klar.«[30] So suchten Goebbels und Schulz Ende Mai 1931 Hitler gemeinsam im »Kaiserhof« auf, um ihn für ein stärkeres Engagement in Preußen zu gewinnen: Der »Chef« müsse »mehr als bisher sein persönliches Schwergewicht nach hier oben legen«.

Aber Hitler »will nicht recht heran«, notierte Goebbels später. »Das wird sich einmal bitter rächen.«[31] Auch Schulz war »sehr ungehalten auf München« und setzte am 2. Juni 1931, wohl unmittelbar im Anschluß an eine »Aussprache« mit Goebbels,[32] einen geharnischten Brief an Hitler auf, von dem er, so ist wahrscheinlich, eine Kopie an seinen Freund und Vorgesetzten Gregor Strasser schickte. Jedenfalls hat dessen Bruder Otto den Brief Ende Juni dem Herausgeber der ›Münchener Post‹ zugespielt und damit erklärtermaßen »Hitler und die Bewegung treffen wollen«[33]. Nach der Veröffentlichung[34] war in der Münchner Parteizentrale laut Goebbels denn auch »alles in toller Aufregung«[35]. Und Röhm fand es »erschütternd«, mit derartigen »Angriffe[n] aus den eigenen Reihen« konfrontiert zu werden.[36]

Schulz wollte Hitler »die Gefahren aufzeigen, die m. E. die Verwendung sittlich nicht einwandfreier Personen an maßgebender Stelle nach sich ziehen muß«. In diesem Zusammenhang nannte er neben dem SA-Führer selbst den Stabschef beim Gausturm Berlin, Karl Ernst, dessen früheren Lebensgefährten Paul Röhrbein, Röhms Adjutanten Reiner und Graf Du Moulin Eckart sowie den »V-Mann« Dr. Meyer. Die engen Freunde des SA-Führers bildeten, so Schulz weiter, inzwischen eine »homosexuelle Linie«, die sich »von München nach Berlin« erstrecke und bei Röhm beginne. In den Berliner Homosexuellenlokalen spreche schon »jeder Strichjunge von den fabelhaften Beziehungen des ›Freundes‹ Röhrbein über Röhm zu Hitler«, und erschwerend komme hinzu, »daß Hauptmann Röhm aus seiner Einstellung absolut keinen Hehl [mache], sich im Gegenteil etwas zugute tut, seine Aversion gegen das weibliche Geschlecht in aller Öffentlichkeit kundzutun«. Auch wenn er, Schulz, den SA-Führer »für einen hochqualifizierten Offizier, unfähig jeder gemeinen Handlung halte«, müsse er doch dessen »hohe Stellung als Stabschef im Hinblick auf seine homosexuelle Veranlagung« beanstanden. Angesichts des öffentlichen Geredes darüber könne und dürfe »der oberste Führer der NSDAP daran nicht mehr ohne weiteres vorbeigehen. Es ist ja mittlerweile soweit gekommen, daß von marxistischer Seite aus die Nachricht kolportiert wird, daß Sie, hochverehrter Führer, auch homosexuell seien. Es bleibt eben breiten Schichten, auch der Intelligenz, unverständlich, daß im Braunen Hause weit mehr homosexuell veranlagte Führer sitzen.«

Überschritt schon der Brief selbst fast die Grenze der Zumutbarkeit, so war seine Veröffentlichung für die Hitler-Partei eine mittlere Katastrophe. An einer juristischen Behandlung der Angelegenheit konnte sie trotz gegenteiliger Behauptungen nicht wirklich interessiert sein. Die eingeleiteten Verfahren kamen denn auch »nicht vom Fleck«[37], mit anderen Worten: sie wurden verschleppt – und die Klagen gegen die ›Münchener Post‹ später sogar zurückgezogen. Statt dessen brachte die nationalsozialistische Presse einige halbherzige und wenig überzeugende Dementi und beschimpfte den »roten Pressesumpf« in einer Weise, die unmißverständlich zu erkennen gab, daß der Schlag der »Novemberverbrecher« gesessen hatte.[38] Schulz hatte einen Nerv getroffen und das, wie Goebbels es nannte, nationalsozialistische »Dorado der 175erei« erstmals mit dem »Führer« selbst in Verbindung gebracht. Nun war guter Rat teuer; Hitler zog es vor, zu alldem erst einmal zu schweigen – so wie schon 1928/29, als ihn der ehemalige Reichsmusikleiter Wilhelm Hillebrand aufgefordert hatte, homosexuelle NS-Funktionäre wie den Gauleiter Kube und den SA-Standartenführer Götting zu maßregeln.[39]

Die ›Münchener Post‹ berichtete noch in weiteren Artikeln über Röhms gleichgeschlechtliche Veranlagung. Sie bezog sich beispielsweise auf einen Spitzelbericht des schon erwähnten Dr. Meyer, eines Gefährten Röhms aus den frühen zwanziger Jahren, der dem SA-Chef eine Zeitlang als Zuträger gedient hatte und nun sein Wissen über dessen homosexuellen Freundeskreis zu Markte trug.[40] Doch der Kronzeuge kam nicht mehr dazu, vor Gericht auszusagen; am 15. Dezember 1931 fand man ihn erhängt in der Zelle eines Untersuchungsgefängnisses, wo er wegen Betrugs einsaß. Offizielle Todesursache: Selbstmord.[41]

Damit war Röhm allerdings noch nicht aus dem Schneider. Sein ganzer Haß richtete sich jetzt gegen Paul Schulz, den er aber trotz

Röhm nimmt die Parade der SA ab.

Mit Karikaturen wie der aus dem ›Roten Pfeffer‹ von Dezember 1933 versuchte die deutsche Exilpresse, den homosexuellen SA-Führer Ernst Röhm zu demontieren.

großer Anstrengungen vorerst nicht ausschalten konnte. Die innerparteiliche Stellung des SA-Chefs blieb bis Anfang 1932 gefährdet, denn Hitler machte einstweilen keine Anstalten, die Intrigen mit einem Machtwort zu beenden. Er hielt es für besser, die Angelegenheit in der Schwebe zu halten, und das ganze Jahr 1931 hindurch kam von ihm in der Sache keine Reaktion. Auch personalpolitisch unternahm er nichts, was Röhm hätte helfen können. Im privaten Kreis sagte Hitler laut Heinrich Hoffmann zwar, daß er Röhm wegen dessen Homosexualität »niemals einen Vorwurf machen oder Konsequenzen ziehen«[42] werde. Aber die politischen Unwägbarkeiten waren zu groß, um ihn in einer solchen Weise auch öffentlich zu verteidigen. Hitler schien es klüger, Röhm die Kastanien aus dem Feuer holen zu lassen. Womöglich hat er den »Fall Röhm« sogar als eine Art Versuchsballon verstanden, um zu sehen, wie die Öffentlichkeit den Vorwurf der Homosexualität aufnahm. Immerhin: Es war ja sein eigenes »Problem«, das er hier dem öffentlichen

Streit überantwortete, ohne dabei freilich selbst in Gefahr zu geraten. Diese Instrumentalisierung blieb natürlich sein Geheimnis, doch ohne Komplizen kam auch er nicht aus. Und wenn wir den »Fall Röhm« nun weiterbetrachten, können wir erkennen, wie das Ganze funktionierte.

Die folgenden Ereignisse lassen sich nur vor dem Hintergrund der machtpolitischen Konstellation Ende 1931 verstehen, als die für das nächste Frühjahr anberaumte Neuwahl des deutschen Reichspräsidenten zum beherrschenden Thema wurde. Die Regierung Brüning hatte mittels einer Verfassungsänderung versucht, die Amtszeit Hindenburgs um zwei Jahre zu verlängern, die dafür erforderliche Zweidrittelmehrheit im Reichstag jedoch nicht bekommen. Und so begann zur Jahreswende 1931/32 der Wahlkampf, noch zusätzlich verschärft durch fünf anstehende Landtagswahlen, nicht zuletzt in Preußen, wo die Sozialdemokraten ihre wichtigste politische Bastion verteidigen mußten. Hitler taktierte zunächst. Die Frage, ob die NSDAP Hindenburg unterstützen würde, ließ er lange unbeantwortet.[43]

Er war in einer schwierigen Lage und seine Entscheidung von weitreichender Bedeutung. Als Kandidat gegen Hindenburg anzutreten, der gemeinhin als eine über jeden Zweifel erhabene Integrationsfigur wahrgenommen wurde, war trotz des Zuspruchs seiner Mitstreiter mit einem großen persönlichen Risiko verbunden. Soviel war schließlich klar: ein Kandidat für das Amt des Staatsoberhauptes, also des Repräsentanten der gesamten Nation, mußte ganz anderen Maßstäben genügen als ein Parteiführer. Man würde sein Leben genauestens unter die Lupe nehmen, und die Autobiographie, die er in ›Mein Kampf‹ ausgebreitet hatte, nahmen ihm, wie er wußte, viele nicht ab. Zwischen den Erwartungen seiner Anhänger und dem Wissen um die eigenen Gefährdungen hin- und hergerissen, konnte sich Hitler wochenlang zu keiner Entscheidung aufraffen, und die fortdauernde Auseinandersetzung mit der ›Münchener Post‹ dürfte ihm den Entschluß noch zusätzlich erschwert haben. Erst am 22. Februar 1932 konnte der Propagandaleiter Goebbels

Hitlers Kandidatur bekanntgeben und die Kampagne eröffnen. Sie sollte, ja sie mußte den Nazi-Führer nicht nur als brillanten Politiker, sondern auch als integre Persönlichkeit anpreisen.

Dies spielte sich auf zwei ganz unterschiedlichen politischen Ebenen ab. Eine davon ist oft beschrieben und analysiert worden: die geniale Inszenierung des Hitler-Mythos. Joseph Goebbels schrieb immer neue Drehbücher für die öffentlichen Auftritte des »Führers«, der jede direkte Konfrontation mit Hindenburg vermied.[44] Der Propagandachef ließ den zum letzten Hoffnungsträger der Nation stilisierten NSDAP-Kandidaten unter der Parole »Hitler über Deutschland« per Flugzeug zu den Massenveranstaltungen einschweben. Der wachsenden Gefolgschaft schien es, als ob der Heilige Geist auf sie herniederkäme.

Die andere Ebene jener ins Mythische ausgreifenden Selbstinszenierung Hitlers ist weniger bekannt, aber nicht weniger wichtig: Absicherung von Machtchancen auf Kosten eines engen Vertrauten. Gemeint ist folgendes: Am 7. März 1932 veröffentlichte die linksliberale ›Welt am Montag‹ drei Briefe des SA-Stabschefs Röhm, die zwei Tage darauf in der ›Münchener Post‹ erschienen.[45] Auch andere sozialdemokratische Zeitungen heizten die Kampagne an.[46] Die Briefe, aus den Jahren 1928/29 stammend und äußerst vertraulich, waren an Röhms Freund und Arzt Karl-Günther Heimsoth gerichtet, der auch in Kontakt zu anderen homosexuellen Nazi-Führern stand. Im Frühjahr 1931 hatte Röhm versucht, sie wieder in seinen Besitz zu bringen, so zumindest teilte der Informant Dr. Meyer damals den Münchner Sozialdemokraten mit.[47] Kurz nachdem sie in den Zeitungen erschienen waren, wurden sie überdies als Broschüre gedruckt, zwei von ihnen sogar als faksimilierte Handschriften.[48] An der Echtheit der Briefe konnte so kein Zweifel aufkommen. Röhm bestätigte sie bald selbst.[49]

Der Herausgeber der Broschüre war ein gewisser Helmuth Klotz.[50] Im Ersten Weltkrieg Marineoffizier, danach Freikorpskämpfer, gehörte er 1920 zu den Mitbegründern der SA. Als enger Freund des späteren Obersten Parteirichters der NSDAP, Walter Buch, beteiligte er sich 1923 in München am Hitler-Putsch und kandidierte 1924 als Vertreter der völkischen Rechten für den Reichstag. In den folgenden Jahren wandelten sich seine politischen Ansichten; er wurde ein entschiedener Befürworter der Weimarer Demokratie und stand der SPD nahe. Seiner Publikation der Röhm-Briefe war im Februar 1932 die Veröffentlichung der Broschüre ›Wir gestalten durch unser Führerkorps die Zukunft‹ vorausgegangen, die im Titel eine nationalsozialistische Parole zitierte.[51] Darin legte Klotz eine akribisch recherchierte Liste mit Vorstrafen der SA-Führer vor, um dem Leser ein Bild von der moralischen Beschaffenheit der Nazi-Eliten zu vermitteln. Zusammen erreichten die Broschüren, die die SPD als Agitationsmaterial im Präsidentschaftswahlkampf verwendete, eine Auflage von 300.000 Exemplaren.[52]

Die Briefdokumentation, die unter dem Titel ›Der Fall Röhm‹ erschien, stellte den SA-Chef vor aller Welt bloß.[53] »Natürlich« kämpfe er mit bestimmten Absätzen seines Buches ›Die Geschichte eines Hochverräters‹ »gegen den § 175«, schreibt Röhm im ersten Brief an Heimsoth, er habe sogar »in dem ersten Entwurf eine nähere Ausführung über dieses Thema« gehabt, sie »aber auf den Rat von Freunden, die sich von dieser Art zu schreiben mehr Wirkung versprechen, in die jetzige Fassung geändert«. Und mit dem »Herrn Alfred Rosenberg, dem tölpelhaften Moralathleten, stehe ich in schärfstem Kampf. Seine [homophoben – L. M.] Artikel sind auch vor allem an meine Adresse gerichtet; da ich aus meiner Einstellung kein Hehl mache.«[54] Im zweiten Brief, am 25. Februar 1929 in der bolivianischen Hauptstadt La Paz verfaßt, spricht Röhm unter anderem von seinen »gleichgeschlechtlichen Gefühle[n] und Akte[n]« und seiner Abscheu gegen den »widernatürlichen Verkehr« mit Frauen.[55] Im dritten Brief schließlich, am 11. August 1929 aus dem bolivianischen Uyuni abgesendet, ruft er aus: »Was Sie über Berlin schreiben, hat wieder alle meine Sehnsucht nach dieser einzigen Stadt erweckt. Herrgott, ich zähle schon die Tage, wo ich dort wieder sein kann, und will hier wirklich, wenn's einmal möglich ist, sparen, damit ich dort etwas vom Leben habe. Das Dampfbad dort ist aber doch m. A. nach der Gipfel alles menschlichen Glücks. Jedenfalls hat mir dort die Art und Weise des Verkehrs ganz besonders gefallen. [...] Und nun sagen Sie auch unserem gemeinsamen Freunde Fritz Schirmer herzlichsten Gruß und geben ihm in meinem Namen – leider – einen Kuß. Nachdem Sie, wie ich hoffe, auch jetzt glücklich verheiratet sind mit ihm, widerrate ich natürlich dringendst einem Aufenthaltswechsel und einer damit verbundenen allenfallsigen Scheidung. Ich muß übrigens nachdrücklichst beanstanden, daß Ihr Herr Gatte (oder Frau Gemahlin?) kein Bild von sich beigelegt hat. Für derlei Dinge ist man hier äußerst empfänglich. (In diesem Zusammenhang bitte ich Sie übrigens herzlichst: Sie zeigten mir einmal eine so berückend schöne Bildersammlung einschlägiger Szenen. Sollten Sie in dieser Beziehung einige überflüssige Bildchen haben oder für mich erwerben können, so bitte, senden Sie mir bestimmt einige. Ich will Ihnen ewig danken.)«[56] – Woher hatte Helmuth Klotz diese brisanten Dokumente? Welche Interessen waren hier im Spiel, und was hatte das alles mit Hitler zu tun?

Nach Hitlers Machtübernahme 1933 ging Helmuth Klotz ins Pariser Exil. Als Frankreich 1940 besetzt wurde, geriet er in die Fänge von Himmlers Sicherheitsdienst und wurde nach Deutschland zurückgebracht, wo man ihn im Folterkeller zwang, über die Ereignisse des Jahres 1932 zu berichten. Seine Aussagen sind glaubwürdig, da der SD jederzeit die Möglichkeit hatte, ihre Richtigkeit zu überprüfen.[57]

Klotz zufolge ging die Veröffentlichung der Röhm-Briefe auf eine Initiative des preußischen Innenministeriums zurück, genauer gesagt auf drei ranghohe Beamte: den Staatssekretär Wilhelm Abegg, den Regierungsrat Rudolf Diels und den Pressechef Hans Hirschfeld. Von diesen drei Herren sei er »kurz vor der Reichspräsidentenwahl 1932« aufgefordert worden, die ihm als Fotokopien vorgelegten Briefe zu publizieren. Klotz will sich dagegen zunächst gesträubt haben: »Ich sagte [...], daß ich nicht den Standpunkt vertrete, man soll solche Dinge im politischen Kampf und in der Öffentlichkeit verwerten. Abegg erklärte, dies sei auch seine Meinung, aber Hirschfeld und Diels wollten nicht lockerlassen.« In der Tat ließ sich eine solche Sexualdenunziation nicht ohne weiteres mit dem in der deutschen Sozialdemokratie geltenden Anspruch politischer Moral vereinbaren. Doch dann »legte Diels – um seine Forderung zu scharfem Vorgehen zu unterstützen – einen Originalbefehl, der von Röhm selbst gezeichnet war, vor, in dem es u.a. hieß, daß in der SA kein Platz für Homosexuelle sei; gleichzeitig legte er Schriftstücke der NS-Reichstagspartei vor, wonach im Reichstag Sondergesetze gegen Homosexuelle verlangt würden«. Erst mit dem Verweis auf die heuchlerische Doppelmoral der Nationalsozialisten gelang es Diels, den zögerlichen Klotz am Ende doch noch zu überreden.[58]

Wahrscheinlich wurde die Entscheidung von Klotz, den »Auftrag« anzunehmen, aber zusätzlich von eigener Entrüstung getragen, besonders mit Blick auf eine mögliche Gefährdung der »deutschen Jugend«. Das legt jedenfalls die Bemerkung nahe, die er im September 1932 einer Neuauflage seiner Broschüre vorangestellt hat: »Der ›Fall Röhm‹ hat längst aufgehört, nur eine Privatangelegenheit des Hitlerschen Stabschefs zu sein. Der ›Fall Röhm‹ ist vielmehr zu einem öffentlichen Skandal ersten Ranges geworden, zu einer deutschen Schande. Zu einer Schande vor allem der Nationalsozialistischen Partei – einer Partei, die in ihren programmatischen Erklärungen die drakonischsten ›Strafen‹ gegen die Homosexuellen bis zur zwangsweisen Kastration zu fordern sich erdreistet, einen Hauptmann Röhm jedoch nach wie vor in seiner Stellung als Führer junger Menschen duldet und stützt. Ich wiederhole es: mit Herrn Röhm empfinde ich vielleicht Mitleid, mag er dessen würdig sein oder nicht. Jene aber, die – obwohl sie seit Jahr und Tag Kenntnis haben von der aggressiven Homosexualität des Stabschefs Röhm! – ihn zu seinem Amt von neuem berufen haben, verachte ich auf das tiefste und werde ich bekämpfen bis aufs Messer. Sie klage ich an, bewußt und vorsätzlich der homosexuellen Verseuchung der deutschen Jugend Schergendienste geleistet zu haben!«[59]

Klotz erzählte dem SD ferner, wie Rudolf Diels während des Gesprächs im Innenministerium reagierte, als er dem Drängen schließlich nachgab: »Diels gratulierte mir und bemerkte, die Frauen würden mir ewig dankbar sein.« Und weiter heißt es: »Ohne die aktive Mitwirkung des damaligen Regierungsrats Diels und ohne sein ständiges Drängen wäre die Aktion Röhm nie unternommen worden, [...] Diels war der tatsächliche Einpeitscher der Aktion.«[60] Warum aber hatte dieser Ministerialbürokrat ein solch brennendes Interesse an der öffentlichen Demontage des SA-Chefs?

Rudolf Diels war in der Politischen Abteilung des preußischen Innenministeriums als Dezernent für die Bekämpfung des Linksradikalismus (sprich: der KPD) und für die Spionageabwehr zuständig; innerhalb der preußischen Administration hatte er indes weit größeren Einfluß, als sein Dienstrang vermuten läßt. An der Spitze des Ministeriums stand Carl Severing, einer der prominentesten sozialdemokratischen Politiker der Republik und als kompromißloser Gegner von Nationalsozialisten und Kommunisten geradezu eine Symbolfigur des »Systems von Weimar«. In den beiden extremistischen Lagern wurde er abgrundtief gehaßt. Wie ein Hinweis seiner Autobiographie zeigt, war Severing übrigens in die Angelegenheit der »Röhm-Briefe« eingeweiht, wenngleich er dabei nach außen nicht in Erscheinung trat.[61]

Doch zurück zu Diels, dessen politische Haltung Helmuth Klotz folgendermaßen skizziert: »Abegg schilderte mir Diels als einen überzeugten Republikaner und Demokraten, der ein tiefer Verehrer Severings sei [...], vor allem sei Diels ein überzeugter Feind der Nationalsozialisten, mir gegenüber sprach Diels mehrfach in hohem Maße verächtlich, ja zynisch vom Nationalsozialismus [...]. Er könne einfach nicht begreifen, wie ein sonst so vernünftiger Mensch wie ich sich am Putsch vom Jahre 1923 habe beteiligen können.«[62]

Gut geheuchelt, denn Diels war nicht der flammende Republikaner und Demokrat, den seine Kollegen in ihm sahen. Ein Lebenslauf, den er 1935 – inzwischen war er »SS-Standartenführer« – schrieb, bringt Licht ins Dunkel: »1930 wurde ich in das Ministerium des Innern berufen, wo ich alsbald Dezernent zur Bekämpfung der kommunistischen Bewegung wurde. Nach dem 20. Juni 1932 [richtig: Juli 1932[63] – L. M.] wurden meine Befugnisse zur Bekämpfung des Kommunismus bedeutend erweitert, und ich konnte mich bereits damals im engsten Einvernehmen mit den führenden Männern der NSDAP der Vorbereitung der Niederwerfung des Kommunismus in Deutschland widmen. Nach der Machtergreifung von dem Ministerpräsidenten [Göring – L. M.] zum Leiter des Geheimen Staatspolizeiamtes und zum Polizei-Vizepräsidenten von Berlin ernannt, war ich auf Grund der schon in Erwartung der Machtergreifung getroffenen Vorbereitungen im preußischen Staatsgebiet unter dem Befehl des Ministerpräsidenten Göring in der Lage mitzuhelfen, die kommunistische Gefahr mit Beschleunigung und lückenlos zu beseitigen. Mitte 1934 schied ich auf meine wiederholten, dem Ministerpräsidenten und dem Führer vorgetragenen Bitten aus der Leitung der Geheimen Staatspolizei aus und wurde zum Regierungspräsidenten in Köln ernannt.«[64]

Doch vollständig wird das Bild erst, wenn man weiß, daß Diels schon im März 1932, also um die Zeit der Veröffentlichung der Röhm-Briefe durch Helmuth Klotz, »Förderndes Mitglied« der SA wurde und daß der Oberste SA-Führer ihn kurz darauf, nämlich 1933, auch noch zum Ehrenführer ernannte. Oberster SA-Führer war bekanntlich seit September 1930 Hitler!

Diels stand in auffallend gutem persönlichem Kontakt zum »Führer«. Das läßt sich selbst noch seiner arg geschönten Autobiographie ›Lucifer ante portas‹ entnehmen, die 1949 erschien. Hier schildert er beispielsweise, wie er im unmittelbaren Auftrag Hitlers Material gegen Röhm sammelte und sich mit dem »Führer« ausführlich über das Thema Homosexualität unterhielt. Darüber hinaus berichtet er breit von den gegen die SA gerichteten Aktionen.[65] Zwar beschränkten sich seine Aktivitäten angeblich auf die Jahre 1933 und 1934, aber im Legen von falschen Fährten kannte sich Diels nachweislich ja bestens aus.

Überhaupt ist auffällig, daß Diels in den Memoiren mit keinem Wort auf die Frage eingeht, wie er denn als überzeugter Republikaner so schnell zu einem vertraulichen Umgang mit Göring und, mehr noch, Hitler kommen konnte, was den »Führer« bewogen haben mag, ihn mit so heiklen Aufgaben zu betrauen, und warum

Hitlers früherer Agent, Ministerialrat Rudolf Diels (r.), nach seiner Beförderung zum Chef der Gestapo und SS-Offizier im Gespräch mit Heinrich Himmler; 1933.

die beiden Nazi-Größen gerade ihm, einem vermeintlichen Sozialdemokraten, den Aufbau der Gestapo übertrugen. Die Antwort lautet: Diels war seit 1932, vermutlich von Hitler selbst instruiert, informeller Mitarbeiter der NSDAP. Das legen die Zeugnisse nahe, die dem öffentlichen Ankläger gegen Diels 1948 beim Spruchgericht Bielefeld vorgelegt wurden.[66] So baute er nicht nur Kontakte zur SPD auf, sondern auch zur SA, freundete sich mit dem Berliner SA-Führer und Röhm-Vertrauten Karl Ernst an, ja ging bei ihm ein und aus,[67] ohne daß SPD oder SA je auf die Idee kamen, es hier mit einem Spitzel zu tun zu haben, der für den »Führer« arbeitete.[68] Was Diels antrieb, hat ein damaliger Kollege von ihm, Hans Bernd Gisevius, später so beschrieben: »Als die braune Flut unaufhaltsam heranrollte, etwa ab 1931, befiel unseren ungetreuen Korpsstudenten bange Sorge. Hatte er nicht karrieremäßig auf die falsche Karte gesetzt? Diels begann, seine polizeilichen Materialien der Opposition zuzuspielen, erst den Nationalen, dann den Nazis.«[69] Auch Walther Korrodi, einem anderen Kollegen, war Diels' »Verräterrolle« nicht verborgen geblieben, er hielt ihn für einen Menschen von »erschreckender Charakterlosigkeit und Gewissenlosigkeit«[70]. Es ist so gut wie ausgeschlossen, daß Diels ohne Hitlers ausdrückliche Order die Skrupellosigkeit besessen hätte, ein solch heißes Eisen wie die »Röhm-Briefe« anzupacken. Erst im Jahr zuvor hatte der NSDAP-Chef ja noch lauthals verkündet: »Es geschieht nichts in der Bewegung [...], ohne daß ich es weiß und ohne daß ich es billige. Ja, noch mehr, es geschieht gar nichts, ohne daß ich es wünsche.«[71]

Wie beschaffte sich Diels die Unterlagen, mit denen er die Intrige gegen Röhm so trefflich zu arrangieren vermochte? Um dies zu beantworten, müssen wir einen Blick zurück ins Jahr 1931 werfen. Damals ermittelte die Berliner Staatsanwaltschaft wegen »widernatürlicher Unzucht« gegen Röhm, offenbar als Reaktion auf die Gerüchte, die von der Berliner Gauleitung der NSDAP über den SA-Chef verbreitet worden waren.[72] Einem Hinweis von Otto Strasser folgend, führte sie dann am 13. Juli 1931 eine Hausdurchsuchung bei Dr. Heimsoth durch und beschlagnahmte bei dieser Gelegenheit die drei freimütigen Briefe, die später in der genannten Broschüre erscheinen sollten.[73] Sie wurden der ebenfalls gegen Röhm ermittelnden Münchner Staatsanwaltschaft überlassen. Schon bald allerdings schlief die ganze Sache wieder ein, weil man Röhm keinen wirklichen Verstoß gegen den Paragraphen 175 nachweisen konnte. Er hatte zwar zugegeben, »bisexuell veranlagt zu sein« und »in dieser Richtung schon öfters mit jungen Burschen zu tun gehabt« zu haben. Aber: »Strafbaren Verkehr nach § 175 pflege ich nicht«[74] – ein Standardargument aller Beschuldigten, das in der Tat nur schwer zu widerlegen war.

Erst im Februar 1932, unmittelbar vor der Bekanntgabe von Hitlers Kandidatur für die Reichspräsidentenwahlen, kam wieder Leben in die Angelegenheit. Das geht aus einem Bericht des Staatsanwaltsrats Dr. Kreismann vom preußischen Justizministerium hervor. Er habe, schreibt Kreismann, von seinem Vorgesetzten am 11. Februar den »unverzüglich« auszuführenden Auftrag erhalten, die Akten des Falles »Röhm und Genossen« anzufordern, darunter auch die aus München. Nachdem die dortige Staatsanwaltschaft das Konvolut zunächst als nicht entbehrlich bezeichnet hatte, habe er die Weisung erhalten, »die Münchener Akten nebst sämtlichen Beistücken telegrafisch zu erfordern und die Rücksendung binnen 1 Woche zuzusichern«[75]. Offenbar suchte man in Berlin also etwas ganz Bestimmtes in den Münchner Akten: die kompromittierenden »Röhm-Briefe«. Die Staatsanwaltschaften unterstanden zwar den jeweiligen Justizministerien, wechselseitige Akteneinsicht im Zuge der Amtshilfe war aber im Bereich der Ziviladministration durchaus üblich. So konnte nur wenige Tage nachdem die Münchner Materialien in Berlin eingetroffen waren, im preußischen Innenministerium das Gespräch mit Helmuth Klotz stattfinden.

Als im Februar 1932 der Präsidentschaftswahlkampf anstand, muß Hitler die Sache der Röhm-Denunzianten zu seiner eigenen gemacht haben. Einmal, so kann man vermuten, um den SA-Chef in der Hand zu haben, mehr aber noch, um sich selbst vor ähnlich gearteten Angriffen zu retten. Denn es kursierten ebenfalls Gerüchte über eine gleichgeschlechtliche Veranlagung Hitlers, die beispielsweise der Berliner Polizeipräsident Albert Grzesinski durchaus ernst nahm.[76] Des weiteren fällt auf, daß der Naziführer sich schon längere Zeit, nämlich seit 1931, für die Heimsoth-Papiere interessierte. Doch seine Informanten mußten ihn enttäuschen: »Die bei Dr. Heimsoth beschlagnahmten Briefe«, heißt es in einem Geheimbericht an die Parteileitung, »sind von der Staatsanwaltschaft (auch evtl. durch einen Einbruch) nicht zu bekommen.«[77] Ein halbes Jahr später sah das bereits anders aus. Nun besorgte Diels alles, was für sein Ränke- und Verwirrspiel vonnöten war: das belastende Material, Strohmänner und ein Argumentationsschema, das die geplante Sexualdenunziation auch für Sozialdemokraten akzeptabel machte.

Überdies muß Diels es fertiggebracht haben, selbst den preußischen Ministerpräsidenten Otto Braun für die Aktion zu interessieren. Anders läßt sich nicht erklären, warum dieser ausgerechnet mit den »Röhm-Briefen« Politik machen wollte. Das beweist die Übersendung der Dokumente »im photographischen Abzug« an den deutschen Reichskanzler Heinrich Brüning am 4. März 1932, die Braun wie folgt begründete: »Ich unterlasse es, in diesem Schreiben den Inhalt der Briefe auch nur anzudeuten. Ich bitte Sie aber, die Briefe selbst dafür um so eingehender zur Kenntnis zu nehmen, und wäre dankbar, wenn sie auch dem Herrn Reichspräsidenten zur Kenntnis gebracht würden, um ihm ein Bild von der Person des Mannes zu geben, der sich als Führer der nationalsozialistischen Sturmabteilungen der besonderen Schätzung des Parteiführers Hitler erfreut.«[78] Brüning hielt sich in der Angelegenheit bedeckt, obwohl sie ihn lebhaft interessierte.[79] Er hatte wohl Angst, von den Sozialdemokraten eingespannt zu werden.[80] Möglicherweise beeinflußten ihn aber auch Reichswehrminister Groener und Generalmajor von Schleicher, denen die Röhm-Kampagne »äußerst mißfallen haben« soll.[81]

Doch das ist hier sekundär. Die Frage, die uns beschäftigen muß, lautet: Was wollte Hitler mit dem Verschwörungsszenario erreichen?

Ein Interpretationsvorschlag

Einige wenige Zeitgenossen ahnten bereits, was hier gespielt wurde. Zum Beispiel der ehemalige Oberste SA-Führer Franz Pfeffer von Salomon, der über die Stennes-Krise gestürzt war: »Hitler berief Röhm nicht trotz, sondern wahrscheinlich auch wegen seiner Veranlagung«, sagte er nach dem Krieg. Die Homosexualität Röhms sei »ein jederzeit verwertbarer Angriffspunkt« gewesen. Hitler, so Pfeffer weiter, habe Schlüsselpositionen am liebsten mit Männern besetzt, »die einen schwarzen oder schwachen Punkt hatten, bei denen er daher jederzeit die Notbremse ziehen konnte, wenn ihm dies nötig schien«. Außerdem habe er so die gesamte SA in Schach halten können: »Je mehr sich die Beliebtheit und die Stellung Röhms bei der SA festigte, desto tiefer mußte die SA durch dessen in Unehre erfolgte Absetzung getroffen werden.«[82]

Hitlers Kalkül wird tatsächlich so oder ähnlich ausgesehen haben. Ja, der »Fall Röhm« liefert geradezu ein Paradebeispiel für seine Strategie innerhalb der engsten Gefolgschaft: die Übertragung »großer« Aufgaben und einflußreicher Positionen; das Garantieren weitgehender Handlungsfreiheit in der alltäglichen Amtsausübung; das Ausfindigmachen des »schwarzen oder schwachen« Punktes; schließlich die Drohung mit der »Notbremse«. Resultat: völlige Abhängigkeit, ja Hörigkeit des Gefolgsmannes. Man könnte die nationalsozialistische Führungsriege im einzelnen durchgehen und fast überall auf genau dieses Schema treffen: Faszination, Schmeichelei, Korrumpierung, Erpressung.

1932, in einem Augenblick tiefer Resignation, hat Röhm Kurt Lüdecke gegenüber offen eingestanden, daß »meine Verletzbarkeit mich ihm [Hitler – L. M.] ausgeliefert« hat. Das sei »eine schreckliche Sache«, denn er habe nun ein für allemal seine »Unabhängigkeit« verloren. Lüdecke wisse ja selbst, wie Hitler einen »fertigmachen« könne. »Dabei waren es doch wir selbst, die ihn zu dem gemacht haben, was er jetzt ist.« Seine, Röhms, Lage sei äußerst »prekär«. »Doch ich halte an meiner Aufgabe fest und folge Hitler blindlings, loyal bis zum Äußersten; mir bleibt keine andere Wahl.«[83]

Durch den sogenannten »Schulz«-Brief war Hitler selbst in den Verdacht der Homosexualität geraten, und 1932 stand diese Mutmaßung noch immer im Raum. Ebendeshalb beschworen ihn hohe Parteifunktionäre wie etwa Konstantin Hierl auch so eindringlich, Röhm zu entlassen, um nicht selbst Opfer der Ereignisse zu werden: »Es kommt den Gegnern gar nicht in erster Linie darauf an, Röhm persönlich, sondern die Bewegung an einer tödlich empfindlichen Stelle zu treffen und vor allem Sie persönlich mit einem Makel zu belasten, und das ist für uns alle das Unerträglichste.«[84] Sogar parteiinterne Mordpläne gegen Röhm und seinen Kreis wurden im Frühjahr 1932 bekannt.[85] Hitler jedoch zog sich auf andere Weise aus der Affäre: dadurch nämlich, daß er den bedrohlichen Spieß noch stärker in Richtung Röhm lenkte. Aber während Röhms Gegner diesen tatsächlich zu stürzen versuchten, wollte Hitler möglichst lange an ihm festhalten; er verschärfte zwar die Rufmordkampagne, dachte jedoch vorerst nicht daran, seinen Stabschef fallenzulassen. Statt dessen beabsichtigte er, sich als Kamerad und Ehrenmann zu präsentieren, der derart schäbige Angriffe zutiefst verabscheut, ja, er wollte zeigen, daß »Treue« für den »Führer« kein leeres Wort war. Am 6. April 1932, kurz vor dem entscheidenden zweiten Wahlgang für die Präsidentschaftswahlen, erklärte er öffentlich: »Oberstleutnant Röhm bleibt mein Stabschef, jetzt und nach den Wahlen. An dieser Tatsache wird auch die schmutzigste und widerlichste Hetze, die vor Verfälschungen, Gesetzesverletzungen und Amtsmißbrauch nicht zurückschreckt und ihre gesetzesmäßige Sühne finden wird, nichts ändern.«[86] So etwas nennt man abgefeimt.

Hitler zielte mit dem Schachzug indes weniger auf seine Gefolgschaft, die für sein Vorgehen ohnehin nur Kopfschütteln übrig hatte,[87] als auf die breite Öffentlichkeit. Schließlich fiel die Affäre in eine für den politischen Durchbruch der nationalsozialistischen Bewegung entscheidende Phase. Man stehe »kurz vor der nationalsozialistischen Machtergreifung«, schrieb der ›Völkische Beobachter‹ damals.[88] Den Röhm-Skandal ausgerechnet in den heißen Wahlkämpfen des Frühjahrs 1932 privatpolitisch auszuschlachten, mutet mithin fast absurd an, wenn man allein auf das damit verbundene Maß der moralischen Diskreditierung blickt; von der öffentlichen Demontage seines Stabschefs allein konnte sich Hitler in der Tat keinen Imagegewinn versprechen. Aber merkwürdigerweise gewann er im Zuge des Röhm-Skandals dennoch an Popularität. Warum?

Die politische Linke bestritt den Wahlkampf in emotionaler Hinsicht nahezu ausschließlich mit der Kampagne gegen »Röhm und Genossen«.[89] Begierig stürzte sie sich auf die ihr zugespielten Dokumente, hoffte sie doch, mit Beweisen für die Homosexualität des SA-Chefs den verhaßten Gegner zu vernichten. Daß Hitler den

Köder auswarf, um sich selbst inszenieren zu können, sah sie nicht. Das allerdings wäre auch zuviel verlangt gewesen, denn der Enthüllungsstoff, über den sie nun verfügte, war von der Art, wie ihn politische Feinde sich nur erträumen können. Und während die Gegner der Nationalsozialisten ganz und gar auf das Skandalopfer Röhm fixiert waren, konnte sich der den Niederungen des Parteiengezänks enthobene »Führer« als nationaler Messias profilieren. Die Sozialdemokratie stand mit ihrer Offensive bald allein da. Fast schon verzweifelt schrieb der ›Vorwärts‹: »Man sollte meinen, daß diese Meinung [Entrüstung über die sexuellen Ausschweifungen in der SA – L. M.] Allgemeingut der politischen Kreise wäre. Aber weder die Rechtsparteien noch vor allem die protestantischen Pfarrer, die für Hitler die Trommel rühren, nehmen an der Röhmosexualität irgendeinen Anstoß!«[90]

Die Kampagne verfehlte ihr Ziel. Kaum jemand hat das deutlicher ausgesprochen als Klaus Mann, der 1934 die politische Wirkungslosigkeit des »falsch und unwürdig geführten Kampf[es]« so erklärte: »Jene, die man gegen ihn [Röhm – L. M.] einnehmen wollte, glaubten die Geschichte teils nicht, teils fanden sie nichts dabei; die andren aber, die sich entrüsteten, hatten ihn schon wohl vorher nicht gemocht. Die Tatsache, daß Hitler sich damals vor ihn stellte und den, in einem spießbürgerlichen Sinn, Kompromittierten weiter deckte, warf – zum ersten und zum letzten Mal – ein fast sympathisches Bild auf die verhaßte Kumpanei. Der Schlichteste mußte sich sagen: das ist fein, der Hitler hält zu seinem Soldaten, was die Zeitungen auch aus seinem Privatleben schwatzen.«[91]

So prallte der moralische Protest gegen die SA-Führung an Hitler, der sich in jenen Wochen mit großem propagandistischem Aufwand eine staatsmännische Fassade aufgebaut hatte, völlig ab. Mehr noch, Goebbels machte ihn jetzt zu einem »Mann, der nicht nur als Politiker, sondern auch als Mensch bei allen, die ihn kennen, die höchste Liebe und Verehrung genießt«[92]. Natürlich war diese »private« Seite des »Führers« ein propagandistisches Kunstprodukt, aber die wohlarrangierten Szenen, die ihn der Öffentlichkeit als guten Kameraden präsentierten und seine »charakterlichen Qualitäten« herausstrichen, verfehlten ihre Wirkung nicht: Die Karikaturisten beschäftigten sich mit »Röhm und Genossen« weit mehr als mit dem »Führer«.

Hindenburg wurde zwar wiedergewählt, doch Hitler, der im Unterschied zu dem alten Mann Jugend, Kraft und Zukunft verkörperte, konnte mehr Wählerstimmen auf sich vereinigen als je zuvor. Im April gelang es ihm, die letzte bedeutende Bastion zu schleifen, die den Verteidigern der Weimarer Republik noch verblieben war: den preußischen Landtag. Und bei den vorgezogenen Reichstagswahlen vom 31. Juli 1932 erzielte die NSDAP erneut einen fulminanten Wahlsieg. Sie war jetzt die mit Abstand stärkste politische Kraft in Deutschland. Hitlers Machtübernahme schien vielen nur noch eine Frage der Zeit.

Hitler muß einlenken

Wie reagierte Röhm auf die Angriffe gegen seine Person? Wie ging er mit dem Ränkespiel um, dessen Urheber er nicht kannte? Obwohl er wußte, wie prekär seine Lage war, reichte er zunächst eine Unterlassungsklage gegen Helmuth Klotz ein.[93] Bereits am 7. September 1932 hatte der allerdings das letztinstanzliche Urteil erstritten, das ihm erlaubte, »die Briefe des Hauptmanns Roehm zum Zwecke des Schutzes der deutschen Jugend vor homosexueller Entartung zu veröffentlichen«[94]. Ebenso klar setzte sich Klotz gegen das Goebbelssche Hausorgan ›Der Angriff‹ durch; das Berliner Kammergericht bestätigte am 13. November 1932 noch einmal ausdrücklich »die Echtheit der Roehmbriefe« und verurteilte die Redaktion auch noch zur »Veröffentlichung dieser Entscheidung im Hauptblatt der Zeitung«.[95]

Nach den damaligen Maßstäben öffentlicher Moral hätte Röhms Karriere spätestens jetzt, als seine Homosexualität gleichsam amtlich war, zu Ende sein müssen.[96] Hindenburg soll denn auch im vertrauten Kreis lakonisch gesagt haben, daß man zu Kaisers Zeiten einem Offizier wie Röhm eine Pistole auf den Schreibtisch gelegt hätte; und wenn der diesen Wink nicht hätte begreifen wollen, dann wäre der Schuft als ehrlos davongejagt worden.[97] Doch nichts dergleichen geschah. Zu dem Zeitpunkt, als sich die Justiz über die ganze Angelegenheit ein Urteil gebildet hatte, war das Thema »Homosexualität in der SA« schon längst wieder aus den Schlagzeilen verschwunden. Auch zu personellen Konsequenzen in der NS-Führung war es nicht gekommen. Ernst Röhm, der nach eigener Einschätzung in der ersten Jahreshälfte noch mit dem Rücken zur Wand gestanden hatte, saß Ende 1932 politisch wieder fest im Sattel. Wie ist das zu erklären?

Daß die SA angesichts der Schwierigkeiten, die die Hindenburg-Kamarilla Hitler seit Sommer 1932 machte, von diesem zwecks allgemeiner Einschüchterung gebraucht wurde, kann nur ein Teil der Antwort sein. Denn Röhm wurde trotz seines tiefen Falls noch im Herbst 1932 von Hitler wieder dermaßen aufgewertet, daß selbst einige von dessen getreuesten Anhängern die kalte Wut packte.[98] Den »Freund« erneut zu fördern, war eine mehr oder weniger einsame Entscheidung, die Hitler aus ganz persönlichen Gründen getroffen haben muß.

Womöglich brachte Hitler den »Fall Röhm« am 8. November 1932 bei einem Treffen in München zur Sprache, wo er seine wichtigsten Leute auf die neuen parteipolitischen Aufgaben nach den Reichstagswahlen einschwor.[99] Nur einen Tag zuvor hatte Mend ihm übrigens mit Enthüllungen gedroht, und aus derselben Zeit stammt Hitlers Ausspruch, er »stehe und falle mit Röhm«[100]. Es folgte die »Ernennung Dr. Luetgebrunes zum Obersten Rechtsberater der Obersten SA-Führung durch den Führer persönlich«[101]: Luetgebrune war jener Anwalt, den Hitler noch vor wenigen Wochen wegen dessen Verteidigungspolitik in Sachen Röhm barsch abgekanzelt hatte.[102] Plötzlich tat Hitler alles, um Röhm zu stärken. Und es gelang ihm: Seit 1933 zählte der SA-Chef wieder zu den mächtigsten Zentralfiguren der NS-Prominenz.

Den propagandistischen Grundstein für dessen parteioffizielle Rehabilitierung legte Rechtsanwalt Luetgebrune mit der Schrift ›Ein Kampf um Röhm‹, die Anfang 1933 erschien. Sie strich die unverbrüchliche Freundschaft zwischen Röhm und Hitler heraus, »der nicht einen Augenblick den Kameraden im Stich gelassen hat«[103]. »Als Rechtsanwalt und als Freund des öffentlich angegriffenen Stabschefs« wollte Luetgebrune angeblich »Dinge klarstellen, die durch hundertfältige öffentliche Erörterung bewußt verzerrt dem deutschen Volke vorgegaukelt werden sollten«. Um die Frage, »ob die Annahme einer besonderen Sexualanlage bei Röhm zutrifft«, gehe es überhaupt nicht. »Es muß vielmehr einmal ganz klargestellt werden, daß die geschlechtliche *Veranlagung* eines Menschen an sich mit Moral und Anstand gar nichts zu tun hat.« Schon gar nicht bei einem Charakter wie Röhm: »Wichtiger für das Wohl des Vaterlandes ist, daß einer in Zeiten der Not und Schande, der Ohnmacht und Wehrlosigkeit ein Kämpfer und Kerl ist, als daß er Moralheucheleien einer untergehenden Gesellschaftsschicht, aus Angst anzustoßen, überall Rechnung trägt.« Es sei ein widerwärtiger und schändlicher Rufmord, der mit dieser »dem männlichsten Mann angedichtete(n) Eigenschaft« verübt worden sei; namentlich »marxistische Kreise« und »die gesamte Judenpresse« hätten sich der »Ausnützung sexueller Anwürfe« schuldig gemacht. Schlimm sei aber auch der politische »Mißbrauch der Justiz«, durch den die SPD-Regierung in Preußen die Schmutzkampagne überhaupt erst ermöglicht habe. Dennoch sei dieser »häßlichste und gemeinste Kampf« zum Scheitern verurteilt gewesen, denn Röhm habe den unwürdigen Angriffen »mit soldatischem Gleichmut und unbesiegbarer Kampflust« getrotzt. Dabei wäre es »dem Stabschef ein Leichtes gewesen, mit gleichen Mitteln einen Abwehrkampf in einen gleichgerichteten Angriffskampf zu verwandeln. Material stünde ihm wahrlich reichlich zur Verfügung, um die Sittenrichter ein für allemal zum Schweigen zu bringen.«

Für Ernst Röhm war das ein »Persilschein«. Auch ein letzter Versuch von Parteirichter Walter Buch, diese Kehrtwende in einer persönlichen Unterredung mit Hitler im Mai 1933 zu verhindern, schlug fehl, obwohl er ein »dickes Paket« voller Klage- und Beschwerdebriefe in Sachen Röhm mitgebracht hatte. Das alles seien Verleumdungen, wehrte der »Führer« ab und verstieg sich sogar zu

Nach der Machtübernahme Hitlers im Januar 1933 durfte sich Ernst Röhm für kurze Zeit als der zweite Mann im Staat fühlen – sehr zum Leidwesen seines Rivalen Joseph Goebbels.

der Behauptung, Röhm »habe viel zu viel Freude an Frauen, um auf derlei Dinge zu verfallen«[104].

Das ganze Jahr über war Röhm auffallend häufig bei öffentlichen Veranstaltungen und Feierlichkeiten mit Hitler zu sehen, und zwar als ebenbürtige Leitfigur der »Bewegung«. Auf dem Reichsparteitag der NSDAP im September 1933 hatte es dann fast den Anschein, als ob die Nationalsozialisten mittlerweile zwei »Führer« besäßen. Kurz darauf durfte Röhm mit einem spektakulären Erlaß[105] den »Heuchlern, Muckern und Trägern verdrängter Komplexe« innerhalb und außerhalb der Partei den Kampf ansagen, und es kann überhaupt kein Zweifel bestehen, daß die darin artikulierte Entrüstung über die »lächerlichen Auswüchse von Prüderie und Schlimmerem« im Jahr zuvor noch völlig undenkbar gewesen wäre. Jetzt aber konnte sich der Oberste SA-Führer ungeniert als Freigeist präsentieren. Sein 46. Geburtstag am 28. November 1933 wurde wie ein Staatsfeiertag begangen, und einen Monat später setzte Hitler bei Hindenburg sogar Röhms Ernennung zum Minister durch. Für den betagten Reichspräsidenten, der noch ein Jahr zuvor erklärt hatte, »es sei ihm geradezu widerlich gewesen«, bei einer Audienz »dem ›Hinterlader‹ (Hauptmann Röhm) die Hand zu geben«[106], war die staatspolitische Firmung des SA-Chefs gewiß eine Zumutung.

Zum Jahreswechsel 1933/34 schrieb Hitler an Röhm einen Brief, der zusammen mit anderen Glückwunschschreiben an diverse NS-Größen im ›Völkischen Beobachter‹ erschien und durch einen besonders herzlichen und vertrauensvollen Tonfall auffiel.[107] Der »Führer« hatte sich sichtlich Mühe gegeben: »Als ich Dich, mein lieber Stabschef, in Deine heutige Stellung berief, durchlebte die SA eine schwere Krise. Es ist in erster Linie Dein Verdienst, wenn schon nach wenigen Jahren dieses politische Instrument jene Kraft entfalten konnte, die es mir ermöglichte, den Kampf um die Macht durch die Niederringung des marxistischen Gegners endgültig zu bestehen. Am Abschluß des Jahres der nationalsozialistischen Revolution drängt es mich daher, Dir, mein lieber Ernst Röhm, für die unvergänglichen Dienste zu danken, die Du der nationalsozialistischen Bewegung und dem deutschen Volke geleistet hast, und Dir zu versichern, wie sehr ich dem Schicksal dankbar bin, solche Männer wie Dich als meine Freunde und Kampfgenossen bezeichnen zu dürfen. In herzlicher Freundschaft und dankbarer Würdigung, Dein Adolf Hitler.« Mit dem überschwenglichen Schreiben bescheinigte Hitler Ernst Röhm nicht nur, wesentlich am Aufbau des Dritten Reiches mitgewirkt zu haben, es enthielt darüber hinaus eine versteckte Botschaft, deren Kernsatz lautete: Wer Röhm angreift, greift den »Führer« an. Damit schien Röhms Machtposition ein für allemal gesichert und ein Mann rehabilitiert, der erst wenige Monate zuvor aus der Gemeinschaft »gutdeutscher« Wohlanständigkeit ausgegrenzt und dem Spott des Volkes ausgesetzt worden war.[108]

Im übrigen hatte Hitler auch keine Bedenken, (frühere) Gefährten Röhms zu fördern. So ernannte er Karl Ernst zum Führer der SA-Gruppe Berlin-Brandenburg, womit der ehemalige Kellner aus dem Homosexuellenmilieu quasi einen Generalsrang einnahm. Ernst soll freilich auch der »Lieblings-SA-Führer des Reichskanzlers« gewesen sein, so daß Göring ihn überdies noch zum Preußischen Staatsrat machte. In der Partei wunderte man sich nicht wenig über Hitlers Entscheidung, »den üblen Gesellen Ernst so sichtbar auszuzeichnen«, denn vielen galt er als »amoralisches Subjekt«.[109] Doch es war wohl allen klar, daß Hitler nun jedes neuerliche Aufbegehren gegen seine Röhm-Politik im Keim ersticken würde. Anders ist die Ungeniertheit, mit der sich Röhm und Ernst nun selbst bei gesellschaftlichen Anlässen, etwa beim Empfang der Türkischen Botschaft im Oktober 1933, zu ihrer Veranlagung bekannten, kaum zu erklären.[110] Dazu paßt, was Hitler laut Hermann Rauschning bei einem Mittagessen in der Reichskanzlei im Frühsommer 1933 gesagt haben soll: »Ich werde keinem meiner Leute ihren Spaß verderben. Wenn ich von ihnen das Äußerste verlange, so muß ich ihnen auch freigeben, sich auszutoben, wie *sie* wollen, nicht wie es alten Betschwestern paßt. [...] Ich kümmere mich nicht um ihr Privatleben, so wie ich es mir verbitte, daß man hinter meinem Privatleben herschnüffelt.«[111] Das war exakt die Position, die Röhm seit eh und je propagiert hatte. So hatte derselbe Mann, den Kurt Lüdecke im Sommer 1932 noch in tiefer Zerknirschtheit angetroffen hatte, schon ein Jahr später wieder allen Grund zu frohlocken: Er habe genug an seiner Homosexualität gelitten, dieses »Damoklesschwert« werde »nicht länger über ihm hängen«.[112]

Seit dem Frühjahr 1933 galt die »homosexuelle Clique um Röhm«, wie sie nun auch in höchsten Kreisen, etwa vom Reichsbankpräsidenten Hjalmar Schacht, bezeichnet wurde, nicht nur als salonfähig, sondern zudem als Machtfaktor.[113] Diese erstaunliche Entwicklung bedarf der Erklärung, um so mehr, als nur wenige Monate später der jähe Sturz des Röhm-Kreises und seine öffentliche moralische Verdammung folgten. Hanfstaengl hat in einer nicht publizierten Passage seines Erinnerungsmanuskripts berichtet: »Ernst, ein weiterer homosexueller SA-Führer, deutete in den dreißiger Jahren an, es genügten ein paar Worte, um Hitler zum

Schweigen zu bringen, wenn er sich über Röhms Verhalten beklagte.«[114] Daran scheint etwas zu sein.

Es gibt nämlich Belege dafür, daß Röhm seit der Kampagne gegen ihn seine bis dahin bedingungslose Loyalität gegenüber Hitler aufgab und sich für eine Politik auf eigene Rechnung entschied. Dafür brauchte er Verbündete, Spione, Zuträger. Bereits im April 1931 hatte er den Agenten Georg Bell mit dem Aufbau eines SA-Nachrichtendienstes betraut – und auch mit der Abwehr von Angriffen auf seine Person.[115] Dabei ging es zunächst nur um die Einschüchterung von »Politikern in der NSDAP, die sich die Zwangslage Röhms zunutze machen wollten«, sei es durch Gegendenunziationen oder durch »Waffenstillstands«-Verhandlungen, wie sie etwa mit Gregor Strasser und Paul Schulz geführt wurden, der laut Rosenberg ein »entschiedener Gegner des homosexuellen Röhm« war.[116]

Im Frühjahr 1932, also nach Veröffentlichung der »Röhm-Briefe«, änderte sich die Taktik. Röhm stand jetzt »im schärfsten Kampf gegen die Reichsleitung« der NSDAP und paktierte auch mit gegnerischen Kräften.[117] Bell arrangierte folglich ein Treffen mit einem alten Reichswehrkameraden Röhms aus Münchner Zeiten, dem ehemaligen Nachrichtenoffizier Karl Mayr, der inzwischen der SPD beigetreten war;[118] mit seiner Hilfe versuchte der SA-Chef, die wahren Urheber der Kampagne ausfindig zu machen und Gegenmaßnahmen zu ergreifen. Mayr war für ein solches Zweckbündnis nicht zuletzt deshalb geeignet, weil er mit Röhm manches Geheimnis über Hitlers Anfänge in München 1919/20 teilte. Daß Röhm mit Mayr vereinbarte, »die Besprechung vertraulich zu behandeln«[119], steht nicht im Widerspruch zu seiner später veröffentlichten eidesstattlichen Erklärung, er habe Hitler »sofort« nach der Zusammenkunft Meldung gemacht.[120] Es zeigt nur, daß er jetzt bewußt taktierte, auch um den »Führer der Bewegung« einzuschüchtern.

Bis zu dem Zeitpunkt, da die »Geheimverhandlungen zwischen Nazi-Röhm und Reichsbanner-Mayr« bei einem Münchner Prozeß im Oktober 1932 bekannt und von den Kommunisten genüßlich an den Pranger gestellt wurden,[121] scheint Röhm über die Hintergründe der Machenschaften gegen ihn, soweit sie Mayr bekannt waren, im Bilde gewesen zu sein.[122] Laut Mayr war es Röhm »darauf angekommen, bei mir einen Rückhalt gegenüber seinen Gegnern im eigenen Lager zu suchen«[123]. Der SA-Chef wußte jetzt, was er zu tun hatte: nämlich Hitler seinerseits unter Druck zu setzen.

Walther Stennes, der Intimfeind Röhms aus den Jahren 1930/31, berichtete, daß dieser »innerlich« im Jahre 1932 »mit der Partei gebrochen haben [muß]; denn er nahm mit mir Verbindung auf und erklärte mir, daß die Verhältnisse in der Partei immer unerträglicher würden. Er bedauerte, daß er bei seiner Rückkehr aus Bolivien die Lage nicht richtig beurteilt und gegen mich Stellung bezogen hatte. Er [...] schlug eine Zusammenarbeit unter der Hand vor. Ich habe Röhm damals nicht getraut, da ich seine Freundschaft mit Hitler kannte, fürchtete eine Falle und lehnte jede Zusammenarbeit ab. Die spätere Entwicklung läßt jedoch den Schluß zu, daß sein Angebot ernst gemeint war, so verblüffend es sich anhörte.«[124]

Zudem hatte sich Röhm einen Tag vor der Unterredung mit Mayr in der gleichen Angelegenheit mit Schleicher besprochen.[125] Der SPD-Politiker Carl Severing hat das in seinen Memoiren bestätigt, er spricht sogar von einem freundschaftlichen Briefwechsel zwischen den beiden, den Röhm 1932 begonnen haben soll.[126] Röhm, so konnte man später in einer Schrift über die »Hintergründe« der »Röhm-Putsch«-Morde lesen, »konspirierte geradezu mit Schleicher«, der wiederum in der Hindenburg-Kamarilla Hitler »nach Kräften lächerlich machte«[127]. Offensichtlich hatte er bei diesem einflußreichen Intriganten mehr Glück als bei Stennes,[128] was womöglich damit zusammenhängt, daß zu jener Zeit auch über Schleicher Gerüchte im Umlauf waren, denen zufolge er »abnormal veranlagt«[129] sei. Admiral Magnus von Levetzow beispielsweise warnte Göring ausdrücklich vor diesem »ethisch wie moralisch tief gesunkenen Buben«, über den er schlimme Dinge gehört habe.[130]

Röhm jedenfalls fand in Schleicher einen Verbündeten, der als Reichswehrminister nicht nur Zugriff auf Hitlers Militärakte hatte, sondern mit der »Abwehr« außerdem über einen vorzüglich funktionierenden Geheimdienst verfügte.[131] Daß sich auf dieser Basis ein Handel mit brisanten Informationen zu wechselseitigem Nutzen entfalten konnte, ist nicht nur Spekulation, sondern durch eine glaubwürdige Quelle dokumentiert: Schleicher, so Bredow in ›Hitler rast‹, habe »im vertrauten Kreise durchblicken lassen, daß Röhm ihn über gewisse Dinge informiert habe, und daß diese Dinge so seien, daß ihre Veröffentlichung Hitler schweren politischen Schaden tun könne«[132].

Auch daß sich Röhm nun von Paul Röhrbein und Georg Bell trennte und die früheren Vertrauten damit gleichsam zum Abschuß freigab,[133] gehörte zum Arsenal klug kalkulierter Präventivmaßnahmen. Die beiden hatten sich namentlich mit dem Privatleben Hitlers befaßt, und Bell hatte seine Kenntnisse »sogar schamlos in aller Öffentlichkeit ausgenutzt und überall herumerzählt«[134]. Was gar nicht im Interesse Röhms war, der aus solchem Geheimwissen keine Kampagne, sondern ein Machtmittel präparieren wollte, das er gezielt einsetzen konnte. Mit anderen Worten: Ernst Röhm bereitete sich seit Sommer 1932 auf eine Gegenaktion vor. Und diese bedurfte keiner Erpresserbriefe oder Rufmordkampagnen, denn er besaß ja unmittelbaren Zugang zum »Führer«; seine Warnungen ließen sich am wirkungsvollsten in einem Gespräch unter vier Augen vorbringen. Vor allem ließ er sich von Hitler nicht einschüchtern. »Wenn Hitler brüllte«, so Röhms damaliger Anwalt Luetgebrune, »brüllte Röhm noch lauter.«[135]

Fritz Günther von Tschirschky, ein Mitarbeiter des Vizekanzlers Franz von Papen, wurde Anfang 1934 im Vorzimmer Hitlers in der Reichskanzlei einmal unverhofft Ohrenzeuge einer solchen Begegnung: »Im Zimmer Hitlers«, berichtet er in seinen Erinnerungen, »fand offenbar eine sehr erregte Auseinandersetzung statt. Ich sagte nach einer kurzen Weile zu [Hitlers Adjutanten – L. M.] Brückner: ›Um Gottes willen, wer ist denn da drin? Bringen die sich um?‹ Worauf Brückner meinte: ›Da drin ist Röhm, der den Alten (so nannte er Hitler immer) durchaus herumkriegen will, zum Reichspräsidenten zu gehen und seine Wünsche durchzudrücken.‹ Ich wartete also. Durch die verhältnismäßig dünne Tür konnte man einzelne, besonders laute Gesprächsbrocken, ja sogar ganze Sätze auffangen. […] Und immer wieder kam: ›Das kann ich nicht, du verlangst Unmögliches von mir!‹« Und doch: »Aus dem Reichspräsidentenpalais erfuhr ich wenige Tage später, daß Hitler bei Hindenburg die Wünsche Röhms tatsächlich vorgetragen hatte, aber auf sehr scharfe und brüske Ablehnung gestoßen war.«[136]

Schlaglichtartig zeigt sich hier, wie man die spektakuläre Aufwertung Röhms durch Hitler seit Ende 1932 einzuschätzen hat: als das Resultat erzwungener Konzessionen. Daß Röhm Mitte 1933 die Diskussion über die sogenannte »zweite Revolution« und – damit verbunden – über die Zukunft der Reichswehr forcierte, obwohl Hitler eine völlig andere Position einnahm als er, weist in dieselbe Richtung.[137] Der SA-Chef hatte in der Vergangenheit einen hohen Preis für seine politische Naivität zahlen müssen; nun wollte er die Gegenrechnung aufmachen.

Röhm kannte nicht nur die dubiosen Anfänge von Hitlers politischer Karriere,[138] er wußte zudem – als einer der ganz wenigen – über dessen Homosexualität Bescheid. Daß er eines Tages eine Rufmordkampagne starten würde, muß Hitlers Alptraum gewesen sein: Der »Führer« war in eine Zwangslage geraten. Wäre er aufgrund seiner gleichgeschlechtlichen Veranlagung nicht selbst so angreifbar gewesen, hätte er den Attacken Röhms auch auf andere, rationalere Weise begegnen können, zum Beispiel durch Abmahnung oder Entlassung. Innerparteilich hätte er das sicherlich durchsetzen können. Aber dieser Weg war ihm nun einmal versperrt.

Auf die Frage, ob er denn nicht »ein anderes Verfahren« hätte einschlagen können, gab Hitler wenige Tage nach dem »Röhm-Putsch« die vielsagende Antwort: »Nur wer mit den Tatsachen vertraut ist und die geheimen Manöver und Intrigen der letzten Monate genau verfolgt hat […], hat ein Recht zu erklären, mit welchen Methoden die Gefahr hätte abgewandt werden können.«[139]

Mit »den Tatsachen vertraut« war zum Beispiel der damalige Leiter der »Nationalen Abwehrstelle gegen kommunistische Umtriebe«, Walther Korrodi, der sich 1935 in die Schweiz absetzen konnte. Und von dort aus hat er ein Jahr später in einem gegen Hitler gerichteten Pamphlet diese Tatsachen auch zur Sprache gebracht.[140] Korrodi war durch eine Begegnung mit dem Röhm-Freund Edmund Heines im Herbst 1933 hellhörig geworden, der auf eine Rüge Hitlers hinsichtlich seines Lebenswandels mit den Worten reagierte hatte: »Adolf hat gar keinen Grund die Schnauze so groß aufzureißen – ein Wort von mir, und er schweigt für immer!« Die Äußerung, so Korrodi an Hitler, »ließ klar erkennen, daß Heines, der einer Ihrer ältesten Mitkämpfer war [...], ein Geheimnis über seinen Führer bei sich trage. Es war aber nicht der einzige, nicht wahr Herr Reichskanzler? Der zweite, der um das Geheimnis wußte, war Ihr Duzfreund Ernst Röhm, dem Sie ja eine so merkwürdige ›Treue‹ gehalten [...] haben.«[141]

Eskalation

So oder ähnlich muß das Spannungsfeld ausgesehen haben, das sich zwischen »Führer« und SA 1933 aufgebaut hatte, geprägt von Mißtrauen und zahlreichen Erpressungsversuchen. Hitler geriet nach eigenen Worten in eine »Krise, die nur zu leicht von wahrhaft vernichtenden Folgen für eine absehbare Zukunft hätte werden können«[142]. Schon sein politischer Selbsterhaltungstrieb nötigte ihm daher nun die Eskalation der Dinge auf. Zugleich beflügelte ihn der Gedanke, dergestalt seine eigene Homosexualität für immer geheimhalten zu können, und zwar durch das Ausschalten von gefährlichen Zeugen, wobei ganz oben auf der Liste potentieller Erpresser zweifellos Ernst Röhm stand. Wenn man dem Gestapo-Chef Rudolf Diels glauben will, dann war er seit Januar 1934 damit beschäftigt, Röhm auszuspionieren.[143] Seit Februar tat dies erwiesenermaßen auch die Reichswehr.[144] Und spätestens im April schalteten sich zusätzlich noch der mit neuen, weitreichenden Befugnissen ausgestattete Reichsführer SS, Heinrich Himmler, und sein Adlatus Reinhard Heydrich in die Angelegenheit Röhm ein.[145] Nicht zuletzt mit Blick auf die kommenden Ereignisse wurde schließlich Mitte Mai eine neue »Verordnung über den Vollzug von Freiheitsstrafen« erlassen, die die richterliche Prüfung von Haftbeschwerden aufhob und die Interventionsmöglichkeiten von Verteidigern auch sonst erheblich einschränkte. Damit war der Willkür der Gestapo Tür und Tor geöffnet.

Röhm und seine ranghöchsten SA-Führer legten sich eigene Wachen zu und versuchten, ihre Leute, so gut es ging, zu bewaffnen.[146] Am 16. Mai 1934 gab der Stabschef eine Weisung an die SA heraus, systematisch Berichte zum Thema »Feindseligkeiten gegen die SA« zu sammeln.[147] Und seinem Berliner Statthalter Karl Ernst zufolge, begann Röhm um dieselbe Zeit »wichtiges Material« an »sicherer Stelle« zu deponieren, weil »wir auf alles gefaßt sein müssen«.[148] Röhm wußte also, was sich zusammenbraute. Schon auf der Hochzeitsfeier von Ernst im Februar hatte er dem Vernehmen nach Klartext geredet und der Hitler-Regierung den Kampf angesagt, indem er äußerte, so ein Augenzeuge, daß »die SA-Männer nicht bloß arme Schweine seien, die für die hohen Herren die Straße hätten frei kehren dürfen«. Er mache jetzt »aus seinen Haufen eine Armee und – er schlug hart einen blitzenden Dolch auf den Tisch –: ›Das ist die Parole!‹« – »Wir betrachteten«, so der Bericht weiter, »stumm das kurze scharfe Messer, den von Röhm gestifteten Ehrendolch der SA, auf dessen Klinge die Worte eingraviert waren: ›Alles für Deutschland!‹«[149]

Gerade mit dem Plan allerdings, eine eigene Armee aufzubauen, hatte sich der SA-Stabschef vergaloppiert. Denn dem stand das Eigeninteresse der Reichswehr entgegen, die nun zu Hitlers wichtigstem Verbündeten im Kampf gegen Röhm wurde. Überdies zog Hitler die übrigen Nazi-Größen, eine nach der anderen, auf seine Seite. Jedem hatte er etwas zu bieten: Himmler, der mit seiner SS endlich aus dem Schatten der SA heraustreten wollte; Heydrich, der auf eine steile Karriere spekulierte; Goebbels, der noch aus Stennes-Zeiten eine Rechnung mit Röhm offen hatte; Göring, der erpicht darauf war, zweiter Mann des Regimes zu werden. Bereits Mitte April 1934 soll Hitler Göring und Himmler klargemacht haben, daß die gesamte Polizei einem einheitlichen Befehl unterstellt werden müsse, wenn, so Hitler wörtlich, »wir den Röhm loswerden wollen«[150]. Jetzt, nachdem er seinen ehemaligen Freund und Förderer innerparteilich weitgehend isoliert hatte, mochte er es wagen, ihn in eine tödliche Falle zu locken.

Anfang Juni 1934 konnte Hitler Röhm das Versprechen abringen, die SA in einen vierwöchigen Urlaub zu schicken. Der diesbezügliche Erlaß läßt unschwer erkennen, wie unwohl dem Stabschef dabei war: »Wenn die Feinde der SA sich in der Hoffnung wiegen, die SA werde aus ihrem Urlaub nicht mehr oder nur zum Teil wieder einrücken, so wollen wir ihnen diese kurze Hoffnungsfreude lassen. Sie werden zu der Zeit und in der Form, in der es notwendig erscheint, die gebührende Antwort erhalten.«[151] Eine ähnlich aggressive Grundstimmung hat Hanfstaengl überliefert, der Röhm am 6. Juni 1934 bei einem Gesellschaftsabend im SA-Hauptquartier »offenbar schon angetrunken« erlebte: Er »verfiel in die wüstesten Schimpfereien, die mir je zu Ohren kamen; er fluchte, schrie, drohte [...]. Was für ein finsteres Spiel ging da hinter den Kulissen vor, fragte ich mich.«[152]

Mit der Beurlaubung der SA hatte Hitler es verstanden, dem Gegner das wichtigste Schutzmittel aus der Hand zu nehmen. Schließlich wußte er Röhm auch noch zu überreden, eine mehrwöchige Kur in Bad Wiessee am Tegernsee anzutreten. Dann ging er in die Offensive. Bereits wenige Tage nach Hitlers Gespräch mit Röhm befahl Rudolf Heß die Auflösung des SA-Geheimdienstes.[153] Am 21. Juni holte sich Hitler persönlich auf Gut Neudeck das Plazet Hindenburgs für ein gewaltsames Vorgehen gegen die SA-Führung;[154] anschließend stellte die SS unter Himmler in Auswertung ihres »Belastungsmaterials« Todeslisten zusammen, auf die auch andere Parteigrößen wie Göring oder der Oberste Parteirichter Buch noch Einfluß nahmen.[155] Am 25. Juni sprach Heß in einer langen Drohrede, die über alle Sender zu hören war, von einem virulenten Machtkonflikt. Aber: »Einer bleibt von aller Kritik ausgeschlossen, das ist der Führer!«[156]

Damit waren die notwendigen Vorbereitungen getroffen. In vier Tagen war alles abgemacht, und zwar ohne die Reichswehr an dem bürgerkriegsartigen Manöver zu beteiligen: »Die Truppe hat mit der ganzen Sache nichts zu tun«, soll Hitler am 30. Juni 1934 einen Reichswehroffizier in München belehrt haben. »Wir waschen unsere dreckige Wäsche allein.«[157]

Nach neueren Schätzungen ließ Hitler zwischen dem 30. Juni und dem 3. Juli 1934 insgesamt etwa hundertfünfzig »Regimegegner« ermorden.[158] Schon während der Aktion hatte Göring die Vernichtung beziehungsweise Beschlagnahmung sämtlicher einschlägiger Unterlagen angeordnet, und unmittelbar danach verabschiedete die Reichsregierung das »Gesetz über Maßnahmen der Staatsnotwehr«, das die Mordaktion schlicht für »rechtens« erklärte.[159] Damit war der Justiz die Grundlage für etwaige Ermittlungen entzogen.

Gegenüber der aufgeschreckten Öffentlichkeit bestand natürlich dennoch Erklärungs- und Rechtfertigungsbedarf, und so mußte denn der nach Hitler skrupelloseste Demagoge der Nationalsozialisten, Joseph Goebbels, die Deutschen über die Hintergründe der Bluttat »aufklären«. Am 1. Juli, also noch während der Mordaktion, hielt er über Rundfunk eine Rede.[160] Ihr Umfang läßt darauf schließen, daß sie im wesentlichen bereits vor dem 30. Juni fertiggestellt war. Die überfallartige Geschwindigkeit des ganzen Unternehmens gab Goebbels als raffinierte Taktik aus: »Der Führer hat wieder, wie so oft, in ernsten und schwierigen Situationen nach seinem alten Prinzip gehandelt, immer nur *das* zu sagen, was man sagen muß, *dem*, der es wissen muß, und *dann*, wenn er es wissen muß.« Es habe sich um die Niederschlagung von »Hochverrätern« gehandelt. Doch statt konspirative Umsturzpläne aufzudecken, verlor sich Goebbels in stereotypen Anwürfen gegen eine »kleine Clique von gewerbsmäßigen Saboteuren«, die »unsere Nachsicht nicht verstehen« wollten. Nun habe sie »der Führer mit der Härte seiner Strenge zur Ordnung gerufen«. Damit war klar: »Jetzt wird reiner Tisch gemacht. […] Pestbeulen, Korruptionsherde, Krankheitssymptome moralischer Verwilderung, die sich im öffentlichen Leben zeigen, werden ausgebrannt, und zwar bis aufs Fleisch.«

Nun war das Hauptmotiv dafür, daß man die Eskalation gesucht hatte, freilich etwas anderes, etwas, auf das Goebbels eher beiläufig, aber doch mit bemerkenswerter Direktheit zu sprechen kam, als er sagte: Die SA-Eliten »waren im Begriff, die ganze Führung der Partei in den Verdacht einer schimpflichen und ekelerregenden sexuellen Abnormität zu bringen«. Man darf diesen Satz nicht voreilig übergehen. Zunächst: Von einem »Verdacht«, daß die »ganze« NSDAP-Führung homosexuell sei, hatte man bislang im Dritten Reich noch nie gehört. Wer hätte ihn auch unters Volk bringen sollen, nachdem das nicht einmal die Sozialdemokraten fertiggebracht hatten, als noch Meinungsfreiheit herrschte? Und was heißt »waren im Begriff«? Mutwillig? Fahrlässig? Unfreiwillig? Nein, der Satz war keine Spitzfindigkeit und keine demagogische Pointe, er war ein Reflex auf jene ganz reale Bedrohung, auf die Hitler im Sommer 1934 nurmehr mit Lynchjustiz zu reagieren wußte.

Ein ähnliches Beispiel unfreiwilliger Selbstenthüllung lieferte das erste Kommuniqué der Reichspressestelle, in dem es heißt: »Seine [Röhms] unglückliche Veranlagung führte zu so unerfreulichen Belastungen, daß der Führer der Bewegung und Oberste Führer der SA selbst in schwere Gewissenskonflikte getrieben wurde.«[161] Und in Hitlers Rechenschaftsbericht, den er am 3. Juli 1934 seinem Kabinett vorlegte, klingen ebenfalls die tatsächlichen Beweggründe für die mörderische Aktion der Vortage noch durch: Der »von Röhm geführte Klüngel«, der vor allem »durch besondere Veranlagung zusammengehalten wurde«, habe ihn »in verleumderischer Weise angegriffen«, und »er mache dem ehemaligen Stabschef den Vorwurf der Unaufrichtigkeit und Illoyalität«. Röhm habe ihm gedroht, angeblich mit seinem Rücktritt; diese Drohung sei »nichts anderes als eine schamlose Erpressung gewesen«. Das »Exempel«, das er jetzt statuiert habe, diene nicht zuletzt dazu, jedem seiner Leute klarzumachen, »daß er seinen Kopf riskiere, wenn er in irgendeiner Weise gegen das bestehende Regime konspiriere«[162].

Mit anderen Worten: Hitler konnte sich nur dadurch wehren, daß er zum Äußersten griff. Deshalb mußten diejenigen, die wußten, daß nicht allein Röhm, sondern auch Hitler homosexuell war, entweder ermordet oder doch mit aller Schärfe eingeschüchtert werden. Das zeigt, noch einmal, ein genauerer Blick auf die einzelnen Opfer. Ermordet beziehungsweise eingesperrt wurden: die homosexuellen SA-Führer Röhm, Ernst und Heines, die alle mit Hitler in persönlicher Beziehung standen; Gregor Strasser, dem der »Führer« bis dahin ein »intimer Freund« gewesen war und der Hitler sogar zum »Taufpaten seiner Söhne«[163] gewählt hatte; die jeweiligen engsten Freunde dieser einstigen Vertrauten, selbst wenn sie sich schon längst von »Röhm und Genossen« abgewandt hatten, wie etwa Dr. Heimsoth oder Paul Röhrbein; außerdem hohe Staatsbeamte, die brisantes Aktenmaterial über Hitler kannten, Erich Klausener zum Beispiel, der Leiter der Polizeiabteilung im preußischen Innenministerium, und dessen Referent Eugen von Kessel;[164] Reichswehrminister und Ex-Kanzler Kurt von Schleicher sowie dessen rechte Hand Ferdinand von Bredow; der Münchner Polizeipräsident August Schneidhuber und, nicht zuletzt, der frühere bayerische Ministerpräsident Gustav Ritter von Kahr, bei dem Hitler wohl das vermutete, was Lossow beiseite geschafft hatte.[165] Dann: Rechtsanwälte von Röhm, Strasser, Lüdecke und andere NS-Größen, die durch ihre Mandanten und durch Prozeßunterlagen brisante Dinge erfahren hatten, wie Walter Luetgebrune, Gerd Voß, Alfons Sack oder Alexander Glaser. Schließlich der Münchner Publizist Fritz Gerlich, der über Hitler und seinen engsten Kreis wohl mehr wußte als jeder andere Journalist aus dieser Zeit.

Hitler wollte die Kompromittierung seiner Person um jeden Preis verhindern. Mit kalter Berechnung rächte er sich an der »Verschwörerclique«, die es auf sein »Leben« abgesehen hatte, und versuchte zugleich, jeder weiteren Intrige von vornherein das Wasser abzugraben. Rücksichtslos ließ er potentielle Belastungszeugen umbringen. Einige Beispiele veranschaulichen die Vorgehensweise.

Der politisch völlig unbedarfte Gastwirt Karl Zehnter, 34 Jahre alt und Pächter des »Nürnberger Bratwurstglöckl« direkt neben dem Münchner Liebfrauendom, gehörte zum homosexuellen Freundeskreis um Röhm, mit dem er zuweilen auf Reisen ging.[166] Aber auch mit Edmund Heines verband ihn eine enge und alte Freundschaft. Beide SA-Führer waren in seinem Lokal Stammgäste – und auch Hitler kam gelegentlich. Im ersten Stock des »Bratwurstglöckls« war stets ein Zimmer für vertrauliche Gespräche der NS-Parteigrößen reserviert, in dem Zehnter seine Gäste selbst zu bedienen pflegte, wobei er zwangsläufig einiges mitbekam, nicht zuletzt von Hitler. Deshalb, und nur deshalb, mußte er sterben.

Auch der erst 25jährige Münchner Kunstmaler Martin Schätzl, der Röhm nach Bolivien begleitet hatte, wurde ermordet.[167] Obwohl es dort nicht zu der von Röhm erhofften Liebesbeziehung kam, so war Schätzl doch zwei Jahre lang sein engster Weggefährte in einem fremden Land, und auch danach riß die Verbindung nicht ab. Schätzl trat in die SA ein, als Röhm dort die Führung übernahm, und am 1. Februar 1934 holte ihn dieser sogar in seinen Stab. So werden die beiden über vieles gesprochen haben, nicht zuletzt über Röhms Freundschaft zu Hitler. Und genau deshalb durfte der junge Mann auf keinen Fall am Leben bleiben.

General Ferdinand von Bredow, der seit Hitlers Regierungsantritt zurückgezogen in seiner Berliner Wohnung lebte, wurde am 30. Juni 1934 in einem Polizeiwagen buchstäblich totgeschlagen, seine Leiche anschließend in den Straßengraben geworfen. Ihm wurde offenbar seine Tätigkeit als Chef des militärischen Geheimdienstes zur Zeit der Kanzlerschaft Heinrich Brünings zum Verhängnis.[168] Als einer der engsten Vertrauten Schleichers war Bredow im letzten halben Jahr vor Hitlers Machtübernahme Amtschef des Reichswehrministers, als welcher er naturgemäß pikante Dinge zu lesen bekam, wie etwa einen Bericht über das Treffen des Jungdeutschen Ordens[169] am 3./4. Juli 1932. Darin ist festgehalten, worüber man sich dort hauptsächlich unterhalten hat: »Der Reichswehrminister Schleicher stütze die NSDAP, da diese Bewegung von meist nur homosexuellen Führern geleitet werde und der Reichswehrminister nach dem durch Otto Strasser [...] übergebenen Beweismaterial ebenfalls abnormal veranlagt sei. Die Beweise sollen aus der Kadettenzeit des Herrn Reichswehrministers stammen. Herr Otto Strasser habe Mahraun [den Hochmeister des Ordens – L. M.] aufgesucht, um ihm von diesen Dingen Mitteilung zu machen. Otto Strasser habe außerdem anläßlich eines längeren Aufenthaltes von Herrn Hitler in seiner Familie auch bei diesem Herrn

Beobachtungen gemacht, die auf eine abnormale Veranlagung schließen lassen. Herr Reichskanzler von Papen sei ebenfalls zu diesem Kreise zu rechnen. [...] Auch der dem Kanzler nahestehende Herrenclub setzte sich größtenteils aus ›abnormal‹ veranlagten Herren zusammen. [...] Der Jungdeutsche Orden [...] werde, wenn die Machtfragen geklärt seien, im Reich aufgrund seines Materials vorgehen.«[170] In den diversen Dossiers, die über Bredows Schreibtisch gingen, werden noch weitere brisante Informationen enthalten gewesen sein. Und damit wird klar, warum der Generalmajor der Reichswehr sterben mußte. So wie sein Chef, von dem man wußte, daß er einen »kostbaren Besitz«, nämlich Abschriften aus geheimen Akten, mit in den Ruhestand genommen hatte. »Aber es war nicht nur ein kostbarer, sondern auch ein gefährlicher Besitz.«[171]

Den nationalsozialistischen Staranwalt Dr. Alfons Sack steckte man den ganzen Juli 1934 ins Gefängnis, damit die Gestapo seine Kanzlei und seine Privatwohnung in aller Ruhe auf den Kopf stellen konnte.[172] Auch er war wohl nur deshalb ins Fadenkreuz Himmlers geraten, weil bei ihm die SA-Führer Röhm, Heines und Ernst ein- und ausgingen;[173] zudem stand Sack selbst im Ruf, homosexuell zu sein. – Röhms Anwalt Luetgebrune nahm man ebenfalls in Haft, wo er nach eigenen Angaben »fertiggemacht« wurde. Ein Klient, der Luetgebrune, welcher »immer gut gelebt« hatte, 1935 aufsuchte, notierte mit Schrecken: »Der Doktor hat alles verloren.«[174] Noch schlimmer erging es allerdings Strassers Anwalt Gerd Voß. Als er sich weigerte, seinen Aktentresor zu öffnen, wurde er auf der Stelle von einem Rollkommando erschossen und der Safe aufgebrochen.[175]

Bezeichnend auch das Schicksal des jungen Röhm-Adjutanten Du Moulin Eckart, der sich, von Freunden gewarnt, während des Blutbads hatte verbergen können. Als er sich wieder in Sicherheit wähnte und auftauchte, wurde er sogleich ergriffen und für Jahre ins Konzentrationslager Dachau gesteckt. Nicht einmal Winifred Wagner konnte dem Sohn des berühmten Wagner-Biographen, der ein enger Freund des Hauses Wahnfried war, helfen. »Bitten Sie nicht für diesen Burschen«, habe Hitler entschieden gesagt. »Er ist der schlimmste von allen« und werde in Dachau bleiben.[176]

Schließlich gehört zum Szenario des 30. Juni noch die zynische Mitteilung an die Adresse manches Überlebenden, auch er habe auf einer der Todeslisten gestanden und könne sich glücklich schätzen, davongekommen zu sein. Dies blieb selbst Rudolf Diels nicht erspart, dem Heydrich ins Gesicht gesagt haben soll, sein Name sei bedauerlicherweise von Göring wieder von der Liste gestrichen worden.[177]

Wie sich an diesen wenigen Beispielen unschwer ablesen läßt, war die Aktion, die in den Tagen um den 30. Juni 1934 stattfand, weitaus mehr als ein Handstreich Hitlers gegen die SA-Führung und einige reaktionäre Komplizen der »Putschisten«. Es war ein sorgfältig geplanter Feldzug gegen Leute, die zuviel über ihn wußten oder in dem Verdacht standen, zuviel zu wissen. Der mit Gewalt herbeigeführte »Ausnahmezustand« sollte es den Machthabern ermöglichen, mit einem Schlag in den Besitz von Papieren zu kommen, die Hitler und sein Regime als bedrohlich empfanden, und so wurden im Zuge der »Säuberungsaktion« über 1.100 Personen festgenommen, von denen im Herbst 1934 noch 34 einsaßen.[178] Die Verhaftungen erlaubten den Zugriff auf Privatunterlagen, die man, sobald man ihrer habhaft geworden war, auf akribischste Weise durchforstete. In seiner Reichstagsrede am 13. Juli 1934 hat Hitler denn auch verräterischerweise zu erkennen gegeben, daß er nach dem »Röhm-Putsch« erst einmal hauptsächlich damit beschäftigt war, »zahllose Akten«, »Tagebücher« und andere »erschütternde« Dokumente »durchzulesen«[179] – beschlagnahmtes Material eben.

Das zentrale Motiv für das Vorgehen gegen »Röhm und Genossen« war die Angst des »Führers« vor Bloßstellung und Erpressung. Dafür spricht auch die Tatsache, daß die Berge von sichergestellten Dokumenten nicht etwaigen Prozessen dienen sollten – ein solches justizförmiges Verfahren hat Hitler von vornherein strikt abgelehnt[180] –, sondern Himmlers Gestapo und damit ihm, Hitler, persönlich überantwortet wurden. Zeugen und Zeugnisse aus der Welt zu schaffen – *das* war der eigentliche Zweck dieses Terroranschlags, hinter dem keine Bande, sondern die Überfallkommandos einer schon weitgehend zentralisierten Staatspolizei standen.

Als Hitler am 13. Juli, also fast zwei Wochen nach den alarmierenden Ereignissen, vor den Reichstag trat, dürfte er dennoch bange Tage hinter sich gehabt haben, immer in Sorge, daß sich noch irgendwo im Ausland Tresore öffnen und vernichtendes Material preisgeben könnten. Aber nichts dergleichen war geschehen. Erst jetzt, nachdem er sich halbwegs sicher fühlte, wagte er es, vor dem »berufensten Forum der Nation« Rechenschaft abzulegen. Er hielt eine Rede, die von vielen zu den rhetorisch geschicktesten seiner Laufbahn gezählt wird; die Öffentlichkeit erlebte einen »Führer«, der nach anfänglicher Unsicherheit das Auditorium mit Ironie und Sarkasmus, wie der stenographische Bericht über die Sitzung des Reichstages vermerkte, zu »Heiterkeit«, ja zum »Lachen«[181] brachte – eine bemerkenswerte Leistung. Immerhin: Hitler gab offen zu, daß erst der Bruch mit Röhm, erst das Scheitern dieser Männerfreundschaft den rasch eskalierenden Konflikt heraufbeschworen habe. Göring sprach in der gleichen Reichstagssitzung sogar sibyllinisch von den »furchtbaren Stunden des Leidens des Führers darum, daß die Treue gebrochen wurde von dem Mann, dem er selbst das Vorbild letzter Mannestreue vor uns allen gegeben hat«[182]. Das Persönliche war dem Politischen vorangegangen: Damit hatte Hitler die Wahrheit gesagt. Freilich war es nur die halbe Wahrheit, weil niemand erfuhr, was genau seine Beziehung zu Röhm zerstört hatte. Doch Hitler hatte seinen Kopf wieder einmal aus der Schlinge gezogen und das Vertrauen seiner Anhänger nicht nur wahren, sondern sogar mehren können. »Sie haben es erreicht«, durfte ihm Göring damals zurufen und lag damit nicht einmal ganz falsch, »Sie besitzen dieses Vertrauen, und von diesem Vertrauen aus ist es Ihnen möglich, das zu tun, was zum Aufstieg Deutschlands notwendig ist.«

Präventivkrieg in eigener Sache

Hitler war es gelungen, seine noch verbliebenen Feinde im Reich bis zur Erstarrung einzuschüchtern. Die Exilpresse hingegen war weniger leicht in den Griff zu bekommen. So ließ die kommunistische ›Deutsche Volks-Zeitung‹, die in Paris erschien, etwa schon am 5. Juli 1934 verlauten, daß Hitler am 30. Juni »gefährlich gewordene Mitwisser« zur Strecke gebracht habe, Mitwisser »nicht zuletzt des Privatlebens des selbst homosexuellen Führers«.[183] Und auch Otto Strasser wird gewußt haben, wovon er sprach, als er einen Artikel seiner Exilzeitung ›Die Deutsche Revolution‹ mit folgender Überschrift versah: »Gilt der § 175 nur für Tote? Eine Frage an Adolf Hitler«. Die Entrüstung der NS-Presse über die »abnorme Veranlagung« der ermordeten SA-Führer, heißt es dort, sei eine »widerwärtige Heuchelei«: »Wer – wie wir – seit Jahren auf diese Mißstände hingewiesen hat, wer – wie wir – gerichtliche Klärung angestrebt und durchgeführt hat, der ist gefeit gegen den Vorwurf der Sympathie mit diesen Dingen. Aber war es nicht gerade Herr Hitler und seine Partei, die allen Klagen aus dem eigenen Lager zum Trotz, allen Angriffen der Gegner auf diese offene Wunde immer und immer wieder den Schild vor Röhm und seine gleichgeschlechtlichen Freunde hielt?« Dasselbe tue der »Führer« im übrigen auch bei noch »lebenden Ministern«.

Strasser kündigte deshalb »eine erste Liste amtierender Großwürdenträger des Hitlersystems« an, um sie »– in voller Kenntnis der juristischen Folgen – vor dem deutschen Volk und der Weltöffentlichkeit der homosexuellen Gesinnung und der widernatürlichen Geschlechtsbetätigung [zu] bezichtigen«[184]. Eine Woche später erschien tatsächlich eine solche Liste, auf der sich »zunächst« folgende Namen befanden: Rudolf Heß; Baldur von Schirach, Reichsjugendführer; Helmut Brückner, Gauleiter von Schlesien; Karl Kaufmann, Gauleiter von Hamburg; Wilhelm Brückner, persönlicher Adjutant Hitlers. Ein Zusatz verleiht der Enthüllung Glaubwürdigkeit: »Als Zeugen für unsere Behauptung, die wir jederzeit vor Gericht zu beeiden willens und in der Lage sind, nennen wir (da mit Hauptmann Röhm und Gregor Strasser leider die beiden Hauptzeugen rechtzeitig beiseite geschafft wurden) Minister Dr. Frick, Oberpräsident Erich Koch, General von Heinemann (früher Vorsitzender des Uschla [gemeint ist das Oberste Parteigericht der NSDAP, der sogenannte Untersuchungs- und Schlichtungsausschuß – L. M.]), Major Buch (jetziger Vorsitzender des Uschla), Frau Minister Heß, Ministerpräsident von Killinger u.a., auf deren direkter Aussage (neben der persönlichen Einsicht in geheime Partei-Akten) unsere Anschuldigung basiert.«[185]

Doch aufgrund der rigorosen Pressezensur im Dritten Reich fand das hier Mitgeteilte bestenfalls Eingang in einige ausländische Zeitungen. Von Hitler konnte es als Teil jener Protestwelle abgewehrt werden, die ihm nach der Röhm-Aktion ohnehin entgegenschlug. Nicht ohne Lamento natürlich, wie ein vom ›New York Herald‹ am 11. Juli 1934 veröffentlichtes Interview mit dem deutschen Reichskanzler zeigt. Es sei, sagt er dort, »ein Unglück für uns alle, daß wilde, auf nichts begründete Gerüchte über uns ständig in Amerika und anderen Ländern verbreitet sind; dergleichen richtet ungeheueren Schaden an.«[186] Aber vor allem verunsicherte es ihn; nie konnte er Gewißheit darüber erlangen, was im eigenen »Volk« über seine Homosexualität geredet wurde,[187] und ein Gefühl mangelnder Kontrolle trieb ihn infolgedessen auch nach dem Befreiungsschlag vom 30. Juni noch um. Von solchen Gerüchten sah er das Zentrum seiner Diktatur bedroht: den Führermythos. So suchte er fieberhaft nach weiteren vorbeugenden Maßnahmen.

Nur ein halbes Jahr nach den Röhm-Morden trat das sogenannte Heimtücke-Gesetz in Kraft,[188] das alle Äußerungen unter Strafe stellte, die »das Wohl des Reiches oder das Ansehen der Reichsregierung oder das der NSDAP oder ihrer Gliederungen schwer zu beschädigen« vermochten. Dasselbe galt für »öffentlich gehässige, hetzerische oder von niedriger Gesinnung zeugende Äußerungen über leitende Persönlichkeiten des Staates oder der NSDAP«. Die inhaltlichen Bestimmungen stammten größtenteils noch aus der von Hindenburg unterzeichneten Verordnung »zur Abwehr heimtückischer Angriffe gegen die Regierung der nationalen Erhebung«

vom März 1933, wurden nun jedoch auf die Partei ausgedehnt und gesetzlich festgeschrieben. Das Besondere daran war, daß die Strafverfolgung von der Genehmigung des Reichsjustizministers abhängig gemacht wurde, das heißt letztlich: von Hitler. Dessen Selbststilisierung zum »obersten Gerichtsherrn des deutschen Volkes« sollte somit an einem Punkt wirksam werden, der für den »Führer« offenbar besonders heikel war: despektierliche Äußerungen über ihn.

Nach unserem derzeitigen Wissensstand waren es vor allem Äußerungen über den »Führer« selbst und seine Homosexualität, mit denen es die Gerichte zu tun bekamen.[189] Ob der jeweilige Angeklagte Sympathien für oder gar Verdienste um die nationalsozialistische Bewegung hatte, scheint für die Strafverfolgung und den Urteilsspruch nicht von Bedeutung gewesen zu sein. Ein Beispiel aus Nürnberg:[190] Dort hatte ein homosexueller Ingenieur, der seit Mitte der zwanziger Jahre für die NSDAP tätig war, im Sommer 1935 einen jungen Mann mit den Worten belästigt: »Da sehen Sie unseren Führer, der macht sich ja auch mit Herren vergnügt.« Trotz des Gnadengesuchs, das die Frau des Beschuldigten an den Justizminister richtete und in dem sie auf die »nationalsozialistische Gesinnung« ihres Mannes verwies, wurde er zur Höchststrafe, nämlich zu zwei Jahren Gefängnis, verurteilt. »Die ungeheuere, niederträchtige Verleumdung des Führers schließt jeden Gnadenbeweis aus«, meinte der Richter. Auch andere Fälle zeigen, wie außerordentlich empfindlich die Sondergerichte reagierten, wenn sie Äußerungen zu behandeln hatten, die auf eine homosexuelle Veranlagung Hitlers anspielten.[191]

Doch trotz – oder gerade wegen – aller Drohungen und Bestrafungen nahm das Gerede über Hitlers sexuelle Orientierung kein Ende. 1937 entfuhr einem SA-Mann die Bemerkung, Hitler sei doch wie Röhm »ein 175er«, was ihn für zwei Jahre hinter Schloß und Riegel brachte.[192] Ein weiteres Beispiel von ungleich größerer Relevanz, überliefert aus Berlin im Herbst 1942:[193] Hitlers persönlicher Adjutant Julius Schaub zeigte damals den Schriftleiter Hans Walter Aust an, immerhin Mitglied der Reichspressekammer und

Zeichnung zu Bertolt Brechts ›Ballade vom Armen Stabschef‹, in der es heißt: »Und dass du dann mein privates Leben / Schamlos gabst der breiten Masse preis / Wo's doch zwischen uns so viel gegeben / Hat, was schliesslich jeder Deutsche weiss.« – Seit Herbst 1934 als illegale Flugschrift der KPD in Deutschland verbreitet.

vom Kriegsdienst freigestellt, weil er einer Informantin Schaubs gesagt hatte, »daß der Führer auf dem Obersalzberg ein junges Mädchen mit dem Namen Everl [gemeint ist Eva Braun – L. M.] beherberge; dieses Mädchen beherberge der Führer nur zu dem Zweck, um seine Homosexualität gegenüber seiner Umgebung zu tarnen.« Aust behauptete anschließend, er habe nur etwas wiedergegeben, was er selbst »von einer bekannten Dame« erfahren habe, aber das Gericht kannte keine Gnade und verurteilte ihn ebenfalls zu zwei Jahren Gefängnis. Das Urteil offenbart den Begründungsnotstand der Richter in aller Deutlichkeit: »Wenn auch die Person des Führers viel zu hoch steht, um durch derartige Gerüchte berührt zu werden«, heißt es dort, »so darf doch gerade während des Krieges die Gefahr nicht unterschätzt werden, welche dem deutschen Volk droht, wenn durch solche Redereien das Vertrauen weiter Kreise zur Führung untergraben […] wird.« Die »üble Verleumdung wiegt um so schwerer, als durch sie dem Führer gerade jene unnatürlichen Neigungen unterstellt werden, die er anläßlich des Röhm-Zwischenfalls im Jahre 1934 selbst auf das schärfste verurteilt hatte«. Aber selbst diese schlimmen Verkrümmungen der Justiz reichten Hitler noch nicht: Ab 1943 stand daher auf Äußerungen, die eine homosexuelle Veranlagung des »Führers« behaupteten, die Todesstrafe.[194]

Zurück ins Jahr 1934. Drei Monate nach der Röhm-Aktion ließ Hitler den Reichsführer SS Heinrich Himmler die reichsweite Erfassung sämtlicher »homosexueller Verfehlungen« anordnen, insbesondere solche »vonseiten politischer Persönlichkeiten«[195], des weiteren die Einrichtung eines Sonderdezernats an zentraler Stelle seines Gewaltapparates. Hitlers Interesse an einer möglichst breitflächigen Ausleuchtung des homosexuellen Lebens in Deutschland zeigt, wie unruhig er noch immer war, *nachdem* er sich mit dem brutalen Schlag gegen »Röhm und Genossen« Spielraum verschafft hatte. Er wollte das »Problem« Homosexualität endlich so in den Griff bekommen, daß davon niemals mehr eine Gefahr für seine Machtstellung ausgehen konnte; dazu bedurfte es aber nicht nur umfassender Kenntnisse und ununterbrochener Einschüchterung, sondern darüber hinaus einer Verschärfung der Strafbestimmungen, die Polizei und Justiz freie Hand gab.

So kam es nur wenige Monate nach dem Erlaß des »Heimtücke-Gesetzes« zu einer weiteren einschneidenden Maßnahme: zur Verschärfung des Paragraphen 175.[196] Von nun an reichte schon der bloße Verdacht auf »unzüchtige Handlungen« aus, um Verhaftungen vorzunehmen. Damit war der polizeilichen Willkür Tür und Tor geöffnet. Die bis dahin noch einigermaßen intakte homosexuelle Subkultur – insbesondere der Großstädte – wurde in der zweiten Hälfte der dreißiger Jahre zerstört, und es setzte eine systematische Verfolgung von Homosexuellen ein[197]: Sie wurden im ganzen Reich erfaßt und registriert, was dazu führte, daß bis 1939 über 30.000 Personen gleichsam unter Kuratel standen. Doch damit nicht genug. Schon 1935 stieg die Zahl der Gerichtsverfahren nach § 175 sprunghaft an, ebenso die Prozentzahl der Verurteilungen.

Dabei hatte die Verschärfung der Repression für eine beträchtliche Anzahl der Betroffenen lebensgefährliche Folgen. Nicht alle kamen ja mit Gefängnisstrafen davon; viele – die Zahlen schwanken zwischen 5.000 und 15.000 – wurden zur »Dauerverwahrung« in Konzentrationslager eingewiesen, wo sie nicht nur schikaniert, sondern immer wieder so drangsaliert wurden, daß die Todesrate unter den stets zu besonderen Gruppen zusammengefaßten Lagerhäftlingen mit dem »rosa Winkel« besonders hoch war. Wie viele Männer dieser gleich in mehrfacher Hinsicht perversen Repressionspolitik tatsächlich zum Opfer fielen, ist bis heute nur punktuell erforscht, aber das Leid, das Hitler ihnen, die er sozusagen in Geiselhaft nahm, aus Verfolgungswahn zugefügt hat, darf keinesfalls unterschätzt werden.[198]

Hitler hatte Angst vor der Undurchschaubarkeit des Homosexuellenmilieus, das er in Wien und München ja aus eigener Erfahrung kannte. Er wußte, daß aus dieser Halbwelt jederzeit rufschädigende Dinge dringen konnten, womöglich auch solche, die ihn selbst betrafen, und wollte die Bedrohung reichsweit im Keim ersticken. Das war nur möglich, indem er diese Aufgabe dem Chef seines Terrorapparates, Heinrich Himmler, übertrug. An der Repressionspolitik gegenüber »gewöhnlichen« Homosexuellen zeigte sich Hitler dabei nicht interessiert, um so mehr dafür an »Fällen«, bei denen handfeste Interessen im Spiel waren.

Das läßt sich am Beispiel des schlesischen Oberpräsidenten und Gauleiters Helmut Brückner anschaulich belegen, ebenjenes Mannes, der im Sommer 1934 in der Exilpresse der Homosexualität »bezichtigt« worden war. Der altgediente Parteimann stand schon seit 1932/33 immer wieder unter Verdacht,[199] hatte aber das Wüten der SS in der sogenannten »Nacht der langen Messer« unversehrt überstanden. Einen Monat später jedoch denunzierte ihn Himmlers Repräsentant in Schlesien, Udo von Woyrsch, bei der Generalstaatsanwaltschaft Breslau als »175er«.[200] Naiverweise schickte Brückner daraufhin im Oktober 1934 eine im Wortlaut nicht überlieferte »Denkschrift« an Heß, Göring und andere NS-Größen, in der er es darauf anlegte, nun seinerseits Woyrsch und dessen Chef

Himmler, vielleicht auch noch andere führende Leute des Regimes durch ähnliche Zuschreibungen zu kompromittieren.[201] Er wurde sofort von der Gestapo verhaftet und nach Berlin gebracht, wo ihm Himmlers Schergen im Dezember 1934 erst einmal ein Geständnis über seine homosexuellen »Verfehlungen« entlockten. Parteiausschluß und Amtsenthebung waren die Folge.

Doch damit nicht genug. Auf ausdrücklichen Befehl Hitlers, der die Angelegenheit mit auffälliger Aufmerksamkeit verfolgte und sogar Zeit für eine einstündige Unterredung mit Brückners Frau fand, mußte der alte Kampfgefährte weiter im Gefängnis bleiben – da nutzte selbst seine Versicherung nichts, er werde seinen Hitler geschworenen Treueid »auch außerhalb der NSDAP [...] halten«[202]. Während Göring Brückners Frau versprach, daß es zu keinem Strafprozeß kommen werde, wollte Hitler den Mann augenscheinlich aus der Reserve locken und ordnete ein förmliches Ermittlungsverfahren der Staatsanwaltschaft nach Paragraph 175 an. Brückner warnte denn auch prompt davor, »seine Angelegenheit in einer Gerichtsverhandlung zu erledigen, da er dann Dinge bringen müßte, die der Bewegung und dem Staat großen Schaden bringen würden«[203]. Aber ebendiese Dinge wollte Hitler, freilich unter Ausschluß der Öffentlichkeit, gerade hören, und so nahm der Prozeß im Oktober 1935 seinen Lauf.

Im Vorfeld der Gerichtsverhandlungen brachte Brückner in einem – abgefangenen – Brief an seinen Anwalt folgendes zu seiner Verteidigung vor: Sein »bisexueller Einschlag« komme von »früher betätigter mutueller Onanie«. Er bestreite aber entschieden, sich damit strafbar gemacht zu haben. Denn erst im Sommer 1935 habe das Reichsgericht verfügt, daß mutuelle Onanie den Tatbestand des Paragraphen 175 erfülle, und seine »Betätigung« liege weiter zurück. Entsprechend hatte auch Röhm 1931 noch erfolgreich argumentiert. Mit Nachdruck verwahrt sich Brückner gegen den Vorwurf, mit seinem Verhalten der Partei geschadet zu haben. Und er begründet dies wie folgt: »Schließlich lagen bei mir tiefere Hemmungen wieder vor, als in der Nationalsozialistischen Partei selber der radikale Wechsel stattfand am 30. Juni [1934] von noch nie dagewesener Toleranz plötzlich zur radikalsten Ausrottung. [...] Eine jahrzehntelange Rechtsprechung und die Entscheidung des Reichsgerichts, die sich sowohl auf die Zeit nach als auch auf die Zeit vor dem Kriege erstreckt, ist schließlich auch Allgemeingut des nationalen Deutschland gewesen. Diese Auffassung wurde von der NSDAP ausdrücklich im Falle Röhm bestätigt, sowohl 1932 gelegentlich der Röhmbriefe innerhalb der Partei und durch die Parteileitung als auch nach der Machtübernahme 1933, besonders als Neujahr 1934 Hindenburg den Stabschef Röhm auf Vorschlag des Reichskanzlers zum Reichsminister ernannte. Jede Unklarheit war damit beseitigt. Der Nationalsozialismus hat autoritativ und sichtbar die Auffassung der reichsgerichtlichen Überlieferung in der Frage der mutuellen Onanie nicht nur bestätigt, sondern ausdrücklich gebilligt. Ja sogar die Hemmungen durch gesellschaftliche Achtung beseitigt!«

Deutlich wird, wie fassungslos Brückner dem »radikalen Wechsel« gegenüberstand, den die NSDAP-Führung 1934 vollzogen hatte – von der Homophilie zur Homophobie. Doch er erkannte bald, daß »die politischen Dinge hier wesentlich hinein[spielten]« und daß die Staatsanwaltschaft nur der »Handlanger einer Systemjustiz« war: »Man hat uns angelogen.« Bei der Hauptverhandlung am 22. Oktober 1935 packte er gleichwohl nicht aus und malte auch kein Bild jener homosexuellen Kultur, der die NSDAP-Führung bis Sommer 1934 so breiten Raum gelassen hatte. Er zog sich vielmehr auf seine Verdienste für die Partei und auf seine strafrechtliche Unschuld zurück. Das Gericht verurteilte ihn zu einer 15monatigen Gefängnisstrafe, gegen die Brückner allerdings Berufung einlegte.

Nachdem Hitler schon über den Reichsjustizminister Gürtner Einfluß auf den Prozeß genommen hatte,[204] mußte ihm Himmler am 1. November 1935 »in der Angelegenheit Brückner« persönlich Bericht erstatten. Dabei entschied Hitler, wie der Reichsführer SS einige Tage später festhielt, »daß der Staatsanwaltschaft bei dem Berufungsverfahren nicht in den Arm gefallen werden soll. Nach der zweiten Verhandlung behält der Führer sich die weitere Entscheidung vor.«[205] Anders gesagt: Was die gesetzlichen Bestimmungen wert waren, entschied einzig und allein der Mann, für dessen Sicherheitsbedürfnis diese Bestimmungen überhaupt erst geschaffen worden waren. In einem de facto rechtsfreien Raum konnte Hitler jederzeit Herr des Geschehens bleiben. Als Brückner einen Teil seiner Gefängnisstrafe verbüßt hatte, ließ der »Führer« denn auch den Rest – scheinbar gnädig – zur Bewährung aussetzen. Vielleicht versprach er sich davon eine Art Loyalitätsgarantie, um so mehr, als er Himmler und Göring 1938 beauftragte, für Brückner eine angemessene Verwendung außerhalb der Politik zu finden.[206]

Das Monopol des »Führers«

Als Staatschef hatte Hitler eigentlich anderes zu tun, als sich persönlich um den Prozeß gegen einen bisexuellen Parteigenossen zu kümmern, zumal er sich für die Drangsalierung von »Regimegegnern« sonst im Detail nie interessiert hat. Das überließ er Himmler und seiner SS. Sobald jedoch das Thema »homosexuelle Politiker« auf der Tagesordnung stand, und noch gar solche aus den eigenen Reihen, wollte er in die entsprechenden Vorgänge von Beginn an einbezogen werden. Hier galt allein seine Entscheidung. Genauso brennend war er darauf aus, zu erfahren, was die Leute in diesem Punkt über ihn hörten beziehungsweise redeten. Selbst einschlägige Ermittlungen aus der tiefsten Provinz liefen stets über seinen Schreibtisch. Da schlug die Paranoia eines Mannes durch, der wohl mittlerweile selbst wirklich an den »Führer«-Mythos glaubte und zugleich doch spürte, daß er ihm nicht entsprach. Und es offenbart seine unbezähmbare Angst vor Bloßstellung, die ihn sogar nach dem »Röhm-Putsch«, dem »Heimtücke-Gesetz« und der Verschärfung des Paragraphen 175 noch umtrieb.

Darüber hinaus zeigt der »Fall Brückner«, daß Otto Strassers Enthüllungen nicht aus der Luft gegriffen waren. In der NS-Führungsriege dürften sich auch Ende 1934 noch einige homosexuelle Politiker befunden haben: Rudolf Heß; Baldur von Schirach und Hans Frank, bei denen der amerikanische Gerichtspsychologe

Gilbert später in Nürnberg auf »homosexuelle Veranlagung« schloß;[207] auch Karl Kaufmann, über den in diversen Nachkriegsprozessen ebenfalls einschlägige Dinge zur Sprache kamen.[208] Brückner war indes der einzige, der gegen das ungeschriebene Gesetz verstieß, das damals in der NS-Bewegung galt: niemals von Männerliebe reden und schon gar keine Namen nennen! Dieser eklatante Regelverstoß, nicht seine Homosexualität brachte ihn um seinen Posten. Nach Röhms Ermordung mußte freilich nahezu jeder homosexuelle Amtsträger Furcht vor Himmlers SS und den Proskriptionslisten Reinhard Heydrichs haben.[209]

Eine totale Auslieferung an Hitlers Wohlgefallen war die Folge. Das Wissen der Paladine um Hitlers Neigungen war 1935 als Rückversicherung wertlos geworden. Der Diktator hatte die Homosexualität zu einem exklusiven Privileg für ausgewählte Helfer gemacht und im übrigen zu einem Monopol für ihn selbst, das keinerlei Konkurrenz mehr duldete. Er war der einzige, auf den die Gesetzgebung in puncto Homosexualität niemals Anwendung finden konnte. So wurde Deutschlands »Führer« auch zum »Erlöser« in eigener Sache.

Aber Hitler verfolgte auch einen politischen Zweck. 1934 war er zu der Einsicht gelangt, daß er homosexuelle Avancen innerhalb der Bewegung nicht länger dulden durfte, schon um seiner selbst willen. Die Erfahrung, die er im Zuge der öffentlichen Schlammschlacht gegen Röhm gemacht hatte, war dabei von kaum zu überschätzender Bedeutung; sie zeigte ihm, daß gegen die Stigmatisierung der Homosexualität in Deutschland nichts auszurichten war, auch nicht innerhalb der eigenen Partei. So sah er keine andere Möglichkeit, als dem Anpassungsdruck immer weiter nachzugeben. Und er erreichte, was er sich erhoffte: Volk und Eliten feierten, nachdem er gegen »Röhm und Genossen« vorgegangen war, letztlich den Mut und die Tatkraft des »Führers«.[210] Die Niederschlagung eines angeblichen »Putsches« wertete ihn machtpolitisch noch weiter auf, und durch die Annäherung an die Reichswehrführung und die Einbindung konservativer Eliten, welche sich von entschiedenem »Ordnungswillen« seit jeher fasziniert zeigten, konnte er seinen Ruf als »Retter der Nation« noch untermauern. Insofern hat die Röhm-Affäre Hitlers Diktatur befestigt und ihm überdies eine Welle neuer Bewunderung eingetragen, die die harsche Kritik des Auslands an seinem Vorgehen schnell hinwegspülte.

Drei Monate nach diesem ungeheuerlichen Durchbruch durfte sich Hitler daher ausgesprochen glücklich schätzen und privat den Ausruf wagen: »Ich glaube, mein Leben ist der größte Roman der Weltgeschichte!«[211] So und nicht anders stellt es sich auch dem Historiker dar. Doch zu diesem Leben gehörte ein grausames Motto, das der »Führer« nur wenige Wochen zuvor in einem anderen politischen Zusammenhang ins Mikrophon gebrüllt hatte: »Gar nichts wird uns niederzwingen! Unter keinen Umständen werden wir kapitulieren!«[212]

Sechstes Kapitel
Posthume Enthüllungen: Erich Ebermayer und seine Gewährsmänner

Die systematische Vernichtung von eindeutigem Quellenmaterial zu Hitlers Homosexualität hat nicht verhindern können, daß die entsprechenden Informationen dennoch überliefert wurden, und zwar von Personen, die nicht immer nur ein politisches, sondern mitunter auch ein ganz persönliches Interesse an der Weitergabe ihres Wissens hatten. Zu ihnen gehört der 1900 geborene homosexuelle Rechtsanwalt und Romancier Erich Ebermayer. Wenn seine Aussagen zutreffen – und vieles spricht dafür –, dann sind sie eine echte Entdeckung.

1959 hat der renommierte Zsolnay Verlag Ebermayers Aufzeichnungen als »persönliches und politisches Tagebuch« für die Jahre 1933 bis 1935 veröffentlicht.[1] Zu den spannendsten Passagen zählen die Eintragungen über den »Röhm-Putsch« vom Sommer 1934.[2] »Lähmendes Entsetzen« habe ihn damals ergriffen, schreibt Ebermayer. Und so zeugen die ersten Kommentare zu den offiziellen Verlautbarungen denn auch von Ratlosigkeit und der Angst vor weiteren Übergriffen. Doch schon bald ist Empörung spürbar, die schließlich in der Vermutung gipfelt, daß es bei der Aktion um die »Beseitigung unangenehmer Mitwisser aus der persönlichen Vergangenheit des Führers und aus der Kampfzeit der Bewegung« gegangen sei. Ebermayer kann gute Gründe für seinen Verdacht angeben: »Am interessantesten und erschütterndsten ist die Wendung, ich möchte sagen: der Dreh, den die Sache jetzt bekommt: der Kampf gegen die Homosexualität. Daß dieser Kampf nicht echt und ehrlich ist, bedarf keines Wortes. Der Führer ist laut seinen Militärpapieren, die dem früheren Reichsinnenminister Dr. Külz vorgelegen haben, während des Weltkrieges trotz Tapferkeit vor dem

Feind wegen homosexueller Betätigung von der Beförderung zum Unteroffizier ausgeschlossen worden. [...] Die nationalsozialistische Bewegung in ihrer Kampfzeit – nicht etwa nur die Röhm-Clique – war ein ›Männerbund‹, wie ihn Blüher in seinen Büchern gezeichnet hat, dessen bewegende Kraft die Homoerotik war. Heß, der in Parteikreisen ›die schwarze Emma‹ heißt, ist nach Ansicht aller, die die Verhältnisse näher kennen, viele Jahre lang der Freund des Führers gewesen, vor allem während der gemeinsamen Haft in Landsberg [...] – Meine äußerst vertrauenswürdigen Gewährsmänner für diese internen Fragen [...] haben bisher mit *Stolz* die homoerotische Veranlagung des Führers und seines engsten Kreises [...] betont und erklärt, der Führer selbst lebe, seit die Politik immer mehr seine Kräfte absorbiere, nicht mehr seine Neigungen. Nur gelegentlich, auf Autoreisen, vor allem im Hotel ›Bube‹ in Berneck im Fichtelgebirge, werde ihm auf den Fahrten von Berlin nach München Gelegenheit geboten, sich zu entspannen. Er stünde aber nach wie vor mit größter Sympathie und Verständnis zu diesem Problem, was ja schon die Duldung, ja Förderung Röhms und seines Kreises beweise.«[3]

Nach Lektüre dieser Passage erscheinen auch jene Stellen des Buches, in denen sich sehr viel vorsichtigere Andeutungen über Hitlers Privatleben finden, in einem anderen Licht. Anläßlich einer Goebbels-Rede zu Hitlers 44. Geburtstag im April 1933 zum Beispiel – sie war dem »märchenhaften Aufstieg« des Menschen Adolf Hitler »aus der Tiefe des Volkes« gewidmet – schreibt Ebermayer: »Napoleons Weg ist nichts dagegen, er war immerhin Offizier! Unserer jedoch ein arbeitsloser (oder arbeitsscheuer?) Maler, der sich mit Schnorren durchbrachte, zeitweise wohl auch mit unsympathischerem Gewerbe.« Mit Blick auf den erstaunlichen Wiederaufstieg Röhms kolportiert er die Vermutung, daß »der ›Führer‹ völlig in der Hand seines Freundes Röhm sein [soll], der einer der wenigen Mitwisser seines Privatlebens sei«. Und schließlich kommentiert er Hitlers zahllose Bemühungen, eine tragbare Biographie zu präsentieren: »Die Wände fielen nicht zusammen ob dieser wundersamen Mär. Das größte Wunder aber scheint mir, daß er offenbar bereits selbst an die Legende seines Lebens glaubt. Würde ihm jemand sein Leben erzählen, so wie es war, er würde ihn aus heiligster Überzeugung einen Lügner nennen. [...] Ich kann das als Schriftsteller gut verstehen. Ich glaube selbst auch oft meine Geschichten, die ich erfunden habe: ich muß sie glauben, sonst könnte ich sie nicht einigermaßen überzeugend vortragen.«[4]

Ebermayers Auskünfte über Hitler sind insgesamt eine bemerkenswerte Mischung aus Insiderwissen, Kombinationsgabe und dichterischer Anverwandlung. Leider hat man sich des Mannes damals nicht mit ähnlicher Neugier angenommen wie etwa Albert Speers. Heute, gut dreißig Jahre nach Ebermayers Tod, ist es weit schwieriger, den Wahrheitsgehalt seiner Aussagen zu bestimmen, dennoch muß der Versuch unternommen werden, schon weil Ebermayer etwas zur Sprache gebracht hat, was mancher Mitwisser nicht zu sagen wagte. Beginnen wir also mit der Frage, ob Ebermayer das, was er da schreibt, überhaupt wissen konnte.

Erich Ebermayer

Erich Ebermayer war der einzige Sohn des seinerzeit recht bekannten und politisch einflußreichen Juristen Ludwig Ebermayer, der es bis zum obersten Anwalt beim Reichsgericht in Leipzig gebracht hatte und zur Jahrhundertwende als Strafrechtsreformer hohes Ansehen genoß.[5] Zwischen 1910 und 1930 hatte er den Höhepunkt seiner Karriere erreicht und diente mehreren Justiz- und Innenministern als Berater. Auch hielt er in Leipzig ein gastfreies Haus, in dem so mancher prominente Politiker ein und aus ging. Das blieb nicht ohne Einfluß auf den jungen Ebermayer: »Durch meinen Vater«, schreibt er rückblickend, »lernte ich viele gescheite und berühmte Leute kennen und sah, halb angewidert, halb belustigt, hinter die Kulissen des politischen Betriebes jener Kriegs- und Nachkriegszeit.«[6] Tatsächlich hatte Ludwig Ebermayer durch seine jahrelange Mitarbeit in zahlreichen parlamentarischen und ministeriellen Kommissionen einen genauen Einblick in die politischen Strukturen Deutschlands. Und sein Spezialgebiet, die Strafrechtsreform, war in vielerlei Hinsicht hochbrisant. So diskutierte man zum Beispiel schon in den Vorkriegsjahren die Reform des Paragraphen 175, wobei Ebermayer eine ausgesprochen fortschrittliche Position einnahm: Er plädierte dafür, die Strafbarkeit der einfachen Homosexualität aufzuheben, ein weithin beachteter Standpunkt, an dem Ebermayer auch in den zwanziger Jahren festgehalten hat.[7]

Aus seiner liberalen Haltung in dieser Frage kann man jedoch nicht ohne weiteres auf seine parteipolitische Gesinnung schließen. Er blieb trotz seiner Nähe zu führenden Politikern zeitlebens parteilos, dürfte aber eher dem rechtsbürgerlichen Lager nahegestanden haben. Dafür spricht schon seine enge Verbindung mit Curt Joel,[8] einem als konservativ geltenden Politiker, der 1931/32 selbst für kurze Zeit an der Spitze des Justizressorts stand und im übrigen ein wichtiger Regierungsberater war. Joel zählte zu den »grauen Eminenzen« des Weimarer Systems; wer ihn zum Freund und Vertrauten hatte, konnte – jedenfalls bis zum Ende der Regierung Brüning – Einblicke in die *arcana imperii* erhalten. Doch auch Ebermayer selbst verfügte als Anklagevertreter in Prozessen gegen die extremistischen Feinde der Republik über einiges Geheimwissen.[9]

Ein anderer »alter Freund und Kollege meines Vaters«, schreibt Erich Ebermayer 1939 an Alfred Rosenberg,[10] sei Franz Gürtner gewesen, ein nationalkonservativer Befürworter des autoritären Staates, der in den zwanziger Jahren in Bayern das Justizressort geleitet hatte.[11] Ihm verdankte Hitler es, daß er bei seinen diversen Rechtsbrüchen in jenen Jahren stets recht glimpflich davonkam. Deshalb lag es nach der Machtübernahme nahe, ihn entsprechend zu honorieren: Gürtner wurde Reichsjustizminister, und in dieser Eigenschaft soll er, zusammen mit dem bayerischen Justizminister Hans Frank, Ludwig Ebermayer 1933 »auch im Namen des Führers« zur Mitarbeit an den geplanten Strafrechtsänderungen aufgefordert haben. Als der Oberreichsanwalt a. D. kurz darauf verstarb, kam Gürtner höchstpersönlich zur Beerdigungsfeier nach Leipzig und legte dort nach kurzer Ansprache einen Kranz der Reichsregierung nieder.[12]

Die freundschaftlichen Verbindungen mit Joel und Gürtner stellen die Unabhängigkeit Ludwig Ebermayers nicht prinzipiell in Frage, doch sie zeigen, daß er über politische Interna wohlunterrichtet war – auch durch seine ebenfalls bestehenden Beziehungen zum linksbürgerlichen Lager. Hier ist an erster Stelle Wilhelm Külz zu nennen.[13] Als führender Vertreter der Deutschen Demokratischen Partei wurde Külz im Januar 1926 für ein gutes Jahr Reichsinnenminister. Er war ein entschiedener Gegner der Militarisierung der politischen Verbände, insbesondere der nationalistischen Rechten, was ihm die Nationalsozialisten später sehr verübelt haben,[14] und erkannte in Hitler bereits Mitte der zwanziger Jahre eine politische Gefahr. Schon deshalb dürfte er, als Hindenburg ihm im Frühjahr 1926 für drei Monate die Verwaltung des Reichswehrministeriums in Vertretung des erkrankten Geßler übertrug,[15] die Gelegenheit genutzt haben, Hitlers Militärakten einzusehen. Als »Zivilminister« hätte er damals kaum Zugang zu einer solchen Informationsquelle erhalten.[16]

Daß die von Erich Ebermayer erwähnte Einsicht in die Militärpapiere in den Registraturen seines Büros nicht protokolliert wurde,[17] ist nicht verwunderlich, denn es handelte sich hier um eine halblegale Aktion, ja nahezu um Spionage. Und daß der Tagebuch-Schreiber hiervon Kenntnis hatte, läßt sich erklären, wenn man weiß, daß die Söhne des Oberreichsanwalts und des Reichsinnenministers noch enger befreundet waren als ihre Väter,[18] und zwar offenbar seit ebenjenem Sommer 1934, in dem Erich Ebermayer verzweifelt nach einer Erklärung für die Ereignisse des »30. Juni« suchte. Als er 1959 schließlich sein Wissen um die Wilhelm Külz bekannten Hitler-Dokumente der Öffentlichkeit preisgab, war dessen Sohn Helmut immerhin Senatspräsident beim Bundesverwaltungsgericht; er hätte sich also gegen eine Falschaussage in einer derart heiklen Angelegenheit nicht nur zur Wehr setzen können, sondern aufgrund seiner Stellung sogar müssen.

Diese Zusammenhänge würden auch erklären, warum die Nationalsozialisten Wilhelm Külz Ende 1934 ohne Angabe von Gründen in sogenannte Schutzhaft nahmen – ganz offensichtlich sollte er eingeschüchtert werden. Doch die zentrale Information aus Hitlers Militärpapieren ist noch in andere Beamtenkreise durchgesickert: Im März 1937 wurde in Frankfurt an der Oder ein Amtsgerichtsrat bei der Gestapo denunziert, weil er geäußert hatte, er »wisse aus sicherster Quelle, daß [der] Führer trotz Auszeichnung mit dem Eisernen Kreuz I. Kl. nicht befördert worden sei, weil er homosexuell wäre. Himmler habe bei Blomberg [dem damaligen Reichswehrminister – L. M.] mit einer Abteilung der SS versucht, die Militärpapiere des Führers zu bekommen, doch Blomberg habe ihre Herausgabe verweigert.«[19]

Seit dem Beginn seines Jurastudiums im Jahre 1919 hatte sich der junge Erich Ebermayer mit dem Thema Homosexualität beschäftigt. Ähnlich wie Thomas Mann in der Erzählung ›Tod in Venedig‹ griff er es in eigenen literarischen Versuchen auf und benutzte seine Novellen-Entwürfe, um mit dem berühmten Vorbild in Kontakt zu treten.[20] Das Wohlwollen, das Thomas Mann und andere seinen dichterischen Bemühungen entgegenbrachten, ermutigte Ebermayer, im August 1924 sein erstes Buch, ›Dr. Angelo‹, zu veröffentlichen. Schon die zeitgenössische Kritik vermerkte, daß es sich hier um eine kaum verdeckte Art von Bekenntnisschrift handelt.[21] Vor allem die Emanzipationsbewegung der Homosexuellen begrüßte das Debüt, zumal es immerhin vom Sohn des deutschen Oberreichsanwaltes stammte.

Besonders stolz wird Ebermayer aber der »aufrichtige Glückwunsch« von Thomas Mann gemacht haben, der sich überzeugt gezeigt hatte, daß die »schöne Publikation [...] Ihrem Talent gewiß viele Freunde werben wird«[22]. Fortan schrieb Ebermayer aus einem ziemlich offen homoerotischen Impetus heraus Novellen und Theaterstücke, die ihm Ende der zwanziger Jahre einen festen Platz im Kanon der einschlägigen Belletristik sicherten.[23] Zu seinem Ruf als Vorkämpfer des »neuen Eros« trug außerdem die enge Freundschaft mit dem Reformpädagogen Gustav Wyneken bei.[24] Schon 1923 hatte sich Ebermayer demonstrativ zu ihm und damit zu seiner Ideologie des »Pädagogischen Eros« bekannt; 1925 ließ er sich

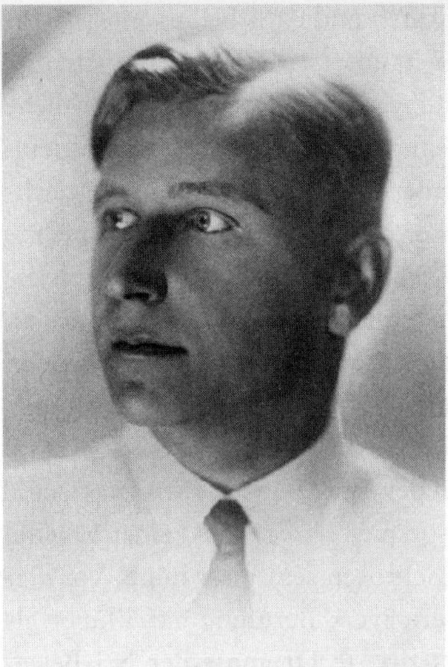

Der Schriftsteller
Erich Ebermayer Mitte der
zwanziger Jahre.

sogar zum Vorsitzenden des Aufsichtsrates von Wynekens skandalumwitterter Schule wählen.[25]

Inzwischen arbeitete Ebermayer nach Referendariat und Promotion als Rechtsanwalt in Leipzig, »wohlweislich aber in einem Büro, wo ich nichts zu tun hatte und [...] nur, wenn ich Lust hatte, gelegentlich Strafverteidigungen«[26] übernahm, zum Beispiel bei Anklagen nach Paragraph 175.[27] Besonders deutlich kommt sein diesbezügliches Engagement im 1926 erschienenen Aufsatz ›Jugend und Eros‹ zum Ausdruck, in dem er dazu aufrief, die mit dem Paragraphen 175 verbundenen »Unbilligkeiten beseitigen zu helfen«. Das sei »eine Aufgabe und eine Forderung an die Jugend, die alle angeht, gleichgültig, nach welcher Richtung sie in erotischer Beziehung neigt. Denn der Kampf um den § 175 Str.G.B. ist heute nicht mehr nur ein ›Befreiungskampf für die Homosexuellen‹, als der er irrigerweise oft angesehen wird, sondern ein Kampf für die gesellschaftliche Anerkennung einer Spielart der Natur, für humane, gerechte Freiheit, für großzügige und kluge Zurückhaltung des Staates in Dingen, die ihres rein privaten und naturbedingten Charakters wegen seiner Kompetenz nicht unterstehen können.«[28] In diesem bemerkenswert offenen Plädoyer für die gleichgeschlechtliche Liebe, welche jeder Betroffene »nicht als bedauernswerten, mitleiderregenden Fluch auffassen, sondern [...] als Gnade und Auszeichnung erkennen« solle, greift Ebermayer nicht nur auf Argumente von Gustav Wyneken zurück. Auch die von Hans Blüher inspirierten Begründungsmuster mannmännlicher Erotik sind hier präsent. Zwar fehlt es an Briefquellen, die uns näheren Aufschluß über den persönlichen Austausch zwischen Blüher und Ebermayer geben könnten, aber eine genauere Lektüre des Schlüsselromans ›Kampf um Odilienberg‹ (1929), in dem der »männliche« Eros gegen eine »feminine« Homosexualität ausgespielt wird,[29] läßt keinen Zweifel daran, daß Ebermayer Blühers Schriften sehr gut kannte. Vor diesem Hintergrund gewinnt Ebermayers Berufung auf Blüher als Kronzeugen für seine eingangs zitierte Diagnose der NS-Bewegung an Tiefenschärfe und Relevanz.

Zudem hat Blüher ein 1966 posthum veröffentlichtes Manuskript hinterlassen, in der die Hitler-Partei auf ganz ähnliche Weise charakterisiert wird wie bei Ebermayer: »Nicht einzelne Handlungen, die für den Sexualklatsch interessant sein können, geben dem gewissenhaften Beobachter Aufschluß über die sexuelle Veranlagung eines Menschen, sondern die *Atmosphäre*, in der er lebt. Was Hitler betrifft, fällt es nicht schwer, diese zu kennzeichnen. Für ihn lautet die Diagnose [...] auf Hinwendung zum Männerbund. [...] Wer das alles beobachtet hat und kennt, kann nicht mehr im Zweifel darüber sein, daß Hitler mannmännlich dachte und handelte. Daß er ein ausgesprochener Männerheld gewesen, der seine originäre männliche Gesellschaft in eine politische Partei umgewandelt, der also einen Männerbund von einmaligen Ausmaßen gegründet hat. Einen Männerbund, in dem unter der Regie von Ernst Röhm Jünglingsgemeinschaften, erotische Freundespaare, eine Hitler nicht unbekannt gebliebene, politisch wichtige Rolle spielten. [...] In der ersten Zeit nach der sogenannten ›Machtergreifung‹ glaubten viele Vertreter des Männerheldentums, daß nun endlich die Stunde geschlagen für die Beseitigung des § 175. Denn sie und ihresgleichen hatten die starken, im Eros verankerten und geschöpften Kräfte ihrem Führer für die Errichtung seines neuen mächtigen Staates [...] gegeben. [...] Also mußten alle ihr Liebesleben diffamierenden und gefährdenden Strafbestimmungen endlich und für immer in der Versenkung verschwinden. Ich habe diese Stimmen gehört. Aber ich habe einige gutgläubige Männerhelden davor gewarnt, sich vorzeitig zu demaskieren, und geraten, abzuwarten.«[30]

Obwohl Ebermayer nicht daran dachte, sich der Nazi-Bewegung anzuschließen, gehörte auch er zu den »Männerhelden«, die bis 1934 glaubten, daß der »Führer« und seine Getreuesten die Homoerotik als eine Basis ihres politischen Erfolges nicht verraten würden. Er durfte sich sogar ziemlich sicher sein, da er auch über dieses Arkanum außergewöhnlich gute Informationen besaß, namentlich durch seinen Vetter Philipp Bouhler, der seit 1925 zu Hitlers engstem Stab zählte und mit dem Ebermayer ab 1930 guten Kontakt hatte.[31] »Wie ich durch meinen Vetter, den Reichsgeschäftsführer der N.S.D.A.P., unlängst hörte, gehören meine Bücher seit Jahren zu den Werken, die der Führer und sein Kreis gern lesen«, teilte Ebermayer noch im Oktober 1933 dem Direktor Costa vom Wiener Zsolnay Verlag mit.[32]

Freilich war die Homoerotik für Ebermayer nicht nur ein Gegenstand dichterischer Anverwandlung, sie war auch Teil seines Alltags. Spätestens seit seiner 1925 geschlossenen Freundschaft mit Klaus Mann,[33] mit dem er auch gelegentlich zusammenarbeitete, wußte er um den Wert kulturell verfeinerter Männerbeziehungen, wie sie ihm der exaltierte Dichtersohn vorlebte. Um die Jahreswende 1932/33, als der Zusammenbruch der Weimarer Demokratie mehr als absehbar wurde, planten beide ein neues gemeinsames Projekt: die Dramatisierung des Romans ›Nachtflug‹ von Antoine de Saint-Exupéry. Ende Januar 1933 nahm das Vorhaben Gestalt an, und die beiden Freunde trafen sich in Leipzig, um Zeit und Ort für seine Realisierung zu verabreden.[34] Es war der Tag von Hitlers »Machtergreifung«. Das Ereignis tat ihren Plänen zunächst keinen Abbruch. Nach München zurückgekehrt, schreibt Mann unverzüglich nach Leipzig, er freue sich auf die Zusammenarbeit, und fügt den höchst merkwürdigen Satz hinzu: »Im übrigen möge der deutsche Reichskanzler seine gütige Hand über uns halten. Getreulich Klaus.«[35] Wie das? Ob Mann im Hause Ebermayer die beruhigende Versicherung erhalten hatte, der nunmehrige Regierungschef stehe dem homoerotischen Eros der Literaten durchaus aufgeschlossen, ja sympathisierend gegenüber?[36] Oder war es nur beißende Ironie? Wir wissen es nicht.

Jedenfalls hielt Klaus Mann trotz seiner antifaschistischen Grundeinstellung zunächst daran fest, das literarische Vorhaben zusammen mit Ebermayer zu realisieren. Erst als sich nach dem Reichstagsbrand und den Märzwahlen ein grundsätzlicher politisch-kultureller Klimawechsel abzeichnete, der seine ganze Familie bedrohte, mochte sich auch Klaus Mann nicht mehr in Sicherheit wiegen. »Aus Instinkt mehr denn aus ›Überzeugung‹«[37] sei er ins Exil gegangen. Und aus genau dem gleichen Motiv blieb sein Freund Ebermayer in Deutschland. Beide fanden nichts dabei, daß sie so unterschiedlich auf die politische Situation reagierten. Bis Ende 1933 tauschten sie weiterhin herzliche Briefe aus, in denen Klaus auch »Grüsse für Deinen Boy«[38] ausrichten ließ. Auf keinen Fall war es die Angst vor Repressionen als Homosexueller, die Klaus Mann aus Deutschland getrieben hat. Und frei von solchen Ängsten war erst recht der zurückgebliebene Freund.

Ebermayer hat Hitler nach der »Machtergreifung« aus nächster Nähe beobachtet, und zwar im Hotel »Kaiserhof« in Berlin – dem »Hauptquartier der Bewegung«. Er wußte, daß Hitler nachmittags »noch immer, auch jetzt als Kanzler, seinen Kaffee in einer Ecke der Halle« zu sich nahm. Dorthin begab sich Ebermayer im Februar 1933 »ein paarmal«; er setzte sich »dicht neben den für Hitler reservierten Tisch« und fand bestätigt, was er schon längst erfahren hatte: »Es sind nur Männer an seinem Tisch. [...] Das Ganze macht den Eindruck eines Meisters, der mit seinen Jüngern tafelt. [...] Dann ist ein neuer ›Jünger‹ eingetreten, macht sich vernehmlich am Tisch des Herrn bemerkbar. Hitler grüßt, sitzenbleibend, mit der erhobenen, stark zurückgebogenen Hand, bei weit abstehendem kleinen Finger, zurück. Dieser Gruß hat etwas Weibliches. Sehr weich, sehr österreichisch. Dazu das Gesicht von düsterem Ernst und steinerner Härte. [...] Auffallend wieviel Kuchen er ißt! Ich zähle bis zu acht Stück! [...] Das leichte graziöse Spiel seiner Hände ist immer wieder festzustellen. Wie er die Tasse an den Mund führt, den Kuchen zerteilt – das alles ist so unpreußisch, so südlich-weich, so feminin.«[39] Kurz, Ebermayer glaubte, verstanden zu haben.

Schon wenige Wochen später wurde er durch Hans Severus Ziegler, den neuen Chefdramaturgen am Deutschen Nationaltheater in Weimar, in seiner Vermutung bestätigt. Ziegler hatte ihn und seinen Freund Peer Baedeker, mit dem Ebermayer seit 1932 liiert war, im Mai 1933 zur Aufführung eines Theaterstücks von Ebermayer eingeladen. Für den Gast aus Leipzig war Ziegler nicht nur »einer der ältesten Kämpfer der Bewegung in Thüringen«, sondern vor allem »ein musischer, sensibler, liebenswürdiger Mann«, den er bereits 1929 kennengelernt hatte. Schon damals hatte der überzeugte Hitler-Anhänger den Leipziger Schriftsteller für die Bewegung zu gewinnen versucht: »Sie gehören zu uns«, habe er gesagt, »je früher Sie das einsehen, um so besser für Sie – und uns! Die Chancen, die Sie bei uns haben, sind ungeheuer. [...] Als Vetter von Bouhler, als Sohn Ihres Vaters, als Jurist und Dichter, auf Grund Ihrer rassischen Eigenschaften sind Sie wie kaum einer prädestiniert, sofort in die höchste Führungsgruppe der Partei zu gelangen. Sie brauchen nur Ja zu sagen – und ich rufe morgen den Führer und Dr. Goebbels an, und wir vereinbaren eine Unterredung.«[40]

Ziegler war selbst homosexuell, und nicht zuletzt deshalb verband die beiden wohl trotz aller weltanschaulichen Gegensätze von Anfang an »eine gewisse Sympathie«[41], die auch vier Jahre nach jener Offerte und wenige Monate nach Hitlers Machtantritt nicht verflogen war: »Eine Welle von aufrichtigem Wohlwollen schlägt mir entgegen«, notiert Ebermayer. Ganz besonders freut ihn, wie ungezwungen Ziegler den mitgebrachten Lebensgefährten in seine Liebenswürdigkeiten einbezieht: »Wir tagen mit den Schauspie-

»Nachgerade effeminiert«, meinte Carl J. Burckhardt über den »femininen Mann« Hitler. Hier mit seinen Adjutanten auf einer Wahlreise, 1932.

lern und einem Kreis Weimarer Theaterfreunde bis in den Morgen. Ziegler spielt nach Mitternacht Wagner, Liszt, Chopin, alles frei und geschmackvoll phantasierend. Sekt fließt in Strömen. Von Politik gottlob kein Wort. Als wir den Keller verlassen, ist die Sonne eben aufgegangen. [...] Ziegler will noch nicht schlafen gehen. So fahren wir hinaus nach Belvedere. Wandern eine Stunde im Park.

[...] Als wir auf der Terrasse hoch über Weimar sitzen und auf die ewige Stadt hinabblicken, die noch im leichten Morgennebel braut, legt Ziegler die Arme um M.s [gemeint ist Peer Baedeker – L. M.] und meine Schultern und sagt: ›Ihr Schafsköpfe – warum seid ihr bloß nicht bei uns! Reut's euch jetzt nicht selber? Aber ihr könnt ja nicht wissen, daß der Führer der herrlichste Mensch ist, den es auf der Welt gibt ...‹«[42]

Einen ähnlichen Eindruck von der Unbekümmertheit, mit der prominente Homosexuelle bis zum Sommer 1934 ihr Leben führen konnten, erhielt Ebermayer noch Anfang Juni 1934 während eines Besuchs auf Schloß Zeesen bei Berlin, das Gustaf Gründgens kurz zuvor erworben hatte. Beide kannten sich bereits aus dem Klaus-Mann-Kreis der späten zwanziger Jahre. Mittlerweile war Gründgens ein Protegé der Mächtigsten des Regimes geworden – ein persönlicher »Bekannter« Hitlers gar.[43] Ebermayer zeigte sich tief beeindruckt von dem luxuriösen Anwesen und vom Lebensstil des Bühnenstars: »Wir gehen in den Park. Schlendern am Ufer des Sees entlang. Hier baden wohlgewachsene Jünglinge, Gäste des Intendanten, die uns, da wir in einer Unterredung begriffen sind, nicht zu stören wagen. [...] Auf der schattigen Terrasse wird gegessen. [...] Und die jungen Badenden erscheinen nun auch, charmant und erfreulich – zwischen ihnen der große Künstler der Bühne und des Lebens.«[44] Auch Gründgens redet Ebermayer gut zu: »Sie haben größte Chancen – bei größter Geduld ...« Er schwärmt von Göring, der sich »wieder als ›unglaublicher Gentleman‹ erwiesen« und ihm wörtlich gesagt habe: »Spielen Sie Ebermayers Stück, und ich lasse am Tage nach der Premiere alle Journalisten, die unsachlich darüber berichten, festnehmen.«

Bei solchen Einblicken konnte Ebermayer gar nicht daran zweifeln, daß das Dritte Reich zumindest Homosexuellen gegenüber eine gewisse Toleranz üben würde, und es liegt auf der Hand, wie sehr ihn die Ereignisse des 30. Juni 1934 – auch noch aus der zeitlichen Distanz heraus – irritieren und bestürzen mußten. Hans Blüher dagegen hat nach dem Untergang des Dritten Reiches den weitgehend übersehenen Versuch unternommen, die innere Logik von Hitlers Abrechnung mit Röhm zu analysieren und ihre Konsequenzen für die nationalsozialistische Haltung der Homosexualität gegenüber aufzuzeigen: »Röhm, der den Männerbund für Hitler organisiert hatte, wurde als lästiger Mitwisser beseitigt, als man ihn nicht mehr brauchte und er der Ausführung anderer Pläne im Wege stand. Sein Fehler ist es gewesen, viel zuviel an die Sexualisierung des Männerbundes gedacht, diese allzusehr vorangetrieben und darüber die politische, staatserhaltende Idee vernachlässigt zu haben. Mit Röhm verschwand der alte, auf dem freundlichen Eros begründete Geist des Hitlerschen Männerbundes, um jenem anderen der totalen Verdrängung, der zum fanatischen Haß führt, Platz zu machen. So geschah denn das Unerwartete. Über Nacht wurde die bisher wohlwollend tolerierte mannmännliche Liebe als abscheuliches homosexuelles Laster angeprangert. [...] Hitler gab nun seinem Männerbund mit einem anderen Namen auch ein anderes Gesicht, und gleichzeitig instituierte er seine Doppelmoral. Sex durfte innerhalb des Bundes keine Rolle mehr spielen – alle seine Männer sollten es halten wie ihr (impotenter) Führer. [...] Außerhalb des Dienstes war ihnen jede Freiheit gestattet, besonders in sexualibus. Durch Röhm belehrt, hatte Hitler wohl erkannt, daß die Männerliebe Grundkraft der Staatsbildung sei, besonders der revolutionären. Deshalb sorgte er einerseits dafür – schon durch die Verschärfung des § 175 und die Bildung einer auf die Homosexuellen dressierten Sonderpolizei –, daß diese Grundkraft sofort vernichtet werden konnte, wenn sie sich beim potentiellen Gegner bemerkbar machte. Daß sie aber andererseits bei seinen erprobten, treuen Gefolgsmännern [...] ohne Einschränkungen erhalten blieb, dafür sorgten Sonderverfügungen. [...] Allerdings sollte diese von Hitler instituierte Doppelmoral als strengstes Staatsgeheimnis betrachtet und gehandhabt werden. Aber wegen der Vielzahl der Begünstigten und der Eingeweihten konnte es nicht ausbleiben, daß aus dem Staatsgeheimnis ein sehr offenes Geheimnis wurde.« So habe Hitler »es verstanden, die staatenbildende Naturkraft des mannmännlichen Eros in seinen Dienst zu spannen und sie für seine Zwecke voll auszunützen. Andererseits ist es ihm gelungen, diese selbe Kraft als Geißel zu gebrauchen, sie umzuwandeln in eine nervenzerrüttende Pein.«[45]

Blühers Analyse ist nicht als empirisch gesicherte Darstellung der historischen Realität zu lesen, sondern als Interpretationsangebot, das uns hilft, hinter die krude Logik von Hitlers Herrschaft zu kommen, besonders was die Konsequenzen für die Sexualpolitik und hier speziell die geänderte Situation in der Zeit nach Röhm betrifft. Sie bietet eine Erklärungsmöglichkeit für das scheinbar paradoxe Phänomen, daß Homosexualität im Dritten Reich zugleich verfolgt und protegiert wurde: Hitler hatte sie auf seine politischen wie persönlichen Bedürfnisse reduziert. Zur Sicherung seiner absoluten Souveränität gehörte, daß das in Deutschland mögliche homosexuelle Leben einer höchst willkürlich definierten Staatsräson unterworfen wurde. Am Beispiel Ebermayers und insbesondere Zieglers läßt sich beispielhaft zeigen, wie das funktionierte.

Geduldete Homosexualität: Zwei Karrieren

Als sich im Mai 1933 mit den Bücherverbrennungen die bevorstehenden kulturpolitischen Umwälzungen grell abzeichneten, geriet auch Erich Ebermayer kurzzeitig als »dekadenter« Schriftsteller in Mißkredit. Vor allem wegen seiner mutmaßlichen Nähe zu den verhaßten »bolschewistischen« Literatenkreisen um Heinrich Mann, dessen ›Professor Unrat‹ er 1931 für die Bühne adaptiert hatte.[46] Aber mit Hilfe seines Vetters Bouhler und aus eigener Anstrengung gelang es ihm rasch, die Gefahr abzuwenden. »Mein Verhältnis zum neuen Deutschland und zur neuen Regierung«, konnte er im Oktober 1933 seinem Verlagsdirektor nach Wien schreiben, »ist, nach anfänglichem Mißtrauen [...] jetzt denkbar gut. Ich werde von rein nationalsozialistischen Staatstheatern in Weimar, Cassel und Meiningen zur Zeit gespielt [...]. Nach der Machtübernahme bot man mir durch Mittelsleute zwei Intendantenposten in Mitteldeutschland an, was ich aber wegen meiner schriftstellerischen Tätigkeit ablehnte. Ich sage das, nicht um zu protzen, sondern um etwaige Bedenken Ihrerseits zu zerstreuen.«[47] Und nicht ohne Selbstgefälligkeit heißt es drei Tage später im Tagebuch: »Überall begegne ich tiefstem Erstaunen, daß ich noch nicht ›ganz groß in Berlin sitze‹, da ich ja das märchenhafte Glück genieße, der Vetter zweier so großer Herren wie Bouhler und Todt zu sein.«[48] Kein Wunder, daß Ebermayer Anfang 1934 mit dem Ankauf einer Villa im Berliner Grunewald, die er gemeinsam mit Peer Baedeker bezog, einen neuen Lebensabschnitt zu eröffnen wagte. »›Privat‹«, meldete er seinem Freund Klaus Mann ins Exil, gehe es ihm »sehr, sehr gut, kein Geld, aber Liebe«[49].

Doch dann, einige Monate nach der sogenannten Röhm-Revolte und ersten Razzien im Milieu der homosexuellen Subkultur,[50] geriet Ebermayer erneut unter Beschuß. Im ›Schwarzen Korps‹, dem berüchtigten Kampfblatt der SS, das sich um diese Zeit mit homophober Hetze besonders übel hervortat, wurden ihm Anfang Mai 1935 »mit schonungsloser Deutlichkeit« seine literarischen Verfehlungen vorgehalten: vom ›Dr. Angelo‹ bis hin zum Roman ›Jürgen Ried‹ (1931), dem letzten Werk, in dem Ebermayer sich mit der homoerotischen Thematik auseinandergesetzt hatte – für den Rezensenten war das »eine ununterbrochene Kette traurigster Skandale«, in denen sich Ebermayers »abgründige Lust am Ekelhaften, Perversen, Widerwärtigen und Verworfenen« spiegele.[51] Daß hier nicht etwa ein intriganter Einzelkritiker seine Kompetenzen überschritten hatte, belegt ein Dossier aus den Akten von Himmlers »Sicherheitsdienst«, in dem Ebermayer »zu jenem Kreis von Autoren« gezählt wird, »die Erotismus, Perversismus und Exotismus zu gestalten versuchen. Mit fast knabenhafter Aufgeregtheit hängt er am sexuellen Problem. Hier gestaltet er aus einer gequälten Stimmung, aus einer sexuellen Angst und Not heraus ein Übermaß sinnlichen Erlebens, das er bis zur krankhaften Ekstase steigert. [...] Ebermayers ganze Dichtung zeigt eine starke Neigung zum Grell-Extremen, auf sittlich-sexuellem Gebiet sehr oft bedenklich. Denn seine Werke atmen keinesfalls gesunden, sondern krankhaft-erotischen Geist.«[52]

Ohne Protektion von einflußreichster Stelle hätte kein Schriftsteller im Dritten Reich einen solchen Ausgrenzungsversuch unbeschadet überstanden. Doch Ebermayer passierte nichts. Es gelang ihm, seinen Vetter und über diesen sogar Goebbels persönlich einzuschalten, und schon im Herbst 1935 konnte er selbstsicher nach Wien melden, »daß ich erstens in jeder Beziehung politisch völlig einwandfrei bin, daß aber zweitens diese Tatsache von Herrn Reichsminister Dr. Göbbels und von Reichsleiter Bouhler bei jeder Gelegenheit betont wird, um diese alten Stänkerer und Gegner zurückzuweisen«[53]. Gleichwohl führten andere Parteiinstanzen Ebermayer unverändert in ihren schwarzen Listen, zum Beispiel das »Amt für Schrifttumspflege«, das dem »Hauptschulungsamt der NSDAP« im Sommer 1939 mitteilte: »Wenngleich heute dem Schaffen Ebermayers offiziell keine Schwierigkeiten bereitet werden und er ungehindert sich namentlich als Drehbuchautor betätigt, so besteht doch nach wie vor Veranlassung, ihn von Seiten der Partei abzulehnen und zumindest nicht zu fördern.«[54]

Ebermayers Karriere tat das jedoch keinen Abbruch. In der zweiten Hälfte der dreißiger Jahre konnte er seine größten materiellen und gesellschaftlichen Erfolge verbuchen,[55] nicht zuletzt dank der intensiven Zusammenarbeit mit Emil Jannings. Die Himmlers Sicherheitspolizei durchaus bekannten »anormalen Neigungen« Ebermayers, der »auch nach den hier vorliegenden Berichten seinem Äußeren und seinem ganzen Wesen nach ein typischer Vertreter solcher Kreise«[56] sei, standen einer Tätigkeit im Kulturbetrieb des Dritten Reiches offenbar nicht im Wege. Weder ihm noch seinem Lebensgefährten wurde bis 1945 ein Haar gekrümmt, er durfte ins Ausland reisen, und selbst zum Kriegsdienst wurde er nicht eingezogen. 1939 konnte er sich ein Barockschlößchen in der Nähe von Bayreuth leisten, in dem er bis Kriegsende lebte. Als Konformist und Opportunist hatte Ebermayer es verstanden, sich den Bedingungen der Hitler-Diktatur so perfekt anzupassen, daß er trotz seiner kompromittierenden schriftstellerischen Vergangenheit und trotz seiner bekannten Homosexualität unbehelligt blieb. Das unterscheidet seine Vita – wie auch die anderer Prominenter – vom verhängnisvollen Schicksal ganz normaler Homosexueller im Dritten Reich.

Zu den dergestalt Privilegierten zählte auch der bereits erwähnte Hans Severus Ziegler. Bis zu seinem Tod 1978 ist er ein überzeugter Anhänger Hitlers geblieben, dem er noch 1964 mit einer aus eigenem »Erleben« gestalteten Hommage, ›Adolf Hitler‹, ein ebenso interessantes wie befremdliches Denkmal setzte.[57] Diese Unbelehrbarkeit ist nur aus seiner Biographie zu begreifen.[58] Der 1893 geborene Bankierssohn hatte eine sorgfältige musikalische Ausbildung genossen und ein Studium der Literatur- und Kunstgeschichte absolviert. 1923 kam er nach Weimar, wo er innerhalb weniger Jahre eine führende Position in der Kulturpolitik einnahm. Im Nationalismus der völkischen Rechten hatte er Erklärungen für die Katastrophe von 1918/19 gesucht, und von dort war es nur ein kleiner Schritt zur NSDAP, der er im Februar 1925 beitrat. Einen Monat später lernte er Hitler in Weimar kennen. Bei dessen zahlreichen Aufenthalten dort[59] – keine andere Stadt, mit Ausnahme von Bayreuth, hat Hitler in den Jahren 1925 bis 1933 häufiger besucht als die thüringische Kulturmetropole – wurde Ziegler bald sein ständiger Begleiter. Ihm zufolge waren gerade Bayreuth und Weimar für Hitler »Oasen«, die er »so oft wie möglich aufsuchen mußte«[60], und das auch ohne konkreten Anlaß: »Mitunter gönnte sich der Führer auf einer Wagenfahrt nach München Rast, das waren die Weimar-Tage, die er am tiefsten genoß und wo wir alle die unmittelbarsten menschlichen Eindrücke von ihm gewannen.«[61] Ziegler führte ihn in das gesellschaftliche Leben der Stadt ein, machte ihn zum Beispiel mit dem früheren Generalintendanten Carl B. N. von Schirach und dessen Sohn Baldur bekannt oder mit Nietzsches Schwester.

Doch was zog Hitler überhaupt an diesen kulturträchtigen Ort? Weder Goethe noch Schiller, weder Herder noch Liszt, weder die Bauhaus-Künstler noch der Kreis um Harry Graf Kessler, und auch Nietzsche nicht. Schon eher das Theatererlebnis, die lauschigen Künstlercafés, das gemütliche Hotel »Elephant«, der Park von Belvedere, kurz: das reizvolle und dennoch heimelige Flair einer dem hektischen Tagesgeschäft entrückten Welt. Doch ganz ist damit das schon die Zeitgenossen beschäftigende Phänomen, »daß die knappen Ruhetage, die der Führer sich gönnen kann, ihn immer wieder nach Weimar führen«[62], nicht erklärt. Über die Einsichten, die Ziegler, der nach eigenen Angaben bei »annähernd vierzig« Hitler-Besuchen dabei war, dem »häufigen und intensiven Erleben des Menschen Hitler« verdankte, hat er sich freilich nur in diskreten Andeutungen geäußert. Aufschlüsse, so Ziegler in seinem Buch, brächten seine Seiten vor allem demjenigen Leser, der die »Aufzeichnungen aus dem Alltag zu lesen und die Mosaiksteine, die hier zusammengetragen werden, richtig einzusetzen versteht«[63]. Wir sollten Zieglers in der Tat schwer erträgliche Hitler-Apologie deshalb nicht einfach als neonazistisches Machwerk abtun (obwohl sie das zweifellos ist), sollten vielmehr versuchen, dem Ungesagten und Latenten seiner Schilderungen nachzuspüren. Denn schließlich ist dieser Autor kein gewöhnlicher Zeitzeuge, sondern ein homosexueller Nationalsozialist, der Hitler schwärmerisch verehrte, ja liebte, der gar nicht genug davon bekommen konnte, diesen Mann »zu beobachten, zu erfühlen und zu erfahren«, und der von ihm offenbar etwas zurückbekommen hat, was ihn in seiner enthusiastischen Wahrnehmung bestärkte.

»Wenn Hitler im ›Elephant‹ in Weimar abstieg, ließ er sofort nach der Ankunft den Friseur kommen und sich nach dem Bad von diesem massieren, und ich entsinne mich, daß mir der betreffende junge Handwerksmeister den nicht nur gepflegten, sondern auch gut proportionierten, geschmeidigen und trainierten Körper Hitlers schilderte«[64], schreibt Ziegler. Hitlers Ärzte allerdings haben etwas ganz anderes überliefert, zum Beispiel seine Aversion gegen Entblößung oder gar körperliche Berührungen und daß er eine wenig athletische Konstitution besessen habe.[65] Außerdem berichtet Ziegler: »Jeder, der ihm nahestand, konnte ihm alles, was er in irgendeiner Notlage auf dem Herzen hatte, ungeschminkt vortragen. ›Mir ist nichts Menschliches fremd. Sagen Sie alles, was Sie bewegt.‹ Mit diesen Worten ermutigte er eines Tages einen meiner nächsten Kameraden, der ihm ein schwerwiegendes Bekenntnis machen mußte.« Überhaupt habe Hitler am liebsten »im Kreise von Männern« verkehrt, »denen er menschlich besonders zugetan war, in dem er sich [...] in wohliger Stimmung äußern konnte« – mit »leuchtenden Augen bei launig-heiteren Gesprächen«. Das »intensive Erleben« Hitlers habe aber auch jenseits der gemeinsam verbrachten Zeit im Theater, in Künstler- oder Männerrunden stattgefunden: bei Gesprächen »unter vier Augen« zum Beispiel, in denen »intimste und persönlichste Frage[n]« zur Sprache gekommen seien und wo Hitlers Gesicht auch schon einmal vor Erregung »glühte«, bei »einsamen Spaziergängen mit ihm zu zweit«[66] – und so weiter und so weiter.

War das bloß das Geschwätz eines Angebers? Nostalgischer Hitler-Kitsch? Dagegen spricht nicht nur der hohe Bildungsgrad des Autors, sondern mehr noch, daß derartige Schilderungen beim bundesrepublikanischen Publikum auf wenig Gegenliebe stoßen mußten. Politische Unverbesserlichkeit kann einiges, aber nicht alles zur Erklärung einer solchen unzeitgemäßen Hitler-Apotheose beitragen; vielmehr muß man die Ursache hierfür in Zieglers tiefer emotionaler Bindung an Hitler suchen, die sogar dessen katastrophales Scheitern überdauerte. Die Frage liegt nahe, ob die Zuneigung erwidert wurde; ob Ziegler vielleicht gar der »Masseur«, der »engste Kamerad« und – wenigstens eine Zeitlang – der persönlichste Grund für Hitlers Liebe zu Weimar gewesen ist. Es gibt durchaus Indizien, die für diese Vermutung sprechen.

Zu solchen Indizien zählen Zieglers Ernennung zum Künstlerischen Leiter des Schauspiels und zum Chefdramaturgen am Deutschen Nationaltheater in Weimar sowie zum Staatskommissar für die thüringischen Landestheater gleich nach der »Machtergreifung«, weil sie gegen den erbitterten Widerstand einflußreicher Weimarer Kreise um Carl B. N. von Schirach durchgesetzt wurden, der selbst gern Zieglers Posten gehabt hätte – und der inzwischen durch Sohn und Schwiegertochter ebenfalls über direkte Verbindungen zu Hitler verfügte. Nach Zieglers Beförderung grollte der Unterlegene: »Leider kann ich nun wegen der leidigen Partei-

Rücksichten dem Dr. Ziegler nicht so beikommen, wie ich möchte, denn erstens müßte man ihn eigentlich vor einen Ehrenrat zitieren und aus dem Künstler-Verein werfen. Wir sind übereingekommen, ihn kühl und mit größter Vorsicht zu behandeln, da er sehr gefährlich ist. Man kann nie wissen, was er hinter dem Rücken über andere verbreitet. Hier ist er wohl schon so ziemlich unmöglich und wird sich selbst bald erledigen«[67] – eine unmißverständliche Anspielung auf Zieglers Homosexualität. Doch schon im April 1934 wurde Ziegler (kommissarischer) Generalintendant des Deutschen Nationaltheaters,[68] das Hitler finanziell äußerst großzügig ausstattete, sogar durch »persönliche« Mittel.[69] Der größte Gunstbeweis aber dürfte die Einladung zu einem zweiwöchigen Privatbesuch auf dem Obersalzberg im August 1932 gewesen sein: »Ich glaube ihn in diesen unvergeßlichen Tagen besser kennengelernt zu haben, als es viele andere in Jahren vermocht haben«[70], so Ziegler gut dreißig Jahre später.

Entsprechend viel Platz hat Hitlers Gast den »unvergeßlichen Tagen« in seinen Erinnerungen eingeräumt. Der Emphase, mit der er den Aufenthalt rückblickend schildert, entspricht eine Eintragung in das Gästebuch von Ernst Hanfstaengl aus ebenjener Zeit: »Das Haus Hanfstaengl scheint so ein Haus meiner Sehnsucht zu sein. Ich werde wiederkommen. Hans Severus Ziegler, Weimar. Mitternacht nach dem Tannhäuser auf dem Weg zum Obersalzberg.«[71] Hitler hatte seinem Weimarer Gast nämlich gleich nach dessen Ankunft im Hause Wachenfeld vorgeschlagen, ihn zu drei Wagner-Festaufführungen nach München zu begleiten – auf einem »Abendspaziergang« versteht sich, »als gerade der Vollmond von einem Wolkenzug freigegeben wurde«[72]. So ging es zum Auftakt des Opernzyklus am 17. August »mit einem neuen Wagen« zu Hitlers Münchner Wohnung am Prinzregentenplatz, wo der Gastgeber Ziegler seine »reichhaltige Bibliothek« zeigte. »Die zwei Stunden bis zur Aufführung schwanden schnell dahin.« Seine Adjutanten hatte Hitler »beurlaubt«. Im Theater gesellte sich Eva Braun zu den beiden, und nach der Aufführung saßen sie noch zu dritt im Café »Heck«. Doch Hitlers Begleiterin war augenscheinlich nur für die Galerie da: »Nach einem anregenden Gespräch von etwa dreiviertel Stunden, das ich mit Hitler noch hatte, bat er mich, noch etwas da zu bleiben und auf ihn zu warten, er wolle nur eben Fräulein Braun nach Hause bringen, und ließ eine Taxe bestellen. [...] Nach einer Viertelstunde kehrte er zurück, bestellte sich ein Glas Tee und für mich noch einen ›Römer‹. Bald ging die Fahrt heimwärts [...] auf den Obersalzberg. Dieser Tagesablauf wiederholte sich in jener Festspielwoche dreimal.«

Fragt sich, warum die beiden nicht gleich in München geblieben sind. Fehlte ihnen etwa »die intime Atmosphäre, wie sie [...] auf dem Obersalzberg eingefangen war«? Zwei Urlaubswochen dort mit Hitler dürften jedenfalls nur den wenigsten seiner Gefolgsleute – selbst aus der ersten Reihe, zu der Ziegler freilich nicht gehörte – zugestanden worden sein. Leider läßt sich der Gast aus Weimar nicht näher darüber aus, womit die lange Zeit angefüllt war. Gewiß, »musische Gespräche« hat es gegeben, bei denen er Gelegenheit erhielt, Hitlers »Bekenntnisse zu den Opern- und Musikdramen Wagners zu erfahren«. Des weiteren standen Spaziergänge auf dem Programm. Aber sonst? Ziegler schweigt, doch es ist ein beredtes Schweigen.

Nach dem Obersalzberg-Erlebnis sahen sich die beiden bis Mai 1933 noch fast jeden Monat, bevor der Kontakt nachließ, weil der Partei- und Regierungschef nun andere Verpflichtungen hatte.[73] Für Ziegler blieb er »der herrlichste Mensch«.

Und dann kam der 30. Juni 1934, der den notorischen Feinden Zieglers in Weimar die willkommene Gelegenheit zu bieten schien, alte Rechnungen zu begleichen. Wir wissen nicht genau, was ihm im einzelnen vorgeworfen wurde, aber die Vorhaltungen müssen derart massiv gewesen sein, daß sich der Thüringer Innenminister bereits am 3. Juli persönlich mit einer öffentlichen Erklärung hinter seinen Theaterreferenten stellen mußte. »Unzuständige Stellen« – heißt es darin – »haben sich angemaßt, in Hinblick auf Punkt 7 des Erlasses unseres Führers vom 30. Juni [der zur ›Reinigung‹ der Bewegung von Homosexuellen aufrief – L. M.] Erhebungen über die Person des Staatskommissars Dr. Ziegler anzustellen. Ich habe Veranlassung genommen, persönlich allen Gerüchten nachzugehen, und als Ergebnis einer gründlichen Untersuchung einwandfrei festgestellt, daß unter den Erlaß des Führers fallende Handlungen im Sinne des § 175 Reichsstrafgesetzbuch nicht in Frage kommen. Ich erwarte, daß angesichts dieser Feststellung jene haltlosen Gerüchte nicht weiter verbreitet werden, und werde unnachsichtlich gegen alle vorgehen, die dieser Weisung zuwiderhandeln.«[74] Ein solch entschiedenes Wort hätte in derart unsicheren Zeiten kein Landesminister ohne höheres, ja höchstes Geheiß riskiert. Wir dürfen folglich so gut wie sicher sein, daß sich hier Hitler persönlich eingeschaltet hat. Dafür spricht auch, daß er auf dem Weg vom Obersalzberg nach Berlin am 9. Juli 1934 in Weimar Zwischenstation machte und über Nacht blieb.[75]

Aber offenbar war das Beweismaterial, das Zieglers Feinde zusammengetragen hatten, so erdrückend, daß es nicht einmal der »Führer« ohne weiteres vom Tisch wischen konnte; Ziegler sah sich nach eigenen Worten weiter »gehaßt und verfolgt«. »Was ich diese Monate durchgemacht habe«, bekannte er im Januar 1935 gegenüber Ebermayer, »kann ich niemandem sagen.« Aber er »habe erste Schritte zur Klärung der *grundsätzlichen* Seite des Problems getan und werde das letzte und tiefste Bekenntnis vorm Führer selbst ablegen und dann klare Entscheidung fordern. Ich bin der einzige Pg. in der Bewegung, der die Möglichkeit hat, so zu sprechen, von der Warte, von der aus das Thema behandelt sein will.«[76] Mit dem letzten Satz hat Ziegler zu verstehen gegeben, was er sich als »bekennender« Homosexueller auch innerhalb der von »Röhm und Genossen« »gereinigten« Bewegung noch erlauben konnte. Nur sein unerschütterliches Vertrauen darauf, daß Hitler ihn letztlich nicht im Stich lassen würde, kann ihm soviel Optimismus gegeben haben. Und so endet Zieglers Brief an Ebermayer sogar mit einem gewissen Wohlklang, mit Ratschlägen, die dem arg Bedrängten vielleicht selbst aus berufenem Mund mit auf den Weg gegeben wurden. »Nehmen Sie mir meine Diplomatie nicht übel; Staatsraison muß gelegentlich das Gefühl verdrängen, bei echten Charakteren ergibt das keine Gefahr. [...] Halten Sie sich nach Möglichkeit zurück, heraus aus der Öffentlichkeit, deren geiler und gemeiner Blick alles Leben von Stil und Niveau entweiht. Ruhe und Vernunft werden wiederkommen und endlich Klarheit.«

Das Verblüffende ist nun, daß Ziegler mit seinem Optimismus tatsächlich recht behalten sollte. Anfang März 1935 war die Sache für ihn durchgestanden, »die Haltlosigkeit der über Dr. Ziegler verbreiteten Gerüchte« einmal mehr zur öffentlichen Kenntnis gegeben und nochmals ausdrücklich »vor der weiteren Ausstreuung böswilliger Gerüchte über Staatsrat Dr. Ziegler« gewarnt.[77] Damit stand Ziegler unter politischem Schutz. Jetzt wartete er nur noch »auf eine Aussprache mit dem Führer«[78]. Doch die wurde ihm nun nicht gewährt, vermutlich allerdings nicht trotz, sondern wegen seiner früheren Vertrautheit mit Hitler, der erst einmal auf Distanz gehen mußte – äußerlich ohnehin, doch auch innerlich. So bekam er Hitlers neue Politik der Doppelmoral unter umgekehrtem Vorzeichen zu spüren: Sie zielte darauf, Leute wie ihn durchaus zu schützen, aber vorläufig nicht mehr an sich herankommen zu lassen. Das ließ auch Protegés wie Ziegler jene »nervenzerrüttende Pein« spüren, von der Hans Blüher gesprochen hatte.

Ziegler wartete vergeblich auf ein persönliches Zeichen Hitlers. Bis zum Herbst 1935 hielt er es aus; dann versuchte er es mit einem direkten Vorstoß, einem halbformellen Brief, den er durch Hitlers Adjutanten Brückner überbringen ließ. Er tat das in dem Gefühl, »daß ich in dieser besonderen Frage diesen seltenen Weg wählen und daß ich auch Sie um diese persönliche Gefälligkeit bitten darf«. Der Vorwand für das Schreiben war die anstehende Neubesetzung der Dresdener Generalintendanz, für die er sich selbst ins Gespräch brachte. Hauptsächlich jedoch ging es ihm darum, eine Einladung »zu einer persönlichen Unterredung« zu erwirken, die ihn »unendlich dankbar und glücklich« machen würde.[79] Hitler aber wich noch immer nicht von seiner Linie ab und ließ den Bittsteller über den Thüringer Gauleiter Sauckel wissen, er möge ruhig in Weimar bleiben.[80] Doch trotz einer solchen Brüskierung war Zieglers Karriere damit nicht beendet. Im September 1936 wurde ihm die Generalintendanz des Deutschen Nationaltheaters in Weimar übertragen, und zwei Monate später berief Goebbels ihn in den Reichskultursenat.

Irgendwann 1937 soll es dann zu der so lange ersehnten Audienz gekommen sein. »Als ich [...] zu ihm kam, empfing er mich ganz allein mit einer mich tief beglückenden Güte. Sein Ton war von der gleichen intimen, privaten Art, wie in den früheren Weimarer Tagen.«[81] Allerdings sprach man offenbar nur über Unverfängliches: »weimarische und thüringische Kulturfragen, die seiner Entscheidung bedurften«. Ohnehin war das Treffen nur möglich, weil inzwischen sehr viel Gras über die Ereignisse des »30. Juni« gewachsen war und sich die Doppelmoral des Diktators fest etabliert hatte. Nach außen wurde der gleichgeschlechtliche Eros tabuisiert und diskriminiert; Hitlers weiterhin geduldete homosexuelle Mitstreiter paßten sich dieser Politik an. Wenn sie ihren Einfluß sichern und sich nicht in Gefahr begeben wollten, mußten sie die bigotte Sexualmoral akzeptieren, und diesen Preis waren sie zu zahlen bereit – das gilt für Ziegler ebenso wie für Gustaf Gründgens oder Baldur von Schirach, um nur zwei weitere Beispiele zu nennen.[82]

Das »Dorado« Bayreuth

Ebermayer hatte, wie zitiert, geschrieben, daß Hitler zu Beginn der dreißiger Jahre nur noch »auf Autoreisen, vor allem im Hotel ›Bube‹ in Berneck im Fichtelgebirge« Gelegenheit hatte, seinen homosexuellen Neigungen nachzugehen. Und Ziegler erzählt, wie er Hitler einmal behilflich war, unbemerkt aus Weimar herauszugelangen. Hitler habe »rasch einen Abstecher nach Bayreuth machen« wollen, »um im nahen Bad Berneck am Rande des Fichtelgebirges vierundzwanzig Stunden lang Atem zu schöpfen. [...] Irgendwann und irgendwo bedurfte er eines Dorados.« Zwischen 1925 und 1933 sei Hitler »wie in Weimar, so auch ab und zu ganz privat in Bayreuth eingekehrt, um im Kreise der Familie Wagner Entspannung zu suchen und seelische Kräfte für seine aufreibende Tätigkeit zu schöpfen«[83]. Wie Joachim Fest uns aus den Aufzeichnungen seiner Gespräche mit Speer mitgeteilt hat, konnte sich dieser die in der Tat sehr häufigen Abstecher vom Hotel »Bube« zur »Villa Wahnfried« nur mit einer »Affäre« zwischen Hitler und Winifred Wagner erklären. »Er sei sich damals, erklärte er, ›aufgrund unzähliger kleiner, aber verräterischer Anzeichen ganz sicher‹ gewesen. Dazu habe auch gehört, daß Hitler jeweils bei der Rückkehr ›seltsam erhoben‹ wirkte, ›mit irgendeinem Glanz in den Augen – beseligt eben‹. [...] Mehr oder minder sei dies damals auch die Meinung fast aller an den Reisen Beteiligten gewesen. Sie hätten manchmal, wenn Hitler tagelang schlechter Stimmung gewesen sei, ›im Scherz‹ geäußert, der Führer habe wohl wieder einmal eine ›Bayreuth-Kur‹ nötig.«[84]

Brigitte Hamann wird in ihrer im Erscheinen begriffenen Winifred-Wagner-Biographie im einzelnen zeigen, daß und warum zwischen Hitler und der Witwe des Wagner-Sohnes nichts gewesen ist, was einen solchen Verdacht irgendwie erhärten könnte.[85] Dennoch muß die Beobachtung von Speer und anderen aus Hitlers Entourage nicht falsch sein.

Wie auch immer, mit seinen homosexuellen Neigungen war Hitler in Bayreuth jedenfalls nicht allein. Er teilte sie etwa mit dem Sohn Richard Wagners, der seiner Leidenschaft bis zu seinem Tod im Jahre 1930 so offen nachgegangen ist, daß es immer wieder zu Erpressungen und anderen Zudringlichkeiten kam.[86] In der Tat: Siegfried Wagners beschwingte Freundschaft mit jungen Männern muß Hitler wie eine Ermunterung vorgekommen sein, zumal nachdem er selbst in den Kreis aufgenommen worden war. Denn der Wagner-Sohn schwärmte gleich bei der ersten Begegnung von der »Liebes-Kraft« in Hitlers Augen und sagte ihm lachend ins Gesicht: »Weißt du, du gefällst mir.«[87] So konnte jenes »vertraute Verhältnis zwischen Hitler und Siegfried« entstehen, über das Syberberg mit Verweis auf einschlägige Briefdokumente berichtet hat.[88] Ganz besonders muß Hitler »die große Familiendisziplin, die im Hause Wahnfried gewahrt wurde«, beeindruckt haben; Goebbels betont das gerade im Zusammenhang mit Siegfrieds »Homosexualität«, über die sich der Führer »bestens orientiert« zeigte.[89]

Unter solchen Umständen dürfte ihm der Schritt zur Selbstoffenbarung nicht sonderlich schwergefallen sein, denn »damals in der Zeit«, sagt Winifred, »hatte er wohl niemand, dem er sich [...] anvertrauen konnte«[90].

So wuchsen, scheint es, die Wagners mit Hitler zu einer verschworenen Gemeinschaft zusammen. »Ich war auf du und du mit ihnen«, sagte Hitler später, »ich liebe diese Menschen.«[91] Für Winifred Wagner war das keine politisch motivierte,[92] sondern »eine rein menschliche, persönliche und vertrauliche Bindung zwischen uns«. »Über Politik wurde überhaupt nicht geredet.«[93] Das ist sicher richtig, aber über die Rolle der Homoerotik als Bindemittel der Beziehung zu Wahnfried hat sie bis zu ihrem Tode Stillschweigen bewahrt. Dabei ist sie so schwer nicht zu entdecken, da sie nicht nur familiengeschichtlich nahelag. Schon Magnus Hirschfeld wußte, daß Bayreuth »ein sehr beliebter Sammelplatz von Uraniern« war, »die teils allein, teils mit ihren Freunden dorthin kommen«.[94] Auch einige der dort wirkenden Künstler waren homosexuell. Das prominenteste Beispiel ist Hitlers Lieblingstenor Max Lorenz, der trotz gerichtsanhängiger Verstöße gegen den Paragraphen 175 straffrei blieb, während seine Sexualpartner verfolgt wurden.[95]

Kein Wunder jedenfalls, daß Hitlers Erinnerungen an die frühen Jahre seiner Begeisterung für Bayreuth noch später ausgesprochen euphorisch klangen: Eine »sonnige Zeit« habe er dort gehabt, nicht nur bei den Wagners in Wahnfried. »Auch im übrigen war es ein fabelhaftes Leben dort. Wenn ich zur ›Eule‹ hin bin, habe ich bei allen Künstlern und Künstlerinnen sofort Kontakt gehabt.« Auch im »Anker« habe er oft und gern mit den Künstlern zusammengesessen, »oder wir fuhren zu ›Bube‹ nach Berneck«.[96] Das bezieht sich wohlgemerkt auf die Jahre vor 1933, als Hitler nach eigenen Worten noch »so oft durch Bayreuth« kam und dort »dann immer Besuch gemacht« hat. Ein nie veröffentlichtes, vermutlich um 1930 aufgenommenes Foto zeigt ihn denn auch beim Verlassen des Hotels »Bube«; er gibt sich darauf privat und ein wenig zerstreut. Für die Tochter des damaligen Hotelbesitzers war das ein gewohnter Anblick. Drei- bis viermal im Jahr habe sie ihn vor 1933 so gesehen,

Hitler vor dem Hotel »Bube« in Berneck bei Bayreuth, in dem er bei seinen Privatreisen vor 1933 immer wieder gern abstieg.

sagt Frau Jobst, aber auch in Männerbegleitung, vornehmlich mit Duzfreund Julius Schreck. Frauen hingegen seien nie dabeigewesen.[97]

Hitler sei eben zu jener Zeit, so Winifred Wagner zu einem englischen Journalisten, ein einsamer Mann gewesen, und deshalb sei er damals auch häufig bei ihnen erschienen. »But he was not in search for a wife.«[98] In der Tat lassen die dargelegten Indizien nur den Schluß zu, daß Hitlers häufige Besuche im »magischen Dreieck« Weimar-Berneck-Bayreuth nicht so sehr durch kulturelles Interesse als vielmehr durch sinnliches Verlangen motiviert waren. Doch nach 1934 ließ sich diese Neigung dort nicht mehr ausleben. Nun blieb nur noch der Obersalzberg als Refugium.

Zwischen Konjektur und Fiktionalisierung

Einer der wichtigsten, »äußerst zuverlässigen Gewährsmänner«, denen Ebermayer sein Geheimwissen über Hitlers Homosexualität verdankte, dürfte dem Gesagten zufolge nun gerade Ziegler gewesen sein. Um so erstaunlicher ist es daher, daß ausgerechnet er sich im ›Buch der Freunde‹, das 1960, ein Jahr nach den Tagebüchern, zu Ebermayers 60. Geburtstag erschien, nicht verewigt hat. Man kann daraus nur schließen, daß Ebermayers Enthüllungen Ziegler maßlos verärgert haben müssen. Aber er hatte auch nicht den Mut, öffentlich gegen sie anzugehen, und bestätigte sie damit letztlich. Abgesegnet dagegen wurden Ebermayers Aufzeichnungen, wenigstens indirekt, durch Winifred Wagner, die dem »lieben Erich Ebermayer« zum 60. Geburtstag die aufschlußreichen Worte schrieb: »Sie selbst verehrten als Jüngling Siegfried Wagner. Wir beide kennen uns seit 43 Jahren – und nun verbindet uns seit langem eine stille, gute und treue Freundschaft. Also Glückauf zum neuen Jahrzehnt!«[99] Einen solch verbindlichen, herzlichen Gruß kann man schwerlich als Floskel abtun. Und so dürfen wir wohl auch diese wichtige Figur in Hitlers Privatleben zu den am besten informierten »Gewährsmännern« des Jubilars zählen, um so mehr, als

Ebermayer auch nach 1945 weiterhin sehr engen Kontakt zum Haus Wagner hielt.[100]

Ein weiterer Informant war – natürlich – Philipp Bouhler, der »getreue Vetter«, über den Ebermayer schon seit 1930 näher an Hitler herankommen wollte.[101] Der familiäre Kontakt der beiden fast gleichaltrigen Junggesellen – der NSDAP-Geschäftsführer sollte erst nach dem »30. Juni« Hals über Kopf heiraten[102] – dürfte schon vor 1935 weit intensiver gewesen sein, als Ebermayer das aus Rechtfertigungsnöten in seinem Tagebuch hat durchklingen lassen. Und daß Bouhler, der seit den Anfängen der Nazi-Partei im männerbündischen Milieu um Hitler groß geworden war, wegen seiner guten Kontakte, besonders als langjähriger Vertrauter von Max Amann, über detaillierte Insiderinformationen verfügte, kann als gesichert gelten.[103]

Es gibt also gute Gründe, Ebermayers Ausführungen über Hitlers Homosexualität selbst dort ernst zu nehmen, wo sie aus zweiter Hand stammen. Daran ändert auch seine Mitteilung nichts, daß die ursprünglich in »Wachstuchheften niedergeschriebenen« Tagebuch-Notizen erst zehn Jahre später »ihre literarische Formung« erhielten und dann noch einmal fünfzehn Jahre liegenblieben, ehe sie veröffentlicht wurden.[104] Im Gegenteil: Ebermayer konnte seine Sicht auf die mehr und mehr Geschichte werdenden Ereignisse im Lichte anderer Überlieferungen prüfen und gegebenenfalls weitere Informationen einfließen lassen, die er später erhielt – durch Gespräche mit Winifred Wagner etwa, aber auch mit Emmy Göring, deren Verteidigung er 1946 übernommen hatte.[105] Freilich ließ die Überarbeitung seiner Notizen Ebermayer am Ende regimekritischer erscheinen, als er tatsächlich gewesen ist; er wird sich sorgfältig überlegt haben, was er in welcher Form in Druck gab. Daß er dabei seine eigene Homosexualität nicht offen zu bekennen wagte, kann man ihm schwerlich verübeln, denn das wäre in Deutschland 1959 noch zu riskant, ja unmöglich gewesen. Und dennoch werden wir gerade in seiner Veranlagung den Hauptgrund für seinen Mut sehen müssen, Hitler zu »outen«. Ziegler konnte das nicht – oder doch nur versteckt –, weil dergleichen für ihn einem Verrat gleichgekommen wäre. Solche Skrupel hatte Ebermayer nicht: Sein »Outing« zielte darauf, den Lügner, den Heuchler, den Selbstverleugner in Hitler zu entlarven und sich damit weiter vom Diktator und seinem Regime abzugrenzen.

Die Buchkritik hat 1959/60 auf Ebermayers Versuch höchst unterschiedlich reagiert, aber den Quellenwert des Zeugnisses durchweg nicht in Frage gestellt. »Das Tagebuch Ebermayers ist impulsiv, empfindsam, eitel, liebenswürdig, ergreifend, ahnungslos – es ist unbefangen und darum echt«, urteilte die ›Welt‹. Und auch der Berliner ›Telegraph‹ schrieb dem Buch »eine starke Bedeutung zu«, es sei »aufrecht und aufschlußreich«. Für die Kritikerin des ›Süddeutschen Rundfunks‹ handelte es sich um ein »sehr wichtiges Dokument [...], das seinen Wert erst erhält, wenn es der Historiker als Mosaikstein in ein Ganzes einsetzt«. Am schärfsten ging noch ›Das Parlament‹ mit Ebermayer ins Gericht: Es sei zwar ein »gewisses Stimmungsbild der Machtergreifungsjahre [...] entstanden, es wird nur verwischt und getrübt durch die Peinlichkeiten des übrigen Eindrucks«, zu denen auch »die eigentümliche Lebensgemeinschaft [...] mit einem Jüngling« zähle, »deren hochgestimmte Darstellung, wie überhaupt die Vorliebe für schöne Knabengestalten, das ganze Buch durchschwingt«. Probleme mit der Durchmischung von Privatem und Politischem, von Erotischem und Kulturellem hatte auch der Rezensent des ›Mitteldeutschen Jahrbuchs‹: »Eine Reflexion über das Verhältnis zwischen dem Historischen und dem Persönlichen findet nicht statt.« Allein die ›Frankfurter Allgemeine Zeitung‹ fand die pikanten Details, die Ebermayer mitteilt, relevant: »Zu dem politisch Bedeutsamen, das man erfährt, gehört der nähere Einblick in die Rolle der Männerfreundschaften der Clique Hitler, Röhm, Heß [...].«[106]

Man sieht, wie Ebermayer mit seiner dokumentarischen Collage, mit seinen Anspielungen, Hintersinnigkeiten und Apologien die zeitgenössische Kritik überforderte. Und gewiß ist es nicht leicht, hinter die für all das maßgebliche Dialektik von Enthüllung und Verschleierung zu kommen, in der Adenauer-Ära noch mehr als heute. Schließlich läßt seine bewußt subjektiv gefärbte Rekonstruktion der braunen Vergangenheit bestimmte Züge der deutschen Diktatur als Farce erscheinen – und das war sie wohl auch. Angesichts der Tatsache, daß Ebermayer bei dieser Schmierenkomödie zwar keine eigentliche Rolle spielte, aber als Komparse und Kulissenschieber dennoch ganz andere Einblicke in die Regie und Bühnentechnik als der Zuschauer hatte, muß man es ihm hoch anrechnen, daß er uns wenigstens einige seiner Beobachtungen so unverstellt übermittelt hat.

Soweit ich sehe, hat Ebermayer nie den Versuch unternommen, sein genaues Wissen über Hitler zu einem genuin literarischen Porträt auszugestalten, möglicherweise deshalb, weil er als Homosexueller mit Hitlers Homosexualität nicht ins reine gekommen ist. In seinen Dichtungen jedenfalls hat er den gleichgeschlechtlichen Eros vorzugsweise idealisiert, doch natürlich entzog sich eine Gestalt wie Hitler solchem Zugriff, und eine Lösung der damit verbundenen Schwierigkeiten traute sich der Schriftsteller vielleicht nicht zu. Anders sein langjähriger Freund Klaus Mann, den ein solches Kunststück geradezu herausgefordert haben muß. Was er daraus literarisch machte, ist auch darum so interessant, weil bei ihm ganz ähnliche Voraussetzungen vorlagen wie bei Ebermayer: Auch er war homosexuell, auch er konnte auf ein ähnlich fundiertes Wissen über Hitlers Privatleben zurückgreifen, auch er hatte den »Führer« einmal aus der Nähe erlebt. Die Begegnung im Münchner Café »Carlton Tearoom« hat er in einer Tagebuch-Eintragung vom 13. Juli 1932 protokolliert: »Direkt am Nebentisch: Adolf Hitler, in blödester Gesellschaft. Seine geradezu auffällige Minderwertigkeit. Äußerst unbegabt; die Faszination, die er übt, größte Blamage der Historie; gewisser sexualpathologischer Einschlag kann nicht alles erklären.«[107] Ein solcher Eindruck entspricht dem gängigen Urteil der alteingesessenen Münchner Familien über den braunen Parteiführer und seine Horden: geistlos, albern, inferior, dumm. Und auch Hitlers »sexualpathologischer Einschlag« war dem Dichtersohn offenbar schon bekannt, bevor er den Tischnachbarn in Augenschein nahm.

Nach jener zufälligen Begegnung hat sich Klaus Mann erst wieder im Dezember 1932 über Hitler geäußert. In der Zeitschrift ›Das Tagebuch‹ berichtet er in einer winzigen Glosse, daß er ausgerechnet in der Auslage der »Sexualwissenschaftlichen Buchhandlung« am Wittenbergplatz in Berlin ein Hitler-Bild entdeckt habe: »Wollte der Ladenbesitzer auf solche Art innere Zusammenhänge nach außen sichtbar machen, die unsereinem freilich immer evident gewesen sind? Jedenfalls: ich denunziere diesen Tatbestand als ärgerniserregend. Das wäre ja noch schöner: die verekeln einem ja noch die ganze Sexualpathologie.«[108]

Hinter dieser witzigen Bemerkung steckt indes ein echtes Problem, das auch ein so entschiedener Hitler-Gegner wie Klaus Mann mit dem deutschen Diktator hatte: Für die homosexuellen Intellektuellen war Hitler seiner gleichgeschlechtlichen Orientierung wegen irgendwie einer von »ihnen«. Das war psychologisch schwer zu ertragen, eine Zumutung, auf die der antifaschistische Schriftsteller 1934 zunächst mit dem Aufsatz ›Die Linke und das Laster‹ reagierte.[109] Es sei ganz falsch, heißt es darin, »die Homosexualität und den Faschismus miteinander zu identifizieren, nur weil es in nationalsozialistischen Verbänden viele geben soll, die junge Männer lieben statt Frauen«. Schließlich habe es »zu jeder Zeit hunderterlei verschiedene Typen von Homosexuellen gegeben, auch sehr minderwertige und fatale«. Wenn dazu auch ein so »roher, zynischer Halunke« wie Röhm gehöre, besage das gar nichts: »Mit ein paar Banditen die erotische Veranlagung gemeinsam zu haben, macht noch nicht zum Banditen.«

Im großen und ganzen läuft Klaus Manns Pamphlet auf eine Inschutznahme der Homosexualität gegenüber den gängigen Vorurteilen hinaus. Im Kern aber geht es ihm darum, den von seinem Vater wenig später so genannten »Bruder Hitler« aus dem Bezirk dieses Eros zu verbannen: »Worauf es ankommt, ist nur der Geist [...], nicht der erotische Kitt.«

Apropos »Bruder Hitler«: Wenn man die neueste Tendenz der Thomas-Mann-Forschung ernst nimmt, selbst im Allermythischsten seines literarischen Werkes noch einen realen, das heißt: autobiographischen Kern sowie verdeckte Bekenntnisse zu erkennen,[110] dann sollte man wohl auch das »Bruder-Argument« dieser brillanten Hitler-Demontage vom April 1938 – die »reichlich peinliche Verwandtschaft«, die den großen Dichter so »beschämt« – noch einmal überdenken. Thomas Manns Biograph Klaus Harpprecht meint, »daß der leidenschaftlichste und wirksamste Widerstand gegen den Diktator eine gewisse Nähe bedingt – ein Verständnis, das aus der Ahnung des Verwandten resultierte und einen umso brennenderen Haß zu wecken vermochte«[111]. Aber worin mag die »Ahnung des Verwandten«, die »gewisse Nähe« bestanden haben? Ist das vielbemühte »Künstlertum« als Erklärung der Gemeinsamkeit nicht am Ende Camouflage? Wie schaffte es der »Zauberer«, sich dem »tristen Faulpelz, tatsächlichen Nichtskönner und ›Träumer‹ fünften Ranges« so weit anzuverwandeln, daß er das »fatale Seelenleben dieses Menschen« so überzeugend freilegen konnte? Was wußte er über den Mann, der nichts konnte, was »Männer können [...], nicht einmal ein Kind zeugen«? [112] Den er wenige Monate vor der Abfassung seines Essays mit einem »absolut anstößigen lustknabenhaften Siegfried« assoziiert hatte?[113] Diese Fragen mögen andere Forscher beantworten.

Zwei Jahre nach ›Bruder Hitler‹ verspürte Klaus Mann ebenfalls das Bedürfnis, sich dieser »trüben Figur« mit dichterischen Mitteln anzunähern, nämlich in seiner Autobiographie ›Der Wendepunkt‹. Das dort gezeichnete Hitler-Bild war ihm so wichtig, daß er es für die deutschen Leser nach dem Krieg noch einmal mit einigen neuen Farben angereichert hat.[114] So ist daraus ein Text geworden, der zwischen Annäherung und Abwehr, zwischen Enthüllung und Verschlüsselung changiert.

Die wesentlichen Passagen sind in der letzten (deutschen) Fassung die folgenden: »Mir wollte es nicht in den Kopf, daß die Deutschen Hitler allen Ernstes für einen großen Mann, ja für den Messias halten könnten. Der und groß? Man brauchte ihn doch nur anzusehen! Ich hatte wiederholt Gelegenheit, diese Physiognomie zu studieren. Einmal aus nächster Nähe, etwa eine halbe Stunde lang. Das war 1932. [...] Zwei Fragen waren es vor allem, die mich beschäftigten, während dieser dreißig Minuten unheimlicher Nach-

Die Saarfrage

„So, das hätten wir abgestimmt. Jetzt kommt Elsaß-Lothringen dran."

In der Auslandspresse fanden sich immer wieder Anspielungen auf die Effeminiertheit des »Führers«; hier eine Karikatur aus dem Prager Blatt ›Der Simplicus‹, April 1934.

barschaft: Erstens, worin lag das Geheimnis seiner Wirkung, seiner Faszination? Und, zweitens, an wen erinnerte er mich, wem sah er ähnlich? Ohne Frage, er glich einem Mann, den ich nicht persönlich kannte, aber dessen Porträt ich oft gesehen hatte. Wer war es nur? Nicht Charlie Chaplin. Beileibe nicht! Chaplin hat das Schnurrbärtchen, aber doch nicht die Nase, die fleischige, gemeine, ja obszöne Nase, die mich sofort als das garstigste und am meisten charakteristische Detail der Hitlerschen Physiognomie beeindruckt hatte. Chaplin hat Charme, Anmut, Geist, Intensität – Eigenschaften, von denen bei meinem schlagrahmschmatzenden Nachbarn durchaus nichts zu bemerken war. Dieser erschien vielmehr von höchst unedler Substanz und Beschaffenheit, ein bösartiger Spießer

THOMAS THEODOR HEINE HITLER

Liebes „Tage-Buch“, es traf sich gut, daß ich vor einigen Tagen im Hofgarten neben Hitler saß. Er ist ziemlich fett geworden ...

Thomas Theodor Heine

Zeichnung des berühmten Münchner Karikaturisten Thomas Theodor Heine für die linksintellektuelle Zeitschrift ›Tage-Buch‹ aus dem Jahre 1930.

mit hysterisch getrübtem Blick in der bleich gedunsenen Visage. Nichts, was auf Größe oder auch nur auf Begabung schließen lassen konnte! Es war gewiß kein erfreuliches Gefühl, in der Nähe einer solchen Kreatur zu sitzen; und doch konnte ich mich nicht satt sehen an der widrigen Fresse. Besonders attraktiv hatte ich ihn zwar nie gefunden, weder im Bilde noch auf der illuminierten Tribüne; aber die Häßlichkeit, der ich mich nun gegenüberfand, übertraf doch all meine Erwartungen. Die Vulgarität seiner Züge beruhigte mich, tat mir wohl. Ich sah ihn an und dachte: Du wirst nicht siegen, Schicklgruber, und wenn du dir die Seele aus dem Leibe brüllst. Du willst Deutschland beherrschen? Diktator willst du sein mit der Nase? Daß ich nicht kichere! Du bist derartig mies, daß du einem beinah leid tun könntest – wenn deine Miesigkeit nicht eben von so besonders abstoßender Natur wäre ... [...] Während ich die Kellnerin rief, um meine Konsumtion zu bezahlen, fiel mir plötzlich ein, an wen der Kerl mich erinnerte. Haarmann, selbstverständlich. Wieso war ich darauf nicht schon längst gekommen? Freilich doch, er sah aus wie der Knabenmörder von Hannover, dessen Prozeß unlängst Sensation gemacht hatte. Ob er, der österreichische Operettenhabitué am Nebentisch, ebenso tüchtig war wie sein norddeutscher Doppelgänger? Dieser homosexuelle Blaubart hatte es fertiggebracht, dreißig bis vierzig junge Buben in seine gastliche Stube zu locken, wo er ihnen im Liebesakt die Kehle durchbiß und aus den Leichen schmackhafte Wurstware machte. Eine stupende Leistung, besonders wenn man bedenkt, daß der emsige Kinderfreund in einem engen Mietshaus zwischen wachsamen Nachbarn logierte! Wo ein Wille ist, ist auch ein Weg: Mit zäher Zielstrebigkeit setzt man noch das scheinbar Unmögliche durch ... Die Ähnlichkeit zwischen den beiden Tatmenschen frappierte mich. Schnurrbart und Locke, der verhangene Blick, der zugleich wehleidige und rohe Mund, die sture Stirn, ja sogar die anstößige Nase. Es war alles dasselbe!«[115]

Vor allem drei mehr oder weniger verschlüsselte Punkte sind von Belang. Erstens: Ja, Hitler war homosexuell, aber beseelt war seine Sexualphantasie von den bestialischen Mordgelüsten des berüchtigtsten Psychopathen des frühen 20. Jahrhunderts, Fritz Haarmann,[116] oder – gleichsam überzeitlich – jenes Ritters aus dem grausamen Märchen, der es freilich auf Frauen abgesehen hatte. Zweitens: Ein »Bruder« war Hitler beileibe nicht, auch kein noch so peinlicher, vielmehr ein »Schicklgruber«[117], ein Hinterwäldler aus Böhmen, ein Entlaufener aus miesen Verhältnissen, ein Magnet für Spott und Hohn aller Männer und Frauen von Welt. Und schließlich: Es war richtig, Hitler bereits abgrundtief zu hassen, als er das Deutsche Reich noch nicht beherrschte; ihm auch schon damals jede erdenkliche Bösartigkeit zu unterstellen.

Klaus Manns mehr rhetorisch als analytisch scharfer Versuch, das Phänomen Hitler zu erklären, ist ein Paradebeispiel für das verzweifelte und ebenso vergebliche Bemühen, ihm mit – freilich überaus stilvoll arrangierten – invektiven Mitteln auf die Schliche zu kommen. Nein, ein »homosexueller Blaubart« mit der Aura einer schaurigen Märchenfigur war das nicht, dem die deutschen Machteliten 1933 unter begeisterter Akklamation seiner schon nach Millionen zählenden Anhängerschaft zur Herrschaft verholfen haben. Aber homosexuell war er in der Tat, das wollte Klaus Mann nicht unerwähnt lassen, auch wenn es ihm wohl lieber gewesen wäre, das nicht zu wissen und Hitler als Blaubart *sans phrase* präsentieren zu können – eine Wendung übrigens aus Klaus Manns Münchner Kindheit, gängige Rede auch bei den anderen Familienmitgliedern.[118] Man lese außerdem, was Heinrich Mann in seinem Exilbuch ›Der Haß‹ zu diesem Thema schreibt: »Er [Hitler – L. M.] hatte ganz richtig bei den reifen Frauen angefangen [...]. Seiner Sendung zuliebe verschmähte er sie nicht, bevorzugte freilich bei weitem die männliche Draufgängerei der Knaben. Er selbst bezauberte hauptsächlich mit weiblichen Reizen besonderer Art.« Und: »Einige der Seinen wissen genau, woran sie sind. Es ist ihnen klar, daß er selbst wie auch seine glänzende, erfolggekrönte Bewegung ausgegangen sind von zweideutigen Gegenden der Menschennatur, die eine Aufhellung nur schlecht vertragen würden.«[119]

An diesem Punkt – den immer gleichen und doch immer verbrämten Anspielungen der Manns auf Hitlers Homosexualität – schließt sich der Kreis, und der tiefere Grund für die nicht abreißende Beschäftigung mit dem Thema wird sichtbar. Denn wie die Gräfin Mathilde von Schönwörth 1935 Erich Ebermayer anvertraut hat, wußten die alteingesessenen Münchner Familien »schlechterdings *alles*, auch das Privateste, über das ›Führerkorps‹. [...] Diesen alten Münchenern ist nichts verborgen. Sie lächeln über die großen Worte und die Unsumme von Lügen, mit denen das deutsche Volk und die Welt von den neuen Herren überschüttet werden. Sie können das alles mit bestem Willen nicht ernst nehmen, sie fassen es einfach nicht, daß diese Clique politischer Abenteurer, charmanter Schwätzer, erotisch ›Invertierter‹, die als Führer einer radikalen Oppositionspartei noch hingehen mochten und sogar amüsant waren, nun die unumschränkten Herrscher über Deutschland sind.«[120] Die vernichteten Tagebücher Thomas Manns aus der Zeit von 1921 bis 1933 hätten uns manchen Aufschluß darüber geben können, was im Münchner Dichterhaus vor 1933 über Hitler alles bekannt war. Doch das hat der Schriftsteller offensichtlich nicht gewollt.

Wie auch immer, im Prinzip sagen alle hier aufgeführten Autoren – die Manns dichterisch verfremdet und verschlüsselt, Ebermayer sehr viel geradliniger und direkter – das gleiche: Hitler war homosexuell, und wir haben es gewußt.

Siebtes Kapitel
Gefährliche Machenschaften: Kurt Lüdecke und Ernst Hanfstaengl

1922 waren Ernst Hanfstaengl und Hitler enge Freunde. Knapp zwei Jahrzehnte später dekuvrierte der einstige »Jünger«[1] den »Führer« beim amerikanischen Geheimdienst als »type of egocentric and masturbic Narcissus«, der sich, vor allem aus großer sexueller Frustration heraus, in ein »künstlich dramatisiertes öffentliches Leben« geflüchtet habe.[2] Es läßt sich nachvollziehen, wie Hanfstaengl zu seinem Urteil gelangte; aber es ist eine lange Geschichte. Sie ist eng verzahnt mit der eines anderen Mannes, der um dieselbe Zeit wie er Hitler kennenlernte und eine nicht weniger schillernde Persönlichkeit war: Kurt Lüdecke. Hitler gab sich zunächst mißtrauisch, merkte jedoch gleich, über welche Qualitäten Lüdecke verfügte. Sollte er, meinte Hitler, »ein Spitzel sein, so ist er nicht nur einer der gerissensten, sondern auch einer der gefährlichsten, die je in Deutschland tätig waren«[3]. Und noch 19 Jahre später schwärmte der »Führer«: »Der Kerl sprach französisch, englisch, spanisch, italienisch wie deutsch; das wäre der richtige Mann [für heikle Auslandsaufgaben – L. M.] gewesen, der hätte alles abgeschnuppert.«[4]

Ernst Hanfstaengl konnte diese Wertschätzung Lüdeckes nicht teilen. 1937 erklärte er »jeden, der es noch wagen sollte, für dieses Drecksubjekt direkt oder indirekt, im Ernst oder Scherz, einzutreten [...], für einen niederträchtigen Schurken, Strichjungenbeschützer, Parteischädling und Vaterlandsverräter«[5]. Anlaß für seinen Zorn war das spektakuläre Buch ›I knew Hitler‹, das Lüdecke nach abenteuerlicher Flucht aus Deutschland im amerikanischen Exil veröffentlicht hatte. Für Hanfstaengl lebte es von reiner »Erpresser-Phantasie«. Daß sich dahinter eine durchaus reale Geschichte verbarg, die sich aber »unter der Decke des allerengsten, verschwiegenen Kreises [ab]spielte«, hat nach dem Krieg Gestapo-Chef Rudolf Diels angedeutet. Und er fügte ebenso vielsagend hinzu, daß ihm »im Falle Lüdecke die Vermutung aufgetaucht war, daß auch Hitler homosexuelle Neigungen habe«[6]. Grund genug, genauer zu verfolgen, wo und wie sich Lüdeckes und Hitlers Lebenswege berührten.

Der Hochstapler Kurt Lüdecke

Lüdecke, 1890 in Berlin geboren, verbrachte seine Kindheit in Oranienburg, wo sein Vater eine Chemiefabrik leitete. Seine Gymnasialzeit in Berlin endete mit einem Fiasko; er wurde der Schule verwiesen und mußte nach Braunschweig wechseln, wo er 1907 mit dem »Einjährigen« abschloß. Nach dem Militärdienst ging er zunächst nach London und anschließend nach Frankreich. Hier will er 1910 durch Glücksspiel zu so viel Geld gekommen sein, daß er es sich leisten konnte, fortan ungebunden und luxuriös zu leben.[7] Doch die Akten der Staatsanwaltschaft beim Königlichen Landgericht in Berlin sprechen für eine andere Version. Dort wurden nämlich im Januar 1911 auf eine Anzeige hin Ermittlungen gegen Lüdecke eingeleitet, die ihn mit »Erpressungen auf homosexueller Grundlage« in Verbindung brachten. Er sei in »homosexuellen Kreisen« dafür bekannt, sich reiche Freunde zu suchen und diese nach vollzogenem Geschlechtsverkehr zu Zahlungen zu nötigen.[8]

Zu dem Zeitpunkt, als die Anzeige gegen ihn einging, verschwand Lüdecke aus Berlin. Es gibt mithin eine einfache Erklärung für seinen aufwendigen Lebensstil: Er hatte sein Glück nicht beim Roulette, sondern als Gigolo und Erpresser gemacht. So tingelte er durch Europa, bis der Erste Weltkrieg seinem Hochstaplerdasein ein jähes Ende bereitete. Doch Lüdecke verstand es, nach nur zwei Jahren wieder aus dem Militärdienst entlassen zu werden, ohne die Front auch nur von weitem gesehen zu haben.

Die abenteuerlichen Projekte, die ihn bis 1920 um die Welt trieben, sind im einzelnen nicht mehr zu rekonstruieren. Sie brachten ihm nicht nur einen mexikanischen Paß ein, sondern auch zwei stattliche Dollarkonten. Im Mai 1921 ließ Lüdecke sich in München nieder, wo er »eine Ausstellung deutscher Bilder in New York« vorbereitete.[9] »Geschäftlich habe er mit der Bilderausstellung keinen Erfolg gehabt«, heißt es in einem polizeilichen Ermittlungsbericht, doch aus dem Verkauf verschiedener Kunstobjekte habe »er bei seiner Rückkunft nach München – Anfang April 1922 – noch immer über einen Bestand von 1.400 Dollar [...] verfügen können«.[10] In der Inflationszeit war das ein Vermögen.

Aber Lüdecke handelte in den USA nicht nur mit Kunst und Antiquitäten. Er arbeitete auch für eine amerikanische Kapitalistenlegende, für Henry Ford, der eine Art privaten Geheimdienst aufgezogen hatte.[11] Diese Organisation führte seit 1920 unter anderem eine Schmutz- und Hetzkampagne gegen einflußreiche Juden in den Vereinigten Staaten; um deren Privatleben auszuleuchten, hatte man in New York eigens ein Detektivbüro eröffnet, das mit so viel Geldmitteln ausgestattet war, daß eine ganze Truppe von fanatischen Schnüfflern angeheuert werden konnte. Lüdecke kam hier mit engen Vertrauten des mächtigen Industriellen in Berührung und lernte, daß man mit aggressivem Antisemitismus sogar Geld machen konnte. Gut möglich, daß er für Fords Kampagne einflußreiche Verbündete in Deutschland finden sollte und zu diesem Zweck mit entsprechender finanzieller Ausstattung zurück in sein Heimatland geschickt wurde.

Als er im April 1922 nach Deutschland zurückkehrte, hatte er jedenfalls die von Henry Ford herausgegebene Schrift ›The International Jew: The World's Foremost Problem‹ im Gepäck.[12] Mit seinen genauen Kenntnissen über die Hintergründe dieses antisemitischen Feldzugs und der Inaussichtstellung von amerikanischen Schmiergeldern wollte er nun in der völkischen Bewegung Köder auswerfen. Schon im Mai lernte er in Berlin Ernst von Reventlow kennen, der als Herausgeber der in rechten Kreisen hoch gehandelten Zeitschrift ›Der Reichswart‹ überall dort Gehör fand, wo auch Lüdecke Anschluß suchte. Im Frühsommer war er bei den wichtigsten Vertretern des rechtsradikalen Lagers eingeführt, auch bei Hitler. Nun reichte allerdings selbst die persönliche Empfehlung eines Ernst von Reventlow nicht aus, den Argwohn zu überwinden, den Lüdecke mancherorts hervorrief.[13] Hitlers »erster Eindruck« beispielsweise war ein durchaus »ungünstiger, um so mehr, als wir uns nun erinnerten, vor ihm ja schon gewarnt worden zu sein. Da Lüdecke unterdessen in sämtlichen Verbänden mehr oder weniger Eingang gefunden hatte, erschien eine brüske Ablehnung seiner Person nicht mehr zweckmäßig.« Dennoch befahl Hitler seinen engsten Mitarbeitern, ihre »Unterredungen mit Lüdecke protokollarisch niederzulegen«.[14]

Max Amann, Hitlers Mann für dunkle Geschäfte, hatte nach seiner ersten Begegnung mit Lüdecke folgenden Eindruck: Er »ist ein ganz gerissener, mit allen Hunden gehetzter Hochstapler, der sicher schon alle möglichen Lumpereien auf dem Kerbholz hat. Seine Weltgewandtheit und sein selbstbewußtes Auftreten besagen mir, daß er, wenn er – was meine Überzeugung ist – als Spitzel in unsere Bewegung hineingesetzt worden ist, hierfür jedenfalls von seinen Auftraggebern sehr gut bezahlt wird.«[15] Auch Dietrich Eckart äußerte sich verächtlich über Lüdecke, weil dieser »sich so skrupellos vordränge«, dabei »schon auf 6 Schritt nach Parfüm stinke, dazu noch einmal [wie] der ärgste Dandy aussehe« und in »solcher Aufmachung« auf dem besten Wege sei, die Partei »in den Grund und Boden hinein zu kompromittieren«.[16]

Hitler hat all das nicht davon abhalten können, Lüdecke zu engagieren. Mag sein, daß er ihn als Spitzel einsetzte, der die anderen Führer des völkischen Lagers aushorchen sollte, und daß er glaubte, ihn gleichzeitig durch Doppelzüngigkeit und Beschattung in Schach halten zu können. Doch wird noch anderes im Spiel gewesen sein, sonst hätte Hitler mehr Distanz gehalten. Was Lüdecke selbst anlangt, so hat er nie einen Hehl daraus gemacht, daß er sich von Hitler damals verzaubert fühlte.[17] Und der sah in ihm sogar irgendwann einen »an Ehrbegriffen weitherzigen Menschen«[18]. Die Zeichnung Friedrichs des Großen, die Hitler 1922 von seinem Verehrer als Weihnachtsgeschenk erhielt, soll noch für viele Jahre seine Privatwohnung geziert haben. Und in seinem Parteibüro hängte er das Henry-Ford-Portät auf, das Lüdecke aus Amerika mitgebracht hatte.[19]

Bis Januar 1923 konnte Lüdecke zu Recht in dem Gefühl leben, daß Hitler »mein Freund« war,[20] was sich auch in der ihm übertragenen politischen Arbeit spiegelte. So fuhr er, durch Hitler und Ludendorff legitimiert, nach Italien, um dort Verbindungen zu dem aufstrebenden Parteiführer der Faschisten, Benito Mussolini, zu knüpfen. Außerdem durfte er »in seiner Wohnung ein Nachrichtenbüro einrichten«[21], denn ihm wurde »die Auslandspropaganda übertragen«[22]. Doch die Freude über diesen Aufstieg währte nicht lange: Am 27. Januar 1923 wurde er, für ihn völlig überraschend, unter dem Verdacht des Landesverrats in Untersuchungshaft genommen. Das war zehn Tage nachdem Hitler den Ermittlungsbehörden den Hinweis gegeben hatte, daß Lüdecke, wenn er denn als Spitzel für eine fremde Macht tätig sein sollte, »bei seiner unzweifelhaft großen Kenntnis wichtigster innerer Angelegenheiten, besonders Bayerns, eine in meinen Augen geradezu enorme Gefahr [bedeutet]. Eine Inhaftsetzung ohne wenigstens auf längere Zeit garantierte Unschädlichmachung halte ich unter Umständen für ein sehr schweres Verhängnis.«[23] – Wie konnte es zu dieser plötzlichen Wende kommen?

Hitler muß im Winter 1922/23 zu dem Schluß gelangt sein, daß sein Einfluß auf Lüdecke doch sehr viel geringer war, als er zunächst angenommen hatte; daß dieser vielmehr mehreren Herren diente und ihm deshalb selbst gefährlich werden konnte. Vielleicht hatte man ihn inzwischen auch über Lüdeckes Erpresser-Karriere ins Bild gesetzt. Zugleich allerdings war es mit der Verhaftung allein noch nicht getan, schließlich hätte nur eine erfolgreiche Anklage Lüdecke auf Dauer »unschädlich« machen können. Aber obwohl die Münchner Staatsanwaltschaft zielstrebig auf einen Landesverratsprozeß hinarbeitete,[24] war Lüdecke bald wieder frei; das Verfahren wurde sang- und klanglos eingestellt.

In den Vernehmungen hatte der Häftling zu erkennen gegeben, daß er gegebenenfalls zurückschießen werde, weil, so Lüdecke wörtlich, »meine Geduld jetzt zu Ende ist«[25]. Da Hitler in der Politischen Abteilung des Münchner Polizeipräsidiums damals einen Beamten gut kannte,[26] dürfte er von diesen Drohungen schnell erfahren haben – er ließ die ganze Aktion wieder abblasen. Lüdecke wurde sogar wieder in seinen Zirkel aufgenommen, aber zuvor schickte er ihn in einen längeren Erholungsurlaub, damit, wie er suggerierte, erst einmal Gras über die Affäre wachsen könnte. In Wirklichkeit wollte Hitler wohl verhindern, daß Lüdecke den Ursachen seiner Bloßstellung nachforschte, und ihn in dem Glauben lassen, von *Gegnern* der NSDAP ans Messer geliefert worden zu sein. Diese »These« lag denn auch der Erklärung zugrunde, die »Pg. Lüdecke« als »überzeugter Nationalsozialist« im ›Völkischen Beobachter‹ veröffentlichen durfte.[27] Während für Hitler die Affäre damit erledigt war, staunte die Münchner Presse nicht schlecht, wie schnell sich die »Landesverratssache Lüdecke« in nichts aufgelöst hatte: »Es wird wohl notwendig sein«, schrieb etwa die ›Münchener Zeitung‹, »daß die zuständige Behörde zu dem überraschenden Ausgang dieser Sache noch einige nähere Aufklärung gibt, namentlich in der Richtung, wie es möglich war, daß der Mann in einen so schweren Verdacht geraten konnte, der sich nachher als vollständig haltlos erweist.«[28]

In den folgenden Monaten bestand Hitlers Taktik darin, Lüdecke tiefer in seine Sache hineinzuziehen. Im Spätsommer traf er ihn in Salzburg auf einer Konferenz völkischer Verbände und lud ihn im Anschluß daran zu einer kurzen Privatreise nach Linz ein.[29] Hier verbrachten sie einen ganzen Tag allein miteinander, nachdem der Rest der Reisebegleitung fortgeschickt worden war. Was folgte, nennt Lüdecke in seinen Erinnerungen eine »intime Begegnung«, läßt den Leser aber ansonsten darüber im unklaren, was dort vorgefallen sein mag: »Zu heikel« sei das damals gewesen.[30] Nur aufgrund einiger Andeutungen kann man sich ein ungefähres Bild machen.[31] Angeblich hatte Hitler bei dem Linzer Treffen Lüdecke auf ein erneutes Gespräch mit Mussolini vorbereiten wollen. In Lüdeckes Rückschau freilich dominieren ganz andere Dinge als die Politik, denn er erlebte einen Hitler, wie ihn nur wenige kannten. In seinen Gesichtszügen habe er förmlich lesen können, und die Sprache des Freundes sei von funkelnder Schönheit, ja fast »poetisch« gewesen. Als sie gemeinsam auf den Poestlingsberg spaziert seien – dorthin, wo Hitler anderthalb Jahrzehnte zuvor schon romantische Erlebnisse mit seinem Jugendfreund Kubizek hatte –, habe Hitler sein Innerstes noch weiter »enthüllt«. Schweigend hätten sie nebeneinander gesessen und die schöne Landschaft genossen, Hitler mit »Liebreiz in den Augen« und voller Visionen. Kurzum: Hitlers gefühlsbetonter Auftritt machte Lüdecke geradezu »sprachlos vor emotionaler Erregung«. Am Ende trennten sie sich mit wechselseitigen Versprechungen, die Lüdecke später in den Rang von »Gelöbnissen« hob.

Wir können über den tieferen Sinn der Begegnung nur spekulieren, aber zwischen den Zeilen wird doch erkennbar, daß Hitler hier ein Rührstück inszeniert hat, mit dem er Lüdecke verpflichten wollte: auf Verschwiegenheit und Loyalität. Tatsächlich änderte sich das Verhältnis der beiden in den folgenden Jahren: Es war ein wenig sentimental und nie ganz aufrichtig, aber sie schadeten einander von nun an nicht mehr.

Seiner politischen Aufgabe, vor allem in Italien um Unterstützung für Hitlers Staatsstreichpläne zu werben, widmete sich Lüdecke im Herbst 1923 trotz großen Engagements mit nur mäßigem Erfolg.[32] Nach dem gescheiterten November-Putsch schien er wieder einmal vor dem Nichts zu stehen. Da kam ihm der Umstand, daß er während seines Rom-Aufenthaltes auf Teile des Wagner-Clans stieß,[33] nur gelegen. Dessen überaus freundschaftliche Beziehung zu Hitler hatte durch die Verhaftung des Parteiführers keinen Schaden genommen, im Gegenteil, Siegfried und Winifred Wagner wollten jetzt sogar für ihn im Ausland nach Gönnern suchen, schon Anfang 1924, gelegentlich einer Konzerttournee durch die USA.[34] Als Lüdecke von diesen Plänen erfuhr, bot er sich als sprach- und ortskundiger Reisebegleiter an, und tatsächlich brach er im Januar 1924 mit den Wagners an Bord der ›Amerika‹ von Bremerhaven in die Vereinigten Staaten auf.

Hitler hatte ihn für die Reise mit einem persönlichen Schreiben ausgestattet, worin er ihn bat, »für die Interessen der deutschen Freiheitsbewegung in Nordamerika zu werben und besonders finanzielle Mittel hierfür zu sammeln«[35]. Doch der erhoffte Erfolg blieb aus. Die Eheleute Wagner und Lüdecke wurden zwar von Ford persönlich empfangen, aber Hitlers politisches Fiasko hatte den Geschäftsmann doch stutzig gemacht, und einen Desperado wollte er lieber nicht unterstützen, zumal die Summe, mit der er Lüdecke 1922 nach Bayern geschickt hatte, eine glatte Fehlinvestition gewesen war. Mit leeren Händen kehrte Lüdecke im Mai 1924 nach München zurück, wo sich schnell herausstellte, daß er ohne Hitlers persönliche Protektion ein Nichts war. Von dem nicht einsitzenden Rest der NSDAP-Führungsclique wurde er fallengelassen; lediglich bei Alfred Rosenberg und Ernst Röhm fand er einen gewissen Halt.

Als Lüdecke den inhaftierten Parteiführer in Landsberg besuchte, bemerkte er sofort, daß dieser sich verändert hatte. »Die Erinnerung an unsere intime Begegnung auf dem Poestlingberg [...] brachte Hitler offenbar in die gleiche Verlegenheit wie mich. Gerne vermied ich deshalb dieses Thema.«[36] Für ihn selbst sprang bei dem Wiedersehen lediglich eine Hitler-Fotografie mit Widmung heraus sowie die Bitte, sich weiterhin für die Partei nützlich zu machen.

Doch von nun an sah man Lüdecke immer seltener auf dem politischen Parkett, meist nur noch dann, wenn er sich davon auch »geschäftlich« etwas versprechen konnte,[37] etwa Ostern 1925 auf einem von Antisemiten organisierten internationalen Kongreß in Salzburg. Bei Heinrich Himmler, der als Geschäftsführer des Völkischen Blocks vertreten war, hinterließ er hier einen »üblen« Eindruck: durch sein »lebemannmäßiges« Auftreten, mit dem er gezeigt habe, »daß sein moralisches Verhalten alles andere als einwandfrei ist«; durch »sein emsiges und anhaltendes Bestreben, Neuigkeiten und Nachrichten zu erfahren«, was ihn ebenso »verdächtig« gemacht habe wie »die guten Informationen, über die er aus allen Ländern verfügt«. Himmler hielt Lüdecke für einen »internationalen politischen Hochstapler«, der die völkische Bewegung »in direktem Einfluß auf den Führer« in eine »falsche Richtung« drängen solle und dann auch noch mit dem, was er in der

Bewegung erfahre, »bei den Gegnern Deutschlands geldliche Geschäfte« mache. Soviel er aber wisse, so Himmler, sei Lüdecke gleichwohl »auch heute noch in der allernächsten Umgebung Hitlers«.[38]

Kaum jemand aus dem Führungskreis der NS-Bewegung traute Lüdecke über den Weg. Auch Hitler wird ihn durchschaut haben – und doch hat er ihn nicht fallengelassen, eher sogar hofiert. So konnte man im Februar 1925 im ›Völkischen Kurier‹ das Hitler-Wort lesen, daß Lüdecke »ein Idealist« sei und daß es ihm heute noch leid tue, daß er vor einem Jahr »durch meine Schuld in Untersuchungshaft kam«[39]. Etwa um dieselbe Zeit lud er Lüdecke zu einem Privatbesuch zu sich in die Thierschstraße ein – ein weiteres Zeichen persönlicher Wertschätzung.[40] Und er bot ihm einen Arbeitsvertrag als Vertreter des ›Völkischen Beobachters‹ in Berlin an, ja, er bat ihn sogar, als sein persönlicher Kontaktmann in der Reichshauptstadt tätig zu werden.

Man fragt sich, warum Hitler auf einen Mann mit derart zweifelhaften Eigenschaften setzte. Lüdecke selbst hat die Antwort in seinen Erinnerungen gegeben: »Ich war praktisch der einzige, der ihm Informationen aus erster Hand über Dinge geben konnte, die über Parteiangelegenheiten im engeren Sinne hinausgingen.«[41] Was man wohl dahingehend zu verstehen hat, daß er als Hitlers persönlicher Spitzel agierte: Nicht trotz, sondern wegen seines fragwürdigen Charakters und seiner dunklen Vergangenheit war Lüdecke also außerordentlich wertvoll. »Wir müssen manchmal ungewöhnliche Methoden anwenden und dubiose Wege gehen, wenn wir im Rennen bleiben wollen«, soll Hitler ihm gesagt haben.[42] Zum Feind durfte er sich Lüdecke auch nicht machen – dafür wußte der zuviel. Lüdecke hat nämlich die »brennende Neugierde« verspürt, möglichst alles über Hitlers »real self«, über Hitlers wahres Gesicht, in Erfahrung zu bringen.[43] Mit solchem Geheimwissen war in seinem Milieu ja schon so manche Rückversicherung abgeschlossen worden, und die Beziehungen, die er damals suchte,[44] etwa zu Röhm, deuten darauf hin, daß er durchaus ahnte, wo entsprechende Informationen am ehesten zu holen waren.

Doch bevor er von seinem Wissen Gebrauch machen sollte, trennten sich seine und Hitlers Wege erst einmal für sieben Jahre. Denn das, was ihm der Parteiführer unmittelbar nach der Wiederbegründung der NSDAP bieten konnte, schien so wenig attraktiv, daß Lüdecke im Sommer 1925 beschloß, sein Glück erneut in Amerika zu suchen.

Hanfstaengl und Hitler: eine gescheiterte Männerliebe

Im Jahre 1923 war die Freundschaft von Hitler und Hanfstaengl noch völlig intakt. Allerdings witterte letzterer Konkurrenz, im Erotischen wie im Politischen. Hanfstaengl wußte, daß es Nebenbuhler gab, und war deshalb bemüht, sich Hitler noch stärker zu verpflichten. Er tat dies zunächst mit der bewährten Liebedienerei, spätestens seit dem fehlgeschlagenen Novemberputsch, aber, nachdem sein größter Gegner, Alfred Rosenberg, vorübergehend mit der Stellvertretung des inhaftierten Parteiführers betraut worden war, zunehmend auch mit den Mitteln der Intrige. Diesen »unappetitlichen Gesellen« mit seinen »zahllosen widerlichen Liebesaffären« wollte er unbedingt zu Fall bringen.[45] Und in Hermann Esser fand er einen nicht minder motivierten Verbündeten.[46]

Auch Kurt Lüdecke suchte er auf seine Seite zu ziehen; der jedoch lehnte Hanfstaengls »frivole« Methoden der Palastrevolte ab, hielt zu Rosenberg und machte sich damit den Mann, der Hitlers rechte Hand werden wollte, endgültig zum Feind.[47] Hanfstaengls Komplott ging so weit, daß Rosenberg schließlich glaubte, sich nur noch mit einer Beleidigungsklage zur Wehr setzen zu können. Dies hätte einen peinlichen Skandal heraufbeschworen, und Hitler wußte es am Ende zu verhindern.[48]

Ebenfalls 1924 entwickelte Hanfstaengl ein auffälliges Interesse daran, Genaueres über Hitlers Vergangenheit zu erfahren. Er wußte, daß der Putschistenführer am 9. November, nicht anders als Hanfstaengl selbst und mit ihm andere Parteigrößen, »nach Österreich hätte entkommen können, wenn er gewollt hätte«. Nun setzte er alles daran herauszubekommen, warum Hitler das nicht getan hatte, um so mehr, als es ihm nie gelungen war, »Hitler über seine Vorkriegsjahre zum Sprechen zu bringen«. Seinen Zwangsaufenthalt in Österreich nutzte er daher, »um Hitlers Familie in Wien aufzusuchen. Es interessierte mich, möglichst viel über seine Vergangenheit herauszufinden.« Wie erfolgreich er dabei war, darüber schweigt er sich in seinen Erinnerungen aus.[49]

Als Hanfstaengl dann nach Hitlers vorzeitiger Entlassung aus der Festungshaft im Winter 1924/25 erneut Einfluß auf seinen Freund ausüben wollte, mußte er – wie Lüdecke auch – erkennen, daß dieser sich in Landsberg stark verändert hatte. Zwar nahm er auch jetzt gern »Putzis« Einladungen an und war in dessen Wohnung ausgelassen und musikbegeistert wie eh und je, aber Hanfstaengl spürte doch »eine wachsende Ernüchterung«[50]. Woran lag das?

Politisch war Hanfstaengl enttäuscht, weil Hitler seine Intrige gegen den verhaßten Rosenberg letztlich ins Leere laufen ließ. Mehr noch, Hitler versicherte den umstrittenen NS-Ideologen sogar seiner Wertschätzung: »Ich [...] sehe in Ihnen nicht nur einen der wertvollsten Mitarbeiter unserer Bewegung, [...] sondern bin auch von der persönlichen Lauterkeit Ihrer Gesinnung restlos überzeugt«, schrieb er ihm im April 1925.[51] Dabei hatte es zunächst den Anschein gehabt, als würde Hitler Rosenberg aus dem inneren Kreis ausschließen. Zum Neugründungsparteitag der NSDAP am 27. Februar 1925 war der einstige Exeget des Parteiprogramms nicht erschienen, und Hanfstaengl zeigte sich noch zehn Jahre später stolz darauf, »daß der Führer den späten Abend des Neugründungstages mit mir in meinem kleinen Häuschen in der Pienzenauerstraße zusammen verbrachte«[52]. Dann aber behielt Hitler Rosenberg doch weiter in seiner Führungsmannschaft, ja betraute ihn im April 1925, als der ›Völkische Beobachter‹ wieder erscheinen konnte, abermals mit dessen Hauptschriftleitung. Damit war Hanfstaengls Traum, als Kultur- oder Außenpolitiker in der Hitler-Partei maßgeblichen Einfluß zu gewinnen, erst einmal geplatzt.

Auch privat entwickelten sich die Dinge nicht zu Hanfstaengls

Zufriedenheit. Schon bei seinen Besuchen in Landsberg hatte er beobachtet, daß Rudolf Heß »nur zögernd von Hitlers Seite wich, wenn ich mit ihm sprach«. Hanfstaengl war über die Annäherung der beiden Männer »äußerst besorgt«, denn »das Band zwischen ihnen«, wie er richtig bemerkte, war »sehr eng. Hier hörte ich sie zum ersten Mal das vertrauliche Du zueinander gebrauchen.«

Er reagierte darauf mit dem, wie er selbst sagte, »etwas hilflosen« Versuch, den monarchistischen Kreis um Polizeirat Rupprecht für eine baldige Haftentlassung des »gefährdeten« Freundes zu gewinnen. Doch schlug die aus Eifersucht geborene Aktion ebenso fehl wie seine sonstigen Bemühungen, Hitler fester an sich zu binden. Gleich bei ihrem ersten Wiedersehen nach Hitlers Rückkehr aus Landsberg Weihnachten 1924 ließ dieser »die Gefühlsstärke in der Freundschaft, die er zu Heß entwickelt hatte«, so deutlich durchschimmern, daß sich Hanfstaengl zurückgesetzt fühlte.[53]

Hanfstaengl muß sich 1925 wie ein gehörnter Liebhaber gefühlt haben. Vielleicht war er es, der deshalb das Gerücht verbreitete, Hitler werde sich mit seiner, Hanfstaengls, Schwester Erna verloben, vielleicht hat er auch tatsächlich versucht, seinen Freund zu verkuppeln, um auf diese Weise seinen Einfluß zu sichern. Kurios jedenfalls das Dementi Hitlers, nachdem bereits überregionale Zeitungen die Verlobungsmeldung gebracht hatten: »Ich bin mit der Politik dermaßen verheiratet, daß ich nicht daran denken kann, mich auch noch ›zu verloben‹.«[54] Und noch kurioser, daß sein »Privatsekretariat: gez. R. Heß« das Dementi ein halbes Jahr später aufgrund von »Anfragen zu dieser Angelegenheit aus den eigenen Reihen« noch einmal ausdrücklich bestätigen mußte.[55]

Von alldem war Hanfstaengl »sehr enttäuscht«. So enttäuscht, daß er sich revanchierte: Er forderte alle Gelder, die er der Partei im Lauf der Jahre zur Verfügung gestellt hatte, zurück. Gleichzeitig ließ er Hitler wissen, daß er an engeren Beziehungen zu ihm »nicht interessiert« sei, »solange Rosenberg und Heß ihren Einfluß [...] behaupteten«. Damit war die Freundschaft 1925 an ihr Ende gekommen: »Die Beziehungen zwischen uns waren für einige Zeit mehr oder weniger abgebrochen.«

Hanfstaengl hatte sich gerächt – und resignierte: »Ich habe sein Vertrauen nicht mehr.«[56] Vermutlich ließ Hitler Hanfstaengl fallen, weil der ihm mit seinen Intrigen und Schnüffeleien lästig wurde. Auch brauchte er für sein neues politisches Konzept jetzt weniger exzentrische Mitarbeiter. Hanfstaengl zog sich daraufhin beleidigt zurück, mußte allerdings schon bald zu der Einsicht kommen, »daß es mir trotz aller Enttäuschungen noch keineswegs geglückt war, den Eindruck, den Hitler in mir hinterlassen hatte, zu tilgen«. Das änderte nichts an der Distanz, und ihre vereinzelten Begegnungen waren »kaum von wechselseitiger Sympathie bestimmt«.[57]

Der »Führer« hat Hanfstaengl gewiß viele Rätsel aufgegeben, aber das größte davon scheint die Frage nach seiner sexuellen Identität gewesen zu sein. Die ließ Hanfstaengl jedenfalls auf Jahrzehnte nicht los, und beinahe hätte er auf der Suche nach einer Antwort sogar sein Leben riskiert.

Das erste Mal äußerte sich Hanfstaengl dazu im Sommer 1942 in einem Dossier für den amerikanischen Geheimdienst.[58] Ob er Hitlers Kriegsgegnern alles verriet, was er wußte, sei dahingestellt, ernst zu nehmen aber ist das Dossier zweifellos.[59] Denn es beruht erwiesenermaßen auf Hanfstaengls eigenen Beobachtungen, Recherchen und Zeugenbefragungen. Noch in der Nachkriegszeit legte er besonderen Wert auf die Feststellung, daß es ihn Jahre gekostet habe, »die Tiefen seines [Hitlers] persönlichsten Problems aus[zu]loten«. Und was war Hitlers »persönlichstes Problem«? Daß seiner Selbstverwirklichung »ein sehr wichtiger Faktor fehlte«: Er hatte, so Hanfstaengl, »kein normales Geschlechtsleben«.[60]

Was Hanfstaengl damit meinte, hat er am bündigsten dem Historiker Fritz von Siedler 1951 gesagt: »Hitlers Potenz war teils beschränkt und teils ins Anormale pervertiert. Grundlage für das Anormale müssen schon die Erlebnisse in den Männerasylen von Wien gebildet haben. Ein Verhältnis mit Heß [...] ist unbezweifelbar.« Damit sind die beiden Pole benannt, um die Hanfstaengls »Diagnose« kreiste: die, wie er sagte, »teilweise Impotenz« und »175er Neigung« Hitlers.[61] Dieser habe in einem »sexuellen Niemandsland« gelebt, wo es keinen gab, »der ihm hätte Erlösung bringen können« – weder Mann noch Frau.[62] An anderer Stelle nennt Hanfstaengl Hitlers verkümmertes Liebesleben »a sort of bisexual narcissus-like vanity«[63]. Fatale Auswirkungen hatte diese Gefühlsprägung wegen des »Übermaß[es] an männlicher Energie«, die aber »keinen normalen Ausweg fand«. »Nicht normal« hieß für Hanfstaengl, daß Hitler »weder völlig hetero- noch völlig homosexuell« war.[64] Man beachte das Wort »völlig«. Woher wollte Hanfstaengl das wissen, wenn nicht aufgrund eigener persönlicher Erfahrungen mit Hitler?

Hanfstaengl wird aber auch deshalb so genau gewußt haben, wovon er sprach, weil sein eigenes Empfinden dem Hitlers offenbar nicht ganz unähnlich war. Das ließe sich beispielsweise anhand seiner Freundschaften mit dem gleichgeschlechtlich veranlagten Prinzen »Auwi« von Preußen[65] oder dem schon erwähnten Schriftsteller Hanns Heinz Ewers zeigen. Doch Hanfstaengl hat sich zu seiner Leidenschaft nie offen bekennen wollen, und man kann durchaus vermuten, daß er geglaubt, gehofft, gewünscht hat, Hitler würde ihm bei der Lösung des Problems helfen. Vielleicht hatte er sich auch umgekehrt eingebildet, eine ähnliche Rolle für Hitler zu spielen. Der allerdings ging darauf nicht ein, was Hanfstaengl wiederum vermuten ließ, daß einiges von dessen »schwebender, fremdartiger Sexualverfassung [...] in der Gegenwart von Heß [...] während der Gefangenschaft in Landsberg aktiviert worden [war]«[66]. Wie auch immer: Es ist der tief ins Persönliche gehende Hintergrund, der Hanfstaengls Aussagen über Hitlers Sexualität so interessant und wertvoll und darüber hinaus besonders glaubwürdig macht, weil Hanfstaengl Hitler nicht dessen Homosexualität vorwirft, sondern den Umstand, daß er sie nicht richtig auslebte; an einer Stelle spricht er geradezu enttäuscht von Hitlers »sehr verdünnter sexueller Inversion«.

Im übrigen lag er mit seiner »Diagnose« gewiß nicht falsch, sie bedarf aber der Objektivierung. Hitler war homosexuell, gewiß; doch er interessierte sich auch für Frauen, war für deren Reize empfänglich, obwohl er sie körperlich nicht begehrte. Hinzu kam, daß sich seine Leidenschaften derart mit seinem Narzißmus verschränkten, daß seine Sexualität einen stark autoerotischen Einschlag erhielt. Das war das »sexuelle Niemandsland«, von dem Hanfstaengl sprach. Wie also hätte Hitler je emotionale Stabilität erreichen sollen?

Einer zuviel: Lüdecke und Hanfstaengl buhlen um Hitlers Gunst

In Amerika tat Lüdecke das, was er immer schon getan hatte: Er suchte seinen Vorteil und sein Vergnügen. 1927 heiratete er eine Amerikanerin,[67] obwohl er kurz davor in New York die hübsche junge Frau des Geschäftsmannes Günther Quandt kennen- und schätzengelernt hatte: die spätere Magda Goebbels. Als er im Sommer 1930 während eines kurzen Deutschland-Besuches diese Bekanntschaft erneuerte, scheinen die beiden so etwas wie eine Affäre gehabt zu haben.[68] Fortan gingen sie jedenfalls sehr vertraut miteinander um.[69]

Lüdecke versuchte auch wieder, Kontakt zur Führung der NSDAP aufzunehmen, die aber aus Amerika nur Schlechtes über ihn gehört hatte.[70] Als er im Herbst 1931 um Aufnahme in die Partei bat, wies man ihn brüsk zurück: »Mit Rücksicht auf seine stark umstrittene Person legt die Reichsleitung keinen Wert auf seine Mitgliedschaft.«[71] Im Frühsommer 1932 kam Lüdecke erneut nach Deutschland und konnte den Vormarsch von Hitler und seiner NSDAP hautnah miterleben. Nachdem er die Lage sondiert hatte, traf er sich Mitte August mit seiner inzwischen verheirateten Freundin Magda Goebbels in deren Berliner Wohnung zu einem längeren vertraulichen Gespräch.[72] Gern hörte er dabei, daß Hitler über ihn schon des öfteren in freundschaftlicher und anerkennender Weise gesprochen habe und ihm sicherlich eine zweite Chance geben werde.

Diese Nachricht beflügelte Lüdecke in seinem Plan, eine Art »Auswärtiges Amt« der NSDAP zu begründen – mit Rosenberg an der Spitze und ihm selbst als dessen rechte Hand. Anfang September 1932 hatte er Gelegenheit, mit Hitler darüber zu sprechen. Der schien nicht abgeneigt, verlangte aber, daß ein Arrangement mit Hanfstaengl getroffen werde. Als der Versuch einer Verständigung jedoch kläglich gescheitert war, setzte Lüdecke ganz auf Rosenberg.

Am 12. September kam es im »Kaiserhof« noch einmal zu einer ausführlichen Unterredung mit Hitler. Es ging besonders um Außenpolitik und um eine mögliche Verwendung von Lüdecke auf diesem Feld, etwa in Amerika, aber auch um private Dinge. So berichtete Lüdecke freimütig, er wisse, daß Magda Goebbels am liebsten Hitler und nicht ihren jetzigen Mann geheiratet hätte. Hitler wehrte das Thema ebenso ab wie das von Lüdecke angeschnittene Problem der Homosexualität in der SA-Führung: »Ach, was geht mich das Privatleben meiner Anhänger an! [...] Ich liebe Richard Wagners Musik – muß ich etwa meine Ohren davor verschließen, weil er ein Päderast war? Die ganze Sache ist doch absurd.«[73] Ende September durfte Lüdecke Hitler wieder aufsuchen – diesmal in dessen Wohnung. Der Parteiführer zeigte sich dem Gast in alter Sentimentalität, im Innersten bewegt und sogar mit feuchten Augen. Lüdecke konnte zufrieden sein. Als er wenige Tage später in die Vereinigten Staaten aufbrach, hatte er tatsächlich einiges erreicht: Er war nicht nur in die Partei aufgenommen worden,[74] er hatte auch eine von Rosenberg unterschriebene Vollmacht zur »außenpolitischen Vertretung« der NSDAP in den USA in der Tasche.[75] Doch vor allem: Er hatte bei Hitler wieder ein offenes Ohr gefunden.[76]

Lüdeckes schärfster Rivale und Mitbuhler um Hitlers Gunst war Ernst Hanfstaengl. Er hatte sich in den Jahren 1926 bis 1928 hauptsächlich um sein Geschichtsstudium gekümmert und stieß erst 1929 wieder zur NSDAP-Führung: Auf dem Nürnberger Parteitag schloß er Freundschaft mit Prinz August Wilhelm von Preußen, der damals gerade seine Begeisterung für den Nationalsozialismus entdeckte; »wir mochten einander bald sehr gern«, schreibt »Putzi« über seine Gefühle zu »Auwi«, der seither »als gerngesehener Gast bei mir abzusteigen [pflegte]« – bisweilen auch in Begleitung von Göring. »Jedenfalls war es vor allem Prinz Auwi, der meine Hoffnungen auf die Zukunft der Partei neu belebte.«[77] Wie weit diese Wiederannäherung im Herbst 1929 bereits gediehen war, verrät eine Tagebucheintragung von Joseph Goebbels nach einem Kaminabend in Hanfstaengls Villa: »Hanfstaengl ist klug und geistreich. [...] Während wir über Außenpolitik debattieren, liegt Göring auf dem Sofa und schnarcht.« Nicht verborgen blieb Goebbels freilich auch, wie »scharf« sich Hanfstaengl »gegen Hitler« wandte, weil dieser »zu Rosenberg hält, den Hanfstaengl haßt«.[78]

Wir wissen nicht genau, warum Hanfstaengl im November 1931 wieder in den engsten Kreis um Hitler drängte. Wahrscheinlich weil er jetzt, wo Hitler immer aussichtsreicher auf die Eroberung der politischen Macht zusteuerte, nicht länger abseits stehen wollte.[79] Aber es lag ebenso in Hitlers Interesse, den früheren Freund stärker einzubinden; er war in jener Phase seiner Karriere mehr denn je darauf angewiesen, sich der Loyalität alter Vertrauter zu versichern, und nach dem unschönen Ende ihrer Beziehung, auch angesichts seiner generellen Unberechenbarkeit, mag Hanfstaengl ihm als Sicherheitsrisiko erschienen sein. So hat er ihn sich gleichsam zwangsverpflichtet. Das wird nicht ohne Versprechungen abgegangen sein. Von einem Sitz im Münchner Stadtrat, einem Reichstagsmandat, ja sogar einem Botschafterposten war später die Rede.[80] Jedenfalls ernannte Hitler seinen früheren Weggefährten im November 1931 erst einmal zum Auslandspressechef der Partei[81] und lud ihn hin und wieder ein, sich, so Hanfstaengl, »am Flügel zu produzieren, aber das geschah nicht mehr so häufig wie früher oder wie man allgemein vermutete«[82]. Dennoch: Er gehörte wieder dazu und sah sich nun am Anfang einer großen Karriere.

Während der Wahlkampagnen des Jahres 1932 wurde er zu einem wichtigen Mitglied in der Entourage des »Führers«. Hitler brauchte ihn, um den richtigen Ton bei den Journalisten aus dem neugierig gewordenen Ausland zu treffen, die Hanfstaengl mit seinem derben Charme bestens zu bedienen wußte. Er brauchte ihn aber auch als Tröster, als jemanden, der ihn zerstreuen und »aufmöbeln« konnte, wenn es ein Stimmungstief gab.[83] Entsprechend wurde Hanfstaengl in der Öffentlichkeit wie auch parteiintern viel mit dem »Führer« gesehen. Und obwohl Hitler sich nie wieder wirklich auf ihn einließ, hatte es den Anschein, als ob die beiden Freunde seien. Hanfstaengl konnte es dabei nur recht sein, wenn die Leute glaubten, »daß ich bei Hitler Gehör fand«[84], denn er lebte davon, für einflußreich gehalten zu werden: finanziell durch die Vermittlung von Hitler-Interviews und den Verkauf von exklusiven Informationen, politisch durch Wichtigtuerei, die ihm wertvolle Verbindungen erschloß, wie etwa zum Chef der preußischen Sicherheitspolizei Rudolf Diels. »Rudi« nennt Hanfstaengl den zwielichtigen Mann einmal verräterischerweise in seinen Memoiren. Er sei einer der »nützlichsten Kontakte« gewesen, die er damals gehabt habe.[85]

Nur durch die unverkennbare Zugehörigkeit zu Hitlers Stab konnte Hanfstaengl seinen Status sichern, und deshalb tat er alles, um in der Gunst des »Führers« nicht zu sinken, ganz besonders nach der »Machtergreifung«, die Hanfstaengl eine wichtige Position einbrachte. Das ist vielfach beschrieben und ironisiert worden, und in allen Zeitzeugnissen begegnen wir einem nach Anerkennung heischenden Funktionsträger, der nie etwas auf Hitler kommen ließ.[86] Doch das war der einzige Zwang, den Hanfstaengl sich auferlegte; sonst trug er durchaus den Dolch im Gewande. Rosenberg und Lüdecke sollten es alsbald erfahren.

Von »Rudi« Diels hatte sich Hanfstaengl damals Belastungsmaterial gegen seine beiden ärgsten Feinde besorgt – polizeiliche Erkenntnisse, die besagten, daß der fanatische Antisemit Rosenberg ein Verhältnis mit der Tochter eines jüdischen Redakteurs habe und Lüdecke schon seit 1911 als Erpresser und Hochstapler agiere. Hanfstaengl suchte solche Beweise offenbar, weil Rosenberg im März 1933 von Hitler zum Leiter des Außenpolitischen Amtes der NSDAP ernannt und diesem direkt unterstellt worden war. Zwar kam dem neuen Posten noch keinerlei politisches Gewicht zu, aber Rosenberg durfte jetzt Hoffnungen auf eine bedeutende Machtposition hegen.[87] Gefährlich wurde die Sache für Hanfstaengl besonders dadurch, daß die Einrichtung auf eine erneute Initiative Lüdeckes hin entstanden war.

Hitlers Auslandspressechef Ernst Hanfstaengl (2. v. l.) im Kreise von Freunden in seiner Berliner Wohnung, vermutlich 1933; auf dem Bild links von ihm: der Militärattaché an der US-Botschaft Truman Smith.

Auf die Nachricht von Hitlers Machtübernahme war Lüdecke rasch nach Berlin zurückgekehrt. Bald darauf empfing Hitler ihn in der Reichskanzlei zu einem längeren Gespräch.[88] Lüdecke knüpfte bewußt an jene Punkte an, mit denen er schon vor einem halben Jahr in München versucht hatte, den »Führer« aus der Reserve zu locken. »Obwohl Hitler gelernt hat, sich selbst auf wunderbare Weise unter Kontrolle zu halten«, erinnerte er sich später, »ist er von Natur aus zu impulsiv, um auch seine Augen und seinen Mund zu kontrollieren [...], so kann derjenige, der ihn aus seinen frühen Tagen kennt, eine ganze Menge in den Ausdrücken seiner lebhaften Gesichtszüge lesen.« Auf diese verräterischen Reaktionen hatte es Hitlers Mann aus Amerika angelegt, als er in seinen Bericht über die dortige Kritik an den Nationalsozialisten ganz gezielt einfließen ließ: »›Besonders beliebt ist in der aktuellen Verleumdungskampagne Ihre Brandmarkung als Homosexueller. Es ...‹ ›Tste ... Tste ...‹. Hitler unterbrach mich und sah verärgert aus. ›Unglaublich!‹ Es wurde deutlich, daß er davon partout nichts mehr hören wollte.« Lüdecke hatte aber sein Ziel erreicht: nämlich Hitler wissen zu lassen, was er an seiner Verschwiegenheit habe. Jetzt konnte er um so direkter zu der Frage kommen, welcher Preis ihm dafür vorschwebe, und Hitler nahelegen, ihn als Presse-Attaché bei der Deutschen Botschaft in Washington zu akkreditieren. Das sichere ihm diplomatische Immunität, und er könne dort zugleich als Informant nützliche Dienste leisten. Dafür brauche er natürlich eine Anlaufstelle in der Partei, am besten in Gestalt eines »Außenpolitischen Büros« – und eine Menge Geld.

Hitler sperrte sich nicht gegen den Vorschlag, und Lüdecke versuchte sogleich, durch Besuche bei Pressechef Walter Funk, Rosenberg und Heß das Projekt unter Dach und Fach zu bringen. Freilich hatten es jene, die dieses Amt ins Leben rufen wollten, darauf angelegt, Machtkompetenzen an sich zu reißen, und das bedeutete, sie anderen Stellen und Personen aus der Hand zu nehmen.[89] So sollten Informationen über die im Dienst des Auswärtigen Amtes stehenden Personen gesammelt, die Privatdiplomatie einzelner Parteiführer unterbunden, die Unterredungen auswärtiger Gäste mit Hitler exklusiv vom neuen Amt organisiert und über deren Berichterstattung im Ausland gewacht werden. Durch Anmaßungen wie diese mußten sich nicht allein Hanfstaengl, sondern auch Außenminister von Neurath und Hermann Göring, der ebenfalls außenpolitische Ambitionen hatte, stark herausgefordert fühlen. Richtig bedrohlich wurde die Lage, als es Lüdecke im April 1933 gelang, bei einer großen Veranstaltung im »Kaiserhof« von verschiedenen Wirtschaftsführern mehrere hunderttausend Reichsmark an Spendengeldern einzuwerben, die für Propaganda im Ausland verwendet werden sollten. Mit diesen Geldern konnte aus dem parteiamtlichen »Papiertiger« über kurz oder lang ein funktionstüchtiger Machtapparat werden.

Hanfstaengl holte zum Gegenschlag aus. Seinen eigenen Angaben zufolge war ihm Material über eine von Lüdecke in Amerika begangene Erpressung in die Hände gespielt worden: Er soll einem deutschen Arzt in New York mit Anzeige wegen Abtreibung gedroht und auf diesem Wege einige hundert Dollar erhalten haben. »Das betreffende Material [...] wurde pflichtgemäß von mir nach oben weitergegeben.«[90] Wir wissen nicht genau, ob dies der einzige Grund war, der Göring veranlaßte, Lüdecke verhaften zu lassen. Jedenfalls saßen er und auch Rosenbergs jüdische Geliebte am 9. Mai 1933 im Gefängnis. Zur gleichen Zeit versuchte Hanfstaengl sich an einem Rufmord und lancierte einen Leitartikel in die ›New Yorker Staatszeitung‹, der am 12. Mai 1933 unter der Überschrift »Lüdecke auf Anklage der Hochstapelei und der Erpressung festgenommen« gedruckt wurde.[91] Damit schien der Rivale definitiv erledigt.

Aber Hanfstaengl hatte die Rechnung ohne Hitler gemacht. Der wies Göring nämlich an, den Inhaftierten unverzüglich freizulassen und sich für den Übergriff zu entschuldigen. Lüdecke hat in seinen Memoiren mit Genugtuung geschildert, wie der mächtige preußische Ministerpräsident diese unangenehme Aufgabe hinter sich brachte. Göring sei über den gewaltigen Bonus, den Lüdecke bei Hitler besaß, mehr als erstaunt gewesen. Dessen offenkundige Skrupel schenkten Lüdecke zwar die Freiheit, verleiteten ihn aber gleichzeitig dazu, die Geduld des »Führers« zu überschätzen.

Denn Lüdecke war keineswegs gewillt, so bald wie möglich nach Washington zu verschwinden, wie ihm das nun von verschiedenen Seiten nahegelegt wurde. Obwohl Hitler seine Attachierung an die Deutsche Botschaft in Washington mittlerweile verfügt hatte, wollte Lüdecke ihn noch unbedingt dazu bewegen, sich vor der Partei offen zu ihm zu bekennen. Bei ihrer nächsten Begegnung ließ der Reichskanzler ihn jedoch vollständig auflaufen, und der gereizte Wortwechsel zeigte, daß Hitler eine eingehende Untersuchung und weitere Thematisierung des »Falls Lüdecke« keineswegs wünschte.

Aber der Düpierte ließ nicht locker, versuchte, auf andere Weise Satisfaktion zu erhalten. Gelegenheit dazu bot ihm der besagte Leitartikel der ›New Yorker Staatszeitung‹, dessen Urheberschaft

Kurt Lüdecke beim Picknick mit Hitler; Schnappschuß aus dem Jahre 1933.

Lüdecke natürlich schnell in Erfahrung brachte. Wild entschlossen, es Hanfstaengl mit einer Verleumdungsklage heimzuzahlen, setzte er sich mit dem bekannten Rechtsanwalt Dr. Alfons Sack in Verbindung und sagte ihm ganz offen, daß er per Prozeß eine »heiße Zone des Nazitums« durchleuchten wolle. Der Anwalt schreckte vor dieser Aussicht nicht zurück, obwohl er sich, nicht anders als sein Mandant, von vornherein darüber im klaren war, daß Hitler einen Skandalprozeß kaum zulassen würde. Dennoch, so Lüdeckes Kalkül, würde seine Initiative Hitler zwingen, zumindest politisch entschiedener für ihn einzutreten, und wenn nicht, dann wäre er eben ein elender Heuchler. Für diesen Fall wollte sich Lüdecke durch eine Art Geheimbund absichern, den er nun mit Ernst Röhm anstrebte.

Unterdessen wurde der Verhandlungstermin für Mitte Juli 1933 festgelegt. Hinter den Kulissen wirkte Max Amann auf Rosenberg ein, er möge Lüdecke überreden, aus der Politik auszusteigen und statt dessen einen lukrativen Posten beim Eher Verlag zu übernehmen. Rosenberg war Lüdeckes Eskalationskurs sowieso nicht mehr geheuer. Er riet ihm dringend ab, die Dinge vor ein Gericht zu zerren. Doch Lüdecke wollte nicht hören; mit der Folge, daß er am 5. Juli 1933 erneut in Schutzhaft genommen wurde – diesmal allerdings auf persönliche Anordnung Hitlers.

Schon aus Lüdeckes eigener Darstellung, der wir bis hier gefolgt sind, wird ersichtlich, daß er Politik auf eigene Rechnung und auf verschiedenen Seiten betrieben hat. Das wird Hitler selbstverständlich zugetragen worden sein, und so muß der neue Staatslenker in Lüdecke unweigerlich einen gefährlichen Intriganten gesehen haben, gefährlich deshalb, weil er zuviel wußte und in seinem Karrierewahn unberechenbar geworden war. Infolgedessen erschien es geboten, ihn erst einmal aus dem Verkehr zu ziehen, seine persönlichen Papiere zu beschlagnahmen und zu beobachten, was nun passieren würde.

Die Reaktion ließ nicht lange auf sich warten. In – nicht überlieferten – Protestbriefen an Hitler, Göring und Himmler deutete Lüdecke an, daß er keineswegs so hilflos sei, wie man vielleicht annehme,[92] und drohte, im Ausland deponiertes Enthüllungsmaterial über die Nazi-Führung zu veröffentlichen. Doch Hitler zeigte Nervenstärke und ließ Lüdecke einige Wochen unter verschärften Haftbedingungen in Plötzensee schmoren. Erst Anfang September 1933, nachdem er ins Konzentrationslager Brandenburg deportiert worden war, erschien bei ihm ein Abgesandter Rosenbergs, der ihm erklärte, daß sich in seinem Fall »Hitler persönlich« die Entscheidung vorbehalten habe.[93] Lüdecke blieb nur noch die Kehrtwendung: Er bat Hitler um Vergebung für seine Verstöße gegen »Takt und Rhythmus der Bewegung«[94] und versicherte seine unbedingte Loyalität. Einen ähnlichen Tenor hatte sein Schreiben an Parteirichter Buch. Doch Hitler machte immer noch keine Anstalten, seinem einstigen Mitstreiter zu helfen. Einen »gefährlichen Bruder« soll er ihn im Dezember 1933 Röhm gegenüber genannt haben.[95] Insofern war es durchaus gewollt, wenn bei seinem Gefangenen nach achtmonatiger Haft das Gefühl aufkam, daß er in »quälender

Ungewißheit und seelischer Zermürbung [...] allmählich zu Grunde«[96] gehe.

Aber Lüdecke suchte nach weiteren Auswegen aus seinem Dilemma. Er verstand es, die Wachmannschaften des Konzentrationslagers Oranienburg zu bestechen, in das er inzwischen gesperrt worden war, und den Lagerkommandanten für sich einzunehmen.[97] So konnte er sich des Nachts schon einmal für einige Stunden davonstehlen, und im Januar 1934 soll es ihm sogar gelungen sein, Röhm zu treffen und mit diesem ein Komplott zu schmieden. Parallel versuchte er, sich über seinen Freund Rosenberg eine Hintertür zu Hitler offenzuhalten.

Am 19. Februar 1934 konnte er tatsächlich einen offiziellen Hafturlaub erwirken und in Begleitung eines Wachmannes nach Berlin reisen, wo er eine lange Unterredung mit dem Reichsleiter hatte.[98] Den eigentlichen Zweck des Besuches allerdings, nämlich mit seinem Anliegen direkt an Hitler heranzukommen, erreichte er nicht: Hitler hatte sich bei Rosenberg jede Einmischung in diese Angelegenheit ein für allemal verbeten. Lüdecke wußte nun, was er zu tun hatte: Bei seinem zweiten Hafturlaub am 1. März 1934 floh er in die Tschechoslowakei und von dort in die Schweiz. Aus Genf schickte er dann am 10. April 1934 ein »persönlich-dringendes« Schreiben an Hitler, mit Durchschlägen an Rosenberg, Amann, Heinrich Hoffmann, Hitlers Adjutanten Brückner sowie an Magda Goebbels.[99]

In dem sechseinhalb Seiten langen Brief wollte Lüdecke mit Hitler »offen und freimütig als Mensch zu Mensch« reden, »zumal [...] wir mehr als einmal vertrauliche Dinge besprochen haben«. Es scheine ihm – und der folgende Passus ist in seinem Brief unterstrichen –, »daß gerade Sie mir gegenüber besondere Vorsicht walten lassen müssen, ehe Sie es erlaubten, daß mir ein so grausames Unrecht« zugefügt werde. Wenn er nicht von Hitler persönlich schnellstens rehabilitiert werde, so sei er entschlossen, dies zu »erzwingen«. Für seine »*völlige* Rehabilitierung und Genugtuung« stellte er daraufhin ein Ultimatum von 14 Tagen. Danach müsse er »in jeder Beziehung die Konsequenzen ziehen«, und er bekannte

»freimütig, daß ich – alle Eventualitäten abwägend – mich dementsprechend eingerichtet und gesichert habe«.

Erst im Licht dieses Briefes, der einem Lehrbuch der Erpresserkunst entstammen könnte, ist es möglich, den »Fall Lüdecke« noch einmal im Zusammenhang zu betrachten. Das Schreiben war Chef- und Verschlußsache des Diktators, in die er nur eine Handvoll Vertraute einweihte. Hitler wußte, daß ihm all das hauptsächlich von Hanfstaengl eingebrockt worden war; er selbst hätte Lüdecke lieber nach Amerika abgeschoben. Und er ahnte auch, daß der Oberste SA-Führer irgendwie in den Fall verwickelt war. Das machte die Sache besonders gefährlich, da er Röhm inzwischen ja argwöhnisch belauerte und der Kampf um die absolute Macht 1933/34 noch keineswegs ausgefochten war.

Auf der anderen Seite hatte Lüdecke mit seinem Wissen über Hitler ein Drohpotential präpariert, das ihn glauben ließ, den Diktator in der Hand zu haben. Lüdecke war in das Metier zurückgekehrt, das er von Haus aus noch immer am besten beherrschte; Hitler mußte den Erpresser schon deshalb ernst nehmen. Das zeigte sich bereits Anfang Mai 1934, als im ›Evening Star‹ ein offenbar von Lüdecke lancierter Artikel über seine spektakuläre Flucht aus Deutschland erschien – mit der vagen Andeutung, daß einflußreiche Parteiführer ihm dabei geholfen hätten, weil sie sich von seiner Tätigkeit im Ausland etwas für ihre eigene Sache versprächen.[100] Einer späteren Quelle ist zu entnehmen, daß die Gestapo damals etwaige Fluchthelfer aus der Führungsriege der NSDAP verhörte und darüber »ein interessantes Sonder-Faszikel besonderer eidesstattlicher Erklärungen« anlegte.[101] Im Oktober 1934 wurde der Fall dann einer »eingehenden Durchsicht unterzogen«[102], um die Himmler sich höchstpersönlich kümmerte.[103] Bei alldem ging es Hitler wohl darum zu erfahren, was Lüdecke tatsächlich gegen ihn in der Hand hatte. Die entsprechenden Akten sind nicht erhalten.

In den kommenden Monaten rührte sich Lüdecke nicht, und daraus muß man schließen, daß es Hitler gelungen war, den Erpresser ruhigzustellen. Wahrscheinlich wurden Schweigegelder gezahlt, wie auch Hans Mend in seinem »Protokoll« von 1939 andeutet.

Dort heißt es, ein gewisser »Liedtke« sei kurz vor dem »Röhm-Putsch« mit Tagebüchern des SA-Chefs »nach Amerika geflüchtet und hat von dort aus die Parteileitung erpreßt«. Und Mend ergänzt: »Rudolf Heß hat damals Hanfstaengl angerufen, als Liedtke wieder Geld verlangte, und zwar 50.000 Dollar in bar und für 50.000 Dollar ›Medikamente‹, vermutlich um sie in Amerika mit Gewinn wieder zu verkaufen.«[104] Der verfremdete Name darf uns nicht weiter irritieren: Schon die ›Münchener Post‹ hatte Lüdecke in ihren Artikeln irrtümlicherweise »Liedtke« genannt.[105] Alles andere aber paßt durchaus ins Bild: die Röhm-Tagebücher zu Lüdeckes Ruf als Erpresser und die Schiebergeschäfte zu seinem gaunerhaften Geschäftssinn. Auch das Telefongespräch von Rudolf Heß und Ernst Hanfstaengl läßt sich erklären. Doch zunächst müssen wir uns wieder mit Hanfstaengls Karriere befassen.

Erpresser unter sich

Daß Hanfstaengl im Frühjahr 1933 seinen ganzen Ehrgeiz darangesetzt hatte, Rosenberg und Lüdecke auszuschalten, um größeren Einfluß auf die Außenpolitik zu gewinnen, hatte seine Position innerhalb der Nazi-Führung keineswegs gefestigt. Goebbels nannte ihn einen »Wirrkopf«, nachdem er wieder einmal »fürchterlich« über Rosenberg geschimpft hatte.[106] Er selbst hat eine deutliche Warnung Hitlers aus jener Zeit überliefert: »Hanfstaengl, Sie treiben Ihre Kritik gegen den Parteigenossen Rosenberg zu weit. Wenn das nicht aufhört, werde ich Sie entlassen.«[107]

Trotz dieser Abmahnung versuchte Hanfstaengl im Februar 1934, sich durch eine diplomatische Privatinitiative aufs neue zu profilieren: In Rom bot er Mussolini nicht nur das italienische Copyright für einen Nazi-Propagandafilm an, sondern auch ein baldiges Treffen mit dem deutschen Diktator. Hitlers Reaktion auf das eigenmächtige Vorpreschen seines Auslandspressechefs muß eine ähnliche wie im Herbst 1933 gewesen sein, als er ein von Hanfstaengl vorgelegtes deutsch-österreichisches Friedensprogramm schlicht »eine Idiotie« nannte.[108] Bis in die Berliner Diplomatenkreise drang die Nachricht, daß Hanfstaengl bei Hitler nun »kein Vertrauen mehr« genieße.[109]

Dabei hätte man ihm keineswegs eine »falsche« Gesinnung vorwerfen können, denn in seinem offiziellen Wirken präsentierte sich Hanfstaengl stets als linientreuer Nationalsozialist: angefangen bei der Hitler-Büste auf dem Schreibtisch[110] über seine Bekenntnisse zur nationalistischen »Blutkur« für den deutschen Menschen[111] bis hin zu plump-antisemitischen Äußerungen auf diplomatischem Parkett[112] und gleichzeitiger Propaganda für Hitlers »gewaltiges Friedenswerk«[113]. Es war nicht mangelndes Engagement für das Nazi-Regime, welches das Zerwürfnis mit der NSDAP-Führung heraufbeschwor. Es war einzig und allein Karrierismus.

Die Flucht von Kurt Lüdecke war so ziemlich das Schlimmste, was Hanfstaengl passieren konnte. Nicht nur weil er selbst maßgeblich dazu beigetragen hatte, den Rivalen so zu provozieren, sondern auch, weil Lüdecke in seinem Erpresserbrief Hitler ausdrücklich vor ihm warnte und schrieb, daß er, Hanfstaengl, »nicht nur gegen Rosenberg [...] und gegen mich in unqualifizierbarer und strafbarer Weise hetzte und intrigierte, sondern auch gegen Sie gelegentlich eine sehr bedenkliche Haltung eingenommen hat«[114]. Hanfstaengl ahnte wohl, daß Hitler in dieser Andeutung mehr als eine billige Retourkutsche sah. Zudem bestand auch noch die Gefahr, von Lüdecke im Ausland öffentlich angeprangert und damit moralisch vernichtet zu werden. In dieser Situation erreichte Hanfstaengl, der in Harvard studiert hatte, im März 1934 eine Einladung zur Jubiläumsfeier seines Examensjahrgangs, die dem Fall eine neue Wendung gab.

Mit Freuden sagte Hanfstaengl zu – um allerdings wenig später zu erklären, wegen dringender Amtsgeschäfte käme eine Amerikareise für ihn derzeit nicht in Frage.[115] Hitler hatte ihn augenscheinlich zurückgepfiffen. Seit Lüdeckes Erpresserbrief, dem Anfang Mai wohl noch ein weiterer gefolgt war,[116] wurde Hanfstaengl an der kurzen Leine gehalten, bis er Mitte Juni 1934 plötzlich dann doch in die Vereinigten Staaten fahren durfte, Hals über Kopf, ohne jede Presseankündigung und nicht wie üblich von Bremerhaven, sondern von Cherbourg aus, wohin ihn eigens ein Flugzeug hatte bringen müssen. Just um diese Zeit lief vom selben Hafen ein kanadisches Schiff aus, das Kurt Lüdecke in die USA brachte.[117]

So waren die Intimfeinde Anfang Juli 1934 beide in New York, wo Hanfstaengls Assistent Voigt schon seit einiger Zeit das Terrain sondierte.[118] Eine Reise zu seinem Privatvergnügen dürfte das folglich nicht gewesen sein. Dennoch gelang es Hanfstaengl mit einigen Ablenkungsmanövern, gegenüber amerikanischen Presseleuten den eigentlichen Zweck des Unternehmens zu verhüllen: nämlich, so die These, Lüdecke auf Befehl Hitlers von Dummheiten abzuhalten.

Weder über den Auftrag noch darüber, wie Hanfstaengl ihn erledigte, ist irgend etwas Schriftliches überliefert. Aber daß es sich um eine geheime Mission handelte, dafür sprechen verschiedene Anhaltspunkte: Da ist zunächst einmal die Tatsache, daß sich Lüdecke nach Hanfstaengls Besuch monatelang nicht rührte, eine Zurückhaltung, die bei diesem Charakter eigentlich nur mit Geldzahlungen und, psychologisch gewiß ebenfalls wirkungsvoll, dem Canossagang seines schärfsten Widersachers zu erklären ist. Nichts anderes dürfte Hitler ja von Hanfstaengl verlangt haben, als er ihn auf die Reise schickte. Unterdessen demonstrierte er mit der Mordaktion gegen Röhm auf brutalste Weise, wie er mit »Verrätern« aus dem eigenen Lager umzugehen gedachte. Als Hanfstaengl von den Vorgängen in Deutschland erfuhr, wäre er deshalb am liebsten gleich in Amerika geblieben: »Mir wurden die Knie weich, [...] die Bilder schwammen mir vor den Augen«, er war »völlig verwirrt und empört«.[119] Aber Außenminister Neurath persönlich beorderte ihn nach Deutschland zurück. Am 14. Juli 1934 traf er in Bremerhaven ein und wurde sofort zur Berichterstattung nach Heiligendamm zitiert,[120] wohin sich Hitler und Goebbels zur Sommerfrische begeben hatten.

Goebbels erwähnt den Besuch Hanfstaengls vom 15. Juli 1934 in seinem Tagebuch nur kurz.[121] Vermutlich war er nicht eingeweiht, denn Hitler empfing den Besucher allein. Dafür ist Hanfstaengl in diversen Memoiren-Versionen um so ausführlicher auf die Begegnung eingegangen, war sie für ihn doch das Schlüsselerlebnis, auf das er nach dem Krieg seine vermeintliche Trennung von Hitler datieren konnte. Zu seiner Mission selbst dagegen kein Wort. Das einzige, was man seiner märtyrerhaft stilisierten Darstellung halbwegs verläßlich entnehmen kann, sind die kühle Reserviertheit und die beißende Ironie, mit denen Hitler Hanfstaengls Rapport zur Kenntnis nahm, was wiederum zu der These paßt, daß dieser in Amerika ein heißes Eisen angepackt hatte. Ob Hanfstaengl Hitler tatsächlich über alles informierte, was er in den USA in der Angelegenheit Lüdecke unternommen hatte, bleibt dahingestellt. Fest steht aber eines: Es muß sich um eine politisch überaus bedeutende Frage gehandelt haben, wenn Hitler ihn unverzüglich in sein eben erst bezogenes Feriendomizil beorderte. Der »Führer« hatte in diesen aufregenden Tagen bestimmt Besseres zu tun, als sich über Harvard-Jubiläen vortragen zu lassen.

Nach der Begegnung in Heiligendamm, schließt Hanfstaengl seinen späteren Bericht, »war für mich nichts mehr zu erhoffen«[122]. Doch muß er noch eine Instruktion des Kanzlers für den Außenminister erwirkt haben. Anders ist nicht erklärbar, warum das Auswärtige Amt schon tags darauf die Deutsche Botschaft in Washington anwies, etwaigen politischen Umtrieben Lüdeckes unmittelbar mit Verweis auf dessen Kriminellenkarriere öffentlich entgegenzutreten.[123] Hanfstaengls nächster Schritt bestand darin, den amerikanischen Zeitungsmagnaten William Randolf Hearst, der sich gerade in Deutschland aufhielt,[124] für seine Interessen einzuspannen. Im August 1934 meldete der ›Völkische Beobachter‹ in großer Aufmachung, daß der Auslandspressechef »eine Reihe privater Unterredungen« mit dem berühmten Verleger »über die augenblickliche politische Lage« gehabt habe und ausdrücklich autorisiert sei, darüber ein Statement zu veröffentlichen. Demzufolge erklärte sich Hearst solidarisch mit dem »Kampf« des deutschen Volkes »für seine Befreiung von den frevelhaften Bestimmungen des Versailler Vertrages«. Mit »ganzem Herzen« billige er »alles, was Deutsch-

Hanfstaengl has ideas about culture.

Hitler's "Putzy" Is Here

DR. ERNST "PUTZY") HANFSTAENGL, intimate friend of Leader Hitler and Harvard-educated head of the Nazi Foreign Press Department, is in London.

He is staying at Claridge's Hotel.

Dr. Hanfstaengl holds emphatic opinions on the subject of culture.

When he visited Harvard last month he gave busts of Goethe and Schopenhauer to his old university.

Recently William Ormonde Thompson, one-time partner of the great American lawyer Clarence Darrow was shown through the Nazi "People's Court" by Dr. Hanfstaengl.

According to the account in the journal "Time," of September 10, "When persistent lawyer Thompson started quoting the opinions of British jurists on the subject of Nazi justice, harassed Harvardman Hanfstaengl grew highly excited and finally incoherent.

"Roared he, 'Damn those Oxford professors! I'll send some of our swine to burn down their Oxford!'"

Im September 1934 erschien in der englischen Zeitung ›Daily Express‹ ein anzüglicher Artikel über Ernst »Putzy« Hanfstaengl: »Hitler's ›Putzy‹ Is Here«.

land förderlich« sei.[125] Eine solche Sympathieerklärung aus dem Munde eines maßgeblichen amerikanischen Meinungsmachers war nach der vernichtend schlechten Presse, die das Nazi-Regime seit den Röhm-Morden im Ausland hatte, natürlich ein beachtlicher Prestigegewinn. Nicht zuletzt für Hanfstaengl, der auch sogleich nachsetzte und ein Treffen zwischen Hitler und Hearst arrangierte.[126]

Als Belohnung für seine gute Arbeit durfte Hanfstaengl Mitte September einer Privateinladung Hearsts Folge leisten und den Verleger für ein paar Tage auf dessen Landsitz nach Wales begleiten. Auf dem Weg dorthin machten sie Zwischenstation in London, wo der englische Zeitungslord Beaverbrook auf den Gast aus Nazi-Deutschland aufmerksam wurde. Am 19. September 1934 nahm ihn das Beaverbrook-Blatt ›Daily Express‹ mit der Schlagzeile »Hitler's ›Putzy‹ Is Here« aufs Korn und nannte ihn den »intimate friend of Leader Hitler«.[127] Als Hanfstaengl am folgenden Tag von einem Reporter jener Zeitung befragt wurde, wandte er sich daher sogleich vehement gegen die Bezeichnung »Putzy«, da dies im Englischen wie »Pussi« klinge – und das war, wie er Jahre später erklärte, »der ironische Spitzname für widernatürlich veranlagte Männer«[128]. Doch der Reporter machte aus seinem Interview einen weiteren Artikel voller bissiger Anspielungen, die den Eindruck erwecken mußten, daß mit diesem Deutschen etwas nicht stimmte.[129] Sollten Hanfstaengls homoerotische Neigungen in gut informierten Journalistenkreisen ein mehr oder weniger offenes Geheimnis gewesen sein? In der konkreten Berichterstattung jedenfalls lag das Pikante darin, daß eine intime Verbindung zu Hitler unterstellt wurde; zu jenem Mann mithin, der der Homosexualität mit den Röhm-Morden eben erst den entschiedensten Kampf angesagt hatte.

Hanfstaengl erkannte, daß ihm die Angriffe trotz aller Unannehmlichkeiten zugleich eine Riesenchance boten: nämlich Hitler persönlich in die Sache hineinzuziehen. Deshalb reichte er sofort und ohne Rücksprache mit Berlin eine Verleumdungsklage gegen den Besitzer des ›Daily Express‹ ein, was der mit der trockenen Bemerkung quittierte, er freue sich auf den Prozeß.[130]

Als Hanfstaengl Ende September nach Berlin zurückkehrte, hatte er endlich etwas in der Hand, womit er bei Hitler Druck machen konnte. Wir wissen nicht, wie dieser reagierte, aber allein aus der Tatsache, daß der Prozeßbeginn über Monate hinweg immer wieder verschoben wurde und die Verhandlung dann ausging wie das Hornberger Schießen, kann man schließen, wie hinter den Kulissen gerungen worden sein muß.[131]

Auch kam erneut Bewegung in den »Fall Lüdecke«. Aus einem Schreiben, das das Auswärtige Amt im September 1934 an das Geheime Staatspolizeiamt gerichtet hatte, geht hervor, daß Lüdecke womöglich schon bald vor einem Ausschuß des Amerikanischen Repräsentantenhauses öffentlich vernommen werden sollte, um Auskunft über die NS-Propaganda in den USA zu geben. Da sei es angezeigt, »vorsorglich Gegenmaßnahmen gegen die zu erwartende Auswirkung der Aussagen Lüdeckes in die Wege zu leiten«; man brauche dazu jedoch »eine erschöpfende Darstellung der strafbaren Handlungen, deren Lüdecke beschuldigt wird«.[132] Auf ein solches Zeichen hatte Hanfstaengl schon lange gewartet. Nun schien es für ihn endlich eine Rechtfertigung zu geben, den verhaßten Gegenspieler zu vernichten.

Obwohl niemand ihm einen Auftrag dazu erteilt hatte, nutzte Hanfstaengl im Oktober 1934 seine guten Beziehungen zur Gestapo, um dort »mit dem Kriminalkommissar Braschwitz die Akten über Kurt Lüdecke« zu rekonstruieren.[133] Zudem lancierte er in seiner Eigenschaft als Mitglied im sogenannten Aufklärungsausschuß Hamburg-Bremen – einer »vertraulich arbeitende[n] Organisation, die den Reichsministerien zur Verfügung steht, um die Auslandspresse mit für Deutschland günstigen Artikeln und Nachrichten zu durchdringen«[134] – kompromittierende Äußerungen über Lüdecke in die deutsch-amerikanischen Presse.[135]

Doch über kurz oder lang mußten solche Eigenmächtigkeiten zum Eklat mit Hitler führen. Ende Oktober 1934 wurde Hanfstaengl denn auch tatsächlich wegen seiner »konsequenten Bekämpfung Lüdeckes im Auftrag des Führers aus der Reichskanzlei verwiesen, und zwar mit den Worten: ›Der Führer wünscht, daß Sie erst wieder in die Reichskanzlei kommen, wenn der Fall Lüdecke bereinigt ist.‹«[136] Das war mehr als ein einfacher Rausschmiß: Wie sich bald herausstellen sollte, war Hanfstaengl jetzt ein für allemal in Ungnade gefallen. Und obwohl er seinen Bruch mit Hitler später auf rein politische Differenzen zurückzuführen versuchte, hat Hanfstaengl selbst ein Detail mitgeteilt, das das rein Persönliche des Konfliktes erkennen läßt. Während einer hitzigen Auseinandersetzung bei einem Mittagessen in der Reichskanzlei über die Frage, wie man sich Lüdecke gegenüber zu verhalten habe, sei Hitler ihm ganz »bleich vor Zorn« mit den Worten über den Mund gefahren: »Das alles ist Ihr Fehler, Hanfstaengl. Sie hätten ihn diplomatischer behandeln sollen.«[137] Hitler ärgerte es offenbar maßlos, daß er durch Hanfstaengls Vorpreschen unter Zugzwang gesetzt worden war, machte ihn deshalb zum Sündenbock und wollte fortan in der Angelegenheit alles weitere allein entscheiden.

Nun war aber der Erpressungsfall Lüdecke-Hitler auch ein Erpressungsfall Lüdecke-Hanfstaengl. Und Hanfstaengl glaubte, sich vor einer Demontage nur schützen zu können, wenn er trotz Hitlers Zurechtweisung weitere Nachforschungen über Lüdecke anstellte, notfalls auf eigene Faust. Am 1. November 1934 legte er dem Auswärtigen Amt vorab einen Untersuchungsbericht der Gestapo vor, den er mit dem Briefkopf »Reichsleitung der NSDAP« an den zuständigen Ministerialdirektor Dieckhoff persönlich adressierte. Der Bericht enthielt alle wesentlichen Auszüge aus Lüdeckes Sündenregister seit 1911 und entlarvte ihn als einen »Schwindler und Hochstapler [...], der seine zweifelhafte Tätigkeit für die NSDAP als Mittel zum Zweck benutzte, nämlich sich auf diese Weise größere Einnahmequellen zu verschaffen«[138]. In dem offiziellen, fast gleichlautenden Schreiben, das das Geheime Staatspolizeiamt am darauffolgenden Tag an das Auswärtige Amt schickte, fehlte der Satz, auf den es Hanfstaengl offenbar besonders ankam: Lüdecke, so war nur bei Hanfstaengl zu lesen, »soll auch mit anderen Männern intime Beziehungen unterhalten und dafür Zuwendungen empfangen haben«. Dies läßt erkennen, was er eigentlich beabsichtigte: Lüdecke als eine Art Strichjungen, als Homosexuellen derart bloßzustellen, daß jede Sexualdenunziation aus *dessen* Mund von vornherein absolut unglaubwürdig erscheinen mußte.

Auch den bayerischen Justizminister Hans Frank, der als früherer Anwalt Hitlers und als Beisitzer im Parteigericht der NSDAP mit dem Fall Lüdecke gleich mehrfach zu tun gehabt hatte, versorgte Hanfstaengl mit seinen Gestapo-Erkenntnissen und band ihn so in seine Kampagne ein.[139] Nach außen erweckte er dabei stets den Eindruck, als arbeite er im Auftrag des »Führers«, der ja allgemein noch immer als guter Freund von ihm galt; auf diese Weise konnte er es sich erlauben, beispielsweise das Auswärtige Amt in den Dienst seines Kriegszugs gegen Lüdecke zu stellen[140] oder etwa den zuständigen Ministerialrat im bayerischen Justizministerium zu ermahnen, »die Ermittlungen im Falle Lüdecke nach Möglichkeit zu beschleunigen, da Eile geboten ist«[141]. Und es gelang ihm, in beiden Ministerien vertrauliche Unterlagen einzusehen und Abschriften davon anfertigen zu lassen (dabei hat er übrigens auch in Akten, die die Münchener Polizeidirektion über ihn selber führte, Einblick genommen,[142] ein Anhaltspunkt dafür, daß er nicht zuletzt in eigener Sache ermittelte). Außerdem trug er schriftliche Zeugenaussagen zusammen, in denen frühere Bekannte Kompromittierendes über Lüdecke zu Protokoll gaben.[143] So lag bereits Ende November ein Dossier vor, wie es kein professioneller Geheimdienst besser hätte erarbeiten können.

Hitler dagegen wollte im Fall Lüdecke vorsichtiger taktieren. Man kann sich deshalb ausmalen, wie der Diktator reagiert haben wird, als er Ende November erfuhr, daß Hanfstaengl den Privatkrieg gegen Lüdecke trotz seines eindeutigen Vetos unverdrossen fortgeführt hatte. Als er beim bayerischen Justizministerium anfragen ließ, warum Hanfstaengl beglaubigte Abschriften von amtlichen Schriftstücken erhalten hatte, mußte er hören, daß dieser sein Verlangen nach Akteneinsicht damit begründet habe, er solle »den Führer über die Person des Lüdecke ins Bild setzen«[144]. Hitler war also hintergangen worden, und niemand weiß, wie Hanfstaengl es geschafft hat, diesen Fehltritt zu überstehen. Jedenfalls wurde nun auf Anordnung Hitlers sämtliches Aktenmaterial über

Lüdecke eingezogen und in den Giftschränken seiner Adjutantur verwahrt.[145]

Und doch war der Fall noch immer nicht geklärt. Im Dezember 1934 ließ Lüdecke wieder von sich hören, und zwar auf eine Weise, die ihn einmal mehr als Meister seines Faches auswies. Er brachte amerikanische Fürsprecher dazu, ihre Verbindungen zu Reichsbankpräsident Hjalmar Schacht in seinem Sinn zu nutzen, weshalb Anfang Januar 1935 ein ganzes Konvolut hochbrisanter Schriftstücke in Berlin einging,[146] die ausnahmslos Lüdecke verfaßt hatte, auch wenn einige davon als neutrale Berichte seiner Helfer ausgegeben wurden. Schacht, so heißt es in dem Anschreiben, werde »sicherlich darauf hinwirken, daß Herr Hitler tatsächlich das Nötige veranlaßt, den Fall L. wie vorgeschlagen regeln zu lassen«.

Dieser »Vorschlag« hatte es in sich. Lüdecke setzte ein Ultimatum, bis zu dem folgende Forderungen erfüllt sein mußten: eine im ›Völkischen Beobachter‹ veröffentlichte Entschuldigung der NSDAP-Reichsleitung für seine ungerechtfertigte Internierung, verbunden mit der Erklärung, daß er »seine nationalsozialistischen Aufgaben und Arbeiten in einwandfreier Weise erledigt hat«, und außerdem eine »Entschädigung von $ 50.000«, wovon »mindestens $ 25.000« in bar ausgezahlt und die andere Hälfte in Form von »erstklassigen Qualitätswaren« übergeben werden sollten. Nehme man seinen »Vorschlag« nicht an, werde er »skrupellos und rücksichtslos mit allen Mitteln vorgehen [...], um sich an seinen Feinden zu rächen«. Er habe es nämlich in der Hand, »in einem großen öffentlichen Prozeß [...] seinen ganzen Fall in sensationellster Weise vor das große Publikum zu bringen, was natürlich ein Skandal ersten Ranges werden würde«. »Besonders dem Prestige Hitlers« könne er durch Enthüllungen »großen Schaden zufügen«. Ausdrücklich warnte er davor, ihn »auf gewaltsame Weise entfernen oder unschädlich machen zu wollen, da er auch dieses voraussehend sich [...] in jeder Beziehung gesichert hat«, oder ihn »als völlig bedeutungslos oder als Lügner hinzustellen, was auf Grund seines dokumentarischen Beweismaterials mit Photographien und auf Grund der Ereignisse v. 30. Juni keinen Glauben finden würde«[147].

Das Hervorstechende an diesem Dokument ist sicher die Dreistigkeit seiner Diktion. Aber noch aufschlußreicher ist, daß es die Glaubwürdigkeit des »Mend-Protokolls« untermauert. Hans Mend kann seine Informationen, so scheint es, nur von Hanfstaengl gehabt haben, der inzwischen augenscheinlich dabei war, auch Leute wie ihn »anzuzapfen«.

Hanfstaengl und Hitler reagierten umgehend auf die Drohung aus New York. Der Auslandspressechef instruierte seine Verbündeten in Amerika, in einer Flugschrift »Auszüge aus deutschen Akten« zu veröffentlichen, und wollte so die kriminelle Vergangenheit Lüdeckes zum Thema machen. Der Aktenauszug war identisch mit dem oben erwähnten Gestapo-Bericht.[148] Hitler dagegen tat etwas ganz anderes. Er ließ den Chef seiner Kanzlei, Philipp Bouhler, ein ungemein verbindliches Schreiben an Lüdeckes Vertrauensmann aufsetzen und um Vermittlung der Nachricht an »Herrn Lüdecke« bitten, »daß seine Angelegenheit nunmehr von mir so rasch wie möglich bearbeitet werden wird. [...] Sie dürfen versichert sein, daß hier alles getan wird, um die Angelegenheit zu bereinigen.«[149]

Mit diesem Versprechen hielt Hitler sich erst einmal alle Türen offen, und tatsächlich muß es ihm bald gelungen sein, mit Lüdecke einen Modus vivendi zu finden, denn dieser rührte sich von nun an zwei volle Jahre nicht mehr. Es gab keinen Skandalprozeß, keine Sensationsartikel, keine weiteren Erpresserschreiben, und das, obwohl Lüdecke sich noch Anfang Januar 1935 in New York zu der öffentlichen Äußerung hatte hinreißen lassen: »Wenn mich dieses Gericht [das Parteigericht der NSDAP – L. M.] nicht für unschuldig erklärt, dann werde ich meine Ehre zu reinigen wissen, selbst wenn Hitler und seine nationalsozialistische Partei dabei draufgehen.«[150] Wie es der deutsche Diktator im einzelnen anstellte, den Sprengsatz Lüdecke zu entschärfen, werden wir vermutlich nie erfahren, doch sicherlich nicht ohne erhebliche materielle Zuwendungen.

Hitler konnte nicht wissen, daß sich Lüdecke trotz aller Vergleichsbemühungen 1936 von dem New Yorker Verlagshaus Charles Scribner's Sons für eine Buchpublikation unter Vertrag nehmen ließ, in der er über seine Erfahrungen mit Hitler und der Nazi-Bewegung berichten sollte.[151] Seinem Lebensprinzip folgend, wollte er das eine tun, ohne das andere zu lassen: Schweigegelder kassieren und gleichzeitig sein Wissen für teures Geld verkaufen. Und nachdem ihm Hitler offenbar nur einen Teil von dem zu geben bereit war, worauf er glaubte, einen Anspruch zu haben, nämlich: »*völlige* Rehabilitierung und Genugtuung«, versuchte Lüdecke nun, sich mit einem Enthüllungswerk auch noch den Rest zu holen.

Der Titel des Buches, ›I knew Hitler‹, war mehr als Reklame. Für Lüdeckes Gegner muß er wie eine Drohung geklungen haben. Den darin liegenden Hintersinn allerdings erkennt man erst richtig, wenn man auch den Untertitel ernst nimmt: ›Die Geschichte eines Nazi, der dem Massaker [des sogenannten Röhm-Putsches – L. M.] entkam‹, sowie die Widmung »für Hauptmann Ernst Röhm«. Gleich im ersten Satz stellt Lüdecke klar, daß nur sein »Gewissen und Erwägungen des guten Geschmackes« ihm bei der Darstellung der »ungeschminkten Wahrheit« Beschränkungen auferlegt hätten. An anderer Stelle erwähnt er eine geheime Unterredung mit Röhm aus dem Frühjahr 1934 und erklärt, daß die Zeit noch nicht reif sei, heute schon den ganzen Inhalt dieses Gespräches publik zu machen.[152] Am raffiniertesten ist die Darstellung jedoch an den Stellen, an denen auf Hitlers Sexualität angespielt wird. Was Lüdecke etwa Magda Goebbels über Hitlers merkwürdiges Verhalten gegenüber Frauen sagen läßt,[153] ist so voller Anzüglichkeiten, daß man daraus als Leser nur folgern kann: Der »Führer« hatte ein grundlegendes sexuelles Problem mit dem anderen Geschlecht. »Hitler was perfectly charming«, versichert Frau Goebbels, »but somehow ...« Und daß Lüdecke die Darstellung an diesem Punkt unmittelbar auf die Homosexualität von Ernst Röhm lenkt, macht seine ganze Durchtriebenheit deutlich: Wenn Hitler, so suggeriert er, nur platonischer Beziehungen zu Frauen fähig war, gleichzeitig aber den homosexuellen Röhm, einen seiner engsten Mitarbeiter, nach außen deckte und protegierte, dann mußte ja an den Gerüchten über Hitlers homoerotische Neigungen etwas dran sein, um so mehr, als der »Führer«, wie man weiter liest, auf eine entsprechende Nachfrage von Lüdecke mit größter Barschheit reagiert haben soll. Und dann ist da noch Röhms Wut auf Hitlers Heuchelei in diesem Punkt: Seine »Abnormität«, habe der SA-Chef zu Lüdecke gesagt, gehe niemanden etwas an. »In meinen eigenen vier Wänden tue ich, was mir gefällt« – und Röhm fügte hinzu: »wie jeder andere auch …«[154]

Hitler muß in der Buchveröffentlichung einen erneuten Erpressungsversuch gesehen haben, denn daß er seinen persönlichen Adjutanten Wiedemann sogleich nach New York schickte, war gewiß kein Zufall.[155] In seinen Erinnerungen hat sich Wiedemann zu dieser Mission nicht geäußert, aber allein die Tatsache, daß sie nach außen als privater Urlaub getarnt und intern als Dienstreise abgerechnet wurde, macht einen geheimen Auftrag Hitlers mehr als wahrscheinlich.[156] Einige Monate später meldete die Deutsche Botschaft in Washington jedenfalls, daß Lüdecke nach eigenen Angaben »endgültig aus der Politik ausgeschieden sei und in Zukunft beabsichtige, nur für sich selbst zu leben«[157]. Der Erpresser muß wohl erneut – auf welche Weise auch immer – ruhiggestellt worden sein. Darauf deutet auch der Umstand, daß Lüdecke seine Beleidigungsklage gegen die ›New Yorker Staatszeitung‹ Ende 1937 zurückzog, obwohl dabei immerhin eine Schadensersatzforderung von 100.000 Dollar zur Verhandlung stand.[158]

Damit war für Hitler der »Fall Lüdecke« so gut wie ausgestanden. Hinzu kam, daß die britische Presse mit dessen Elaborat kaum etwas anzufangen wußte, jedenfalls nichts Bedrohliches.[159] Zwar sah man in der Veröffentlichung »the most intimate book yet about the Nazis«, aber man benutzte sie nicht als Aufhänger für eine Kampagne gegen den deutschen Diktator.[160] Ähnlich war es in den Vereinigten Staaten, wo das Buch ein geteiltes Echo fand.[161] Deshalb durfte Hitler Anfang 1939 auch Lüdeckes letzten Versuch, aus seinen Erinnerungen Kapital zu schlagen, souverän zurückweisen. Der hatte nämlich dem deutschen Botschafter in Washington allen Ernstes vorgeschlagen, daß ihm die NSDAP sämtliche Rechte an ›I knew Hitler‹ für einen »substantiellen« Betrag abkaufen sollte, und zwar mit Verweis auf »ein deutsches Interesse« daran, »daß die weitere Verbreitung des Buches verhindert wird«. Wie für den Gesandten unschwer erkennbar, »handelt es sich hier um einen einfachen Erpressungsversuch«,[162] weshalb er sich auch weigerte, Lüdecke den Empfang des Briefes zu bestätigen. Dennoch erschien ihm der Vorstoß immerhin so brisant, daß er das Schreiben unverzüglich dem Auswärtigen Amt zugehen ließ, welches es wiederum an Hitlers Reichskanzlei weiterreichte. »Der Führer billigt das Verhalten der Botschaft in Washington durchaus«, schrieb deren Chef Lammers an das Auswärtige Amt zurück.[163] Hitler blieb gelassen, zumal eine Verbreitung des Buches in deutscher Sprache nach dem »Anschluß« Österreichs ohnehin ein Ding der Unmöglichkeit war. Und das Exemplar des Auswärtigen Amtes wurde »in verschlossenem Umschlag im Tresor«[164] aufbewahrt.

Eine weitere Drohung

Für die verbissene Art, mit der er 1933/34 die Vernichtung seines Rivalen Lüdecke betrieben hatte, mußte Hanfstaengl einen hohen Preis zahlen: Er hatte die Gunst Hitlers verloren. Rosenberg war heilfroh, als er nach »mehrere[n] Besuchen beim Führer« im Frühjahr 1935 erfahren durfte, daß dieser »jetzt endlich einen so kranken und bösartigen Schädling wie Dr. Hanfstaengl fallenläßt«.[165] Immerhin wurde Hanfstaengl nicht entlassen und konnte sich dadurch eine gewisse Handlungsfähigkeit bewahren, selbst wenn er nicht mehr zu Hitlers Entourage zählte und sein Auslandspresseamt unter Kuratel stand.

Sein ganzes Bestreben war jetzt darauf gerichtet, die Solidarität des »Führers« zu erzwingen. Das zeigte sich deutlich Ende 1935, als er beim Reichsschatzmeister der NSDAP, Schwarz, zeitgleich die Verleihung des »Goldenen Ehrenzeichens« und des »Blutordens« beantragte, und zwar mit Verweis auf seine lange Zugehörigkeit zur und seine Verdienste um die Partei.[166] Doch Schwarz ließ ihn abblitzen.[167] Hanfstaengl erneuerte sein Gesuch, richtete sich diesmal an den »lieben Parteigenossen Schwarz« persönlich und rechtfertigte sein Ansinnen auf ausgesprochen hinterlistige Weise: »Ich habe an der Neugründung der Partei im Jahre 1925 im Bürgerbräukeller teilgenommen. Auf Wunsch und mit wiederholter Billigung des Führers habe ich die ganzen Jahre davon abgesehen, die offizielle Zugehörigkeit zur Partei zu erwerben. Die Gründe hierfür dürften Ihnen bekannt sein.« Dann fährt er fort: »Daß der Führer den späten Abend des Neugründungstages mit mir in meinem kleinen Häuschen in der Pienzauer Straße zusammen verbrachte, sei in diesem Zusammenhang in Erinnerung gebracht.«[168] Es bedarf keiner blühenden Phantasie, um hier bereits den Ansatz einer Drohung zu erkennen, den Versuch, aus der früheren Intimität Ansprüche abzuleiten. Und auch wenn sich Schwarz unbeeindruckt zeigte und süffisant anheimstellte, sich doch »in dieser Angelegenheit unmittelbar an den Führer zu wenden«[169], können wir davon ausgehen, daß Hanfstaengl nun im Begriff stand, in die Fußstapfen seines Erzrivalen Lüdecke zu treten und seinerseits die Erpresserkarte auszuspielen.

Um diese Zeit muß er damit begonnen haben, kompromittierendes Material gegen Hitler zusammenzutragen. Jedenfalls wurden Hitler entsprechende Aufzeichnungen Hanfstaengls zugespielt oder sonstwie übergeben – die genaueren Hintergründe sind nicht bekannt.[170] Was wir aber wissen, und zwar von Hanfstaengl selbst, ist, daß er daraufhin von Adjutant Schaub in die Reichskanzlei zitiert und dort rüde zurechtgewiesen wurde: Woher er die Frechheit nehme, nach wie vor bei bestimmten Instanzen von Partei und Staat gegen Lüdecke zu stänkern? Und wie er dazu komme, so gemeines Material über Hitler zu sammeln? Schaubs lautstarke Vorwürfe gipfelten schließlich in der Drohung, wenn er sich jetzt nicht vorsehe, werde ein Dossier über ihn zusammengestellt, das ihn ein für allemal erledige.[171] Das war mehr als eine Einschüchterung, das war ein lebensbedrohliches Ultimatum. Hanfstaengl fürchtete ein auf Lüdecke zurückgehendes Komplott und reagierte in dieser verzweifelten Lage nicht viel anders als – Hans Mend: Er band nun jedem auf die Nase, was er Hitler zum Vorwurf machte und warum er dessen Wohlwollen ungerechtfertigterweise verloren habe.

Wir wissen all das von Hertha Frey, einer ehemaligen Sekretärin Hitlers, die im Sommer 1936 dessen Adjutanten Wiedemann folgendes über Hanfstaengl schrieb: Im April des Jahres habe sie ihn zufällig in Starnberg getroffen, wo er sich in »geradezu haarsträubenden Suaden« über Hitler ausgelassen habe, die sie aus ihrer »Pflicht dem Führer gegenüber« nun »nach langem Überlegen« zur Kenntnis bringen müsse. Hanfstaengl habe ihr seine Einstellung so begründet: »›Dieses Schwein, dieser Lüdecke, den Sie ja auch kennen, ist in Berlin gewesen und hat sich dort in allen Kreisen breitgemacht. Sie wissen ja, was dies für ein Hochstapler, Zuhälter usw. ist. Das Auswärtige Amt, Herr Meissner [Chef der Präsidialkanzlei – L. M.], die Gesandtschaft usw., alle wissen, wie es um den Kerl bestellt ist, und Hitler hält ihn. Rosenberg, der ein ganz unsauberes Privatleben führt, [...] deckt den Kerl, weil dieser weiß, daß er ein Verhältnis mit der Tochter von Georg Bernhard [einem jüdischen Publizisten – L. M.] hat oder hatte und fürchtet, daß Lüdecke das preisgibt. Auch bei Dr. Goebbels geht Lüdecke ein und aus, trotzdem auch dieser Bescheid über ihn weiß, da Frau Goebbels mit Lüdecke früher liiert war und auch da Sorge besteht, daß dieser Kerl Mißbrauch damit treibt.‹ Daraufhin gebrauchte Dr. Hanfstaengl wörtlich die Redewendung: ›Das ist eben die Schweinerei vom Hitler, daß er diese Menschen um sich duldet [...], daß er alles weiß und nichts tut.‹« Und die Denunziantin ergänzte: »Ich fürchte, daß Hanfstaengl sich natürlich anderen Leuten auch so gegenüber äußert.«[172]

Wiedemann konnte das in seinem Antwortschreiben an die »liebe gnädige Frau« nur bestätigen: »An sich ist uns die unbeherrschte Art des Dr. Hanfstaengl nicht neu, und ich glaube, daß der Führer wiederholt schon darüber unterrichtet wurde.« Er versuchte, die Angelegenheit herunterzuspielen, wollte »gelegentlich einmal Herrn Heß von dem Inhalt Ihres Schreibens Kenntnis geben«[173]. In Wahrheit löste das Denunziationsschreiben im Kreis der Hitler-Getreuen ein kleines Erdbeben aus. Rosenberg suchte eine Unterredung mit seinem alten Feind Goebbels, um ihm die »unangenehme Sache mit Lüdecke« zu erzählen, in die ja auch dessen Frau verstrickt war. Als Goebbels sie daraufhin zur Rede stellte, gestand sie ihm nach einigem Zögern, »daß [die] Sache mit Lüdecke stimmt«. Goebbels war wie vor den Kopf gestoßen: »Ich werde lange brauchen, bis ich mich davon erhole«, schrieb er in sein Tagebuch.[174]

Wären Hanfstaengls Beschwerden über Hitler reinem Selbstmitleid entsprungen, so hätte man ihn wohl jammern lassen. Aber er hatte eben größtenteils die Wahrheit gesagt – über Dinge, die nicht nur diskret zu behandeln, sondern sogar tabu waren. Insofern lag Hertha Frey – wenn auch in einem anderen Sinne, als sie meinte – mit ihrer Sorge ganz richtig: »Sich in dieser gemeinen Weise über den Führer und andere zu äußern, ist doch schließlich schon im Interesse des Führers unmöglich und auch gefährlich.« Den abwieglerischen Standpunkt Wiedemanns, »daß es sich lediglich um ›Unbeherrschtheiten‹ handelt«, konnte sie nicht teilen. »Schließlich erzählt ja der gute Mann auch groß und breit, daß er doch zu den ›ältesten und besten Freunden des Führers gehörte, dieser ihn nun links liegen läßt und leider Gottes alle Dankbarkeit außer Acht läßt‹.«[175] Mit anderen Worten: Hanfstaengl ließ sich nicht nur über Punkte aus, über die man im Dritten Reich nicht ungestraft reden durfte, er tat es zudem in seiner Rolle als Hitler-Intimus.

Es ist schwer zu beurteilen, ob sich Hanfstaengl aufgrund der Schläge, die er einstecken mußte, nicht mehr unter Kontrolle hatte oder ob sein Verhalten eine mehr oder weniger durchdachte Flucht nach vorn war. In jedem Fall kämpfte er mit dem Rücken zur Wand. Sein Lebensentwurf stand auf dem Spiel: der Traum eines verkrachten Bildungsbürgers, der seine Karriere ganz auf das Hakenkreuz, das ihm »heilige Symbol eines neuen Deutschland«[176], und natürlich auf seine persönliche Beziehung zu Hitler gebaut hatte.

Doch auch der »Führer« mußte handeln. Sein Auslandspressechef war zu bekannt, als daß er ihn einfach hätte beseitigen können, andererseits aber durfte er dem Treiben nicht tatenlos zusehen. Schließlich konnte er nicht wissen, zu was sich der einstige Freund noch hinreißen lassen würde. Zunächst schickte Hitler den gehörnten Goebbels vor, der Hanfstaengl nicht nur den Geldhahn zudrehte, sondern ihm außerdem den Staatsanwalt auf den Hals hetzte. »Hanfstaengl wird nun vernommen. Sein Handwerk gelegt«, notierte der Propagandaminister giftig am 16. August 1936. Fünf Tage später konnte er Erfolg melden: »Hanfstaengl ganz gebrochen.«[177] Und als sich Helene Hanfstaengl um die gleiche Zeit von ihrem Mann trennte, soll Hitler ausgerufen haben: »Ich muß ihr ein Telegramm schicken und sie beglückwünschen.«[178] Fortan durfte sich Hanfstaengl seines Lebens nicht mehr sicher sein. Das zeigte sich spätestens im Februar 1937, als Hitler ihm eine weitere grausame Lektion erteilte.

Einen Tag vor Hanfstaengls 50. Geburtstag befahl er ihn zu einem Treffen mit deutschen Pressevertretern nach Spanien, wo der Bürgerkrieg tobte. Nachdem das Flugzeug in Berlin abgehoben hatte, wurde Hanfstaengl jedoch der »wirkliche« Zweck seiner Mission mitgeteilt: Er müsse mit einem Fallschirm über den »roten Truppen« hinter der Front abspringen. Hanfstaengl witterte einen Mordanschlag. In Todesangst gelang es ihm nach einer Zwischenlandung, in die Schweiz zu entkommen.[179] Seit dem Sommer 1936 hatte er die Flucht erwogen, doch ergriff er sie letztlich eher unfreiwillig. Immerhin verfügte er nun über die Freiheit, ohne Umschweife jene Mittel einzusetzen, mit denen er sich, so glaubte er wenigstens, im Nazi-Reich eine Machtposition zurückerobern könnte. Ein zweieinhalbjähriger Kampf begann, ein erbittertes Tauziehen.

Schon wenige Tage nachdem Hanfstaengls Flucht bekannt geworden war, versuchte die aufgeschreckte Führung, den Abtrünnigen »nach Deutschland zurückzulocken«, zuerst Goebbels mit dem »Köder eines großen Honorars für Filmmusik«[180], kurz darauf Göring mit einem Schreiben, das sein Adjutant Bodenschatz Hanfstaengl eigenhändig nach Zürich überbrachte. Das Himmelfahrtskommando, so stand darin, zu dem man ihn geschickt habe, sei ein Denkzettel für seine unbedachten Äußerungen gewesen, aber wenn er jetzt nach Deutschland zurückkehre, sei er ein freier Mann.[181] Als der Abgesandte ihm jedoch unangenehme Folgen für den Fall ankündigte, daß er das Angebot ablehne, ging Hanfstaengl sofort zum Gegenangriff über: Er besitze geheime Dokumente über die nationalsozialistische Elite aus der Zeit seit 1922, deren Veröffentlichung die politische Führung schwer kompromittieren würde, sie befänden sich in mehreren Kopien in sicheren Händen und würden gegebenenfalls der Weltpresse übergeben.[182] Hitler, Göring und Goebbels waren perplex und in Sorge: »Hoffentlich wird er kein Emigrant.«[183] Aber auch mit großzügigeren Offerten, etwa der vollständigen Wiedererlangung seiner beruflichen und materiellen Position, war Hanfstaengl nicht einzufangen. Vielmehr wußte er jetzt, daß er tatsächlich über ein äußerst wirksames Druckmittel verfügte.

Im April 1937 siedelte er nach London über und drohte von dort aus »mit Enthüllungen«, wie Goebbels ganz bestürzt notierte. »Wenn der auspackt, das wird alle anderen Emigranten weit in den Schatten stellen.« Deshalb war man auch so erpicht darauf, ihn umzustimmen und zur Rückkehr zu bewegen. »Wenn wir ihn haben, müssen wir ihn sehr bald dingfest machen. Und nie wieder loslassen.« Er, Goebbels, habe dieses »Schwein« ja »nie anders eingeschätzt«; der »ist zu allem fähig«.[184] Die Gestapo beschlagnahmte nun die persönliche Habe von Hanfstaengl, doch Freunde hatten vorher einige Dinge beiseite schaffen und ihm zukommen lassen können.[185] Auch drohte man ihm mit einer Anklage wegen Hochverrat. Heydrich selbst leitete die Ermittlungen.[186] Aber schon Mitte Mai richtete Bodenschatz Hanfstaengl wieder Versöhnlicheres von Göring aus, der ihn, bei freiem Geleit, zu einer Unterredung nach Berlin einlud. Auch ein Abgesandter des sogenannten Verbindungsstabes tauchte in London auf und beschwor Hanfstaengl, kein »Schwein« zu werden. Der konterte, indem er sagte, die Leute in der Reichskanzlei seien nicht »sauber«, auch Hitler nicht. Ein »Schwuler und Erpresser«, gemeint war natürlich Lüdecke, zähle dort mehr als er. Das zeige wohl zur Genüge, welcher Geist dort herrsche.[187]

So waren nach einem Vierteljahr die Positionen Hanfstaengls und der Reichskanzlei festgeschrieben. Der blieb auf Lüdecke fixiert, wollte partout, daß Hitler diesen öffentlich desavouierte und sich anschließend bei ihm, Hanfstaengel, in aller Form entschuldigte. Auf der anderen Seite standen mit Hitler, Goebbels und Göring die politischen Köpfe des Nazi-Regimes, die vor Hanfstaengls »Enthüllungen« heillose Angst hatten. Mit allen Mitteln wollten sie verhindern, daß ihr ehemaliger Auslandspressechef seine Drohung wahrmachte – und zugleich ihr Gesicht nicht verlieren.

Als im November 1937 Lüdeckes Buch ›I knew Hitler‹ herauskam, sah Hanfstaengl sich in jeder Hinsicht bestätigt. Zwar erkannte er, daß der Autor »sein ganzes Pulver noch nicht verschossen [hat]«[188], und dürfte sich auch im klaren darüber gewesen sein, daß der Erzrivale ihm hier einmal mehr die Wurst vom Brot nahm. Gleichwohl stürzte er sich mit Verve auf die Enthüllungen, um der Partei- und Staatsführung gehörig die Leviten zu lesen: Schließlich sei er der einzige Nationalsozialist gewesen, der sogar seine Stellung riskiert habe, um dieses »bisexuelle Schwein«, das sich nun auch noch als Parteigänger Röhms entpuppt habe, aus Hitlers Mitarbeiterkreis zu entfernen.[189] Er drohte mit der Veröffentlichung seines Lüdecke-Dossiers von 1934, wenn er nicht unverzüglich rehabilitiert werde. Und als sich Hitler davon unbeeindruckt zeigte, verschickte Hanfstaengl an nicht weniger als 45 prominente Nationalsozialisten einen Kurzbericht, in dem unter der Überschrift »I knew Lüdecke« die vermeintlich heikelsten Passagen aus Lüdeckes Buch zusammengefaßt waren. Er zielte damit freilich weniger auf diesen selbst als auf jene, »die mich Jahre lang verkannt, verleumdet, bekämpft und schließlich aus ›Treue‹ zu Lüdecke um meine Stellung und ins Exil gebracht haben«. Es gebe jetzt nur »das Eine: sich bei mir vom ersten bis zum letzten Mann zu entschuldigen«[190].

In einem solch larmoyanten Tonfall erkannte die Nazi-Führung, und insbesondere Hitler, das Bellen des Hundes, der nicht beißt. »Hanfstaengl möchte gern nach Deutschland zurück«, prognostizierte Goebbels erleichtert im Januar 1938. »Er hat bisher nichts gegen uns unternommen.«[191] Als Hanfstaengl wenig später ausgerechnet den »lieben Herr[n] Himmler« um Unterstützung seines Anliegens bei Hitler bat, brachte dieser den Standpunkt des Diktators in

Hitler beim Baubeginn der Reichsautobahn Salzburg-Wien im Jahr 1938 – in seiner Lieblingspose als »viriler Führer«.

Erfahrung: »Hanfstaengl solle bleiben, wo er ist. Führer ist desinteressiert.«[192] Das Äußerste, das der Verstoßene bis Ende März 1938 überhaupt noch vom Dritten Reich erwarten konnte, war die Aussicht auf eine straffreie Rückkehr ohne irgendwelche »Genugtuungs«-Forderungen »und lediglich in der Absicht, ein stilles Dasein ohne politische Rolle zu führen«.[193] Für einen zwölfmonatigen nervenaufreibenden Kampf war das ein niederschmetterndes Ergebnis. Allerdings hatte Hanfstaengl seine beste Trumpfkarte, sein Wissen um Hitlers Homosexualität, auch noch nicht ausgespielt, vielleicht aus Skrupel oder aus Angst vor den Konsequenzen, vielleicht auch nur aus Mangel an Gelegenheit.

Die bot sich ihm dann spätestens im April 1938 in Form eines kurzen Artikels in der Zeitschrift ›The New Republic‹, und Hanfstaengl zögerte keinen Augenblick, sie nach allen Regeln der Erpresserkunst zu nutzen. Es ging um folgenden Satz: »Dr. Hanfstaengl was famous as Hitler's boyfriend until he became the victim of a palace intrigue.«[194] Die Zuschreibung »Hitler's boyfriend« war für ihn der willkommene Anlaß, endlich den Beleidigungsprozeß zu führen, den er schon drei Jahre zuvor wegen der Bezeichnung »Hitler's Putzy« hatte anstrengen wollen. Nun beabsichtigte er, noch einmal in die Offensive zu gehen, und er war sich sicher, den deutschen Diktator an seinem neuralgischen Punkt zu treffen.

Hanfstaengl fädelte seinen Coup über verschiedene Kanäle ein. Zunächst versuchte er den neuen deutschen Botschafter in London, Herbert von Dirksen, davon zu überzeugen, daß der in Frage stehende Satz eine »schockierende Beleidigung der Wesensart des Führers« beinhalte. Die Verleumdung sei wahrscheinlich erst der Anfang einer großangelegten Schmutzkampagne interessierter Kreise.[195] Ähnlich äußerte er sich einige Wochen später auch seiner Mutter gegenüber, weil er sie dazu bringen wollte, bei Göring vorstellig zu werden. Der Artikel sei nicht nur eine sehr ernste Herausforderung für ihn selbst, sondern auch für Hitler, denn er »beschädige« dessen »Reputation als Mann«. Sollte die deutsche Regierung ihn, Hanfstaengl, im Kampf für seine Ehre im Stich lassen, so würde ihn das zu einem gerichtlichen Vorgehen zwingen, das gewiß einen riesigen Skandal ins Rollen brächte: »Homosexualität in Verbindung mit A.H. in einem Gerichtssaal! Meine Haare stehen zu Berge, wenn ich an die Presse denke. Aber was kann ich machen?«[196] Die Mutter, die das Heuchlerische im Ansinnen ihres Sohnes sofort erkannte, war entsetzt. Ein Prozeß, wie er ihn anstrebe, könne doch nur für alle Beteiligten schlechteste Resultate zeitigen: »Ich kann Deine Aktion nicht verstehen.«[197]

Zwei Tage später schrieb ihm dann auch Göring. Er könne ihm als Freund nur dringend raten, umgehend nach Deutschland zurückzukehren. Er dürfe dort unbehelligt leben, darauf gebe er ihm sein Wort als Reichsmarschall. Den besagten Artikel solle er getrost ignorieren; solche »Tintenkulis« könnten die Ehre Hitlers überhaupt nicht tangieren. »Ich glaube, ich muß Dich nicht daran erinnern, daß Du damals selbst Aufzeichnungen der weniger feinen Art über den Führer gemacht hast und der Führer sich deshalb von Dir distanziert hat.« Göring schloß seinen Brief mit der beschwörenden Formel: »Hör auf mit diesem Unsinn! [...] Und komm vor allem von dieser verrückten Prozessiererei los!«[198]

Doch dieses Mal ließ sich Hanfstaengl weder beirren noch einschüchtern. In einem mit »Heil Hitler« unterzeichneten Antwortbrief an Göring vom 9. September 1938 betonte er zwar seine Loyalität gegenüber Hitler und bot an, der nationalsozialistischen Sache weiter treu zu dienen. Die Voraussetzung dafür jedoch sei ein persönlicher Entschuldigungsbrief Hitlers, in dem dieser ihn bitte, nach Deutschland zurückzukehren, und einen attraktiven Posten anbiete. Erfülle man seine legitimen Ansprüche nicht, so werde er im Ausland bleiben und einen Verleumdungsprozeß führen.[199] Als vier Wochen später statt einer Antwort ein Scheck über umgerechnet 20.000 Reichsmark bei der Deutschen Botschaft für ihn einging – zusammen mit der Aufforderung, unverzüglich nach Deutschland zurückzukommen –, wußte Hanfstaengl, daß er den richtigen Ton und den richtigen Nerv getroffen hatte. Er wies das Bestechungsgeld zurück und verschärfte gleichzeitig den Druck, indem er am 17. November 1938 seine Anwälte die Klage gegen den Verleger der ›New Republic‹ einreichen ließ. Scheinheilig schrieb er am nächsten Tag an Göring und Ribbentrop, daß nunmehr die »Ehre und das Privatleben des Führers« zur gerichtlichen Verhandlung stünden – und fragte, ob es Instruktionen aus Berlin für sein Verhalten in dieser Sache gebe.[200]

Diesmal erreichte ihn über Umwege die Nachricht, daß er im Falle einer Rückkehr nach Deutschland auf Lebenszeit eine großzügig bemessene Pension erhalten werde. Das ermutigte ihn, sich nun direkt an Hitler zu wenden, um diesen weiter zu verunsichern. In einem nur als Entwurf bekannten Schreiben warnte er den »Führer« vor einer »üblen Attacke« der »Gegenpartei«, die offensichtlich mit belastendem Material aus Hitlers früherem Freundeskreis geführt werden solle. Nicht zuletzt gehe es dabei auch um die Frage, warum er, Hanfstaengl, die Reichskanzlei verlassen mußte. Die jüdische Presse werde sich sicherlich auf den Prozeß stürzen und ihn für eine unerbittliche Agitation gegen Hitler nutzen; er selbst werde natürlich, wie bislang auch, alles in seinen Kräften Stehende tun, um Hitlers Ansehen vor »Befleckung« zu schützen.[201]

Eine Antwort auf diese Provokation erhielt Hanfstaengl am 2. Dezember 1938 durch Bodenschatz, Görings rechte Hand. Der richtete aus, daß sein Chef in dem Begriff »boyfriend« keine Beleidigung und schon gar keine sexuelle Anspielung erkennen könne. Es handele sich doch lediglich um den deutschen Begriff »Jugendfreund«. Warum also der Prozeß? Hanfstaengl erwiderte am 14. Dezember 1938 und redete nun endlich Klartext: In dem Prozeß gehe es darum, »ob die Gegenseite in der Lage sei, Beweismaterial für die verleumderische Unterstellung vorzulegen, daß der Führer und ich strafbare Beziehungen im Sinne des § 175 unterhalten haben oder nicht«. Da das Beweismaterial wohl kaum erbracht werden könne, bediene sich die Gegenseite gewiß einer indirekten Methode, indem sie homosexuelle Kampfgenossen Hitlers aus früheren Zeiten (Röhm, Heines etc.) oder jetzige moralisch umstrittene Mitarbeiter des »Führers« ins Spiel bringen werde. Seine Aufgabe sei es, Hitlers Ehre gegen derartige Angriffe zu verteidigen. Eine Rücknahme der Klage würde auf das Bekenntnis hinauslaufen, »daß der Führer des Verbrechens der Homosexualität schuldig ist«[202].

Das war nun zweifellos ein ungeheuer starkes Geschütz, das Hanfstaengl da in Stellung brachte; so etwas hatte sich aus Hitlers Entourage noch niemand getraut: den »Führer« mit dem Paragraphen 175 in Verbindung zu bringen! Das konnte nur jemand wagen, der dem Zugriff des Regimes entzogen und sich seiner Sache völlig sicher war. Wenn Hitler nicht genau gewußt hätte, daß Hanfstaengl für den Ernstfall auch scharfe Munition besaß, wären dessen Briefe reine Lachnummern geblieben, das Phantasieprodukt eines Irren gewesen. Statt dessen wurden sie Gegenstand höchster Geheimdiplomatie und beschäftigten fast die gesamte Nazi-Führung. Mit einem Wort: Hier sah man eine wirkliche Gefahr. Kein Wunder, daß jetzt das Gerücht aufkam, Hanfstaengl erpresse die deutsche Regierung und werde mit Schweigegeldern zufriedengestellt.[203]

Bis Ende des Jahres 1938 hatte Hanfstaengl mit seinem erpresserischen Vorgehen schon einiges erreicht, wie er kurz darauf noch einmal durch ein herzliches Schreiben Winifred Wagners erfuhr, die Hitler das Versprechen abgenommen hatte, daß Hanfstaengl bei einer Rückkehr nach Deutschland nicht nur nichts geschehen würde, sondern daß er auch jede Art von Karriere fortsetzen könnte.[204] Doch Hanfstaengl war das nicht genug. Er wollte Garantien, und zwar von Hitler persönlich. Deshalb wandte er sich Anfang Februar 1939 erneut mit einem handgeschriebenen Brief an den »Führer«: »Ich bin, wie Sie sehr wohl wissen, vor einiger Zeit der Homosexualität mit Ihnen bezichtigt worden. Da ich nicht willens bin, diese Beleidigung hinzunehmen, habe ich Klage erhoben. Der Termin zur mündlichen Verhandlung ist auf Mitte März festgesetzt. Für die Verhandlung selbst sind zwei Tage vorgesehen.« Er werde, fuhr er fort, dabei unter anderem »über meine früheren und derzeitigen Beziehungen zu Ihnen« Auskunft geben müssen. »Will ich nun im kommenden Prozeß meine und damit Ihre Ehre verteidigen, muß ich zum Mindesten wissen, ob ich als ein von Ihnen verleugneter Exilant oder als ein in seiner Ehre und seiner Stellung voll rehabilitierter Nationalsozialist vor Gericht stehe. Sollte ich daher bis Anfang März Ihre diesbezüglichen, eindeutigen Weisungen samt umfassender Rehabilitation nicht in Händen haben, so müßte ich zu

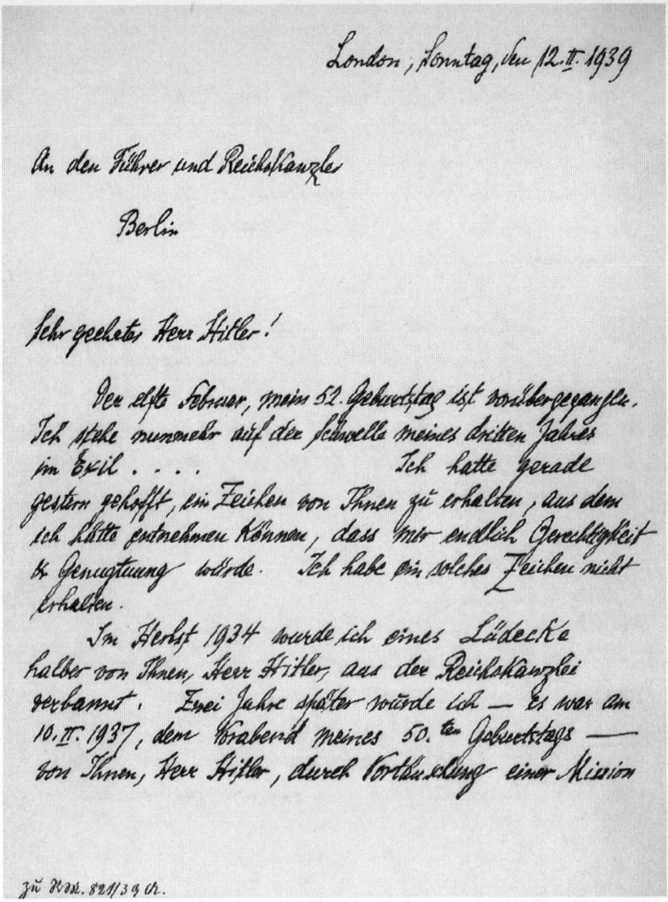

London, Sonntag, den 12. II. 1939

An den Führer und Reichskanzler

Berlin

Sehr geehrter Herr Hitler!

Der elfte Februar, mein 52. Geburtstag ist vorübergegangen. Ich stehe nunmehr auf der Schwelle meines dritten Jahres im Exil . . . . Ich hatte gerade gestern gehofft, ein Zeichen von Ihnen zu erhalten, aus dem ich hätte entnehmen können, dass mir endlich Gerechtigkeit & Genugtuung würde. Ich habe ein solches Zeichen nicht erhalten.

Im Herbst 1934 wurde ich eines Lüdecke halber von Ihnen, Herr Hitler, aus der Reichskanzlei verbannt. Zwei Jahre später wurde ich – es war am 10. II. 1937, dem Vorabend meines 50.ten Geburtstags – von Ihnen, Herr Hitler, durch Vortäuschung einer Mission

zu Rk. 821/39

Einer der handgeschriebenen Drohbriefe von Ernst Hanfstaengl an Hitler.

meinem Leidwesen daraus folgern, daß Sie noch immer nicht gesonnen sind, mir Gerechtigkeit werden zu lassen. Ich müßte aber daraus noch weiterhin den Schluß ziehen, daß Ihnen, Herr Hitler, nicht nur meine seit Jahren bewiesene Anhänglichkeit und Treue, sondern auch meine Ehre und Zukunft total gleichgültige Dinge sind. Sollte sich dies als Ihre Einstellung erweisen, so werde ich wissen, was ich zu tun habe.«[205]

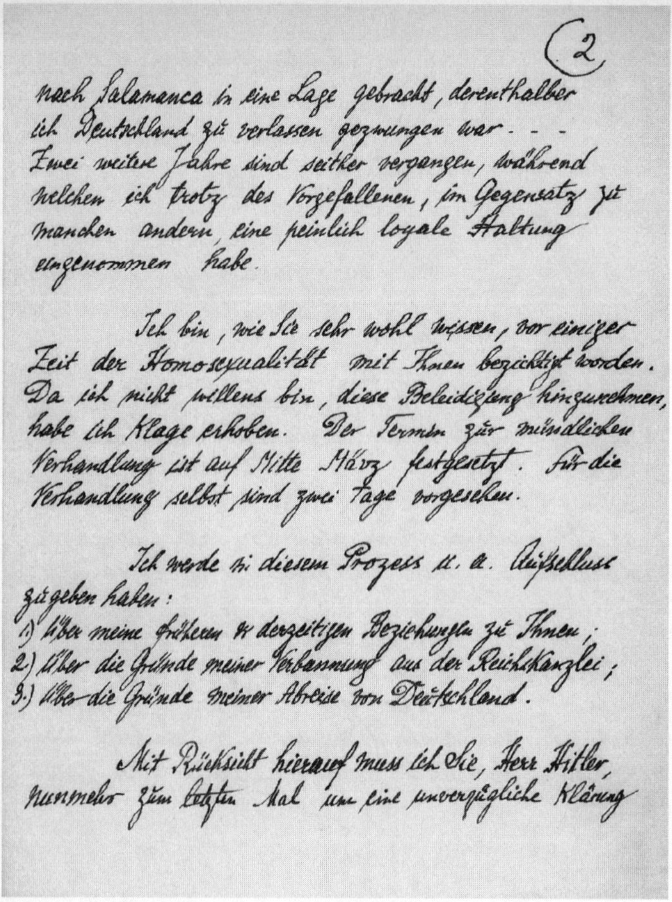
(2

nach Salamanca in eine Lage gebracht, derenthalber ich Deutschland zu verlassen gezwungen war – – –
Zwei weitere Jahre sind seither vergangen, während welchen ich trotz des Vorgefallenen, im Gegensatz zu manchen andern, eine peinlich loyale Haltung eingenommen habe.

Ich bin, wie Sie sehr wohl wissen, vor einiger Zeit der Homosexualität mit Ihnen bezichtigt worden. Da ich nicht willens bin, diese Beleidigung hinzunehmen, habe ich Klage erhoben. Der Termin zur mündlichen Verhandlung ist auf Mitte März festgesetzt. Für die Verhandlung selbst sind zwei Tage vorgesehen.

Ich werde in diesem Prozess u. a. Aufschluss zu geben haben:
1.) über meine früheren & derzeitigen Beziehungen zu Ihnen;
2.) über die Gründe meiner Verbannung aus der Reichskanzlei;
3.) über die Gründe meiner Abreise von Deutschland.

Mit Rücksicht hierauf muss ich Sie, Herr Hitler, nunmehr zum letzten Mal um eine unverzügliche Klärung

Auch dieser Brief war ein Meisterwerk der höheren Erpresserkunst und wurde von allen Beteiligten sofort als solches erkannt. Auf Betreiben Görings, der ihn genausogut hätte verschwinden lassen können, gelangte er zunächst an den Chef der Reichskanzlei, der ihn erst Ende Februar an Hitler weitergab, weshalb Hanfstaengl am 27. Februar 1939 über andere Kanäle noch ein weiteres Schreiben folgen ließ, das leider nicht überliefert ist. Gleichviel: Die mächtigsten Männer des Regimes waren im Februar/März 1939 durch Hanfstaengls Drohung auf Trab gebracht worden, Hitler,

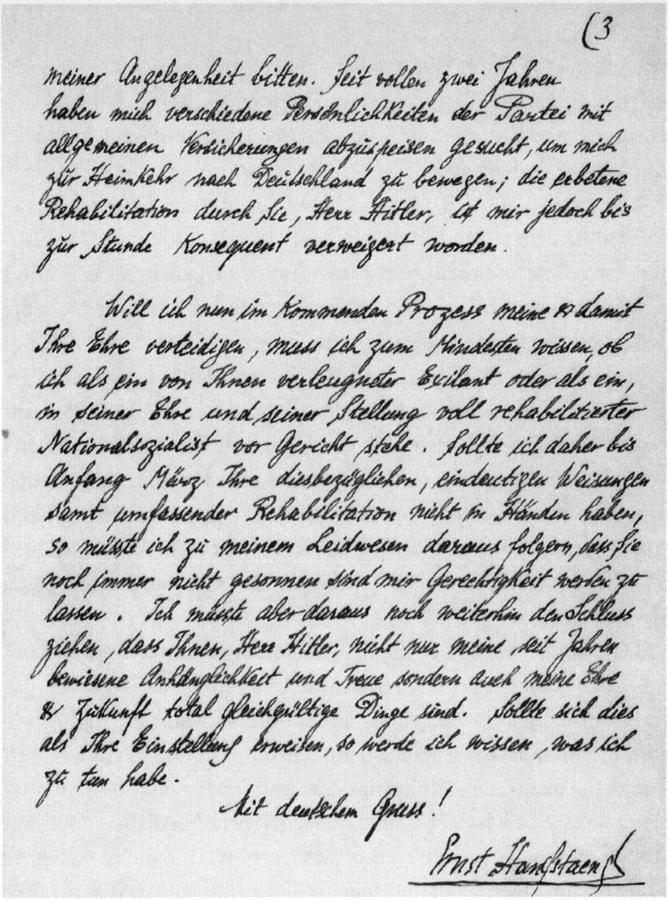

(3

meiner Angelegenheit bitten. Seit vollen zwei Jahren haben mich verschiedene Persönlichkeiten der Partei mit allgemeinen Versicherungen abzuspeisen gesucht, um mich zur Heimkehr nach Deutschland zu bewegen; die erbetene Rehabilitation durch Sie, Herr Hitler, ist mir jedoch bis zur Stunde konsequent verweigert worden.

Will ich nun im kommenden Prozess meine & damit Ihre Ehre verteidigen, muss ich zum Mindesten wissen, ob ich als ein von Ihnen verleugneter Exilant oder als ein, in seiner Ehre und seiner Stellung voll rehabilitierter Nationalsozialist vor Gericht stehe. Sollte ich daher bis Anfang März Ihre diesbezüglichen, eindeutigen Weisungen samt umfassender Rehabilitation nicht in Händen haben, so müsste ich zu meinem Leidwesen daraus folgern, dass Sie noch immer nicht gesonnen sind mir Gerechtigkeit werden zu lassen. Ich müsste aber daraus noch weiterhin den Schluss ziehen, dass Ihnen, Herr Hitler, nicht nur meine, seit Jahren bewiesene Anhänglichkeit und Treue sondern auch meine Ehre & Zukunft total gleichgültige Dinge sind. Sollte sich dies als Ihre Einstellung erweisen, so werde ich wissen, was ich zu tun habe.

Mit deutschem Gruss!

Ernst Hanfstaengl

Himmler, Göring und deren rechte Hände Bormann, Heydrich und Bodenschatz, der weiterhin die Mittlerdienste versah. Die Zugeständnisse, die man Hanfstaengl »im Auftrag des Führers« schließlich machte, konnten sich sehen lassen: die Übernahme sämtlicher Kosten, die das unfreiwillige Exil verursacht hatte; die Wiedererlangung einer angemessenen Position im Dritten Reich; keine Sanktionen.[206] Hanfstaengl sah sich kurz vor dem Ziel. Nun fehlte als Voraussetzung für seine Rückkehr nach eigenen Worten »nur noch […] das vom Führer geschriebene […] Rehabilitierungsschreiben«[207]. Doch Hitler wollte zunächst den Prozeßbeginn abwarten. Er kannte Hanfstaengl und ging wahrscheinlich davon aus, daß dieser vor Enthüllungen letztlich doch zurückschrecken würde. Und so war es denn auch.

Der Prozeß vom 18. und 19. Mai 1939 lief nicht gut für Hanfstaengl. Die betreffende Artikelpassage wurde zwar von der beklagten Partei als möglicherweise herabsetzend bedauert, von einer Sexualdenunziation und von Hitlers Privatleben aber war nicht die Rede. Hanfstaengls Schadensersatzforderung wurde mit der Begründung zurückgewiesen, daß ja gar kein Delikt begangen worden sei. Und so mußte der Kläger die Prozeßkosten sogar selbst tragen.[208] Hanfstaengl hatte sich nicht getraut, den letzten und entscheidenden Schritt zu tun: Die angekündigte Pressesensation blieb aus. Den Eingeweihten war nun klar, daß seine Drohungen nicht mehr wirken würden. Hanfstaengl freilich brauchte mehr als fünf Wochen, in denen er neue Briefe an Hitler-Vertraute schrieb, bis er das begriff.

Dann wußte er, daß er die Sache überzogen hatte. Und so stand am Ende seiner verzweifelten Bemühung um Hitler ein Brief, der an den Anfang ihrer Beziehung anknüpfte: »Sie kennen mich, Herr Hitler, und Sie wissen genauso gut wie ich, was mich in den Jahren 1922–1923 zu Ihnen geführt hat: Sie, und Ihnen allein als dem Auserwählten habe ich mich damals verschrieben. Niemand anders hat das Recht einen Anspruch auf meine Loyalität und meinen Gehorsam vorzubringen. So lange, wie es Sie gibt, werde ich nur auf Ihre Stimme hören, und auf keine andere. Nur Sie können mich zurückrufen. Ich schrieb aus meinem Herzensgrund; machen Sie dasselbe. Ich bitte Sie darum.«[209]

Daß solche persönlichen Töne Hitler immer noch erreichen konnten, beweist ein Schreiben Bormanns an Himmlers Adjutanten Wolff, in dem es heißt, Hitler habe »beabsichtigt, an Hanfstaengl kurz zu schreiben«[210]. Offenbar jedoch war dies nur ein sentimentaler Anflug, denn Hanfstaengl erhielt nie eine Antwort. Aber im September 1939, kurz nachdem er begonnen hatte, Europa mit Krieg zu überziehen, erinnerte sich Hitler dann doch noch einmal an den Fall: »Der Führer bittet, daß die uns in London vertretende ausländische Mission sofort gebeten wird, sich mit Hanfstaengl in Verbindung zu setzen, um ihn zu veranlassen, nach Deutschland zurückzukehren. Geldmittel in Devisen, auch zur Rückzahlung der Verschuldungen dort, sollen gleich zur Verfügung gestellt werden.«[211] Es war zu spät: Wenige Tage nach Kriegsausbruch wurde Hanfstaengl von den Engländern interniert und später nach Kanada gebracht. Und im Sommer 1942 gab er dann tatsächlich einen beträchtlichen Teil seines Wissens über Hitler preis – dem amerikanischen Geheimdienst.

Epilog
Entkommen in die Geschichte

Ab Mitte der dreißiger Jahre scheint Hitler seine Homosexualität nur noch in sehr sublimen Formen ausgelebt zu haben. Zumindest sind keine Quellen bekannt, die uns für diese Zeit eine ähnlich genaue Rekonstruktion seines Doppellebens erlauben würden, wie dies für die drei vorhergehenden Jahrzehnte möglich ist.

Über Albert Speer hat man gesagt, er sei Hitlers »unglückliche Liebe« gewesen, aber die hinter dieser Formulierung stehende Geschichte ist alles andere als transparent.[1] Unbestreitbar: Einige Zeitzeugnisse legen nahe, daß die Beziehung zwischen dem »Führer« und seinem Chefarchitekten mehr als bloß Freundschaft und Architektur-Schwärmerei war. Für den Schriftsteller Günther Weisenborn etwa, der die beiden im Sommer 1939 im Saal des Münchner Künstlerhauses beobachtete, »schien Speer eine Art Bewunderter, Geliebter« von Hitler zu sein; der Diktator sei ihm in auffälliger Weise zugetan gewesen und habe ihn anders behandelt als seine sonstigen Paladine.[2] Doch der Historiker Joachim Fest, der die Biographie Speers wohl am besten kennt, warnt vor zu weitreichenden Schlußfolgerungen: »Als ich ihn [Speer – L. M.] einmal auf die homoerotische Beziehung zu Hitler ansprach, da hat er sehr unwillig reagiert. Er hat wohl vermutet, ich wollte auf ein homosexuelles Verhältnis anspielen. Das ist natürlich ganz sicher nicht der Fall gewesen. Aber ich glaube, er hat sich darüber nie Rechenschaft abgelegt. Und es gibt auch in seinen Erinnerungen nicht den geringsten Hinweis darauf, daß er [...] diesen Charakter ihres gegenseitigen Verhältnisses erkannt hat.«[3] Fest spricht von einer »zweifellos homoerotischen Männerfreundschaft«, in der Speer der Dominantere, Stärkere und Hitler der Abhängigere, Schwächere gewesen sei, aber er insistiert darauf, daß Hitlers Liebling die »erotische Komponente seltsamerweise nicht wahrgenommen [hat], die zwischen ihnen im Spiel war«[4]. Vielleicht hat sich Hitler nach der barbarischen Abrechnung mit Röhm ja tatsächlich diszipliniert, vielleicht war Speer die Wahrheit aber auch schlicht zu peinlich. So wird es bei Mutmaßungen darüber bleiben müssen, in welcher Weise und in welchem Grad das Verhältnis von Hitler und Speer »homoerotisch« geprägt war.

Eines aber ist sicher: Die große Emotionalität ihrer Freundschaft zahlte sich für Hitler politisch aus, bis zum »Endkampf«. Als Rüstungsminister trug Speer wesentlich dazu bei, die sich abzeichnende totale Niederlage des Regimes hinauszuzögern,[5] und als er mit dem Diktator 1945 wegen des sogenannten Nerobefehls – im Frühjahr hatte es Order gegeben, bei militärischen Rückzügen auch im Heimatland »verbrannte Erde« zu hinterlassen – in Konflikt geriet, lenkte er nach einer persönlichen Unterredung doch wieder ein, und überhaupt unterstützte Speer Hitler im großen und ganzen in dessen ebenso unsinnigem wie verbrecherischem Durchhaltewahn. Zu einem Bruch ist es nie gekommen, im Gegenteil: Noch am 19. März 1945 hat Hitler ihm bei ihrer vorletzten Begegnung ein Erinnerungsfoto mit der Versicherung »immerwährender Freundschaft« überreicht. Und wenige Tage vor Hitlers Selbstmord schlug sich Speer aus, wie er sagt, »romantischen« Beweggründen zum bereits umkämpften Führerbunker im Zentrum Berlins durch, um dem besiegten Gewaltherrscher seine persönliche Loyalität zu bekunden. Ausgerechnet diese Geste, eine bizarre Mischung aus Unterwerfung, Abschied und Liebesbeweis, soll Hitler noch einmal zu Tränen gerührt haben.[6] War sie eine letzte Inszenierung oder der sentimentale Schlußpunkt einer homoerotischen Lebenslinie? Beides ist denkbar.

Dieses Schlaglicht wäre der Schluß unserer Darstellung, wenn es nicht hier noch eine andere Beziehung zu berücksichtigen gäbe, die ebenfalls Mitte der dreißiger Jahre verbindliche Formen annahm, um dann im Frühjahr 1945 unter dramatischen Umständen an ein

Hitler und sein »Favorit« Albert Speer in einem Moment sichtbarer Verstimmung. Die Aufnahme entstand auf dem Obersalzberg, vermutlich im Sommer 1939.

für beide Seiten tödliches Ende zu gelangen: Hitlers Beziehung zu einer Frau, zu Eva Braun.

Um es vorwegzunehmen: Eva Braun scheint die einzige von Hitlers Frauen gewesen zu sein, die sich der Rolle, die sie zu spielen hatte, mehr oder weniger bewußt gewesen ist. Vielleicht brachte sie dafür sogar echtes Talent mit – ihr Kindheitstraum war, Schauspielerin zu werden. Das Posieren wenigstens hat sie bei ihrem ersten Arbeitgeber Heinrich Hoffmann lernen können, und Hitlers Hoffotograf war es auch, der die beiden um 1930 miteinander »verkuppelte«. Bis zu ihrem ersten Selbstmordversuch im Jahre 1932 dürfte Hitler der Liaison nicht allzu große Bedeutung beigemessen haben, und danach, als er ihr nicht nur eine Münchner Villa, sondern auch mehr Aufmerksamkeit schenkte, mußte er wieder zu der Pathosformel von seiner historischen Mission greifen, um weitere Begehrlichkeiten der 20jährigen abzuwehren und die hoffnungsvolle »Braut« hinzuhalten.

Erst 1936, als er Eva Braun in der Fassadenwelt seiner »bürgerlichen« Privatexistenz auf dem »Berghof« einen festen Platz einräumte, scheint sich sein »Tschapperl« in ihr Schicksal gefügt zu haben. Darauf jedenfalls deuten Gespräche hin, die sie mit Hitlers Dolmetscher Eugen Dollmann geführt hat: »Er ist ein Heiliger«, soll sie zu Dollmann gesagt haben, »schon der Gedanke an einen körperlichen Kontakt würde für ihn eine Befleckung seiner Mission bedeuten.« Nur zu oft habe Hitler ihr auseinandergesetzt, »daß seine einzige Liebe Deutschland sei und daß ein Vergessen, wenn auch nur für einen kurzen Moment, die mystische Energie seiner Mission zerstören würde«. Aber an gleicher Stelle zitiert Dollmann Hitlers spätere Frau auch mit den Worten: »Immer die Mission, die Mission, die Mission, das Opfer und die Entsagung. Auf diese Weise haben wir das reine Männerreich geschaffen. Natürlich glauben die Leute, daß mein Leben [an Hitlers Seite] ganz anders abläuft – wenn die wüßten.«[7] Spätestens 1938 dürfte ihr klar gewesen sein, für welche Inszenierung sie benötigt wurde. Daß sie die Rolle der »Mätresse« trotzdem annahm und sogar recht gut spielte, verweist auf ihre Unfähigkeit, ein selbstbestimmtes Leben zu führen.

Und Hitler? Bei der Beziehung zu Eva Braun handelte es sich um die endlich geglückte Realisierung eines Wunsches, den er seit langem hegte: ein platonisches Konkubinat. Mit der jungen, hübschen Angestellten aus dem Hoffmannschen Fotoatelier setzte er fort, was er schon mit Geli Raubal begonnen hatte, nur mit dem Unterschied, daß er die Sache diesmal zu verbergen schien. Es gab allerdings von Beginn an »Mitwisser«, die die Verbindung schnell zum offenen Geheimnis machten. Und das war auch ganz im Sinne Hitlers.

Dieses Modell erlaubte Hitler, ein wenig näher an etwas wie »Normalität« heranzukommen. Er hatte nun eine »Freundin«, die ihm zuhörte, sich um ihn kümmerte und doch so zurückhaltend und diskret blieb, wie es seinen Vorgaben entsprach. So banal und trivial es klingen mag: Hitler verschaffte sich hier manche Atempause.

Insofern spiegelt das persönliche Engagement, mit dem er seinen privaten Mikrokosmos in den Griff zu bekommen und zu halten suchte, nur wider, worauf er es auch in der Welt der Politik anlegte, nämlich fremde Ressourcen zum eigenen Vorteil auszubeuten. Am unverblümtesten tritt das in seinem Spruch zutage: »Einem Mann muß es möglich sein, jedem Mädchen seinen Stempel aufzudrücken. Die Frau will auch nichts anderes.«[8] Der Sieg, den Hitler in Anwendung dieses Prinzips über ein so schlichtes Gemüt wie Eva Braun errang, ist in seiner Lebensbilanz vielleicht nicht besonders hoch zu veranschlagen, aber doch unbedingt symptomatisch. Symptomatisch für seine immer wieder angewandte Doppelstrategie, Menschen durch Verzauberung und Unterwerfung in seine Gewalt zu bringen.

Bezeichnend für die seltsame Unbestimmtheit, die zwischen Eva Braun und Hitler herrschte, ist auch die ausweichende Antwort, die sein Vertrauter Schaub in einer Vernehmung nach dem Krieg auf die Frage gab, warum der »Führer« sein »Fräulein Braun« erst in den letzten Stunden im Führerbunker geheiratet habe: »Das war seine Auffassung so, wir haben uns oft gefragt, warum, wir haben das nicht verstanden. Wir waren doch auch verheiratet und nicht bei unseren Frauen. Er hat eben seine eigenen Gedanken gehabt [...], sonst kann ich darüber nichts sagen.« Und auf die Nachfrage, was denn Hitlers »eigene Gedanken« gewesen seien: »Er hat sich nicht ausgelassen, warum. Ins Detail ist er nie gegangen.« – »Hat er sie sehr geliebt?« – »Er hat sie sehr gern gehabt.« – »Was heißt das, [...] wenn Sie in München sagen ›Er hat sie gern gehabt‹. Hat er sie geliebt?« – »Er hat sie lieb gehabt.«[9] Man mochte sich.

Herbert Döring, Verwalter auf dem Obersalzberg, erinnert sich ebenfalls nur an eine »dahinplätschernde, gute Bekanntschaft, mit Höhen und Tiefen«. Gefragt, ob das Verhältnis auch sexueller Natur gewesen sei, erwidert er: »Nein, das hat's nie gegeben, soweit ist dieses Verhältnis nie gegangen. Niemals! Niemals!«[10] Ähnlich Heinrich Hoffmann: »Bei dem geflüsterten Klatsch, der in der Umgebung Hitlers herrschte, hätte ich eigentlich etwas hören müssen, und sei es nur von den Zimmermädchen.«[11] Eine Reihe weiterer Zeugnisse erhärtet diese Vermutung,[12] und daß Eva Braun der Außenwelt etwas anderes vormachte, steht dazu nicht im Widerspruch. Alles andere hätte ja nicht nur Hitler kompromittiert, sondern auch ihre eigene Würde als Frau noch mehr verletzt, als ihre Lebenswirklichkeit es ohnehin schon tat.

Somit hat Hans Severus Ziegler die Beziehung wohl recht zutreffend charakterisiert, als er von Hitlers »fast väterlich-freundschaftlicher Art« Eva Braun gegenüber sprach. »Eva Braun«, so Ziegler, »ist, wie sich Männer ritterlich-kameradschaftlichen Empfindens öfter ausdrücken, ›ein feiner Kerl‹ gewesen, den jeder gut leiden konnte.«[13] Mehr nicht. Aber immerhin ein weiblicher »Kerl«, und das war entscheidend. Bei Bedarf sollte sie in seiner Nähe sein, so wie er es ja stets auch von seiner Nichte verlangt hatte, und überhaupt darf man annehmen, daß sie ihn stark an Geli Raubal erinnert hat, in ihrer jugendlichen Unbekümmertheit etwa oder in ihrer Sportbegeisterung. Nicht umsonst ist von Braun wie von Raubal gesagt worden, sie sei ein »wildes Kind« gewesen, und ein Bekannter aus Eva Brauns Jugendzeit meinte sogar, an ihr »sei ein Junge verlorengegangen«: Nie habe sie mit Jungs geflirtet, außerdem habe sie großen Spaß an Verkleidungen gehabt und sei mit Vorliebe in »Hosenrollen« geschlüpft.[14] Auch arbeitete sie, so scheint es, bewußt daran, die Hitler-Nichte nachzuahmen, bis in Frisur und Kleidung hinein.

Als Gefährtin des »Führers« indessen habe Eva Braun, wie Hitlers Sekretärin Christa Schroeder monierte, im Grunde zu wenig Format gehabt. »Aber sie genügt mir!« sagte Hitler.[15] Und Eva Braun hatte sich durch die teilweise Legalisierung des Verhältnisses im Jahr 1936 zudem beschwichtigen lassen; sie war zu der Einsicht gelangt, daß ihre Situation als »Freundin« Hitlers »gute Seiten und Vorteile« hatte. »Stellen Sie sich nur vor«, sagte sie in einem Anflug von lebensklugem Zynismus zu Dollmann, »wie bequem es für eine Frau ist, nie eifersüchtig auf eine andere sein zu müssen.«[16] Trotzdem war Eva Braun lange Zeit eifersüchtig gewesen, und sie hatte schrecklich gelitten, wie ihre beiden Selbstmordversuche zeigen. Doch irgendwann merkte sie wohl, daß sie mit ihrer Eifersucht

Hitler mit »Fräulein Braun« auf der Freitreppe des Berghofs, vermutlich wenige Monate vor ihrer obskuren Hochzeit.

einem Phantom aufgesessen war, und versuchte von da an, das Beste aus ihrer Lage zu machen. Ihren Kummer, nicht wirklich geliebt zu werden, überwand sie womöglich im Kreis ihrer Freundinnen, wie sie überhaupt alle Möglichkeiten zur Kompensation nutzte, die ihr zur Verfügung standen.

Hitler wird dergleichen nicht weiter beunruhigt haben. Solange Eva Braun den Schein wahrte und es so aussah, als ob sie seine Geliebte sei, war ihm ihre Lebensweise nicht allzu wichtig. Sie durfte das verwöhnte Kind spielen und sich mit allem möglichen ausstaffieren, mit Schmuck, mit schönen Kleidern, mit Schuhen von Ferragamo. So lebte auch sie eine Art Doppelleben: Hitler liebte sie nicht, entschädigte sie aber mit mancherlei Zuwendungen und ließ ihr die Freiheit, sich nach Lust und Laune zu vergnügen – nur nicht mit anderen Männern. Insofern, so ließe sich sagen, wurde sie zu einer echten Partnerin des »Führers«: Gemeinsam bedienten sie die Chimäre einer entsagungsvollen Liebesbeziehung.

1945 war Hitlers »Mission« definitiv gescheitert. Gleichwohl verstand er es auch jetzt noch, der Beziehung zu Eva Braun einen Sinn abzugewinnen: Er wollte, daß das von ihm geschaffene Trugbild auch nach seinem Tod – der Selbstmord war bereits fest geplant – bestehenblieb, und so erhielt die mehr als ein Jahrzehnt währende Partnerschaft für die Nachwelt noch die höheren Weihen einer »richtigen« Ehe – einer Ehe freilich, die nie vollzogen wurde. Dazu war die späte Vermählung nicht bloß eine Belohnung Eva Brauns für treue Dienste am Hitler-Mythos, sondern lieferte ebendiesem Mythos gleichzeitig einen weiteren wichtigen Baustein – eine letzte geniale Lüge. So nämlich umgab den zum Gatten gewordenen »Führer« am Ende seines Lebens doch noch ein Hauch von Normalität. Mit Hans Blüher gesprochen: »Seine Trauung in extremis muß eine mechanische Rückbesinnung auf bürgerliche Ehrbarkeit gewesen sein – sie erscheint uns als Schlußeffekt der tragischen Kömodie, die er der Welt vorgespielt hatte.«[17]

Bis zur »Machtergreifung« stand Hitlers Leben hauptsächlich unter dem Diktat seines Verfolgungswahns. Schon 1924 glaubte er zu wissen, daß »mir heute durch meine politischen Gegner in liebevoller Aufmerksamkeit mein Leben durchprüft wird bis in die Zeit meiner […] Jugend«. Und er sah dabei »Raubritter« am Werk, die in »infame[r] jüdische[r] Art […] bis in die geheimsten Familienangelegenheiten hineinschnüffeln und nicht eher ruhen, als bis [ihr] Trüffelsuchinstinkt irgendeinen armseligen Vorfall aufstöbert, der dann bestimmt ist, dem unglücklichen Opfer den Garaus zu machen«[18]. Als er sich 1933 gegen die »Ehrabschneider« unter seinen politischen Gegnern und 1934 gegen die Erpresser aus dem eigenen

Lager durchgesetzt hatte, wurde aus seinem Verfolgungswahn Größenwahn. Fortan arbeitete er fieberhaft an der Verwirklichung seiner Welteroberungs- und Rassenvernichtungspläne. Die Folgen sind bekannt. Seine private Existenz geriet dabei mehr und mehr aus dem Blickfeld, wurde aber auch besser abgeschirmt als je zuvor. Ab 1936 war der Schutz seiner Privatsphäre nahezu perfekt, und wenn man von den erpresserischen Provokationen im Stile Lüdeckes und Hanfstaengls absieht, durfte sich der Diktator jetzt einigermaßen sicher fühlen.

Es war der nahende Zusammenbruch im Frühjahr 1945, der Hitler wieder auf das Kardinalproblem seines Daseins zurückwarf: sich verstellen, sich tarnen zu müssen. Mit dem Selbstmord und dem Befehl, seine Leiche zu verbrennen, war es nicht getan; erst durch die systematische Vernichtung seiner Privatpapiere beziehungsweise der von ihm beschlagnahmten Akten, durch die Hochzeit mit Eva Braun, durch sein Testament und vor allem durch die maßlose Zerstörung, die er zu verantworten hatte, konnte er die Züge seiner Privatperson verwischen wie noch kein Herrscher zuvor. Damit ist er in die Geschichte entkommen – und als Menetekel zurückgekehrt. Doch dies darf nicht das letzte Wort sein: Wenn wir Hitlers Leben Geheimnisse entreißen können, so müssen wir es tun.

Zwei Nachträge zu ›Hitlers Geheimnis‹
Vorwort
Warum wir auch »das« wissen müssen

In meinem Buch habe ich die These ausgeführt, daß der deutsche Diktator ein Narziß war, der für Männer schwärmte. Diese Deutung drängt sich auf, wenn man die Geschichte seiner privaten Beziehungen studiert, die eine durch und durch homophil geprägte Lebenslinie erkennen lassen. Beim eigenen Geschlecht, nicht bei Frauen, hat Hitler seine Ankerplätze gesucht; Männer haben die zentrale Rolle in seinen Lebensentwürfen gespielt – auch, als er »beschloß«, Politiker zu werden. Hitler hatte aber nicht nur eine Neigung zum eigenen Geschlecht, er war homosexuell; allem Anschein nach hat er diese Anlage zeitweilig auch gelebt – so lange, wie dies für ihn relativ ungefährlich war. Die Fragen, in welchem Umfang dies geschah und in welchem Grade auch hier, wie bei jeder Sexualität, Sublimation und Kompensation im Spiel waren, sind demgegenüber sekundär. Ebensowenig darf irritieren, daß Hitler selbst niemals auch nur im Ansatz das entwickelt hat, was man heute eine »gay identity«[1] nennt. Anders als sein langjähriger Freund und SA-Chef Ernst Röhm etwa wollte er partout kein »Homosexueller« sein. Es braucht uns aber auch gar nicht zu interessieren, wie Hitler seine Sexualität realisierte. Entscheidend bleibt, daß wir über eine Fülle von Hinweisen darauf verfügen, wie sie in ihrer männerfixierten Besonderheit sein Persönlichkeitsprofil geformt, seine Befindlichkeit beeinflußt und seinen Lebensstil geprägt hat.

Ihre primäre Evidenz bezieht meine These aus sorgfältig evaluiertem Quellenmaterial zu Hitlers Privatgeschichte. Welchen dieser Quellen man trauen kann, ist eine schwierige und von der Zeitgeschichtsschreibung keineswegs geklärte Frage. Wo die Überlieferung so miserabel, ja strukturell defekt ist wie hier, kommt keine Interpretation ohne Konjektur und spekulativen Rest aus. Wer etwas anderes behauptet, weiß nicht, wovon er redet. Es gibt Befunde, die sich nicht durch lückenlose Beweise verifizieren lassen, aber die man nicht erfinden kann – so spürbar wahr sind sie. Forschungspraktisch gewendet, bedeutet das, sich in einem methodisch auszuweisenden Verfahren der Aufgabe zu unterziehen, auch zweifelhaft erscheinenden Quellen Informationen von hohem Wahrscheinlichkeitsgehalt abzugewinnen. Diese Hermeneutik steckt – methodologisch betrachtet – noch in den Kinderschuhen, und es wäre dringend erforderlich, einen Klärungsprozeß herbeizuführen. Das Grundproblem liegt darin, daß das Verbrecher-Regime der Nazis und dessen desaströses Scheitern einen Quellenbestand auf die Nachwelt gebracht haben, dessen Beschaffenheit eben keine trennscharfe Unterscheidung nach valide und unbrauchbar erlaubt.[2] Das Thema »Homosexualität« verschärft dieses in der Lebensgeschichtsschreibung übrigens gar nicht *so* ungewöhnliche Überlieferungsproblem noch um ein vielfaches: »Wenn es stimmt, daß in keinem anderen Bereich der menschlichen Grundneigungen und -bedürfnisse ein so großes Quellenquantum unterdrückt und vernichtet wurde« – schreibt einer der besten Kenner der Materie – so »erfordert die besondere Form der schriftlichen Überlieferung, daß die vorhandenen Quellen oftmals ›gegen den Strich‹ und ›zwischen den Zeilen‹ gelesen, daß sie [in] ihrer typischen Sprache und Bilderwelt entschlüsselt und dechiffriert werden müssen«.[3] Das Erschließen von Homosexualitäten im frühen 20. Jahrhundert wird immer eine Frage der Interpretation von sozusagen gegen die Zeitströmung Überliefertem sein.

Mein Indizienbeweis basiert auf Dokumenten, die aus allen politischen Lagern und kulturellen Milieus stammen. Sie sind so überaus zahlreich und so einschlägig, daß man sie selbst dann nicht beiseite schieben kann, wenn man einzelnen Urhebern mißtraut. Für Nationalsozialisten wie für überzeugte Demokraten, für Antisemiten wie für Juden, für Charakterlumpen wie für integre Persönlichkeiten, für Ungebildete wie Geistesaristokraten – für alle diese »Verlautbarer« lag Hitlers Homosexualität nicht nur im Bereich des Möglichen, sie wurde als Fait accompli gehandelt. Das allein ist schon außergewöhnlich genug. So mag nicht jedes einzelne Beweisstück an und für sich schon zwingend erscheinen, aber die Beweiskette insgesamt ist es sehr wohl – auch weil sie mehr als die Summe ihrer Einzelglieder darstellt. Sie sind Fragmente einer größeren Konfiguration. Daraus habe ich ein Lebensgeschichtenwerk komponiert, das wirklichkeitsgesättigt ist. In dieser rekonstruktiven *Zusammenschau* ist der männerliebende Führer eine Konstante. Daß es die verbrannte Quellenlage hier nicht zu einer gleichsam rechtskräftigen Gewißheit etwa in Gestalt eines unanfechtbaren Schlüsseldokuments bringt, liegt in der äußerst heiklen Natur der Sache, die den Biographen nicht von seiner Auskunftspflicht entbindet. Wenn wir Hitlers Selbstdarstellungen nicht das letzte Wort, den Diktator nicht ohne Zusammenhang mit den realen Gegebenheiten seines Doppellebens belassen wollen, müssen wir in vielfach trüben Quellen fischen und versuchen, eine Verbindung zwischen den aufgefundenen Stoffen und ihrer Erkenntnisrelevanz herzustellen. Wir müssen es, weil es sich hier weder um eine Lappalie noch um eine Indiskretion handelt.

Daß Hitler – mit an Sicherheit grenzender Wahrscheinlichkeit – homosexuell war, ist ein biographischer Faktor von beträchtlichem Gewicht. Er hilft uns, Aspekte in seinem Lebenslauf zu klären, die nach wie vor der Erklärung harren: seine dunkle, im Untergrund verbrachte Jugendzeit in Wien und seine voluntaristische Flucht in die Boheme; der individuelle Bodensatz seines »fanatischen Antisemitismus«; sein wundersamer Einstieg in die Politik; sein Verfolgungswahn; seine schizoide Homosexuellenpolitik; schließlich auch seine stark von persönlichen Affekten, von Treue- und Verratsgefühlen bestimmte Personalpolitik und Geheimdiplomatie. Es sind mithin keineswegs Hitlers »Bettgeschichten«, die hier zur Debatte stehen, sondern das, was aus seiner Gefühlsunterwelt an besonderen Denk-, Verhaltens- und Handlungsmustern hervorgegangen und dann – kraft seiner politischen Karriere – fatale Konsequenzen gezeitigt hat. Die Bedeutung dieser Entdeckung läßt sich in all ihren Weiterungen noch nicht absehen. Dessen ungeachtet muß sie als biographische Grundkonstellation für eine angemessene Darstellung und Interpretation von Hitlers Wirken schon jetzt zugänglich sein. Dazu bedarf es eines weitgefaßten Verständnisses von politischem Handeln.

Mein Untersuchungsgegenstand ist folglich der Zusammenhang von Nichtöffentlichem und Politischem in Hitlers Weg – ein Zusammenhang, der – was die Frühzeit seines Politiker-Daseins anlangt – nicht zuletzt über das Beziehungsgeflecht von Homosexualität und Politik vermittelt war, in dem Hitler steckte. Deshalb drängt es sich auf, hier im Privaten nach politischen Antworten zu suchen. Dabei ist es nicht die gleichgeschlechtliche Veranlagung an sich, die zu dieser Perspektive auffordert; es ist der von Hitler gewählte *Umgang* damit: Er hat sie auf eine Weise getarnt und Angriffe auf sie so abgewehrt, daß man alles in allem von einer Überreaktion sprechen kann – auch und gerade unter Berücksichtigung des historischen Kontextes von Homosexualität zu Beginn des 20. Jahrhunderts. Hier liegen die Wurzeln seiner Kunst, sich aus allem herauszulügen und seine Gegner zu täuschen; des Selbstbezogenen-Unangemessenen in seinem Auftreten; aber auch seines nicht zuletzt sexuell unterfütterten Charismas, dem er wiederum die Fähigkeit verdankte, auf Gefühle und Gemüt seiner Mitmenschen einzuwirken. Und dann dieses: Aufgrund seiner Verwundbarkeit war Hitlers Führerrolle ein Agieren auf dem Drahtseil. Stets vom Absturz bedroht, von Intriganten und Erpressern bedrängt, war er immer auch zum Harakiri bereit. Schließlich sein rachsüchtiger Mutwille. So läßt sich sagen: Das Wesen seiner Politik spiegelt in hohem Maße Hitlers spezielles Seelenklima.

Dies alles nicht wissen zu wollen, läuft auf Erkenntnisverweigerung hinaus. Es zu bagatellisieren, heißt: Hitler nicht ernst nehmen.

Nun bedeutet die Enttarnung von Hitlers Homosexualität keineswegs, daß dieses so wohlgehütete Geheimnis nicht weiterhin manches Rätsel hütet und sich an mancherlei Zweifel zu reiben hat. Die Hypothese bedarf – wie jedes neue Paradigma – der fortlaufenden Überprüfung, der Erweiterung und der vertiefenden Reflexion.

Vorrangiges Ziel meiner Darstellung war es, auf einen übersehenen »Tatbestand« aufmerksam zu machen und die Konsequenzen dieser Enttarnung zur Diskussion zu stellen. Ich wollte die Schweigespirale, die bislang bewirkt hatte, daß über dieses Thema nur unterhalb der veröffentlichten Meinung debattiert werden konnte, durchbrechen. Es sollte das erste und keineswegs das letzte historiographische Wort in dieser Angelegenheit sein. Leider wurde meine Erwartung auf einen vorzugsweise wissenschaftlich inspirierten Diskurs in der kritischen Reaktion auf mein Buch großenteils enttäuscht.[4] Das hat mich motiviert, deutlicher zu werden. An zwei wichtigen Punkten habe ich geglaubt, meine Untersuchung über das im Buch Entwickelte hinausführen zu müssen. Zum einen mit Blick auf das beachtenswerte Phänomen, daß in der politisch-moralischen Vorstellungswelt der deutschen Exilanten die Homosexualität führender Nationalsozialisten einschließlich Hitlers seit 1933 eine feste Größe war und blieb. Zum anderen mit Bezug auf die Frage, inwieweit meine These auch als Zugang zu Hitlers Weltanschauung neue Erkenntnisse ermöglicht.

Mit einer Vertiefung des zuerst genannten Aspektes erhält die von mir geknüpfte Indizienkette ein weiteres – exemplarisches – Argument. Damit soll veranschaulicht werden, wie die Geschichten, die dieses Buch erzählt, erfolgreich fortgeschrieben werden können, wenn man sich nur auf die Suche nach weiteren Primärquellen begibt. Wir sind hier mit Hitler noch lange nicht fertig. Das andere Kapitel rührt an ein Kardinalproblem der traditionellen Hitler-Forschung. Es wird zeigen, daß und was Hitlers frühe antisemitische Programmierung in Wien mit den Schwierigkeiten und Ängsten zu tun gehabt haben könnte, die ihm seine Homosexualität damals schon machte. Die Andeutungen hierzu im ersten Kapitel bedürfen einer Präzisierung, um sich nicht unnötigen Mißverständnissen auszusetzen. Diese Einsicht hat mir Ron Rosenbaum in seiner Besprechung meines Buches vermittelt.[5] Er wollte nämlich aus meinen knappen Ausführungen zu Hitlers Perzeption des Eulenburg-Skandals gleich einen neuerlichen Anlauf zu einer Heureka-Theorie herauslesen – in Analogie zu den Ein-Punkt-Konstrukten so mancher monokausal argumentierender Hitler-Erklärer. Dabei handelt es sich hier nur um einen Interpretationsvorschlag, dessen Plausibilität sich in der Auseinandersetzung mit anderen (alternativen) Erklärungsansätzen bewähren muß. Auch in dem jetzt näher ausgeführten und empirisch abgestützten Deutungsmuster geht es mir keineswegs um eine »sexualtheoretische Erklärung für Hitlers Verbrechen«, wie Rosenbaum meint; nichts liegt mir ferner, als das Phänomen Hitler auf ein »Sexproblem« zu reduzieren. »Gendering is the issue, not sexuality.«[6] Vor allem aber geht es um die Rekonstruktion von Erfahrungshorizonten und insbesondere pathologischen Lernprozessen, die uns begreifen lehren, wo und wie Hitler seine ideologische *Imprägnierung* erhielt. Wenn Rosenbaum wirklich davon überzeugt ist, daß der deutsche Diktator bis dato noch nicht hinreichend erklärt worden ist, dann müßte er in einem solchen biographischen Annäherungsversuch doch eigentlich das ernsthafte Bemühen begrüßen, diesem eklatanten Forschungsdefizit mit neuen Interpretationen zu begegnen. Wie anders sollen Erkenntnisfortschritte in dieser Frage überhaupt noch erzielt werden? Doch womöglich ist ihm auch die Vorstellung sympathischer, daß das Phänomen Hitler wohl auf Dauer unerklärlich bleiben möge – und zwar aus einem einfach nicht mehr zu behebenden Mangel an biographischer Evidenz. Sonst würde er nicht soviel Aufwand an abwehrender Kritik betreiben und jeden neuen Ansatz gleich in einer theoretischen Schublade ablegen, sondern mit positiver empirischer Forschung an dem Problem mitarbeiten, wie man die verborgenen Antriebs- und Destruktionskräfte des Diktators noch besser zum Vorschein bringen kann. Bei diesem Bemühen darf dann allerdings auch das Bild nicht schrecken, in Nahaufnahmen von Hitlers Leben nicht ausschließlich den »intentionalen« Agenten einer bodenlosen Unmoral zu sehen, sondern auch den fatalen Ausdruck menschlichen Versagens, menschlicher Verfehlungen, menschlicher Not, deren mißratene Verarbeitung so katastrophale Folgen zeitigte. Es bringt den Verbrecher in Hitler nicht zum Verschwinden, mag aber für einen Nachkommen von Holocaustopfern eine nicht eben verlockende Perspektive sein. Das hat – mehr noch als Rosenbaum – der vormalige Direktor des U. S. Holocaust Museums Walter Reich in seiner Buchbesprechung für die ›New York Times‹ erkennen lassen.[7] Darüber ist nicht zu richten, nur kann und darf es die Hitler-Forschung nicht aufhalten. Je weniger der deutsche Diktator mit den Augen der von ihm ganz persönlich Betroffenen gesehen wird, um so größer ist die Chance, dereinst zu einer ideologiefreien Darstellung seiner Lebensgeschichte zu gelangen, in der dann auch der Zusammenhang zwischen seinem Denken und Handeln und seiner Sexualität die gebührende Berücksichtigung finden wird.

Erster Nachtrag
Hitlers »tödlich empfindliche Stelle«. Oder ein mißglückter sexual-denunziatorischer Anschlag

»Homosexuelle Nazis« – Stereotyp oder mehr?

Durch neuere Forschungen wissen wir: In der deutschsprachigen Exilpresse war Mitte der 1930er Jahre die Vorstellung eines personellen wie strukturellen Zusammenhanges zwischen Homosexuellen / Homosexualität und Nationalsozialisten / Nationalsozialismus Konsens.[1] Dieser heute längst vergessene Sachverhalt ist ein bemerkenswertes Phänomen – schon insofern, als doch vorzugsweise Deutschlands Intellektuelle die Meinungsbildungsprozesse in der Emigration beeinflußten.[2] Diese Köpfe waren in der Regel für Köhlerglauben nicht besonders anfällig, und ihre ganz unterschiedlich motivierte Feindschaft gegen Hitler wurzelte im allgemeinen nicht in einem ideologischen Fundamentalismus, der jeden realistischen Blick auf die mentale Beschaffenheit der nationalsozialistischen Führungsriege von vornherein ausschloß. Wenn sich also in der Vorstellungswelt der Exilanten so etwas wie eine homosexuelle Konnotation einstellte, sobald von bestimmten Repräsentanten der Hitlerbewegung die Rede war, so spiegelt dies gewiß mehr als bornierte Gehässigkeit. Es ist also zu prüfen, ob und inwieweit diese Überzeugung – allen polemischen Überzeichnungen zum Trotz – auf historisch-reale Zustände reflektierte; ob es nicht mehr als ein von Kommunisten verbreitetes »stereotypisiertes Homosexuellenbild« war, was hier geschichtsmächtig wurde.[3]

Einen *wesenhaften* Zusammenhang zwischen Homosexualität und Nationalsozialismus hat es realhistorisch wohl eher nicht gegeben.[4] Aber auch das Erklärungsmuster vom rein ideologischen Konstrukt greift zu kurz; es erfaßt bestenfalls einen – und womöglich den kleineren – Teil eines komplexeren historischen Zusammenhangs. Schließlich waren es nicht nur Kommunisten oder Sozialdemokraten, die sich hier eines wohlfeilen Klischees bedienten, um damit ihren Antifaschismus auch noch moralisch-sittlich unterfüttern zu können. Mit Thomas Mann, Fritz von Unruh, Max von Hohenlohe-Langenburg und Walter Mehring[5] kann man stellvertretend für viele auch eher bürgerlich eingestellte Exilanten namhaft machen, die sich ganz gewiß nicht durch linke Ideologeme in ihrer auch öffentlich geäußerten Überzeugung insbesondere von Hitlers gleichgeschlechtlicher Orientierung bestimmen ließen, sondern durch privates Wissen. Und selbst auf der Ebene des Gerüchts bleibt die nicht auszurottende zeitgenössische Behauptung, der Führer sei homosexuell, ein historisches Faktum, mit dem sich die Geschichtsschreibung auseinandersetzen muß. Um so mehr, als es eine Tatsache ist, daß sich diese These quer zu allen politischen Lagern, allen kulturellen und sozialen Milieus ausbreiten und festsetzen konnte. Übrigens hat es unter den führenden Nationalsozialisten niemanden gegeben, der dieser zählebigen Fama damals anders als mit Abwehraffekten oder brutalen Repressionsmitteln entgegenzutreten wußte – will sagen: ein sachliches Dementi fand nicht statt. Nicht einmal in Goebbels' Tagebüchern werden die Gerüchte ad absurdum geführt.

Was aber vielleicht das Wichtigste ist: Die konkreten Informationen über die homosexuelle Veranlagung von Hitler und anderen prominenten Naziführern stammten von Leuten, die selbst einmal Nationalsozialisten gewesen waren und aufgrund ihrer Einblicke in die Arkana von sich behaupten konnten, Insiderwissen zu verbreiten. Das gilt insbesondere von Otto Strasser und mehr noch von dem Kapitänleutnant a. D. Dr. Helmuth Klotz, der bereits 1931 seinen Kampf gegen moralische und sittliche Übelstände innerhalb der nationalsozialistischen Führungsriege aufgenommen hatte. Dabei spielte die provozierend anstößige und durchaus diffuse Einstellung der Parteispitze zur Homosexualität in den eigenen Reihen[6] eine immer wichtigere Rolle. Zunächst am Beispiel von Ernst Röhm, später dann an der Person Adolf Hitlers versuchte Klotz zu demonstrieren, daß hier – wie er sich ausdrückte – der Fisch vom Kopf her stank.[7]

Im folgenden will ich diskutieren, wie die Kampagne dieses sozialdemokratischen Schriftstellers zu bewerten ist: Welchen Wahrheitsgehalt können seine Insinuationen beanspruchen? Worauf hat er sie basiert und wie begründet? Wie reagierte die Naziführung, insbesondere nach der »Machtergreifung«? Wie wichtig wurde dieser Regimegegner mit seinen spezifischen Anschuldigungen genommen? Und schließlich: Was bewirkten Klotz' Enthüllungen im politischen Lager der Hitler-Feinde?

Wenn diese Fragen erörtert sind, wird von einer manipulativen »Konstruktion des homosexuellen Nationalsozialisten« (Zinn) – jedenfalls bei dem führenden »Konstrukteur« Klotz – keine Rede mehr sein können. Vielmehr erscheinen seine Bloßstellungsmanöver als veritable Kriegsmittel, munitioniert mit beweiskräftigem Material oder doch begründeten Vermutungen. Ihr Ziel richtete sich darauf, den nicht zuletzt hochmoralisch begründeten Führungsanspruch Hitlers radikal in Frage zu stellen. Es waren schwere Geschütze, die Klotz da auffuhr – aber sie dienten ausschließlich dem politischen Kampf gegen die braune Diktatur. Persönliche Rachsucht oder Erpressung waren *nicht* im Spiel.

Der »Sexualdenunziant« und seine Kritiker

Klotz glaubte sich für diese Art von Angriffsführung sozusagen prädestiniert. Das geht aus einem Artikel hervor, den er kurz nach seiner Flucht aus Deutschland zu Papier gebracht hat. Dort heißt es: »Im Laufe der vergangenen elf Jahre habe ich Gelegenheit gehabt, Herrn Hitler, den Reichskanzler, und die Natur des werdenden ›Dritten Reiches‹ aus nächster Nähe zu erleben. Und *weil* ich den ›Führer‹ kenne – ihn, seine Hintermänner, seine Handlanger – deshalb *muß* ich seine Vernichtung wollen, den Untergang seines Systems. […] Ich habe Herrn Hitler gekannt und stand ihm nahe in den heroischen Zeiten des Nationalsozialismus. Ich habe ihn erlebt im Trubel des Jahres 1923, war Tatzeuge des Putsches vom 9. November. Und ich habe mit ihm das Gefängnis geteilt. Ich kenne ihn in seinen starken und – was wichtiger ist – in seinen schwachen und schwächsten Stunden [...]. Damals – es sind jetzt bald zehn Jahre – hat er mir dann eines Tages hinter den Kerkermauern, die uns gemeinsam umschlossen, sein Inneres geöffnet, hat er mir die Tragik seines Lebens geoffenbart. Und darum: Wenn jemand zum Sprechen, wenn jemand Gehör zu fordern berechtigt ist, dann bin ich es.«[8]

Daß die Selbstlegitimierung mehr als billige Reklame war, hat Herbert Linder in seiner Rekonstruktion des Lebenswegs von Klotz gezeigt: Bis Mitte der zwanziger Jahre galt der ehemalige Marineleutnant bis in die Reihen der politischen Polizei hinein als »ein Mann aus der nächsten Umgebung Hitlers«.[9] In der zweiten Hälfte diese Jahrzehnts setzte dann ein politischer Lernprozeß bei Klotz ein, der ihn 1929 schließlich ins sozialdemokratische Lager führte. Seine Abkehr vom Nationalsozialismus war weltanschaulich wie auch praktisch politisch motiviert: Ein Renegatentum um persönlicher Vorteile willen kann man ihm nicht unterstellen. Sein Widerstand gegen den totalen Machtanspruch der Nationalsozialisten richtete sich gegen eine politische Gefahr, mit der er – vielleicht mehr als andere Gegner – auch ein Unheil für die Gesetze von Anstand und Moral verband. Für ihn war der Nationalsozialismus eine »Seuche«, für deren Bekämpfung ihm keine Roßkur zu bedenklich erschien. So avancierte Klotz im sozialdemokratischen Lager binnen kurzem zu einem der profiliertesten Anfeinder der NSDAP. Nach derem sensationellen Wahlerfolg vom Herbst 1930 ging die SPD allgemein dazu über, die NS-Bewegung mit allen Mitteln zu diskreditieren.[10] Dabei leistete Klotz hervorragende Zuträgerdienste. Seit 1931 wartete er mit Insider-Informationen über die vermeintlich tiefe Verkommenheit der Naziführung auf, deren Publikation[11] für ganz erheblichen Wirbel sorgte. Er begründete diese Vorgehensweise mit dem speziellen Charakter der Hitler-Partei, deren Wesen »der Historiker« dereinst nur erfassen könne, wenn er »hinübergreife aus der Region der Programme in jene des Persönlichen«. Dort nämlich läge deren »Wurzel verborgen«.[12] Seine sorgfältig recherchierten Enthüllungen »aus dem Persönlichkeitsleben und den Persönlichkeitswerten der nationalsozialistischen Führung« stellten zunächst 40 mehr oder weniger profilierte Parteiführer an den Pranger, und zwar mit gerichtskundigen Verfehlungen aller Art – vom Diebstahl bis zum Sittlichkeitsdelikt. Skrupel darüber, daß hier »gewisse, das persönliche Recht und die – Abnormalitäten des Menschen betreffende Dinge« ausgebreitet wurden, hatte Klotz nicht. Er empfand das vielmehr als eine notwendige »Arbeit der Aufklärung«: »Wenn hierbei Schmutz und wieder Schmutz aufgedeckt, wenn einer nach dem anderen der Männer, denen zur Stunde noch Millionen in Verblendung nachlaufen und nacheifern ins Rampenlicht gezerrt wird, wenn von der Heldengeste der Retter Deutschlands nichts, aber auch gar nichts übrig bleibt, als jämmerliche Trümmer niedrigsten Menschentums, dann liegt das nicht am bösen Willen des Verfassers, wohl aber an ihnen, die seit Jahr und Tag ihr frevelhaftes Spiel treiben.«

Als dann im Frühjahr 1931 die sozialdemokratische ›Münchener Post‹ ihren bereits geschilderten Feldzug gegen die Homosexualität von Hitlers Stabschef Röhm eröffnete, kämpfte Helmuth Klotz sogleich auch an dieser Front in vorderster Reihe mit.[13] Er schaffte es, mit immer neuen Materialien und Vorwürfen den SA-Führer in höchste Bedrängnis zu bringen, wobei ihm ganz offensichtlich nationalsozialistische Kreise, die Röhm loswerden wollten, wichtige Informationen zuspielten. Den Namen eines seiner – allerdings nachrangigen – Informanten hat Klotz in einem vertraulichen Schreiben an das Preußische Staatsministerium vom 9. Dezember 1931 sogar preisgegeben: Es handelt sich um den Berliner SA-Führer Fritz Günther. Nach dessen Angaben – so Klotz weiter – sei Goebbels von Nationalsozialisten aus dem ganzen Reich bestürmt worden, »wegen meiner Broschüren gegen mich klagbar vorzugehen; Goebbels habe dies jedoch abgelehnt mit dem Hinweis, meine ›Enthüllungen‹ seien ›marxistischer Schwindel‹, ich selbst sei aber nicht zu fassen, weil ich ›jahrelang im Irrenhaus gewesen sei und durch den § 51 StGB um jede Strafe mich drücken könne‹. Im übrigen sei ich niemals Offizier gewesen, sei vorbestraft wegen Sittlichkeitsverbrechens und Unterschlagung und trüge den Doktortitel zu unrecht.«[14] Herbert Linder hat in seiner Klotz-Biographie die Haltlosigkeit dieser Schutzbehauptungen en detail nachgewiesen, und man darf ergänzen, daß sich Klotz durch diese Art von Reaktion in seinem eigenen skrupellosen Vorgehen gegen den politischen Gegner eher noch bestärkt gefühlt haben dürfte. So gab er denn auch im Frühjahr 1932 nach – wie er schrieb – »langem Ringen« seinen Namen dazu her, als es interessierten Kreisen darum ging, einen respektablen Herausgeber für die Veröffentlichung von Privatbriefen Röhms zu finden, die an der homosexuellen Veranlagung des Stabschefs keinen Zweifel mehr ließen.[15] Auch darauf ist bereits an anderer Stelle ausführlich eingegangen worden. Zu ergänzen bleibt Klotz' persönliche Rechtfertigung für sein eindeutig sexualdenunziatorisches Vorgehen: Motiviert habe ihn hauptsächlich der »Zynismus«, mit dem Röhm in seinen Briefen über seine »anormale Veranlagung« spreche; denn der liefere den Beweis dafür, daß dieser Mann »die für einen Führer unerläßlichen moralischen Qualitäten nicht besitzt«. Doch mehr noch als Röhm wollte er wohl Adolf Hitler treffen. Dem hielt er nämlich vor, seit langem von der Homosexualität des Mannes gewußt zu haben, »dem er eine der einflußreichsten Stellungen in seiner Umgebung übertrug«. Und er stellte fest, daß Hitlers ostentativer Schulterschluß mit seinem nun seit Monaten gerichtlich wie öffentlich blamierten Stabschef »einen ausgezeichneten Nährboden für jene peinlichen Gerüchte bildet, die über das Braune Haus im Umlauf sind«.[16]

Klotz wagte sich sogar weiter vor, indem er kurz nach seiner Veröffentlichung den Brief eines Standartenführers der Berliner SA an den sozialdemokratischen ›Thüringer Volksfreund‹ lancierte, der Röhms »widernatürliche Veranlagung« als ein in SA-Kreisen wohlbekanntes Faktum bestätigte, um dann fortzufahren: »Hitler selber kennt die Veranlagung von Röhm. Kann aber nichts gegen ihn unternehmen. Es existieren nämlich gewisse ›schwärmerische Briefe‹ des Führers an einen jungen Studenten in Berlin, die leicht mißverstanden werden könnten! Auch Göbbels hat hier Dreck am Stecken. Er, sowie der Reichsführer der Hitlerjugend, von Schirach, gelten in eingeweihten Kreisen in geschlechtlicher Hinsicht als ›Mampe halb und halb‹. [...] Wiederholt haben Oberleutnant Schulz und Hinkel von Hitler gefordert, Röhm und seinen schwulen Anhang herauszuschmeißen, weil der Skandal offenkundig werde. Hitler hat sich immer geweigert. Bei seiner Einstellung ist die Männerliebe eine speziell nordisch-germanische Tugend.«[17]

Nun gibt es in der Tat Belege für eine entsprechende Intervention von Paul Schulz bei Hitler[18], und eine Beschwerde von Hans Hinkel, der damals in der Schriftleitung der Berliner Ausgabe des ›Völkischen Beobachters‹ tätig war, ist ebenfalls denkbar. Das legt jedenfalls der Brief an Hitler nahe, den ein anderer alter Freikorpsoffizier, Konstantin Hierl, nur zehn Tage nach dieser Veröffentlichung aufsetzte. Der Reichsorganisationsleiter schrieb ihn als »Ausdruck schwerster Besorgnis und seelischer Erschütterung«, in die ihn Hitlers Behandlung der Röhm-Affäre versetzt habe, und erklärte seinem Führer rundheraus: »Ich halte ein weiteres Verbleiben Röhms in seiner Stellung für die Bewegung untragbar und zerstörend [...] Den Einwand, daß man R. deshalb halten müsse, weil ihn die Gegner angreifen und beseitigen wollen, halte ich für unrichtig. Es kommt den Gegnern gar nicht in erster Linie darauf an, Röhm persönlich, sondern die Bewegung selbst an einer tödlich empfindlichen Stelle [sic!] zu treffen und vor allem *Sie persönlich* mit einem Makel zu belasten.«[19] – Bekanntlich hat Hitler auf Vorstellungen wie diese wenig gegeben, sondern (nach außen jedenfalls) in Treue fest zu Röhm und anderen homosexuellen SA-Führern gestanden. Ja, er hat sogar gegen besseres Wissen die Homosexualitätsvorwürfe als eine Verleumdung übelster Art abgetan, die demnächst »ihre gesetzmäßige Sühne« finden werde.[20] Durch ein Schreiben von Max Neunzert, ebenfalls einem alten Kämpfer der NSDAP, an Hitler, wissen wir, daß der NSDAP-Führer mit seiner Intransigenz seine eigenen Leute geradezu herausforderte. Neunzert schrieb: »Sie machen sich für Ihren homosexuellen Stabschef, für die ganze homosexuelle Clique, die sich noch in der Partei befindet, zum bewußten Lügner gegenüber ihren Parteigenossen. [...] Herr Hitler, es gibt nur zwei Erklärungen für ihr unerhörtes Verhalten. Entweder Sie sind moralisch schon so verdorben, oder aber Sie sind, wie vielfach schon zu hören, selbst homosexuell.«[21] Alfred Rosenberg blieb zeitlebens ratlos darüber, daß Hitler »diesen Krebsschaden der 175er« niemals ausräumte, sondern im Gegenteil zunächst sogar »jegliche Opposition gegen Röhm in der Partei« dämpfte.[22] Von Hitlers Anwalt Hans Frank wissen wir freilich, daß es sich hier um einen schweren Gewissenskonflikt handelte, der dem NSDAP-Führer »unsagbare Aufregungen bereitete«.[23]

Beifall dagegen erhielt Hitler interessanterweise von der ›falschen Seite‹; zum Beispiel von dem eingefleischten Antinazi Klaus Mann, der es – wie schon an anderer Stelle erwähnt – »schön« fand, daß der Führer zu Röhm hielt, »was die Zeitungen auch von dessen Privatleben schwatzen«.[24] Überhaupt gab es schon 1931/32 prominente Stimmen im Lager der Linken, die sich äußerst kritisch zu der sexualdenunziatorischen Kampfesweise äußerten, mit der Klotz die Nazipartei auf so impertinente Weise bedrängte. Kurt Tucholsky fand beispielsweise den Inhalt der Röhm-Briefe gar »nicht einmal unsympathisch«. Er hielt die Angriffe auf den SA-Chef »nicht für sauber«, denn man sollte seinen Gegner »nicht im Bett aufsuchen«. Und überhaupt: »Seine Veranlagung widerlegt den Mann gar nicht. Er kann durchaus anständig sein, solange er nicht seine Stellung dazu mißbraucht, von ihm abhängige Menschen aufs Sofa zu ziehen, und dafür liegt auch nicht der kleinste Beweis vor.«[25] Vier Wochen später kam die ›Weltbühne‹ noch mit dem nachdrücklichen Hinweis, »daß Homosexualität keine moralische Abirrung darstellt. [...] Wir alle haben nur das Recht, Herrn Röhm danach zu beurteilen, ob er berechtigte Interessen der Öffentlichkeit gefährdet hat. Das hat er nicht getan.«[26] Auch das Wissenschaftlich-humanitäre Komitee, die damalige Interessenvertretung der Homosexuellen, warnte davor, »die geschlechtlichen Privatangelegenheiten zum Gegenstand polemischer Erörterungen zu machen. Die Homosexualität lagert sich quer zu *allen* Rassen, Klassen und Parteien. Als Instrument des politischen Tageskampfes ist der Hinweis auf diese Veranlagung darum von *zweifelhaftestem* Wert.«[27] Die »fortgesetzten Verunglimpfungen der [nationalsozialistischen] Persönlichkeiten in der linken Presse *nur ihrer Homosexualität wegen*« ließ das Komitee ernsthaft »an der Zuverlässigkeit und Lauterkeit der Gesinnung zweifeln«, die diese Kampagne auf seiten der Sozialdemokratie inspiriert habe.[28] Die andere Fraktion der Homosexuellen-Emanzipationsbewegung, die mehr dem Kult eines nordisch virilen Männerideals huldigte, sah in der »Bloßstellung und Durchschnüffelung der privatesten Privatangelegenheiten« sogar eine »Schurkerei« und war voll des Lobes für »die Tatsache, daß Hitler als Parteichef trotz der Enthüllungen, die von allen Seiten kamen, weiter fest zu Röhm gehalten hat«. Sie goutierte »diese offensichtliche Betonung von Treue und edler Männlichkeit, die bei der engen Verbundenheit der beiden Führer schließlich doch auch ein Akt kluger Taktik und eiserner Notwendigkeit gewesen ist, um die Partei über den Strudel des Skandales glücklich hinwegzubringen, der ja schließlich alles und alle verschlingen konnte«.[29]

Man kann und darf die Berechtigung solcher Äußerungen aus der Sicht der Zeitgenossen nicht verkennen. Die Vorurteile gegen die Liebe zum eigenen Geschlecht waren damals enorm, ihre politische Instrumentalisierung ein Spiel mit dem Feuer. Und aus der Perspektive eines Zeitgenossen, der selbst homosexuell empfand, mußte *jede* Form von mutwilliger Sexualdenunziation, ganz gleich auf wen sie zielte, als Menetekel erscheinen, vor dem es zu warnen galt. Aber diejenigen, deren entschiedene Ablehnung von Klotz darauf zielte, diesen Mann zu stoppen und womöglich mundtot zu machen, diese Leute leisteten zugleich – Schützenhilfe für Hitler. Darüber hinaus zeigt der Streit einmal mehr, wie brüchig doch die ›antifaschistische Front‹ in der Endphase der Weimarer Republik tatsächlich war, sobald es um konkrete Fragen der Angriffsführung ging. Im Kampf um den Staat ließen sich Hitlers Gegner immer wieder von ihren Antipoden düpieren. Ihnen stand die eigene politische Moral im Wege. Aus heutiger Sicht klingt das, was da gegen Klotz und Co. vorgebracht wurde, nach falscher Rücksichtnahme und merkwürdiger Naivität gegenüber einem Gegner, der selbst kein Mittel scheute, um an die Macht zu kommen; der eine verbrecherische Organisation etabliert hatte, die mit entsprechenden Methoden arbeitete und selbst keinen Gegner in seiner Privatsphäre schonte, wenn die auch nur die geringste Handhabe zur Unschädlichmachung bot.[30] Auf der anderen Seite aber offenbart sich hier nur, wie facettenreich sich die Hitler-Bewegung zu gerieren verstand, wenn sie selbst dort noch Kredit einwerben konnte, wo man sich über den grundverderblichen Charakter dieser Partei *eigentlich* keinen Illusionen mehr hätte hingeben dürfen.

Inhaltlich lag denn auch das, was die Linken gegen Klotz vorbrachten, gar nicht so weit von dem entfernt, was der ›Völkische Beobachter‹ zur bodenlosen »Schweinerei« stilisierte: »die roten Schmierfinken sehen ihre letzte Rettung nur mehr in einer gemeinen und erbärmlichen persönlichen Verleumdungshetze, die in ihrer Schamlosigkeit und Niedrigkeit beispiellos ist«.[31] Daß wir es hier bereits mit Pogromhetze zu tun haben, erfuhr Klotz, als er Anfang Mai 1932 im Restaurant und in den Wandelgängen des Deutschen Reichstags von Nationalsozialisten zusammengeschlagen wurde.[32] Er war durch seinen Enthüllungsjournalismus zu einem Haßobjekt sondergleichen geworden und geriet nun seinerseits mehr denn je in das Fadenkreuz öffentlicher Ehrabschneidungen durch die NS-Presse.[33] Seine Prominenz als brandgefährlicher Feind war damit öffentlich konstatiert.

Angesichts dieser ungemütlichen Rolle gehörten schon sehr viel Mut und Bekehrungseifer dazu, daß Klotz in seinen Bestrebungen nicht nachließ. Den Kritikern im eigenen Lager hielt er entgegen, daß die Art und Weise, wie Röhm sich über seine Homosexualität äußere, doch nun wirklich einfach »widerlich« sei und daß es sich hier ganz zweifelsfrei um »moralische Abirrungen« handele; aber auch ganz unabhängig von diesem seinem persönlichen Empfinden richte sich seine Kampagne vor allem gegen die »Doppelzüngigkeit der ›Täter‹ und ihrer Partei« in Fragen der Moral.[34] Die Nazis aber lehrte er mit immer neuem Belastungsmaterial und mit der Erwirkung von Gerichtsurteilen gegen die Lügenmärchen ihrer Propaganda weiter das Fürchten. Davon zeugt seine im September 1932 veröffentlichte Broschüre »Der Fall Röhm«, in der Klotz zusammen mit dem erneuten Abdruck der Röhm-Briefe eine Dokumentation jener gerichtlichen Schritte vorlegte, die Röhm und seine Verteidiger definitiv überführten. Mit seinem Vorgehen – so betonte er noch einmal ausdrücklich – fälle er »kein Werturteil über die Homosexuellen«, wenn er auch völlig außerstande sei, »das besondere Empfinden dieser unglücklichen Menschen zu begreifen«.[35] In einem zeitgleich erschienenen Beitrag für das linksintellektuelle ›Tagebuch‹ schob Klotz noch ein gewichtiges Argument hinterher. Wesentlicher Zweck seiner Veröffentlichung sei, »an einem geradezu klassischen Beispiel die *krasse Unwahrhaftigkeit* dieser Hitler-Partei darzustellen«; genauer: »die Praktiken, mit denen diese Partei bis zum letzten Hauch und zur letzten Möglichkeit die Öffentlichkeit bewußt irreführt. [...] In keinem einzigen Augenblick dieses ganzen Verfahrens haben Herr Röhm und die Nationalsozialistische Partei auch nur ein einziges Wort gesprochen, dessen vollendete Unwahrheit ihnen nicht nachweislich bekannt gewesen wäre. [...] Jedes Wort eine Lüge, jede Handlung ein Bluff – auch diese Dokumentation ist wichtig. Man hat hier in sozusagen klassischer Reinheit und Schlüssigkeit einmal die ganze Methode vor sich. – Dieser Methode verdanken die Hakenkreuzler großenteils ihren Aufstieg!«[36]

Das war eine schlüssige Argumentation – vor allem dann, wenn man sich vergegenwärtigt, daß gerade Hitler seine politischen Heilsbotschaften unter einen besonders hohen moralischen wie auch sittlichen Anspruch stellte (weshalb jeder eklatante Verstoß dagegen als um so schwerer wiegend gewertet werden durfte). Und dennoch: Klotz war keineswegs frei von innerlichen Vorbehalten gegenüber Homosexualität. Und von den Zwangsgesetzen, denen die Lebenswelt der Homosexuellen damals gehorchen mußte, hatte er ganz gewiß keine Vorstellung. Wahrscheinlich wirkte seine latent homophobe Abneigung sogar als eine Antriebskraft mit bei seinem Bemühen, den Nazis nach Kräften zu schaden. Doch war er klug genug, sich nicht allein von diesem Ressentiment leiten zu lassen, auch wenn er wußte, daß er dieses sein Vorurteil damals mit der Mehrheit der reichsdeutschen Bevölkerung teilte. Ein solches Ansinnen hat er denn auch expressis verbis von sich gewiesen: »zu sittlichen Urteilen über das Phänomen der Homosexualität hielt und halte ich mich nicht für befugt. Die Veröffentlichung der Röhm-Briefe erfolgte nicht, um selbstgerechte Entrüstung über die Gleichgeschlechtlichkeit hervorzurufen oder auszunutzen, auch nicht um Herrn Röhm in seiner Eigenschaft als Homosexueller herabzusetzen.«[37] Freilich hat er auch in der Folgezeit immer wieder heftig in diese Achillesferse der Nazielite gebissen.

Widerstand im Exil

Das läßt sich im einzelnen in dem Manuskript nachlesen, dessen ersten Band Klotz unmittelbar nach Hitlers Machtantritt im Exil veröffentlichte. Er nannte es »Politisches Tagebuch eines unpolitischen Reichswehrgenerals 1932–1933« und firmierte selbst nur als dessen Herausgeber und Lektor.[38] Die Authentizität seiner Quelle ist bis heute nicht gesichert. Dennoch kann man davon ausgehen, daß es sich um weit mehr als eine Fiktion handelt; daß hier vielmehr Interna aus Wehrmachtskreisen um Hindenburg und Schleicher ausgewertet wurden, die sonst schwerlich das Licht der zeitgenössischen Öffentlichkeit erblickt hätten. Besonders der zweite – nicht mehr veröffentlichte – Band dieser Tagebücher, den die Gestapo 1940 bei Klotz in Paris beschlagnahmte, ist voller Anspielungen auf das homosexuelle Milieu innerhalb der NSDAP. Bemerkenswerterweise beschränken sich diese Anzüglichkeiten aber nicht mehr allein auf Röhm und seinen Kreis, nunmehr wird auch Hitler selbst zum Gegenstand eindeutiger Glossen. So heißt es beispielsweise in einem Eintrag zum 6. Februar 1933: »Ein Humoristikum: Unser ›Volks‹-Kanzler hat öffentlich auf sein Gehalt verzichtet. [...] Ob dieser lächerliche Coup irgendwelchen Eindruck machen wird? Ich kann es mir nicht vorstellen; denn jeder, der nicht gerade besoffen ist, wird sich sagen, daß Hitler trotz seines noblen Verzichts essen und trinken muß, außerdem Auto fahren und fliegen will. Und seine intimen Freundschaften à la Röhm? Das geht auf dieser schönen Welt nun einmal leider nicht ganz ohne Geld; weder das eine noch das andere.«[39]

Kurz nachdem Klotz die Arbeiten am Manuskript für den zweiten Band der »Tagebücher« abgeschlossen hatte, erfolgte Hitlers Liquidierung des »röhmischen Systems« in der NS-Bewegung. Daß ein solches »System« selbst in der Wahrnehmung strammer nationalsozialistischer Parteigänger tatsächlich existiert haben muß, geht aus einem Grundsatzartikel hervor, den der Jenaer Rechtsprofessor Johann von Leers[40] unmittelbar nach Hitlers Säuberungsaktion in der NS-Zeitschrift ›Deutsche Front‹ veröffentlichte. Darin wird der Führer als mutiger Retter gepriesen, weil er endlich »eine Revolution der Tugend gegen das Laster« ins Werk gesetzt habe. Denn vor allem »durch das Band der Homosexualität« sei die »Verschwörergruppe« um Röhm doch zusammengehalten worden: »Einer holte den anderen nach, bis ganze Gruppen von Urningen zusammensaßen und nun begannen, nach der diesen Menschen eigenen Ideologie, sich für die besseren zu halten, für jene besonders männlichen Kraftnaturen, die berufen seien, die anderen zu beherrschen.« Diese Leute hätten »die Lehre vom alleinseligmachenden männlichen Eros auf den Schild gehoben« und statt der Reinheit des deutschen Familienlebens den »Männerbund« propagiert. In ihrer »Verherrlichung des Lasters stiegen sie auf zu den Höhen der Selbstüberhebung«, und »die Amoralität selber wurde auf den Thron erhoben«. Damit müsse jetzt endlich Schluß sein – »das Laster und seine Verherrlicher müssen ausgeschaltet werden«.[41]

So ähnlich sah das »Laster« wohl auch Klotz. Doch seine Verarbeitung der Ereignisse vom »30. Juni« diktierte ihm einen gänzlich anderen Artikel in die Feder, den Henri Barbusse als »Offenen Brief an Kanzler Hitler« in seiner Zeitschrift ›Monde‹ veröffentlichte.[42] Dieses bislang noch nie in deutscher Übersetzung veröffentlichte Dokument mit der Datierung »Paris, den 3. Juli 1934«, hat folgenden Wortlaut:

»Herr Kanzler,
mit dem lebhaftesten Interesse habe ich die offiziellen Erklärungen zum ›Fall Röhm‹ verfolgt. Um Ihre [Mord]Aktion zu rechtfertigen, fällt es Ihnen auf einmal ein, sich auf ein Terrain zu begeben, das bisher tabu für Sie war: das der schamhaften Entrüstung gegen einen Homosexuellen.

Ob Sie überhaupt das Recht zur Ermordung eines militärisch so talentierten Freundes [wie Röhm] hatten, dem Ihre Partei gewiß mehr verdankt als Ihrem Geschwätz, will ich mit Ihnen nicht diskutieren. Sie würden meine Worte und Gedanken doch nicht verstehen, und auch ich könnte Ihren Aussagen kaum etwas abgewinnen. Deshalb werden wir hier nicht über Ihre Aktion debattieren; es soll ausschließlich darum gehen, wie Sie Ihren Coup nachträglich begründet haben.

Zunächst will ich Ihnen das sagen: Jeder andere, nur nicht Sie, ist befugt, Ihre Worte zu gebrauchen, Ihren Bannfluch gegen Röhm zu schleudern (ein Bannfluch, der sich auch gegen vier Personen Ihrer Umgebung, die noch leben, nämlich gegen Ihren Pressechef Dietrich, gegen den bayerischen Justizminister Frank, gegen den bayerischen Staatsminister Hermann Esser[43], gegen den Führer der SS Graf du Moulin-Eckardt, um nur einige zu nennen, richten müßte); jeder andere als Sie darf erklären, die deutsche Jugend müsse vor der Homosexualität bewahrt bleiben. Und ich wiederhole: Jeder andere als Sie kann so sprechen, doch gerade Sie, Herr Hitler, können es nicht. Sie haben das Recht dazu verloren.

Es gibt eine deutsche Redensart, die Sie niemals unterlassen haben, in den Auseinandersetzungen mit Ihren Gegnern zu zitieren, und die besagt: ›der Hehler ist nicht besser als der Stehler‹. Sie müssen zugeben, Herr Reichskanzler, daß es aus Ihnen und mir ganz genau bekannten Gründen schwer fällt, einen Unterschied zwischen Ihrem Fall und dem ›Fall Röhm‹ zu machen; es ist genauso schwer, wie zwischen Hehler und Dieb zu trennen. Sie verstehen, was ich damit meine, und ich beschränke mich auf diese einfache Andeutung, um das unglückliche deutsche Volk nicht noch tiefer in diese Schande hineinzuziehen, die schließlich noch größer ist, als diejenige, in die schon Ihre einfache Präsenz [als deutscher Reichskanzler] es bereits gestürzt hat. Der Hehler ist also nicht weniger schlimm als der Stehler, [sagen Sie]. Einverstanden. Aber wenn Röhm jetzt als Dieb erscheint, dann erscheinen Sie, Herr Hitler, mindestens als Hehler. Und Ihren eigenen Worten zufolge sind Sie nicht einen Centime mehr wert als der Freund, den Sie ermordet haben.

Ich sagte, daß Sie das Recht verloren haben, gegen Ihren Freund Röhm den Bannfluch wegen seiner Homosexualität zu schleudern – und zwar heute, wo er für Ihre Politik hinderlich geworden. Denn früher – damals, als die ganze Welt vom ›Fall Röhm‹ sprach – da haben Sie geschwiegen. Warum? Weil Herr Röhm im Dienste Ihrer finsteren Pläne stand, weil er Ihre SA organisierte und ausbildete, um Ihnen einen Ministersessel zu erkämpfen?

In Ihren Augen, Herr Reichskanzler, ist die Homosexualität nur ein Verbrechen, wenn sie durch einen Mann ausgeübt wird, den man sich aus ganz anderen Gründen vom Halse schaffen muß als aus denen der Moral. Deshalb tun Sie jetzt auch so, als ob Sie den Balken in Ihrem Auge nicht sähen, den wir beide doch nur zu gut kennen! Jahrelang haben Sie im ›Fall Röhm‹ den Mund gehalten. Warum, wenn nicht wegen der Hintergedanken, die Sie nicht eingestehen dürfen. Jahrelang haben Sie die Veranlagung Ihres Freundes gekannt, ohne daß Sie Entschlossenheit gezeigt hätten, ›Maßnahmen zu ergreifen, um die deutsche Jugend vor der homosexuellen Verderbnis zu bewahren‹. Und ausgerechnet heute besinnen Sie sich plötzlich auf Ihre Pflichten. Warum? Warum nicht vorher? War die Gefahr früher weniger groß als heute? Oder aber haben Sie etwa vor zu leugnen, daß Sie bereits spätestens seit 1925 über alles im Bilde waren, Herr Reichskanzler? Dann will ich Ihnen folgendes in Erinnerung rufen.

Schon im Jahre 1925, also vor neun Jahren, hat General Erich

Ludendorff Ihre Aufmerksamkeit auf Röhms Veranlagung gelenkt und gefordert, daß Röhm seines Postens enthoben würde.[44] Ich darf Sie daran erinnern, daß Major Walter Buch dieser Unterredung beigewohnt und die Forderungen des Generals Ludendorff sehr energisch unterstützt hat. Sie haben damals geglaubt, Sie könnten die Forderungen Ludendorffs nicht erfüllen. Das fiel in die Zeit Ihrer Umstellung, wo Ihnen der Einfluß Ludendorffs unangenehm zu werden begann. Ludendorff hat dann hieraus die Konsequenzen gezogen. Major Buch ist jedoch bei Ihnen geblieben. Am 30. Juni haben Sie ihn dafür entschädigt: Er wurde der Henker Ihres Freundes Röhm. Im Jahre 1926 wandte sich der nationalsozialistische bayerische [Landtags-] Abgeordnete Holzwarth an Sie und erstattete Ihnen einen Bericht über die homosexuellen Orgien von Röhm und Heines[45] in den Kreisen der Hitlerjugend. Er forderte den Ausschluß dieser beiden Personen. Sie verweigerten das. Aber Holzwarth besaß nicht die Nachgiebigkeit Ludendorffs. Er stellte Ihnen das Ultimatum, sich entweder von diesen Leuten zu trennen oder er, Holzwarth, werde die Öffentlichkeit informieren. Diese Drohung zwang Sie zum Nachgeben; Röhm verschwand und reiste bald nach Bolivien und Heines wurde ausgeschifft, um wenig später in Breslau wieder aufzutauchen. Und Holzwarth? Als er Ihr doppeltes Spiel erkannte und Ihr Wohlgefallen für die Homosexuellen feststellte, trennte er sich mit Ekel von Ihrer Partei.[46]
1931 ließen Sie Herrn Röhm, mit dem Sie ja innerlich niemals gebrochen hatten, aus Bolivien zurückkehren und stellten ihn an die Spitze Ihres Generalstabes. Vier Monate später machten die ersten Briefe [über die Homosexualität] Ihres Stabschefs die Runde. Sie aber deckten Herrn Röhm und gewährten ihm Ihren Schutz. Sie hatten sogar die Kühnheit zu behaupten, ja öffentlich zu behaupten – und zwar gegen Ihre eigene Überzeugung –, daß es Verleumdung sei, Ihrem Stabschef homosexuelle Neigungen zu unterstellen. Mehr noch, Sie ließen mehrere Dutzend Ihrer eigenen Parteigenossen, (ich kann

Ihnen zur Auffrischung Ihres Gedächtnisses nur den damaligen Chef des Rassebüros von Niedersachsen nennen)[47] auf unehrenhafte Weise aus Ihrer famosen Partei ausschließen, weil sie damals behauptet hatten [...], daß Herr Hitler nur so tue, als ob er sich dazu entschließe: ›Maßnahmen zu ergreifen, die deutsche Jugend vor dem Stabschef Röhm zu schützen‹.
Sie waren und Sie bleiben ein Gefangener in dieser homosexuellen Atmosphäre. Und als Sie am 13. März 1932 wagten, für den Posten des Reichspräsidenten zu kandidieren, da warf ich an die 2 Millionen Exemplare der Broschüre ›Der Fall Röhm‹ in den Wahlkampf und erhob gegen Sie, Herr Reichskanzler, die Anklage, zur homosexuellen Verseuchung des deutschen Volkes wissentlich beigetragen und sogar daran mitgearbeitet zu haben. Sie erlitten eine Niederlage, obwohl Sie noch am Vorabend der Wahlen aus Flugzeugen Proklamationen abwerfen ließen, in denen es hieß, ›daß es infame Lügen und Verleumdungen seien‹, Herrn Röhm – ›der ist und bleibt mein Stabschef‹ – homosexuelle Neigungen zu unterstellen. Außerdem versicherten Sie, ›ich habe gegen den Verleumder Dr. Klotz gerichtliche Schritte eingeleitet‹. Am 20. Juli 1932 gelangte der Prozeß vor den Gerichtshof in München; aber 15 Minuten vor Eröffnung des Verhandlung ließ Herr Röhm wissen, daß er von der Klage absehe und daß er sogar die Prozeßkosten freiwillig übernehme. Als Sie in diesem Fall wie auch bei anderen Gelegenheiten die gegen Röhm erhobenen Vorwürfe als aus der Luft gegriffen zurückwiesen, da haben Sie wissentlich die Unwahrheit gesagt, Herr Reichskanzler. Und nur derjenige, der wider besseres Wissen eine solche Unwahrheit verbreitet und bis zum Überdruß wiederholt, ist ein Lügner, ja ein gewerbsmäßiger Verleumder, Herr Reichskanzler.
Ihre widerwärtige Aufwiegelung hat verschiedene Früchte hervorgebracht: Am 12. Mai 1932 haben Ihre Vertreter Heines, Stegmann, Strasser und Weitzel, die jetzt umgebracht worden sind, den bekannten Anschlag auf mich versucht, weil ich ein Gegner des Stabschefs Röhm war. Ihre Presse, allen

voran das Lügenorgan des Herrn Goebbels, verlangte öffentlich, daß der ›Verleumder des Stabschefs Röhm unschädlich gemacht werde‹! Muß ich Sie an die zahlreichen Prozesse erinnern, die um den Fall Röhm geführt wurden, von denen jeder damit endete, Ihren Freund zu entlarven? Muß ich Sie an die infame Heuchelei Ihres Abgeordneten und jetzigen Reichsinnenministers Frick erinnern, der im Reichstag, um die Aufmerksamkeit von dem eigenen Schmutz abzulenken, ein Gesetz zur Ausrottung der ›jüdischen‹ Pest der Homosexualität verlangte?

Sie, Herr Reichskanzler, wissen das alles genauso gut wie ich, ja und sogar noch besser. Denn für mich war die Homosexualität Ihres Stabschefs Röhm nur eine Tatsache, über deren Aufdeckung ich die totale Dekadenz der nationalsozialistischen Partei kenntlich machen und beweisen wollte. Aber für Sie war die Homosexualität immer mehr als eine theoretische Angelegenheit. Nun kommen Sie auf einmal zu dem Schluß und ordnen an, daß die Homosexuellen aus Ihrer Partei und aus dem politischen Leben verschwinden sollen. Einverstanden, Herr Reichskanzler. Aber dann fangen Sie doch bitte bei sich selbst an und verschwinden Sie aus Ihrer Partei genauso wie aus dem politischen Leben. Und dazu fordere ich Sie nicht nur auf, weil Sie seit neun Jahren die Entwicklung der homosexuellen Verderbnis unter der deutschen Jugend in völliger Kenntnis der Sachlage begünstigt haben.

Sie verstehen, was ich meine, Herr Kanzler.

Dr. Helmut Klotz«

Es darf daran erinnert werden, daß Otto Strasser fast zeitgleich mit Klotz und mit ähnlichem Tenor eine Reihe weiterer »amtierende Großwürdenträger des Hitlersystems« der »homosexuellen Veranlagung und Betätigung« bezichtigt und dabei die provozierende Frage aufgeworfen hatte: »Existiert der §175 nur für Tote?«[48] Durch die beiden Veröffentlichungen fand sich nunmehr ein halbes Dutzend leibhaftiger Spitzenfunktionäre des Dritten Reiches auf den Index gesetzt – und Hitler als führender Kopf des Regimes stand ganz oben. Diese »Proskriptionsliste« läßt sich nach dem Stand unseres (sehr begrenzten) heutigen Wissens durch die Namen weiterer homophiler »Großwürdenträger« der NS-Bewegung ergänzen: den Chef des SS-Hauptamtes Curt Wittje zum Beispiel oder den Staatssekretär in Goebbels' Propagandaministerium und späteren Reichswirtschaftsminister Walther Funk.[49] Wenn es denn stimmt, was Klotz und Strasser schreiben, so ergibt das zusammen mit Hitlers Stabschef, dem Stellvertreter des Führers, seinem Persönlichen Adjutanten, seinem Jugendführer, seinem Pressechef, seinem persönlichen Rechtsvertreter und bayerischen Justizminister schon eine respektable Korona gleichgeschlechtlich empfindender Gefolgschaft im unmittelbaren Umfeld des »Führers«. Und warum sollte das, was die früher engen Kombattanten dieses Mannes da ans Tageslicht förderten, eigentlich nicht stimmen? Das wenige, was an Forschungen zum sexuellen Profil der Naziführung vorliegt, spricht jedenfalls eher dafür als dagegen. Und da selbst die sexuelle Identität des Joseph Goebbels trotz aller Promiskuität und Homophobie nicht frei von homoerotischen Leidenschaften gewesen zu sein scheint[50], drängt sich sogar der Eindruck auf, daß orthodox heterosexuelle Männer in Hitlers Entourage eine Minderheit waren. Das homosoziale Umfeld Hitlers scheint demnach nicht nur erotisch eingefärbt gewesen zu sein, es scheint auch – zumindest in den frühen 1930er Jahren – Züge einer Seilschaft angenommen zu haben, die nicht zuletzt sexuell vermittelt war. In solchem Kontext mußte Hitler – wie sogar das eher zurückhaltende ›Pariser Tageblatt‹ nun titelte – als »ein Gefangener des Homosexuellen«[51] erscheinen.

Die »Nacht der langen Messer« war der Versuch des deutschen Diktators, sich aus dieser Gefangenschaft zu befreien. Es war nicht der einzige, aber ein gewichtiger Grund, diese aggressive Flucht nach vorne anzutreten. Hitlers anfängliche Zögerlichkeit resultierte aus seiner Angst nicht vor dem Mißlingen der Mord- und Verhaftungs-Aktion, sondern vor dem Auslösen eines Bumerangeffektes. Die publizistischen Reaktionen von Strasser und Klotz zeigen, wie gerechtfertigt solche Befürchtungen waren. Nicht umsonst hatten Hitlers Häscher schon im Vorfeld der Röhm-Morde versucht, Otto Strasser auszuschalten.[52] Aber trotz des Fehlschlags dieser Bemühungen hatte Hitler vorerst Glück. Als Verlautbarung in einem kleinen Segment der Auslandspresse und damit ohne größere Breitenwirkung über den Kreis der deutschen Emigranten hinaus waren die Enthüllungen zwar peinlich genug; aber eine ernsthafte Bedrohung stellten diese Anwürfe noch nicht dar. Der breiteren Öffentlichkeit in Deutschland blieben sie ohnedies vorenthalten. Also konnte Hitler gar nichts anderes tun als hoffen, daß sich die große Politik des Auslands um diese heiklen Dinge nicht wirklich kümmern werde. Das änderte sich freilich schlagartig, als im August 1934 ruchbar wurde, daß sich in England ein öffentliches Tribunal Hitlers mysteriöser Rolle in der Röhm-Affäre annehmen wolle.

Der Anschlag und sein Scheitern

Die Nachricht kam von einem »Zuträger XY«, der am 29. August 1934 bei der Deutschen Botschaft in London vorstellig geworden war, um – in den Worten eines Botschaftsangehörigen – folgendes mitzuteilen: »Das hiesige Relief Committee for the victims of Facism bereitet für den Spätherbst dieses Jahres einen neuen großen Skandalprozeß ›Angeklagter Hitler vor dem Weltgewissen‹ vor, der in London stattfinden soll. Veranstaltet und finanziert soll der Prozeß von den gleichen Leuten werden, die seinerzeit den Reichstagsbrandprozeß veranstaltet haben.[53] [...] Für den Prozeß habe man sehr umfangreiches Material, u. a. verschiedene geflüchtete S.A.-Leute.«[54] Bei dem »Zuträger XY« handelt es sich um den deutschen Emigranten Hans Wesemann, der sich innerhalb weniger Monate vom geistreichen Kritiker des Nationalsozialismus zu einem Denunzianten emigrierter Nazifeinde gemausert hatte und seit dem Frühjahr 1934 über die Londoner Botschaft seine Nachrichtendienste anbot.[55] Anfang August 1934 war Wesemann auf Einladung der Gestapo in Berlin gewesen, wo er sich formell hatte engagieren und instruieren lassen. Seine Meldung über das geplante Hitler-Tribunal sieht sehr nach Erledigung eines Auftrags aus, und die Geschäftigkeit, mit der nun die Gestapo bei der Botschaft in London auf die sofortige Ausstellung eines Reisepasses für Wesemann drängte und dies mit einem nicht näher bezeichneten »Spezialauftrag« ihres Informanten auf dem Kontinent begründete, läßt darauf schließen, daß hier in den Augen der politischen Polizei Gefahr im Verzuge war. Welche Gefahr genau, erhellt ein Privatbrief, in dem Wesemann einige Wochen später auf sehr unverblümte Weise spezifizierte, was ihm in London zu Ohren gekommen war. »Es wird Sie interessieren«, schrieb er an den einflußreichen Journalisten Salomon Jacob, der schon vor Hitlers Machtergreifung emigriert war, »daß man in englischen Kreisen einen Prozeß gegen Hitler vorbereitet. Seine schwulen Beziehungen zu Heß und zu einem jungen Studenten, der jetzt in Zürich einen Laden betreibt, werden dargelegt werden. Die Zeugenaussage dieses jungen Mannes soll bereits gesichert sein. Ebenso kompromittierende Briefe, die z. T. in den Händen von Otto Strasser und (angeblich) von Willi Schlamm (Prag)[56] sind. Das Relief Committee for the victims of Hitlerism hat auch die Zeugenaussagen flüchtiger S. A. Leute in Aussicht genommen. Vielleicht widmen Sie dieser Angelegenheit, die in England wie eine Bombe einschlagen und Hitler unmöglich machen würde, Ihre Aufmerksamkeit.«[57]

Was an diesem Zeugnis vor allem anderen frappiert, ist die Selbstverständlichkeit, mit der hier Hitlers Homosexualität als Gegebenheit hingestellt wird. Auch wenn Wesemann nur in seiner Rolle als Lockspitzel geredet hat, scheint das für den damaligen Kenner des NS-Szenarios offenbar alles andere als eine Überraschung gewesen zu sein. Es war mehr das unwiderlegbare Beweismaterial, das Wesemann hier als Sensation präsentierte. Und für dessen Fundorte und Besitzer hat sich der Gestapo-Agent folgerichtig den ganzen September über auf das lebhafteste interessiert. Wir wissen das aus einem Vernehmungsprotokoll, das ein Schweizer Untersuchungsrichter in einem ganz anderen Zusammenhang[58] im Frühjahr 1935 mit Helmuth Klotz in Paris aufgenommen hat. Darin schildert Klotz seine Kontakte zu Wesemann wie folgt: »Ich habe in Berlin vor 4 oder 5 Jahren die Bekanntschaft Wesemanns gemacht, aber ich habe damals keinerlei Beziehungen mit ihm unterhalten. Im Juli 1934, kurz nach der Röhm-Affäre, bin ich von einem Freund in Berlin vor Wesemann gewarnt worden; man hat mir keine Einzelheiten genannt, aber mich darauf hingewiesen, daß Wesemann möglicherweise der Gestapo angehört. Ich habe einem Beamten der Nationalen Sicherheitspolizei [...] einen Brief übergeben, den Wesemann im September 1934 von Paris aus (Rue Bloumet) an mich gerichtet hat. Er schrieb damals, daß der ›Peace Council‹ in London ihm meine Adresse mitgeteilt hätte und daß er mich sobald wie möglich zu sprechen wünscht; er sei ein alter Mitarbeiter von Gerlach[59]. – Ich sagte zu, ihn am 25. September 1934 bei mir zuhause zu treffen. Bei dieser Zusammenkunft teilte er mir mit, daß er mit großem Interesse eines meiner Bücher gelesen hätte, das in London erschienen ist.[60] Er sei durch eine in London erscheinende Zeitung autorisiert, mich um die Genehmigung zu bitten, mein Buch in dieser Zeitung zu veröffentlichen. Ich habe Wesemann um eine förmliche Legitimation gebeten, aber er konnte mir keine vorlegen. Ich habe ihm daraufhin gesagt, daß ich mich direkt mit der Zeitung in Verbindung setzen würde. Wesemann hat mich dann um die Namen meiner Mitarbeiter und Informanten gebeten; doch ich habe es sofort abgelehnt, sie ihm zu nennen. Schließlich kam er darauf zu sprechen, er könne sich erinnern, daß ich vor einigen Jahren in Deutschland die Briefe des Hauptmanns Röhm veröffentlicht hätte und daß ich in dem Kommentar erwähnt hätte, daß in Zürich ein junger Student lebte (früher in München), der in homosexuellen Beziehungen mit Hitler selbst gewesen sei.[61] Wesemann fügte hinzu, daß wenn es möglich sei, dies durch eine förmliche Zeugenaussage zu bestätigen, Hitler in der englischen Gesellschaft vollkommen erledigt sei. Er hat mir vorgeschlagen, bald [mit ihm] nach Basel und Zürich zu fahren, um diesen jungen Mann zu suchen. Er bewies in der Verfolgung dieses Planes einen außergewöhnlichen Eifer. – Wesemann wollte außerdem, daß wir nach Österreich und nach Prag gingen, damit ich ihm Dr. Otto Strasser vorstelle. – Dann bemerkte er noch, daß er Jacob Salomon in Straßburg sehr gut kenne und daß er im Sinn habe, diese Reise in die Schweiz und nach Prag eventuell zu dritt zu machen. – Ich habe aber abgelehnt und die Vorschläge von Wesemann zurückgewiesen. – Zwei Tage danach, am 27. September 1934 ist Wesemann erneut zu mir gekommen und hat sein Anliegen wiederholt. Ich habe erneut abgelehnt und ihn seitdem nicht wiedergesehen.«[62]

Kurz nach dieser Abfuhr hat Wesemann sein Glück dann noch einmal bei einem anderen Emigranten in Paris, dem Juristen und Schriftsteller Botho Laserstein[63], versucht, worüber ebenfalls ein Gerichtsprotokoll existiert: »Er hat mich gefragt«, sagte Laserstein dort aus, »ob ich nicht ein Buch oder eine Artikelserie über das Liebesleben Hitlers schreiben wolle – in Form von Artikeln, die vorzugsweise für die englische Arbeiterpresse bestimmt seien. Das Bemerkenswerte an dieser Aufforderung war, daß er behauptete, er könne mich für ein solches Projekt mit [brisanten] Dokumenten versorgen. Er könnte mir vielleicht sogar die Bekanntschaft mit einem jungen Hitler-Anhänger vermitteln, der einen Tabakladen in der Schweiz unterhalte und der von Hitler eine monatliche Zuwendung von 600 Francs erhalte, da er Hitlers Liebhaber in dessen Münchener Frühzeit gewesen sei. Er fügte allerdings hinzu, daß er die genaue Anschrift dieses jungen Mannes nicht wisse, und mir auch nicht den Ort benennen könne, wo der sich jetzt aufhalte: es könnte Genf, Zürich oder Basel sein. ›Sobald ich die Adresse weiß, werde ich sie Ihnen mitteilen, und wenn Sie einverstanden sind, so würde ich Sie gern dorthin begleiten. Es dürfte Ihnen übrigens nicht schwerfallen, interessante Auskünfte zu erlangen, wenn Sie den jungen Mann betrunken machen.‹ Wesemann fügte hinzu, daß er mir, wenn ich einwilligte, 1000 Francs aus England unter dem Namen seines Londoner Pseudonyms Dr. Schröder zukommen lassen würde. Ich habe ihn wissen lassen, daß es mir wesentlich erfolgversprechender scheine, ohne seine Begleitung in die Schweiz zu gehen, um dort vertrauliche Mitteilungen von solcher Brisanz zu erhalten. In diesem Fall, sagte er mir, würde er mir einen falschen

Schweizer Paß besorgen. Das habe ich aber sofort abgelehnt, denn ein solches Angebot kam mir doch äußerst windig vor. Kurz vor der Saar-Abstimmung habe ich Wesemann dann noch einmal in Paris gesehen. [...] Ich konnte mich persönlich davon überzeugen, daß er zu dieser Zeit eine wohlgefüllte Brieftasche besaß – es müssen zwischen 6000 und 12000 Francs gewesen sein. Er hat damals seine Bitte wiederholt, mit ihm in die Schweiz zu reisen, um Erkundigungen bei diesem jungen Hitler-Anhänger einzuholen, der mich mit Zeugnissen über das Liebesleben Hitlers versorgen könnte. Im Verlauf der Unterhaltung brachte ich meine Zweifel an seiner [Wesemanns] Zuverlässigkeit zur Sprache und sagte ihm rundheraus, daß man ihn in Flüchtlingskreisen für einen Gestapo-Agent hielte. Seine Reaktion war so, daß er tatsächlich meinte, er müsse sich nun doch wohl noch einmal überlegen, ob er mit mir überhaupt zusammenarbeiten könne. Danach sah ich ihn nie wieder.«[64]

Diesen Zeugnissen zufolge hatte Wesemann von der Gestapo also einen doppelten Auftrag erhalten: Er sollte zum einen aufspüren, was bestimmte Exilanten an kompromittierendem Material über Hitlers Homosexualleben in petto hatten. Und dann sollte er diese speziellen Regimegegner in eine Falle locken, respektive ans Messer liefern. Es mag dahingestellt sein, ob der ehemalige Geliebte Hitlers dabei nur als Lockvogel diente, oder ob es der Gestapo tatsächlich darum zu tun war, einen mutmaßlichen Kronzeugen zu identifizieren. Eindeutig ist jedenfalls, daß Wesemanns Aktivierung eine politische Reaktion auf die Ankündigung des Londoner Hitler-Tribunals war. Insofern kann die Vergabe des Spionageauftrags als ein Indikator für das Bedrohungspotential gewertet werden, mit dem sich das Regime hier konfrontiert sah. Leider gestattet es die Quellenlage nicht, die Befehlsstruktur der Wesemann-Aktion genauer zu durchleuchten. Aber schon die brisante Zielvorgabe, die aufwendige Logistik und das viele Schmiergeld, das im Spiel war, deuten darauf hin, daß hier ein Befehl von ganz oben vorlag. Auf eigene Faust hätte in einer solchen Sache kein deutscher Beamter ermittelt.

Wesemanns Instrukteure vermuteten das kompromittierende

Material vor allem im Umfeld von Klotz und Strasser, der übrigens nach dem mißglückten Entführungsversuch vom Juni 1934 weiterhin im Visier der Gestapo blieb.[65] Das wertet die politische Bedeutung dieser beiden verschworenen Hitler-Feinde enorm auf. Allem Anschein nach haben Strasser und Klotz im Jahre 1934/35 denn auch viel enger miteinander kooperiert und konspiriert, als das nach außen hin zutage trat.[66] Es ist naheliegend, daß die Initiative zu dem Londoner Tribunal gegen Hitler von ihnen ausgegangen ist. Kaum ein anderer aus dem Kreis der politischen Flüchtlinge dürfte damals willens *und in der Lage* gewesen sein, das entsprechende »Belastungsmaterial« für eine derartige – auch die Intimsphäre des Führers nicht aussparende – moralpolitische Abrechnung zu beschaffen. Material, das auch vor dem prüfenden Auge einer mit Juristen besetzten Untersuchungskommission hätte bestehen können. Außerdem wußten sie, daß mit einer isolierten Veröffentlichung ihres Geheimwissens in Exil-Periodika gegen Hitler kaum etwas auszurichten war. So war es nur folgerichtig, daß die Gestapo ihre Abwehrarbeit auf das Gespann Strasser-Klotz konzentrierte.

Bekanntlich ist das für den Spätherbst 1934 in Aussicht genommene Antihitler-Forum dann nicht zusammengetreten. Die Einschüchterung und Verfolgung der beiden wichtigsten »Anklagevertreter« durch die Gestapo war offenbar nicht ganz erfolglos. Doch ein weiterer – und vielleicht gewichtigerer – Grund für das Nichtzustandekommen dürfte darin zu sehen sein, daß es auch innerhalb der deutschsprachigen Emigration schwere Bedenken gegen ein derartiges Vorgehen gab. Zwar liegt ein Schleier über den internen Vorgängen, der einen genaueren Blick auf die Verhinderungsstrategien abwehrt, aber Konturen lassen sich dennoch erkennen.

Schon lange bevor die Röhm-Affäre das Thema »Homosexualität und Faschismus« erneut auf die politische Tagesordnung zwang, waren in der Exilpresse einzelne Stimmen zu hören, die – wie Heinz Pol in der ›Neuen Weltbühne‹ – rundheraus erklärten: »Man hat in der antifascistischen Propaganda jahrelang den ebenso dummen wie erfolglosen Versuch gemacht das Privatleben und die persönlichen Neigungen der Naziführer vor den Massen zu ›enthüllen‹. [...] Mit solchen Läppereien kann nie eine propagandistische Massenwirkung erzielt werden.«[67] Anwürfe wie diese schrieben also auch noch Monate nach Hitlers Machtantritt jene linke Kritik fort, mit der man die Bemühungen von Klotz schon 1931/32 aufs Korn genommen hatte. Das verwundert den heutigen Betrachter insofern, als doch gerade der skrupellose, keine Persönlichkeitsrechte kennende Umgang des Hitler-Regimes mit politischen Gegnern nach dem 30. Januar 1933 eklatanter denn je war. Diese Erfahrung – so könnte man meinen – hätte den erklärten Todfeinden dieser Diktatur geradezu einbleuen müssen, daß die Repräsentanten des Regimes nun wirklich jeglichen Anspruch auf Schonung – auch ihres Privatlebens – verwirkt hatten, sofern sich daraus nur für den Diktator ein Strick drehen, gegen ihn Stimmung machen ließ. Aber in puncto Homosexualität existierte bei manchen Antifaschisten so etwas wie eine Beißhemmung, die an heutige Erscheinungsformen von *politischer Korrektheit* erinnert. Hier wurden investigative Schriftsteller sogar zu »peinlichen Antifascisten« – und zwar nur deshalb, weil sie bei ihren Kampfmethoden auch auf die damaligen Vorurteile der bürgerlichen Moral rekurriert hatten. Ob der Zweck in diesem speziellen Fall nicht auch einmal das Mittel heilige, wurde überhaupt nicht in Erwägung gezogen. Eine solche Haltung mochte 1931/32 noch als honorig durchgehen, nach anderthalb Jahren Naziherrschaft mutet sie aber doch eher etwas wirklichkeitsfremd an. Und wiederum berührt die Affinität solcher Vorbehalte zu dem Gedankengut, das 1933 von nationalsozialistischer Seite in dieser Sache verbreitet wurde – zum Beispiel von Röhms Anwalt Luetgebrune. Der verurteilte nämlich in einer auflagenstarken Broschüre den »häßlichsten und gemeinsten« Kampf, der hier seinem Mandanten von einem »schamlosen Gegner« aufgezwungen wurde, mit nahezu den gleichen Argumenten, wie sie die linken Klotz-Kritiker verwandten.[68]

Selbst nach den Röhm-Morden, als der propagandistische Eiertanz der Mörder um das virulente Problem Homosexualität und Politik zu einer scharfen Auseinandersetzung geradezu einlud, schrieb ein anonymer Autor in dem Schweizer Magazin ›Freundschafts-Banner‹, die »Vorwürfe der Homosexualität gegen politische Gegner« müßten endlich aufhören, denn: »In Sachen der Homosexualität gibt es für anständige Leute keine Politik und darf es auch keine geben.«[69] In die gleiche Kerbe hieb wenig später Klaus Mann, der sich eine solche öffentliche Stellungnahme zwar »lange überlegt« hatte und es auch besser gefunden hätte, wenn sich »ein ›nicht-Interessierter‹« der Thematik angenommen hätte: »Der fand sich aber nicht.«[70] Der Dichtersohn empörte sich scharfzüngig über »jenes Mißtrauen und jene Abneigung gegen alles Homoerotische« in Emigrantenkreisen, die sich neuerdings bis zu dem Verdikt verstiegen habe, die Homosexualität sei »eine Eigenart des Fascismus«. Dabei habe es in Wahrheit »zu jeder Zeit hunderterlei verschiedene Typen von Homosexuellen gegeben, auch sehr minderwertige und fatale«. Daß die Linke »gerade in dieser Frage von der spießbürgerlichsten Voreingenommenheit« sei, führte Mann auf »Stimmungsmomente«, auf »unvernünftige Vorurteile« sowie einen »falschen und engen Moralbegriff« zurück: »Es fing an mit dem falsch und unwürdig geführten Kampf gegen Röhm. Die dummen und sentimentalen Briefe, die er aus Südamerika geschrieben hatte, waren seine Privatangelegenheit. Es war eine sinnlose und überflüssige Ordinärheit, sie in die Öffentlichkeit zu zerren.« Hitler sei schließlich nicht deshalb zur Herrschaft gekommen, »weil ›die deutsche Jugend homosexuell verseucht‹ ist, sondern weil Thyssen zahlte und weil bezahlte Lügen die Gehirne Hungernder verwirrten«.[71]

Mit dieser eindeutigen Anspielung auf den Offenen Brief von Helmuth Klotz gab Klaus Mann zu erkennen, gegen wen sein Pamphlet sich hauptsächlich richtete. Und zugleich bringt dessen ganze Diktion zum Ausdruck, daß sich hier – aus subjektiver Betroffenheit heraus – ein klassisches Mißverständnis, ein Mißverstehen*wollen* artikulierte. Natürlich hatte Mann gute Gründe, sich über die unzulässige Verallgemeinerung zu empören, daß Homosexualität eine Eigenart des Faschismus sei, aber das Phänomen, daß führende Nationalsozialisten homosexuell waren, ließ sich mit seiner Kritik nicht beiseite schieben. Es harrte der Erklärung oder zumindest einer eingehenderen politischen Betrachtung. Homophobe Tendenzen hin oder her, Klotz wollte die Nazis an einer – wie diese selbst erkannten – »tödlich empfindlichen Stelle« treffen. Das wollte ihm sein Kritiker aber streitig machen. Dabei hatte Klaus Mann selbst in seinem Artikel an den durchaus politischen Kern des Problems gerührt, als er schrieb: »Den Nazis steht es wohl an, teils homosexuelle Cliquen zu bilden, teils die Homosexuellen einzusperren, zu kastrieren oder zu erschießen.«[72] Genau darum ging es: um den extrem widersprüchlichen, extrem verlogenen und vor allem den manisch-neurotischen Umgang mit dem Phänomen, das dieser Bewegung irgendwie inhärent war und sie zugleich zu beschädigen drohte, der Homosexualität. Den selbst homophil ausgerichteten »Führer« mit diesen Aporien immer wieder zu konfrontieren, das war der tiefere Sinn der natürlich nur sexualdenunziatorisch anzubringenden Vorstöße von Klotz und Strasser – die beiden Verschwörer daran zu hindern, das war der Hintersinn solcher Stellungnahmen wie die von Heinz Pol oder Klaus Mann. Daß Thomas Mann den Artikel seines Sohnes »problematisch« fand[73], hat vielleicht damit tun. Man kann das um so mehr annehmen, als Klaus Mann sich noch wenige Monate zuvor in einem Romanmanuskript die auch von seinem Vater vertretene Ansicht[74] zu eigen gemacht hatte, wonach »das Homosexuelle« immer schon zu den »Grundlagen« der Hitlerbewegung gehört habe – »so kompromittierend dies für die Homosexualität klingen« möge.[75]

Es war auch wohlgemerkt *nicht* die Homosexualität führender Nationalsozialisten, die von den Kritikern der Klotz-Strategie in Zweifel gezogen wurde. Sie stellten diese Homosexualität als eine reale Gegebenheit sehr wohl in Rechnung. Was sie rigoros ablehnten, war der Versuch, daraus politisches Kapital zu schlagen. Aus der Befindlichkeit eines selbst homosexuellen Emigranten mag dies als Abwehrreflex gut nachzuvollziehen sein. Es ist die Rationalisierung, genauer: die Sublimierung, die Ideologisierung des Affekts, die das Problem ausmacht. Denn hier mutierten fraglos persönliche zu politischen Interessen. Aus ihrem unguten Gefühl heraus, mit einigen Nazigrößen etwas »Wesensmäßiges« zu teilen, konnten die homosexuellen Emigranten wohl gar nicht anders, als allergisch zu reagieren: »Man ist im Begriff, aus ›dem Homosexuellen‹ den Sündenbock zu machen – etwa ›den Juden‹ der Antifascisten. Das ist abscheulich.«[76] Das Fatale an der Metapher war nicht nur der schiefe Vergleich, denn zur Diskriminierung von Homosexuellen hatten weder Klotz noch Strasser noch die Exilpresse aufgerufen. Das Fatale war mehr noch, daß hier mit Argumenten von verstandeslähmender Wirkung gearbeitet wurde, die eine politische Auseinandersetzung um die Frage, ob im Kampf gegen Hitler nicht auch seine Homosexualbiographie ausgeschlachtet werden dürfe, abwürgte. Hinzu mag bei anderen Klotz-Kritikern ein schwer zu erklärender patriotisch inspirierter Loyalitätsrest gegenüber Volk und Vaterland gekommen sein, der sogar bei Klotz selbst noch anklingt: ein Reichkanzler der Marke Hitler ist schon beschämend genug – ein Homosexueller aber an der Spitze des Deutschen Reiches, das ist womöglich mehr, als man der nationalen Psyche der Deutschen zumuten sollte.

Hitlers Geheimnis zu thematisieren wäre aber nach den Röhm-Morden dringend am Platze gewesen, um aus dieser ersten großen Krise des Hitler-Regimes einen politischen Vorteil zu ziehen. Die selten so günstige Gelegenheit dazu bot sich deshalb, weil Hitler hier selbst der Hauptgegenstand seiner verbrecherischen Politik war. Dem Blickfeld der Zeitgenossen war noch nicht entrückt, was heute nur zu leicht übersehen wird, daß nämlich Röhm und sein Freund Hitler bis dato als ein regelrechtes Führungsduo der Nazibewegung fungiert und auch posiert hatten[77]; es mithin für den nunmehrigen Alleinführer um weit mehr gegangen war als darum, sich eines aufmüpfigen Satrapen zu entledigen. Wenn diese sehr persönlichen Verwicklungen Hitlers in die Röhm-Krise in der Auslandspresse unterbelichtet blieb, so verweist dies einmal mehr auf den vertrackten Charakter des ganzen Streits: Über nichts ließ sich offenbar so schlecht reden als über homosexuelle Seilschaften in der Welt der NS-Politik. Der Willkür und Gezwungenheit der einen Seite entsprachen das Unbehagen und die Gehemmtheit auf seiten der Gegner.

Einzig die in Kopenhagen erscheinende ›Zeitschrift für politische Psychologie (Sexpol)‹ meinte damals die sexualpolitischen Implikate der Röhm-Affäre dazu »benützen [zu] können, um die ideologische Propaganda der Nazis noch viel gründlicher zu zersetzen und in ihrer Heuchelei zu entlarven«. Ihr Hauptargument: »Die Nazis [...] selbst sind es doch, die durch den Aufbau der SA in dieser Truppe die Homosexualität geradezu erzeugten und züchteten.« Vor allem dadurch, daß sie »die unbewußten Neigungen, die viele bürgerlich erzogene Jungens in der Pubertät und Nachpubertät haben, aktivieren«. Auch sei es beileibe »kein Wunder, wenn Menschen, die schon von vornherein homosexuell veranlagt sind, eine Institution wie die SA ausnützen, um zu Führerstellungen zu gelangen und diese dann im Sinne ihrer Neigungen mißbrauchen«. Mit anderen Worten: die Zeitschrift war »gegen die Homosexualität, weil 1) der homosexuelle Verkehr niemals so befriedigt und beglückt wie der heterosexuelle; 2) der Homosexuelle, wenn er aus seinem ›Männerbund‹ draußen ist, in der heutigen Gesellschaft außerordentlich benachteiligt ist und 3) weil die Homosexualität eine außerordentlich starke psychische Verankerung der faschistischen Ideologie darstellt«. Allerdings rief sie gleichzeitig dazu auf, die »Homosexuellen selbst« nicht zu verurteilen: »Moralschnüffelei und moralisches Muckertum ist ihnen gegenüber gänzlich unangebracht.«[78]

Politischen Diskussionsbedarf für das heikle Thema scheint es also 1934 durchaus gegeben zu haben. Schließlich war dies eine der wenigen realistischen Möglichkeiten des Exils, die Legitimationsgrundlage des Regimes zu erschüttern. Aber eine öffentliche Debatte fand nicht statt. So kam es zu der bemerkenswerten Erscheinung, daß die Homosexualität unter den Nationalsozialisten in der Emigranten-Öffentlichkeit fleißig karikiert, als *politisches Problem* aber letztlich ignoriert, ja dethematisiert wurde. Selbst der »Führer« mochte wohl homosexuell sein – doch sei's drum: »Läpperei«. So ging der Kelch einer weltöffentlichkeitswirksamen Entlarvung an Hitler vorüber. Man kann nur spekulieren, in welche Bedrängnis ihn ein solcher Anschlag auf seine Integrität gebracht hätte. Der

Führer-Mythos hätte wohl mehr als eine Schramme erhalten, er wäre ins Wanken geraten – mit unabsehbaren Folgen für seine Machtstellung. So erhielt der Diktator die Möglichkeit, aus der Erfahrung mit Röhm zu lernen. Und Hitler lernte schnell. Schon bald war er wieder obenauf. Man hatte ihn nur anzählen können.

Weitere Chancen für einen entsprechenden Demontageversuch von außen ergaben sich nach 1934 nicht mehr. Dafür hat Hitler mit seinen umfangreichen Präventionsmaßnahmen gesorgt. Von einem ähnlich massiven Vorstoß in diese Richtung, wie ihn Strasser und Klotz unternommen hatten, war in der Publizistik des deutschen Exils vorerst nicht wieder die Rede. Allerdings wurde immer wieder insbesondere auf Hitlers Homosexualität persiflierend Bezug genommen – nicht zuletzt übrigens von selbst homosexuellen Schriftstellern [79], denen man wohl kaum unterstellen kann, sie hätten dem Führer aus reinem Selbsthaß etwas andichten wollen. Doch dies waren eher ephemere Attacken. Erst 1941, kurz nach Hitlers Überfall auf die Sowjetunion, erschien in Moskau eine Broschüre, die wieder an die Tendenz des Enthüllungsjournalismus à la Klotz anknüpfte.[80] Ihr Verfasser war der frühere Berliner Psychologie-Professor Arthur Kronfeld [81], der in den 1920er Jahren einige Zeit sehr eng mit dem Sexualwissenschaftler Magnus Hirschfeld zusammengearbeitet hatte. Zu Beginn der 1930er Jahre hatte er enge Kontakte zu Jan Hanussen [82], dem berühmten Magier und Hellseher, der wiederum verwickelte Beziehungen zu hohen Nazifunktionären unterhielt. Im Jahre 1935 verließ Kronfeld, der sich einen bedeutenden Ruf als sexualwissenschaftlicher Experte erworben hatte, Deutschland, nachdem er als Jude mit Berufsverbot belegt worden war. Über die Schweiz gelangte er 1936 nach Moskau, wo ihm sogleich eine Forschungsprofessur angeboten wurde.

Seine Broschüre über die »degenerierten« Naziführer verstand er als eine Art von Erfahrungsbericht aufgrund von eigenen Beobachtungen oder von vertraulichen Mitteilungen aus dem privaten Umfeld des Hitler-Kreises. Über den deutschen Diktator schreibt er, daß der in geschlechtlicher Hinsicht »anomal« sei: »Man darf für erwiesen halten, daß das Gefühl der Liebe einer Frau gegenüber für ihn unzugänglich ist. Früher hatte er geschlechtliche Beziehungen zu [den SA-Führern] Heines und Ernst.« Hanussen habe ihm Ende 1932 berichtet, »daß Ernst selbst ihm über seine homosexuellen Beziehungen zu Hitler sehr ausführlich erzählt hatte«. Durch Ernst sei auch das Verhältnis, das Hitler früher mit Heines hatte, bekannt geworden. Die spätere Ermordung Hanussens durch Ernst oder seine Leute sei erfolgt, »weil er zuviel wußte«. Aus dem gleichen Grund hätte Hitler dann wiederum am 30. Juni 1934 Heines und Ernst töten lassen. Absichtsvoll offen ließ Kronfeld, »ob Hitler auch sexuelle Beziehungen zu Heß hatte«.

Keine Frage, der Medizinprofessor Kronfeld wollte mit seinem preisgegebenen Intimwissen über Hitlers mannmännliche Beziehungen das von ihm gezeichnete psychopathische Charakterprofil des deutschen Diktators schärfen. Aber deshalb muß er noch lange nicht die Unwahrheit gesagt haben. Die politischen Karrieren der mehr oder minder offen homosexuellen SA-Größen Heines und Ernst waren selbst für NS-Verhältnisse dermaßen ungewöhnlich, daß sie eigentlich nur auf dem von Kronfeld dargelegten privatgeschichtlichen Hintergrund plausibel werden. Nicht ohne Grund hatte Helmuth Klotz seit 1932 die Aufmerksamkeit der Öffentlichkeit immer wieder auf Edmund Heines gelenkt, in dem er gleichsam den Prototypen des nationalsozialistischen Barbaren zu erkennen glaubte. Entscheidend ist nicht, ob Klotz mit dieser Klassifizierung recht hatte – Heines dürfte in der frühen Hitlerbewegung eher den Extrem- als den Normfall des braun-uniformierten Schurken verkörpert haben –; entscheidend ist, daß Hitler Heines zum stellvertretenden Chef der SA, ja zum Polizeipräsidenten einer der bedeutendsten deutschen Städte machte und wenig später ermorden ließ – samt persönlichem Adjutanten und Bruder. Hier liegt einmal mehr die Berechtigung der von Klotz wohl am eindringlichsten aufgeworfenen Frage begründet, ob und inwieweit der »Führer und Reichskanzler« in personal- sowie machtpolitischen Dingen nur zu oft als Gefangener seiner Homosexualität zu agieren hatte.

Helmuth Klotz war ein Mann des Widerstandes. Er hat die Nazis aus politischen Motiven bekämpft – »bis aufs Messer«; schon vor 1933. Er hatte es auf Hitler persönlich abgesehen, er wollte diesen Mann fertigmachen – koste es, was es wolle. Doch seine publizistischen Anschläge verfehlten ihr Ziel. Unmittelbar nach der Okkupation von Paris durch die deutsche Wehrmacht wurde Helmuth Klotz verhaftet. Goebbels triumphierte, als er mit Hitler über die endliche Festsetzung »jenes Schweinchens« räsonierte.[83] Klotz wurde nach Deutschland überführt, wo man ihm in monatelangen Verhören sein Geheimwissen abzapfte. Die umfangreichen Protokolle darüber sind nicht aufzufinden. Seine Verurteilung zum Tode wegen Hoch- und Landesverrat im November 1942 gehörte zu den ersten Amtshandlungen des im September zum Vorsitzenden des Volksgerichtshof ernannten Roland Freisler. Er hatte den Fall Klotz unmittelbar nach seinem Antrittsbesuch bei Adolf Hitler zur Chefsache erklärt.[84] Das Urteil wurde am 2. Februar 1943 vollstreckt.

Zweiter Nachtrag
Hitlers Weg zum »fanatischen Antisemiten«: Ein Erklärungsvorschlag

Woher stammt Hitlers Judenfeindschaft?

Hitler hat *persönlich* die Vernichtung der europäischen Juden angestiftet, auch wenn er dafür die Hilfe eines großen Heeres von »willigen Vollstreckern« benötigte. Ohne sein persönliches Einwirken hätte sich die Judenpolitik der Nazis nur schwerlich zu dieser mörderischen Konsequenz verdichten können. Hitlers verbrecherische Kraft war vor allem in seinen antisemitischen Aggressionen verankert.[1] Deshalb kommt der spezifischen Natur seines Judenhasses eine so herausragende Bedeutung als Erklärungsmoment für sein Agieren zu. Zum Begreifen dieser ›Natur‹ ist wiederum die Frage der Genese zentral, auf die wir bis heute ohne Antwort sind. Selbst Ian Kershaws große Hitler-Biographie weiß nicht sicher zu sagen, »warum, noch gar wann, Hitler sich in einen manisch besessenen Antisemiten verwandelt«.[2] Wenn wir Hitler nicht mit diesem Rätsel in die Geschichte entkommen lassen wollen, dann müssen wir die Motive für seine Feindseligkeit gegenüber den Juden in seiner individuellen Lebensgeschichte aufspüren; in konkret nachvollziehbaren Erfahrungen, in plausibel rekonstruierbaren Erlebnissen von weichenstellender Tragweite. Die Frage ist: Woher stammt seine Judenfeindschaft? Der nach eigenen Worten »*fanatische*« Antisemitismus[3], von dem Hitler stets behauptete, es sei ein »Antisemitismus der *Vernunft*«[4] – und nicht des Gefühls?

Vieles deutet darauf hin, daß der auslösende und zugleich lebensprägende Faktor für Hitlers rachsüchtigen Judenhaß der sogenannte Harden-Eulenburg-Skandal war, der in den Jahren 1907 bis 1909 die deutsche Volksseele aufwühlte.[5] Der gefürchtete Publizist jüdischer Abstammung, Maximilian Harden, hatte 1906 damit begonnen, den engsten Freund und Berater des deutschen Kaisers, den Fürsten Philipp zu Eulenburg, öffentlich der Homosexualität zu bezichtigen. Er beschwor das Szenario einer gleichgeschlechtlich veranlagten Kamarilla um Wilhelm II., die kraft ihrer »normwidrigen« Neigungen Deutschlands nationale Interessen beschädige. Die öffentlichen Auseinandersetzungen mit diesen schockierenden Enthüllungen zogen sich über Jahre hin. Es folgten Beleidigungs- und Meineidsprozesse, die eine Welle von Hohn, Widerspruch und Gehässigkeit hervorriefen. Die ›Tägliche Rundschau‹ schrieb, was 1907 weitverbreitete Meinung war: »Wohl selten hat die Rechtspflege eines modernen Staates einen Prozeß geführt, der in der gleichen Weise die öffentliche Sittlichkeit verpestet, das Vertrauen der unteren Klassen zu den höheren, ja zum Throne erschüttert und das eigene Land vor dem Auslande rücksichtsloser an den Pranger gestellt hat.«[6] Parallel zur Entdeckung der Homosexualität als ein womöglich auch politisches Problem verlegte sich die öffentliche Meinung auf die moralische Etikettierung von Menschen mit dieser Veranlagung. Der Phantasieraum für Männerliebe wurde mit krudesten Vorurteilen aufgefüllt. Beteiligte Zeitgenossen bewerteten die Folgen als »eine Katastrophe von großer Dimension und starker Tragik, die weit über Deutschlands Grenzen hinaus erschütterte«.[7]

Meine These lautet: Auf den jungen Adolf Hitler wirkte sich die Affäre traumatisch aus, weil er sich durch ihre Weiterungen stigmatisiert fühlte. Das kann man zeigen, wenn man sich um die Rekonstruktion seines Miterlebens dieser Dinge bemüht. Darin liegt für mich ein zentraler Ansatzpunkt für die Deutung seiner Antisemitenwerdung: Ich will aufzeigen, daß Hitlers Judenphobie aus seiner speziellen Bearbeitung jener Verletzung hervorging, die in ihm eine ungeheure Wut erzeugte. Dieser Kontext erschließt sich nicht auf den ersten Blick, denn Hitler hat über die Eulenburg-Affäre mehr oder weniger geschwiegen. Doch es war ein höchst beredtes Schweigen, dem sich so manche Erkenntnis abgewinnen läßt – vor allem dann, wenn man seine kryptischen Informationen hierüber zu entschlüsseln und die losen Enden der Überlieferungsfäden miteinander zu verbinden weiß. Die kryptischen Äußerungen finden sich wiederholt in seiner autobiographischen Kampfschrift von 1925.

Hitlers Selbstdarstellung in ›Mein Kampf‹ [8]

Die Art und Weise, wie Hitler in Wien »die Judenfrage [...] kennen lernen sollte«, hatte viel mit seiner Zeitungslektüre zu tun. Zwar habe er zunächst die »Weltpresse« mit Gewinn und Genugtuung studiert, sei dann aber mit der Berichterstattung über die inneren Vorgänge im Deutschen Kaiserreich nicht einverstanden gewesen. Als Bewunderer des wilhelminischen Deutschland hätten ihm die damals »nicht erfreulichen« Vorgänge in der Innenpolitik »oft trübe Bekümmernis« erzeugt. Er spielte vor allem auf den damaligen Kampf der politischen Opposition gegen das persönliche Regiment des deutschen Kaisers an, der ihn außerordentlich geärgert, ja »entrüstet« habe. Wenn er las, wie die Wiener Presse in »schlecht verhehlter Boshaftigkeit ihren Bedenken gegen den Deutschen Kaiser Ausdruck verlieh«, dann sei ihm geradezu das »Blut in den Kopf« geschossen. (S. 57f.) Wütend machte ihn die vermeintlich »niederträchtige« Methode dieser Stichelei (S. 63); aber erst an einer ganz anderen Stelle benennt er die »Gefahr«, die ihn so beunruhigte: »bewährte Erscheinungen des staatlichen und sonstigen öffentlichen Lebens« seien da »mit solch' elenden Schmähungen überhäuft worden, daß ihr Name in kurzem drohte zum Symbol einer ganz bestimmten Niedertracht oder Schurkerei zu werden«. (S. 93) Es bleibt unklar, was Hitler dabei genau durch den Kopf ging. Doch war es jetzt nicht mehr der deutsche Kaiser, den die Wiener ›Weltpresse‹ in den Jahren 1907/08 übrigens wesentlich besser behandelte, als Hitler uns hier weismachen will.[9] Außerdem hielt sich – wie wir aus anderen Quellen wissen – seine damalige Bewunderung für Wilhelm II. in wohl eher engen Grenzen. Hitlers zeitweiligem Partner Hanisch zufolge soll er ihn sogar für einen »eingebildeten Schwätzer« gehalten haben, der allein darauf spezialisiert wäre, für Denkmäler zu posieren.[10]

Zunächst weiter in Hitlers ›Mein Kampf‹-Diktion: Das antisemitische ›Deutsche Volksblatt‹, meint er, habe sich hier anständiger als die ›Weltpresse‹ verhalten. (S. 58) Nun griff er »überhaupt manchmal« nach diesem ›Volksblatt‹, obwohl er mit dem »scharf antisemitischen Tone« zunächst nicht immer einverstanden war – »allein ich las auch hin und wieder Begründungen, die mir einiges Nachdenken verursachten«. (S. 59) Nach diesem merkwürdigen Herumgerede thematisiert Hitler übergangslos seine Hinwendung zum Antisemitismus, und zwar als seine wohl »schwerste Wandlung überhaupt«. (Ebd.) Was den Anstoß dazu gab, sagt Hitler nicht; aber sie erschütterte ihn zutiefst: »Sie hat mir die meisten inneren seelischen Kämpfe gekostet, und erst nach monatelangem Ringen zwischen Verstand und Gefühl begann der Sieg sich auf die Seite des Verstandes zu schlagen«, um das Gefühl schließlich vollständig zu beherrschen. Dabei habe ihm die Lektüre antisemitischer Schriften sehr geholfen. Bisweilen sei er auch wieder »ängstlich und unsicher« in seiner Anschauung geworden – und sogar »rückfällig«, einmal selbst »auf Monate hinaus«. (S. 60) Vorangebracht hätten ihn dagegen konkrete »Einblicke«, die er damals in die jüdische »Auffassung von Sitte und Moral« erhalten haben will. Als Kronzeugen dafür führt er allerdings nur den »wahrhaft bösen Anschauungsunterricht« der »Straße« an.

Spätestens an dieser Stelle taucht die Frage auf, warum sich ein junger Mann wie Hitler für all das überhaupt hätte interessieren sollen, trieben ihn doch eigentlich ganz andere Pläne um. Was hat den 18- bis 19jährigen Tagedieb, der seinem Künstlertraum nachhing, der zeichnete und dichtete, Opernaufführungen und Cafés besuchte, gedrängt, auf einmal Themen wie das »Verhältnis des Judentums zur Prostitution und mehr noch zum Mädchenhandel« (S. 63) zu studieren? Warum ließ sich der Spätadoleszent in einen aufreibenden Seelenkampf hineinziehen? Was er hierzu schreibt, wirkt dermaßen aufgesetzt, daß es sogleich die Frage nach womöglich *tiefer* liegenden Ursachen aufwirft. Es muß über das von Hitler

Erwähnte hinaus einen konkreten *Auslöser* für sein krampfhaftes Bemühen gegeben haben, der »Judenfrage« auf den Grund zu gehen, nämlich: »in allen Richtungen des kulturellen und künstlerischen Lebens und seinen verschiedenen Äußerungen nach dem Juden suchen«. Dabei – so erzählt Hitler seine Version zu Ende – sei er dann endlich auf »den Juden als Führer der Sozialdemokratie« gestoßen und habe in diesem den »Verführer und Verderber« des deutschen Volkes erkannt. (S. 68) Das brachte den Durchbruch: »Ich war vom schwächlichen Weltbürger zum fanatischen Antisemiten geworden«, die »größte Umwälzung«, die er »im Inneren jemals durchzumachen hatte«, war zu ihrem Ziel gelangt. (S. 69)

Inhaltlich betrachtet, handelt es sich bei Hitlers Darlegung seiner Antisemitenwerdung um einen äußerst windigen Erklärungsversuch. Doch hat er vermutlich seine Legende nicht aus plumper Unwahrheit, sondern aus Halb- und Viertelwahrheiten gefertigt. Soviel wird immerhin deutlich: Hitler scheint sich tatsächlich bedroht gefühlt zu haben, die Schilderung seiner Wiener Zeit ist schwermütig, voller Metaphern einer offenbar mehr inneren als äußeren Not, denn ein armer Schlucker ist er dort zunächst ja *nicht* gewesen. Die hervorscheinende Angst vor der »Judengefahr« wirkt, als hätte er sie mit akut drohendem Unheil und Nachstellung assoziiert – das ist selbst in ›Mein Kampf‹, also aus dem Abstand von 15 Jahren noch wahrnehmbar. Als »von Ekel erfüllt« beschreibt er seine damalige Einstellung (S. 42, 61); »mit unruhiger Beklommenheit« (S. 43) habe er die Auswirkungen des jüdischen Einflusses in der Gesellschaft wahrgenommen und sei oft »in banger Bedrücktheit« über das Vorgefundene gewesen. Wiederholt hätten ihn »trübe Ahnungen und böse Furcht« beschlichen. (S. 54, 69), dann wieder ist von »manchmal aufsteigendem Jähzorn« die Rede (S. 43, 64). Der ist vor allem immer dort präsent, wo von »der brutalen, vor keiner Niedertracht zurückschreckenden, mit jedem Mittel der Verleumdung und einer wahrhaft balkenbiegenden Lügenvirtuosität arbeitenden Tagespresse« (ebd.) die Rede ist; von derem »förmlichen Trommelfeuer von Lügen und Verleumdungen«

(S. 45), von deren »zusammengefaßten Schurkereien« (S. 65) oder deren »Kunst der Lüge« (S. 67). Von allerhöchster Entrüstung zeugt folgende Stelle:

»Man muß diese infame jüdische Art, ehrlichen Menschen mit einem Male und wie auf Zauberspruch zugleich von hundert und aber hundert Stellen aus die Schmutzkübel niedrigster Verleumdungen und Ehrabschneidungen über das saubere Kleid zu gießen studieren, um die ganze Gefahr dieser Presselumpen richtig würdigen zu können. Es gibt dann nichts, was einem solchen geistigen Raubritter nicht passend wäre, um zu seinen sauberen Zielen zu kommen. Er wird dann bis in die geheimsten Familienangelegenheiten hineinschnüffeln und nicht eher ruhen, als bis sein Trüffelsuchinstinkt irgend einen armseligen Vorfall aufstöbert, der dann bestimmt ist, dem unglücklichen Opfer den Garaus zu machen. Findet sich aber weder im öffentlichen noch im privaten Leben selbst bei gründlichem Abriechen rein gar nichts, dann greift so ein Bursche einfach zur Verleumdung in der festen Überzeugung, daß nicht nur an und für sich auch bei tausendfältigem Widerrufe doch immer etwas hängen bleibt, sondern daß infolge der hundertfachen Wiederholung, die die Ehrabschneidung durch alle seine sonstigen Spießgesellen sofort findet, ein Kampf des Opfers dagegen in den meisten Fällen gar nicht möglich ist; wobei aber dieses Lumpenpack niemals etwa aus Motiven, wie sie vielleicht bei der anderen Menschheit glaubhaft oder wenigstens verständlich wären, etwas unternimmt. Gott bewahre! Indem so ein Strolch die liebe Mitwelt in der schurkenhaftesten Weise angreift, hüllt sich dieser Tintenfisch in eine wahre Wolke von Biederkeit und salbungsvollen Phrasen, schwatzt von ›journalistischer Pflicht‹ und ähnlichem verlogenen Zeug, ja versteigt sich sogar noch dazu, […] von einer ganz besonderen, nämlich der journalistischen ›Ehre‹ zu salbadern.« (S. 93 f.)

Besonders auffällig an diesem Zitat ist der Widerspruch zwischen der emotionalen Erregung, mit der Hitler wütende Anklage gegen »dieses Pack« und dessen »ganzer verlogenen Unwahrhaftigkeit« erhebt und der Nebelhaftigkeit des Bezuges, des »Falles«, von dem hier die flammende Rede ist. Von »ehrlichen Menschen« als »Opfern« spricht Hitler, von der »lieben Mitwelt« als Objekt des Angriffs und andererseits von »Presselumpen«, »geistigen Raubrittern« und Intimschnüfflern. Ähnliches hat Hitlers Jugendfreund August Kubizek später über die politischen Suaden berichtet, die er des öfteren 1908 in der gemeinsamen Unterkunft über sich ergehen ließ: »Schon am erregten Ton seiner Stimme erkannte ich, wie sehr ihn seine Gedanken bedrängten. Er ging davon förmlich über und mußte sich entladen, um die ungeheuren Spannungen, die ihn erfüllten, ertragen zu können.«[11] Und warum diese innere Bewegtheit, diese Panikstimmung? »Es war im Grunde stets das gleiche: Seine jedes Maß übersteigende Liebe zum Deutschtum.« Ein anderes Mal war es »das Leid, das über diesem Volk lag, das Unheil, das vor den Toren stand, die Zukunft, die voll Drohung und Gefahr blieb. Dabei kämpfte er offensichtlich mit den Tränen.« – Die Angriffe auf den deutschen Kaiser können und werden es wohl kaum gewesen sein, die Hitler dermaßen erschüttert haben. Und bei dem von Kubizek so genannten »Deutschtum« dürfte es sich auch wohl eher um ein Synonym handeln, eine Abstraktion. Viel wahrscheinlicher ist, daß es ein Angriff auf Hitlers »Selbst« war, der ihn so verstörte. Schon der Grad der emotionalen Betroffenheit, wie sie noch anderthalb Jahrzehnte später durchscheint, läßt vermuten, daß Hitler nichts anderes tat als das: singuläre subjektive Erfahrungen zu verallgemeinern und zu verabsolutieren. Die Kritik hat sich dabei zum rhetorischen Vergeltungsschlag übersteigert.

In den Jahren 1907/08, als Hitler in Wien Fuß zu fassen suchte, gab es in Mitteleuropa überhaupt nur ein öffentliches Spektakel, das derartige Erregungszustände hätte hervorrufen und über einen längeren Zeitraum hinweg wachhalten können: die Harden-Kampagne. Keine andere Zeiterscheinung war geeignet, den eifrigen Zeitungsleser Adolf Hitler in eine vergleichbare Rage zu versetzen und so zu verunsichern, daß er sein Seelenheil ausgerechnet in antisemitischer Propaganda zu suchen und zu finden begann. Es ist denn auch genau der Ton, den die judenfeindliche Presse damals anschlug, der später in ›Mein Kampf‹ seinen Nach- und Wiederhall fand. Hitlers unpersönliches plakatives Sprechen über diese Dinge darf da nicht irreführen.

Andere Hinweise Hitlers bestärken die Annahme eines derartigen Beziehungsgeflechtes; insbesondere solche, die seine Hinwendung zum Antisemitismus als eine Art *Erweckungs*-Erlebnis schildern: So ist in ›Mein Kampf‹ an einer Stelle davon die Rede, daß sich Hitler im September 1919 bei der Lektüre von Anton Drexlers Schrift ›Mein politisches Erwachen‹ gleich an Vorgänge erinnert fühlte, die er selber »ähnlich *zwölf Jahre vorher* am eigenen Leibe auch durchzumachen hatte«. (S. 239). Bereits 1921, als er der politischen Legendenbildung noch nicht bedurfte, erklärte Hitler, er sei nach seiner Übersiedelung nach Wien »in kaum einem Jahr Antisemit geworden«.[12] Auch intimen Freunden, mit denen er ohne Rücksicht auf Propaganda zu kommunizieren pflegte, wie Albert Speer gegenüber, will Hitler schon in Wien »die Gefahr des Judentums gesehen und erkannt« haben. »Welche Eindrücke ihn dazu veranlaßten, hat er im einzelnen nicht erzählt.«[13] Davon, daß er seit seinem 18. Lebensjahr zur »Erkenntnis der Judengefahr« gelangt sei, ließ Hitler sich partout nicht abbringen.[14]

Im Februar 1922 hielt der noch kaum etablierte Agitator in München eine Rede, in der er die Lüge als »eine der größten Weltmächte« brandmarkte. Er meinte insbesondere jenen »große(n) Lügenfeldzug auch gegen das deutsche Volk«, der schon *vor* dem Weltkrieg eingesetzt habe. So habe »die Lüge« damals gegen den alldeutschen Politiker Schönerer, gegen den Reichsgründer Bismarck und gegen – Eulenburg gekämpft. Daß Hitler gerade den männerliebenden Berater des deutschen Kaisers erwähnt, der vor 15 Jahren einer beispiellosen öffentlichen Kampagne zum Opfer gefallen war, läßt tief blicken, zumal es in diesem Kontext nicht nur um die »Lügenwelle gegen unser Volk«, sondern um die Vermittlung einer zentralen politischen Botschaft ging: »Die Verkörperung der Lüge, ihr Vertreter, ihr Organisator ist der – *Jude*.«[15] Auch die Erwähnung eines Namens, für den sich zu jener Zeit politisch schon niemand mehr interessierte, verstärkt die Vermutung, daß sich die

Erfahrung des mit der Person Eulenburg verknüpften Skandals sehr viel tiefer in Hitlers Gedächtnis eingegraben hatte, als es bei oberflächlicher Betrachtung seiner autobiographischen Äußerungen den Anschein hat. Folgt man dieser Spur, dann lassen sich in der Tat verblüffende Zusammenhänge von lebensgeschichtlich begründetem Erfahrungsdruck und weltanschaulicher Orientierung bei Hitler herausfinden und sichtbar machen. Dazu müssen wir noch einmal auf seine damalige Lebenssituation zurückkommen.

Hitlers Lebenssituation in den Jahren 1907/08 [16]

Anfang September 1907 ging Hitler zum ersten Mal für längere Zeit nach Wien. Er war dort zunächst mit der Vorbereitung für die Aufnahmeprüfung an der Akademie für Bildende Künste beschäftigt. Im übrigen verbrachte er seine Zeit mit touristischen Spaziergängen sowie Kaffeehaus- und Opernbesuchen. Er las intensiv Zeitungen und Zeitschriften. Wann Hitler wieder nach Linz zu seiner inzwischen todkranken Mutter zurückkehrte, ist nicht exakt überliefert. Es dürfte aber nicht vor Anfang Dezember 1907 gewesen sein.[17] Schon wegen seines Mißerfolges an der Akademie, den Hitler zu vertuschen suchte, wird er seine Rückkehr nach Linz hinausgeschoben haben, bis er angesichts des bevorstehenden Todes seiner Mutter keine unangenehmen Fragen zu befürchten hatte. Sein Zimmer in Wien behielt er und kehrte Anfang Februar 1908 dorthin zurück. Nach eigenen Angaben handelte es sich um eine »Flucht«; und zwar vor den Zudringlichkeiten seiner Verwandten, die ihn bestürmt hatten, sich endlich um eine »reelle« Erwerbstätigkeit zu kümmern.[18] Dank Erbschaft und Waisenrente war Hitler aber noch eine Zeitlang in der Lage, seinen bohemienhaften Lebensstil fortzuführen. Von Februar bis September 1908, als er endgültig mit seinen Bemühungen um einen Studienplatz scheiterte, durfte er wieder ungebunden seinem »Künstler«-Traum frönen; also tun, wozu er gerade Lust und Laune hatte. Dazu zählte ohne Zweifel das eifrige Studieren der populären Presseerzeugnisse dieser Zeit in den Wiener Kaffeehäusern. Dieses Blättern, Lesen und Verarbeiten der damaligen Printmedien kann überhaupt *die* Schule seines Lebens in Wien genannt werden. Der junge Hitler war neugierig und informationshungrig; gleichzeitig fehlte ihm die Bildung, das Aufgenommene kritisch-distanziert zu beurteilen und zu verarbeiten. Gleichviel: Das Wiener Kaffeehaus wurde zu seiner »platonischen Akademie«, zu einer Art Sozialisationsinstanz. Zu beidem war diese spezielle und im Vorkriegs-Europa einzigartige Einrichtung in besonderem Maße geeignet.[19] Hitler selbst nannte sie »eine Quelle der Ruhe, Beschaulichkeit und Belehrung«[20], während er bekanntlich sonst an Wien kein gutes Haar zu lassen pflegte. Intellektueller Ehrgeiz hatte freilich nie einen Teil seiner Persönlichkeit ausgemacht. Die Fähigkeit zu gründlichem Studium sine ira et studio war Hitler selbst auf »platonischen Akademien« nicht gegeben. Das meiste, was er dort »lernte«, lernte er gleichsam im Affekt.

Im Juli 1908 trennte Hitler sich unter mysteriösen Umständen von seinem Linzer Busenfreund Kubizek, mit dem er bis dahin sein Leben, insbesondere Kost und Logis, geteilt hatte. Im November zog er aus der gemeinsamen Wohnung aus, war aber noch bis August 1909 unter einer nahe gelegenen Adresse polizeilich gemeldet. Dann verlieren sich seine Spuren, bis er im Herbst 1909 als Obdachloser wieder auftaucht. Ab Februar 1910 kam er für drei Jahre im Männerheim im Wiener Arbeiterbezirk Brigittenau unter. Für die Zeit von September 1908 bis Februar 1910 gibt es kaum Information über Hitler; es sind fast anderthalb Jahre, die in der Biographie des 19- bzw. 20jährigen Mannes fehlen. Wir wissen bis heute nicht, was es mit diesem »weißen Flecken« in seiner Vita für eine Bewandtnis hat. Hitler hat niemals über diese Zeit geredet und wohl auch Aktenmaterial einziehen lassen, das eventuell noch Aufschluß hätte geben können.[21] Jedenfalls dauerte für Hitler die Zeit relativer Freiheit mit stark ausgeprägter künstlerischer Ambitioniertheit nur von Herbst 1907 bis Herbst 1908.

In dieser entscheidenden Lebensphase fesselte nun die besagte Berliner Hofaffäre die Aufmerksamkeit der Öffentlichkeit in halb

Europa. Je tiefer man in die Materie eindringt, um so deutlicher wird, daß die skandalösen Vorgänge schon von den Zeitgenossen als etwas nie Dagewesenes angesehen wurden. Ihre epochale Bedeutung wird bis heute verkannt, weil sie historiographisch noch kaum aufgearbeitet und reflektiert worden ist.[22] Dabei strahlte sie sichtbar vom Arkanbereich der Macht in all jene Bereiche aus, die für die öffentliche Meinung und vor allem die öffentliche Moral damals bildend waren. Die Affäre schlug die große Politik in ihren Bann, beschäftigte Kaiser, Kanzler, Parteiführer und Parlament. Sie hielt auch die kulturellen Eliten in Atem, und selbst Wissenschaftler konnten sich ihrer Sogwirkung nicht entziehen. Durch eine selten so impertinente Politik der Presse steigerte sich die Betroffenheit zu einem öffentliche Erregungszustand mit fatalen »klimatischen« Auswirkungen auf die Volksseele.[23]

Für die nationale Psyche wirkte die Affäre wie ein Dammbruch: Überspült von Enthüllungen aus dem Homosexualleben höchster Kreise, aber auch von der mächtigen Gegenwelle öffentlicher Wut über diese »ungeheuerliche« Sexualdenunziation. Die Abwehrreaktionen kulminierten in Phobien, die die kommenden Jahrzehnte prägen sollten. Die Stimmungsmacher ereiferten sich über Dinge, die niemals zuvor Gegenstand einer öffentlichen Erörterung gewesen waren; die Moral wurde dadurch nicht freier – im Gegenteil. Weil niemand hinter sämtliche Kulissen dieser komplexen Intrige zu blicken vermochte – die verantwortlichen Kräfte also weitgehend verborgen blieben –, endeten die Erörterungen über die treibenden Kräfte in Schuld*zuweisungen*, d. h. in »Erklärungen«, die den Charakter von Legenden, Stereotypen, Ideologien und nicht zuletzt – Abwehrreflexen besaßen.

Wie groß die Erregung der interessierten Beobachter damals war, zeigt sich in ungezählten Äußerungen größerer und kleinerer Geister der Epoche, in zahllosen Karikaturen, Gedichten, Pamphleten, privater und offener Korrespondenz.[24] Als Beispiel mögen zwei Beurteilungen dienen, wie sie allerdings kontroverser kaum sein könnten. Zunächst ein Zitat aus dem Plädoyer des Münchener Schriftstellers Erich Mühsam *für* Maximilian Harden, das sich an dessen Kritiker mit den beschwörenden Worten richtete: »Dieser Mann war in naher Gefahr kaput zu gehen; wir alle waren in der Gefahr, seine Kraft, seinen Antrieb zu verlieren. [...] Tut nichts: Der getaufte Jude wird verbrannt! Damit hat die deutsche Kultur ihr entscheidendes Debacle erlebt. An ihrer Bahre triumphiert die Verkommenheit. [...] Der Fall Hardens ist der Absturz deutscher Sitte und deutscher Kultur. Können und Urteil, starkes Wollen und ernste Tatkraft ist in ihm geschändet.«[25] Karl Kraus, der Wiener Antipode Hardens hingegen schrieb um die gleiche Zeit in seiner ›Fackel‹: »Nichts, nichts, nichts, was wir an irgendeiner publizistischen Schändlichkeit der letzten Jahre erlebt haben, an irgendeiner Affäre, [...] vermag diesem Eindruck standzuhalten. [...] kein Spektakel, [...] reicht an dies Bild heran, auf dem sich forensischer Pöbelsinn und journalistischer Geschäftsgeist in der Eintracht einer päderastischen Orgie verewigt haben.« Kraus griff Harden an als jemand, der »das Bestehen eines menschenmörderischen Strafparagraphen zu einer Chantage benützt, deren politische Einkleidung zur baren Verwerflichkeit die Heuchelei fügt«. »Durch Jahre hat Herr Harden über dem Lebensglück einiger Familien das Damoklesschwert seiner Informiertheit gehalten: er mag einfältigen Lesern einreden, daß die Anspielung dem öffentlichen Interesse besser gedient habe als die Aussprache, nie aber könnte er bestreiten, daß sie eine gefährlichere Waffe ist, da sie zur Beleidigung die Drohung fügt. Es ist aber nicht wahr, es ist eine ehrlose, von aller geschichtlichen Erfahrung verlassene Lüge, daß ›Normwidrigkeit‹ zur Ausübung eines öffentlichen Amtes untauglich macht.«[26] Wenn schon in seiner literarisch gezähmten Form der Parteien Gunst und Haß im Fall Harden so heftig aufeinander stießen, wie muß es da erst mit den elementaren Reaktionsformen bestellt gewesen sein? Wie müssen intellektuell schlichter gestrickte Geister damit umgegangen sein? Die unverdächtige ›Zeitschrift des deutschen Anwalt-Verbandes‹ schrieb dazu: »Das ist das Charakteristische an diesem Prozesse, daß [...] er jedes Individuum förmlich in Zwiespalt mit sich selbst brachte, und nur je nach Temperament und Charakter dic Sympathien mit dem ›tapferen Zeitungsschreiber‹ oder das tiefe Mitleiden mit dem schuldlosen Opfer überwiegen ließ.« Jedenfalls seien die Fragen, die der Sensationsprozeß aktuell werden ließ, solche, »die jeden Denkenden und Fühlenden beschäftigten«.[27]

Es dürfte außer Frage stehen, daß auch der junge Hitler dieser Angelegenheit seine besondere Aufmerksamkeit widmete. Die Blätter, die in den Wiener Kaffeehäusern auslagen, quollen seit Oktober 1907 förmlich über davon; und das heikle Thema dürfte ihn genauso gefesselt haben wie die Mehrheit seiner Zeit- und Altersgenossen. Um so erstaunlicher, daß weder er selbst noch sein damaliger Freund Kubizek später jemals darüber offen geredet haben, obwohl es doch *die* Sensation schlechthin ihrer gemeinsamen Wiener Jahre war. »Es« zu thematisieren hätte freilich Parteinahme bedeutet. Und die konnten sich offenbar weder der NSDAP-Führer 1925 in ›Mein Kampf‹ noch sein Jugendbiograph Kubizek im Jahre 1953 erlauben.

Man muß sich nur eine genauere Vorstellung von der seelischen Verfassung Hitlers in dieser Zeit machen, um seine besondere Empfänglichkeit für diese Dinge nachzuvollziehen. Darüber hat sich zuletzt der Psychologe Paul Matussek kompetent geäußert.[28] Nach seinen Studien entwickelte Hitler schon in seiner Schulzeit das für ihn symptomatische »Grundmuster einer Überkompensation von Demütigungen durch forcierte Selbsterhöhung«. Hitlers »Selbststilisierung zum Bohemien« sei nichts anderes gewesen als »das dubios schillernde Resultat einer aus seelischer Not geborenen Strategie der Selbstverhüllung«. Auch Hitlers Mutter soll kurz vor ihrem Tod erkannt haben, daß der geliebte Sohn sein Innerstes vor ihr verbarg. So berichtet es jedenfalls Hitlers Freund Kubizek in seinen Erinnerungen. Er schreibt, daß Hitler nach dem Verständnis der Mutter irgendwie »aus der Art gefallen« war.[29] Diese Andersartigkeit – so bleibt zu ergänzen – wollte Hitler durch Flucht in eine künstlerisch veredelte und dadurch zugleich gedeckte »nichtbürgerliche« Existenz ausleben. Deshalb zog es ihn 1907 mit aller Macht nach Wien, wo er sich mit der ganzen Kraft seiner Phantasie seinem individualistischen Lebensentwurf zu verschreiben gedachte. Doch die Erwartungen, die er in sein Künstlertum setzte, waren schon insofern heillos überzogen, als er darin die *einzige* Bedingung eines ihm angemessenen Daseins sah. Auch seine Ablehnung an der Wiener Kunstakademie zerstörte seine Illusion nicht, sich eine ästhetische Existenz doch vielleicht noch irgendwie herbei»zaubern« zu können. Notfalls würde er die Welt eben zwingen müssen, sein Genie anzuerkennen. So wurde die zähe Verteidigung seiner Eigenwilligkeit zur Ursache eines rast- und maßlosen Strebens nach Akzeptanz.

Nach dem Tod seiner Mutter im Dezember 1907 fühlte sich Hitler – trotz des schmerzhaften Verlustes – von lästigen Legitimationszwängen befreit. Er konnte wieder tun, was er wollte. Und er hatte in seinem »Gustl« (Kubizek) einen treuen Partner für sein Wiener Lebensabenteuer gefunden. In dieser Freundschaft entwickelte Hitler sein Talent zum Schwärmen. Hier bildete er auch sein Geschick aus, Verlegenheit in eine Art Charisma zu verwandeln, und die Kunst, mit rhetorischem Feuereifer eindrucksvolle Trugbilder zu malen. Aber seine Beherztheit zur Vorspiegelung falscher Tatsachen hatte sich dem Vertrauten gegenüber offenbar schon bald erschöpft. Denn er brach die Beziehung eines Tages abrupt und für immer ab, indem er den konsternierten Freund einfach sitzen ließ und sich ein neues Quartier suchte.

Will sagen: Den jungen Hitler in Wien hat man sich 1907/08 als einen noch ganz unfertigen, psychisch instabilen und insofern auch gefährdeten Menschen vorzustellen. Er hatte sich mit der ganzen Kraft seiner Phantasien in eine Künstlerexistenz stürzen wollen, drohte aber schon zu fallen, bevor er auch nur etwas Halt, geschweige denn gesellschaftliche Anerkennung gefunden hatte. Hitlers Dilemma war, daß er seine hochfliegenden Pläne nicht sang- und klanglos begraben wollte, sich aber als unfähig erwies, einen lebensfähigen Kompromiß zwischen seinem Voluntarismus und der harten Wirklichkeit zu finden. Ziel-, programm- und rastlos strich er umher. Doch das Merkwürdige ist: Er zerbrach nicht, obwohl er allmählich auch sozial bald immer tiefer sank. Was mag ihn davor bewahrt haben, seine Selbstachtung zu verlieren und damit einen

Halt? Die Flucht in den Antisemitismus? Psychohistoriker wie Matussek meinen tatsächlich, daß Hitler bereits in seiner Wiener Zeit einen »paranoiden Antisemitismus« vertrat. Die Grundlage dafür sei in persönlichen Erfahrungen zu suchen. Hitler habe sich diese Ideologie damals nur angeeignet, um den Leidensdruck jener Erfahrungen abzuleiten und zu verbergen. Sein Antisemitismus habe also etwas zu kanalisieren geholfen, was mit dem *politisch-ideologischen* Gehalt der judenfeindlichen Propaganda eigentlich gar nichts zu tun hatte. »Jede rein funktionalistische Erklärung von Hitlers Judenhaß, die ihn allein aus den weltanschaulichen Strömungen der Zeit herzuleiten versucht, muß daher unzulänglich bleiben. Das Umgekehrte gilt freilich von einer ausschließlich persönlichkeitszentrierten Forschung.«[30] Nun kann man in der Tat so gut wie ausschließen, daß es eine ganz bestimmte schlechte Erfahrung des jungen Hitler im persönlichen Verkehr mit einem *speziellen* Wiener Juden gewesen ist, die ihn zu seinen auch aus zeitlichem Abstand noch so maßlosen Beschimpfungen und Verdammungsurteilen hinriß. Aber deswegen ist die Fahndung nach konkreten Anlässen für sein Verfolgungssyndrom im Ensemble seiner damaligen Lebensumstände längst nicht obsolet geworden. Vor allem dann nicht, wenn man die Erkenntnis ernst nimmt, wonach der Antisemitismus – »psychodynamisch betrachtet« – der »Selbstentgiftung« von Minderwertigkeit und Schuld dient.[31]

Hitler soll Helene Hanfstaengl zu Beginn der zwanziger Jahre anvertraut haben, sein Haß auf die Juden sei »eine persönliche Sache«.[32] Doch über die genaueren Umstände dieser Prägung schwieg er sich selbst dieser guten Freundin gegenüber aus. Auf die »persönliche Sache« kam er nicht wieder zurück. Vielleicht auch deshalb nicht, weil man sich in »Münchener Kreisen« zu Beginn der zwanziger Jahre schon vielfach Gedanken darüber machte, »auf welche Ursachen der Haß und Vernichtungswille Hitlers gegen die Juden zurückzuführen sei«.[33] In den Artikulationsformen seiner Judenfeindschaft muß Hitler also schon damals ziemlich auffällig geworden sein. Bei der antisemitischen Grundstimmung dieser Zeit gehörte da schon einiges zu.

Hitlers antisemitische Rhetorik und Metaphorik 1919/20

Hitlers Kriegskamerad Brandmayer behauptete 1933, daß der Gefreite schon im Felde »den Juden den Drahtzieher alles Unglücks nannte«.[34] Das mag sein, doch authentische Verlautbarungen Hitlers zur sogenannten Judenfrage existieren erst seit 1919. Sie zeigen, wohin sich der nunmehr Dreißigjährige jetzt verstiegen hatte: zu einem mörderischen Judenhaß – freilich in der Attitüde eines politischen Dogmatikers. Denn dem Wortsinn nach richtete Hitler seine antisemitischen Parolen primär gegen die Juden als eine ideologisch anonymisierte Gruppe.

In einem halboffiziellen Brief vom 16. September 1919 – der ersten einschlägigen Verlautbarung – bekannte er sich zu der »klaren Erkenntnis des bewußt oder unbewußt planmäßig verderblichen Wirkens der Juden als Gesamtheit auf unsere Nation«.[35] Diese sichtlich konstruierte Wortwahl kennzeichnet bereits das Übermaß an Rationalisierung, in das sein Verständnis des Judenproblems nun eingefriedet war – und blieb. Er wollte damit klarstellen, daß er sich hier nicht von persönlichen Animositäten und Haßgefühlen leiten ließ, sondern daß er – wie er wenig später versicherte – »gelernt (habe), die Sache vom reinen Erkennen aus zu beurteilen«[36], also sozusagen *streng wissenschaftlich*. Diese Feststellung war ihm offenbar wichtig. Gleichzeitig erklärte er das jüdische Wirken zur »Rassentuberkulose der Völker«. Das half ihm zu begründen, warum mit einem »Antisemitismus aus rein gefühlsmäßigen Gründen« der »Gefahr des Judentums« auf Dauer nicht wirksam begegnet werden könne. Nur »der Antisemitismus der Vernunft« mit der »unverrückbaren« Zielsetzung der »Entfernung der Juden überhaupt« könne das leisten.[37] Die Begründung lautete in seinem Brief an Konstantin Hierl vom 3. 7. 1920 wie folgt:

»Sowenig ich einer Tuberkelbazille einen Vorwurf machen kann einer Tätigkeit wegen, die für den Menschen Zerstörung bedeutet, für sie aber Leben heißt, so sehr bin ich aber gezwungen und berechtigt, um meiner persönlichen Existenz willen den Kampf gegen die Tuberkulose zu führen durch Vernichtung ihrer Erreger. Der Jude aber wird und wurde durch Jahrtausende hindurch in seinem Wirken zur Rassetuberkulose der Völker. Ihn bekämpfen, heißt ihn entfernen.«[38] Für die Beurteilung des Problems sei es deshalb auch ganz gleich, »ob der Einzelne gut ist oder böse, er hat genau zu handeln nach dem Gesetz seiner Rasse« bzw. nach den »Eigenschaften«, die in seinem »Blut« liegen. Mit anderen Worten: der Jude kann nicht anders als »unbedingt staatszerstörend auftreten zu müssen [...], ob er will oder nicht«.[39]

Trotz solcher Objektivierungen zeigte sich der frühe Hitler immer auffällig erregt, sobald er über Juden sprach. Im April 1920 sagte er: »Wir wollen keine Gefühlsantisemiten sein, die Pogromstimmung erzeugen wollen« – um sich dann geradewegs in genau dieser Richtung zu echauffieren: »es beseelt uns die unerbittliche Entschlossenheit, das Übel an der Wurzel zu packen und mit Stumpf und Stiel auszurotten. Um unser Ziel zu erreichen, muß uns jedes Mittel recht sein, selbst wenn wir uns mit dem Teufel verbinden müßten.«[40] Einige Monate später bezichtigte er den jüdischen Sexualreformer Magnus Hirschfeld, der in München nach einem Vortrag von aufgebrachten Studenten tätlich angegriffen worden war, »des geistigen Mordes an Tausenden von deutschen Volksgenossen«, beschimpfte ihn wütend als »Schweinejuden«, der vor den Richterstuhl zitiert gehöre. Da aber der Staatsanwalt unerhörterweise nicht eingreife, »muß sich das Volk selbst helfen und Volksjustiz ausüben. Wäre ich hier in München gewesen, so hätte auch ich ihm einige Ohrfeigen gegeben, denn das, was dieser alte Schweinejude feilbietet, bedeutet gemeinste Verhöhnung des Volkes.«[41] Wenig später erklärt Hitler Hirschfeld zum Prototyp »des jüdischen bewußten Volksverderbers«[42], dem – wie er etwas später sagte – seine Wissenschaft nur »Mittel zur bewußten planmäßigen Vergiftung unserer Volksseele und dadurch zur Herbeiführung des inneren Zusammenbruchs unseres Volkes« sei.[43]

Hirschfeld selbst berichtet, daß aus der »gedungenen Rotte« radikaler Antisemiten, die in München über ihn herfiel, die Parole gebrüllt worden sei: »Der hat die Eulenburgerei nach Deutschland gebracht.«[44] Was Hitler damit assoziiert haben mag, läßt seine Rede vom Februar 1922 erahnen. Darin stempelt er nämlich diejenigen, die sich vor dem Ersten Weltkrieg über Eulenburg moralisch entrüstet hätten, zu denselben »Lügner(n)«, die heute »einen Magnus Hirschfeld als sittlichen Vorkämpfer (preisen)«.[45] Hitler erhebt seine Stimme zur Verteidigung des beleidigten Kaiserfreundes, des in seinen Augen zu unrecht Angegriffenen; ein gewisses Maß an Verständnis für dieses Opfer ist unverkennbar. Im Gegensatz dazu ist er maß- und gnadenlos, wo er auf »jüdische Bubenfrechheit« zu sprechen kommt.[46] So fordert er die Todesstrafe für »lüsterne Jüdlinge«, die blonde Mädchen verführten. Hitler vermeinte nämlich zu wissen: »Der Jude [...] *will* schänden«. Um die »Verderber hebräischer Rasse« zu brandmarken, ist ihm keine Niedertracht zu schäbig. Einem glaubwürdigen Ohrenzeugen zufolge soll sich Hitler denn auch schon 1922 zu wüsten Morddrohungen verstiegen haben: »Wenn ich einmal wirklich an der Macht bin, dann wird die Vernichtung der Juden meine erste und wichtigste Aufgabe sein. [...] Dann werden die Juden gehängt, einer wie der andere, und sie bleiben solange hängen, bis sie stinken.«[47]

Die giftigen Ausfälle verdeutlichen, wie weit Hitler tatsächlich davon entfernt war, sich auch nur halbwegs rational mit der »Judenfrage« auseinanderzusetzen. Ihm fehlte jegliche innere Distanz. Er zeigt sich persönlich angegriffen, seine Tiraden geben eine militante Abwehrhaltung zu erkennen, die ganz offenkundig einem elementaren Affektdruck Rechnung trägt. Es ist in Wahrheit seine *private* Sache, die hier zur Debatte steht. Die Kaprizierung auf Hirschfeld ist besonders verräterisch; Hitler macht diesen politisch eher randständigen Reformer[48] zum Sündenbock par excellence, er stilisiert ihn zum Verbrecher, an dem er sich sogar persönlich rächen will. Er hätte Hirschfeld wohl kaum als Seelen- und Charaktermörder denunziert, wenn er sich nicht selbst als Opfer der »Eulenburgerei« gefühlt hätte. Die »gemeinste Verhöhnung des Volkes«, deren er Hirschfeld bezichtigt, hatte er am eigenen Leib verspürt, daher die aggressive Gegenreaktion auf diesen »Schweinejude(n)« und die – nachgereichte – ideologische Erklärung vom Prototyp des »jüdischen bewußten Volksverderbers«. Hier zeigt sich ganz deutlich, wie sehr Hitlers Feindseligkeit aus dem Bodensatz einer wildgewordenen sittlichen Entrüstung geschöpft war. So kam es nicht von ungefähr, daß er in einer seiner ersten Grundsatzreden zum Antisemitismus bekannte: »ich gehöre zu denen, die, wenn sie einen Hieb auf die linke Wange bekommen, 2 oder 3 zurückgeben«.[49]

Die Heftigkeit, mit der Hitler gegen die Juden wütete, läßt gar keinen Zweifel daran, daß seine Judenfeindschaft aus tiefster Seele kam, und die notorisch sexuelle Konnotation seiner Tiraden zeigt, daß hier *geschlechtliche* Momente eine tragende Rolle spielten.[50] Spontan und aus einem auch nur halbwegs klaren Verstand heraus entwickelt niemand einen so dauerhaft obsessiven Haß und treibt zugleich einen solchen Aufwand, um diesen Haß zu rationalisieren. Hierzu bedarf es einer virulenten Neurose, einer seelisch nicht verarbeiteten Kränkung. Dazu kommt: Nicht *was* er sagte, nicht seine *Ideologie* begeisterte Hitlers Zuhörer damals so sehr, sondern die böse Art, *wie* er es sagte. Sein Publikum konnte nachempfinden, daß der Haß des Agitators auf die Juden echt und seine mörderischen Drohungen todernst waren. Hitlers Hetzreden entsprachen einer inneren Gebärde.

Vom ideologischen Gehalt her betrachtet, ähneln die von Hitler 1919/20 vertretenen antisemitischen Ausführungen stark dem, was ein ›Klassiker‹ des zeitgenössischen Antisemitismus – Theodor Fritsch – schon 1919 in einer Artikelserie seiner Zeitschrift ›Hammer‹ propagiert hatte.[51] Der *intellektuelle* Beitrag Hitlers zur Fundierung seines politischen Antisemitismus war insofern gleich Null, vielmehr übernahm er auch als Dreißigjähriger noch blindgläubig, was insbesondere bei Fritsch stand. Mit anderen Worten: Bei der von Hitler rhetorisch immer wieder bemühten »Erkenntnissuche« haben ihn keine sachlichen und schon gar keine »reinen« Interessen geleitet. Über die simple »Erkenntnis« der Judenfrage als Juden*gefahr*, eine reduktionistische Setzung der schlichtesten Art also, kam Hitlers Problembewußtsein im Prinzip niemals hinaus. Das war und blieb seine Glaubenswahrheit – jenes »granitene Fundament seiner Weltanschauung«, von dem in ›Mein Kampf‹ so großspurig die Rede ist.[52] Sie kreiste um ein Schlüsselwort, von dem Hitler geradezu gebetsmühlenartigen Gebrauch machte, und dieses Wort heißt: Gefahr. Dessen Synonyme sind: Bedrängnis, schlimme Verlegenheit, Unglück, Kalamität. In all das fühlte er sich durch die Juden hineingezogen. Und hier liegt der neurotische Kern seiner verzerrten Anschauung der Welt. Kraft seiner besonders aggressiven Reaktions- und Projektionsmuster gelang es ihm aber, dieses Syndrom zu kaschieren, indem er es – politisierte.

Was Hitler bis 1923 zur Politik des Antisemitismus beitrug, konzentrierte sich auf die verbalradikale, propagandistische Steigerung dieser Ideologie ins Monströse. Es war keine geistige, sondern eine psychische Leistung, zu der ihm seine immense Wut verhalf. So gewannen seine Aussagen die Emotionalität, die nötig war, um andere zu überwältigen und mitzureißen. Bald hatte er die gängigen ideologischen Topoi so verinnerlicht, daß er sie in allen möglichen Varianten ohne geistige Anstrengung in seine Haßpropaganda einbauen konnte. Und er blieb in seinem Glauben fest, weil er nur so an sich selbst glauben konnte. So befremdlich das zunächst klingt: Hitlers antisemitische Suaden dienten – in dieser Zeit zumindest – in allererster Linie gar nicht politischen, sondern *persönlichen* Zwecken: Sie vertrieben seine Ängste und Selbstzweifel. Sie bauten ihn auf; sie enthemmten ihn.

Die literarische Vorgabe vom »verderblichen« jüdischen Wesen als angeblich *naturgegeben* war Hitler besonders willkommen: Diese »Erkenntnis« erlaubte ihm, »den Juden« zum universellen Sündenbock zu machen, mit einzelnen Juden aber bisweilen recht freundschaftlichen Verkehr zu pflegen[53]; namentlich wohl mit solchen, die – wie er später zugab – »in der Beziehung anständig waren, daß sie sich jeder gegen das Deutschtum gerichteten Maßnahme enthalten haben«.[54] Und da er im Zusammenhang mit seiner Entwicklung zum Antisemiten in Wien sogar davon spricht, mehrfach »rückfällig« geworden zu sein, kann man annehmen, daß er erst noch lernen mußte, seine »Weltanschauung« lebenspraktisch umzusetzen. Das war insofern ein Problem, als sich Hitlers Haß mehr an dem Phänomen einer angeblich jüdischen Verschwörung entzündet hat als an der konkreten Person einzelner »Verschwörer«. Es gab anscheinend in ihm noch andere Kräfte, die manchmal stärker waren als seine »Vernunft«, und ihn wider besseres »Wissen« mit Juden in Berührung kommen ließen. Das kann nur bedeuten, daß seine Zuneigung zu einzelnen Personen – selbst wenn sie jüdischer Herkunft waren – bisweilen größer war, als er das mit seinem ideologisch imprägnierten Gewissen vereinbaren konnte.

Ein neuer Interpretationsansatz

Es läßt sich belegen, daß viele Homosexuelle zu Beginn des letzten Jahrhunderts die Harden-Kampagne als massive Gefährdung ihrer ohnedies schon schwierigen Existenz empfanden. Die Drohbriefe, die der streitbare Publizist eigenen Angaben zufolge von ihnen erhielt, zeugen von diesem Unmut.[55] Der war insofern auch berechtigt, als Harden in seiner Zeitschrift ›Die Zukunft‹ Homosexuelle wiederholt als »Kranke« gekennzeichnet hatte, die »untüchtiger« seien »als wir Normale«. Er hatte ihnen »pathologische Eigenschaften« von »unheilvoller« Wirkung unterstellt und wollte sie als »vollwertige Menschen« nicht anerkennen. Mehr noch: »die Hätschelung der Homosexualität dünkt mich eine ernste Gefahr für Deutschlands Männervolk«.[56] Das große Fiasko, das Magnus Hirschfelds Bewegung zur Abschaffung des Strafparagraphen gegen »widernatürliche Unzucht« (§ 175) gerade in den Jahren 1907/08 erlebte[57], gibt ebenfalls Aufschluß darüber, wie stark der Protest gegen die plötzliche Politisierung der »Kinaedenkultur« (Harden) auf seiten der Betroffenen damals gewesen sein muß. Der Kampf der ›Zukunft‹ gegen die »Landplage« der »Perversen« im politischen und kulturellen Leben drohte eine Fassade einzureißen, die zwar notorisch brüchig war, aber mit äußerster Zähigkeit aufrechterhalten werden mußte, weil anders eine bürgerliche Existenz nicht möglich war.[58] Daß sich ausgerechnet der progressive Sexualwissenschaftler Hirschfeld in den Skandalprozessen von Harden als Gutachter einspannen ließ, haben ihm viele Homosexuelle, denen er bis dato als eine Art Beichtvater gegolten hatte, sehr verübelt. Sie befürchteten, daß sich nicht zuletzt durch Hirschfelds öffentliche Rede von »normwidrigen Freundschaftsgefühlen« unter (vorzugsweise effeminierten) Männern ein ganz schiefes Bild von *den* Homosexuellen in den Köpfen eines sowieso unaufgeklärten Publikums festsetzte. Hirschfelds Theorie, wonach Homosexualität die angeborene physische und psychische Kondition eines dritten Geschlechts sei, war ohnedies heiß umstritten. Viele der Männerliebe zugetanen Zeitgenossen fühlten sich durch diese medizinische Zuschreibung mit dem Stigma krankhafter Abweichung belastet.

Man kann sich das Bedrohungspotential – das wirkliche und das vermeintliche – gar nicht schwarz genug ausmalen, um an die Befindlichkeiten heranzukommen, die Homosexuellen mit Beginn der Schlammschlacht die Freude am Leben verleidete. *Diese* Enttabuisierung der Homosexualität lag damals offenbar kaum in ihrem Interesse. Und damit geriet auch der erklärte Repräsentant ihres wichtigsten Emanzipationsziels: der Abschaffung des § 175, in argen Verruf. Einem späteren (homosexuellen) Kritiker zufolge habe Hirschfeld »die Abnormität, das Anderssein, das Angeborensein einer Art von Gleichgeschlechtlichkeit geschildert, die, wenn ich unter ihr litte, mich zum Unglücklichsten aller Sterblichen stempeln würde«.[59] Manchen Männerfreunden galt er gar als mitverantwortlich für jene Homophobie, die sich seit Herbst 1907 in Deutschland so breitmachte, daß man bereits von »Hundemoral« sprach, sogar im Deutschen Reichstag.[60] All dies verstärkte die unter Homosexuellen auch schon vorher wohl nicht gerade geringe »Abneigung gegen jede öffentliche Tätigkeit in dieser Richtung und die Abneigung gegen ein Zusammengehen mit dem Semiten Hirschfeld«.[61] So lag es speziell für diejenigen, die sich im weitesten Sinne als Leidtragende der Harden-Kampagne fühlten, durchaus nahe, zu den Klischees einer dezidiert antisemitischen Ausdeutung der Affäre zu greifen. Und sie haben das auch tatsächlich getan. Allen voran Kaiser Wilhelm II., der in einem privaten Brief an Houston Stewart Chamberlain vom 23. Dezember 1907 die »jüdische Frechheit, Verleumdung und Lüge« für den Skandal verantwortlich machte.[62] Auch Philipp zu Eulenburg, der dem »Judentum« die Hauptschuld an seiner Misere gab und seine Belastungszeugen durch »Judengeld« bestochen sah.[63] Überhaupt war die Vorstellung, daß die »jüdische« Sexualdenunziation vor allem zu dem Zweck in Szene gesetzt worden war, um die Regierenden »in der Hand zu haben«, in rechtskonservativen Kreisen weit verbreitet[64], und nach dem Zusammenbruch des Kaiserreiches gab man dort immer wieder der Überzeugung Ausdruck, »wie völlig dieser Judenplan gelungen sei«.[65]

Daß unter diesen Bedingungen selbst Homosexuellen-Emanzipation und Antisemitismus eine unheilige Allianz eingehen konnten, zeigt das Beispiel des »bekennenden« Homosexuellen und Vorkämpfers für das Recht auf mannmännliche Liebe Adolf Brand.[66] Obwohl dieser Agitator leidenschaftlich für seine Sache eintrat und dafür sogar Kopf und Kragen riskierte[67], gab er sich zugleich als jemand zu erkennen, der aus seiner »antisemitischen Gesinnung [...] absolut kein Hehl gemacht« habe.[68] Er verabscheue »das Schlechte und Schlimme«, das die Juden »in unserem eigenen Volke wirken«, und meinte damit »die Entartung, mit der sie jedes Volk bedrohen«. Dabei reflektierte er augenscheinlich auf den Harden-Eulenburg-Skandal: »Dr. Hirschfeld könnte die Rolle eines gerichtlichen Sachverständigen und polizeilichen Vertrauensmannes niemals spielen, könnte niemals das Werkzeug sein, das er gewesen ist – wenn er nicht Jude wäre!« Adolf Brand hatte eigenen Angaben zufolge »sehr liebe Freunde unter den Juden«, und er wollte dennoch partout »keine Vogel-Strauß-Politik treiben« angesichts der »schlimmen Erscheinungen« der Judenfrage, die »zu einer sozialen und nationalen Gefahr zu werden« drohten. Noch ein Vierteljahrhundert nach dem Skandal machte er Hirschfelds »lächerliche Betteltheorie von einem 3. Geschlecht« dafür verantwortlich, daß damals »ein ganz falsches und verzerrtes Bild von dem

Wesen und der Bedeutung der mann-männlichen Liebe« habe Platz greifen können – »schlimm und abstoßend«.[69] Ein anderer homosexueller Konkurrent Hirschfelds, Benedikt Friedlaender, hatte schon Jahre zuvor die Harden-Hirschfeld-Politik in der Eulenburg-Affäre »ein Anrennen der Juden gegen den germanischen Adel im Sinne des ôte-toi que je m'y mette« genannt, »bei dem der Irrtum über das Wesen der Freundschaft und der gegenwärtig sogenannten ›Homosexualität‹ den Sturmbock bildet«.[70]

Der 1908 gerade einmal 19jährige Hitler dürfte instinktiv eine heftige Antipathie gegen eben diesen bedrohlichen Begriff »Homosexualität« entwickelt haben, der damals in den öffentlichen Sprachgebrauch kam. Er hatte höllische Angst davor, selbst als »Homosexueller« à la Hirschfeld taxiert und damit stigmatisiert zu werden. Ihn wird der Gedanke entsetzt haben, daß seinen eigenen Neigungen, die er als eine »gleichgeschlechtliche Trieborientierung« wahrscheinlich weder realisiert hatte noch realisieren *wollte* – jetzt womöglich die Schelle einer verachtungswürdigen »Urningsliebe« umgehängt werden konnte. Ihm schwante vielleicht, daß seine Freundesliebe nicht zuletzt sexueller Natur war, wollte aber mit den »weibischen« Allüren jenes »dritten Geschlechts«, für das Hirschfeld vorzugsweise eintrat, nicht das geringste zu tun haben. In seinem nicht weiter hinterfragten sinnlichen Verlangen fühlte er sich sehr viel unschuldiger als die verabscheuungswürdigen »Päderasten«, deren perverses Treiben ihm in der Presse vorgeführt wurde. Daß er mit Kubizek in engsten, nicht zuletzt erotischen Verhältnissen stand, wird Hitler nicht daran gehindert haben, vehement zu bestreiten, »homosexuell« zu sein. Ihm dürfte es ähnlich gegangen sein wie Hardens Hauptopfer: Philipp zu Eulenburg, der seine Liebe zu Männern immer wieder gegen jede Unterstellung von – wie er sagte – »Schmutzereien« zu verteidigen suchte. Nicht zuletzt übrigens mit dem dezidiert nationalistischen Argument, wonach Harden mit seiner Sexualdenunziation der »deutschen Freundschaft« einen tödlichen Hieb versetzt habe: »das ist ein Verrat am Deutschtum«.[71] Bis zu den Hardenschen Enthüllungen mochte der Spätadoleszent Hitler sich mit seiner (Homo-)Sexualität selbst noch ein Rätsel gewesen sein. Danach hatte er sozusagen seine Unschuld verloren, er war jetzt vor sich selbst enttarnt, und konnte sich hinsichtlich seines »Ideals« kaum mehr etwas vormachen. Außerdem mußte er befürchten, daß seine besondere Veranlagung nun auch anderen auffiel.

So dürfte ihn die Kampagne, in der die verborgene Empfindungswelt der Homosexuellen so grell beleuchtet und überdies noch verhöhnt wurde, zutiefst verunsichert und gedemütigt haben. Die öffentliche Aufregung über mann-männliche Liebe traf ihn in seinem Innersten. Hitler wird es so vorgekommen sein, als spreche man über ihn. Er fühlte sich bloßgestellt. Hier wurden Empfindungen viviseziert, die ihm nur zu vertraut waren. Denn daß seine damalige Partnerschaft mit dem Linzer Freund homophiler Natur war, das kann man selbst noch den schönfärbenden Kubizekschen Erinnerungen von 1943 und 1953 nachempfinden, wenn man sich die Mühe einer genaueren Textanalyse macht.[72] Für Hitler kam aber noch etwas anderes hinzu: Mehr als je zuvor fühlte er seinen Anspruch gefährdet, ernstgenommen und gesellschaftlich akzeptiert zu werden. Er sah sein Zukunftsbild einer ästhetischen Existenz versinken – jetzt, wo der Zugang zu einem wie auch immer gearteten Homosexualleben selbst an den Rändern des gesellschaftlich Akzeptierten so enorm erschwert schien. Hitler hatte Angst aufzufallen. Er fühlte sich bedroht, von Spürnasen berochen, umstellt. Das idealisierte Bild vom eigenen Ich lief Gefahr, gründlich beschädigt zu werden. Es waren Fragen von existentieller Natur, die die Eulenburg-Affäre für ihn aufwarf. Der Vorhang, der seine innere Einstellung: die Verdrängungen und Verkehrungen verhüllt hatte, war gewaltsam beiseite geschoben worden.

So deprimierend, wie er das Geschehen erlebte, mußte es zu einer verzerrten Wahrnehmung der Wirklichkeit führen, zu einem sogenannten Tunnelblick. Er wurde empfänglich für willkürliche Schlußfolgerungen, für Schuldzuweisungen und Übergeneralisierungen – und zwar mit Blick auf diejenigen, denen man eine solche Gemeinheit womöglich anlasten konnte. Weil und insofern er in der Harden-Kampagne einen unerträglichen Angriff auf seinen Lebensentwurf sah, war Hitler dankbar für alles, was eine Befreiung von den Beklemmungen versprach.

Den ersten Verbündeten, den er in seiner Verunsicherung fand, war zunächst das von ihm in ›Mein Kampf‹ ausdrücklich gelobte ›Deutsche Volksblatt‹. Diese Zeitung hat an ihrer ideologisch begründeten Abscheu gegen die »Häßlichkeit und Gemeinschädlichkeit des Hardenschen Kampfes«[73] von Anfang an keinen Zweifel gelassen. Die Folgen dieses Prozesses, der einen verdienten General (Kuno von Moltke) »der Bosheit zweier schmutziger Juden auslieferte« – so prophezeite das Blatt schon im Oktober 1907 –, werde »man noch spüren; und zwar politisch spüren, weil die Solidarität, die die gesamte jüdische Presse mit dem Schmutzfinken Harden-Witkowski bekundet hat, weil der tödliche Haß, der aus der jüdischen Presse gegen die festesten Stützen der bürgerlichen Ordnung im Deutschen Reiche aufflammte, indem sie die gesamte deutsche Armee und den gesamten preußischen Adel mit den Verfehlungen einzelner Kompromittierter identifizierte, das deutsche Volk darüber lehren muß, wer sein geschworener Feind ist.«[74] Später hieß es: »Das Judentum hat sich auch in Harden als das zerstörende, zersetzende Element geoffenbart, als das es von allen Einsichtigen längst erkannt worden ist.«[75] Leser Hitler war jetzt in den Stand gesetzt, einen Schuldigen zu fixieren, und seine blinde Wut auf die Hardensche Sexualdenunziation mit »Argumenten« zu rechtfertigen. Es waren Projektionen, für die ihn seine narzißtische Kränkung besonders empfänglich machte.

Durch das ›Deutsche Volksblatt‹ erfuhr Hitler auch, daß es sich bei den harden*freundlichen* Blättern in Wien angeblich um Organe ebenjener »Alliance Israélite« handele, hinter der sich »der ärgste Schädling des Deutschtums« verberge; immer wieder wurde auf die »zersetzende und verhetzende Tätigkeit« vor allem der ›Neuen Freien Presse‹ hingewiesen.[76] Ein übriges dürften die antisemitischen Karikaturen bewirkt haben, mit denen das Wiener Witzblatt ›Kikeriki‹ sich der »Politik des Juden Harden« annahm[77], denn hier wurden in einer perfiden Bildsprache die gleichen Deutungsmuster bemüht, die das ›Volksblatt‹ in seinen einschlägigen Kommentaren unter das Volk brachte. So konnte Hitler seinen maßlosen Zorn besser unter Kontrolle bringen. Die moralische Disqualifikation der Juden als bösartig verschworene Drahtzieher bot ihm eine Handhabe, das Gefühl seiner eigenen Stigmatisierung zu kompensieren und zu verdrängen. Das funktionierte gleichsam nach dem ›Haltet den Dieb‹-Prinzip, für das ihm die antisemitische Presse den passenden Stoff lieferte: »Die sich in solchen Sensationen wohl fühlen und in dem Schlamme von krankhafter Verderbtheit um so behaglicher wälzen, je dicker er ist, das sind die Juden. Unter der Maske der Sittenrichter erheben sie ihre Stimme und während sie sich den Anschein geben, als träten sie für die Moral ein, untergraben sie diese.«[78] Indem sich Hitler diese Klischees zu eigen machte – und das hat er ausweislich seiner antisemitischen Suaden seit 1919 getan –, gelang es ihm, sein angeknackstes Selbstbewußtsein wieder aufzurichten, sich emotional zu stabilisieren.

Die antisemitischen »Erklärungen« des Phänomens machten die ungeheuere Provokation der Harden-Kampagne für Hitler auch insofern verschmerzbar, als sie das Tor zu einer kollektiven Animosität aufstießen, die den immer noch halt- und ziellosen Möchtegernkünstler nun mit vielen anderen »ehrbaren« Wiener Mitbürgern bis hinauf zum bewunderten Bürgermeister Dr. Lueger verband.[79] Fast nirgendwo in Europa war der Antisemitismus seinerzeit »gesellschaftsfähiger« als in der k.u.k. Metropole. Dieses Gefühl, mit seinem Haß auf die Juden nicht allein, sondern integriert zu sein in eine große Gemeinschaft von respektablen Judenfeinden, wird Hitler nicht nur in seinem Ressentiment ungemein bestärkt haben; er konnte damit auch dem Prozeß eines Anerkennungszerfalls weiter entgegenwirken. Noch Jahre später hat er davon geschwärmt, daß lange vor dem Ersten Weltkrieg »in Österreich schon eine riesige antisemitische Bewegung war«.[80]

Eine intermediäre Funktion in diesem pathologischen Lernprozeß kommt sicher auch dem spezifischen Erscheinungsbild des Harden-Eulenburg-Skandals zu, wie er sich Hitler in seiner damaligen publizistischen Zubereitung darbot. Das solidarische Zusammenwirken von einem herausragenden und zugleich extravaganten Vertreter des Journalismus (Harden) mit dem rhetorisch brillanten Münchener Staranwalt Max Bernstein sowie einem umstrittenen Protagonisten der im Entstehen begriffenen Sexualwissenschaft (Hirschfeld) – diese Kooperation trug damals für *viele* Beobachter Züge eines Komplotts.[81] Das Fatale daran: Dieses Kleeblatt waren drei assimilierte Juden, die vermeinten, im höheren Interesse des Deutschen Reiches zu handeln. Männer, die erklärtermaßen Deutschlands Staatsräson und politische Kultur gegen Verwerfungen verteidigen wollten. Aber auch Selbstdarsteller, von denen Harden für sich und Bernstein öffentlich reklamierte, das »Judenthum« sei ihnen »immer fremd geblieben«.[82] Indem er nun als führender Kopf dieser Streitmacht ausgerechnet den Gifttopf der Sexualdenunziation über Jahre hinweg immer wieder an das Feuer seines politischen Geltungsbedürfnisses stellte, hielt er damit unweigerlich auch die Gegengiftküche auf Hochbetrieb. Die Welt der öffentlich Meinenden schürte die in vielen Kreisen der Gesellschaft vorhandenen Antipathien gegen Harden, und so wundert es nicht, daß die immer massiveren Angriffe auf ihn und seine Bundesgenossen schon bald zu stark antisemitisch gefärbten Artikulationsformen fanden, nicht nur in den eigens dafür geschaffenen Foren der notorischen Judenfeinde.[83] Von einem »spezifisch jüdischen Journalismus« war da etwa die Rede und dem »spezifisch jüdischen Verteidigertum eines Bernstein«, schließlich von den »Kartenhäusern, die Hardens Stammesgenosse Hirschfeld in unheimlicher Geschäftigkeit errichtet hatte«.[84] Fast überall in der staatstragenden Presse wurde der Skandal zum Anlaß genommen zu zeigen, daß eine erfolgreiche jüdische Akkulturation schlechterdings unmöglich sei. In diesem Klima dürfte in Deutschland so manche antisemitische Saat aufgegangen und so mancher Brunnen vergiftet worden sein. Man liest nicht ohne Beklemmung, daß der ›Verein zur Abwehr des Antisemitismus‹ schon 1907 im Begriff stand, den paranoiden Judenhaß, der im Gefolge des Harden-Eulenburg-Skandals aufgekommen war, als eine »durchaus krankhafte Erscheinung«[85] zu begreifen. Allerdings gingen damals nur ganz wenige Zeitungen wie namentlich Hitlers ›Deutsches Volksblatt‹ in Wien tatsächlich so weit, sich bis zu einer monokausalen, nämlich rein verschwörungstheoretischen Erklärung aus dem Arsenal des rassistischen Antisemitismus zu versteigen.

Doch gerade als *öffentlich kommuniziertes* Todfeind-Bild spielte »der Jude« für Hitlers Verarbeitung der Affäre eine ganz wichtige Rolle: als Katalysator, um seine schockierenden Erfahrungen mit den Urhebern seiner Kränkung zu verallgemeinern und damit seine Beschämung zu relativieren. In den Worten seines damaligen Lebensgefährten Kubizek: »Sein aufgespeicherter Haß [...] konzentrierte sich vor allem auf das Judentum.«[86] Es war die Antwort auf die Empfindungen von ohnmächtiger Wut, die in ihm aufgestiegen waren. Vor dem Hintergrund der bedrohlichen Situation, die sich Hitler hier aufgebaut hatte, kann diese Reaktion sogar nachvollzogen werden. Und so stimmt wohl tatsächlich, was er 1929 retrospektiv bemerkte: »Ich selbst war seit meinem achtzehnten Jahre [1907 – LM] zur Erkenntnis der Judengefahr gekommen und las, was über diese Frage überhaupt aufzutreiben war.«[87]

Dazu gehörte gewiß die antisemitische Zeitschrift ›Hammer‹, die sich ebenfalls des »großen Harden-Schmierkrames« in einem Aufschrei der Entrüstung über »den Abgrund an Niedertracht« angenommen hatte, »den dieser Jude [...] in dem widerwärtigsten aller Skandal-Prozesse gezeigt« habe. Das Blatt wollte an diesem Beispiel einen besonders nachhaltigen »Eindruck von der ungeheuren Macht des Judentums im heutigen Deutschland« vermitteln und schlußfolgerte: »Es ist ein furchtbares Schicksal, dem wir Deutsche entgegengehen.«[88] Das sei »ein Stück aus dem Lebenskampf der deutschen Nation, was sich vor unseren Augen abgespielt hat [...] Wir sehen, wie die Ratten heimlich an den Grundsäulen unsrer nationalen Existenz nagen.«[89]

Hitlers schon damals übersteigerter Deutschnationalismus könnte durch Schreckgespenster wie diese weiteren Auftrieb erhalten haben. Hier bot sich ihm ein ideales Mittel, dem Stigma der eigenen Marginalisierung und Diskriminierung zu entgehen: durch das besondere Herausstellen seiner nationalistischen Gesinnung, die ihm eine neue Lebensaufgabe zuwies. »Die große liebende Sorge für die Erhaltung eines allgemeinen, gesunden Volkstums« nannte er das später.[90] Daß Hitler sich in diese Sorge 1908 geradezu emphatisch hineingesteigert hat, haben wir bereits oben den Erinnerungen Kubizeks entnehmen können.[91] Zu ergänzen bleibt, daß Hitler einen Teil seiner gleichgeschlechtlichen Triebkräfte in Nationalismus zu sublimieren suchte.

Eine weitere Untermauerung seiner Weltanschauung erfuhr Hitler dann durch das Hauptwerk des ›Hammer‹-Herausgebers Theodor Fritsch[92], der übrigens auch die Hetzartikel gegen den »Hardenkonzern« verfaßt hatte. Es war das damals schon sehr populäre ›Handbuch der Judenfrage‹.[93] Dieses berüchtigte Werk, das 1907 zum ersten Mal in dieser Form auf den Markt kam[94], erwies sich für den in seelische Bedrängnis geratenen jungen Hitler als Glücksfall. Es dürfte *sein* Lehrbuch geworden sein. Hitler dankte dem Herausgeber später persönlich für die Aufklärung, die er durch sein »eingehend(es)« Studium dieses Vademekum »bereits in früher Jugend in Wien« erhalten habe.[95] Was aber fand der junge Hitler 1908 bei Fritsch?[96] Vor allem ein großsprecherisches, aber eingängiges Verdikt: »In letzter Linie stößt jede tiefere Betrachtung unserer Zeitübel [...] im Untergrunde auf die Judenfrage. Wer ein Thema nicht bis zu diesem Punkte verfolgt, der ist an der Oberfläche haften geblieben.« (S. 413) Fritsch gab vor, »nach den tieferen Zusammenhängen zu forschen, die dem Juden so unheimliche Macht verliehen« und damit »die befremdlichen Erscheinungen des heutigen Lebens« *ursächlich* zu erklären. (S. 412) Seine »Erklärung« bestand im wesentlichen aus der Aneinanderreihung zentraler Stereotypen über die den Juden unterstellten Wesensmerkmale und über vermeintlich jüdisch-internationale Bestrebungen zur Schädigung der deutschen Kultur und der »germanischen Rasse«. Diese Gefahr sei im Verzuge, weil sich die Juden bereits »die Wortführung in unseren nationalen Angelegenheiten angemaßt« hätten und auf dem besten Wege seien, den deutschen Volksgeist mit »jüdischen Tendenzen« zu durchsetzen. (S. 11) So untergrabe namentlich die jüdische Presse »absichtlich und mit raffinierter Berechnung alles, was den Bestand sichert, was unserem Volke Halt verleiht. Die Pressejuden […] suchen alles lächerlich zu machen, was uns einst Stolz und Würde verlieh.« Am auffälligsten aber sei »der jüdische Ansturm gegen die völkische Sittlichkeit. […]« (S. 422) Besonders eindringlich wies Fritsch darauf hin, daß »das Geheimnis der Erfolge Juda's« in der »Macht des Rasse-Instinktes« liege, der »das Judentum umschließt und zusammenzwingt«, und zwar so, »daß hier mit unerbittlicher Logik die gesamte Masse des Judenvolkes zu einer Einheit verbunden und verschworen erscheint«. (S. 426 bzw. 434) Diesem »verschwörungsartigen Juden-Bündnis« sei schwer zu begegnen, weil es »sich zugleich auf das Blut stützt und von Geschlecht zu Geschlecht sich vererbt«. (S. 435) Deshalb will Fritsch den »Hebräer« auch als »Träger gewisser Völkergifte« verstanden wissen und spricht an einer Stelle sogar von dem »neuen hebräischen Volkstyphus«. (S. 8 bzw. 10) Es könne, so schlußfolgert Fritsch schließlich, »keine höhere und heiligere Aufgabe geben als die Erlösung der Menschheit von dem bösen Geiste, der sich im Judentum verkörpert«. (S. 416)

Die von Fritsch propagierte »Theorie« der Judenfrage war – auf den geistigen Horizont eines 19jährigen im Jahre 1908 projiziert – so suggestiv, daß sie dem intellektuell ganz unbedarften Leser Hitler nahelegten, die Hardensche Kampagne als *den* empirischen Beweis für die Richtigkeit dieser antisemitischen Dogmen Verdikte zu deuten und zu verallgemeinern. Denn gerade hier schienen Ursache und Wirkung nur zu gut zu passen: »Wo jüdischer Geist seinen Einzug hält«, las Hitler, »da ist es um alles geschehen, was jemals die Tugend und die Größe des Deutschen ausmachte. Es ist fressende Säure, die alles Edel-Organische zerstört.« (S. 421 f.) Das war es, was Hitler wissen wollte. Jetzt entschleierte sich, was ihm bis dahin als unlösbares Problem erschien. Diese »Erkenntnis« gab ihm Halt; in sein stark affektbesetztes inneres Verhältnis zu den jüdischen »Unglücksbringern« wurden ideologische Korsettstangen eingezogen. Er erlangte so etwas wie Glaubensgewißheit. Aus dieser Einstellung heraus setzte Hitler seine ganze Frustrationsenergie nun in die pauschale Anfeindung derjenigen »Verderber« um, von denen er sich und seine nationalistischen Idole lächerlich gemacht fühlte. »Juda ist nur so mächtig« – schrieb Fritsch –, »solange wir ihm Macht beimessen. Seine Herrlichkeit sinkt in Nichts zusammen in dem Augenblick, da der Strahl der Wahrheit die Nacht der Lüge verscheucht.« (S. 415) Das machte dem jungen Mann Mut. Hitlers Bedrohungsangst war fürs erste gebannt, sein Haß legitimiert und zugleich – in einer abstrakten Art – verstärkt. Der rassistische Antisemitismus wurde zu einer Glaubenswahrheit, von der er nie wieder abließ.

Hitlers frühe und wiederholte Abgrenzung gegenüber den sogenannten Gefühlsantisemiten fügt dieser Argumentationskette ein weiteres Glied hinzu. Die offene Sympathie für Pogromhetze hätte von ihm verlangt, die Berechtigung solcher Formen enragierter Phobie anhand von eigenen Erfahrungen zu erklären. Das konnte er aber nicht. Im Gegenteil: Seine persönlichen Erfahrungen mit einzelnen jüdischen Mitbürgern waren wohl tatsächlich eher positiv. Man denke nur an den Arzt seiner Mutter, den er verehrte. Wenn er Juden »persönlich« haßte, dann Männer wie Harden oder Hirschfeld, denen er nie begegnet war. Gleichwohl lastete der Alp einer »jüdischen Verschwörung« schwer auf Hitlers Gemüt. Die Angst davor nistete sich immer wieder in alles ein, was Hitler über sich und die Welt dachte. Der Antisemitismus bot Hitler eine Möglichkeit, seine Befürchtungen zu rationalisieren, aber aus der Art und Weise, wie er die Versatzstücke dieser Ideologie dann artikulierte, konnte man immer noch die alte Angst heraushören. Und so lief seine antisemitische Politik letztlich doch auf nichts anderes als darauf hinaus, »das Instinktmäßige gegen das Judentum in unserem Volke zu wecken und aufzupeitschen und aufzuwiegeln«.[97] Also Truppen für seinen Rachefeldzug zu rekrutieren. Eine solche Agitation war Hitler geradezu auf den Leib geschnitten – so rücksichtslos wie er hat kaum jemals ein Politiker in Deutschland rhetorische Gewalt anzuwenden vermocht. Sein Fanatismus brachte ihn dahin, seiner Psyche immer weniger Raum für moralische Empfindungen zuzugestehen. Die Kategorien seines Wertens entstammten bald vollständig aus ideologischen Sentenzen.

Verbal war Hitler *gegen* Judenpogrome, aber wenn es gegen den Juden Magnus Hirschfeld ging, hatte er damit ausnahmsweise kein Problem – und das kam nicht von ungefähr. Seine unflätigen Ausfälle gegen diesen »Massenmörder« legten vielmehr für Momente sein Unterbewußtsein frei. Hitler war außerstande zu vergessen, was dieser Sexualpolitiker ihm angetan hatte. Mit dessen Namen verband sich die wunde Stelle in seinem Leben. Wurde sie berührt, so war es plötzlich vorbei mit aller Rationalisierung. Kontrollverlust trat ein, der offenbarte, daß sich sein unbändiger Haß auch nach Jahren noch nicht verbraucht hatte. Ähnlich verhielt es sich vermutlich auch mit Hitlers Gefühls-Antisemitismus gegenüber Maximilian Harden, der im Sommer 1922 Ziel eines – allerdings mißglückten – Attentats wurde. Dessen Drahtzieher saßen nachweislich in München, wo Hitlers ›Völkischer Beobachter‹ schon seit Wochen gegen Harden in übelster Weise gehetzt hatte. Später war dort zu lesen, daß die Totschläger, »indem sie sich zum Ziel stellten, Maximilian Harden [...] unschädlich zu machen, die wichtigsten Interessen des gesamten Deutschtums wahrten«. Schließlich habe dieser »Isidor Witkowsky« seit Jahrzehnten nichts anderes getan, als Deutschland »zu denunzieren und zu beschmutzen«.[98] Der Artikel war gezeichnet von Alfred Rosenberg, Hitlers engstem ideologischen Mitarbeiter in jener Zeit. Der 30jährige Josef Goebbels, der Hitler damals wohl am authentischsten zu interpretieren verstand, nannte Harden wenig später in einem Nachruf den »Typ der jüdischen Literaturbestie, die bedingungslos und ohne Rücksicht das Gastrecht des Wirtsvolkes mißbraucht, um ihrem ewigen Trieb zur Zerstörung zu frönen«.[99] So hätte es auch Hitler sagen können.

Bleibt noch zu ergänzen, daß zu Beginn der 1920er Jahre auch der damals sehr bekannte Ideologe einer männerbündisch-kämpferischen Erotik, Hans Blüher, in einer pseudonymen Schrift »den Schweinen der homosexuellen Bewegung« gedroht hatte, womit er Magnus Hirschfelds Bestrebungen meinte.[100] Blüher, »dieser geborene Antisemit und Rassedeutsche« – wie er sich selbst bezeichnete – vermeinte nämlich: »Der ›Homosexuelle‹ der früheren Sexualwissenschaft [à la Hirschfeld – LM] ist ein schmutziges Produkt aus falschem Denken und niederen Rasseinstinkten.« Demgegenüber stilisierte er den von ihm so benannten »Typus inversus« als das wahre Ideal jener »Männerart«, die dem gleichgeschlechtlichen Eros huldigte.[101] Von den Freundliebenden viriler Natur hörten das besonders diejenigen gerne, die politisch ganz rechts standen und sich durch Hirschfelds Bestrebungen noch stets kompromittiert fühlten. Es war nicht zuletzt die Rekrutierungsbasis der frühen Hitler-Bewegung, die Blüherschen Idealen huldigte.[102]

Das führt wieder zum Ausgangspunkt meiner Überlegungen zurück, wonach sich Hitlers »fanatischer Antisemitismus« nicht zum wenigsten aus seiner erotisch-sexuellen Besonderheit erklären läßt. Dann dürfte der große Sexualskandal von 1907/08 tatsächlich eine Art »Damaskus« für seine Entwicklung zum obsessiven Judenfeind gewesen sein: Er fühlte sich in seiner Identität als verkappter und verleugnender »Homosexueller« und als ideologisch gläubiger Deutschnationalist existentiell angegriffen. Es war die Verarbeitung dieser persönlichen Katastrophe, die ihn nach Sündenböcken und Rationalisierungsstrategien suchen ließ. Mehr noch, sein gestörtes Realitätsempfinden machte ihn sozusagen durstig. Und er wurde fündig, sein Durst gestillt: Hitler erfuhr so etwas wie eine antisemitische Stabilisierung. Er blieb, was den von ihm einzunehmenden Platz in der Gesellschaft anlangte, in seiner eigenen Biographie zwar immer noch ziellos, war aber keineswegs mehr programmlos; er besaß jetzt eine weltanschauliche Orientierung, von der er nie wieder abkam. Indem er die Juden für alles verantwortlich machte, was er als beschämend empfand, präparierte sich Hitler zugleich eine Art Basisgift, aus dem er später politische Vernichtungswaffen gewinnen sollte. So konnte er seine Ohnmacht in verbrecherische Stärke verwandeln und diese seinem wahnhaften Selbstbezug anverwandeln.

Bei seiner Verinnerlichung von antisemitischen Klischees ließ Hitler aber interessanterweise *ein* zeitgenössisches Deutungsmuster ganz unberücksichtigt, und zwar die homophoben Tendenzen, die den öffentlichen Diskurs über den vielerwähnten Skandal begleiteten. Nirgendwo findet sich in ›Mein Kampf‹ oder in den frühen Reden und Pamphleten auch nur ein Wort zum Thema Homosexualität – kein klärendes und auch kein polemisches. Hirschfeld erscheint als »Schweinejude«, aber niemals als Verteidiger jener »widernatürlichen Unzucht« des § 175 Strafgesetzbuch, die auch diverse antisemitische Zeitungen seinerzeit gerne als »das scheußlichste Laster« zu apostrophieren pflegten.[103] Wenn es darum ging, Symptome einer »jüdischen Sittenzersetzung« zu fixieren, kaprizierte sich Hitler um so leidenschaftlicher auf die Promiskuität, die Syphilis, die Prostitution oder den Mädchenhandel. Bei dieser seiner »sexuellen Neurotik« (Friedrich Heer) ist es auffällig, daß Hitler auf den Anwurf verzichtet, »der Jude« propagiere die »Sodomie«, wie dies beispielsweise der ›Miesbacher Anzeiger‹ – ein von ihm 1919 gern gelesenes Blatt – mit Blick auf Magnus Hirschfeld getan hat.[104] Das hätte eigentlich wunderbar in sein Zerrbild gepaßt. Nicht umsonst haben gerade antisemitische Blätter in ihren gehässigsten Kommentaren zur Harden-Eulenburg-Affäre Judenfeindschaft und Homophobie immer wieder auf das trefflichste miteinander zu verbinden gewußt. Etwa das schon zitierte in München erscheinende ›Deutsche Volksblatt‹, das am 3. November 1907 in einem Leitartikel schrieb:

»Wer es bis jetzt noch nicht gewußt hat, daß eine der eckelerregendsten, scheußlichsten Verirrungen auf dem Gebiete des Sexuallebens seuchenartig um sich frißt, der hat durch den Prozeß Moltke-Harden eine Aufklärung erhalten, die ihm die Hände über den Kopf zusammenschlagen lassen wird. Kein Wort unserer deutschen Sprache ist ausdrucksvoll genug, den Abscheu, die abgrundtiefe Empörung zu kennzeichnen, welche jeden geistig und körperlich gesunden Menschen gegenüber der Päderastie erfassen muß. Und was auch von geheimen Anhängern dieses Lasters unter der Maske des wissenschaftlich und objektiv urteilenden Sachverständigen darüber in die Presse lanciert werden will – *Päderasten* sind sie alle diese Homosexuellen, Mann-Männliche, Urninge, Eigene und wie sie sich sonst noch bezeichnen mögen.«[105]

Wenn also dasselbe Blatt eine Woche später den Prozeß-Sachverständigen Dr. Hirschfeld als »Generalissimus der Homosexuellen und Bannerträger der Päderasten« brandmarkte[106], so deshalb, weil es glaubte, damit ein besonders schweres populistisches Geschütz gegen die angeblich jüdischen Drahtzieher dieser unsäglichen Vorgänge auffahren zu können.[107] Von analogen Winkelzügen findet sich bei Hitler, der sonst wie kein Zweiter eine Ader für solche Perfidien hatte, keine Spur. Dabei wäre die spätere Schilderung seiner Entwicklung zum »fanatischen Antisemiten« in Wien sehr viel einleuchtender gewesen, wenn er sie auf der Folie einer homophoben Ausdeutung der Affäre hätte erzählen können. Wäre Hitler nicht selbst homosexuell gewesen, so hätte er das auch gewiß getan. Er konnte es schon deshalb nicht, weil er mit den homosexuellen Opfern der Harden-Kampagne sympathisierte. Und so ließ er diesen für seine geistige und seelische Entwicklung so zentralen Homosexual-Skandal nur unterschwellig in seine autobiographische Rhetorik einfließen. Diese stark ideologisch aufgeladene und damit das Wesentliche übertünchende Problembearbeitung erwies sich als das adäquate Mittel, den zutiefst neurotischen Motiven seiner Phobie die höheren Weihen einer vollen Berechtigung zu geben und ihren sexualpsychologischen Kern gleichsam auszublenden. In diesen Kern eingeschlossen blieb aber die Furcht, aller Tarnung zum Trotz aufzufallen oder gar durchschaut zu werden. Von diesem Syndrom wußten schon die zeitgenössischen Nervenärzte, die sich speziell mit »nervösen Folgeerscheinungen der Homosexualität« beschäftigt hatten, daß es sich »bis zum schwersten Verfolgungswahn« steigern konnte.[108]

Ausblick

Entgegen seinen eigenen Beteuerungen ist Adolf Hitler de facto immer ein extremer *Gefühls*antisemit geblieben: ein Besessener, der sich zwingen mußte, seine auf die Juden fixierte Menschenverachtung zu rationalisieren. Seine »Erkenntnis der Judengefahr« war sozusagen erfühlt. Diese ideologisch nur schwer zähmbare phobische Prägung seines Antisemitismus war es auch, die ihn politisch so gefährlich und bösartig machte; sie brachte nämlich ein ungleich größeres Potential an destruktiven Energien hervor, als dies eine vorzugsweise ideologische (Selbst-)Indoktrination jemals hätte schaffen können. Die Stimmungen seines wütenden Urhasses und seiner Rachsucht brachen denn auch wieder aus ihm heraus. Das zeigte sich besonders kraß im November 1918, als Deutschlands Kriegsniederlage und Demütigung den Gefreiten Hitler erneut schwer traumatisierten. Diesen Umsturz hat Hitler nicht zuletzt als *persönliche* Katastrophe erlebt, weil er ihn abermals in die Perspektivlosigkeit zurückstieß. So empfand er auch diese nationale Schande als ein privates Unglück, als Attentat auf sein im Felde entwickeltes homosozial verankertes Lebensgefühl. »Was folgte« – schreibt er in ›Mein Kampf‹ – »waren entsetzliche Tage und noch bösere Nächte – ich wußte, daß alles verloren war. [...] In diesen Nächten wuchs mir der Haß gegen die Urheber dieser Tat.« (S. 225) Und damit meinte er die Juden. Etwas Vergleichbares mußte schon ein Jahrzehnt zuvor in ihm vorgegangen sein. Und eben diese Glut seines alten Judenhasses wurde angesichts des abermals drohenden Verlustes seiner Lebensperspektive so geschürt, daß sie wieder auf das heftigste entflammte. Der Verdrängungsmechanismus, der ihn im Laufe der Jahre gebremst hatte, war außer Kraft gesetzt. Hitlers emotional-antisemitisches Syndrom verfestigte sich. Das war die eine Seite der Medaille. Der anderen war der Begriff *Transformation* aufgeprägt: Hitlers Reaktion auf seine erneute Demütigung lief darauf hinaus, daß er sich jetzt in die Rolle eines Judenhassers mit elementarer Vernichtungsenergie hineinsteigerte, für diesen seinen ungezügelten Radikalismus ein öffentliches Betätigungsfeld suchte und – begünstigt durch die turbulenten Zeitläufte – auch ziemlich rasch fand. Nach wiederholt mißglückten Fluchten endete sein erneuter Versuch, irgendwo zu reüssieren, 1919 schließlich im völkischen Milieu, wo er mit seinem antisemitischen Bekehrungseifer tatsächlich landen konnte. So »beschloß er, Politiker zu werden«, und als Agitator verstand er es bald perfekt, mit diesem Feuer im politischen Kampf zu zündeln.

Diese Fähigkeit verdankte er nicht zuletzt der Liebesbeziehung, die sich damals zwischen ihm und dem wütenden Antisemiten Dietrich Eckart entwickelte. Dessen Judenhaß ging auf ähnlich wunde Punkte zurück, nur daß Eckart seinem jugendlichen Verehrer in der mentalen und ideologischen Bearbeitung seines Syndroms schon um einiges voraus war. Mit Eckarts Hilfe hatte auch Hitler sein Syndrom bald in eine radikale Politikform überführt. Und in diesem Metier verdichtete sich seine judenfeindliche Einstellung zur manischen Besessenheit: Als erklärter Judenvernichter wurde er zum vorsätzlichen Täter, der sein Ziel nun nach eigenen Worten »fanatisch und rücksichtslos bis ins Grab hinein« verfocht.

Dazu angespornt haben könnte ihn einmal mehr das, was Theodor Fritsch schon 1907 demjenigen prophezeit hatte, der willens und in der Lage sei, die »Judenfrage« eines Tages *wirklich* zu »lösen«: Wer dies vollbringt, »der wird der gewaltigste Held aller Zeiten sein, der eigentliche Drachentöter, der wahre Siegfried«.[109] Mit solchen »Erlöser«-Allüren war Hitler nachweislich schon in den frühen 20er Jahren schwanger gegangen. Und er hielt bis zum Schluß an dem Glauben an diese seine »Mission« fest: »Ich bin der Einzige, der die Gefahr kennt, und der Einzige, der sie aufhalten kann« – entfuhr es dem deutschen Diktator noch wenige Monate vor seinem Ende. Der Wurzelgrund dieser Wahnvorstellung war und blieb seine auch im Sommer 1944 noch durchaus präsente Horrorvision, daß »das Judentum mit seinem ganzen Haß Macht über uns bekommt«.[110] Die Virulenz seiner antisemitischen »Impfung« in Wien hielt an, lebenslänglich. Es war eine Imprägnierung, die seine verbrecherische Überzeugung gegen alle Zweifel abdichtete und gleichzeitig zur Quelle seiner untergründigen Energien werden ließ.

Wahrscheinlich wäre Hitler auch ohne den traumatischen Erfahrungsdruck der Harden-Eulenburg-Affäre in Wien zum Antisemiten geworden, aber es wäre wohl bei einer mehr oder weniger penetranten Einfärbung seiner Mentalität durch antijüdische Animositäten geblieben. Aus dem geistigen Nährboden einer solchen Einstellung wäre nicht der Lindwurm jenes für Hitler so charakteristischen Vernichtungs-Antisemitismus herausgekrochen, für den die europäischen Juden einen so furchtbaren Blutzoll entrichten mußten. Das alles macht die Schnittstellen von 1907/08 und 1918/19, über die Hitlers Bewußtsein verändert und seine Geisteshaltung programmiert wurde, zu Schwellendaten von nicht allein lebensgeschichtlicher, sondern auch allgemein politischer Bedeutung. Es ist Hitlers Homosexualität, die uns den entscheidenden Hinweis zum historischen Verständnis dieses Zusammenhangs gibt.

Nachbemerkung: **Vom Nichtwissenwollen zur Erkenntnisverweigerung**

Hitlers Homosexualität ist in der politischen Geschichte des 20. Jahrhunderts eines der letzten tabuisierten Themen. Das Nichtwissenwollen, ja das merkwürdige Phänomen der Diskursverweigerung zieht sich von der unmittelbaren Nachkriegszeit bis heute.

1949 erschienen in Italien die Erinnerungen von Eugen Dollmann unter dem wenig sensationsheischenden Titel ›Roma Nazista‹[1]. Es war nicht die wissenschaftliche Reputation des gelernten Historikers, die den Verlag bewog, diese Memoiren zu veröffentlichen; es war das Insiderwissen eines der einflußreichsten Repräsentanten, die das Dritte Reich zwischen 1938 und 1945 in Rom hatte. Dollmann war nicht nur persönlicher Beauftragter Himmlers, sondern auch eine Art Vertrauensdolmetscher Hitlers, insbesondere bei dessen Unterredungen mit Mussolini. Er wußte viel und war – anders als die meisten Mitwisser, die überlebt hatten – auch bereit, einiges davon der Nachwelt preiszugeben. Das machte sein Buch brisant und zu einem Erfolg – allerdings nur in Italien.

Der Rezensent des ›Corriere della Sera‹ sah in Dollmann »eine wahre und wirkliche Graue Eminenz«. Seine Memoiren seien »ein wertvolles Zeugnis« und vor allem deshalb von so großem Nutzen, weil sie uns das »äußere und innere Wesen bekannter Persönlichkeiten« schilderten, und zwar »auf dem Wege messerscharfer Enthüllungen und mit Kommentaren, die von einem profunden psychologischen Studium Zeugnis geben«.[2] Gleich im ersten Kapitel kommt Dollmann auf Hitlers Homosexualität zu sprechen.[3] Als einer der wenigen, der erklärtermaßen »das delikateste Geheimnis in Hitlers Leben kannte«, fühlte er sich verpflichtet, diese »grundlegenden Fakten offenzulegen«. Einschränkend fügte er sogleich hinzu: »Es konnte nicht meine Aufgabe sein, die maßlosen Verirrungen des nationalsozialistischen Diktators in seiner ersten Lebenshälfte zu beleuchten [...]. Wenn überhaupt, dann wäre dies die Aufgabe ganz anderer Kenner der intimen Geheimnisse des Führers gewesen.«[4] Die damals noch lebenden »Kenner« werden Dollmanns Aufforderung, sofern sie sein Buch überhaupt kannten, wahrscheinlich als Zumutung empfunden und sich darin bestärkt gefühlt haben, ihr Geheimwissen strikt zu leugnen. Allein Hans Blüher, der bis 1934 einflußreiche Sexualtheoretiker und Apologet der Homoerotik, besaß 1949 den Mut, den homosexuellen Kontext von Hitlers Karriere anzusprechen.[5]

Im Bereich der Kunst war es Jean Genet, der mit seinem Roman ›Pompes Funèbres‹ 1947 das Thema aufgriff[6]: In drastischer Weise zeichnet er Hitler als »Tunte«. Genet suchte die Provokation, um damit zu schonungsloser Offenheit aufzufordern. Dasselbe hatte Fritz von Unruh in dem 1947 erschienenen Roman ›Der nie verlor‹ im Sinn[7]; sein ebenfalls stark sexualisiertes Hitler-Porträt beruhte allerdings nicht allein auf fiktionalen Elementen, sondern auch auf eigenem Erfahrungswissen. Unruh hatte lange zum persönlichen Kreis um die Hohenzollern-Prinzen Oskar und August Wilhelm gehört und wußte, wovon er redete.[8] Doch obwohl der Autor im Nachwort ausdrücklich darum bat, die Stimme, die er dem Diktator gegeben hatte, als »Memento« zu hören, hat seine dichterische Rekonstruktion des »wahren« Hitler keine öffentliche Kontroverse ausgelöst.[9] Wenn man ihn überhaupt beachtete, so wurde er verspottet.

All das war symptomatisch. Dollmanns Buch ist nie in deutscher Sprache erschienen, der erst 1980 verstorbene Autor nie befragt worden. Dabei hätte seine Darstellung Anstoß für weitere Nachforschungen sein können, ja müssen. Aber die »Vergangenheitspolitik« noch der späten Bundesrepublik war in diesem Punkt auf Verdrängung gerichtet, und die Erinnerung an den »Führer« selbst wollte man erst recht abschütteln. Deshalb löste auch Erich Ebermayer, der 1959 mit seiner Tagebuchveröffentlichung erneut Hitlers Sexualleben zur Sprache brachte, keine Diskussion aus.[10]

Zudem müssen damals viele die Vorstellung, nicht bloß einem politischen Verbrecher, sondern einem – im sexualmoralischen Verständnis der Adenauer-Zeit – »Perversen« hinterhergelaufen zu sein, als unerträglich empfunden haben. Das hätte die Schande der ohnehin schon unverzeihlichen Gefolgschaft um ein Stigma ergänzt, das die Schmach auf alle Zeiten zu besiegeln drohte. Womöglich hat sich aber auch die Vorstellung von Hitler als diabolischem Verführer so fest im kollektiven Gedächtnis verwurzelt, daß der Gedanke seiner Homosexualität, wo immer er zur Sprache kam, sogleich verbannt wurde. Insofern war das Nichtwissenwollen integraler Bestandteil der nationalen Psyche der Nachkriegsdeutschen – die kollektive Weigerung, weitere Identitätszerstörungen zuzulassen.

Mit ihrer Rede über Hitlers Homosexualität hielten die Dollmann, Blüher, Ebermayer und nicht zuletzt Klaus Mann den auf Entschuldung versessenen Nachkriegsdeutschen gleichsam einen Zerrspiegel ihrer Verdrängung vor die Nase; deshalb wurden sie mit Mißachtung gestraft. Doch damit nicht genug. Der mentalen Aversion der deutschen Nachkriegsgesellschaft gegen eine lebensnahe Erkundung der Hitler-Vita haben deutsche Nachkriegshistoriker durch ein pseudobiographisches Verdikt entgegengearbeitet, das da lautet: Bei Hitler gab es nichts Privates – jedenfalls nichts, was uns noch zu interessieren hätte.[11] Eine wissenschaftliche Begründung dafür ist freilich niemals geliefert worden. Und Plausibilität gewinnt sie auch nur für den, der noch in jeder Annäherung an den Menschen Adolf Hitler eine unselige Distanzlosigkeit erblickt. Doch kann mit diesem veritablen Klischee bis heute erfolgreich argumentiert werden, wenn es gilt, alternative Forschungsperspektiven öffentlichkeitswirksam zu diskreditieren.

Das hat uns der renommierte Repräsentant der funktionalistischen Zeitgeschichtsforschung Hans Mommsen mit seiner Reaktion auf ›Hitlers Geheimnis‹ vorgeführt. Auffällig war schon, wie hektisch er auf die Veröffentlichung ansprach. Zwei Tage nach dem offiziellen Erscheinungstermin war seine Kritik in zwei großen Zeitungen nachzulesen, die dann eine vielfache positive Resonanz im deutschen Blätterwald erfuhr. Offenbar wähnte man in den geschichtspolitischen Ressorts von ›Zeit‹ und ›Frankfurter Rundschau‹ Deutungsmonopole bedroht, sonst wäre der Emeritus nicht so eindringlich beschworen worden, diese »Attacke gegen die Funktionalisten«[12] sofort an vorderster publizistischer Front abzuwehren. Eine gewissenhafte und abwägende Lektüre war bei dieser Eile schlechterdings nicht möglich und damit eine der Grundbedingungen wissenschaftlicher Kritik nicht zu erfüllen.

Mommsens Auseinandersetzung mit dem Buch vollzieht sich dann auch in ausgesprochen elitärer Manier; schon der autoritäre Ton seiner Rede läßt aufhorchen: Mit der selbstgewissen Geste des Universalexperten für die Geschichte des Dritten Reiches versucht er weiszumachen, die Fachhistorie hätte schon längst Kenntnisse über die von mir dargelegten Ereignisse persönlichen Zusammenhangs in Hitlers Biographie – nur seien sie erwiesenermaßen ohne wissenschaftlichen Belang. Deshalb ziele ›Hitlers Geheimnis‹ ins Nichts. Nun ist Hans Mommsen ohne Frage ein herausragender Spezialist für die Bürokratie- und Verwaltungsgeschichte des Dritten Reiches, vielleicht auch noch für den Hitler-Mythos; für Hitlers engere profane Lebensgeschichte aber gewiß nicht. Für deren Erforschung hat er sich nie sonderlich interessiert, und zur Geschlechterforschung hat er schon gar nichts beigetragen. Genau darum geht es aber in meinem Buch. Man muß auch bezweifeln, ob Mommsen jemals selbst primäres Quellenmaterial über die komplizierten sexualbiographischen Zusammenhänge studiert hat, die hier zur Debatte stehen. Seine Kritik an den von mir zugrundegelegten – »in der Regel fragwürdigen«, »wenig zwingenden«, »nicht überzeugenden« oder »höchst dürftigen« – Quellen bleibt folglich ganz pauschal und oberflächlich. Anders gewendet: sie erfüllt Alibifunktionen und dient dem offenkundigen Bemühen, ein mißliebiges Thema aus dem Diskurs zu verbannen.

Sie soll Mommsens apodiktische Setzungen legitimieren, vor allem das Verdikt vom »völligen Fehlen des Privaten« in Hitlers Biographie, auf dem er einmal mehr beharrt. Meinen Gegenbeweis muß er daher als Eskamotierung des Politischen aus der Geschichte abtun. Ich würde das Unfähigkeit nennen, über das Selbstreferentielle hinaus etwas zu denken. Den »einzigen politisch relevanten Anwendungsfall« des Buches sieht er in der Röhm-Krise, deren Neu-Interpretation er aber auch keine Erkenntnisse abgewinnen will. Das alles offenbart nun freilich ein äußerst eng gefaßtes, ja naives Politikverständnis. In Antizipation von Historiker-Arglosigkeiten wie diesen hat Patrick Bahners zu meinem Buch in der ›Frankfurter Allgemeinen Zeitung‹ bemerkt: »Bei Männern, die Entscheidungen über Leben und Tod fällen, pflegen Beruf und Privatleben nicht so sauber getrennt zu sein wie in der viktorianischen Bürgerfamilie. [...] Die Meinung, niemand würde es kümmern, sollte Machtan recht haben, dürfte jedenfalls eine Sekurität verraten, die von den bewegenden Kräften der Geschichte keinen Schimmer hat.«[13] In der Tat, folgt man Mommsen, dann würde eine Spezialität Hitlerscher Politikmacherei: das geschickte Lavieren zwischen den privaten und öffentlichen Sphären einfach ausgeblendet. Und was ist mit Hitlers notorischer Intrigenwirtschaft, seiner Rachsucht, seinem Charisma?

Das alles hat eben keinen Platz in Mommsens Konzept vom »schwachen Diktator«, das im übrigen auch nur Hypothese ist – umstritten zudem. Mommsen würde am liebsten wohl auch noch Hitler selbst dem funktionalistischen Kausalzusammenhang seines eigendynamischen Diktatur-Modells ausliefern und ihn damit als politische Potenz sui generis zum Verschwinden bringen. Warum sonst hat er noch vor einigen Jahren Ian Kershaw von dem Projekt einer Hitler-Biographie abgeraten?[14] Worum sich die Hitler-Forschung zu bekümmern habe, sei: »Hitler als ein Spiegelbild, als einen Reflex vorherrschender gesellschaftlicher Ressentiments zu begreifen«.[15] Das ist in der Tat das jahrzehntealte geschichtspolitische Credo einer Forschergeneration, die personalisierenden Ansätzen vor allem deshalb so vehement entgegentritt, weil sie hierdurch ihren nationalpädagogisch-demokratischen Auftrag zur Aufklärung der deutschen Gesellschaft über sich selbst gefährdet glaubt. Politisch korrekt mag dieser Leitsatz sein, aber er wurzelt in dem deutschen Grundbedürfnis nach Entlastung des einzelnen im

Hinblick auf seine persönliche Beteiligung an der und subjektive Verantwortung für die braune Diktatur. Konsequenterweise hält Mommsen es auch für »problematisch, den Täterbiographien ein ausschlaggebendes Gewicht beizulegen« und sogar für »unsinnig«, politische Vorgänge in der Hitler-Diktatur »moralisch zu erklären«.[16] Daß dies aber auf nichts anderes als moralische Zensur hinausläuft, scheint dem strengen Strukturalisten noch nicht in den Sinn gekommen zu sein. Selektive Wahrnehmung und Diskursverweigerung sind die Folgen.[17]

Ganz anders Ian Kershaw, der da wesentlich unbefangener ist: Seine Kritik meiner Studie läßt eine Offenheit erkennen der der Sinn für Wahrscheinlichkeiten noch nicht abhanden gekommen ist – schon weil er um die Sperrigkeit von Hitlers Biographie gegenüber eindeutigen Urteilen weiß. Hier wird mit der gebotenen Redlichkeit eine sachliche Prüfung meiner Hypothese vorgenommen; hier werden Fragen gestellt, die auf wissenschaftliche Erörterung und nicht auf Diskreditierung zielen.[18] Anders, als er es in seiner eigenen Studie noch getan hat, zieht sich Kershaw in seiner Besprechung nicht mehr auf das Konstrukt von der »leeren Hülse«, von Hitler als dem Mann ohne privaten Hintergrund, zurück. Ihm scheint nach der Lektüre »durchaus glaubhaft«, daß es »in Hitlers Persönlichkeit, wie auch in der Art des Umgangs mit seiner Umgebung, ein homoerotisches Element gab«. Und weiter: »Daß Hitler ein praktizierender Homosexueller war, läßt sich mithin nicht ausschließen.« Gleichwohl ist auch Kershaws Haltung prinzipiell eher skeptisch. Auch meint er, es würde kaum »einen Unterschied machen für unser historisches Verstehen, wenn wir seine Homosexualität akzeptierten«. Doch wenn er zugleich realisiert, daß allein der Verdacht einer homosexuellen Vergangenheit Hitlers durchaus zum Stolperstein für dessen politische Karriere hätte werden können[19], dann läßt dieser eklatante Widerspruch fragen: Sollte die Forschungsrelevanz des Themas vielleicht doch größer sein, als Kershaw sich das im Moment eingestehen will?

Solche Unschlüssigkeiten haben ihre Ursachen wohl vor allem in der großen Befangenheit, die Politik- und Gesellschaftshistoriker gegenüber dem Thema Homosexualität offenbaren: es übersteigt vielfach ihr Verständnisvermögen.[20] Das schlägt sich namentlich in einer Begrifflichkeit nieder, die den Eindruck vermittelt, man könne »Homoerotik« und »Homosexualität« biographisch trennscharf voneinander abgrenzen. Kershaw glaubt sogar, eine »aktive« von einer »passiven homosexuellen Veranlagung« unterscheiden zu können. Aber woher wissen wir das eigentlich? Wer hat das untersucht? Und wie soll man das quellenmäßig belegen? So kann die Homoerotik leicht zu einer nicht mehr decodierbaren Chiffre werden, in die sich vieles verpacken und schließlich zum Verschwinden bringen läßt. Demgegenüber kann die neueste Historiographie der wohlgemerkt: Homosexualitäten, wie sie aus dem wissenschaftlichen Umfeld der »gay community« hervorgegangen ist, geradezu als avantgardistisch angesprochen werden. Sie thematisiert die geschichtsmächtige Rolle der Gleichgeschlechtlichkeit ungeniert – auch was die Welt der Politik betrifft. Sie kann das, weil ihr die Problematik aus eigenem Erleben und Empfinden vertraut ist. Das vorliegende Buch verdankt sich nicht zuletzt den vielen Anregungen, wie sie von dieser Forschungsrichtung ausgehen. 1998 legte der Hamburger Historiker Bernd-Ulrich Hergemöller ein ›Biographisches Lexikon zur Geschichte von Freundesliebe und mann-männlicher Sexualität‹[21] vor, in dem erstmals nicht nur über tausend Lebensläufe nachgezeichnet, sondern auch grundsätzliche Ausführungen zu den methodischen Problemen einer solchen Biographik gemacht werden. Der Autor weiß, wie schwer es ist, hier angesichts von Quellenvernichtung, -verfälschung und -verstümmelung auch nur zu einem halbwegs repräsentativen Überblick zu gelangen. Als »Grundproblem« seines Versuchs hatte er deshalb in Rechnung zu stellen, daß »der Personenkreis, der aufgrund hinreichender Quellen, vor allem der Selbstzeugnisse, zu den aktiven ›Homosexuellen‹ gerechnet werden kann, verschwindend klein ist«. Auch »einen genauen Trennungsstrich zwischen den ›platonischen‹, den ›offen aktiven‹ und den ›verdeckt aktiven‹ Freunden des eigenen Geschlechts« könne man schlechterdings nicht ziehen. Wie wahr. Ernst Röhm war der einzige deutsche Politiker aus der ersten Hälfte des 20. Jahrhunderts, der seine homosexuelle Veranlagung aufgrund von publizierten Selbstzeugnissen öffentlich eingestehen mußte. Doch daraus zu schließen, es habe damals nur diesen einen homosexuellen Politiker gegeben, wäre in der Tat reichlich unrealistisch. Es läge aber durchaus auf der Linie von tradierten Wahrnehmungsmustern, die Hergemöller mit seiner Forderung nach einem »generellen Perspektivenwandel in der Geschichtsschreibung« scharf kritisiert. Für ihn ist die »Entlarvung der wissenschaftlichen ›Zwangsheterosexualisierung‹« ein entscheidender Schritt in diese Richtung.[22]

Hergemöller wies auch zu Recht darauf hin, »daß zwischen (männlicher) Homosexualität und NS-Bewegung eine Beziehung besonderer Art besteht« und daß eine Annäherung an dieses Forschungsproblem »nur über möglichst konkrete personengeschichtliche Studien zur Vita der NS-Größen und zur Biographie von ›Mitläufern‹ beziehungsweise ›willigen Vollstreckern‹ erfolgen« könne. Bislang lägen »jedoch noch keine wissenschaftlichen Biographien über die prominenten ›schwulen Nazis‹ vor, nicht einmal solche über deren Prominentesten: Ernst Röhm«.[23] Insofern wertet der Hamburger Historiker das vorliegende Buch in seiner Rezension auch als »die Rache dafür«, »daß die Erforschung des Nationalsozialismus bis heute zentrale Aspekte der historischen Wirklichkeit, vor allem die Aspekte der Genitalität und Erotik, systematisch ins Abseits gedrängt« hat. Aber das bleibt reine Schadenfreude, besser Galgenhumor. Denn zum Inhalt von ›Hitlers Geheimnis‹ geht er erstaunlicherweise auf radikale Distanz, spricht sogar empört von »Geschichtsklitterung« und »Machwerk«.[24]

Nun kommt aber Hergemöller nicht nur in seinem Lexikon zu Ergebnissen, die unmittelbar an das in meinem Buch Ausgeführte anschließen, sondern sogar in seiner Rezension selbst. Hitler, so lesen wir, sei aufgrund seiner Herkunft und frühen Entwicklung ein Mann gewesen, »der sich von Anfang bis Ende seines öffentlichen Lebens nur im Kreis anderer Männer unverkrampft zu entfalten verstand. Er bedurfte des homosozialen Kontextes, um sich zu bestätigen und zu entwickeln.« Hierin habe er im übrigen anderen Politikern und Militärs seiner Zeit geähnelt, namentlich dem »bislang vom ›gendering‹, also der geschlechtsspezifischen Betrachtung verschonten [Reichskanzler] Heinrich Brüning«. Wie ist das denn zu verstehen? Vermutet Hergemöller am Ende, daß auch Brüning homophil war? Man muß es fast annehmen bei der gewählten Hintersinnigkeit seiner Anspielung. Eventuell auch Schleicher und Papen? Dann würde sich in der Tat ein ganz neues Szenario von Hitlers Machtergreifung eröffnen, und wenn man Hergemöllers Munkeln darüber richtig deutet, dann schwant ihm das auch schon. Bleibt also nur die in empirischer Forschung zu klärende Frage, welche Intrigen da in den für Deutschland entscheidenden Jahren zwischen 1930 und 1934 hinter den Kulissen gesponnen wurden, wer da wen erpreßt und bestochen hat, wer da wen in der Hand hatte, wer da mit wem gemeinsame Sache machte. Ohne die Hindenburg-Kamarilla, soviel ist ja selbst nach unseren immer noch sehr vorläufigen Kenntnissen bereits heute klar, hätte es einen Reichskanzler Adolf Hitler wahrscheinlich nicht gegeben.

Doch statt hier Klartext zu reden, zieht sich Hergemöller gleich wieder schneckenartig auf die Antithese von der »Jungfrau Hitler« zurück und meint: »Sein Geheimnis hieß Askese.« Mehr noch: »Er verharrte bis zum Ende im Status der Virginalität, um alle Energie auf das politische Handeln zu richten.« Damit kleidet Hergemöller freilich nur die sattsam bekannte Hitlersche Selbstverklärung in neue Worte. Und was hat der Mann in den 30 Jahren getrieben, *bevor* er beschloß, Politiker zu werden? Daß diese These realhistorisch nur heiße Luft enthält, dürften so professionelle Historiker wie Hergemöller selbst wissen. Die Zuflucht zu ihr ist ein Ausdruck der Hilflosigkeit – und für den sexualbiographischen Forscher zugleich ein Armutszeugnis. So liest sich Hergemöllers Verriß denn auch de facto wie eine einzige wissenschaftliche Selbstverleugnung. Will sagen: Die eigenen Postulate, forschungsstrategischen Überlegungen, hermeneutischen Kunstfertigkeiten gelten in dem Augenblick nichts mehr, wo aus ihnen ein subjektiv nicht akzeptables Resultat hervorzugehen droht.

Was Hergemöller zu einem so wütenden Kritiker wider besseres Wissen werden läßt, ist wiederum nur auf außerwissenschaftlichem Gebiet auszumachen. Die Motive werden deutlich, wenn wir lesen, es werde von mir unterschwellig ein paradigmatischer Wechsel vom »Hauptstatusmerkmal ›Diktator, Verbrecher‹ zum Hauptstatusmerkmal ›Homosexueller‹« vorgenommen. Das öffne »allen Vorurteilen gegenüber Homosexuellen Tür und Tor« und sei geeignet, »dem objektiv Normabweichenden das Stigma des Verbrecherischen aufzudrücken«. Daher also die Panikstimmung: Die Emanzipationsbewegung der Homosexuellen scheint in Gefahr, neue Diskriminierung droht. Die These von Hitlers Homosexualität, der Homosexualität eines Jahrhundertverbrechers mithin, scheint sich so querzulegen zu dem, was sich in den letzten Jahren als politisch-kulturelles Selbstverständnis der »gay community« entwickelt und öffentlich artikuliert hat, daß sie elementare Identitätsmuster zu zerstören droht; insonderheit historisch hergeleitete. So sieht der Bremer Soziologe und Homosexualitätsforscher Rüdiger Lautmann in meinem Buch sogar ein »sexualpolitisches Manöver«: »Mit der gleichen Argumentationsstrategie wäre Wilhelm der Zweite als ein Homosexueller hinzustellen [...]. Damit fällt auf die beiden entscheidenden Deutschen, die im 20. Jahrhundert an der Weltgeschichte mitgeknüpft haben, das fahle Licht sexueller Besonderheit, als ob unheiliges Begehren und politisches Unheil einander bedingten.«[25]

Man sieht: die Richtigkeit – oder sagen wir auch nur die hohe Wahrscheinlichkeit – einer sexualbiographischen Aussage bewahrt sie noch keineswegs davor, selbst von denen inkriminiert zu werden, die sich solcher Forschung gegenüber prinzipiell und »strategisch« für aufgeschlossen halten. Das ist deshalb so, weil sich in den Fallstricken der politischen Korrektheit noch jede Geschichtsdeutung verheddert hat, die sich nicht frei von persönlichen Skrupeln gegenüber ihrem Untersuchungsgegenstand weiß. ›Hitlers Geheimnis‹ berührt aber subjektive Tatbestände, erbrachte ein für viele Homosexuelle unerwünschtes Resultat, ja es enthielt vermeintlich sogar ein Bedrohungspotential. Deshalb konnte es nicht mehr darum gehen, aus reinem Erkenntnisinteresse und mit wissenschaftlichen Methoden die theoretisch begründete und empirisch abgestützte Vermutung von Hitlers Homosexualität zu überprüfen und sie mit einem konkurrenzfähigen Deutungsmuster diskursiv zu widerlegen.[26] Das Argument selber mußte niedergemacht und in das Buch ein Unwahrheitsgehalt projiziert: kurz die Büchse der Pandora mußte schnell wieder verschlossen werden.

Es bleibt die Frage, ob unangenehme historische Wahrheiten über generationsspezifische Vorurteile von deutungsmächtigen Historikern siegen können, ob historisches Material gegen eine politisch-moralische Abwehrhaltung von Sich-Betroffen-Fühlenden auf Dauer etwas auszurichten vermag. Sie entscheidet sich mit der Antwort darauf, was man eigentlich über das biographische Profil von Protagonisten der jüngsten deutschen Politikgeschichte wissen will. Auf diese Frage hat die biographiefeindlich eingestellte Zeitgeschichtsschreibung eine unzureichende, ja falsche Antwort gegeben.[27] Eine Antwort, die das schon vorab zu wissen wähnt, was es erst einmal gründlich zu untersuchen gilt. Mit dieser kategorischen Selbstbeschränkung kann sich niemand zufriedengeben, der sich mit den Geschehnissen der Hitler-Diktatur aus der lebensgeschichtlichen Perspektive von Subjekten vertraut machen will, und daran sind heute viele Menschen interessiert. Aber vielleicht kann sich die veröffentlichte Meinung in Deutschland nurmehr aus einem sehr großen zeitlichen Abstand auf diesen versenkten Teil unserer Geschichte einlassen. Dabei hätte die ja durchaus vorhandene Möglichkeit zur Bergung und Rekonstruktion des Abgesunkenen bei größerer zeitlicher Nähe viel bessere Erträge gezeitigt. Aber dies hätte die braune Vergangenheit sogleich wieder als eine zu nahe, zu unangenehme Gegenwart erscheinen lassen. Zwar hat sich den Provokationen der Dollmanns u. a. gegenüber in der deutschen Gesellschaft inzwischen ein Gedächtnisverlust eingestellt. Aber die neuerliche Thematisierung des Heiklen stört ganz augenscheinlich die seitdem gewachsene Sehnsucht nach einer endlich geglückten Verarbeitung der unsäglichen Vergangenheit. Oder vielleicht nur deren Präzeptoren? Ich kann die Bedenklichkeit verstehen, doch ich billige sie nicht. Als Historiker ist es mir wichtiger, über den selektiven Gedächtnisrahmen der eindimensionalen Vergangenheitsbewältiger hinauszudenken. Da auch das Verdrängte weiter wirkt, ist es notwendig, sich mit Hitler weiter auseinanderzusetzen.

Anhang

Anmerkungen

Einleitung

1 Joachim Fest, Hitler. Eine Biographie, München 2000 (3. Auflage der Neuausgabe 1995), S. 13.
2 Frankfurter Allgemeine Zeitung vom 1. 10. 1998.
3 Ebd.
4 So Hans-Ulrich Wehler in der Frankfurter Allgemeinen Zeitung vom 23. 11. 1995.
5 Vgl. Guido Knopp, Hitler. Eine Bilanz, München 1997, S. 9.
6 John Lukacs, Hitler. Geschichte und Geschichtsschreibung, München 1997, S. 75.
7 Ron Rosenbaum, Die Hitler-Debatte. Auf der Suche nach dem Ursprung des Bösen, München/Wien 1999, S. 11.
8 Robert Goldmann hat dieses Credo jüngst noch einmal in folgende Worte gefaßt: »Das große Verbrechen der dreißiger und vierziger Jahre ›rational‹ zu erklären […] führt zur Verletzung des Andenkens und zur Entehrung der Geschichte. Trotz aller Versuche der Erklärung wird es unverständlich bleiben. Und gerade durch diese erdrückende Unverständlichkeit kann es neuem Unglück vorbeugen.« Frankfurter Allgemeine Zeitung vom 31. 7. 2000.
9 Alan Bullock, Hitler. Eine Studie über Tyrannei, Kronberg 1977 (Neuauflage der Ausgabe Düsseldorf 1967). Der Titel der englischsprachigen Originalausgabe von 1952 lautet: Hitler. A Study in Tyranny.
10 Ebd., S. 358.
11 Ebd., S. VIII.
12 Alan Bullock, Hitler und Stalin. Parallele Leben, Berlin 1991, S. 196 ff. und 461.
13 Ebd., S. 1258 f.
14 Rosenbaum, Die Hitler-Debatte, S. 285.
15 Bullock, Hitler und Stalin, S. 947.
16 Fest, Hitler, S. 19. Siehe auch ebd. das zweite Kapitel des sechsten Buches (S. 724–769), das explizit den »Blick auf eine Unperson« eröffnet.

17 Ebd., S. 5 und 29.
18 Ebd., S. 67.
19 Ebd., S. 69.
20 Ebd., S. 467.
21 Ebd., S. 13.
22 Siehe hierzu Rosenbaum, Die Hitler-Debatte, S. 211 ff.
23 Douglas M. Kelley, Twenty-Two Cells in Nuremberg. A Psychiatrist Examines the Nazi-Criminals, New York 1972, S. 23 f.
24 Bela Grunberger/Pierre Dessuant, Narzißmus, Christentum und Antisemitismus, Stuttgart 2000, S. 451 ff.
25 Rosenbaum, Die Hitler-Debatte, S. 263.
26 Als Beispiel für diesen Versuch ziehe ich zwei exemplarische Aufsätze heran: Hans Mommsen, Adolf Hitler in der Sicht von Gefolgsleuten und Zeitgenossen. Anmerkungen zur Hitlerismus-Debatte, in: ders., Von Weimar nach Auschwitz. Zur Geschichte Deutschlands in der Weltkriegsepoche, Stuttgart 1999, S. 73–91 (ursprünglich in: Jahrbuch des Wissenschaftskollegs zu Berlin 1983/84, Berlin 1985, S. 229–246); ders., Hitlers Stellung im nationalsozialistischen Herrschaftssystem, in: ders., Von Weimar nach Auschwitz, S. 214–247 (ursprünglich in: Gerhard Hirschfeld/Lothar Kettenacker, Der »Führerstaat«: Mythos und Realität. Studien zur Struktur und Politik des Dritten Reiches, Stuttgart 1981, S. 43–72).
27 Mommsen, Hitlers Stellung im nationalsozialistischen Herrschaftssystem, S. 246.
28 Ian Kershaw, Hitler, Bd. 1: 1889–1936, Stuttgart 1998; ders., Hitler, Bd. 2: 1936–1945, Stuttgart 2000.
29 Ebd., S. 22 f.
30 Ebd., S. 23.
31 Spiegel-Interview, Nr. 34/2000, S. 63.
32 Klaus Hildebrand, Nichts Neues über Hitler. Ian Kershaws zünftige Biographie über den deutschen Diktator, in: Historische Zeitschrift, Bd. 270 (2000), S. 389–397.
33 Paul Matussek/Peter Matussek/Jan Marbach, Hitler. Karriere eines Wahns, München 2000, bes. S. 25 ff.
34 Ebd., S. 9.
35 Ludolf Herbst, Der Fall Hitler – Inszenierungskunst und Charismapolitik, in: Wilfried Nippel (Hg.), Virtuosen der Macht, München 2000, S. 172 ff.
36 Kershaw, Hitler, Bd. 1, S. 22.
37 Stephan Porombka, Felix Krulls Erben. Die Geschichte der Hochstapelei im 20. Jahrhundert, Berlin 2001, S. 88 ff.
38 Vom 7. 10. 1998.
39 Vom 6. 12. 1998.
40 Vom 29. 10. 1998.

41 Vom 10./11. 10. 1998.
42 So die treffende Beobachtung der Interviewer (Frankfurter Allgemeine Zeitung vom 1. 10. 1998).
43 Hieran ist Manfred Koch-Hillebrecht mit seinem ›Homo Hitler‹, München 1999, gescheitert – ganz abgesehen von den völlig überzogenen historisch-politischen Schlußfolgerungen, die er aus seinen Befunden ableiten zu können meint.
44 Hierzu sowie zum folgenden vgl. die Einleitung von Bernd-Ulrich Hergemöller zu dem von ihm herausgegebenen Handbuch: Mann für Mann. Biographisches Lexikon zur Geschichte von Freundesliebe und mannmännlicher Sexualität im deutschen Sprachraum, Hamburg 1998, S. 35 ff.
45 Vgl. Helmut Blazek, Rosa Zeiten für Rosa Liebe. Geschichte der Homosexualität, Frankfurt a. M. 1996.
46 Selbst bei nicht privaten Dingen, wie etwa Hitlers Regierungstätigkeit, mangelt es an authentischen Quellen. Vgl. die Einleitung von Martin Moll zu der von ihm herausgegebenen Edition »Führer-Erlasse« 1939–1945, Stuttgart 1997, S. 9 ff.
47 Vgl. Henry Picker, Hitlers Tischgespräche im Führerhauptquartier, Wiesbaden 1983, S. 117 f.
48 Ernst Hanfstaengl, Zwischen Weißem und Braunem Haus. Memoiren eines politischen Außenseiters, München 1970, S. 63.
49 Vgl. hierzu bereits Ernst Deuerlein (Hg.), Der Hitler-Putsch, Stuttgart 1962, S. 117 ff.; außerdem Anton Joachimsthaler, Hitlers Weg begann in München 1913–1923, München 2000, S. 34 f. und 361; Harry Slapnicka, Hitler und Oberösterreich, Grünbach 1998, S. 102 ff.; ›Der letzte Befehl‹ (Manuskript), in: IfZ München, ED 203 (Schaub), Bd. 2.
50 Hitler gegenüber Otto Wagener, zit. nach Henry Ashby Turner (Hg.), Hitler aus nächster Nähe. Aufzeichnungen eines Vertrauten, Frankfurt a. M. 1978, S. 392.
51 Rosenbaum, Die Hitler-Debatte, S. 127 f.
52 Albert Speer, »Alles, was ich weiß.« Aus unbekannten Geheimdienstprotokollen vom Sommer 1945, hrsg. von Ulrich Schlie, München 1999, S. 39 bzw. 49.

Erstes Kapitel

1 Vgl. zu Hitlers Jugendzeit am einschlägigsten: Franz Jetzinger, Hitlers Jugend. Phantasien, Lügen – und die Wahrheit, Wien 1956; Bradley F. Smith, Adolf Hitler. His Family, Childhood and Youth, Stanford 1967; Joachimsthaler, Hitlers Weg begann in München;

Brigitte Hamann, Hitlers Wien. Lehrjahre eines Diktators, München/Zürich 1997.

2 Die Darstellung folgt hier den Angaben von Hamann und Joachimsthaler, die auf den entsprechenden »harten« Quellen basieren.

3 Befund der Stellungskommission vom 5. 2. 1914, zit. nach Jetzinger, Hitlers Jugend, S. 265.

4 Zu Hitlers »Stellungsflucht« vgl. ebd., S. 253–272.

5 Vgl. Joachimsthaler, Hitlers Weg, S. 81, sowie Abdruck des Meldezettels, ebd., S. 20.

6 Vgl. ebd., S. 105 ff.

7 Hier erweisen sich die empirischen Arbeiten des Sexualforschers Magnus Hirschfeld als ausgesprochener Glücksfall. Insbesondere die 1914 erschienene Studie ›Die Homosexualität des Mannes und des Weibes‹ erhellt die Situation der Homosexuellen zu Beginn des 20. Jahrhunderts und gewährt uns einen aufschlußreichen Einblick in das soziokulturelle Umfeld; im folgenden nach: Magnus Hirschfeld, Die Homosexualität des Mannes und des Weibes, Berlin 1920 (zweite, unveränderte Auflage).

8 Fritz Redlich, Diagnosis of a Destructive Prophet, New York/Oxford 1999, S. 281 ff.

9 Hierzu Slapnicka, Hitler und Oberösterreich, S. 102 ff.

10 Postkarte von Kubizek an Jetzinger vom 11. 6. 1949, in: OÖLA Linz, Zl. 2489/36–1956 (Jetzinger-Materialien), Nr. 64.

11 Sofern nicht anders angegeben, folgt die Kurzbiographie den Angaben von Kubizek im Nachwort seines Buches: Adolf Hitler. Mein Jugendfreund, Graz/Göttingen 1953.

12 Vgl. Kubizeks »Ausbildungswerdegang«, Anlage zum Brief an Jetzinger vom 16. 8. 1949, in: OÖLA Linz, Zl. 2489/36–1956, Nr. 64. – In seinem Buch gibt Kubizek an, im Oktober 1912 sein Studium beendet zu haben (S. 319).

13 So die schriftliche Auskunft des Stadtarchivs Eferding vom 17. 7. 2000. Hamann nennt dagegen als Hochzeitstermin den 1. August (S. 78). – Über Kubizeks Frau und über sein Eheleben ist weiter nichts in Erfahrung zu bringen.

14 Kubizeks »Ausbildungswerdegang«, Anlage zum Brief an Jetzinger vom 16. 8. 1949, in: OÖLA Linz, Zl. 2489/36–1956, Nr. 64.

15 Vernehmung vor dem Bezirksgericht Eferding am 4. 7. 1938, in: OÖLA Linz, Panzerschrank, Akte Hitler-Kubicek.

16 Kubizek, Jugendfreund, S. 322 ff.

17 Hitler an Kubizek vom 4. 8. 1933, abgedruckt ebd., neben S. 16.

18 Vgl. ebd., S. 333.

19 Mündliche Auskunft OÖLA Linz vom 28. 6. 2000.

20 Vgl. Kubizek, Jugendfreund, S. 335.

21 Vgl. Schreiben des Hitleradjutanten Albert Bormann an Kubizek

vom 29. 4. 1938, in: OÖLA Linz, Zl. 2489/36–1956, Nr. 60. Kubizek hatte Hitler offenbar zu dessen 49. Geburtstag gratuliert.

22 Kubizek, Jugendfreund, S. 336.

23 Vgl. BAB, BDC Franz Neuburger.

24 »Ehrenerklärung« von Franz Neuburger vom 6. 10. 1938, in: OÖLA Linz, Landesregierung-Film 349, Abschnitt GR 879.

25 Vgl. ebd.

26 Vernehmung am 4. 7. 1938, in: OÖLA Linz, Panzerschrank, Akte Hitler-Kubicek.

27 Kubizek an Hitler vom 21. 7. 1939, in: BAB, NS 10/453; abgedruckt bei Beatrice Heiber/Helmut Heiber (Hg.), Die Rückseite des Hakenkreuzes. Absonderliches aus den Akten des Dritten Reiches, München 1993, S. 72 f.

28 Vgl. Kubizek, Jugendfreund, S. 343 ff.

29 Vgl. BAB, BDC August Kubizek. Kubizek selbst behauptet, er sei erst 1942 beigetreten; vgl. ders., Jugendfreund, S. 348.

30 Vgl. Hamann, Hitlers Wien, S. 80.

31 Vgl. Bericht des Reichsstatthalters Oberdonau an Reichsinnenminister vom 3. 5. 1943, in: BAB, BDC Reichskulturkammer/Bildende Künste Gerhardine Troost; hier zit. nach Heiber (Hg.), Rückseite des Hakenkreuzes, S. 100.

32 Vgl. Staatsminister Meissner an Reichsminister der Finanzen vom 5. 7. 1943, in: BAB, R2/17752; zuerst bei Heiber (Hg.), Rückseite des Hakenkreuzes, S. 101.

33 Vgl. Joachimsthaler, Hitlers Weg, S. 326.

34 Vgl. zur Biographie von Franz Jetzinger: Harry Slapnicka, Oberösterreich. Die politische Führungsschicht 1918–1938, Linz 1976, S. 140 f.; Mühlviertler Bote, Nr. 12 vom 27. 3. 1965; sowie die eigenen Angaben von Jetzinger in seinem Buch.

35 Vgl. Kubizek an Jetzinger vom 25. 3. 1949 und Kubizek an Jetzinger vom 16. 8. 1949, in: OÖLA Linz, Zl. 2489/36–1956, Nr. 64.

36 Kubizek an Jetzinger vom 3. 6. 1949, in: ebd.

37 Vgl. ebd.

38 Vgl. Rudolf Hans Bartsch, Schwammerl. Ein Schubertroman, Leipzig 1912, S. 110 ff.

39 Kubizek an Jetzinger vom 19. 6. 1949, in: OÖLA Linz, Zl. 2489/36–1956, Nr. 64.

40 Kubizek an Jetzinger vom 20. 12. 1948, in: ebd.

41 Kubizek, Jugendfreund, S. 10.

42 Ebd., S. 22.

43 Ein solch einseitiger Interpretationsversuch findet sich zuletzt bei Matussek/Matussek/Marbach, Hitler, S. 119 f.

44 Die vorstehenden Zitate alle nach Kubizek, Jugendfreund, S. 305, 26, 180, 130, 29, 285, 183, 184 und 130.

45 August Kubizek, Erinnerungen an die mit dem Führer gemeinsam verlebten Jünglingsjahre 1904–1908 in Linz und Wien, Bd. 2: Wien (Manuskript), 1943, in: OÖLA Linz, Zl. 2489/36–1956, S. 22. Gegenüber Jetzinger bestätigte Kubizek später ausdrücklich: »Die Tragikomödie mit dem Winterüberzieher ist Tatsache.« Kubizek an Jetzinger vom 19. 6. 1949, in: ebd., Nr. 64.
46 Kubizek, Jugendfreund, S. 39.
47 Vgl. ebd., S. 38 ff.
48 Ebd., S. 195.
49 Vgl. Hirschfeld, Homosexualität, S. 689.
50 Vgl. den entsprechenden Leserbrief in der Wiener Kriminal- und Detektive-Zeitung, Nr. 45, 1907, S. 6.
51 Vgl. Hirschfeld, Homosexualität, S. 689.
52 Vgl. Oskar Panizza, Bayreuth und die Homosexualität, in: Die Gesellschaft, Bd. 11 (1895), S. 88–92.
53 Die vorstehenden Zitate alle nach Kubizek, Jugendfreund, S. 229, 203, 215 und 339. Weitere einschlägige Stellen finden sich auf S. 139, 305, 328, 333, 341 f. und 344.
54 Kubizek, Jünglingsjahre (1943), S. 1.
55 Kubizek, Jugendfreund, S. 186.
56 Vgl. ebd., S. 194 f.
57 Vgl. ebd., S. 273 f.
58 Kubizek an Jetzinger vom 6. 5. 1949, in: OÖLA Linz, Zl. 2489/36–1956, Nr. 64.
59 Vgl. zur Mutterbindung allgemein Hirschfeld, Homosexualität, S. 104 ff.
60 Die vorstehenden Zitate alle nach Kubizek, Jugendfreund, S. 165, 167, 13 und 169.
61 Franz Jetzinger, Das Hitler-Buch Greiners, ein Lügengewebe zur Verunglimpfung Hitlers (Manuskript), in: OÖLA Linz, Zl. 2489/36–1956, Nr. 146, S. 19.
62 Kubizek, Jugendfreund, S. 276.
63 Vgl. Jetzinger, Hitlers Jugend, S. 143 f.
64 Kubizek, Jugendfreund, S. 198.
65 Vgl. ebd., S. 273 ff.
66 Ebd., S. 189 f.
67 Kubizek, Jünglingsjahre (1943), S. 2 f.
68 Kubizek, Jugendfreund, S. 283 f.
69 Vgl. Jetzinger, Hitlers Jugend, S. 209 f.
70 Kubizek, Jugendfreund, S. 199; vgl. auch S. 239.
71 Ebd., S. 287.
72 Ebd., S. 210 f.
73 Jetzinger, Hitlers Jugend, S. 218.
74 Vgl. Reinhold Hanisch, I was Hitler's Buddy. Teil I–III, in:

The New Republic vom 5., 12. und 19. 4. 1939, hier Teil I, S. 239.
75 Vgl. Samuel Igra, Germany's National Vice, London 1945, S. 57.
76 Illustrierte Oesterreichische Kriminal-Zeitung, Nr. 30 vom 11. 11. 1907 (»Zum Prozess Moltke-Harden«).
77 Vgl. zur Situation in Wien: Magnus Hirschfeld, Die Homosexualität in Wien, in: Wiener klinische Rundschau, Bd. 15 (1901), S. 788–790; sowie den Bericht eines »österreichischen Gewährsmannes«, in: ders., Homosexualität, S. 543 ff.
78 Kubizek, Jugendfreund, S. 275.
79 Illustrierte Oesterreichische Kriminal-Zeitung, Nr. 17 vom 12. 8. 1907.
80 Illustrierte Oesterreichische Kriminal-Zeitung, Nr. 23 vom 23. 9. 1907.
81 Vgl. zu diesen Bemühungen: Hirschfeld, Homosexualität in Wien; Manfred Herzer, Hirschfeld in Wien, in: Capri. Zeitschrift für schwule Geschichte, Bd. 24 (1997), S. 28–38.
82 Adolf Hitler, Mein Kampf, München 1930 (3. Aufl.), S. 57 f.
83 Ebd., S. 93 f.
84 Ebd., S. 58.
85 Vgl. William A. Jenks, Vienna and the Young Hitler, New York 1960, S. 129. Jenks bezieht sich auf einen Artikel im ›Deutschen Volksblatt‹ vom 27. 10. 1907.
86 Rede auf einem NSDAP-Sprechabend in München am 18. 10. 1920, in: Eberhard Jäckel/Axel Kuhn (Hg.), Hitler. Sämtliche Aufzeichnungen, Stuttgart 1980, S. 248.
87 Rede auf einer NSDAP-Versammlung in München am 17. 2. 1922, in: ebd., S. 577.
88 Vgl. auch John Weiss, Der lange Weg zum Holocaust. Die Geschichte der Judenfeindschaft in Deutschland und Österreich, Berlin 1998, S. 271 ff.
89 Adolf Hitler, Zehn Jahre Kampf, in: Illustrierter Beobachter vom 3. 8. 1929, hier nach Klaus A. Lankheit (Hg.), Hitler. Reden, Schriften, Anordnungen, Bd. III/2, München 1994, S. 337.
90 Vgl. Jenks, Young Hitler, S. 144. Die Auseinandersetzungen an der Universität fanden im November 1907 statt.
91 Leitartikel »L'amour à l'allemande«, in: Der Sturm, Nr. 23 vom 4. 8. 1910.
92 Vgl. dazu ausführlich Hamann, Hitlers Wien, S. 285 ff.
93 Hirschfeld, Homosexualität, S. 501 f.; vgl. zur Situation in den Obdachlosenquartieren außerdem S. 715.
94 Ernst Hanfstaengl, Adolf Hitler, in: Franklin D. Roosevelt Library (New York), Henry Field's Papers, Box 44, S. 30.

95 Vgl. die anschauliche Beschreibung bei Emil Kläger, Durch die Quartiere der Not und des Verbrechens, Wien 1908, S. 76 ff.; im übrigen Hamann, Hitlers Wien, S. 232 ff.

96 Vgl. Joachimsthaler, Hitlers Weg, S. 331.

97 So in einem von ihm selbst ausgestellten Echtheitszertifikat für zwei Hitlerbilder vom 11. 5. 1936, in: BAB, NS 26/41.

98 Vgl. Hamann, Hitlers Wien, S. 248 und 542.

99 Vgl. Joachimsthaler, Hitlers Weg, S. 72 und 331.

100 Joachimsthaler gibt den August 1912 als Datum der Rückkehr in die Heimat an (S. 331). Hanisch, Buddy, Teil III, S. 300, spricht dagegen von 1913.

101 Vgl. Hamann, Hitlers Wien, S. 265 ff.

102 Hanisch, Buddy, Teil I, S. 240.

103 Aussage von Karl Leidenroth vom 27. 8. 1935 gegenüber dem Amtsgericht Wien, in: BAB, NS 26/64. – Zum Verhältnis Hanisch–Leidenroth und Hitler vgl. Hamann, Hitlers Wien, S. 248 f.

104 Vgl. Kubizek an Jetzinger vom 24. 5. 1949, in: OÖLA Linz, Zl, 2489/36 – 1956, Nr. 64.

105 Vgl. hierzu die Ausführungen von O. K. Werckmeister, Hitler the Artist, in: Critical Inquiry, Bd. 2 (Winter 1997), S. 270–297.

106 Vgl. Joachimsthaler, Hitlers Weg, S. 332 f.

107 Hanisch, Buddy, Teil II, S. 271 f.

108 Ebd., S. 271.

109 Vgl. Hamann, Hitlers Wien, S. 245.

110 Hanisch, Buddy, Teil I, S. 241.

111 Freilich hielt auch die Verbindung zwischen Hitler und Neumann nicht besonders lange, denn schon Mitte Juli 1910 verließ letzterer Wien in Richtung Deutschland. Vergeblich soll er versucht haben, seinen Freund mitzuziehen. Vgl. Hanisch, Buddy, Teil II, S. 272.

112 Das Editorial zu Hanischs Artikelfolge in der ›New Republic‹ legt dagegen nahe, daß es bei diesem Tod nicht mit rechten Dingen zuging: »Einige Zeit später wurde die Öffentlichkeit informiert, wie nicht anders zu erwarten war, daß Hanisch im Gefängnis nach plötzlicher Krankheit verstorben war. Offiziell hieß es, er sei innerhalb von drei Tagen an einer Brustfellentzündung gestorben.« (S. 239)

113 Hitler, Mein Kampf, S. 135.

114 Vgl. BAB BDC Rudolf Häusler; Hamann, Hitlers Wien, S. 273 ff., sowie zu dem Vorfall in der Tschechoslowakei S. 608; Joachimsthaler, Hitlers Weg, S. 322 f.

115 Vgl. Hamann, Hitlers Wien, S. 274 f.

116 Personal-Fragebogen der DAF vom 9. 10. 1939, zit. nach Joachimsthaler, Hitlers Weg, S. 80 f.

117 Hamann, Hitlers Wien, S. 566.

118 Vgl. ebd., S. 566–574.
119 Ebd., S. 515 f.
120 Hitler, Mein Kampf, S. 138.
121 Vgl. Hitler an Dr. Emil Gansser vom 29. 11. 1921, abgedruckt bei Joachimsthaler, Hitlers Weg, S. 92 ff.
122 Zit. nach dem Faksimile in: Slapnicka, Hitler und Oberösterreich, S. 67.
123 W. Marchand, Die Knabenliebe in München! Münchens Homosexuelle. Sittenbild aus der Großstadt, München 1904, S. 7 f. – Der Journalist wollte mit dieser Broschüre den Beweis für »die geradezu unheimliche Vermehrung der Homosexuellen in München« (Vorwort) antreten und auf die begrenzten Möglichkeiten polizeilichen Einschreitens hinweisen. (S. 12)
124 Erich Mühsam, Namen und Menschen. Unpolitische Erinnerungen, Berlin 1977, S. 110 f.
125 Ebd., S. 112.
126 Sehr schön beschrieben in Leonhard Franks autobiographischer Erzählung ›Links wo das Herz ist‹, Berlin 1955, S. 17 f.
127 Vgl. zum Münchner Boheme-Milieu der Vorkriegszeit die entsprechenden Passagen bei David Clay Large, Hitlers München. Aufstieg und Fall der Hauptstadt der Bewegung, München 1998; eine Beschreibung von Zugehörigkeitskriterien findet sich bei Elisabeth Kleemann, Zwischen symbolischer Rebellion und politischer Revolution. Studien zur deutschen Boheme zwischen Kaiserreich und Weimarer Republik, Frankfurt a. M. 1985, S. 13–23.
128 Vgl. Joachimsthaler, Hitlers Weg, S. 18.
129 Vgl. Heinz A. Heinz, Germany's Hitler, London 1934, S. 56 ff.
130 Vgl. Paul Kutter, Das materielle Elend der jungen Münchner Maler, München 1911, bes. S. 15 ff.
131 Die vorstehenden Angaben und Zitate alle nach Hitlers Rechtfertigungsschreiben an den Linzer Magistrat vom Januar 1914, in: Jetzinger, Hitlers Jugend, S. 262 ff.
132 In den dreißiger Jahren interessierte sich das Hauptarchiv der NSDAP stark für die Bilder des »Führers«. Es kaufte sie von den Besitzern zurück und sammelte Erinnerungsberichte, in denen jene ihre Begegnung mit dem Kunstmaler schilderten; vgl. die entsprechende Dokumentation in: BAB, NS 26/25 ff.
133 Niederschrift der Erinnerungen von Dr. Hans Schirmer vom 14. 8. 1935, in: BAB, NS 26/30; abgedruckt auch bei Joachimsthaler, Hitlers Weg, S. 84 f.
134 BAB, BDC Dr. Josef Schnell, hier zit. nach Joachimsthaler, Hitlers Weg, S. 88.
135 Vgl. Bericht des Stellenleiters im NSDAP-Hauptarchiv Holtz vom 3. 10. 1939, in: BAB, NS 26/43; Utrecht an Reichsamtleiter Schulte-Strathaus vom 19. 10. 1939, in: ebd.

136 Vgl. Neue Revue, Nr. 46, 1952, S. 39. Zu dieser Lebenswelt vgl. Hermann Wilhelm, Die Münchner Bohème. Von der Jahrhundertwende bis zum Ersten Weltkrieg, München 1993.

137 Über Schuler vgl. mit weiterführender Literatur Eduard Gugenberger, Hitlers Visionäre. Die okkulten Wegbereiter des Dritten Reiches, Wien 2001, S. 19–30; sowie Hergemöller, Mann für Mann, S. 646 ff. Zum milieugeschichtlichen Kontext Large, Hitlers München, S. 57 ff.

138 Alfred Schuler, Cosmogonische Augen. Gesammelte Schriften, hrsg., kommentiert und eingeleitet von Baal Müller, Paderborn 1997, S. 219.

139 Vgl. Robert Boehringer, Mein Bild von Stefan George. Text, München/Düsseldorf 1951, S. 109.

140 Vgl. Hamann, Hitlers Wien, S. 333 ff.

141 Der bestens informierte frühere Abwehr-Mann Bernd Gisevius meint, daß sich in Linz mit und in dem etwa 14jährigen Hitler »etwas Entscheidendes, wenn auch Rätselhaftes« abgespielt haben muß: Adolf Hitler. Versuch einer Deutung, München 1963, S. 20.

142 Vgl. zu diesem Aspekt verallgemeinernd auch Martin Dannecker und Reimut Reiche, Der gewöhnliche Homosexuelle, Frankfurt a. M. 1974, S. 133 ff.

143 Vgl. Kurt Ludecke, I knew Hitler, New York 1937, S. 478.

144 Vgl. Wolfgang Ruppert, Der moderne Künstler. Zur Sozial- und Kulturgeschichte der kreativen Individualität in der kulturellen Moderne im 19. und frühen 20. Jahrhundert, Frankfurt a. M. 1998, S. 188 ff.

145 Hitler, Mein Kampf, S. 59.

Zweites Kapitel

1 Inzwischen aus dem Nachlaß Hentigs, der sich im Politischen Archiv des Auswärtigen Amtes, im Bundesarchiv Koblenz sowie im Münchener Institut für Zeitgeschichte befindet, aussortiert und in den Bestand *Zeugenschrifttum* des IfZ München unter der Nr. 2397 aufgenommen.

2 Werner Maser, Adolf Hitler. Legende, Mythos, Wirklichkeit, München 1971, S. 456 bzw. 139. – Maser kennt das Dokument nur vom Hörensagen.

3 HStA München, Abt. IV, HS 3231.

4 Vgl. Susanne Meinl, Nationalsozialisten gegen Hitler, Berlin 2000, S. 278 f. bzw. 428.

5 Friedrich Alfred Schmid Noerr, Dokument des Widerstandes – Entwurf einer Deutschen Reichsverfassung, in: Voran und beharrlich, Heft 33/34 (1961), S. 36.

6 Meinl, Nationalsozialisten, S. 228.

7 Zit. nach Heinz Höhne, Canaris. Patriot im Zwielicht, München 1976, S. 370. Vgl. im übrigen Christian Hartmann, Halder. Generalstabschef Hitlers 1938–1942, Paderborn 1991, S. 162 ff.

8 Mend stand von Oktober 1914 bis Juni 1916 als Ordonnanzreiter im Regimentsstab des sog. List-Regiments in enger Verbindung mit den übrigen Meldegängern dieser Einheit, zu denen seit Oktober 1914 auch Hitler zählte. 1918/19 trafen die beiden erneut in München zusammen.

9 »Mend-Protokoll«, in: HStA München, Abt. IV, HS 3231.

10 Der folgende Versuch, Mends Lebenslauf zu rekonstruieren, stützt sich hauptsächlich auf das einschlägige Aktenmaterial im StA München, Staatsanwaltschaften, Nr. 9959 und 34513 sowie die Kriegsstammrollen 13184/6046 und 3040/737, in: HstA München, Abt. IV.

11 Diesen Brief hat Mend am 27. 10. 1938 in einem Schreiben an seine Vermieterin als ein für ihn »unersetzliches« Dokument bezeichnet, in: BAB, NS 26/64.

12 Vgl. BAB, NS 26/9 und 10.

13 »Mend-Protokoll«, in: HStA München, Abt. IV, HS 3231.

14 Schreiben der Staatspolizeileitstelle München an den Leiter der Anklagebehörde beim Sondergericht München vom 31. 12. 1940, in: StA München, Staatsanwaltschaften, Nr. 9959. – Vgl. auch die Haftbeschwerde von Mends Anwalt Roder vom 8. 1. 1941 (ebd.), in der es heißt: »Er ist mit dem Führer während seines Münchener Aufenthalts fast täglich im Café Heck zusammengekommen, und der Führer hat ihn geduzt.«

15 »Mend-Protokoll«, in: HStA München, Abt. IV, HS 3231.

16 Der heute noch existierende Verlag in Diessen war nicht bereit, zur Aufklärung der Entstehungsgeschichte dieser Publikation beizutragen.

17 Presseerklärung von Mend vom 1. 12. 1932, in: Der Gerade Weg, Nr. 49 vom 4. 12. 1932.

18 Vgl. etwa den Artikel »Kommandierender von Hitlers Gnaden«, in: Münchener Post vom 8. 1. 1931.

19 Vgl. Georg Franz-Willing, Ursprung der Hitlerbewegung 1919–1922, Preußisch Oldendorf 1974, S. 68.

20 Ganz ähnlich war man mit Hitlers Kriegskamerad Balthasar Brandmayer verfahren, der etwa um die gleiche Zeit wie Mend sein Buch ›Meldegänger Hitler‹ beim Münchener Franz Walter Verlag herausbrachte. Auch hier ging es darum, einen authentischen Zeugen für politische Zwecke zu instrumentalisieren. Da paßt es ins Bild, wenn auf den letzten Seiten des Bandes noch Reklame für »nationalsozialistische Ansichtskarten« und »Spielwaren« gemacht wurde.

21 Vgl. Hamburger Echo, Nr. 55 vom 29. 2. 1932; sowie Egon Erwin Kisch, Gesammelte Werke, Bd. 7, Berlin 1992 (4. Aufl.), S. 299 f.

22 Die vorstehenden Zitate alle nach Hans Mend, Adolf Hitler im Felde, Diessen 1931, S. 7 ff., 61 f., 100, 113, 118, 172, 186 und 191.

23 Vgl. Mends Presseerklärung vom 1. 12. 1932, in: Der Gerade Weg, Nr. 49 vom 4. 12. 1932; sowie den Brief Amanns an Wiedemann vom 26. 3. 1935, in: BAK, NS 10/173.

24 Leitartikel »Der Kriegsheld Hitler«, in: Münchener Post, Nr. 235 vom 10. 10. 1932. – Vgl. auch die Wochenbeilage des sozialdemokratischen ›Hamburger Echo‹ »Echo der Woche« vom 13. 3. 1932, in der Mend als »Hitlers eigener Kronzeuge« und »Hitlers Gesinnungsgenosse« bezeichnet wird.

25 Vgl. Völkischer Beobachter vom 25. 11., 3. 12. und 10. 12. 1931.

26 »Mend-Protokoll«, in: HStA München, Abt. IV, HS 3231.

27 Zu Gerlich vgl. Hans-Günther Richardi/Klaus Schumann, »Geheimakte Gerlich/Bell«, München 1993, S. 28–51.

28 Der Gerade Weg, Nr. 41 vom 9. 10. 1932.

29 Mend an Franz Xaver Schwarz vom 8. 7. 1933, in: BAB, BDC Hans Mend.

30 Mends Presseerklärung vom 1. 12. 1932, in: Der Gerade Weg, Nr. 49 vom 4. 12. 1932.

31 »Mend-Protokoll«, in: HStA München, Abt. IV, HS 3231.

32 Schreiben der Staatspolizeileitstelle München an den Leiter der Anklagebehörde beim Sondergericht München vom 31. 12. 1940, in: StA München, Staatsanwaltschaften, Nr. 9959.

33 Mend an Franz Xaver Schwarz vom 8. 7. 1933, in: BAB, BDC Hans Mend.

34 »Mend-Protokoll«, in: HStA München, Abt. IV, HS 3231.

35 Mend an »Reichsleiter Bormann« vom 15. 3. 1935, in: BAK, NS 10/173. In diesem Schreiben wird Bezug genommen auf eine nicht überlieferte Korrespondenz in der gleichen Sache vom Sommer 1934.

36 Kopie des Schreibens Wiedemann an Mend vom 27. 3. 1935, in: BAK, NS 10/173.

37 Schreiben vom 26. 3. 1935, in: ebd. – Daß der Name »Mend« für den Kreis um Hitler durchaus ein Begriff war, zeigt ein Brief Wiedemanns an Amann vom 22. 3. 1935 (ebd.), in dem es heißt: »Sie haben mir seinerzeit über Mend verschiedenes erzählt ...«

38 Vgl. die Meldeunterlagen Hans Mend im Stadtarchiv München.

39 Vernehmungsprotokoll Franz Schneider vom 15. 1. 1958, in: StA München, Staatsanwaltschaften, Nr. 34513.

40 Hans Mend an Michael Mend vom 22. 1. 1934, Privatbesitz Jürgen Kamleiter, dem ich für die freundliche Überlassung einer Kopie herzlich danke.

41 Vgl. Vernehmungsprotokoll Hans Mend vom 27. 10. 1938, in: BAB, NS 26/64.

42 Schaub an Amann vom 9. 12. 1935, in: BAK, NS 10/172.

43 Vgl. das Schreiben von Dr. Dr. Paulus an das Amtsgericht Starnberg vom 28. 7. 1957, in: StA München, Staatsanwaltschaften, Nr. 34513.

44 Vernehmungsprotokoll Rosl Braunschweig vom 5. 2. 1958, in: ebd.

45 »Mend-Protokoll«, in: HStA München, Abt. IV, HS 3231.

46 Abschrift eines Briefes von Mend an seine Vermieterin Dr. Göringer vom 27. 10. 1938, in: BAB, NS 26/64.

47 Abschrift eines Schreibens von Rechtsanwalt Hermann Alletag an Mend vom 3. 11. 1938, in: ebd.

48 Schreiben der Gestapo-Leitstelle München an den Leiter der Anklagebehörde beim Sondergericht München vom 31. 12. 1940, in: StA München, Staatsanwaltschaften, Nr. 9959. – Vgl. auch das Schreiben von Koehler & Volckmar in Leipzig an das Hauptarchiv der NSDAP vom 1. 6. 1938, in: BAB, NS 26/64.

49 Vgl. hierzu die grundlegende Fallstudie von Hans-Günther Hockerts, Die Sittlichkeitsprozesse gegen katholische Ordensangehörige und Priester, Mainz 1971.

50 Vgl. Mends handgeschriebenen Lebenslauf für den Oberstaatsanwalt beim Landgericht München Dr. Rasch vom 12. 1. 1941, in: StA München, Staatsanwaltschaften, Nr. 9959.

51 Zit. nach dem »kriminalbiologischen Gutachten« von Dr. Riedl vom 14. 2. 1941, in: ebd.

52 Vgl. Schreiben der Gestapo-Leitstelle München an den Leiter der Anklagebehörde beim Sondergericht München vom 14. 11. 1941, in: ebd.

53 Ebd.

54 Abschrift eines Briefes von Mend an seine Vermieterin Dr. Göringer vom 27. 10. 1938, in: BAB, NS 26/64.

55 Dr. Dr. Paulus an das Amtsgericht Starnberg vom 28. 7. 1957, in: StA München, Staatsanwaltschaften, Nr. 34513.

56 Vernehmungsprotokoll Eva König vom 24. 2. 1958, in: ebd.

57 Schreiben des Gendarmerie-Postens Aufkirchen an den Landrat in Starnberg vom 24. 9. 1940, in: StA München, Staatsanwaltschaften, Nr. 9959. Dafür spricht auch, was die damalige Gemeindeangestellte Rosl Braunschweig am 5. 2. 1958 bei ihrer Vernehmung aussagte: Ihr sei »in Erinnerung, daß die Eva König in der Sache eine dunkle Rolle spielte«, in: StA München, Staatsanwaltschaften, Nr. 34513.

58 Zu den Einzelheiten vgl. StA München, Staatsanwaltschaften, Nr. 9959.

59 Die Umstände von Mends Tod sind nie geklärt worden. Die Staatsanwaltschaft beim Landgericht München II hat nach dem Krieg nach kurzer Ermittlungstätigkeit die Aufklärung des Falles für aussichtslos

erklärt. Immerhin wurde polizeilich festgestellt: »Ein amtliches Schriftstück über den Tod des Mend ist nicht vorhanden.« (Schreiben der Kriminal-Außenstelle Fürstenfeldbruck an die Staatsanwaltschaft vom 21.6.1958, in: StA München, Staatsanwaltschaften, Nr. 34513.)

60 Mend an seine Haushälterin Betty Heinzl vom 15.12.1940. Dieser handschriftliche Brief wurde von der Gefängnisleitung offenbar beschlagnahmt und kam so zu den Akten (ebd.).

61 Eilbrief des Leiters der Anklagebehörde beim Sondergericht München an die Strafvollzugsabteilung vom 18.3.1941, in: ebd.

62 Nach dem Grundtenor der diversen Zeugenaussagen, in: StA München, Staatsanwaltschaften, Nr. 9959.

63 Urteilsbegründung vom 11.3.1941, in: ebd.

64 Vernehmungsprotokoll Eva König vom 24.2.1958, in: StA München, Staatsanwaltschaften, Nr. 34513.

65 Vernehmungsprotokoll Franz Schneider vom 15.1.1958, in: ebd.

66 Vgl. etwa Magnus Hirschfeld (Hg.), Sittengeschichte des Ersten Weltkriegs, Berlin 1929; sowie H. C. Fischer/E. X. Dubois, Sexual Life During the World War, London 1937, S. 288ff.

67 Hirschfeld, Sittengeschichte, S. 219.

68 Vgl. zum folgenden die bislang dichteste Beschreibung dieses Lebensabschnittes bei Joachimsthaler, Hitlers Weg, S. 98–197. Leider wird die Auswertung und Interpretation der äußerst fleißig zusammengetragenen Quellen wissenschaftlichen Maßstäben nicht gerecht.

69 Die folgenden Angaben nach den Interviews Schmidts bei Heinz, Germany's Hitler, S. 97ff.; sowie nach der Neuen Revue, Nr. 47, 1952 (Artikelserie »Das war Hitler«); außerdem HStA München, Abt. IV, Kriegsstammrolle 3071 und 4424/157; StA München, Spruchkammer, Karton 1643.

70 »Bericht über meine politische Tätigkeit« vom 31.7.1948, in: StA München, Spruchkammer, Karton 1643.

71 Vgl. die Meldeunterlagen Rudolf Häusler im Stadtarchiv München, wo sich der Name »Schmidt« findet.

72 So Schmidt gegenüber dem ›Illustrierten Beobachter‹, Folge 15, April 1937, S. 527. – Vgl. auch Balthasar Brandmayer, Meldegänger Hitler, München 1933 (2. verb. Aufl.), S. 86ff.; sowie Mend, Hitler im Felde, S. 39, 82 und 141.

73 Heinz, Germany's Hitler, S. 98. Der 1895 geborene Kriegsfreiwillige, der im Mai 1917 aus ungeklärten Gründen plötzlich an die Ostfront abkommandiert wurde und dort wenig später fiel, posiert auf den überlieferten Fotos als unschuldiger Knabe, der sich scheinbar ganz in die Obhut von Hitler und Schmidt begeben hat. Möglicherweise handelt es sich hier um den bei Mend, Hitler im

Felde, S. 163, als »Baumann« bezeichneten Offiziersburschen des Regimentsarztes Riehl, »mit welchem Hitler sehr befreundet war«.
74 Brandmayer, Meldegänger, S. 100 bzw. 78.
75 Hitler-Rede vom 4. 6. 1939, zit. nach Max Domarus (Hg.), Hitler. Reden und Proklamationen 1932–1945, Bd. II/2, Wiesbaden 1973, S. 1205.
76 Friedrich Wiedemann, Der Mann, der Feldherr werden wollte. Erlebnisse und Erfahrungen des Vorgesetzten Hitlers im I. Weltkrieg und seines späteren Persönlichen Adjutanten, Velbert 1964, S. 28 ff.
77 Zit. nach Eberhard Jäckel/Axel Kuhn (Hg.), Hitler. Sämtliche Aufzeichnungen, Stuttgart 1980, S. 78 f.
78 Vgl. Joachimsthaler, Hitlers Weg, S. 158. Die Liebedienerei Hitlers gegenüber den Regimentsoffizieren ist nicht nur durch Mend überliefert: vgl. auch Edgar Stern-Rubarth, ... Aus zuverlässiger Quelle verlautet ... Ein Leben für Presse und Politik, Stuttgart 1964, S. 133 f.; Walter C. Langer, Das Adolf-Hitler-Psychogramm, Wien/München/Zürich 1973, S. 137.
79 Vgl. die bei Joachimsthaler, Hitlers Weg, S. 158 f., mitgeteilte Zeugenaussage von Max Amann aus dem Jahre 1947.
80 Egon Erwin Kisch, »Es gilt, Hitler zu begreifen«, zuerst erschienen in: Das Blaue Heft (Paris) vom 15. 7. 1933; hier zit. nach ders., Gesammelte Werke, Bd. 10, Berlin 1993 (2. Aufl.), S. 356 f.
81 Vgl. IfZ München, ZS 1751; vgl. auch Nürnberger Nachrichten, Nr. 178 vom 4. 8. 1961.
82 Vgl. Deutsche Allgemeine Zeitung vom 3. 8. 1933 (»Wie Hitler das E. K. I erwarb«).
83 Vgl. Friedrich Percyval Reck-Malleczewen, Tagebuch eines Verzweifelten, Stuttgart 1947, S. 75, den »ein mit der Praxis der damaligen Ordensverleihungen vertrauter Offizier« darauf aufmerksam machte.
84 Vgl. Joachimsthaler, Hitlers Weg, S. 110.
85 Einen ersten Überblick über diese Ungereimtheiten hat jetzt Hauke Hirsinger in seiner Magisterarbeit gegeben: Hitler im Ersten Weltkrieg. Fakten und Legenden, Bremen 2001.
86 Vgl. John Toland, Adolf Hitler, Bergisch Gladbach 1977, S. 98, der sich dabei auf persönliche Mitteilungen von Ernst Schmidt stützt.
87 Zit. nach Jäckel/Kuhn (Hg.), Sämtliche Aufzeichnungen, S. 82.
88 Vgl. Maser, Adolf Hitler, S. 108.
89 Neue Revue, Nr. 47, 1952, S. 37.
90 Vgl. Maser, Adolf Hitler, S. 149.
91 Hitler, Mein Kampf, S. 225.
92 Heinz, Germany's Hitler, S. 101 f.
93 Ebd., S. 103.

94 Ein Sozialfall dazu. Stets bereit, sich mit jedem zu verbrüdern, der ihm freundlich begegnete, ließ sich Hitler im Februar 1919 – um ein Beispiel zu nennen – in der Nähe von Bad Reichenhall von einem Jungbauern, mit dem er zuvor für eine Nacht das Zimmer im Bahnhofshotel geteilt hatte, acht Tage lang durchfüttern. Was dieser 1937 dem »geliebten Führer« brieflich in Erinnerung brachte und mit der Bitte um einen kurzen Privatbesuch verband, »nachdem Sie [mir] in meinem Leben schon einmal so nahe gewesen sind«. So einen Brief, sollte man meinen, kann der mächtige Diktator doch nicht ernst genommen haben. Hitler ignorierte diesen Wink keineswegs, ließ den Mann aber aus Termingründen »auf nächstes Jahr vertrösten«. Schreiben von und an den Bauern Josef Neumeier vom 14. 7., 25. 9. und 4. 10. 1937, in: BAK, NS 10/370. – Wie aus diesem Vorgang weiter ersichtlich, hatte Hitler ursprünglich seinen Kriegskameraden Tiefenböck besuchen wollen, der aber nicht zu Hause war.

95 So Hitler in einer am 7. 3. 1931 gehaltenen Rede vor SA-Männern in München (Polizeibericht), in: Constantin Goschler (Hg.), Hitler. Reden, Schriften, Anordnungen, Bd. IV/1, München 1994, S. 229 f.

96 Vgl. Katja-Maria Wächter, Die Macht der Ohnmacht. Leben und Politik des Franz Xaver Ritter von Epp (1868–1946), Frankfurt a. M. 1999, S. 56 ff.

97 Vgl. Klaus Bredow, Hitler rast. Der 30. Juni. Ablauf, Vorgeschichte und Hintergründe, Saarbrücken 1934, S. 5 f. – Diese wahrscheinlich unter einem Pseudonym erschienene Broschüre stammt aus der Feder eines Journalisten, der über Interna der Nazibewegung ausgezeichnet unterrichtet war.

98 Vgl. mit zahlreichen Quellenbelegen Joachimsthaler, Hitlers Weg, S. 210 ff.

99 Vgl. hierzu im einzelnen Ernst Deuerlein, Hitlers Eintritt in die Politik und die Reichswehr, in: VfZ, Bd. 7 (1959), S. 177 ff.

100 Vgl. den anonym erschienenen Artikel ›I was Hitler's Boss‹, in: Current History, Bd. 1, Nr. 3, November 1941, S. 193–199, hier S. 193. Es spricht einiges dafür, daß dieser Text auf ein von Otto Strasser in Frankreich mit Mayr geführtes Interview zurückgeht, das Strasser später in einen autobiographischen Text umgeändert und an einigen Stellen »frisiert« hat.

101 So Mayr in der ›Münchener Post‹ vom 13. 11. 1928.

102 Daß Mayr auch später noch, als er sich im sozialdemokratisch orientierten Kampfverband »Reichsbanner« engagierte, eine höchst umstrittene Figur blieb, zeigt Karl Rohe, Das Reichsbanner Schwarz Rot Gold, Düsseldorf 1966, bes. S. 189 und 349.

103 So Röhms (künftige) Biographin Eleanor Hancock, Ernst Röhm and

the Experience of World War I, in: The Journal of Military History, Bd. 60 (1996), S. 56 ff.

104 Vgl. die Meldeunterlagen Rudolf Häusler sowie Ernst Schmidt im Stadtarchiv München.

105 Vgl. Heinz, Germany's Hitler, S. 107; vgl. auch ›I was Hitler's Boss‹, in: Current History, Bd. 1, Nr. 3, November 1941, S. 194.

106 So Schmidt gegenüber Maser, Adolf Hitler, S. 160.

107 Heinz, Germany's Hitler, S. 98; sowie Fritz Demmel, Geschichte und G'schichten aus der Gemeinde Garching a. d. Alz, Garching 1999, S. 295.

108 Vgl. hierzu insbesondere die Unterlagen zu Hitlers Prozeß gegen das Hamburger Echo im März 1932, in: StA Hamburg, 213–4 LG-Rechtsprechung, D 1933–2.

109 Vgl. Joachimsthaler, Hitlers Weg, S. 143.

110 Folge 15, April 1937.

111 Vgl. Joachimsthaler, Hitlers Weg, S. 143 f. und Bildteil nach S. 96.

112 Befragungsprotokolle, in: StA München, Spruchkammer, Karton 1643.

113 Zit. nach Demmel, Garching, S. 295.

114 StA München, Spruchkammer Karton 1643.

115 Zit. nach Demmel, Garching, S. 294.

116 Vgl. Heinz, Germany's Hitler, S. 97 f.

117 Einige Anhaltspunkte finden sich bei Joachimsthaler, Hitlers Weg, S. 143 ff. – Unbefriedigend für unsere Fragestellung Gerd R. Ueberschär/Winfried Vogel, Dienen und Verdienen. Hitlers Geschenke an seine Eliten, Frankfurt a. M. 1999.

118 Vgl. David Lewis, The Secret Life of Adolf Hitler, London 1977, S. 52 ff.

119 Vgl. Langer, Hitler-Psychogramm, S. 140.

120 Hitler, Mein Kampf, S. 176 f.

121 Ebd., S. 235.

122 Vgl. Hans von Tresckow, Von Fürsten und anderen Sterblichen. Erinnerungen eines Kriminalkommissars, Berlin 1922, S. 112, 135 und passim; außerdem die Zeugnisse bei Karl-Heinz Janßen/Fritz Tobias, Der Sturz der Generäle. Hitler und die Blomberg-Fritsch-Krise 1938, München 1994, S. 107.

123 So die Beobachtung des Journalisten Karl Tschuppik 1927 in einem Artikel für das ›Tagebuch‹, abgedruckt in: Wolfgang Weyrauch (Hg.), Ausnahmezustand. Eine Anthologie aus »Weltbühne« und »Tagebuch«, München 1966, S. 295 f.

Drittes Kapitel

1 Vgl. Kershaw, Hitler, Bd. 1, S. 185 und 200 f.
2 Ernst Röhm, Die Geschichte eines Hochverräters, München 1934 (6. Aufl.), S. 115.
3 Vgl. Peter Longerich, Die braunen Bataillone. Geschichte der SA, München 1989, S. 15.
4 Zur Biographie und militärischen Karriere dieses unverheirateten Kunstmalersohnes vgl. Wächter, Die Macht der Ohnmacht, S. 79 ff.; hier wird allerdings die Verbindung zu Röhm nur am Rande erwähnt.
5 Röhm, Hochverräter, S. 158. Vgl. auch Wächter, Epp, S. 87 ff.
6 Hierüber wird Brigitte Hamann in ihrem Buch über Winifred Wagner – mit Blick auf die gemeinsamen Bayreuth-Besuche des Paares Röhm-Epp – genauer berichten.
7 Vgl. Otto Wagener, Hitler aus nächster Nähe. Aufzeichnungen eines Vertrauten 1929–1932, hrsg. von Henry A. Turner, Frankfurt a. M. 1978, S. 197. Ebenso Röhms Anwalt Walter Luetgebrune, vgl. Ernst von Salomon, Der Fragebogen, Hamburg 1951, S. 449.
8 Vgl. »Mend-Protokoll«, in: HStA München, Abt. IV, HS 3231.
9 Epp an General von Möhl vom 16. 2. 1922, in: BAK, N 1101/92; zit. nach Wächter, Epp, S. 92.
10 Vgl. Longerich, Bataillone, S. 15 ff.
11 Hitler, Mein Kampf, S. 391.
12 Gerhard Rossbach, Mein Weg durch die Zeit. Erinnerungen und Bekenntnisse, Weilburg 1950, S. 215.
13 Röhm, Hochverräter, S. 9 f. und 313.
14 Vgl. hierzu im einzelnen Ulfried Geuter, Homosexualität in der deutschen Jugendbewegung. Jungenfreundschaft und Sexualität im Diskurs von Jugendbewegung, Psychoanalyse und Jugendpsychologie am Beginn des 20. Jahrhunderts, Frankfurt a. M. 1994.
15 Erschienen in: Der Eigene, Nr. 10, 1925, S. 415–425; hiernach auch die folgenden Zitate.
16 Hans Blüher, Die Rolle der Erotik in der männlichen Gesellschaft. Eine Theorie der menschlichen Staatsbildung nach Wesen und Wert, Stuttgart 1962, S. 28.
17 Hans Blüher, Werke und Tage. Geschichte eines Denkers, München 1953, S. 256.
18 Vgl. Weißbuch über die Erschießungen des 30. Juni 1934. Authentische Darstellung der deutschen Bartholomäusnacht, Paris 1934, S. 124 f.
19 Interview mit Friedrich Karl Freiherr von Eberstein von 1975, in: IfZ München, ZS 539.
20 Röhm, Hochverräter, S. 356.

21 Dieses Briefkonvolut aus dem Jahre 1929 befindet sich in: StA München, Staatsanwaltschaften, Nr. 28791/41.

22 Anonymus, Nationalsozialismus und Inversion, in: Mitteilungen des Wissenschaftlich-humanitären Komitees, Nr. 32, Januar/März 1932, S. 340–345. Die folgenden Zitate befinden sich auf den Seiten 341, 343 und 345.

23 Röhm an Heimsoth vom 25. 2. 1929, in: Mitteilungen des Wissenschaftlich-humanitären Komitees, Nr. 33, April/August 1932, S. 394.

24 Vgl. Unterredung mit General Ritter von Hörauf am 10. 11. 1951, in: IfZ München, ZS 70.

25 Vgl. Konrad Heiden, Adolf Hitler. Das Zeitalter der Verantwortungslosigkeit. Eine Biographie, Zürich 1936, S. 237; hierzu auch Heinz Höhne, Mordsache Röhm. Hitlers Durchbruch zur Alleinherrschaft 1933–1934, Reinbek 1984, S. 80.

26 Besprechung mit General Ritter von Hörauf am 12. 11. 1951, in: IfZ München, ZS 70.

27 Röhm an Heimsoth vom 25. 2. 1929, in: Mitteilungen des Wissenschaftlich-humanitären Komitees, Nr. 33, April/August 1932, S. 394.

28 Vgl. Münchener Post, Nr. 147 vom 30. 6. 1931; Röhm, Hochverräter, S. 269.

29 Vgl. Röhm, Hochverräter, S. 362 f. und 267 ff.

30 Hans Frank, Im Angesicht des Galgens. Deutung Hitlers und seiner Zeit auf Grund eigener Erlebnisse und Erkenntnisse, München-Gräfelfing 1953, S. 88 f.

31 Ludecke, I knew Hitler, S. 245.

32 Herausgegeben von dem sozialdemokratischen Emigranten Helmuth Klotz, der uns noch in einem späteren Kapitel beschäftigen wird; erschienen sind diese dem General Ferdinand von Bredow zugeschriebenen Aufzeichnungen zunächst Anfang 1934 in der Prager Zeitung ›Wahrheit‹, Nr. 7–36; vgl. die Kopien der Artikelfolge in: IfZ München, ED 86 (Bredow), Bd. 7. – Noch im gleichen Jahr wurden die Blätter auch in London und New York unter dem Titel ›The Berlin Diaries‹ veröffentlicht. Röhm wird hier als »Hitlers bessere Hälfte« bezeichnet.

33 Hanfstaengl, Zwischen Weißem und Braunem Haus, S. 97.

34 Vgl. Röhm, Hochverräter, S. 215.

35 Die vorstehenden Zitate alle nach Röhm, Hochverräter, S. 340, 349 und 348.

36 Vgl. zum Beispiel die Tagebucheintragung von Joseph Goebbels vom 15. 5. 1928 nach einem Besuch in München, wo er Hitler und Röhm in trauter Eintracht traf, in: Elke Fröhlich (Hg.), Die Tagebücher von Joseph Goebbels. Sämtliche Fragmente, Bd. I/1, München u. a. 1987, S. 224.

37 Vgl. Margarete Plewnia, Auf dem Weg zu Hitler. Der »völkische« Publizist Dietrich Eckart, Bremen 1970, S. 113 f.

38 Frankfurter Zeitung, Nr. 150 vom 23. 3. 1943; der mit dem Kürzel »hk« (für Herbert Küsel) gezeichnete Artikel trug den schlichten Titel »Dietrich Eckart. Geboren am 23. März 1868«.

39 Protokoll der polizeilichen Vernehmung Eckarts am 15. 11. 1923, in: BAB, NS 26/2180.

40 So Hitler in seinem Artikel »10 Jahre Kampf« für den ›Illustrierten Beobachter‹ vom 3. 8. 1929.

41 So der Bericht des Eckart-Freundes Fleischhauer in seinem Brief an den Mitarbeiter des NSDAP-Archivs Ruttke vom 7. 4. 1938, in: BAB, NS 26/1311.

42 So Hitler in seinem aufschlußreichen Monolog vom 16./17. 1. 1942, in: Werner Jochmann (Hg.), Adolf Hitler. Monologe im Führerhauptquartier 1941–1944, München 1980, S. 208.

43 Vgl. Hans Hinkel, Einer unter Hunderttausend, München 1938, S. 69.

44 Vgl. die Aufzeichnung von Franz Xaver Bauer, in: BAB, NS 26/2183.

45 Vgl. Ludecke, I knew Hitler, S. 122 f.

46 Christa Schroeder, Er war mein Chef. Aus dem Nachlaß der Sekretärin von Adolf Hitler, hrsg. von Anton Joachimsthaler, München 1985, S. 65.

47 Alfred Rosenberg (Hg.), Dietrich Eckart. Ein Vermächtnis, München 1928.

48 Ebd., S. 16 f.

49 Zit. nach Richard Linsert, Kabale und Liebe. Über Politik und Geschlechtsleben, Berlin 1931, S. 296 f. – Nachgerade verblüffend ist zu lesen, daß Hitler sich am 18. 10. 1920 auf einer Veranstaltung der NSDAP ganz ähnlich über den »Schweinejuden« Hirschfeld geäußert hatte, »den er des geistigen Mordes an Tausenden von deutschen Volksgenossen bezichtigte«. Und er hatte hinzugefügt: »Da muß sich das Volk selbst helfen und Volksjustiz ausüben.« Zit. nach der Dokumentation »Hitler als Parteiredner im Jahre 1920«, in: VfZ, Bd. 11 (1963), S. 323.

50 Zit. nach Rosenberg (Hg.), Vermächtnis, S. 15.

51 Guido Karl Bomhard an Philipp Feldl vom 2. 8. 1935, in: BAB, NS 26/1307.

52 Vgl. hierzu im einzelnen Hans-Günther Reichel, Das Königliche Schauspielhaus unter Georg Graf von Hülsen-Häseler 1903–1918, Berlin (West) 1962, S. 3, 34 und 89–94.

53 Über die freundschaftliche Verbindung der beiden informiert der teilweise erhaltene Briefwechsel, in: BAK, Kleine Erwerbungen, Nr. 124.

54 Rosenberg (Hg.), Vermächtnis, S. 18.

55 Vgl. Plewnia, Weg, S. 29 ff.

56 Bomhard an Feldl vom 2. 8. 1935, in: BAB, NS 26/1307 (Hervorhebung im Original).

57 Jochmann (Hg.), Monologe, S. 208.
58 Vgl. Hermann Wilhelm, Dichter, Denker, Fememörder. Rechtsradikalismus und Antisemitismus in München von der Jahrhundertwende bis 1921, Berlin 1989, S. 105 f.
59 Vgl. Völkischer Beobachter, Nr. 61 vom 4. 8. 1921 (»Der Gaunerstreich gegen Hitler«).
60 Vgl. Plewnia, Weg, S. 78 ff.
61 Vgl. Eckarts Artikel »Enthüllungsdelirium der Post« im ›Völkischen Beobachter‹, Nr. 81 vom 26. 10. 1921.
62 Vgl. Plewnia, Weg, S. 94 ff. – Wenn die mündliche Mitteilung von Hermann Esser richtig ist, daß Hitler schon im Herbst 1919 auf Eckart traf (ebd., S. 66 und 128), dann spricht sogar einiges dafür, in Eckart den »intellektuellen Urheber« des Briefes vom 16. 9. 1919 zu sehen, in dem Hitler zum ersten Mal seinen »Antisemitismus der Vernunft« darlegte. Das Originaldokument in: HStA München, Abt. IV, Gruppenkommando 4, Bd. 50/8, Aufzeichnungen, S. 88 ff.
63 Zit. nach Münchener Post, Nr. 177 vom 1. 8. 1922 (»Der getreue Eckart«).
64 Zit. nach den unveröffentlichten »Lebenserinnerungen« des Gustav Ritter von Kahr von 1928, in: HStA München, NL Kahr, Nr. 51, S. 1177.
65 Vgl. Picker, Hitlers Tischgespräche im Führerhauptquartier, S. 108 f.
66 Ebd., S. 116.
67 Reck-Malleczewen, Tagebuch eines Verzweifelten, S. 23 f.
68 Rossbach, Mein Weg, S. 215.
69 Vgl. Alfred Kruck, Geschichte des Alldeutschen Verbandes 1890–1939, Wiesbaden 1954, S. 192.
70 BAK, NL 659 Claß, FC 1734 N, Manuskript, S. 8 f.
71 Rudolf Pechel, Deutscher Widerstand, Erlenbach-Zürich 1947, S. 280. Für einen anderen Beobachter der rechtsradikalen Szene war Hitler »dem Teufel jener Primadonna-Eitelkeit zum Opfer gefallen, die, in glänzender Stellung vom Jubel überfüllter Zuschauerräume umrauscht, sich selbst nicht als Schauspieler fühlt, sondern als Spielleiter und Dichter zugleich. Andere, die sich um ihn drängten, trugen gleiche Schuld. Sie stachelten seinen Ehrgeiz. Sie logen ihn für sich und andere zum Schöpfer und Führer um.« Max Maurenbrecher, Adolf Hitler, in: Deutsche Zeitung, Nr. 498 vom 10. 11. 1923.
72 Zit. nach Detlev Clemens, Herr Hitler in Germany. Wahrnehmung und Deutung des Nationalsozialismus in Großbritannien 1920 bis 1939, Göttingen 1996, S. 47.
73 Hierzu im einzelnen Kershaw, Hitler, Bd. 1, S. 230 ff.
74 Vgl. hierzu etwa die unveröffentlichten »Lebenserinnerungen« des Gustav Ritter von Kahr, in: HStA München, NL Kahr, Nr. 51, S. 1166 a/1167.

75 Nach der Beobachtung von Kurt Lüdecke schwankte Eckart immer wieder zwischen Großzügigkeit und Eifersucht; vgl. ders., I knew Hitler, S. 123.
76 Vgl. auch Jochmann (Hg.), Monologe, S. 203 f.
77 Das folgende nach Ernst Hanfstaengls Memorandum »Adolf Hitler« von 1942, in: Franklin D. Roosevelt Library (New York), Henry Field's Papers, Box 44, S. 34 ff.
78 Gleichwohl feierte der ›Völkische Beobachter‹, Nr. 49 vom 24. 3. 1923, Eckart aus Anlaß von dessen 54. Geburtstag noch als »allverehrten Vorkämpfer und geistigen Wegbereiter der nationalsozialistischen Bewegung«.
79 Bomhard an Feldl vom 2. 8. 1935, in: BAB, NS 26/1307.
80 Im Jahr 1924 posthum unter dem Titel ›Der Bolschewismus von Moses bis Lenin‹ in München veröffentlicht.
81 Zit. nach Baldur von Schirach, Ich glaubte an Hitler, Hamburg 1967, S. 24.
82 Vgl. Ludecke, I knew Hitler, S. 119.
83 Friedrich Christian Prinz zu Schaumburg-Lippe, ... Verdammte Pflicht und Schuldigkeit ... Weg und Erlebnis 1914–1933, Leoni am Starnberger See 1966, S. 273 f.
84 Die folgenden Ausführungen zu Hanfstaengls Ausbildungsgang nach seinem Militärakt, in: HStA München, Abt. IV, OP 32067; seinen Promotionsunterlagen, in: Archiv der Ludwig-Maximilians-Universität München, O N prom 1927/28; sowie den Angaben seines Sohnes Egon Hanfstaengl gegenüber dem Autor.
85 Hans von Kaltenborn, Fifty Fabulous Years. 1900–1950, New York 1950, S. 51.
86 Hanfstaengl, Außenseiter, S. 7 ff.
87 Vgl. Hanfstaengls Darstellung in dem Artikel »Ich habe gewarnt« in der ›Badischen Illustrierten Woche‹, Nr. 50 vom 15. 12. 1951.
88 Josephine Ewers an Hanfstaengl vom 15. 12. 1951, in: Heinrich-Heine-Institut Düsseldorf, Teil-Nachlaß Josephine Ewers (Hervorhebung im Original).
89 Hanfstaengl an Josephine Ewers vom 19. 12. 1951, in: ebd.
90 Zu Ewers' Biographie vgl. im einzelnen Wilfried Kugel, Der Unverantwortliche. Das Leben des Hanns Heinz Ewers, Düsseldorf 1992.
91 Zit. nach ebd., S. 247.
92 Vgl. Hanfstaengl, Außenseiter, S. 7 f.
93 Vgl. hierzu George Chauncey, Gay New York. Gender, Urban Culture, and the Making of the Gay Male World 1890–1914, New York 1994.
94 Brief vom 12. 5. 1920, hier nach David George Marwell, Unwanted Exile. A Biography of Ernst »Putzi« Hanfstaengl, Ph. D., New York 1988, S. 60.

95 Gespräch des Autors mit Egon Hanfstaengl in München am 21.10.2000.
96 Ernst Hanfstaengl, Wie ich Adolf Hitler kennenlernte, in: Der Freiheitskampf, Nr. 293 vom 21.10.1934.
97 Vgl. Ludecke, I knew Hitler, S. 94 f.
98 Schreiben Gottfried Feders an Hitler vom 10.8.1923, zit. nach Oron James Hale, Gottfried Feder calls Hitler to Order: An Unpublished Letter on Nazi Party Affairs, in: The Journal of Modern History, Bd. 30 (1958), S. 360.
99 Münchener Post, Nr. 260 vom 11.11.1930 (»Eine Rückendeckung für Hitlers Außenbeziehung. Wer ist Ernst Hanfstängl?«).
100 Die vorstehenden Zitate alle nach den unveröffentlichten Hanfstaengl-Erinnerungen von 1956, in: BSB, NL Hanfstaengl, Ana 405/47.
101 Vgl. die bei Philip Metcalfe, Berlin 1933. Das Jahr der Machtergreifung, Stuttgart 1989, S. 43 ff., angeführten Eindrücke amerikanischer Diplomaten und Journalisten.
102 Hitler an Rosenberg vom 2.4.1925, in: Archives du centre de documentation juive contemporaine Paris, document LXII – 1.
103 Nach den 1939/40 niedergeschriebenen »Notes« von Helene Niemeyer, geschiedene Hanfstaengl, die mir ihr Sohn Egon freundlicherweise zur Verfügung stellte.
104 Unveröffentlichte Hanfstaengl-Erinnerungen (1956), in: BSB, NL Hanfstaengl, Ana 405/47.
105 Ebd.; vgl. auch Schroeder, Chef, S. 189 f.
106 Hanfstaengl, Außenseiter, S. 54 und 81.
107 Vgl. die zahlreichen Hinweise bei Klaus Harpprecht, Thomas Mann. Eine Biographie, Reinbek 1995; außerdem Karl Werner Böhm, Zwischen Selbstzucht und Verlangen. Thomas Mann und das Stigma der Homosexualität, Würzburg 1991, S. 249 ff. – Nicht zuletzt durch die Thomas-Mann-Forschung wissen wir um die »befreiende Wirkung«, um die »Ventilfunktion«, die besonders die Musik Wagners für Homosexuelle gehabt haben muß.
108 Gespräch mit dem Autor am 15.11.2000 in München.
109 Hanfstaengl, Außenseiter, S. 56.
110 Vgl. Rosenbaum, Die Hitler-Debatte, S. 276 f.
111 Hitler-Liederbuch 1924, München 1924; darin: ›Hitler-Lied‹, ›Deutsche voran‹ und ›Hitler-Medizin‹.
112 Eugenio Dollmann, Roma Nazista, Milano 1949, S. 25 f. (Für diese wie auch die folgenden Übersetzungen aus dem Italienischen danke ich Bianca Matthäi.)
113 Unveröffentlichte Hanfstaengl-Erinnerungen (1956), in: BSB, NL Hanfstaengl, Ana 405/47.
114 Münchener Post, Nr. 260 vom 11.11.1930.

115 Unveröffentlichte Hanfstaengl-Erinnerungen (1956), in: BSB, NL Hanfstaengl, Ana 405/47.
116 Schreiben Gottfried Feders an Hitler vom 10. 8. 1923, zit. nach Oron James Hale, Gottfried Feder calls Hitler to Order: An Unpublished Letter on Nazi Party Affairs, in: The Journal of Modern History, Bd. 30 (1958), S. 360 ff.
117 Unveröffentlichte Hanfstaengl-Erinnerungen (1956), in: BSB, NL Hanfstaengl, Ana 405/47.
118 Vgl. zu diesem Vorgang: StA München, Polizeidirektion München, Nr. 10082.
119 Zum folgenden Dollmann, Roma Nazista, S. 26 ff.
120 Von solchen Attentatsplänen berichtete die ›Münchener Post‹, Nr. 13 vom 15. 1. 1924.
121 Vgl. hierzu neben den unveröffentlichten Hanfstaengl-Erinnerungen (1956), in: BSB, NL Hanfstaengl, Ana 405/47, vor allem die unveröffentlichte Abhandlung ›Die Wahrheit zum 9. November 1923‹ von Jobst von Lossow, einem Neffen des Reichswehrgenerals, in: HStA München, Abt. IV, HS 3388; außerdem Fest, Hitler, S. 326.
122 Im Privatbesitz der Familie Hausleitner, Zell. Ich danke der Familie für die freundliche Überlassung von Kopien aus diesen Papieren.
123 Jochmann (Hg.), Monologe, S. 204 f. – Vgl. zu Hitlers Bedürfnis nach Anonymität auch Ulrich Chaussy, Nachbar Hitler. Führerkult und Heimatzerstörung am Obersalzberg, Berlin 2001, S. 30 ff.
124 Zur Biographie dieses alten Freikorpskämpfers vgl. Günter Rinke, Sozialer Radikalismus und bündische Utopie. Der Fall Peter Martin Lampel, Frankfurt a. M. 2000. – Lampels unveröffentlichte Memoiren befinden sich in der Staats- und Universitätsbibliothek Hamburg, NL Lampel, NK 432.
125 Lampel, Niemandes Knecht, S. 416 ff., in: ebd.
126 Unveröffentlichte Hanfstaengl-Erinnerungen (1956), in: BSB, NL Hanfstaengl, Ana 405/47.

Viertes Kapitel

1 Vgl. hierzu jetzt Barbara Zehnpfennig, Hitlers »Mein Kampf«, München 2000; und als Standardwerk: Eberhard Jäckel, Hitlers Weltanschauung, Stuttgart 1991 (4. Aufl.).
2 Vgl. zur politischen Neuorientierung, zum Aufbau des Führermythos und zum Aufstieg Hitlers zum unbestrittenen Parteichef die entsprechenden Kapitel bei Kershaw, Hitler, Bd. 1.
3 Vgl. die Abbildung bei Wulf Schwarzwäller, »Der Stellvertreter des

Führers.« Rudolf Heß. Der Mann in Spandau, Wien/München/Zürich 1974, Bildteil.

4 Unveröffentlichte Hanfstaengl-Erinnerungen (1956), in: BSB, NL Hanfstaengl, Ana 405/47.

5 England – Nürnberg – Spandau. Gefangener des Friedens. Antwort aus Zelle Sieben, Leoni 1984, S. 102.

6 Albert Krebs, Tendenzen und Gestalten der NSDAP. Erinnerungen an die Frühzeit der Partei, Stuttgart 1959, S. 171.

7 Die vorstehenden Zitate bei: Otto Strasser, Gangsters around Hitler, London 1942, S. 38; Interview mit Ernst Hanfstaengl am 28. 10. 1951, in: IfZ München, ZS 60; die beiden folgenden Zitate nach Peter Padfield, Hess. Flight for the Führer, London 1991, Prolog; Erich Ebermayer, Denn heute gehört uns Deutschland ... Persönliches und politisches Tagebuch, Hamburg/Wien 1959, S. 381. – Zur Frage der Homosexualität von Heß vgl. auch Hergemöller, Mann für Mann, S. 350 ff., mit weiteren Literaturhinweisen.

8 Die Deutsche Revolution, Nr. 9 vom 8. 7. 1934 (»Gilt der § 175 nur für Tote? Eine Frage an Adolf Hitler«); vgl. außerdem Die Deutsche Revolution, Nr. 10 vom 15. 7. 1934 (»Liste homosexueller Großwürdenträger des Hitler-Regimes«).

9 Ludecke, I knew Hitler, S. 586 f.

10 Heß an Ilse Pröhl vom 24. 10. 1923, in: Rudolf Heß, Briefe 1908–1933 (hrsg. von Wolf Rüdiger Heß. Mit einer Einführung und Kommentaren von Dirk Bavendamm), München/Wien 1987, S. 309. Diese von dem Sohn von Rudolf Heß herausgegebene Briefausgabe ist der seltene Glücksfall einer Sammlung von authentischen Selbstzeugnissen eines Hitler-Vertrauten. Allerdings handelt es sich nur um eine Auswahl von Briefen, die zudem nur verstümmelt wiedergegeben sind. Aus Rücksicht auf noch lebende Familienmitglieder wurden »Briefe allzu intimen Charakters« (Einführung, S. 8) nicht mit aufgenommen.

11 Heß an seine Kusine Milly Kleinmann vom 11. 4. 1921, in: Heß, Briefe 1908–1933, S. 267.

12 Heß an Ilse Pröhl vom 23. 7. 1924, in: ebd., S. 346.

13 Vgl. zur Biographie von Rudolf Heß vor allem Kurt Pätzold/Manfred Weißbecker, Rudolf Heß. Der Mann an Hitlers Seite, Leipzig 1999, hier S. 12–87.

14 Ilse Heß, Schicksal in Briefen, S. 48.

15 Vgl. zum Charakter dieser Freundschaft Hans-Adolf Jacobsen, Karl Haushofer. Leben und Werk, Bd. 1: Lebensweg 1869–1946 und ausgewählte Texte zur Geopolitik, Boppard 1979, S. 225 ff.

16 Heß an seine Eltern vom 17. 6. 1920, in: Heß, Briefe 1908–1933, S. 261.

17 Zit. nach Jacobsen, Karl Haushofer, S. 231.
18 So Ilse Heß 1972 gegenüber Hans-Adolf Jacobsen; zit. nach ebd., S. 227 f.
19 So die Bezeichnung in den Briefen von Heß vom 31. 8. 1946 bzw. 19. 7. 1953, in: Ilse Heß, Schicksal in Briefen, S. 110 und 301.
20 Heß an seine Kusine Milly Kleinmann vom 11. 4. 1921, in: Heß, Briefe 1908–1933, S. 267.
21 Parteimitglied Heinrich Dolle an Hitler 1921, zit. nach Schwarzwäller, Stellvertreter, S. 81.
22 Völkischer Beobachter, Nr. 63 vom 11. 8. 1921 (»Zum Flugblatt gegen Hitler«).
23 Heß an Gustav Ritter von Kahr vom 17. 5. 1921, in: IfZ München, F 18, S. 5 f.
24 Ilse Heß, Schicksal in Briefen, S. 43.
25 Anonymos (Karl Mayr), I was Hitler's Boss, in: Current History, Bd. 1, Nr. 3, November 1941, S. 198. Im Spandauer Gefängnis bestätigte Heß später, daß er gemeinsam mit Hitler dessen Reden einstudiert habe; vgl. Eugene K. Bird, Heß. Der »Stellvertreter des Führers«. Englandflug und britische Gefangenschaft, München 1974, S. 302, hier nach Pätzold/Weißbecker, Heß, S. 474.
26 Völkischer Beobachter, Nr. 63 vom 11. 8. 1921 (»Zum Flugblatt gegen Hitler«).
27 Vgl. Raffael Scheck, Swiss Funding for the Early Nazi Movement. Motivation, Context, and Continuities, in: The Journal for Modern History, Bd. 71 (1999), S. 803.
28 Vgl. etwa die Briefe an seine Freundin vom 31. 8. 1922, 11. 9. 1922, 13. 9. 1922 oder 10. 8. 1923, in: Heß, Briefe 1908–1933.
29 Heß an seine Mutter vom 16. 5. 1924, in: ebd., S. 325.
30 Vgl. Hans Kallenbach, Mit Adolf Hitler auf Festung Landsberg, München 1933, S. 55.
31 Notiz eines Gesprächs des Anstaltsdirektors mit Hansjörg Maurer vom 4. 12. 1924, zit. nach Winfried Schmidt (Hg.): »... war gegen den Führer äußerst frech ...« Der Chefredakteur und nachmalige Tierarzt Hansjörg Maurer und seine Würzburger politischen Tagebuchblätter aus den Jahren 1936 und 1937, Karlstadt 1999, S. 53. – Auch den »wiederholten Bitten, im Sommer mit nacktem Oberkörper sich im Festungsgarten zu ergehen«, habe der Direktor nicht entsprochen. Das berichtet der Gefängnisbeamte Franz Hemmrich in seinen unveröffentlichten Erinnerungen: Die Festung Landsberg am Lech (1970), in: IfZ München, ED 153.
32 Heß an Ilse Pröhl vom 28. 5. 1924, in: Heß, Briefe 1908–1933, S. 326.
33 Kershaw, Hitler, Bd. 1, S. 299.
34 Vgl. Bruno Hipler, Hitlers Lehrmeister. Karl Haushofer als Vater der NS-Ideologie, St. Ottilien 1996, S. 108 f. bzw. 121 f.

35 So die Selbstbezeichnung von Heß gegenüber Albert Krebs, zit. nach Krebs, Tendenzen und Gestalten, S. 170.
36 Heß an seine Eltern vom 24. 4. 1925, in: Heß, Briefe 1908–1933, S. 367.
37 So Joseph Goebbels in der Tagebucheintragung vom 13. 4. 1926 nach seiner ersten Begegnung mit Heß, in: Goebbels-Tagebücher, S. 172.
38 Vgl. hierzu jetzt auch Chaussy, Nachbar Hitler, S. 29 ff.
39 Heß an seine Mutter vom 14. 1. 1928, in: Heß, Briefe 1908–1933, S. 390.
40 Heß an seine Eltern vom 20. 11. 1927, hier nach Wolf Rüdiger Heß, Mord an Rudolf Heß?, Leoni 1989, S. 41 f.
41 Zit. nach Hanfstaengl, Zwischen Weißem und Braunem Haus, S. 324.
42 Zit. nach Schwarzwäller, Stellvertreter, S. 101.
43 Protokoll eines Gesprächs mit Hitlers Leibarzt Karl Brandt vom Sommer 1945, in: Schlie (Hg.), Albert Speer, S. 237; sowie Heß an seine Frau vom 26. 6. 1947, in: Ilse Heß, Schicksal in Briefen, S. 147.
44 Goebbels-Tagebücher I/1 (1987), S. 144, 173, 389 und 172 (Einträge vom 23. 11. 1925, 13. 4. 1926, 22. 6. 1929 und 13. 4. 1926).
45 Heß an Ilse Pröhl, 29. 6. 1924, in: Heß, Briefe 1908–1933, S. 342.
46 Goebbels-Tagebücher I/1 (1987), S. 175 (Eintrag vom 19. 4. 1926).
47 Ilse Heß, Schicksal in Briefen, S. 23.
48 Vgl. zum »Fall Wyneken« den entsprechenden Abschnitt bei Geuter, Homosexualität in der deutschen Jugendbewegung, S. 195 ff. – Des weiteren Thijs Maasen, Pädagogischer Eros. Gustav Wyneken und die Freie Schulgemeinde Wickersdorf, Berlin 1995.
49 Gustav Wyneken, Eros, Lauenburg 1921, S. 48 f.
50 Blüher, Die Rolle der Erotik in der männlichen Gesellschaft, S. 243 bzw. 248.
51 Heß an Ilse Pröhl vom 24. 10. 1923, in: Heß, Briefe 1908–1933, S. 309.
52 Heß an seine Frau vom 4. 6. 1950, in: Ilse Heß, Schicksal in Briefen, S. 215.
53 Ilse Heß an Heß vom 11. 10. 1954, in: ebd., S. 256 (Hervorhebung im Original).
54 Heß an seine Frau vom 31. 1. 1933, in: Heß, Briefe 1908–1933, S. 425 f.
55 Rundfunkrede vom 25. 6. 1934, zit. nach dem Abdruck im ›Völkischen Beobachter‹, Nr. 177 vom 26. 7. 1934.
56 So Hitler in einer Rede auf dem NSDAP-Parteitag am 30. 1. 1922, in: Jäckel/Kuhn (Hg.), Hitler, S. 559.
57 Vgl. das von Hitler ausgestellte Arbeitszeugnis für Maurice vom 1. 8. 1928, in: IfZ München, ZS 270. – Vgl. ebenso den Lebenslauf von Maurice vom 23. 2. 1948, in: StA München, Spruchkammer, Karton 1131.

58 So Schaub in einer Befragung am 26. 7. 1951, in: IfZ München, ZS 137.
59 Vgl. zu seinem Lebenslauf allgemein die Spruchkammerakten, in: StA München, Spruchkammer, Karton 1131.
60 Vgl. Kallenbach, Mit Adolf Hitler, 1933, S. 55 f.
61 Henriette von Schirach, Frauen um Hitler. Nach Materialien von Henriette von Schirach, München 1983, S. 55.
62 Goebbels-Tagebücher I/1 (1987), S. 192 (Eintrag vom 12. 7. 1926).
63 Maurice an Hitler vom 24. 1. 1925, in: IfZ München, ZS 270. – Maurice betonte 1933 stolz, er sei ein »Duzfreund des Führers«, so in einem Fragebogen für die ersten Mitglieder der NSDAP vom 8. 10. 1933, in: BAB, BDC Emil Maurice. – Vgl. auch Hitlers Geburtstagsgruß für Maurice vom 19. 1. 1925, faksimiliert in: Kallenbach, Mit Adolf Hitler auf Festung Landsberg, S. 150.
64 Vgl. Hitler an Maurice vom 13. 9. 1927, faksimiliert in: Picker, Hitlers Tischgespräche im Führerhauptquartier, Bildteil.
65 Das bestätigen nicht zuletzt die Spruchkammerunterlagen, in: StA München, Spruchkammer, Karton 1131. – Die Akten der Polizeidirektion München über Maurice sind nicht mehr aufzufinden.
66 Hitler, Mein Kampf, S. 566.
67 Heß an seine Frau vom 19. 9. 1954, in: Ilse Heß, Schicksal in Briefen, S. 254.
68 Schirach, Frauen, S. 58 bzw. 62.
69 Kallenbach, Mit Adolf Hitler, 1933, S. 92. – Vgl. hierzu auch Hemmrich, Erinnerungen, in: IfZ München, ED 153, Bl. 33.
70 Kallenbach, Mit Adolf Hitler, 1933, S. 93. – Vgl. auch ders., Mit Adolf Hitler, 1943, S. 102 ff.
71 Heinrich Hoffmann, Hitler was my Friend, London 1955, S. 145.
72 Hemmrich, Erinnerungen, in: IfZ München, ED 153, Bl. 44.
73 Zit. nach Nerin Erin Gun, Eva Braun-Hitler. Leben und Schicksal, Kiel 1994 (Neuauflage), S. 20.
74 Schroeder, Chef, S. 153.
75 Zit. nach Gun, Eva Braun-Hitler, S. 57.
76 Vgl. Schirach, Frauen, S. 244 f.; unveröffentlichte Hanfstaengl-Erinnerungen (1956), in: BSB, NL Hanfstaengl, Ana 405/47; sowie ders., Außenseiter, S. 184; Goebbels-Tagebücher I/2 (1987), S. 253 (Eintrag vom 5. 10. 1932).
77 Schroeder, Chef, S. 157 ff. – Hitler korrespondierte noch 1934 mit Ada Klein; vgl. den Faksimileabdruck eines Briefes von »Wolf« an diese Freundin vom 30. 9. 1934, in: Joachimsthaler, Hitlers Weg begann in München 1913–1923, S. 299.
78 Vgl. zum folgenden Günter Peis, Hitlers unbekannte Geliebte, in: Der Stern, Nr. 24, 1959, S. 28–34 und 62–65; sowie Gun, Eva Braun-Hitler, S. 58 ff.

79 Hitler an Maria Reiter vom 23. 12. 1926, faksimiliert abgedruckt in: Peis, Unbekannte Geliebte.

80 Aussage von Rudolf Pfeiffer-Bechstein in der Fernsehdokumentation »Die Frauen und Hitler«, Erster Teil, Regie: Thomas Hausner, Bayerischer Rundfunk 2000.

81 Die jüngste, allerdings zu quellenunkritisch gearbeitete Studie zu diesem Verhältnis stammt von: Ronald Hayman, Hitler & Geli, New York/London 1997.

82 Vgl. Anna Maria Sigmund, Die Frauen der Nazis, Wien 1998, S. 136 und 138; sowie Schroeder, Chef, S. 296 (hier Anmerkungsteil, bearbeitet von Anton Joachimsthaler); vgl. weiterhin Alfred Maleta, Bewältigte Vergangenheit. Österreich 1932–1945, Graz 1981, S. 48 ff.

83 Heß an seine Familie vom 17. 9. 1927, in: Heß, Briefe 1908–1933, S. 384 f.

84 Dieser Brief ist faksimiliert in dem Versteigerungskatalog des Münchener Auktionshauses Hermann Historica von 1993 abgedruckt. Er stammt nach Auskunft des Sohnes von Emil Maurice, Dr. Klaus Maurice, aus dem Besitz der Familie; hier zit. nach Sigmund, Frauen der Nazis, S. 140 f.

85 Protokoll der öffentlichen Sitzung der Spruchkammer des Internierungslagers Regensburg vom 13. 5. 1948, in: StA München, Spruchkammer, Karton 1131.

86 Vgl. Lebenslauf von Maurice vom 23. 2. 1948, in: ebd.

87 Zit. nach Gun, Eva Braun-Hitler, S. 20.

88 Vgl. Schroeder, Chef, S. 364 (Anmerkungsteil). – Vgl. zu der gerichtlichen Auseinandersetzung auch die unveröffentlichten Hanfstaengl-Erinnerungen (1956), in: BSB, NL Hanfstaengl, Ana 405/47; sowie die eidesstattliche Erklärung von Hans Kallenbach vom 7. 5. 1947, in: StA München, Spruchkammer, Karton 1131.

89 Otto Strasser, Hitler und ich, Konstanz 1948, S. 97 f.

90 Günter Peis, Hitlers unbekannte Geliebte, in: Der Stern, Nr. 24, 1959.

91 Briefentwurf von Walter Buch an Hitler vom 1. 10. 1928, in: Albrecht Tyrell, Führer befiehl ... Selbstzeugnisse aus der »Kampfzeit« der NSDAP. Dokumentation und Analyse, Düsseldorf 1969, S. 212.

92 Goebbels-Tagebücher I/1 (1987), S. 246 (Eintrag vom 17. 7. 1928).

93 Briefentwurf von Walter Buch an Hitler vom 1. 10. 1928, in: Tyrell, Führer befiehl, S. 212 f. Die in Klammern gesetzte Passage ist von Buch im Original gestrichen.

94 Goebbels-Tagebücher I/1 (1987), S. 280 (Eintrag vom 19. 10. 1928).

95 Vgl. das von Hitler ausgestellte Arbeitszeugnis für Maurice vom 1. 8. 1928, in: IfZ München, ZS 270: »Herr Emil Maurice stand in der Zeit vom Juli 1921 bis Januar 1928 in meinen Diensten als

Kraftfahrer. Herr Maurice hat sich als hervorragender, außerordentlich sicherer, weit über dem Durchschnitt stehender Fahrer bewährt.«

96 Lebenslauf von Maurice vom 23.2.1948, in: StA München, Spruchkammer, Karton 1131.

97 Vgl. Strasser, Hitler und ich, S. 98.

98 Vgl. Protokoll der öffentlichen Sitzung der Spruchkammer des Internierungslagers Regensburg vom 13.5.1948, in: StA München, Spruchkammer, Karton 1131.

99 Nachlaß Julius Schaub (Sammlung Irving), Bd. 1, in: IfZ München, ED 100/202, Bl. 3.

100 So Emil Maurice gegenüber Nerin Erin Gun, zit. nach ders., Eva Braun-Hitler, S. 20.

101 Unveröffentlichte Hanfstaengl-Erinnerungen (1956), in: BSB, NL Hanfstaengl, Ana 405/47.

102 Schroeder, Chef, S. 153.

103 Zit. nach Hoffmann, Friend, S. 150.

104 Schroeder, Chef, S. 235.

105 Schirach, Frauen, S. 64.

106 Vgl. Maurice an Staatsministerium für Sonderaufgaben vom 12.9.1949, in: StA München, Spruchkammer, Karton 1131.

107 Protokoll der öffentlichen Sitzung der Spruchkammer des Internierungslagers Regensburg vom 13.5.1948, in: ebd.

108 Spruch der Berufungskammer vom 17.7.1949, in: StA München, Spruchkammer, Karton 20.

109 Daß es ein solches Schreiben Hitlers vom 13.3.1933 gab, geht aus der eidesstattlichen Erklärung der Witwe von Emil Maurice vom 3.8.1993 hervor, Privatbesitz Dr. Klaus Maurice, dem ich für die freundliche Überlassung einer Kopie herzlich danke.

110 Vgl. München – Hauptstadt der Bewegung (Ausstellungskatalog), München 1993, S. 234.

111 Vgl. Wolfram Selig, Ermordet im Namen des Führers. Die Opfer des Röhm-Putsches in München, in: Winfried Becker/Werner Chrobak (Hg.), Staat, Kultur, Politik. Festschrift für Dieter Albrecht, Kallmünz 1992, S. 341–356, hier S. 344.

112 Berliner Illustrierte Nachtausgabe, Nr. 154 vom 5.7.1934.

113 Vgl. Julius Schaub, Der Führer in der Festung Landsberg, in: Adolf Hitler. Bilder aus dem Leben des Führers, Altona/Bahrenfeld 1936, S. 127f.; sowie Abbildung in: ebd., S. 118.

114 Ermittlungsbericht betreffend Maurice vom 1.3.1948, in: StA München, Spruchkammer, Karton 1131.

115 Klageerwiderung vom 22.4.1948, in: ebd.

116 Eidesstattliche Erklärung der Ehefrau Dr. Hedwig Maurice vom 3.8.1993, Privatbesitz Dr. Klaus Maurice.

117 Vgl. Völkischer Beobachter, Nr. 133 vom 13. 5. 1935.
118 Vgl. eidesstattliche Erklärung der Ehefrau Dr. Hedwig Maurice vom 3. 8. 1993, Privatbesitz Dr. Klaus Maurice.
119 Geheime Aktenniederschrift von Heinrich Himmler vom 31. 8. 1935, zit. nach Peter Hoffmann, Die Sicherheit des Diktators. Hitlers Leibwachen, Schutzmaßnahmen, Residenzen, Hauptquartiere, München/Zürich 1975, S. 66 f.
120 Auguste Behrend, Meine Tochter Magda Goebbels, in: Schwäbische Illustrierte vom 5. 4. 1952.
121 Vgl. ebd. sowie die etwas melodramatische Rekonstruktion der Atmosphäre bei Wagener, Hitler aus nächster Nähe, S. 375 ff.
122 Zit. nach Leni Riefenstahl, Memoiren, München 1987, S. 201.
123 Ludecke, I knew Hitler, S. 418.
124 Vgl. Ralf Georg Reuth, Goebbels. Eine Biographie, München 1990, S. 196 ff.; sowie Anja Klabunde, Magda Goebbels. Annäherung an ein Leben, München 1999, S. 144.
125 Wagener, Hitler aus nächster Nähe, S. 358.
126 Heß an Ilse Pröhl vom 8. 6. 1924, in: Heß, Briefe 1908–1933, S. 332.
127 Daß sich die Pietät Hitlers damals in Grenzen hielt, zeigt Anna Maria Sigmund, Frauen der Nazis, S. 154 f.
128 Zwischen dem 22. und 26. 5. 1932 hielt sich Hitler tatsächlich auf Wahlkampfreise im Lande Oldenburg auf, vgl. Klaus Schaap, Oldenburgs Weg ins Dritte Reich, Oldenburg 1983, S. 112 ff.; sowie Edgar Grundig, Chronik der Stadt Wilhelmshaven (Typoskript von 1957), Bd. 2, S. 153, in: StA Oldenburg.
129 Riefenstahl, Memoiren, S. 159 f.
130 Vgl. hierzu Rainer Rother, Leni Riefenstahl. Die Verführung des Talents, Berlin 2000.
131 Ludecke, I knew Hitler, S. 476 f.
132 Zit. nach Hoffmann, Friend, S. 141.
133 Ludecke, I knew Hitler, S. 477.
134 Vgl. Curzio Malaparte, Der Staatsstreich, Leipzig 1932, S. 234 bzw. 236.
135 Vgl. etwa den Aufsatz von Robert Schirokauer ›Die Frau Hitler‹, den das sozialdemokratische Diskussionsorgan ›Das Freie Wort‹ in Heft 45 vom 6. 11. 1932 veröffentlichte: »Wüßte man nicht von den homosexuellen Verfehlungen der Naziführer und -mitgliedschaft, man müßte sie theoretisch aus dem Charakter dieser Partei schließen.« (S. 7) – Zur politischen Brisanz seines ›Staatsstreichs‹ hat sich Malaparte in der Vorbemerkung zur deutschen Ausgabe seines berühmten Romans ›Kaputt‹ (Stuttgart 1951, S. 7 f.) geäußert.
136 Zit. nach Riefenstahl, Memoiren, S. 214. – Vgl. darüber hinaus die Erinnerungen des Gauleiters von Hannover: Hartmann Lauterbacher, Erlebt und mitgestaltet. Kronzeuge einer Epoche 1923 bis 1945, Preußisch Oldendorf 1984, S. 166 f.

137 Völkischer Beobachter, Nr. 141 vom 20. 5. 1936 (›Der Führer nahm Abschied von seinem treuen Begleiter‹).

138 Vgl. Programm der »Beisetzung des Pg. Schreck«, in: BAB, BDC Julius Schreck; sowie Völkischer Beobachter, Nr. 141 vom 20. 5. 1936.

139 Zit. nach Kallenbach, Mit Hitler auf der Festung Landsberg, S. 13.

140 Rede des Reichsführers SS am Grabe des SS-Brigadeführers Schreck am 19. 5. 1936, in: IfZ München, MA 311, Bl. 1823 f.

141 Die Todesursache ist nicht eindeutig geklärt, man sprach von Kieferhöhlenentzündung (Völkischer Beobachter vom 16. 5. 1936), aber auch von Gehirnhautentzündung (Völkischer Beobachter vom 17. 5. 1936).

142 Vgl. zu Schrecks Biographie die Unterlagen in: BAB, NS 26/1269.

143 Vgl. Hoffmann, Sicherheit des Diktators, S. 22.

144 Vgl. Heinz Höhne, Der Orden unter dem Totenkopf. Die Geschichte der SS, Gütersloh 1967, S. 27 f.

145 Oberleitungs-Mitglied Ernst Wagner an Hitler vom 20. 5. 1926, zit. nach ebd., S. 29.

146 Vgl. etwa Regierungspräsidium Oberfranken an Polizeidirektion München vom 16. 12. 1925, in: StA München, Polizeidirektion München, Nr. 10148, woraus hervorgeht, daß Schreck auch schon damals mit Hitler unterwegs war.

147 Vgl. Herbert Seehofer, Mit dem Führer unterwegs. Kleine Stimmungsbilder einer großen Reise, München 1939, S. 103.

148 So Schaub im Völkischen Beobachter, Nr. 140 vom 19. 5. 36 (»Ich hatt' einen Kameraden«).

149 »Wie gern bin ich damals ins übrige Reich gefahren!« begeisterte sich Hitler noch am 16./17. Januar 1942 im Führerhauptquartier. In: Werner Jochmann (Hg.), Adolf Hitler, S. 205.

150 Vgl. etwa Ludecke, I knew Hitler, S. 583.

151 Zit. nach Gitta Sereny, Das Ringen mit der Wahrheit. Albert Speer und das deutsche Trauma, München 1995, S. 133.

152 Vgl. Klaus Behnken (Hg.), Deutschland-Berichte der Sozialdemokratischen Partei Deutschlands (Sopade). Dritter Jahrgang. 1936, Salzhausen 1980, S. 683.

153 Nachlaß Julius Schaub (Sammlung Irving), Bd. 2, in: IfZ München, ED 100/203, Bl. 242.

154 Julius Schreck, Der Führer auf Reisen, in: Adolf Hitler. Bilder aus dem Leben des Führers, Altona/Bahrenfeld 1936, S. 16.

155 Vgl. Interviews mit Friedlinde Wagner, in: Office of Strategic Services, Hitler Source Book, S. 4 f. (hier nach Nizkor Project: www.nizkor.org).

156 Mündliche Auskunft von Frau Jobst, Bayreuth, vom 29. 2. 2000 gegenüber dem Autor.

157 Magda Schreck an Hitler vom 9. 6. 1936, in: BAB, NS 10/121.

158 Maria Schreck an die Reichskanzlei vom 11.6.1936, in: ebd.
159 Gesprächsnotiz für Bouhler nach einem Telefongespräch mit Schaub vom 25.6.1936, in: ebd. Der Umstand, daß Schaub der Übermittler der Nachricht war, läßt den Schluß zu, daß Hitler diese Entscheidung persönlich getroffen hatte.
160 So Albert Speer gegenüber Joachim Fest; vgl. Fest, Hitler, S. 716.
161 Hans Grimm, Suchen und Hoffen. 1928–1934, Lippoldsberg 1972, S. 11.
162 Vgl. Hoffmann, Sicherheit des Diktators, S. 189.
163 Vgl. Horst Möller (Hg.), Die tödliche Utopie. Bilder, Texte, Dokumente, Daten zum Dritten Reich, München 1999, S. 15 ff.
164 Vgl. Otto Dietrich, 12 Jahre mit Hitler, München 1955, S. 162; vgl. zu Hitlers Aufenthalten in Hamburg Werner Johe, Hitler in Hamburg. Dokumente zu einem besonderen Verhältnis, Hamburg 1996, S. 238 f.
165 Den Begriff hat Ernst Hanfstaengl geprägt; ders., Außenseiter, S. 310.
166 Goebbels-Tagebücher I/1 (1987), S. 551 (Eintrag vom 24.5.1930).
167 Vgl. Vernehmung von Julius Schaub am 12.3.1947, in: StA Nürnberg, KV-Interrogations S-35.
168 Schroeder, Chef, S. 42.
169 Glückwunschtelegramm von Speer an Schaub vom 21.8.1942, in: BAB, NS 51/39, Bl. 55.
170 Zit. nach Hans-Otto Meissner, Der letzte Befehl (unveröffentlichtes Manuskript), in: IfZ München, MS 291, S. 4.
171 Hanfstaengl, Außenseiter, S. 103.
172 Vernehmung von Schaub in Nürnberg am 7.12.1946, in: StA Nürnberg, KV-Interrogations S-35.
173 Daß Schaub hier viele Kontakte hatte, zeigen die Glückwunschschreiben zu seinem 44. Geburtstag im August 1942, in: BAB, NS 51/39.
174 Schroeder, Chef, S. 44.
175 Hanfstaengl, Außenseiter, S. 227.
176 Schreiben von »Mehreren Einwohnern und Bewohnern der Ickstatt« vom 5.4.1923, in: StA München, Polizeidirektion München, Nr. 10142.
177 Kallenbach, Mit Adolf Hitler, 1943, S. 79.
178 Vgl. Nachlaß Julius Schaub (Sammlung Irving), Bd. 1, in: IfZ München, ED 100/202, Bl. 8.
179 Nach Christa Schroeder hat Schaub sogar noch im April 1945, als er eiligst auf den Obersalzberg gekommen war, um die Privatpapiere Hitlers zu vernichten, »seine Freundin« mitgebracht, »eine Tänzerin aus dem ›Metropol‹ in Berlin« (Schroeder, Chef, S. 214).
180 Schroeder, Chef, S. 43.

181 Goebbels-Tagebücher I/3 (1987), S. 380 (Eintrag vom 23. 12. 1937).
182 Abgedruckt bei Werner Maser, Hitlers Briefe und Notizen. Sein Weltbild in handschriftlichen Dokumenten, Düsseldorf 1973.
183 Vgl. Aufstellung über von Hitler an die Reichsbank angewiesene Schecks, in: StA Nürnberg, Nürnberger Dokumente, NG-5346.
184 Vgl. Hans-Otto Meissner, Der letzte Befehl (unveröffentlichtes Manuskript), in: IfZ München, MS 291, S. 1. – Vgl. hierzu auch Schroeder, Chef, S. 213.
185 Zit. nach Meissner, Befehl, in: IfZ München, MS 291, S. 1.

Fünftes Kapitel

1 Vgl. Röhm, Die Geschichte eines Hochverräters, S. 350.
2 Vgl. Heinrich Bennecke, Die Memoiren des Ernst Röhm. Ein Vergleich der verschiedenen Ausgaben und Auflagen, in: Politische Studien, Bd. 14 (1963), S. 186–188.
3 Vgl. Röhm, Hochverräter, S. 357 ff.
4 Vgl. Kershaw, Hitler, Bd. 1, S. 395 ff.
5 Vgl. Longerich, Die braunen Bataillone, S. 93 ff.
6 Vgl. Proklamation Adolf Hitlers »An die gesamte SA und SS« vom 2. September 1930, abgedruckt bei Heinrich Bennecke, Hitler und die SA, München/Wien 1962, S. 252.
7 Vgl. Zur Stennes-Krise und deren Nachwehen Kershaw, Hitler, Bd. 1, S. 437 ff.; sowie Meinl, Nationalsozialisten gegen Hitler, S. 167 ff.
8 Vgl. z. B. die Buchanzeigen in der Bordzeitung der Überseeschiffe des Norddeutschen Lloyd, Lloyd-Zeitung, Nr. 1, Januar 1934.
9 Vgl. Wagener, Hitler aus nächster Nähe, S. 195 ff.
10 Zit. nach Bennecke, Hitler und die SA, S. 253.
11 Eintragung vom 27. 2. 1931, in: Goebbels-Tagebücher I/2, S. 27. – »Dieses Laster grassiert wie die Pest«, so hatte Goebbels schon am 2. 6. 1929 in seinem Tagebuch notiert. »Mir ist das so in der Seele zuwider, daß ich nicht einmal das Verständnis dafür aufbringen kann, das ich für jeden Raubmörder übrig habe.« (Ebd., S. 381)
12 Ebd., S. 125 (Eintrag vom 9. 2. 1932).
13 Vgl. Peter Martin Lampel, Niemandes Knecht (unveröffentlichte Memoiren), in: Staats- und Universitätsbibliothek Hamburg, NL Lampel, NK 432, S. 418.
14 Vgl. zu Heines: Gerhard Rossbach, Mein Weg durch die Zeit, S. 137 ff. und 234; sowie Ludecke, I knew Hitler, S. 246, 351, 619 und bes. 777; des weiteren Hergemöller, Mann für Mann, S. 332 f.; sowie Hermann Weiß (Hg.), Biographisches Lexikon zum Dritten Reich, Frankfurt a. M. 1999, S. 191 f.

15 Vgl. Konrad Heiden, Der Führer. Hitler's Rise to Power, Boston 1944, S. 294; sowie Hergemöller, Mann für Mann, S. 341 f. mit weiteren Belegen.

16 So die Bezeichnung von Arno Schickedanz, Alfred Rosenbergs Vertreter in Berlin und genauer Kenner der dortigen Nazi-Szene, in seinem Schreiben an Rosenberg vom 4.6.1932, in: BAB, NS 8/116, Bl. 41. – Zu Helldorffs NS-Karriere vgl. auch Ted Harrison, ›Alter Kämpfer‹ im Widerstand. Graf Helldorff, die NS-Bewegung und die Opposition gegen Hitler, in: VfZ, Bd. 45 (1997), S. 385–423.

17 Vgl. zu den Anfängen von Karl Ernst die Aussage des Zeitzeugen Christian Adolf Isermeyer gegenüber Andreas Sternweiler (Hg.), Liebe, Forschung, Lehre. Der Kunsthistoriker Christian Adolf Isermeyer, Berlin 1998, S. 36; weiterhin Lampel, Niemandes Knecht, in: Staats- und Universitätsbibliothek Hamburg, NL Lampel, NK 432, S. 532 ff.; sowie Hergemöller, Mann für Mann, S. 206 f. bzw. 591 mit weiteren Literaturangaben.

18 Goebbels-Tagebücher I/2 (1987), S. 98 (Eintrag vom 6.8.1931).

19 Aussage von Isermeyer gegenüber Sternweiler, zit. nach ders. (Hg.), Liebe, Forschung, Lehre, S. 36.

20 Dollmann, Roma Nazista, S. 34. Zahlreiche Belege hierzu weiterhin in: StA München, Polizeidirektion München, Nr. 15540; sowie in: BAB, R 22/5005.

21 Vgl. hierzu mit vielen Verweisen Andreas Dornheim, Röhms Mann fürs Ausland. Politik und Ermordung des SA-Agenten Georg Bell, Münster 1998, S. 53 ff.

22 Ministerbesprechung vom 3.7.1934, in: Akten der Reichskanzlei. Die Regierung Hitler. Teil I: 1933/34, Bd. 2 (bearb. von Karl-Heinz Minuth), Boppard a.Rh. 1983, S. 1355.

23 Vgl. Meinl, Nationalsozialisten, S. 168 f.

24 Vgl. die Fragmente eines Geheimberichtes an die Parteileitung mit handschriftlicher Datierung vom 21.12.1931, in: BAB, NS 26/87.

25 Goebbels-Tagebücher I/2 (1987), S. 65 (Eintrag vom 17.5.1931). – Bereits am 29. April hatte Goebbels geargwöhnt, »er und Göring spielen mir gegenüber ein unehrliches Spiel« (ebd., S. 57).

26 Rote Fahne, Nr. 53 vom 11.3.1932.

27 Vgl. Münchener Post vom 14.4.1931, wo in dem Artikel »Stammtisch 175« der SA vorgeworfen wird, von einer Clique »175iger« beherrscht zu werden. Namentlich genannt sind Röhm und Heines. In der Ausgabe vom 23.4.1931 erweiterte die ›Münchener Post‹ ihre Vorwürfe noch, indem sie Röhm vorhielt, sich mit Strichjungen zu verlustieren.

28 Fragmente eines Geheimberichtes an die Parteileitung mit handschriftlicher Datierung vom 21.12.1931, in: BAB, NS 26/87.

29 Vgl. zu Schulz detailliert Dornheim, Röhms Mann fürs Ausland, S. 107 ff.

30 Goebbels-Tagebücher I/2 (1987), S. 45 (Eintrag vom 9. 4. 1931). – Vgl. auch die Eintragung vom 21. 4. 1931: »Mit Schulz gehe ich vollkommen konform. Er hat das Problem Preußen erfaßt. So wie München das meint, geht es nicht. [...] Schulz sieht klar und unbestechlich.« (Ebd., S. 53)
31 Ebd., S. 67 (Eintrag vom 20. 5. 1931).
32 Ebd., S. 72 (Eintrag vom 2. 6. 1931).
33 Fragmente eines Geheimberichtes an die Parteileitung ohne Datierung (vermutlich August 1931), in: BAB, NS 26/87.
34 Münchener Post, Nr. 142 vom 24. 6. 1931 (»Das Braune Haus der Homosexuellen«).
35 Goebbels-Tagebücher I/2 (1987), S. 83 (Eintrag vom 24. 6. 1931).
36 Zit. nach dem Faksimile-Abdruck des Briefes von Röhm an einen nicht genannten »Kameraden« vom 17. 7. 1931, in: Rote Fahne, Nr. 53 vom 11. 3. 1932.
37 Münchener Post vom 23. 3. 1932.
38 Vgl. hierzu im einzelnen die Dokumentation von Herbert Heinersdorf (d. i. Richard Linsert), Akten zum Falle Röhm, in: Mitteilungen des Wissenschaftlich-humanitären Komitees, Nr. 32 vom Januar/März 1932, S. 349–363, Nr. 33 vom April/August 1932, S. 387–396, und Nr. 34 vom September 1932/Februar 1933, S. 419–428.
39 Vgl. hierzu die Aktenstücke in der Broschüre von Wilhelm Hillebrand, Herunter mit der Maske! Erlebnisse hinter den Kulissen der N.S.D.A.P., Berlin-Lichterfelde o. J. (1929), bes. S. 50 f. – In den Goebbels-Tagebüchern ist nachzulesen, daß sich der homosexuellenfeindliche Berliner Gauleiter, der zunächst große Angst vor der Affäre Götting hatte, von Hitlers »bequemer Taktik« des Sich-Heraushaltens irritiert fühlte, dann aber klein beigab: Götting »ist doch ein lieber Kerl. Ich glaube kaum, daß er ausübender 175er ist.« (Goebbels-Tagebücher I/1 (1987), S. 331, Eintrag vom 13. 2. 1929; vgl. auch ebd., S. 285 f. und 295.)
40 Vgl. Nr. 140 und 141 der ›Münchener Post‹ vom 22. und 23. 6. 1931 (»Warme Brüderschaft im Braunen Haus«). – Auch hierbei soll Otto Strasser seine Finger im Spiel gehabt haben; vgl. undatierten Geheimbericht an die Parteileitung (vermutlich August 1931), in: BAB, NS 26/87.
41 So Ernst Röhms Rechtsanwalt Dr. Walter Luetgebrune in einem Schreiben vom 7. 3. 1932, veröffentlicht im ›Völkischen Beobachter‹ vom 9. 3. 1932, hier nach Heinersdorf, Akten zum Fall Röhm, Teil III, S. 419–428, bes. S. 419 f.
42 Zit. nach »Heinrich Hoffmanns Erzählungen«, in: Münchener Illustrierte, Nr. 50, 1954.
43 Vgl. Kershaw, Hitler, Bd. 1, S. 453 ff.

44 Vgl. Erwin Barth, Joseph Goebbels und die Formierung des Führer-Mythos 1917–1934, Erlangen 1999, S. 110 ff.
45 Münchener Post, Nr. 57 vom 9. 3. 1932.
46 Vgl. etwa Hamburger Echo, Nr. 63 vom 9. 3. 1932, wo »die Liebesbriefe des Hauptmann Röhm« ausführlich besprochen werden. Das SPD-Zentralorgan ›Vorwärts‹ hatte bereits in der Nr. 113 vom 7. 3. 1932 eine Paraphrasierung der Briefe unter der Überschrift »Das Röhmische System. Enthüllungen über den Obersöldner Hitlers« gebracht und dann in den folgenden Nummern diese Enthüllung skandalmäßig ausgeschlachtet.
47 Vgl. Münchener Post, Nr. 140 vom 22. 6. 1931 (»Warme Brüderschaft im Braunen Haus«).
48 Helmuth Klotz, Euer Hochwohlgeboren, Berlin-Tempelhof 1932; die zweite Auflage erschien unter dem Titel: Der Fall Röhm, Berlin-Tempelhof 1932.
49 Vgl. Vernehmungsprotokoll Röhms aus dem Jahr 1931, abgedruckt im ›Vorwärts‹, Nr. 117 vom 10. 3. 1932 (»Röhm bestätigt!«). – Vgl. auch Vorwärts, Nr. 157 vom 4. 4. 1932 (»Die Röhm-Briefe echt!«).
50 Vgl. zur Biographie von Klotz: Herbert Linder, Von der NSDAP zur SPD. Der politische Lebensweg des Dr. Helmuth Klotz (1894–1943), Konstanz 1998.
51 Helmuth Klotz, Wir gestalten durch unser Führerkorps die Zukunft, Berlin 1932 (2. Aufl.).
52 Vgl. Linder, Von der NSDAP zur SPD, S. 171. – Vgl. zur Interpretation der Kampagne auch Harry Oosterhuis, The »Jew« of the Antifascist Left. Homosexuality and Socialist Resistance to Nazism, in: Gert Hekma u. a. (Hg.), Gay Men and the Sexual History of the Political Left, New York 1995, S. 227–257.
53 Vgl. zur sexualhistorischen Ausdeutung dieser Selbstbeschreibung Eleanor Hancock, »Only the Real, the True, the Masculine Held Its Value«. Ernst Röhm, Masculinity, and Male Homosexuality, in: Journal of the History of Sexuality, Bd. 8 (1997/1998), S. 628 ff.
54 Zit. nach Klotz, Der Fall Röhm, S. 7.
55 Zit. nach ebd., S. 8 f.
56 Zit. nach ebd. S. 16 f.
57 Vgl. Anhang zu den Vernehmungsprotokollen der Sicherheitspolizei und des SD vom Januar 1941, in: BAB-DH, NJ 2993, Bd. 2, hier nach Linder, Von der NSDAP zur SPD, S. 168 f., dort auch die folgenden Zitate. – Vgl. weiterhin den Artikel von Klotz »Doktor Diehls schlechtes Gewissen« in der Zeitschrift ›Volkswille‹ vom 7. 2. 1934, in: BAB-DH, ZR 881, Bd. 6, Bl. 124.
58 Dieses trug Klotz am 12. Mai 1932 im Foyer des Reichstagsgebäudes eine brutale Mißhandlung seitens einiger Nationalsozialisten ein, unter ihnen Röhms Busenfreund Edmund Heines. Gut zehn Jahre

später verurteilte der Volksgerichtshof Klotz zum Tode. Er wurde im Februar 1943 in Plötzensee hingerichtet; vgl. Linder, Von der NSDAP zur SPD, S. 174 ff. und 318 ff.

59 Klotz, Der Fall Röhm, S. 4.

60 Anhang zu den Vernehmungsprotokollen der Sicherheitspolizei und des SD vom Januar 1941, in: BAB-DH, NJ 2993, Bd. 2, hier zit. nach Linder, Von der NSDAP zur SPD, S. 169.

61 Vgl. Carl Severing, Mein Lebensweg. Bd. 2. Im Auf und Ab der Republik, Köln 1950, S. 332.

62 Anhang zu den Vernehmungsprotokollen der Sicherheitspolizei und des SD vom Januar 1941, in: BAB-DH, NJ 2993, Bd. 2, hier zit. nach Linder, Von der NSDAP zur SPD, S. 169.

63 An diesem Tag wurde die SPD-geführte preußische Landesregierung durch einen Staatsstreich des Reichskanzlers Franz von Papen ihres Amtes enthoben.

64 BAB, BDC Rudolf Diels, abgedruckt bei Christoph Graf, Politische Polizei zwischen Demokratie und Diktatur. Die Entwicklung der preußischen Politischen Polizei vom Staatsschutzorgan der Weimarer Republik zum Geheimen Staatspolizeiamt des Dritten Reiches, Berlin 1983, S. 411; die nachfolgenden Angaben ebd., S. 322.

65 Vgl. Rudolf Diels, Lucifer ante portas. ... es spricht der erste Chef der Gestapo ... Stuttgart 1950, bes. S. 253 ff. und 376 ff.

66 Vgl. Spruchgerichtsakte Rudolf Diels, in: BAK, Z 42 IV/1960, Bl. 273 ff.

67 So der damalige Kollege von Diels Walther Korrodi in seiner anonym erschienenen Broschüre, Ich kann nicht schweigen, Zürich 1936, S. 167. – Vgl. auch Graf, Politische Polizei, S. 322.

68 Die akribische Studie von Alexander Bahar/Wilfried Kugel, Der Reichstagsbrand, Berlin 2001, gelangt in ihren biographischen Recherchen zu Diels zu ganz ähnlichen Einschätzungen, vgl. S. 717 ff.

69 Hans Bernd Gisevius, Bis zum bitteren Ende. Vom Reichstagsbrand bis zum 20. Juli 1944, Zürich 1961, S. 100.

70 Anonymus (Walther Korrodi), Ich kann nicht schweigen, S. 162 ff.

71 Rede zum elften Jahrestag der Gründung der NSDAP im Münchener Hofbräuhaus am 24. 2. 1931, in: Klaus A. Lankheit (Hg.), Hitler. Reden, Schriften, Anordnungen, Bd. V/1, München 1996, S. 224.

72 Vgl. hierzu im einzelnen die Unterlagen in: Landesarchiv Berlin, Rep. 58, Zug 399, Nr. 517, Bd. I–III.

73 Vgl. hierzu wie auch zum folgenden die detaillierte Rekonstruktion der Ermittlungen gegen Röhm auf der Grundlage von primärem Quellenmaterial bei Burkhard Jellonnek, Homosexuelle unter dem Hakenkreuz, Paderborn 1990, S. 62 ff.

74 Abdruck des Münchener Polizeiprotokolls vom 7. 4. 1931, zit. nach Heinersdorf, Akten zum Fall Röhm, Teil III, S. 425. – Vgl. auch Jellonnek, Homosexuelle, S. 62.

75 »Dienstliche Äußerung« von Staatsanwaltschaftsrat Dr. Kreismann vom 4. 8. 1932, in: GStA PK Berlin, I. HA Rep. 84 a, Nr. 52606.

76 Vgl. Aussage von Albert Grzesinski gegenüber dem amerikanischen Geheimdienst am 8. 5. 1943, in: Office of Strategic Services, Hitler Source Book (hier nach Nizkor Project: www.nizkor.org).

77 Undatierter Geheimbericht an die Parteileitung (vermutlich August 1931), in: BAB, NS 26/87. Vgl. auch BAK, NL Rheindorf Nr. 427, Bl. 20 ff.

78 Braun an Brüning (»eigenhändig«) vom 4. 3. 1932, in: BAK, R 43 I/2683, Bl. 27.

79 Röhms Anwalt Walter Luetgebrune hat es als »Tatsache« hingestellt, »daß der Reichskanzler Brüning, der doch gewiß mit einer Strafverfolgung in Preußen oder in Bayern nicht in der mindesten Beziehung steht, nichts Wichtigeres zu tun hatte, als von sich aus auch einmal Einsicht in die Akten Röhms zu begehren und zu nehmen« (ders., Ein Kampf um Röhm, Diessen 1933, S. 10).

80 Zur Taktik Brünings im einzelnen Herbert Hömig, Kanzler in der Krise der Republik. Eine Weimarer Biographie, Paderborn 2000, S. 486 ff., der allerdings nicht auf den Vorstoß des Preußischen Ministerpräsidenten eingeht.

81 So Röhms Anwalt Luetgebrune in einem Schreiben an den bayerischen Justizminister Gürtner vom 1. 3. 1932, in: BAB, R 22/5005 – mit der zusätzlichen Angabe, der Reichswehrminister habe erklärt, »er würde sich eine derartige Kampfesweise nicht gefallen lassen«.

82 Niederschrift einer Unterredung mit Franz Pfeffer von Salomon vom 20. 2. 1953, in: IfZ München, ZS 177.

83 Ludecke, I knew Hitler, S. 493 f.

84 Vgl. Hierl an Hitler vom 24. 3. 1932, in: BAK, NL Epp Nr. 73, Bl. 1 ff.

85 Vgl. hierzu im einzelnen Richardi/Schumann, Geheimakte Gerlich/Bell, S. 72 ff.; sowie mit ausführlichen Quellenverweisen Dornheim, Röhms Mann fürs Ausland, S. 53 ff.

86 Erklärung Hitlers vom 6. 4. 1932, in: Lankheit (Hg.), Hitler. Reden, Schriften, Anordnungen, Bd. V/1, S. 32. – Vgl. dazu auch die entsprechenden Kommentare in Vossische Zeitung, Nr. 168 vom 7. 4. 1932, Vorwärts, Nr. 163 vom 7. 4. 1932 sowie Münchener Neueste Nachrichten vom 8. 4. 1932.

87 Vgl. die entsprechende Passage in dem vertraulichen Brief von Martin Bormann an Heß vom 5. 10. 1932, in: IfZ München, Fa 36.

88 Völkischer Beobachter vom 9. 3. 1932.

89 Vgl. Oosterhuis, The »Jew«, S. 228 ff.; sowie Hancock, Male Homosexuality, S. 228 ff.

90 Vorwärts Nr. 163 vom 7. 4. 1932.

91 Klaus Mann, Die Linke und das Laster, in: Europäische Hefte/Aufruf, 1934, S. 675–678, hier S. 676. – Zum Kontext vgl. Manfred Herzer, Communists, Social Democrats, and the Homosexual Movement in the Weimar Republic, in: Hekma (Hg.), Gay Men, S. 197–226.

92 So Goebbels in dem Artikel »Adolf Hitler als Mensch«, in: Der Angriff, Nr. 64 vom 4. 4. 1932.

93 Vgl. dazu etwa die Erinnerungen des damaligen Rechtsanwalts von Hitler: Frank, Im Angesicht des Galgens, S. 87 ff.

94 So Klotz in der zweiten Auflage seiner Broschüre »Der Fall Röhm« vom September 1932, S. 2.

95 Frankfurter Zeitung vom 14. 11. 1932.

96 Vgl. etwa das Urteil von Paul Schulz in seinem 1951 verfaßten »Memorandum« über diese Vorgänge, abgedruckt in der von seinem Sohn Alexander Paul Schulz herausgegebenen Broschüre »Rettungen und Hilfeleistungen an Verfolgte 1933–1945 durch Oberleutnant a. D. Paul Schulz«, Laichingen 1967, S. 8. – Ich danke Herrn Dr. A. P. Schulz für eine Einsichtnahme in dieses Dokument.

97 Vgl. Dollmann, Roma Nazista, S. 35.

98 Martin Bormann hat der Bestürzung in den Reihen der NSDAP über Hitlers Verhalten in einem ausführlichen Brief an Rudolf Heß Anfang Oktober 1932 Ausdruck verliehen. Hier heißt es, Röhm sei der »schwächste Punkt unserer Front« und stelle die Bewegung vor eine Belastungsprobe nach der anderen; ihn zu halten sei wahlpolitisch »äußerst gefährlich«. »Aus dieser Einstellung heraus ist mir die des Chefs [Hitlers – L. M.] völlig unverständlich.« (Bormann an Heß vom 5. 10. 1932, in: IfZ München, Fa 36) – Auch Hitlers Adjutant Schaub soll um die gleiche Zeit »eine gemeine Sache gegen Röhm inszeniert« haben – offenbar, um ihn unmöglich zu machen (Goebbels-Tagebücher I/2 (1987), S. 253, Eintrag vom 5. 10. 1932). – Der Verleger und spätere Goebbels-Mitarbeiter Ernst Lehmann wollte im Oktober 1932 mit dem Gutachten eines angesehenen deutschen Psychiaters Hitler davon überzeugen, daß Homosexualität in Fachkreisen immer noch zu den »bedenklichsten Entartungserscheinungen« gezählt werde und Röhm deshalb zu keiner Führungsaufgabe tauge. All das erregte den Unmut des »Führers«. (Oswald Bumke, Erinnerungen und Betrachtungen. Der Weg eines deutschen Psychiaters, München 1952, S. 163 ff.)

99 Daß das Thema Homosexualität dort eine große Rolle gespielt haben muß, geht aus einer Bemerkung von Goebbels gegenüber Leni Riefenstahl am Vorabend dieser Unterredung hervor; vgl. dies., Memoiren, S. 183 f.

100 Zit. nach Bumke, Betrachtungen, S. 163. Nach Angaben der

›Münchener Post‹ vom 15./16. 10. 1932 soll dieser Ausspruch Hitlers schon Mitte Oktober 1932 gefallen sein.

101 Undatiertes Vernehmungsprotokoll von Walter Luetgebrunes langjähriger Mitarbeiterin Edith Gehse (Anlage zu einem Schreiben Heydrichs an Parteirichter Buch vom 26. 10. 1934), in: BAB, BDC Walter Luetgebrune.

102 Das geht aus dem Brief Röhms an Luetgebrune vom 5. 9. 1932 hervor, in dem er dem »lieben sehr verehrten Herrn« versichert, er habe bereits »mit dem Führer wegen der wenig angenehmen Art gesprochen, über die Sie das letzte Mal im Kaiserhof mit Recht verletzt waren«. (BAK, NL 150/115) – Luetgebrune selbst erwähnt diese »einzige Besprechung mit dem Führer über die Angelegenheit« in seinem Schreiben an Staatsrat von Strauss vom 16. 9. 1936, in: BAB, BDC Walter Luetgebrune.

103 Walter Luetgebrune, Ein Kampf um Röhm, Diessen 1933, S. 4; die folgenden Zitate nach ebd., S. 6 ff. (Hervorhebung im Original.)

104 Walter Buch an Kriminal-Oberkommissar Obermüller im Münchener Polizeipräsidium (vermutlich vom Sommer 1949, kurz vor dem Selbstmord Buchs), in: StA München, Staatsanwaltschaften, Nr. 28791/1.

105 Völkischer Beobachter, Nr. 270 vom 27. 9. 1933 (»Gegen das Muckertum«).

106 Tagebuchaufzeichnung Hermann Pünders vom 18. 8. 1932 nach einem Gespräch mit dem Staatssekretär in der Reichskanzlei Planck, zit. nach ders., Politik in der Reichskanzlei. Aufzeichnungen aus den Jahren 1929–1932, hrsg. von Thilo Vogelsang, Stuttgart 1961, S. 141.

107 Vgl. Völkischer Beobachter, Nr. 1/2 vom 2. 1. 1934.

108 Wie Heinrich Böll in seinen Erinnerungen schreibt, sei noch nach 1933 an den Häuserwänden zu lesen gewesen: »SA Arsch waschen! Röhm kommt!« (ders., Was soll aus dem Jungen bloß werden? Oder: Irgendwas mit Büchern, Bornheim 1981, S. 37 f.)

109 Anonymus (Walther Korrodi), Ich kann nicht schweigen, S. 107 bzw. 110. – Weitere Angaben zu politischen Funktionen und Aktivitäten von Karl Ernst bei Bahar/Kugel, Reichstagsbrand, S. 559 ff.

110 Vgl. die drastische Schilderung bei Bella Fromm, Als Hitler mir die Hand küßte, Berlin 1993, S. 154 f., die sich auf den Gala-Empfang in der Türkischen Botschaft am 30. 10. 1933 bezieht.

111 Hermann Rauschning, Gespräche mit Hitler, Zürich 1940, S. 94 f. (Hervorhebung im Original.)

112 Ludecke, I knew Hitler, S. 673.

113 Zit. nach Fromm, Hitler, S. 122.

114 Unveröffentlichte Hanfstaengl-Erinnerungen von 1956, in: BSB, NL Hanfstaengl, Ana 405/47.

115 Bell hat im Oktober 1932 für seinen Rechtsanwalt einen vertrau-

lichen Bericht über seine Tätigkeit bei Röhm verfaßt, der vor einigen Jahren entdeckt und veröffentlicht wurde; vgl. Richardi/Schumann, Geheimakte, S. 214–221.

116 Alfred Rosenberg, Das politische Tagebuch Alfred Rosenbergs. Aus den Jahren 1934/35 und 1939/40, hrsg. von Hans-Günther Seraphim, Göttingen 1956, S. 35 (Eintragung vom 7. 7. 1934), wo es sogar heißt: Strasser »bezeichnete diese Sorte Menschen als eine Freimaurerei, wo einer dem anderen helfe gegen die übrige Menschheit, ohne hier Hemmungen zu kennen«.

117 Bell brüstete sich später, »unter Eid« sowie mit »Dokumenten und Zeugen« im einzelnen belegen zu können, daß »Röhm nicht nur bei der SPD Unterstützung gegen die politische Leitung der NSDAP gesucht« habe (Einschreiben Bells an die Reichsleitung der NSDAP vom 8. 10. 1932, in: BAB, BDC Georg Bell).

118 Vgl. zu Bells konspirativen Umtrieben jetzt mit weiteren Verweisen Dornheim, Röhms Mann fürs Ausland; sowie Bahar/Kugel, Reichstagsbrand, S. 653 ff.; vgl. zu Mayrs zwielichtiger Karriere Rohe, Das Reichsbanner Schwarz Rot Gold, S. 169 ff.; sowie Dornheim, Röhms Mann fürs Ausland, S. 101 ff.

119 Röhm an Mayr vom 28. 9. 1932, abgedruckt in der ›Münchener Post‹ Nr. 240 vom 15./16. 10. 1932. – Mayr sprach in einer eidesstattlichen Erklärung sogar von »ehrenwörtlicher Verpflichtung«, Vorwärts, Nr. 471 vom 6. 10. 1932 (»Röhm wird widerlegt«).

120 Völkischer Beobachter vom 6. 10. 1932.

121 So der Titel der von der KPD veröffentlichten Broschüre vom Oktober 1932.

122 Auch Goebbels hat bei Bekanntwerden dieser Geheimverhandlungen sofort begriffen, daß bei diesen Treffen das Thema Homosexualität diskutiert wurde; vgl. Goebbels-Tagebücher I/2 (1987), S. 253 (Eintrag vom 5. 10. 1932). – Vgl. im übrigen die Äußerungen von Mayr im sogenannten Tscheka-Prozeß vom Sommer 1932, in: BAB, NS 26/600.

123 Vorwärts, Nr. 471 vom 6. 10. 1932 (»Röhm wird widerlegt«).

124 Diese Aussage hat Charles Drage, ein langjähriger Kriegskamerad von Stennes, überliefert: ders., Als Hitler nach Canossa ging. Biografie des Walther Stennes, Berlin 1982, S. 126.

125 Das hat Röhm bei seinen Geheimverhandlungen mit Mayr einfließen lassen; vgl. Vorwärts, Nr. 471 vom 6. 10. 1932 (»Röhm wird widerlegt«).

126 Severing, Mein Lebensweg, Bd. 2., S. 322; sowie die Abbildung vor S. 321.

127 Bredow, Hitler rast, S. 20 f.

128 Vgl. zur Zusammenarbeit zwischen Schleicher und der NS-Führung im Sommer 1932 Kershaw, Hitler, Bd. 1, S. 459 ff.

129 Zit. nach einem Bericht von Wolfgang Abée über die Verhandlungen des Hochkapitels des Jungdeutschen Ordens vom 3./4. Juli 1932 in Berlin, der dem Chef des Ministeramtes im Reichswehrministerium von Bredow zugesandt worden war, in: BAB, R 43 I, Nr. 1238, Bl. 107. Als Informant wird dort Otto Strasser genannt. Für die Glaubwürdigkeit dieser Denunziation spricht, daß Schleicher darauf verzichtete, gegen dieses Gerücht mit einer Klage gegen Strasser vorzugehen; vgl. das Schreiben des Staatssekretärs der Reichskanzlei an den Chef des Ministeramtes vom 29. 8. 1932, in: ebd., Bl. 124. – Vgl. auch die beziehungsreiche Bemerkung des Freikorpsführers Gerhard Rossbach: Schleicher »mied Wein und Weib, liebte dafür aber Gesang und Pferde« (ders., Mein Weg, S. 115).

130 Levetzow an Göring vom 5. bzw. 6. 5. 1932, zit. nach Gerhard Granier, Magnus von Levetzow. Seeoffizier, Monarchist und Wegbereiter Hitlers, Boppard a. Rh. 1982, S. 175.

131 Letzteres betont vor allem Fritz Günther von Tschirschky, Erinnerungen eines Hochverräters, Stuttgart 1972, S. 80; ersteres Rudolf Olden, Hitler, Amsterdam 1935, hier nach der Neuauflage Frankfurt a. M. 1984, S. 52 f.

132 Bredow, Hitler rast, S. 21.

133 Bell, der wohl zugleich mehreren Herren diente, wurde im April 1933 von einer SS-Spezialeinheit ermordet, und Röhrbein kam wenig später nach Dachau; vgl. hierzu im einzelnen Richardi/Schumann, Geheimakte, S. 129 ff.; Dornheim, Röhms Mann fürs Ausland; sowie Bahar/Kugel, Reichstagsbrand, S. 634 ff. bzw. 653 ff.

134 Undatierter Geheimbericht an die Parteileitung (vermutlich August 1931), in: BAB, NS 26/87.

135 Zit. nach Salomon, Der Fragebogen, S. 446 f.

136 Tschirschky, Erinnerungen eines Hochverräters, S. 115 f.

137 Vgl. Kershaw, Hitler, Bd. 1, S. 631 ff.

138 Es war in halbwegs eingeweihten Parteikreisen ein offenes Geheimnis: »Entfernen könne der Führer den Stabschef nicht, da er zuviel noch von 1923 wisse« (Aussage Danzeisen vom 1. 8. 1932, zit. nach Richardi/Schumann, Geheimakte, S. 194), wobei hier »1923« als Synonym für die Anfänge Hitlers zu lesen ist.

139 Bericht des Deutschen Nachrichtenbüros über ein vom Pariser ›New York Herald‹ veröffentlichtes Interview Hitlers mit dem amerikanischen Professor Pearson, das am 6. 7. 1934 stattgefunden haben soll, in: Akten der Reichskanzlei. Die Regierung Hitler I/2, S. 1375 ff., hier S. 1377.

140 Anonymus (Walther Korrodi), Ich kann nicht schweigen, S. 113; dort auch die nachfolgenden Zitate.

141 Ebenso argumentiert der nicht dechiffrierbare »Klaus Bredow« in der Broschüre »Hitler rast«, die unmittelbar nach dem sogenannten

Röhm-Putsch und im noch nicht »heim ins Reich« geholten Saarland veröffentlicht wurde: »Hitler konnte es nicht wagen, Heines fallen zu lassen, weil dieser mit einem Skandal drohte, in dem die ganze Parteiführung mitsamt dem Führer untergegangen wäre.« (S. 16)

142 So Hitler in seiner Reichstagsrede vom 13. 7. 1934, in: Stenographische Berichte der Verhandlungen des Deutschen Reichstages, Bd. 458. IX. Wahlperiode, S. 21.

143 Vgl. Diels, Lucifer ante portas, S. 379 ff.

144 Vgl. Immo von Fallois, Kalkül und Illusion. Der Machtkampf zwischen Reichswehr und SA während der Röhm-Krise 1934, Berlin 1994, S. 125 und 131.

145 Vgl. Kershaw, Hitler, Bd. 1, S. 637.

146 Vgl. Longerich, Bataillone, S. 205.

147 BAB, NS 23/1.

148 Ernst an Heines vom 5. 6. 1934, abgedruckt im Weißbuch über die Erschießungen des 30. Juni 1934. Authentische Darstellung der deutschen Bartholomäusnacht, Paris 1934, S. 108–111, hier S. 110. – Die Authentizität dieses Dokuments ist umstritten, aber vielleicht weniger unwahrscheinlich, als Hans Mommsen unterstellt; vgl. ders., Nichts Neues in der Reichstagsbrandkontroverse. Anmerkungen zu einer Donquichotterie, in: Zeitschrift für Geschichtswissenschaft, Bd. 49 (2001), S. 352–357. Sollte es sich hier tatsächlich um eine Fälschung von Willi Münzenberg handeln, dann um eine geniale. So etwas kann man nicht erfinden, sondern bestenfalls »frisieren«.

149 Martin H. Sommerfeldt, Ich war dabei. Die Verschwörung der Dämonen 1933–1939. Ein Augenzeugenbericht, Darmstadt 1949, S. 61.

150 So die Überlieferung von Himmlers Adjutant Karl Wolff, zit. nach Jochen von Lang, Der Adjutant: Karl Wolff. Der Mann zwischen Hitler und Himmler, Frankfurt a. M. 1989, S. 34.

151 Zit. nach Longerich, Bataillone, S. 210.

152 Hanfstaengl, Zwischen Weißem und Braunem Haus, S. 340 f.

153 Vgl. Weitergabe des Befehls an »sämtliche Beamten und Angestellten der Geheimen Staatspolizei« durch Heydrich am 25. 6. 1934, in: BAB, R 58/241, Bl. 24. Vgl. auch Jens Banach, Heydrichs Elite. Das Führerkorps der Sicherheitspolizei und des SD. 1936–1945, Paderborn u. a. 1998, S. 95.

154 Vgl. Kershaw, Hitler, Bd. 1, S. 643.

155 Vgl. Longerich, Bataillone, S. 215.

156 Zit. nach Völkischer Beobachter, Nr. 177 vom 26. 6. 1934.

157 Zit. nach Michael Schramm, Der Gleichschaltungsprozeß der deutschen Armee 1933–1938, München 1990, S. 135.

158 Vgl. zur Zahl der Opfer Kershaw, Hitler, Bd. 1, S. 650; sowie zu deren Identifizierung Otto Gritschneder, »Der Führer hat Sie zum Tode verurteilt...«. Hitlers »Röhm-Putsch«-Morde vor Gericht, München 1993, S. 60 ff. bzw. 121–149.

159 Ministerbesprechung vom 3. Juli 1934, in: Akten der Reichskanzlei. Die Regierung Hitler I/2, S. 1358.

160 Abgedruckt in Der Angriff, Nr. 152 vom 2. Juli 1934; alle folgenden Zitate ebd. (Hervorhebungen im Original)

161 Zit. nach der Sondernummer des ›Völkischen Beobachters‹ vom 1. 7. 1934.

162 Ministerbesprechung vom 3. Juli 1934, in: Akten der Reichskanzlei. Die Regierung Hitler I/2, S. 1355 ff.

163 So Gregor Strassers Bruder Otto in seiner Exilzeitung ›Die Deutsche Revolution‹, Nr. 16 vom 26. 8. 1934.

164 Klausener besaß »peinliches Material« über die NSDAP-Führung. »Der Schreiber dieser Zeilen hat vom Material selbst ein [!] Teil gesehen« (Bredow, Hitler rast, S. 52 f.). – Vgl. auch Luetgebrune, Kampf um Röhm, S. 12, wo ebenfalls berichtet wird, daß Klausener »zugkräftiges Kampfmaterial gegen den verhaßten Nationalsozialismus« gesammelt habe.

165 Vgl. zu Lossow und seinen Geheimdossiers Kapitel 2.

166 Vgl. zu Zehnter: Gritschneder, »Röhm-Putsch«-Morde, S. 148; Otto Strasser, Die deutsche Bartholomäusnacht, Zürich 1935 (3. Aufl.), S. 88 f.; Wolfram Selig, Ermordet im Namen des Führers. Die Opfer des Röhm-Putsches in München, in: Becker/Chrobak (Hg.), Staat, Kultur, Politik, S. 341–356, hier S. 355.

167 Vgl. zu Schätzl: Gritschneder, »Röhm-Putsch«-Morde, S. 143; Selig, Opfer des Röhm-Putsches in München, S. 347; BAB, BDC Martin Schätzl. Vgl. außerdem die aufschlußreichen Dokumente zur Verbindung Schätzl–Röhm, in: StA München, Staatsanwaltschaften, Nr. 28791/41.

168 Vgl. Friedrich-Karl von Plehwe, Reichskanzler Kurt von Schleicher, Frankfurt a. M. 1989, S. 222 und 229.

169 Es handelt sich dabei um einen völkisch-nationalistischen Verband, der sich in seinen äußeren Formen stark an die Traditionen des mittelalterlichen Deutschen Ordens anlehnte.

170 Zit. nach der Abschrift eines Berichtes von Wolfgang Abée über die Verhandlungen des Hochkapitels des Jungdeutschen Ordens vom 3./4. Juli 1932 in Berlin, in: BAB, R 43 I, Nr. 1238, Bl. 107. – Daß Mahraun damals tatsächlich in sehr persönliche Händel mit Schleicher verwickelt war, läßt selbst die hagiographische Skizze von Johann Hille, Mahraun, der Pionier des Arbeitsdienstes, Leipzig 1933, S. 44 ff. bzw. 50, noch erkennen.

171 Olden, Hitler, S. 53; desgleichen Bredow, Hitler rast, S. 21 f.

172 Vgl. hierzu mit überzeugenden Belegen Bahar/Kugel, Reichstagsbrand, S. 678 ff. und 708 f.

173 Vgl. Diels, Lucifer ante portas, S. 203.

174 Salomon, Fragebogen, S. 444 ff. – Vgl. zu Verfolgung, Partei- und SA-Ausschluß die aufschlußreichen BDC-Unterlagen Luetgebrunes, vor allem den sechsseitigen Brief Heydrichs an Buch vom 26. 10. 1934 mit Auszügen aus den Gestapo-Unterlagen, in: BAB.

175 Vgl. Strasser, Bartholomäusnacht, S. 39.

176 Zit. nach Friedelind Wagner, Nacht über Bayreuth. Die Geschichte der Enkelin Richard Wagners, Berlin 1999, S. 150 f.

177 Vgl. die Zeugnisse bei Bahar/Kugel, Reichstagsbrand, S. 725 ff.; sowie – als Beispiel unter vielen – zum Schicksal von Hanns Heinz Ewers: Kugel, Der Unverantwortliche, S. 356 f.

178 Vgl. Jellonnek, Homosexuelle, S. 103.

179 Reichstagsrede vom 13. 7. 1934, in: Stenographische Berichte der Verhandlungen des Deutschen Reichstages, Bd. 458. IX. Wahlperiode, S. 24.

180 Vgl. Hitlers diesbezügliche Ausführungen auf der Ministerbesprechung vom 3. 7. 1934, in: Akten der Reichskanzlei. Die Regierung Hitler I/2, S. 1358.

181 Dies vermerkt der stenographische Bericht recht häufig; vgl. Stenographische Berichte über die Verhandlungen des Deutschen Reichstages, Bd. 458. IX. Wahlperiode, S. 27 ff.

182 Ebd., S. 33, auch das folgende Zitat.

183 Zit. nach Alexander Zinn, Die soziale Konstruktion des homosexuellen Nationalsozialisten. Zu Genese und Etablierung eines Stereotyps, Frankfurt am Main 1997, S. 114. – Zinn, der im übrigen eine großartige Rekonstruktion und Analyse des Exildiskurses zu dieser Frage liefert, sitzt seinerseits einem klischeehaften Interpretationsmuster des Politikums Homosexualität im Nationalsozialismus auf, was oft zu vorschnellen Schlußfolgerungen führt. Möglicherweise lagen die Konstrukteure des »homosexuellen Nationalisten« nicht in allen Punkten so verkehrt, wie uns das seine Studie glauben machen will.

184 Die Deutsche Revolution, Nr. 9 vom 8. 7. 1934.

185 Die Deutsche Revolution, Nr. 10 vom 15. 7. 1934. – Vgl. auch Neuer Vorwärts vom 8. 7. 1934, der dieselben Namen (ohne Wilhelm Brückner) aufführte. – Ein halbes Jahr später hat Strasser seine Liste noch um die Namen des Reichspressechefs Otto Dietrich, des Reichsministers Hans Frank und des SA-Obergruppenführers Dietrich von Jagow ergänzt, die ebenfalls »seit Jahr und Tag zur ›warmen Partei‹ gerechnet würden« (Die Deutsche Revolution, Nr. 1 vom 6. 1. 1935).

186 Bericht des Deutschen Nachrichtenbüros über ein vom Pariser ›New

York Herald‹ veröffentlichtes Interview Hitlers mit dem amerikanischen Professor Pearson, in: Akten der Reichskanzlei. Die Regierung Hitler I/2, S. 1376.

187 In Berliner Diplomatenkreisen war es jedenfalls ein offenes Geheimnis, daß viele Männer in Hitlers engster Umgebung homosexuell waren; ob Hitler selbst auch, darüber wurde nur spekuliert, vgl. Martha Dodd, Through Embassy Eyes, New York 1939, S. 214.

188 Vgl. hierzu sowie zum folgenden Bernward Dörner, »Heimtücke«. Das Gesetz als Waffe. Kontrolle, Abschreckung und Verfolgung in Deutschland 1933–1945, Paderborn 1998, S. 9 ff. und 20 ff.

189 Vgl. ebd., S. 67 ff., mit zahlreichen Fallbeispielen. Die Statistik weist aus, daß »Äußerungen über nationalsozialistische Führer« eigentlich nur verfolgt wurden, wenn sie Hitler betrafen; solche Fälle machten den mit Abstand größten Prozentsatz aller nach dem »Heimtücke«-Gesetz durchgeführten Verfahren aus (vgl. ebd., S. 69).

190 Nach der Akte im StA Bamberg, Sondergericht Bamberg, Nr. 389.

191 Vgl. hierzu die keineswegs erschöpfenden, aber gleichwohl Pionierarbeit leistenden Fallstudien von Dörner, »Heimtücke«, S. 189 ff.

192 Vgl. hierzu die Unterlagen in: StA Bamberg, Sondergericht Bamberg, Nr. 847.

193 Vgl. hierzu die Unterlagen in: BAB, Sondergerichtsakte, 30.01, IV g 5 774/42.

194 Vgl. Dörner, »Heimtücke«, S. 191 f.

195 Zit. nach Günter Grau, Homosexualität in der NS-Zeit. Dokumente einer Diskriminierung und Verfolgung, Frankfurt a. M. 1993, S. 74. – Vgl. auch Hockerts, Die Sittlichkeitsprozesse gegen katholische Ordensangehörige und Priester 1936/1937, S. 11 f.

196 Vgl. Jellonnek, Homosexuelle, S. 110 ff.; sowie Kai Sommer, Die Strafbarkeit der Homosexualität von der Kaiserzeit bis zum Nationalsozialismus, Frankfurt a. M. 1998, S. 310 ff.

197 Vgl. hierzu jetzt exemplarisch und mit zahlreichen Verweisen zum aktuellen Forschungsstand Joachim Müller/Andreas Sternweiler, Homosexuelle Männer im KZ Sachsenhausen, Berlin 2000; sowie Stephan R. Heiß, Ein Schandfleck für das Dritte Reich. Homosexuelle als Opfer von Verfolgung und Vernichtung während der Diktatur des Nationalsozialismus in Bayern, in: Michael Farin (Hg.), Polizeireport München (Ausstellungskatalog), München 1999. – Im übrigen Till Bastian, Homosexuelle im Dritten Reich. Geschichte einer Verfolgung, München 2000.

198 Vgl. zuletzt Bastian, Homosexuelle im Dritten Reich.

199 Vgl. zum Fall Brückner die Quellenbelege bei Jellonnek, Homosexuelle, S. 96.

200 Vgl. hierzu sowie zum folgenden die einschlägigen Akten in: BAB, BDC Helmut Brückner; sowie BAK, NS 19/1270.

201 Vgl. Brückner an Darré vom 10. 10. 1934, in: BAB, BDC Helmut Brückner. – Woyrsch galt seinerseits als homosexuell; vgl. Hergemöller, Mann für Mann, S. 155 f. – Laut Heinz Höhne, Mordsache Röhm, Reinbek 1984, S. 299 f. und 343, soll sich ein Exemplar dieser Denkschrift im »Privatarchiv Tobias« befinden.
202 Brückner an Himmler vom 14. 12. 1934, in: BAK, NS 19/1270.
203 Zit. nach dem für Hitler bestimmten Bericht eines Mitarbeiters von Heinrich Himmler über den Fall Brückner vom 1. 11. 1935, in: ebd., hiernach auch die folgenden Zitate.
204 Vgl. zum Beispiel die Eintragung im Brieftagebuch des Reichsjustizministers Gürtner vom 22. 10. 1935, in: BAB, R 22/1080.
205 Reichsführer SS an das Geheime Staatspolizeiamt vom 6. 11. 1935, in: BAK, NS 19/1270.
206 Vgl. BAB, BDC Helmut Brückner; sowie die Eintragung im Brieftagebuch Gürtner vom 20. 5. 1936, in: BAB, R 22/929.
207 Vgl. Telford Taylor, Die Nürnberger Prozesse. Hintergründe, Analysen und Erkenntnisse aus heutiger Sicht, München 1992, S. 631. Vgl. auch Jellonnek, Homosexuelle, S. 87 ff. – Auch im Weißbuch über die Erschießungen des 30. Juni 1934 war davon die Rede, daß Dr. Heimsoth Briefe von Schirach und Frank besaß, »aus denen ihre homosexuelle Veranlagung hervorging« (S. 125). Desgleichen Bredow, Hitler rast, S. 17. – Parteiintern war 1935 sogar von »verbotenen Beziehungen zwischen dem Führer und Schirach« die Rede (Eintragung im Brieftagebuch Gürtner vom 10. 9. 1935, in: BAB, R 22/1088).
208 Diesen Hinweis verdanke ich Frank Bajohr von der Hamburger Forschungsstelle für Zeitgeschichte.
209 Vgl. Dollmann, Roma Nazista, S. 35.
210 Vgl. hierzu mit eindrucksvollen Belegen Ian Kershaw, Der Hitler-Mythos, Stuttgart 1999, S. 109 ff.
211 Hitler an Ada Klein vom 30. 9. 1934, faksimiliert in: Joachimsthaler, Hitlers Weg begann in München, S. 299.
212 Rede auf der sogenannten Saar-Treuekundgebung auf dem Ehrenbreitstein bei Koblenz am 26. 8. 1934, hier nach dem Abdruck im Völkischen Beobachter, Nr. 240 vom 28. 8. 1934.

Sechstes Kapitel

1 Ebermayer, Tagebuch.
2 Vgl. ebd., S. 327 ff.
3 Ebd., S. 331 f. (Eintrag vom 30. 6. 1934, Hervorhebung im Original).
4 Ebd., S. 67, 294 und 202 (Eintragungen vom 20. 4. 1933, 24. 4. 1934 und 12. 11. 1933).

5 Vgl. Ludwig Ebermayer, Fünfzig Jahre Dienst am Recht. Erinnerungen eines Juristen, Leipzig 1930.

6 Undatierter autobiographischer Abriß Ebermayers (vermutlich aus dem Jahr 1937), in: BAB, BDC Erich Ebermayer.

7 Vgl. Sommer, Die Strafbarkeit der Homosexualität, S. 156 f. und 236.

8 Vgl. Klaus-Detlev Godau-Schüttke, Rechtsverwalter des Reiches. Staatssekretär Dr. Curt Joel, Frankfurt a. M. 1981, S. 141 f. bzw. 191 f.; vgl. zum politischen Einfluß außerdem Hömig, Kanzler in der Krise der Republik, S. 180 f., 394 f., 438 und 529 ff.

9 Vgl. hierzu etwa Martin Sabrow, Der Rathenau-Mord. Rekonstruktion einer Verschwörung gegen die Republik von Weimar, München 1994, S. 103 ff. und 212 ff.

10 Ebermayer an Rosenberg vom 3.6.1939, in: BAB, BDC Erich Ebermayer.

11 Vgl. Ekkehard Reiter, Franz Gürtner. Politische Biographie eines deutschen Juristen 1881–1941, Berlin 1976.

12 Vgl. Ebermayer, Tagebuch, S. 81 bzw. 129 f. (Eintragungen vom 13.5.1933 bzw. 3.7.1933.) – Vgl. außerdem Helmut Külz an die Schriftleitung der NS-Schulungsbriefe vom 2.6.1939, in: BAB, BDC Erich Ebermayer.

13 Vgl. zur Biographie von Wilhelm Külz die noch keineswegs erschöpfenden Studien von Armin Behrendt, Wilhelm Külz. Aus dem Leben eines Suchenden, Berlin (Ost) 1968; sowie Hergard Robel (Hg.), Ein Liberaler zwischen Ost und West. Aufzeichnungen 1947–1948, München 1989.

14 Vgl. Killinger an Külz vom 26.3.1933, hier nach Behrend, Wilhelm Külz, S. 280 f.

15 Vgl. das autobiographische Manuskript »Aus dem Leben des Dr. Wilhelm Külz«, Bd. II/6, S. 41, hier nach Behrend, Wilhelm Külz, S. 268.

16 Vgl. hierzu auch die Ausführungen des wohlinformierten zeitgenössischen Journalisten und Hitler-Biographen Rudolf Olden, Hitler, Amsterdam 1935, hier nach der Neuauflage Frankfurt a. M. 1984, S. 52 ff.

17 Vgl. »Persönliche Akten des Ministers Külz«, in: BAB, R 1501, Nr. 13098.

18 Vgl. hierzu als Schlüsseldokument den (undatierten) Brief, den Helmut Külz an Erich Ebermayer zu dessen 60. Geburtstag schrieb, abgedruckt in: Peer Baedeker/Karl Lemke (Hg.), Erich Ebermayer. Buch der Freunde, Lohhof bei München 1960, S. 28.

19 Schreiben der Gestapo Berlin an den Reichsjustizminister vom 9.4.1937, hier nach der Eintragung im Brieftagebuch Gürtner vom 12.4.1937, in: BAB, R 22/721.

20 Vgl. Die Briefe Thomas Manns. Regesten und Register, Bd. 1, hrsg. von Hans Bürgin, Frankfurt a. M. 1976, Nr. 1921/76 und 105.

21 Vgl. hierzu im einzelnen Joachim S. Hohmann, Der heimliche Sexus. Homosexuelle Belletristik im Deutschland der Jahre 1920–1970, Frankfurt a. M. 1979, S. 296 ff.; sowie Marita Keilson-Lauritz, Die eigene Geschichte. Literatur und Literaturkritik in den Anfängen der Schwulenbewegung am Beispiel des Jahrbuchs für sexuelle Zwischenstufen und der Zeitschrift Der Eigene, Berlin 1997, S. 202 ff.

22 Thomas Mann an Ebermayer vom 2. 11. 1924, in: Baedeker/Lemke (Hg.), Buch der Freunde, S. 41.

23 Vgl. Sternweiler (Hg.), Liebe, Forschung, Lehre, S. 22 f.

24 Wyneken war 1921/22 in einem spektakulären Prozeß wegen sexuellen Mißbrauchs von Schülern verurteilt worden; vgl. hierzu im einzelnen Geuter, Homosexualität in der deutschen Jugendbewegung, S. 195 ff.; sowie Maasen, Pädagogischer Eros, S. 140 ff.

25 Vgl. die etwas verklärende Retrospektive auf die Geschichte dieser Beziehung bei Erich Ebermayer, Gustav Wyneken. Chronik einer großen Freundschaft, Frankfurt a. M. 1969.

26 So Ebermayer in seinem undatierten Lebenslauf (vermutlich aus dem Jahr 1947), in: DLA Marbach, NL Ebermayer.

27 Vgl. Ebermayer, Tagebuch, S. 257 (Eintrag vom 7. 2. 1934).

28 Erich Ebermayer, Jugend und Eros, in: Junge Menschen. Monatsheft für Politik, Kunst, Literatur und Leben aus dem Geist der jungen Generation, Heft 3, März 1926, S. 61, dort auch das folgende Zitat.

29 Vgl. Ebermayer, Kampf um Odilienburg, Wien 1929, S. 257 f. – Weiter heißt es: »Ein Feuer wäre dieser neue Eros, eine Glut, ein von Gott Ergriffensein angesichts jugendlicher Schönheit, Erleuchtung, Gnade, Beglückung, ungeschlechtlich, übergeschlechtlich, eine ewige neue Zeugung aus Schönheit und Geist, lebensschaffend wie nur irgend eine Zeugung, Kraft verleihend dem Manne zu Werk, Glück, Stolz, Hingabe, Verpflichtung gewährend dem Knaben, den der Führer zum Gefährten erwählte. Dunkles und gefährliches Gebiet.«

30 Hans Blüher, Die Rede des Aristophanes. Prolegomena zu einer Soziologie des Menschengeschlechtes, Hamburg 1966, S. 64 ff. (Hervorhebung im Original.)

31 Vgl. Jeremy Noakes, Philipp Bouhler und die Kanzlei des Führers der NSDAP, in: Dieter Rebentisch/Karl Teppe (Hg.), Verwaltung contra Menschenführung im Staat Hitlers, Göttingen 1986, S. 208–236; außerdem die Briefe Bouhlers an Ebermayer, in: DLA Marbach, NL Ebermayer.

32 Ebermayer an Costa vom 19. 10. 1933. Ich danke dem Zsolnay Verlag in Wien für die freundliche Überlassung einer Kopie dieses Briefes aus dem Verlagsarchiv.

33 Vgl. Elke Nicolai, »Wohin es uns treibt ...« Die literarische Generationsgruppe Klaus Manns 1924–1933, Frankfurt a. M. 1998, S. 51 ff.; weiterhin Nicole Schaenzler, Klaus Mann. Eine Biographie, Frankfurt a. M. 1999; sowie Uwe Naumann (Hg.), »Ruhe gibt es nicht, bis zum Schluß«. Klaus Mann (1906–1949). Bilder und Dokumente, Reinbek 1999.

34 Vgl. Fredric Kroll (Hg.), Klaus-Mann-Schriftenreihe, Bd. 3, Wiesbaden 1979, S. 208 ff.; sowie Nicolai, Literarische Generationsgruppe, S. 56.

35 Klaus Mann an Ebermayer vom 4. 2. 1933, in: StaBi Berlin, NL Ebermayer.

36 Gleiches wurde damals auch in Reichswehrkreisen kolportiert, wie aus dem zweiten und unveröffentlicht gebliebenen Teil des ›Tagebuchs eines Reichswehrgenerals‹ hervorgeht, das Himmlers Sicherheitsdienst bei der Verhaftung von Helmuth Klotz in Frankreich 1940 in die Hände fiel. Hier wird unter dem 6. 2. 1933 expressis verbis auf Hitlers »intime(n) Freundschaften à la Röhm« Bezug genommen und darüber spekuliert, wieviel Geld den Reichskanzler diese Vergnügungen wohl kosten, in: BAB, Zentrales Parteiarchiv der SED, St 3/467, S. 42. – Vgl. zu Klotz und dessen »Tagebuch«-Veröffentlichung auch Kap. 3, Anm. 32.

37 Zit. nach Kroll (Hg.), Klaus-Mann-Schriftenreihe, Bd. 3, S. 222.

38 Klaus Mann an Ebermayer vom 17. 4. 1933, in: StaBi Berlin, NL Ebermayer.

39 Ebermayer, Tagebuch, S. 28 f. (Eintrag vom 21. 2. 1933.)

40 Ebd., S. 90 ff. (Eintrag vom 21. 5. 1933.)

41 Ziegler sprach in einem Brief an Ebermayer vom 13. 1. 1935 sogar von »guter Kameradschaft«, abgedruckt in: ebd., S. 465, was gegenüber einem Nichtparteigenossen mehr als unüblich war.

42 Ebd., S. 92 f. (Eintrag vom 21. 5. 1933.)

43 Vgl. hierzu im einzelnen Peter Michalzik, Gustaf Gründgens. Der Schauspieler und die Macht, Berlin 1999, S. 134 ff.

44 Ebermayer, Tagebuch, S. 315 (Eintrag vom 3. 6. 1934); ebd., S. 315 ff., auch die folgenden Zitate.

45 Blüher, Aristophanes, S. 69 f.

46 Vgl. Murray G. Hall, Der Paul Zsolnay Verlag. Von der Gründung bis zur Rückkehr aus dem Exil, Tübingen 1994, S. 258 f.

47 Ebermayer an Costa vom 19. 10. 1933, in: Archiv des Paul Zsolnay Verlags, Wien.

48 Ebermayer, Tagebuch, S. 190 (Eintrag vom 22. 10. 1933). – Der hier erwähnte Fritz Todt, ein angeheirateter Vetter Ebermayers und Hitlers »Generalinspektor für das deutsche Straßenwesen«, stand 1933 erst am Anfang seiner Karriere.

49 Ebermayer an Klaus Mann (»Herrn Reisinger«) vom 23. 12. 1933,

in: Stadtbibliothek München, Monacensia, Literaturarchiv, NL Klaus Mann.

50 Klaus Mann hatte sich im Dezember 1934 um den alten Freund gesorgt: »Ich denke, die letzten Razzias im Reich dürften für ihn recht fatal gewesen sein.« (Brief an Franz Goldstein vom 30. 12. 1934, in: Klaus Mann, Briefe, hrsg. von Friedrich Albrecht, Berlin [Ost]/Weimar 1988, S. 200) – Vgl. generell zu diesem Thema die exemplarische Untersuchung von Andreas Pretzel/Gabriele Roßbach, Wegen der zu erwartenden hohen Strafen. Homosexuellenverfolgung in Berlin 1933–1945, Berlin 2000.

51 Das Schwarze Korps, Nr. 9 vom 1. 5. 1935 (»Ein sonderbarer Vertreter des deutschen Schrifttums«).

52 Anlage eines Schreibens des SD an den Personalbeauftragten des Reichsfilmintendanten vom 17. 11. 1942, in: BAB, BDC Erich Ebermayer.

53 Ebermayer an Costa vom 6. 10. 1935, zit. nach Hall, Zsolnay Verlag, S. 610.

54 Abschrift eines Schreibens des Amtes für Schrifttumspflege an das Hauptschulungsamt der NSDAP vom 19. 6. 1939, in: BAB, BDC Erich Ebermayer.

55 Vgl. Hall, Zsolnay Verlag, S. 599 f.; sowie Boguslaw Drewniak, Der deutsche Film 1938–1945, Düsseldorf 1987, S. 140 ff. bzw. 511 f.

56 Chef der Sicherheitspolizei und des SD an den Personalbeauftragten des Reichsfilmintendanten vom 16. 10. 1942, in: BAB, BDC Erich Ebermayer.

57 Hans Severus Ziegler, Adolf Hitler. Aus dem Erleben dargestellt, Göttingen 1964.

58 Vgl. hierzu ebd., S. 291 ff.; außerdem Zieglers Entnazifizierungsakte, in: HStA Düsseldorf, NW 1005 – Ge 35/105.

59 In den Jahren 1925 bis 1933 kam Hitler nachweislich mehr als dreißigmal nach Weimar, die zahlreichen Inkognito-Aufenthalte nicht gerechnet, für die es nur Anhaltspunkte, aber keine präzisen Belege gibt; vgl. Holm Kirsten, Hitlers Besuche in Weimar (Magisterarbeit), Jena 1999, S. 72 ff., sowie den Anhang »Chronologie der Hitler-Besuche« (inzwischen erschienen unter dem Titel: ›Weimar im Banne des Führers‹. Die Besuche Adolf Hitlers 1925–1940, Köln u. a. 2001).

60 Ziegler, Erleben, S. 87 bzw. 156 f.

61 Hans Severus Ziegler, Der Führer im alten »Elephanten«. Erinnerungen, in: Fritz Sauckel (Hg.), Der Führer in Weimar 1925–1938, Weimar 1938, S. 34.

62 Thüringer Staatszeitung vom 3. 10. 1934, zit. nach Kirsten, Hitlers Besuche, S. 75.

63 Ziegler, Erleben, S. 68.

64 Ebd., S. 62.

65 Vgl. hierzu jetzt unter Einbeziehung aller verfügbaren Quellen, die allerdings vorzugsweise aus den Kriegsjahren stammen, Fritz Redlich, Hitler. Diagnosis of a Destructive Prophet, New York/Oxford 1999, S. 290.

66 Ziegler, Erleben, S. 80, 113 f., 52, 119 und 121.

67 Carl B. N. von Schirach an Werner Detjen vom 17. 4. 1933, in: Goethe- und Schiller-Archiv Weimar, 132/740.

68 Vgl. Thüringisches HStA Weimar, Generalintendanz des DNT, Nr. 128/1.

69 Ziegler, Erleben, S. 52 f. – Vgl. auch Ziegler an Hitler vom 25. 2. 1936, in: Thüringisches HStA Weimar, Volksbildungsministerium, Nr. 34848 (Personalakte Ziegler).

70 Ziegler, Erleben, S. 72.

71 Gästebuch Hanfstaengl (Eintrag vom 18. 8. 1932), im Privatbesitz von Egon Hanfstaengl, München, dem ich herzlich für die Einsichtnahme danke.

72 Ziegler, Erleben, S. 64; ebd., S. 64 ff., auch die folgenden Zitate.

73 Vgl. Kirsten, Hitlers Besuche, Anhang.

74 Erklärung des Thüringer Innenministers vom 3. 7. 1934, in: Thüringisches HStA Weimar, Volksbildungsministerium, Nr. 34848 (Personalakte Ziegler).

75 Vgl. Ziegler, Der Führer im alten »Elephanten«, S. 33.

76 Ziegler an Ebermayer vom 13. 1. 1935, abgedruckt in: Ebermayer, Tagebuch, S. 465 (Hervorhebung im Original); ebd. auch die folgenden Zitate.

77 Presseerklärung des Thüringischen Ministers für Volksbildung vom 18. 3. 1935, der schon am 7. 3. 1935 die Erklärung vorausging, »daß irgendwelche nach dem Strafgesetz strafbaren Handlungen Dr. Zieglers zweifelsfrei *nicht* vorliegen«, in: Thüringisches HStA Weimar, Volksbildungsministerium, Nr. 34848 (Personalakte Ziegler).

78 Ziegler an Ebermayer vom 2. 6. 1935, abgedruckt in: Ebermayer, Tagebuch, S. 535.

79 Ziegler an Hitler (mit Anschreiben an Brückner) vom 19. 10. 1935, in: Thüringisches HStA Weimar, Reichsstatthalter in Thüringen, Nr. 395.

80 Vgl. Ziegler, Erleben, S. 13.

81 Ebd., S. 110.

82 Vgl. Michalzik, Gründgens, S. 130 ff.; sowie Jellonnek, Homosexuelle unter dem Hakenkreuz, S. 87 ff. – Schirach soll sich nach dem »30. Juni« in der HJ sogar ausgesprochen homophob geriert haben.

83 Ziegler, Erleben, S. 157 f. bzw. 156.

84 Joachim Fest, Speer. Eine Biographie, Berlin 1999, S. 71 bzw. 487.
85 Ich danke Brigitte Hamann für das anregende Gespräch, das ich im November 2000 in München mit ihr über ihr neues Buch führen konnte.
86 Vgl. Peter P. Pachel, Siegfried Wagner. Genie im Schatten, München 1988, S. 236 bzw. 360; sowie Renate Schoslack, Hinter Wahnfrieds Mauern, Hamburg 1998, S. 51 ff.
87 Zit. nach Zdenko von Kraft, Der Sohn, Graz 1969, S. 247, bzw. Ziegler, Erleben, S. 157.
88 Hans-Jürgen Syberberg, Syberbergs Filmbuch, München 1976, S. 265.
89 Goebbels-Tagebücher II/4 (1995), S. 408 (Eintrag vom 30. 5. 1942); vgl. auch die Eintragung im Brieftagebuch Gürtner vom 14. 5. 1937, in: BAB, R 22/721.
90 Zit. nach Syberberg, Filmbuch, S. 271; ebd. auch das folgende Zitat.
91 So Hitler am 24./25. 1. 1942, in: Jochmann (Hg.), Adolf Hitler, S. 225.
92 Vgl. zu Siegfried Wagners unpolitischer Haltung Ziegler, Erleben, S. 157; weiterhin Jochmann (Hg.), Monologe, S. 224 (24./25. 1. 1942) bzw. 308 (28. 2./1. 3. 1942): »persönlich war er mit mir befreundet, politisch war er passiv«.
93 Zit. nach dem Wortlaut in Syberbergs Dokumentarfilm »Winifred Wagner und die Geschichte des Hauses Wahnfried«, 1975.
94 Hirschfeld, Die Homosexualität, S. 689.
95 Vgl. zu diesen Vorgängen die Schriftsätze im Brieftagebuch Gürtner vom 27. 5. bzw. 20. 11. 1937, in: BAB, R 22/721.
96 Picker (Hg.), Hitlers Tischgespräche im Führerhauptquartier, S. 116 (28. 2./1. 3. 1942) bzw. Jochmann (Hg.), Monologe, S. 259 (3./4. 2. 1942); ebd. S. 308 auch das folgende Zitat.
97 Interview des Autors mit Frau Jobst in Bayreuth am 29. 2. 2000.
98 Zit. nach Gerald McKnight, The Strange Loves of Adolf Hitler, London 1978, S. 140.
99 Zit. nach Baedeker/Lemke (Hg.), Buch der Freunde, S. 37.
100 Wie mir Frau Verena Lafferenz-Wagner am 22. 7. 2000 brieflich mitteilte, wollte Ebermayer »meine Mutter in dem Entnazifizierungsverfahren anwaltlich vertreten (es kam nicht dazu), daher hat er sicher viele Detailkenntnisse – aber bis 1945. Später hatte sowohl Ebermayer als auch Ziegler gesellschaftlichen Verkehr mit dem Siegfried-Wagner-Haus; da meine Mutter sehr frei und ehrlich in ihren Äußerungen war – mögen beide Herren ›geerntet‹ haben.«
101 Vgl. etwa Bouhlers Brief an den »lieben Erich« vom 15. 10. 1930, wo er ihm »leider« den »Wunsch« abschlagen muß, »ein Interview mit Herrn Hitler in einer Literaturzeitung zu veröffentlichen«, und zwar

weil »Hitler nur allgemein politische Interviews gibt«, in: DLA Marbach, NL Ebermayer.

102 Vgl. hierzu die Aussage der Brautmutter gegenüber dem Generalkläger im Staatsministerium für Sonderaufgaben vom 19. 12. 1949, die von »überstürzter Heirat« sprach, in: StA München, Spruchkammerakten, Karton 179. – Über den »nicht gerade guten« Leumund dieser bildschönen Dame aus der Filmbranche hat sich der NS-Agrarpolitiker Richard Darré in seinen Erinnerungen geäußert: »Frau Bouhler war ihrem Wesen und ihrer Natur nach ›Halbseide‹«, in: ders., Aufzeichnungen von Walter Darré von 1945–1948, Bd. 3, in: IfZ München, Ed 110.

103 Vgl. zu Bouhlers Parteikarriere Bernd Diroll, Personen-Lexikon der NSDAP, Bd. 1., SS-Führer A–B, Norderstedt 1998, S. 322 ff.

104 So Ebermayers editorische Vorbemerkung zu seiner Tagebuchveröffentlichung.

105 Vgl. Emmy Göring, An der Seite meines Mannes. Begebenheiten und Bekenntnisse, Göttingen 1967, S. 322 f., wo es heißt, Ebermayer habe selbst angeboten, die Verteidigung zu übernehmen, und zwar honorarfrei. Man darf also ein Bedürfnis nach Informationen als Motiv unterstellen.

106 Ich danke dem Zsolnay Verlag in Wien für die Überlassung von Kopien der Presseschau aus seinen Archivbeständen.

107 Klaus Mann, Tagebücher 1931 bis 1933, hrsg. von Joachim Heimannsberg, Peter Laemmle und Wilfried F. Schoeller, München 1989, S. 64.

108 Klaus Mann, Zwilling der Sexualpathologie, in: Das Tagebuch, Nr. 53 vom 31. 12. 1932.

109 Im folgenden zit. nach dem Wiederabdruck Klaus Mann/Kurt Tucholsky, Homosexualität und Faschismus, Hamburg 1990 (3. Aufl.), S. 5–13.

110 Vgl. den anregenden Essay von Michael Maar, Das Blaubartzimmer. Thomas Mann und die Schuld, Frankfurt a. M. 2000.

111 Harpprecht, Thomas Mann, S. 1020.

112 Thomas Mann, Bruder Hitler, in: ders., Politische Reden und Schriften, Bd. 3, Frankfurt a. M. 1968, S. 58; die folgenden Zitate ebd., S. 53 f.

113 Thomas Mann, Tagebücher 1937–1939, hrsg. von Peter de Mendelssohn, Frankfurt a. M. 1980, S. 115 (Eintrag vom 13. 10. 1937).

114 Vgl. zur Entstehungsgeschichte Klaus Mann, Der Wendepunkt. Ein Lebensbericht, Reinbek 1984, S. 590 ff. bzw. 709 ff.

115 Ebd., S. 352–356.

116 Vgl. Theodor Lessing, Haarmann. Geschichte eines Werwolfs, Berlin 1925. – Viele bekannte Schriftsteller der Weimarer Republik wie zum Beispiel Döblin haben in dieser bildkräftigen psychoanaly-

tischen Charakter- und Milieustudie gewildert; vgl. hierzu die Einleitung von Rainer Marwedel zur Neuauflage des Lessing-Werkes (Frankfurt a. M. 1989), bes. S. 21 ff. – Teile seiner Arbeit über Haarmann hat Lessing in der Zeitschrift ›Das Tagebuch‹ veröffentlicht, für die auch Klaus Mann schrieb.

117 Hier spielt der Autor auf die im Frühjahr 1932 enthüllte Namensänderung von Hitlers Vater an, des unehelich geborenen Alois Schicklgruber, der 1876 den Namen seines Ziehvaters Hitler angenommen hatte; vgl. Hamann, Hitlers Wien, S. 64 ff.

118 Vgl. Maar, Blaubartzimmer, S. 11.

119 Heinrich Mann, Der Haß. Deutsche Zeitgeschichte, Amsterdam 1933, hier nach der Neuausgabe Berlin (Ost)/Weimar 1983, S. 66 f. bzw. 68.

120 Ebermayer, Tagebuch, S. 551 f. (Eintrag vom 3. 7. 1935, Hervorhebung im Original.)

Siebtes Kapitel

1 So Hanfstaengl über sich selbst in seinem zuerst auf englisch erschienenen Artikel »Wie ich Adolf Hitler kennenlernte«, hier zit. nach Der Freiheitskampf, Nr. 293 vom 21. 10. 1934.

2 Aus dem Memorandum »Adolf Hitler«, das Hanfstaengl im Sommer 1942 für den amerikanischen Geheimdienst anfertigte, in: Franklin D. Roosevelt Library (New York), Henry Field's Papers, Box 44, S. 30 f.

3 Beglaubigte Abschrift der Vernehmung Hitlers am 17. 1. 1923, in: HStA München, Mju/16312.

4 So Hitler am 30. 10. 1941, in: Jochmann (Hg.), Adolf Hitler, S. 117.

5 Hanfstaengl an Julius Streicher vom 19. 12. 1937 (Kopie), in: BAK, NS 10/149.

6 Diels, Lucifer ante portas, S. 124 bzw. 382.

7 Vgl. Ludecke, I knew Hitler, S. 20 f.

8 »Abschrift Blattsammlung der Staatsanwaltschaft bei dem Königlichen Landgericht II Berlin Strafsache gegen Lüdecke wegen Erpressung« (aus dem Jahr 1911), in: PAA Berlin, R 100097.

9 Undatierter Ermittlungsbericht der Polizeidirektion München (wahrscheinlich vom Januar 1923), in: HStA München, MA. 1943. D.R., Nr. 473; ein weiteres Exemplar in: BAB, BDC Kurt Lüdecke.

10 Zit. nach ebd.

11 Vgl. Keith Sward, The Legend of Henry Ford, New York 1948, hier nach der Neuauflage New York 1968, S. 106 ff.; dort auch die weiteren Informationen.

12 Henry Ford (Hg.), Der internationale Jude. Ein Weltproblem; das

erste amerikanische Buch über die Judenfrage. Ins Deutsche übertragen von Paul Lehmann, Leipzig 1921. – Vertrieben wurde die Schrift vom Hammer-Verlag, der auf völkisches und antisemitisches Schrifttum spezialisiert war.

13 Das geht aus den Akten hervor, die die Münchener Polizei im Winter 1922/23 über Lüdecke anlegte. Sie sind in Abschrift größtenteils erhalten in: HStA München, Mju/16312.

14 Beglaubigte Abschrift der Vernehmung Hitlers am 17. 1. 1923, in: ebd.

15 Beglaubigte Abschrift eines von Max Amann verfertigten Protokolls vom 29. 8. 1922, in: ebd.

16 Beglaubigte Abschrift der polizeilichen Vernehmung Dietrich Eckarts am 3. 3. 1923, in: ebd.

17 Vgl. Ludecke, I knew Hitler, S. 1 f. bzw. 13.

18 Beglaubigte Abschrift der Vernehmung Hitlers am 17. 1. 1923, in: HStA München, Mju/16312.

19 Das berichtete ein Korrespondent der ›New York Times‹, der auch auf die vielen Übersetzungen von Fords ›International Jew‹ hinwies, die in der Parteizentrale der NSDAP herumlägen; vgl. New York Times, Nr. 23.706 vom 20. 12. 1922 (»Berlin hears Ford is backing Hitler. Bavarian Anti-Semitic Chief has American's Portrait and Book in his Office. Spends Money lavishly«).

20 Ludecke, I knew Hitler, S. 105.

21 Vernehmungsprotokoll Hermann Esser vom 15. 2. 1923, in: HStA München, Mju/16312.

22 Vernehmungsprotokoll Lüdecke vom 23. 3. 1923, in: ebd.

23 Beglaubigte Abschrift der Vernehmung Hitlers am 17. 1. 1923, in: ebd.

24 Vgl. etwa Stellungnahme des Volksgerichts München I vom 7. 3. 1923, in: ebd.

25 Vernehmungsprotokoll Lüdecke vom 23. 3. 1923, in: ebd.

26 Vgl. unveröffentlichte Hanfstaengl-Erinnerungen von 1956, in: BSB, NL Hanfstaengl, Ana 405/47.

27 Völkischer Beobachter, Nr. 59 vom 5. 4. 1923 (»Zum Fall Lüdecke«).

28 Münchener Zeitung, Nr. 86 vom 29. 3. 1923.

29 Dieser Linz-Aufenthalt wird durch Hitlers Brief an seinen Jugendfreund Fritz Seidl vom 16. 10. 1923 bestätigt, in: BAB, NS 26/14.

30 Ludecke, I knew Hitler, S. 234.

31 Zum folgenden ebd., S. 135–139.

32 Vgl. die Quellenzeugnisse bei Ernst Deuerlein (Hg.), Der Hitler-Putsch. Bayerische Dokumente zum 8./9. November 1923, Stuttgart 1962, S. 452 bzw. 543 ff.

33 Vgl. hierzu im einzelnen Joachim Köhler, Wagners Hitler. Der Prophet und sein Vollstrecker, München 1997, S. 231 ff.

34 Vgl. hierzu die etwas verkürzte Darstellung von Zdenko von Kraft,

Der Sohn. Siegfried Wagners Leben und Umwelt, Graz/Stuttgart 1969, S. 234 ff.; sowie die wiederum zu dick aufgetragene Schilderung von James Pool, Who Financed Hitler. The Secret Funding of Hitler's Rise to Power, 1919–1933, New York 1997 (2. Auflage), S. 89 ff.

35 Ein Faksimile dieses Schreibens vom 4. 1. 1924 ist abgedruckt bei Ludecke, I knew Hitler, nach S. 190.

36 Ebd., S. 234.

37 Vgl. Vernehmung Lüdeckes durch die Münchener Polizei am 2. 1. 1925, in: HStA München, Mju/16312.

38 Beglaubigte Abschrift eines in Landshut am 22. 5. 1925 aufgenommenen Polizei-Protokolls, in: ebd.

39 Völkischer Kurier vom 28.2/3. 3. 1925 (»Hitler gegen Pittinger«), hier nach Clemens Vollnhals (Hg.), Hitler. Reden, Schriften, Anordnungen, Bd. I, München 1992, S. 12.

40 Vgl. Ludecke, I knew Hitler, S. 271 ff.

41 Ebd., S. 271.

42 Ebd., S. 276 f.

43 Ebd., S. 273.

44 Vgl. etwa das faksimilierte Dokument in ebd., S. 799.

45 Unveröffentlichte Hanfstaengl-Erinnerungen (1956), in: BSB, NL Hanfstaengl, Ana 405/47.

46 Noch 15 Jahre später hat sich Hanfstaengl auf dieses Komplott berufen; vgl. seine beiden Briefe an Esser vom 31. 1. sowie 23. 2. 1939, hier nach David George Marwell, Unwanted Exile. A Biography of Ernst »Putzi« Hanfstaengl, Ph.D., New York 1988, S. 379 bzw. 389.

47 Vgl. Ludecke, I knew Hitler, S. 230 ff. – Zum Kontext vgl. Kershaw, Hitler, Bd. 1, S. 280 ff.

48 Vgl. Hitler an Rosenberg vom 2. 4. 1925, in: Archives du Centre de Documentation Juive Contemporaine Paris, document LXII-1.

49 Unveröffentlichte Hanfstaengl-Erinnerungen (1956), in: BSB, NL Hanfstaengl, Ana 405/47.

50 Hanfstaengl, Zwischen Weißem und Braunem Haus, S. 163 ff. bzw. 170.

51 Hitler an Rosenberg vom 2. 4. 1925, in: BAB, NS 8/143, Bl. 13.

52 Hanfstaengl an Reichsschatzmeister Schwarz vom 9. 3. 1936, in: BAB, BDC Ernst Hanfstaengl.

53 Unveröffentlichte Hanfstaengl-Erinnerungen (1956), in: BSB, NL Hanfstaengl, Ana 405/47.

54 Völkischer Beobachter vom 5. 3. 1925 (»Erklärung«).

55 Völkischer Beobachter vom 15. 10. 1925 (»Hitlers ›Verlobung‹«).

56 Unveröffentlichte Hanfstaengl-Erinnerungen (1956), in: BSB, NL Hanfstaengl, Ana 405/47.

57 Hanfstaengl, Außenseiter, S. 189.
58 Vgl. zu dieser Geheimdiensttätigkeit im einzelnen die materialreiche Studie von Steven Casey, Franklin D. Roosevelt, Ernst »Putzi« Hanfstaengl and the »S-Project«, June 1942–June 1944, in: Journal of Contemporary History, Bd. 35 (2000), S. 339–359. – Vgl. außerdem Christof Mauch, Schattenkrieg gegen Hitler. Das Dritte Reich im Visier der amerikanischen Geheimdienste 1941–1945, Stuttgart 1999, S. 74ff.
59 Eine Kopie dieses seit dem Spätsommer 1942 erarbeiteten und vom 3.12.1942 datierten Dossiers befindet sich in: Franklin D. Roosevelt Library (New York), Henry Field's Papers, Box 44.
60 Unveröffentlichte Hanfstaengl-Erinnerungen (1956), in: BSB, NL Hanfstaengl, Ana 405/47.
61 Interview mit Ernst Hanfstaengl am 28.10.1951, in: IfZ München, ZS 60.
62 Unveröffentlichte Hanfstaengl-Erinnerungen (1956), in: BSB, NL Hanfstaengl, Ana 405/47.
63 Ernst Hanfstaengl, Hitler. The missing Years, London 1957, S. 169.
64 Unveröffentlichte Hanfstaengl-Erinnerungen (1956), in: BSB, NL Hanfstaengl, Ana 405/47.
65 Vgl. hierzu die Bemerkungen von Theo Schwarzmüller, Zwischen Kaiser und »Führer«. Generalfeldmarschall August von Mackensen, Paderborn 1995, S. 78, 176 und 196. – Schwarzmüller ist im Besitz der privaten Korrespondenz des Feldmarschalls mit dessen Sohn Georg, dem ehemaligen Adjutanten des Prinzen. Aufgrund seiner Kenntnis der Quellen hält er diese Veranlagung für unverkennbar. Ich danke Theo Schwarzmüller für seine Auskünfte.
66 Unveröffentlichte Hanfstaengl-Erinnerungen (1956), in: BSB, NL Hanfstaengl, Ana 405/47, dort auch das folgende Zitat.
67 Vgl. »Certified Copy of Marriage Record«, in: PAA Berlin, R 100097.
68 Vgl. Ralf Georg Reuth, Goebbels. Eine Biographie, München 1995, S. 350 (mit Verweisen auf unveröffentlichte Teile der Goebbels-Tagebücher).
69 Vgl. Ludecke, I knew Hitler, S. 317.
70 Vgl. die Belegstellen bei Sappo Kuusisto, Alfred Rosenberg in der nationalsozialistischen Außenpolitik 1933–1939, Helsinki 1984, S. 46.
71 Schreiben des NSDAP-Schatzmeisters vom 19.11.1931, in: BAB, BDC Kurt Lüdecke.
72 Das folgende nach Ludecke, I knew Hitler, S. 414–537.
73 Zit. nach ebd., S. 477f.
74 Vgl. BAB, BDC Kurt Lüdecke.
75 Vgl. das Faksimile bei Ludecke, I knew Hitler, gegenüber S. 531.

76 Vgl. Lüdecke an Hitler vom 10. 4. 1934, in: Archives du Centre de Documentation Juive Contemporaine Paris, CXXIXa-120. – Vgl. außerdem die Fotos bei Ludecke, I knew Hitler, S. 530 ff.
77 Unveröffentlichte Hanfstaengl-Erinnerungen (1956), in: BSB, NL Hanfstaengl, Ana 405/47.
78 So Goebbels in seinem Tagebuch am 22. 11. 1929, in: Goebbels-Tagebücher I/1, S. 459.
79 Vgl. Hanfstaengl, Außenseiter, S. 217.
80 Vgl. Hanfstaengl an seinen Mitarbeiter Voigt vom 31. 10. 1937 (Entwurf), hier nach Marwell, Unwanted Exile, S. 251 f.
81 Vgl. BAB, BDC Ernst Hanfstaengl.
82 Hanfstaengl, Außenseiter, S. 314.
83 Ebd., S. 283. – Vgl. auch Goebbels-Tagebücher I/2 (1987), S. 126 (Eintrag vom 11. 2. 1932).
84 Hanfstaengl, Außenseiter, S. 301.
85 Ebd., S. 106 bzw. 302.
86 Vgl. etwa Fromm, Als Hitler mir die Hand küßte, S. 106 (Tagebuch-Eintrag vom 17. 3. 1933); Martha Dodd, Through Embassy Eyes, New York 1939, S. 25 f.; Metcalfe, Berlin 1933, S. 193 ff.; Karlheinz Schädlich, Die Mitford Sisters, Düsseldorf 1993, S. 111 ff.
87 Vgl. Kuusisto, Außenpolitik, S. 44 ff.; sowie Andreas Molau, Alfred Rosenberg, Koblenz 1993, S. 101 ff.
88 Zum folgenden Ludecke, I knew Hitler, S. 573 ff.
89 Vgl. die Quellenauszüge bei Kuusisto, Außenpolitik, S. 48 f.
90 Hanfstaengl an Hitler vom 4. 2. 1938, in: BAB, BDC Ernst Hanfstaengl.
91 New Yorker Staatszeitung, Nr. 113 vom 12. 5. 1933 (»Große Säuberungsaktion der Nazis im eigenen Lager«).
92 Vgl. Ludecke, I knew Hitler, S. 686.
93 Lüdecke an Buch vom 16. 9. 1933, in: BAB, NS 43/157.
94 Ludecke, I knew Hitler, S.705. – Der Brief ist im Original nicht überliefert.
95 Ebd., S. 735.
96 Lüdecke an Amann vom 28. 2. 1934, in: Hoover Institution Archives Stanford, Ludecke Papers, TS Germany P 214a.
97 Vgl. die Erinnerungen seines Mithäftlings Kurt Hiller, Leben gegen die Zeit, Hamburg 1969, S. 276.
98 Vgl. hierzu Rosenberg an Brückner vom 17. 4. 1934, in: BAB, NS 8/175, Bl. 172; sowie Lüdecke an Hitler vom 10. 4. 1934, in: Archives du Centre de Documentation Juive Contemporaine Paris, document CXXIXa-120.
99 Lüdecke an Hitler vom 10. 4. 1934, in: ebd., dort auch die folgenden Zitate (Hervorhebung im Original).
100 Evening Star vom 5. 5. 1934 (»Kurt Ludecke Believed Headed for U.S. After Escape in Germany«).

101 So Hanfstaengl in seinem Brief an Julius Streicher vom 19. 12. 1937, in: BAK, NS 10/149, Bl. 198.

102 Gestapo an Auswärtiges Amt vom 3. 10. 1934, in: PAA Berlin, R 100097.

103 Vgl. Himmler an Rosenberg vom 28. 8. 1934, in: Archives du Centre de Documentation Juive Contemporaine Paris, document CXXIXa-120.

104 »Mend-Protokoll«, in: HStA München, Abt. IV, HS 3231.

105 Vgl. etwa Münchener Post, Nr. 30 vom 6. 2. 1923.

106 Goebbels-Tagebücher I/2 (1987), S. 457 (Eintrag vom 13. 8. 1933).

107 Zit. nach Hanfstaengl, Außenseiter, S. 319.

108 Zit. nach Franz Langoth, Kampf um Österreich. Erinnerungen eines Politikers, Wels 1951, S. 146; vgl. auch Akten zur deutschen auswärtigen Politik, Serie C, Bd. II,1, Göttingen 1973, Nr. 35 und 71. – Eine Darstellung seiner diplomatischen Intervention in Italien bringt Hanfstaengl in der ersten gedruckten Fassung seiner Erinnerungen »Ich habe gewarnt«, in: Badische Illustrierte Woche, Nr. 1 vom 5. 1. 1952; vgl. zu den Hintergründen: Akten zur deutschen auswärtigen Politik, Serie C, Bd. III,1, Nr. 26.

109 Zit. nach Hanfstaengl, Außenseiter, S. 360.

110 Vgl. Hamburger Fremdenblatt, Nr. 355 vom 24. 12. 1933 (»Dr. Ernst Hanfstaengl«).

111 Zit. nach Deutsche Allgemeine Zeitung, Nr. 410/411 vom 21. 9. 1933 (»Internationale und regionale Kunst. Ein Gespräch mit Dr. Ernst Hanfstaengl«).

112 Vgl. Fromm, Hitler, S. 185 f.

113 Zit. nach Völkischer Beobachter, Nr. 105 vom 15. 4. 1934 (»Dr. Hanfstaengl über die Aufgaben der Auslandsberichterstattung«).

114 Lüdecke an Hitler vom 10. 4. 1934, in: Archives du Centre de Documentation Juive Contemporaine Paris, document CXXIXa-120.

115 Vgl. Time, Nr. 15 und 16 vom 9. und 16. 4. 1934; sowie New York Times vom 25. 4. 1934.

116 Vgl. Ludecke, I knew Hitler, S. 755, wo auch von einem Brief an Goebbels die Rede ist. Beide Dokumente sind nicht überliefert und werden auch von Lüdecke nicht paraphrasiert.

117 Vgl. ebd., S. 756.

118 Vgl. die Quellenbelege bei Metcalfe, Berlin 1933, S. 282 ff.

119 Hanfstaengl, Außenseiter, S. 339 bzw. 341.

120 Vgl. Weser-Zeitung, Nr. 163 vom 15. 7. 1934 (»Schiffsverkehr in bremischen Häfen«).

121 Freundliche Auskunft von Dr. Elke Fröhlich, der Herausgeberin der Goebbels-Tagebücher, im Vorgriff auf den noch nicht erschienenen Band mit den Einträgen für 1934.

122 Hanfstaengl, Außenseiter, S. 346.
123 Vgl. Luther an Auswärtiges Amt vom 27. 9. 1934, in: PAA Berlin, R 100097.
124 Vgl. Hamburger Nachrichten, Nr. 411 vom 4. 9. 1934.
125 Völkischer Beobachter, Nr. 236 vom 24. 8. 1934.
126 Vgl. Metcalfe, Berlin 1933, S. 326; sowie Fromm, Hitler, S. 210 (Tagebuch-Eintrag vom 14. 11. 1934).
127 Daily Express, Nr. 10720 vom 19. 9. 1934.
128 Zit. nach Badische Illustrierte Woche, Nr. 5 vom 2. 2. 1952. – Vgl. auch Jody Skinner, Bezeichnungen für das Homosexuelle im Deutschen, Bd. II: Ein Wörterbuch, Essen 1999, S. 259.
129 Vgl. Daily Express, Nr. 10721 vom 20. 9. 1934 (»The Herr Doktor has a busy day«).
130 Vgl. Daily Express, Nr. 10723 vom 22. 9. 1934 (»Dr. Ernst Hanfstaengl«).
131 Vgl. zum Ausgang des Verfahrens Völkischer Beobachter, Nr. 339 vom 5. 12. 1935 (»Gütliche Vereinbarung«); sowie den Prozeßbericht in The Times, Nr. 47237 vom 3. 12. 1935 (»High Court of Justice«).
132 Auswärtiges Amt an Gestapo vom 28. 9. 1934, in: PAA Berlin, R 100097.
133 Daluege an Diels vom 16. 5. 1934, in: BAB, BDC Kurt Lüdecke.
134 Helfferich an den SS-Gruppenführer Scholz beim Verbindungsstab der NSDAP vom 2. 12. 1934, in: BAB, BDC Ernst Hanfstaengl.
135 Vgl. Deutsche Zeitung (New York), Nr. 42 vom 20. 10. 1934 (»Abschluß der Dickstein-Komödie«).
136 Hanfstaengl an Brückner vom 31. 12. 1937, in: BAK, NS 10/144.
137 Zit. nach Hanfstaengl, Außenseiter, S. 356.
138 Der in Abschrift beigefügte Gestapo-Bericht datierte schon vom 26. 10. 1934, in: PAA Berlin, R 100097, dort auch die folgenden Zitate.
139 Vgl. HStA München, Mju/16312.
140 Vgl. Hanfstaengl an Bülow-Schwante vom 14. 11. 1934, in: PAA Berlin, R 100097.
141 Hanfstaengl an Doebig vom 13. 11. 1934, in: HStA München, Mju/16312.
142 Vgl. Hanfstaengl, Außenseiter, S. 153.
143 Vgl. hierzu im einzelnen die Unterlagen in: PAA Berlin, R 100097.
144 Döbig an Schaub vom 29. 11. 1934, in: HStA München, Mju/16312.
145 Vgl. Schaub an Döbig vom 7. 12. sowie Döbig an Frank vom 11. 12. 1934, in: ebd.
146 Dieses Konvolut wird jetzt aufbewahrt in: Hoover Institution Archives, Collection Kurt Ludecke, Ts Germany, P 214a.
147 »Bericht für den Reichsführer Herrn Adolf Hitler und die Reichsleitung der N.S.D.A.P.« vom 15. 12. 1934, in: ebd.

148 Vgl. Philadelphia Deutscher Weckruf vom 19. 1. 1935 (Sondernummer).

149 Bouhler an Glaser vom 12. 1. 1935 (unter Bezugnahme auf die Schreiben Glasers vom 15. und 21. 12. 1934), als Faksimile abgedruckt bei Ludecke, I knew Hitler, S. 801.

150 Zit. nach Philadelphia Deutscher Weckruf vom 19. 1. 1935.

151 Nach Auskunft der Princeton University Library, an die große Teile des Verlagsarchivs abgegeben wurden, befindet sich die Korrespondenz des Verlages mit Lüdecke nicht darunter.

152 Ludecke, I knew Hitler, S. 731 f.

153 Vgl. ebd., S. 417 ff.

154 Ebd., S. 673.

155 Vgl. Hanfstaengl an Voigt vom 26. 11. 1937, hier nach Marwell, Unwanted Exile, S. 255.

156 Vgl. hierzu die Recherchen von Rudolf Stoiber und Boris Celovsky über Wiedemanns damalige Geliebte und Hitlers Geheimagentin Stephanie von Hohenlohe, dies., Stephanie von Hohenlohe, München 1988, S. 144 ff.

157 Dieckhoff an Auswärtiges Amt vom 1. 11. 1938 und Thomsen an Auswärtiges Amt vom 1. 1. 1939, in: PAA Berlin, R 100097.

158 Diese Mitteilung war Hanfstaengl durch den Besitzer der Zeitung, Victor F. Ridder, unmittelbar zugegangen; vgl. Hanfstaengl an Hitler vom 4. 2. 1938 (via Deutsche Botschaft London), in: BAK, NS 10/149, Bl. 201.

159 Im April 1938 hatte Hitlers Adjutant Wiedemann beim Auswärtigen Amt eine Sammlung von Buchbesprechungen aus der englischen Presse angefordert und alsbald erhalten; vgl. BAK, NS 10/35, Bl. 64 ff.

160 Vgl. etwa die Buchbesprechung »Close-up«, in: Calvacade. The British News Magazine, Nr. 10 vom 5. 3. 1938, S. 37 f.

161 Vgl. etwa The New York Times Book Review vom 28. 11. 1937 (»An Inside View of the Nazis by a Former Party Member«); sowie The Saturday Review vom 4. 12. 1937 (»The Nazi Mind«).

162 Deutsche Botschaft Washington an Auswärtiges Amt vom 1. 1. 1939, in: PAA Berlin, R 100097.

163 Lammers an Auswärtiges Amt vom 6. 2. 1939, in: ebd.

164 Aktennotiz vom 29. 6. 1938, in: ebd.

165 Rosenberg, Das politische Tagebuch, S. 59 (Eintrag vom 12. 3. 1935).

166 Vgl. die beiden Schreiben Hanfstaengls an Schwarz vom 12. 12. 1935, in: BAB, BDC Ernst Hanfstaengl.

167 Vgl. Schwarz an Hanfstaengl vom 20. 12. 1935, in: ebd.

168 Hanfstaengl an Schwarz vom 9. 3. 1936, in: ebd.

169 Schwarz an Hanfstaengl vom 23. 3. 1936, in: ebd.

170 Marwell deutet an, daß Unity Mitford ihre Hände dabei im Spiel gehabt haben soll; vgl. ders., Unwanted Exile, S. 156.

171 Vgl. den Briefentwurf von Hanfstaengl an Göring von Anfang Juli 1938, hier nach ebd., S. 334. – Vgl. außerdem Hanfstaengl an Schaub vom 25.6.1939, in: BAK, NS 10/340, Bl. 216 f.
172 Hertha Oldenbourg (geb. Frey) an Fritz Wiedemann vom 6.7.1936 (per Einschreiben), in: BAK, NS 10/231, Bl. 222 f.
173 Wiedemann an Oldenbourg vom 9.7.1936, in: ebd., Bl. 221.
174 Goebbels-Tagebücher I/2 (1987), S. 652 f. (Eintrag vom 1. bzw. 2.8.1936.)
175 Oldenbourg an Wiedemann vom 11.7.1936, in: BAK, NS 10/231, Bl. 220.
176 Ernst Hanfstaengl, Tat gegen Tinte. Hitler in der Karikatur der Welt, Berlin 1934, S. 57.
177 Goebbels-Tagebücher I/2 (1987), S. 662 bzw. 665 (Einträge vom 16.8.1936 bzw. 21.8.1936).
178 So Helene Niemeyer gegenüber dem amerikanischen Hitler-Biographen John Toland, zit. nach ders., Hitler, S. 529.
179 Hanfstaengl hat diesen Anschlag später ausführlich geschildert; vgl. ders., Außenseiter, S. 362 ff. – Vgl. ergänzend Albert Speer, Erinnerungen, Frankfurt a.M. 1969, S. 140 f.; Reinhard Spitzy, So haben wir das Reich verspielt. Bekenntnisse eines Illegalen, München 1986, S. 201 ff.; sowie Goebbels-Tagebücher I/3 (1987), S. 40 f. – Es hat den Anschein, als ob Hitler hier selbst seinen engsten Vertrauten gegenüber nicht mit offenen Karten gespielt und hierdurch manche Legendenbildung evoziert hat.
180 Goebbels-Tagebücher I/3 (1987), S. 76 (Eintrag vom 12.3.1937) bzw. S. 80 (Eintrag vom 16.3.1937).
181 Vgl. Göring an Hanfstaengl vom 19.3.1937, faksimiliert bei Hanfstaengl, Außenseiter, S. 372.
182 Vgl. Marwell, Unwanted Exile, S. 178 f.
183 Goebbels-Tagebücher I/3 (1987), S. 85 (Eintrag vom 20.3.1937).
184 Ebd., S. 109 bzw. 113 (Einträge vom 13. bzw. 16.4.1937).
185 Vgl. Marwell, Unwanted Exile, S. XV f.
186 Vgl. BAB, BDC Ernst Hanfstaengl.
187 Gesprächsnotiz von Hanfstaengl vom 14.5.1937, zit. nach Marwell, Unwanted Exile, S. 199.
188 Hanfstaengl an Julius Streicher vom 19.12.1937, in: BAK, NS 10/149, Bl. 194.
189 Hanfstaengl an Voigt vom 30.11.1937, zit. nach Marwell, Unwanted Exile, S. 256.
190 Hanfstaengl an Streicher vom 19.12.1937, in: BAK, NS 10/149, Bl. 199 f. – Im Tenor ähnlich herausfordernd Hanfstaengl an Brückner vom 31.12.1937, in: ebd., Bl. 190 f.
191 Goebbels-Tagebücher I/5 (2000), S. 105 (Eintrag vom 19.1.1938).
192 Marginalie Himmlers vom 27.2.1938 auf der Anlage zu Hanfstaengls Handschreiben vom 5.2.1938, in: BAB, BDC Ernst Hanfstaengl.

193 Weizsäcker im Auftrag von Ribbentrop an den deutschen Gesandten in London Woermann vom 29. 3. 1938, in: PAA Berlin, F 11/504–503. – Ganz ähnlich hatte sich Ribbentrop schon am 21. 3. 1938 gegenüber Woermann geäußert, nachdem er »den Fall Hanfstaengl mit dem Führer besprochen« hatte, in: ebd.
194 The New Republic, Nr. 1221 vom 27. 4. 1938 (»Undesirable Refugees«).
195 Briefentwurf Hanfstaengl an Dirksen vom 30. 5. 1938, zit. nach Marwell, Unwanted Exile, S. 302 f.
196 Hanfstaengl an seine Mutter vom 5. 7. 1938, zit. nach ebd., S. 313 f.
197 Hanfstaengls Mutter an ihren Sohn vom 20. 8. 1938, zit. nach ebd., S. 327 f.
198 Göring an Hanfstaengl vom 22. 8. 1938, zit. nach ebd., S. 331 f.
199 Vgl. Hanfstaengl an Göring vom 9. 9. 1938, hier nach ebd., S. 338 ff.
200 Hanfstaengl an Göring und Ribbentrop vom 18. 11. 1938, zit. nach ebd., S. 356.
201 Briefentwurf Hanfstaengl an Hitler vom 23. 11. 1938, zit. nach ebd., S. 356 f.
202 Hanfstaengl an Göring vom 14. 12. 1938, zit. nach ebd., S. 364 f.
203 Vgl. Tagebucheintragung Hanfstaengls vom 28. 1. 1939, hier nach ebd., S. 377.
204 Vgl. Winifred Wagner an Hanfstaengl vom 28. 12. 1938, hier nach ebd., S. 368.
205 Hanfstaengl an Hitler vom 12. 2. 1939, in: BAK, NS 10/149, Bl. 186 f.
206 Vgl. Martin Bormann an Himmler vom 6. 3. 1939 und an Hanfstaengl vom 15. 8. 1939, in: BAB, BDC Ernst Hanfstaengl; sowie Bodenschatz an Hanfstaengl vom 13. 2. 1939, hier nach Marwell, Unwanted Exile, S. 387.
207 Hanfstaengl an Winifred Wagner vom 26. 7. 1939, in: BAK, NS 10/149, Bl. 189.
208 Vgl. den Prozeßbericht in The Times, Nr. 48.310 vom 20. 5. 1939 (»German's Libel Action against Selfridge and Co. fails«).
209 Hanfstaengl an Hitler vom 2. 7. 1939, zit. nach Marwell, Unwanted Exile, S. 417.
210 Bormann an Wolff vom 4. 8. 1939, in: BAB, BDC Ernst Hanfstaengl.
211 Aktennotiz von der Hand Walter Hewels vom 5. 9. 1939, in: PAA Berlin, F 11/498.

Epilog

1 Vgl. hierzu Fest, Speer, bes. S. 59 ff. – Das Zitat stammt von Speers Bürochef Karl Maria Hettlage, zit. nach ebd., S. 153.
2 Günther Weisenborn, Memorial, Berlin 1948, S. 205.

3 So Fest in einem Interview mit dem ZDF, zit. nach dem Feature »Hitlers unglückliche Liebe Albert Speer« vom Oktober 1999.
4 Spiegel-Interview, Nr. 19/2001.
5 Vgl. hierzu jetzt die neuesten Forschungsergebnisse von Heinrich Schwendemann, Frankfurter Allgemeine Zeitung vom 26.4.2000 (»Lebensläufer über verbrannter Erde«).
6 Vgl. hierzu im einzelnen Fest, Speer, S. 360 ff.
7 Dollmann, Roma Nazista, S. 40 f.
8 Jochmann (Hg.), Adolf Hitler, S. 230.
9 Vernehmung von Julius Schaub am 12.3.1947, in: StA Nürnberg, KV-Interrogations S-35.
10 Aussage von Herbert Döring in der Fernsehdokumentation »Die Frauen und Hitler«, Erster Teil, Regie: Thomas Hausner, Bayerischer Rundfunk 2000, wo er noch mitteilt: »Ich sage Ihnen das ganz offen. Wir haben damals – das hat keiner gewußt – rumspioniert, ob wir mal in den Betten irgendwo was finden. Und das war die ganzen Jahre nie der Fall. Das kann ich wohl sagen. Aber mehr möchte ich nun zu dieser privaten Sache nicht sagen.«
11 Artikelserie »Heinrich Hoffmanns Erzählungen«, in: Münchener Illustrierte, Nr. 47 vom 20.11.1954.
12 Vgl. Schroeder, Chef, S. 156; Gun, Eva Braun-Hitler, S. 203; John Mendelsohn (Hg.), Covert Warfare, Bd. 14: A Man Called A. H., New York/London 1989, S. 688.
13 Ziegler, Adolf Hitler, S. 265 f.
14 Vgl. Gun, Eva Braun-Hitler, S. 32 f. und 46.
15 Zit. nach Schroeder, Chef, S. 191.
16 Dollmann, Roma Nazista, S. 42.
17 Blüher, Die Rede des Aristophanes, S. 65.
18 Hitler, Mein Kampf, S. 6 bzw. 93 f.

Zwei Nachträge zu ›Hitlers Geheimnis‹
Vorwort

1 Vgl. hierzu William H. DuBay, Gay Identity. The Self Under Ban, Jefferson, N. C. 1987. – Ich danke dem Autor für wertvolle Hinweise zur Frage der sexuellen Identität des deutschen Diktators.
2 Vgl. hierzu zuletzt am Beispiel der Goebbels-Tagebücher Bernd Sösemann, Propaganda – Macht – Geschichte. Eine Zwischenbilanz der Dokumentation der Niederschriften und Diktate von Joseph Goebbels, in: Das Historisch-Politische Buch, Bd. 50 (2002), S. 117–125. Siehe im übrigen auch Raul Hilberg, Die Quellen des Holocaust. Entschlüsseln und Interpretieren, Frankfurt a. M. 2002.
3 Hergemöller, Mann für Mann, S. 35

4 In der Nachbemerkung gehe ich auf diese Kritiken näher ein.
5 Vgl. seinen ausführlichen Besprechungsaufsatz »Queer as Volk?«, den er für die Internet-Zeitschrift Slate vom 3. 12. 2001 (www.slate.msn.com) verfaßt hat.
6 Ich folge hier Michael S. Kimmel in seinem Artikel »Gender, Class, and Terrorism« für The Carmical of Higher Education vom 8. 2. 2002.
7 New York Times vom 16. 12. 2001.

Erster Nachtrag

1 Vgl. Zinn, Die soziale Konstruktion des homosexuellen Nationalsozialisten. – Ein ähnliches Ergebnis hatte schon vor ihm Jörn Meve mit seiner Untersuchung der deutschen Exilliteratur vorgelegt: ders., »Homosexuelle Nazis«. Ein Stereotyp in Politik und Literatur des Exils, Hamburg 1990.
2 Vgl. hierzu jetzt die vorzüglich edierte Schrift von Carl Zuckmayer, Geheimreport, hrsg. von Gunther Nickel und Johanna Schrön, Göttingen 2002.
3 Meve und Zinn haben ihren ganzen Deutungseifer darauf verwandt, dies nachzuweisen und dafür notorische gesellschaftliche Vorurteile und »nicht zuletzt die Antihomosexualität der Arbeiterparteien KPD und SPD« verantwortlich gemacht. »Bewußte Manipulation« sei hier sogar am Werke gewesen, um einen »Homosexuellenvorwurf« zu konstruieren, weil der sich politisch so wunderbar instrumentalisieren, genauer: mißbrauchen ließ. – Ganz ähnlich auch Oosterhuis, The »Jews«, S. 227–257. – Demgegenüber hat Bernd-Ulrich Hergemöller, Einführung in die Historiographie der Homosexualitäten, Tübingen 1999, S. 102 f., ganz richtig darauf hingewiesen, daß solche Forschungsansätze Gefahr laufen, »den Nachweis einer Stereotypenbildung mit wissenschaftlicher Falsifizierung dieses Stereotyps zu verwechseln. Die Frage nach den Realitäten, die sich hinter den Stereotypen verbergen beziehungsweise auf die sich dieselben berufen konnten, wird damit noch nicht beantwortet.«
4 Den einzigen Versuch, in diese Richtung zu argumentieren, hat meines Wissens Klaus Theweleit, Männerphantasien, Bd. 2: Männerkörper. Zur Psychoanalyse des weißen Terrors, Reinbek 1987, gemacht; doch hat er diese Zuschreibung inzwischen ausdrücklich widerrufen, vgl. das Nachwort zur Neuauflage seines Klassikers (Reinbek 2002, hier S. 487 f.).
5 Vgl. zu Thomas Mann und Fritz von Unruh meine Ausführungen passim; zu Prinz Max von Hohenlohe-Langenburg vor allem seinen Artikel »Gespräche mit Röhm«, die das Pariser Tageblatt Nr. 215

vom 15. 7. 1934 veröffentlichte; zu Mehring seine (Paris, August 1934 datierte) Eintragung in das Gästebuch von Magnus Hirschfeld, in: DLA Marbach, NL Hirschfeld. – Für letzteren Hinweis danke ich Frau Dr. Marita Keilson-Lauritz.

6 Vgl. hierzu jetzt sehr differenziert Burkhard Jellonnek/Rüdiger Lautmann (Hg.), Nationalsozialistischer Terror gegen Homosexuelle. Verdrängt und ungesühnt, Paderborn 2002. Hier vor allem die Beiträge von Geoffrey J. Giles (S. 105 ff.) und Manfred Herzer (S. 127 ff.); vgl. außerdem Pretzel/Rossbach, Wegen der zu erwartenden hohen Strafen, bes. S. 94 ff.

7 Vgl. Jellonnek, Homosexuelle, S. 67.

8 Hier zit. nach der am 29. 1. 1934 abgedruckten ersten Folge von Klotz' Artikelserie mit dem Titel »So wurde Hitler«, die in der österreichischen Zeitung ›Der Morgen‹ erschien. Sie war schon einige Monate zuvor in der Prager Zeitung ›Wahrheit‹ veröffentlicht worden.

9 Zit. nach Linder, Von der NSDAP zur SPD, S. 117. – Ich möchte an dieser Stelle Herrn Dr. Linder sehr herzlich für seine Bereitwilligkeit danken, meine Arbeit mit Dokumenten und kontextuellen Überlegungen zu unterstützen.

10 Vgl. Wolfram Pyta, Gegen Hitler und für die Republik. Die Auseinandersetzung der deutschen Sozialdemokratie mit der NSDAP in der Weimarer Republik, Düsseldorf 1989, hier S. 145 ff.

11 Vgl. Helmuth Klotz, Ehren-Rangliste für das Dritte Reich, Berlin 1931. Diese Broschüre erschien erstmals im Juni 1931 und erlebte dann in der Folgezeit immer neue Auflagen. – Die nachfolgenden Zitate stammen aus der Einleitung zur ersten Auflage.

12 Daß Klotz mit dieser Hypothese nicht ganz daneben lag, hat jüngst Frank Bajohr, Parvenüs und Profiteure. Korruption in der NS-Zeit, Frankfurt a. M. 2001, gezeigt. Mit Blick auf die von ihm untersuchte Korruption spricht er von einem »Strukturmerkmal der NS-Bewegung« (S. 190). – Weitere Forschungen auf diesem unwegsamen Terrain dürften weitere »Strukturmerkmale« zutage fördern.

13 Vgl. Sozialdemokratische Partei-Korrespondenz, Nr. 7/8 (Juli/August), 1931, S. 504 f. – Siehe darüber hinaus meine Untersuchung dieser Vorgänge in Kapitel 5, S. 211 ff.

14 Klotz an Preußisches Staatsministerium vom 9. 12. 1931 (Durchschrift), in: Archiv der Historischen Kommission zu Berlin, Gewerkschaftliche Restakte, NB 14, 0137.

15 Die Hintergründe dieses Demontageversuchs habe ich in Kapitel 5 dargestellt, S. 217 ff.

16 Sämtliche Zitate aus der Druckschrift »Ew. Hochwohlgeboren!«, vom März 1932, in: BAB, BDC Helmuth Klotz.

17 Thüringer Volksfreund Nr. 62 vom 14. 3. 1932.

18 Vgl. Kapitel 5, S. 212 ff.
19 Hierl an Hitler vom 24. 3. 1932, in: BAK, NL Epp Nr. 73, Bl. 1 ff.
20 Zit. nach Kapitel 5, S. 218.
21 Neunzert an Hitler vom 12. 1. 1933, zit. nach Carlos Collado, In geheimer Mission für Hitler und die bayerische Staatsregierung, in: VfZ, Bd. 50 (2002), S. 201–236, hier S. 221.
22 Alfred Rosenberg, Letzte Aufzeichnungen Nürnberg 1945/46, Göttingen 1955, S. 326.
23 Frank, Im Angesicht des Galgens, S. 88.
24 Klaus Mann, Die Linke und das Laster, in: Europäische Hefte/Aufruf, 1934, S. 675–678, hier S. 676.
25 Ignaz Wrobel [Kurt Tucholsky], Röhm, in: Weltbühne, Nr. 17, 1932, S. 641.
26 Weltbühne, Nr. 21, 1932, S. 799.
27 Mitteilungen des Wissenschaftlich-humanitären Komitees, Nr. 31, September/Dezember 1931.
28 Mitteilungen des Wissenschaftlich-humanitären Komitees, Nr. 32, Januar/März 1932.
29 Eros. Zeitschrift für Freundschaft und Freiheit, Liebe und Lebenskunst, Nr. 5, Mai 1932.
30 Vgl. hierzu Linsert, Kabale und Liebe, S. 51 f.
31 Völkischer Beobachter Nr. 175 vom 24. 6. 1931.
32 Vgl. hierzu im einzelnen Martin Döring, »Parlamentarischer Arm der Bewegung«. Die Nationalsozialisten im Reichstag der Weimarer Republik, Düsseldorf 2001, S. 309 ff.
33 Vgl. Vorwärts vom 14. 5. 1932.
34 Weltbühne, Nr. 21, 1932, S. 798 f.
35 Klotz, Der Fall Röhm, S. 4.
36 Helmuth Klotz, Der Fall Röhm, in: Das Tagebuch, Nr. 39, 1932, S. 1505 ff.
37 Ebd., S. 1505.
38 Vgl. hierzu im einzelnen Linder, Von der NSDAP zur SPD, S. 193 ff.
39 Helmuth Klotz (Hg.), Politisches Tagebuch eines unpolitischen Reichswehrgenerals 1932–1933, in: BAB, R 58/3467, S. 42.
40 Leers hatte sich mit seiner 1933 erschienenen Schrift ›Kurzgefasste Geschichte des Nationalsozialismus‹ einen Namen in der NSDAP gemacht.
41 Zit. nach dem wörtlichen Nachdruck des Artikels in: Deutsche Freiheit Nr. 153 vom 6. 7. 1934. – Der Artikel erschien, als es noch keine offizielle Äußerung Hitlers zu den Geschehnissen gab.
42 Monde Nr. 305 vom 6. 7. 1934. – Der Herausgeber begründete die Veröffentlichung mit dem Hinweis, daß Klotz mit seinem intimen Wissen um die »Perversität und die kriminellen Machenschaften der Nazis« der »wohl berufenste Mann« sei, um die »Komplizenschaft«

von Röhm und Hitler zu »demaskieren« und »der Welt zu beweisen«, daß beide Verbrecher vom gleichen Kaliber seien.

43 Über den bayerischen Wirtschaftsminister und Chef der Staatskanzlei war schon 1932 kolportiert worden, »daß ein so minderwertiger Zeitgenosse wie Esser, den Hitler selbst verachtete, in dem Augenblick wieder sein ›liebes Kind‹ war und eine Rolle spielen konnte, als er drohte, er werde Intimitäten veröffentlichen«, vgl. Der gerade Weg Nr. 8 vom 21. 2. 1932 (»Konkurs des Dritten Reiches«).

44 Diese Intervention hatte sich Klotz schon im Jahre 1932 schriftlich von Ludendorff bestätigen lassen, vgl. Münchener Post Nr. 116 vom 21. 5. 1932; sowie Klotz, Der Fall Röhm, S. 2.

45 Mit der [Homosexual-]Biographie von Edmund Heines hatte sich Klotz ein Jahr zuvor in dem Artikel »Herr Heines« für die Neue Volks-Zeitung vom 15. 7. 1933 befaßt. – Vgl. hierzu außerdem Heiden, Adolf Hitler, S. 232 ff.

46 Möglicherweise geht die von Wolfgang Horn, Der Marsch zur Machtergreifung. Die NSDAP bis 1933, Düsseldorf 1972, S. 53 (Anm. 77) zitierte Broschüre ›Hitler und sein Anhang. Enthüllungen eines Eingeweihten. Von einem Bekehrten‹ (Innsbruck 1925) auf Holzwarth zurück. – Trotz umfangreicher Recherchen konnte dieses Dokument von mir nicht eruiert werden, auch eine Anfrage bei Dr. Wolfgang Horn blieb ergebnislos.

47 Der Sinn dieser Anspielung ist nicht ganz klar. Zwar gab es zu Beginn der dreißiger Jahre in Göttingen ein »Archiv für berufsständische Rassenstatistik«, das seit 1932 bei der Reichsleitung der NSDAP und nach dem Machtantritt der Nazis beim Reichsministerium des Inneren ressortierte. Doch dessen damaliger Chef August Gercke wurde erst 1935 aus der NSDAP ausgeschlossen – wegen homosexueller Verfehlungen. Zu den inkriminierten »Verirrungen« zählte auch ein nicht näher beschriebener Vorfall vom April 1934 in Würzburg, der vielleicht mit dem berührten Thema in Verbindung steht. – Vgl. zu Gercke im einzelnen die Akten in: BAB, 1510 PA 6570 Gercke.

48 Zit. nach Kapitel 5, S. 250.

49 Vgl. Pretzel/Rossbach, Wegen der zu erwartenden hohen Strafen, S. 194 ff.; Hergemöller, Mann für Mann, S. 263 f.

50 Hierzu bereitet der Wiener Psychoanalytiker Peter Gattmann gerade eine Buchveröffentlichung vor.

51 Pariser Tageblatt Nr. 210 vom 10. 7. 1934. – Zur politischen Haltung des Blattes vgl. die Studie von Walter F. Peterson, The Berlin Liberal Press in Exile: A History of the Pariser Tageblatt – Pariser Tageszeitung 1933–1940, Tübingen 1987.

52 Vgl. hierzu im einzelnen die dramatische Schilderung bei René Sonderegger, Mordzentrale X. Enthüllungen und Dokumente über die Auslandstätigkeit der deutschen Gestapo, Zürich 1936, hier S. 42 ff. Strasser sollte übrigens entführt, nicht ermordet werden.

53 Bereits im September 1933 hatte das World Committee for the Relief of the Victims of German Fascism mit Hilfe einer Kommission internationaler Juristen in London einen Gegenprozeß zum Leipziger Reichstagsbrandprozeß durchgeführt, der die Nationalsozialisten in arge Bedrängnis brachte und zu einem erheblichen Aufwand an Gegenpropaganda zwang. Vgl. hierzu mit entsprechenden Belegen Bahar / Kugel, Reichstagsbrand, S. 275 ff.

54 Anlage zum Bericht der Botschaft London vom 31. 8. 1934 (»geheim«), in: PAA Berlin, R 99578.

55 Zu Wesemanns abenteuerlicher Karriere liegt jetzt die biographische Studie von James J. Barnes / Patience P. Barnes, Nazi Refugee Turned Gestapo Spy. The Life of Hans Wesemann, London 2001, vor. – Für den Hinweis auf diese höchst aufschlußreiche Untersuchung danke ich meinem Kollegen Karl Holl, der mir auch bei der Übersetzung der französischen Texte half.

56 Willi Schlamm hatte nach seinem Ausscheiden als Chefredakteur der ›Neuen Weltbühne‹ Anfang 1934 in Prag die Zeitschrift ›Europäische Hefte‹ mitbegründet, für die unter anderen Heinrich und Klaus Mann schrieben.

57 Wesemann an Jacob vom 8. 10. 1934, in: StA Basel, Gerichtsakten KKZ 1936 80.

58 Es ging dabei um die Entführung des Schweizer Journalisten Salomon Jacob nach Deutschland, an der Wesemann im Auftrag der Gestapo maßgeblich beteiligt war. Vgl. hier im einzelnen Jost Nikolaus Willi, Der Fall Jacob-Wesemann (1935/36), Bern / Frankfurt a. M. 1972.

59 Gemeint ist der damals in Emigrantenkreisen hochangesehene politische Publizist Hellmut von Gerlach.

60 Es dürfte sich um die englische Übersetzung des oben erwähnten »Politischen Tagebuchs« gehandelt haben, die gerade unter dem Titel »The Berlin Diaries« erschienen war.

61 Auf welchen »Kommentar« sich Wesemann hier konkret bezog, konnte nicht ermittelt werden. Vermutlich handelt es sich um eine Ergänzung zu dem oben (Anm. 17) erwähnten Brief des Berliner SA-Mannes.

62 Klotz-Protokoll vom 28. 3. 1935, in: StA Basel, GA KKZ 1936/80, 590/12 (Übersetzung aus dem Französischen).

63 Über diesen mit weiteren Verweisen: Hergemöller, Mann für Mann, S. 459 f.

64 Laserstein-Protokoll vom 27. 3. 1935, in: StA Basel, GA KKZ 1936/80, 590/7 (Übersetzung aus dem Französischen).

65 Vgl. Sonderegger, Mordzentrale, S. 47f.; Douglas Reed, Nemesis? The Story of Otto Strasser, London 1940, S. 174ff.

66 Vgl. das Klotz-Dossier des Chefs der Sicherheitspolizei und des SD

vom 25. 1. 1941, in: BAB-DH, NJ 2993. Die ursprünglich mehrere hundert Seiten umfassenden Vernehmungsprotokolle, die der SD bei seinen Befragungen von Klotz aufnehmen ließ und aus denen das besagte Dossier schöpft, haben sich leider nicht erhalten. Der außergewöhnliche Umfang dieser Ermittlungen, von denen nur noch ein 20 Seiten starker Index existiert, zeigt, welchen Wert man dem Wissen von Klotz beimaß.

67 Neue Weltbühne Nr. 35 vom 11. 8. 1933.

68 Luetgebrune, Kampf um Röhm.

69 Freundschafts-Banner vom 15. 9. 1934, zit. nach Zinn, Die soziale Konstruktion des homosexuellen Nationalsozialisten, S. 124.

70 Klaus Mann an Goldstein vom 30. 12. 1934, in: Fredric Kroll (Hg.), Klaus-Mann-Schriftenreihe, Bd. 4, Teilband I, Wiesbaden 1992, S. 309.

71 Mann, Die Linke und das Laster, S. 675–678.

72 Ebd., S. 678.

73 Thomas Mann, Tagebücher 1933–1934, hrsg. von Peter de Mendelssohn, Frankfurt a. M. 1977, S. 592 (Eintrag vom 23. 12. 1934).

74 Vgl. Hans Wisskirchen, Republikanischer Eros. Zu Walt Whitmans und Hans Blühers Rolle in der politischen Publizistik bei Thomas Mann, in: Gerhard Härle (Hg.), »Heimsuchung und süßes Gift«. Erotik und Poetik bei Thomas Mann, Frankfurt a. M. 1992, S. 29 ff.

75 Zit. nach Nicole Schaenzler, Klaus Mann. Eine Biographie, Berlin 2001, S. 269. Vgl. auch Naumann (Hg.), »Ruhe gibt es nicht, bis zum Schluss«, S. 170 f.

76 Klaus Mann, Die Linke und das Laster, S. 678.

77 Hitler hat genau gewußt, warum er etwa den zuvor von ihm noch hochgelobten Film ›Der Sieg des Glaubens‹ nach dem 30. Juni 1934 sofort aus dem Verkehr ziehen ließ. In ihm hatte das Führungsduo Hitler-Röhm seinen bislang einprägsamsten bildlichen Ausdruck gefunden; vgl. Jürgen Trimborn, Riefenstahl: Eine deutsche Karriere, Berlin 2002, S. 187 ff.

78 Zeitschrift für politische Psychologie und Sexualökonomie. Organ der Sexpol, Heft 3/4, 1934, S. 271 f.

79 Vgl. etwa die Glosse von Kurt Hiller, Der Unterschied, in: Neue Weltbühne, Nr. 38, 1935, S. 1206 f., wo die »äusserst positive Beziehung des Reichskanzlers zu jungmännlicher Schönheit« so interpretiert wird, »dass eine hellenisch erglühte Seele hier Empfindungen offenbart, wie sie Sokrates, wie sie Michelangelo wie sie Sodom erfüllten«. Dabei handele es sich um »eine Tatsache, die Kennern schon früher nicht verborgen war«.

80 Die in russischer Sprache erschienene Schrift trug den Titel »Degenerierte an der Macht« (Moskau 1941). Für den Hinweis auf dieses Dokument danke ich dem Augsburger Psychotherapeuten Ingo-

Wolf Kittel, der mir eine deutsche Übersetzung des Textes überließ.

81 Vgl. zur Vita den von der Universität Konstanz publizierten Ausstellungskatalog: Arthur Kronfeld 1886–1941. Ein Pionier der Psychologie, Sexualwissenschaft und Psychotherapie, Konstanz 1988.

82 Vgl. hierzu jetzt die umfassende Biographie von Wilfried Kugel, Hanussen. Die wahre Geschichte des Hermann Steinschneider, Düsseldorf 1998.

83 Goebbels-Tagebücher I/4 (1987), S. 246 (Eintrag vom 20. 7. 1940).

84 Vgl. die Belege bei Linder, Von der NSDAP zur SPD, S. 318 bzw. 325.

Zweiter Nachtrag

1 Vgl. hierzu zuletzt mit eindrucksvollen Belegen und der einschlägigen Literatur Peter Longerich, Der ungeschriebene Befehl. Hitler und der Weg zur ›Endlösung‹, München/Zürich 2001.

2 Kershaw, Hitler, Bd. 1, S. 97. – Vgl. auch Wolfram Meyer zu Uptrup, Wann wurde Hitler zum Antisemiten? Einige Überlegungen zu einer strittigen Frage, in: Zeitschrift für Geschichtswissenschaft, Bd. 45 (1995), S. 687–697.

3 Hitler, Mein Kampf, S. 69.

4 Hitler an Gemlich vom 16. 9. 1919, in: Jäckel/Kuhn (Hg.), Sämtliche Aufzeichnungen, S. 89 f.

5 Die Historiographie zu diesem Zentralereignis der deutschen Mentalitätsgeschichte im frühen 20. Jahrhunderts ist über bescheidene Ansätze noch nicht hinausgelangt. Die wichtigsten Beiträge sind: B. Uwe Weller, Maximilian Harden und die ›Zukunft‹, Bremen 1970, hier insbesondere S. 161–204; James D. Steakley, Iconography of a Scandal. Political Cartoons and the Eulenburg-Affair, in: Martin Duberman u. a. (Hg.), Hidden from History. Reclaiming the Gay and Lesbian Past, New York 1989, S. 233–257; John C. Röhl, Kaiser, Hof und Staat, München 1995, hier insbesondere S. 35–77; Nicolaus Sombart, Wilhelm II. Sündenbock und Herr der Mitte, Berlin 1996, hier insbesondere S. 159–204; Karsten Hecht, Die Harden-Prozesse. Strafverfahren, Öffentlichkeit und Politik im Kaiserreich, München 1997; Angela Leuchtmann, Der Fall Philipp Eulenburg. Anfang und Ende einer Karriere im wilhelminischen Deutschland, München 1998, hier insbesondere S. 196–253.

6 Zit. nach Helmuth Rogge, Holstein und Harden. Politisch-publizistisches Zusammenspiel zweier Außenseiter des Wilhelminischen Reiches, München 1959, S. 233.

7 So das Fazit des damals in diesen Skandal involvierten Sexualrefor-

mers Magnus Hirschfeld in seinem Jahrbuch für sexuelle Zwischenstufen, Bd. 9 (1908), S. 644.

8 Die im folgenden im Text angeführten Seitenzahlen beziehen sich sämtlich auf Hitler, Mein Kampf. – Eine tiefenhermeneutisch angelegte und auf die germanistischen Methoden der Textkritik reflektierende Analyse dieser nicht zuletzt als Selbstbeschreibung angelegten Schrift, die Hitler mit Hilfe diverser »Lektoren« herausbrachte, ist ein Desiderat der Hitler-Forschung. Einen ersten Schritt in diese Richtung tat jüngst Barbara Zehnpfennig mit ihrer allerdings rein ideologiekritisch angelegten Studie: Hitlers Mein Kampf. Eine Interpretation, München 2000.

9 Das ergab jedenfalls eine systematische Durchsicht des Neuen Wiener Tageblatts sowie der Neuen Freien Presse, die Hitler eigenen Angaben zufolge gelesen hat.

10 Hanisch, Buddy, Teil II, S. 272.

11 Kubizek, Jugendfreund, S. 292 f., dort auch das nachfolgende Zitat.

12 So Hitler in seinem Lebenslauf vom 29. 11. 1921, in: Jäckel/Kuhn (Hg.), Sämtliche Aufzeichnungen, S. 525.

13 So Speer in seiner 1945 im Gefängnis zu Papier gebrachten Charakterskizze Hitlers, in: Schlie (Hg.), Albert Speer. »Alles, was ich weiß«, S. 54; vgl. auch Speer, Erinnerungen, S. 112, wo es heißt: »In Wien sei ihm die Gefahr des Judentums schlagartig aufgegangen.«

14 So Hitler in seiner Retrospektive »Zehn Jahre Kampf« für den Illustrierten Beobachter vom 3. 8. 1929.

15 Redetext nach dem Völkischen Beobachter vom 22. 2. 1922 – also von Hitler selbst redigiert.

16 Das folgende, soweit nicht anders belegt, nach Kapitel 1, S. 37 ff.

17 Vgl. Kubizek, Jugendfreund, S. 164 f.

18 Vgl. Jetzinger, Hitlers Jugend, S. 190.

19 Vgl. Kurt-Jürgen Heering (Hg.), Das Wiener Kaffeehaus, Frankfurt a. M./Leipzig 1993.

20 Picker, Hitlers Tischgespräche im Führerhauptquartier, S. 343 (30. 5. 1942).

21 Vgl. hierzu zuletzt Slapnicka, Hitler und Oberösterreich, S. 102 ff.

22 Während Thomas Nipperdey, Deutsche Geschichte 1866–1918, Bd. 2, München 1992, S. 734, immerhin noch konstatiert, daß Harden mit seinem Kampf gegen die »homosexuelle« Kamarilla das Ansehen des Kaisers und der Herrschaftsschicht »schwer erschüttert« habe, sind die entsprechenden Vorgänge der »Gesellschaftsgeschichte« Hans-Ulrich Wehlers keiner Erwähnung, geschweige denn einer Analyse wert. Das gibt hinsichtlich der historischen Blickschärfe, mit der hier Deutschlands Vergangenheit durchleuchtet wird, zu denken.

23 Schon eine intensivere Lektüre der Tagespresse dieser Jahre vermit-

telt einen starken Eindruck von der Brisanz, der Breitenwirkung und der hochgehenden Emotionen, die von diesem Eklat ausgingen. Er vertieft sich, wenn man einen Blick auf das einschlägige zeitgenössische Schrifttum wirft; vgl. Manfred Herzer, Bibliographie zur Homosexualität. Verzeichnis des deutschsprachigen nichtbelletristischen Schrifttums zur weiblichen und männlichen Homosexualität aus den Jahren 1466 bis 1975 in chronologischer Reihenfolge, Berlin 1982, hier die in den Jahren 1907 bis 1910 erschienenen Titel (Nr. 806 ff.).

24 Der Bogen spannt sich hier von Alfred Kerr bis Gustav Schmoller; von Thomas Mann bis Ernst von Wolzogen; von Harry Graf Kessler bis Hans Delbrück.

25 Erich Mühsam, Die Jagd auf Harden, Berlin-Schöneberg 1908, S. 19.

26 Karl Kraus, Maximilian Harden. Eine Erledigung, in: Die Fackel, Nr. 234 und 235, 1907, hier zit. nach Karl Kraus, Die chinesische Mauer. Zwölfter Band der Werke, hrsg. von Heinrich Fischer, Wien 1964, S. 53, 71 und 75.

27 Zeitschrift des deutschen Anwalt-Verbandes Nr. 11 vom 15. 11. 1907.

28 Vgl. Matussek/Matussek/Marbach, Hitler; die nachfolgenden Zitate S. 108 bzw. 114. – Gegenüber dieser außerordentlich kenntnisreich geschriebenen und analytisch tiefbohrenden Charakterstudie ist die Arbeit von Anton Neumayr, Hitler. Wahnideen, Krankheiten, Perversionen, Wien 2001, enttäuschend. Bedauerlicherweise kaum rezipiert wurde in Deutschland das von stupendem Wissen zeugende Buch des Mediziners Fritz Redlich, Hitler. Diagnosis of a Destructive Prophet, New York/Oxford 1999. – Anregend auch Hans-Jürgen Wirth, Narzißmus und Macht. Zur Psychoanalyse seelischer Störungen in der Politik, Gießen 2002.

29 Kubizek, Jugendfreund, S. 127.

30 Vgl. Matussek/Matussek/Marbach, Hitler, S. 154 f. – Ähnlich übrigens schon Robert G. L. Waite, The Psychopathic God. Adolf Hitler, New York 1993 (erweiterte Neuauflage der Studie von 1977), S. 186 ff. – Die wenig überzeugende Gegenposition nimmt Brigitte Hamann, Hitlers Wien, S. 496 ff., ein, die den jungen Hitler fast schon zum Philosemiten stilisiert.

31 So der Psychoanalytiker Karl Grünberg in einem programmatischen Artikel für die ›Welt‹ vom 1. 7. 2002.

32 Zit. nach Toland, Adolf Hitler, S. 72. Toland beruft sich hier auf eine mündliche Auskunft der geschiedenen Frau von Hitlers damaligem Busenfreund Ernst Hanfstaengl.

33 Zit. nach den Aufzeichnungen des Münchener Zeitzeugen und Journalisten Josef Hell, die dieser nach Notizen aus dem Jahr 1922 zu Papier gebracht hat, in: IfZ München, Zs 640.

34 Brandmayer, Meldegänger, S. 115. – Vgl. zur Radikalisierung des Antisemitismus in dieser Zeit als allgemeinem Trend Ulrich Sieg, Jüdische Intellektuelle im Ersten Weltkrieg, Berlin 2001, S. 174 ff.

35 Hitler an Gemlich vom 16. 9. 1919, in: Jäckel/Kuhn (Hg.), Sämtliche Aufzeichnungen, S. 88.

36 Rede vom 13. 8. 1920, in: ebd., S. 184.

37 Hitler an Gemlich vom 16. 9. 1919, in: ebd., S. 89 f.

38 Hitler an Hierl vom 3. 7. 1920, in: ebd., S. 156.

39 Rede vom 13. 8. 1920, in: ebd., S. 190.

40 Rede vom 6. 4. 1920, in: ebd., S. 119 f.

41 Rede vom 18. 10. 1920, in: ebd., S. 248.

42 Rede vom 26. 10. 1920, in: ebd., S. 253.

43 Aufsatz vom 3. 1. 1921, in: ebd., S. 286.

44 Vgl. die ausführliche Dokumentation des Vorgangs aus Hirschfelds Sicht in dem Abschnitt »Aus der Bewegung«, in: Jahrbuch für sexuelle Zwischenstufen, Bd. 20 (1920), S. 123–138, hier S. 125.

45 Rede vom 7. 2. 1922, in: Jäckel/Kuhn (Hg.), Sämtliche Aufzeichnungen, S. 577.

46 Rede vom 16. 12. 1921, in: ebd., S. 531; ebenso die nachfolgenden Zitate aus den Reden vom 2. 2. 1922, 16. 12. 1921 und 13. 8. 1920, in: ebd., S. 565, 531 und 192. – Auch diese Bemerkungen erscheinen übrigens wie sinngemäße Zitate aus einem Werk, das Theodor Fritsch unter Pseudonym F. Roderich-Stoltheim, Die Juden im Handel und das Geheimnis ihres Erfolges, Leipzig 1913, erstmals veröffentlichte.

47 Zit. nach den Aufzeichnungen von Josef Hell nach Notizen aus dem Jahr 1922, in: IfZ München, Zs 640.

48 Vgl. zum biographischen und politischen Profil: Manfred Herzer, Magnus Hirschfeld, Leben und Werk eines jüdischen, schwulen und sozialistischen Sexologen, Hamburg 2001 (2. Aufl.).

49 Rede vom 13. 8. 1920, in: Jäckel/Kuhn (Hg.), Sämtliche Aufzeichnungen, S. 202.

50 Vgl. hierzu zuletzt Arno Plack, Hitlers langer Schatten, München 2001 (2. Aufl.), S. 171 ff.

51 Vgl. Fritsch' Artikelserie »Der jüdische Plan«, in: Hammer, Nr. 416, 417, 419 und 421, 1919. – Auf diese geistigen Anleihen hat schon R. H. Phelps in der Einleitung zu seiner Dokumentation »Hitlers ›grundlegende‹ Rede über den Antisemitismus«, in: VfZ, Bd. 16 (1968), S. 395 ff., hingewiesen.

52 Hitler, Mein Kampf, S. 21.

53 Dieses Spezifikum hat der Dichter George Tabori schon Mitte der 1980er Jahre zum Gegenstand eines genialen Bühnenstückes gemacht; vgl. Konrad Paul Liessmann, Die Tragödie als Farce. Anmerkungen zur George Taboris »Mein Kampf«, in: Text und Kritik,

Heft 12, 2001, S. 81–89. – Vgl. im übrigen hierzu Kershaw, Hitler, Bd. 1, S. 100 ff.

54 Picker, Hitlers Tischgespräche im Führerhauptquartier, S. 78 (1. 12. 1941).

55 Vgl. Die Zukunft vom 25. 7. 1908.

56 Die Zukunft vom 22. 6., 9. 11. und 23. 11. 1907. – Vgl. zu Hardens Vorurteilen gegenüber Homosexuellen auch die interessanten Bemerkungen von Sombart, Wilhelm II., S. 194 f.

57 Vgl. hierzu vor allem die larmoyanten Ausführungen von Magnus Hirschfeld, Sexualpsychologie und Volkspsychologie. Eine epikritische Studie zum Harden-Prozeß, in: Zeitschrift für Sexualwissenschaft, Bd. 1 (1908), S. 81–92 und 228–246.

58 Vgl. zu diesem wichtigen Aspekt: Peter Gay, Die zarte Leidenschaft. Liebe im bürgerlichen Zeitalter, München 1987, S. 224 ff.

59 St. Ch. Waldecke, Das Wissenschaftlich-humanitäre Komitee. Warum ist es zu bekämpfen und sein Wirken schädlich für das deutsche Volk?, Berlin 1925, S. 17. – Ähnlich schon Hirschfelds früherer Kombattant Albert Moll, Inwieweit ist die Agitation zur Aufhebung des § 175 berechtigt?, in: Deutsche Medizinische Wochenschrift Nr. 46 vom 14. 11. 1907, der seinem Kollegen vorwarf, daß er »ganz falsche Anschauungen über das Geschlechtsleben groß zieht«, die nicht zuletzt vom »Standpunkt der Homosexuellen« zurückgewiesen werden müßten.

60 Vgl. die Verweise bei Sommer, Die Strafbarkeit der Homosexualität, S. 124 f. – Eine systematische Untersuchung dieses Phänomens steht noch aus.

61 So Hirschfelds zeitweilige Hilfskraft Eugen Johannes Maecker, Harden-Hirschfeld. Eine Aufklärungsschrift, Berlin 1908, S. 22.

62 Zit. nach Houston Stewart Chamberlain, Briefe 1882–1924, Bd. 2, hrsg. von Paul Pretzsch, München 1926, S. 226.

63 Zit. nach Johannes Haller, Aus dem Leben des Fürsten Philipp zu Eulenburg-Hertefeld, Berlin 1924, S. 343 bzw. 400.

64 Das ergab eine Durchsicht der einschlägigen Berichterstattung zur Eulenburg-Affäre in der Neuen Preußischen Zeitung (Kreuz-Zeitung), einem der führenden Organe jener Kreise.

65 Deutsche Zeitung Nr. 532 vom 27. 11. 1919.

66 Vgl. zu Brand die ausgezeichnete Studie von Keilson-Lauritz, Die Geschichte der eigenen Geschichte, bes. S. 61 ff.

67 Vgl. dies., Wilhelmshagen gegen das Deutsche Reich. Adolf Brands Flugschrift gegen den Reichskanzler von Bülow, in: Capri. Zeitschrift für schwule Geschichte 17, 1994, S. 2–20.

68 Dieses und die nachfolgenden Zitate stammen aus zwei Briefen von Brand an den Maler Hugo Höppner (»Fidus«) vom 24. 5. 1916 bzw. 22. 4. 1913, die Manfred Herzer, Antisemitismus und Rechtsradika-

lismus bei Adolf Brand, in: Capri. Zeitschrift für schwule Geschichte 21, 1996 auszugsweise publiziert hat.

69 Adolf Brand, Wir brauchen die ehrlichen Freiheitsfreunde in allen Parteien, in: Eros. Zeitschrift für Freundschaft und Freiheit, Liebe und Lebenskunst, Nr. 5, 1932.

70 Mitteilungen des Bundes für männliche Kultur, Mai 1908, zit. nach Hammer, Nr. 146, 1908, S. 440.

71 Zit. nach Magnus Hirschfeld, Sexualpsychologie und Volkspsychologie. Eine epikritische Studie zum Harden-Prozeß, in: Zeitschrift für Sexualwissenschaft, Bd. 1 (1908), S. 239 f. – Vgl. im übrigen die scharfsichtigen Bemerkungen von Isabell V. Hull, Kaiser Wilhelm II. und der »Liebenberger Kreis«, in: Rüdiger Lautmann/Angela Taeger (Hg.), Männerliebe im alten Deutschland. Sozialgeschichtliche Abhandlungen, Berlin 1992, S. 81–118, hier S. 86 ff.

72 Vgl. hierzu im einzelnen Kapitel 1, S. 46 ff.

73 Deutsches Volksblatt Nr. 6937 vom 24. 4. 1908.

74 Deutsches Volksblatt Nr. 6763 vom 30. 10. 1907.

75 Deutsches Volksblatt Nr. 6828 vom 4. 1. 1908.

76 Deutsches Volksblatt Nr. 6996 vom 23. 6. 1908.

77 Kikeriki. Humoristisch-politisches Volksblatt Nr. 90 vom 10. 11. 1907.

78 Deutsches Volksblatt Nr. 6959 vom 16. 5. 1908.

79 Vgl. hierzu mit weiteren Verweisen Kershaw, Hitler, Bd. 1, S. 67 f.; außerdem Weiss, Der lange Weg zum Holocaust, vor allem S. 219 ff. sowie die einschlägigen Beiträge in dem von Ivar Oxaal u.a. herausgegebenen Sammelband Ein zerstörte Kultur. Jüdisches Leben und Antisemitismus in Wien, Wien 2002 (2. Aufl.).

80 Rede vom 13. 8. 1920, in: Jäckel/Kuhn (Hg.), Sämtliche Aufzeichnungen, S. 203; vgl. auch Rede vom 7. 8. 1920, in: ebd., S. 173.

81 Eine kritisch-distanzierte Untersuchung der natürlich auch intriganten Züge der Kampagne könnte zeigen, wie getrübt und vorurteilsbeladen die damalige Wahrnehmung der Vorgänge durch die Medien tatsächlich war.

82 Die Zukunft vom 23. 11. 1907.

83 Hierfür lassen sich zahllose Belege aus allen großen deutschen Tageszeitungen erbringen.

84 Staatsbürger-Zeitung Nr. 3 vom 4. 1. 1908.

85 Mitteilungen aus dem Verein zur Abwehr des Antisemitismus Nr. 46 vom 13. 11. 1907; vgl. auch ebd. Nr. 45 vom 6. 11. 1907.

86 Kubizek, Jugendfreund, S. 298.

87 So Hitler in seiner Retrospektive »Zehn Jahre Kampf« für den ›Illustrierten Beobachter‹ vom 3. 8. 1929. – Vgl. auch Kubizeks Erinnerungen in ders., Jugendfreund, S. 300 f.: »Ich erinnere mich noch gut, mit welchem Eifer Adolf damals die Judenfrage studierte.« Hit-

ler habe den Eindruck erweckt, daß er »bei seinem Studium der Judenfrage diesem Problem wirklich auf den Grund gehen wolle«.

88 Hammer, Nr. 131, 1907.

89 Hammer, Nr. 134, 1908; vgl. auch den zweiten und dritten Teil der Artikelreihe »Anti-Harden«, in: ebd., Nr. 142 und 143, 1908.

90 Hitler, Mein Kampf, S. 474.

91 Vgl. Kubizek, Jugendfreund, S. 292 f.

92 Vgl. zu Fritsch mit weiteren Verweisen jetzt Uwe Puschner, Die völkische Bewegung im wilhelminischen Kaiserreich. Sprache–Rasse–Religion, Darmstadt 2001, vor allem S. 57 ff. – Während die starke ideologische Abhängigkeit des Hitlerschen Antisemitismus von Fritsch in der Forschung noch kaum realisiert wurde, sind die vermeintlichen Einflüsse von völkischen Sektierern wie Guido von List oder Lanz von Liebenfels wohl sehr überschätzt worden. Letzteres zeigt jetzt die kluge Untersuchung von Michael Rissmann, Hitlers Gott. Vorsehungsglaube und Sendungsbewusstsein des deutschen Diktators, Zürich 2001, hier S. 113 ff.

93 Theodor Fritsch (Hg.), Handbuch der Judenfrage. Eine Zusammenstellung des wichtigsten Materials zur Beurteilung des jüdischen Volkes, Hamburg 1907.

94 Vgl. die eingehende kritische Analyse dieser Schrift in den Mitteilungen aus dem Verein zur Abwehr des Antisemitismus Nr. 28 und 29 vom 10. bzw. 17. 7. 1907, die zu dem Resultat kommt: »Solche Gewächse der Publizistik kann man wie Giftpflanzen nur klassifizieren und dann wegwerfen.«

95 Zit. nach Constantin Goschler (Hg.), Hitler. Reden, Schriften, Anordnungen, Bd. IV/1, München 1994, S. 133; vgl. auch die Bekräftigung dieser Aussage im Völkischen Beobachter Nr. 15 vom 15. 1. 1931.

96 Die nachfolgenden Zitate nach Fritsch, Handbuch (1907).

97 Rede vom 13. 8. 1920, in: Jäckel/Kuhn (Hg.), Sämtliche Aufzeichnungen, S. 201.

98 Völkischer Beobachter Nr. 70 vom 26. 3. 1926.

99 Der Angriff, Nr. 19, 1927, S. 3.

100 Vgl. hierzu Bernd-Ulrich Hergemöller, Hans Blühers Männerwelten, in: Invertito. Jahrbuch für die Geschichte der Homosexualitäten, Bd. 2 (2000), S. 58–84.

101 Zit. nach Der Judas wider sich selbst. Aus den nachgelassenen Papieren von Arthur Zelvenkamp, hrsg. von Annemarie v. G., Berlin 1922, S. 31 bzw. 35.

102 Vgl. hierzu schon Emil Julius Gumbel, Verschwörer. Zur Geschichte und Soziologie der deutschen nationalistischen Geheimbünde 1918–1924, Wien 1924, hier S. 216 f.

103 So etwa Deutsches Volksblatt (München) Nr. 43 vom 27. 10. 1907.

104 Miesbacher Anzeiger Nr. 117, 1919, zit. nach Linsert, Kabale und Liebe, S. 296 f.
105 Deutsches Volksblatt Nr. 44 vom 3. 11. 1907.
106 Deutsches Volksblatt Nr. 45 vom 10. 11. 1907.
107 Den Vogel der antisemitischen Perfidie abgeschossen hat in dieser Hinsicht später der Verfasser des Artikels »Hirschfeld« für den sogenannten Semi-Kürschner: Sigilla Veri. Lexikon der Juden, -Genossen und -Gegner aller Zeiten und Zonen, insbesondere Deutschlands usw., Bd. 2, hrsg. von E. Ekkehard, o. O. 1929, S. 1172–1210.
108 Vgl. Arthur Kronfeld, Nervöse Folgeerscheinungen der Homosexualität, in: Jahrbuch für sexuelle Zwischenstufen, Bd. 20 (1920), S. 99–106, hier S. 104.
109 Fritsch, Handbuch (1907), S. 408.
110 Zit. nach Traudl Junge, Bis zur letzten Stunde. Hitlers Sekretärin erzählt ihr Leben unter Mitarbeit von Melissa Müller, München 2002, S. 150.

Nachbemerkung

1 Eugenio Dollmann, Roma Nazista.
2 Corriere della Sera vom 21. 5. 1950. Die Rezension erschien unter der Überschrift »Dollmann berichtet über seine italienischen Erfahrungen. Im Dienste Hitlers war er mächtiger als dieser«.
3 Vgl. Dollmann, Roma Nazista, S. 30 ff.
4 Ebd., S. 9 f.
5 Blüher, Die Rolle der Erotik, S. 26 ff. (Vorwort zur Ausgabe von 1949). – Vertieft und weiter ausgeführt hat Blüher diese Reflexionen in dem erst 1966 posthum veröffentlichten Manuskript ›Die Rede des Aristophanes‹.
6 Vgl. die erste kritische Ausgabe dieses in unterschiedlichen Versionen aufgelegten Werkes: Jean Genet, Werke in Einzelbänden, Bd. III: Das Totenfest. Pompes Funèbres, Gifkendorf 2000. Vgl. zur Werkgeschichte und zur Interpretation die Nachbemerkungen ebd., S. 368 ff.
7 Der 1944 in den USA abgeschlossene Roman war zuerst 1947 unter dem Titel ›The end is not yet‹ in New York erschienen. 1948 hat ihn der Hallwag-Verlag in Bern publiziert. Die wichtigsten Passagen über Hitlers Homosexualität finden sich in der deutschen Ausgabe auf S. 434 ff. bzw. 446 ff.
8 Vgl. Karola Schulz, Fast ein Revolutionär. Fritz von Unruh zwischen Exil und Remigration (1932–1962), München 1994, S. 23 ff. bzw. 64 ff.

9 Vgl. Ulrich Rudolf Fröhlich, Fritz von Unruhs Spätwerk ›Der nie verlor‹, Ann Arbor 1980.
10 Ebermayer, Tagebuch, hier vor allem S. 331 f.
11 Soweit ich das überblicke, geht dieses Verdikt auf eine inzwischen von der Zeitgeschichtsforschung als höchst zweifelhaft qualifizierte Quelle zurück: Hermann Rauschning, Gespräche mit Hitler, Zürich 1940, S. 99 f. bzw. S. 173.
12 So Hans Mommsen in der Zeit Nr. 42 vom 11. 10. 2001, hiernach auch die folgenden Zitate; vgl. weiterhin das Interview mit ihm in der Frankfurter Rundschau vom 10. 10. 2001.
13 Frankfurter Allgemeine Zeitung vom 8. 10. 2001. Mit ähnlichem Tenor später Gerd Koenen in der Neuen Zürcher Zeitung vom 7. 11. 2001.
14 Vgl. Frankfurter Allgemeine Zeitung vom 6. 10. 1998.
15 So Mommsen in der Frankfurter Rundschau vom 10. 10. 2001.
16 So in einem Streitgespräch über Hannah Arendt in Literaturen Heft 9, 2002, S. 34.
17 Bei Mommsens Adepten und Resonanzverstärkern ist dies fast noch deutlicher ausgeprägt. In ihren ebenfalls schnellschußartigen Reaktionen fiel sonst durchaus ernstzunehmenden Historikern der jüngeren Generation wie Volker Ullrich, Götz Aly oder Brigitte Hamann nichts Besseres ein, als sich in billigster Polemik zu ergehen (»Sex mit Hitler war und ist stets ein gutes Geschäft«, Brigitte Hamann in Profil, Nr. 42 vom 15. 10. 2001) und die ganze Angelegenheit mit schlüpfrigen Bemerkungen abzutun (»Wie oft es sich Adolf H. einfach selber besorgte und welche signifikanten Bildfetzen ihm dabei durch den recht unruhigen Kopf schossen, harrt allerdings noch der wissenschaftlichen Aufhellung«, Götz Aly in der Berliner Zeitung vom 9. 10. 2001). Es kann nicht meine Untersuchung sein, die diesen intellektuellen Niveauverlust inspiriert hat. Was aber ist es dann? Vgl. auch das Interview mit Brigitte Hamann in der Welt vom 12. 10. 2001; ferner Volker Ullrichs Kolumne (»Schwul«) in der Zeit Nr. 42 vom 11. 10. 2001.
18 Vgl. Welt vom 13. 10. 2001, hiernach auch die folgenden Zitate.
19 Kershaw bezieht sich hier auf Hitlers Militärakte aus dem Ersten Weltkrieg und schreibt: »Allein eine Unterstellung dieser Art in seinen Dienstpapieren hätte für Hitler später gereicht, ihn äußerst empfindlich werden zu lassen gegenüber diesem Thema.«
20 Jüngstes Beispiel dafür sind die vor jeder tieferen Durchdringung der Materie zurückscheuenden und insofern irrlichternden »Anmerkungen zur Homosexualität« in Sven Reichardts ansonsten sehr opulenter Studie *Faschistische Kampfbünde. Gewalt und Gemeinschaft im italienischen Squadrismus und in der deutschen SA*, Köln u. a. 2002, S. 678–684. Der Autor hält zwar »die Rolle der Homoerotik zur

Herstellung und Festigung der emotionalen Bande innerhalb der faschistischen Kampfbünde« für »bedeutend«; erachtet es aber zugleich für »fragwürdig, die praktizierte Homosexualität als einen spezifischen Aspekt nationalsozialistischer Männerbündlerei zu bewerten«. Als ob sich aus diesem dichotomischen Konstrukt auch nur der Hauch einer Erkenntnis gewinnen ließe. Die Frage ist doch, was man sich unter der offenbar vielfach betätigten Männerliebe in diesen Organisationen konkret vorzustellen hat. Mit pflichtschuldigen gewundenen »Anmerkungen« ist dieser Problematik nicht beizukommen. Man muß sie untersuchen, und zwar so lebensgeschichtlich konkret wie möglich.

21 Hergemöller, Mann für Mann.

22 Ebd., S. 11, 16 und 18.

23 Hergemöller, Historiographie der Homosexualitäten, S. 102 und 104.

24 Frankfurter Allgemeine Zeitung vom 20. 10. 2001, hiernach auch die folgenden Zitate.

25 Rüdiger Lautmann, Sexualpolitische Manöver um Adolf Hitler, in: Zeitschrift für Sexualforschung, Bd. 14 (2001), S. 349–356, hier S. 356.

26 Daß sich diese diskursverweigernde Einstellung auch auf anderen Feldern der Interessenpolitik von Homosexuellen beobachten läßt, hat Gerhard Amendt in einem aufschlußreichen Artikel für die Frankfurter Allgemeine Zeitung vom 8. 11. 2002 gezeigt: (»Aggressive Persiflage. Kultur, Kindeswohl und homosexuelle Fortpflanzung«).

27 Vgl. hierzu auch die Einleitung zu dem von Gerhard Paul herausgegebenen Sammelband: Die Täter der Shoa. Fanatische Nationalsozialisten oder ganz normale Deutsche?, Göttingen 2002.

Auswahlbibliographie

Baedeker, Peer und Karl Lemke (Hg.): Erich Ebermayer. Buch der Freunde, Lohhof bei München 1960.
Bajohr, Frank: Parvenüs und Profiteure. Korruption in der NS-Zeit, Frankfurt am Main 2001.
Banach, Jens: Heydrichs Elite. Das Führerkorps der Sicherheitspolizei und des SD. 1936–1945, Paderborn/München/Wien 1998.
Barnes, James J. und Patience P. Barnes: Nazi Refugee Turned Gestapo Spy. The Life of Hans Wesemann, London 2001.
Bastian, Till: Homosexuelle im Dritten Reich: Geschichte einer Verfolgung, München 2000.
Becker, Winfried und Werner Chrobak (Hg.): Staat, Kultur, Politik: Festschrift zum 65. Geburtstag von Dieter Albrecht. Beiträge zur Geschichte Bayerns und des Katholizismus, Kallmünz 1992.
Behnken, Klaus (Hg.): Deutschland – Berichte der Sozialdemokratischen Partei Deutschlands. Deutschland-Berichte der Sopade, 3. Jahrgang, 1936, Salzhausen 1980.
Behrendt, Armin: Wilhelm Külz: Aus dem Leben eines Suchenden, Berlin (Ost) 1968.
Bennecke, Heinrich: Hitler und die SA, München/Wien 1962.
Blazek, Helmut: Rosa Zeiten für Rosa Liebe. Geschichte der Homosexualität, Frankfurt am Main 1996.
Blüher, Hans: Die Rede des Aristophanes. Prolegomena zu einer Soziologie des Menschengeschlechtes, Hamburg 1966.
ders.: Die Rolle der Erotik in der männlichen Gesellschaft: eine Theorie der menschlichen Staatsbildung nach Wesen und Wert, Jena 1917, Neuausgabe Stuttgart 1962.
ders.: Werke und Tage: Geschichte eines Denkers, München 1953.
Böhm, Karl Werner: Zwischen Selbstzucht und Verlangen. Thomas Mann und das Stigma der Homosexualität. Untersuchung zu Frühwerk und Jugend, Würzburg 1991.
Boehringer, Robert: Mein Bild von Stefan George, München/Düsseldorf 1951.
Brandmayer, Balthasar: Meldegänger Hitler: erlebt und erzählt von

Balthasar Brandmayer, 2. verbesserte Auflage, bearbeitet von Heinz Bayer, München 1933.
Bredow, Klaus: Hitler rast: Der 30. Juni. Ablauf, Vorgeschichte und Hintergründe, Saarbrücken 1934.
Broche, François: Assassinat du Chancellier Dollfuss, Paris 1977.
Bürgin, Hans (Hg.): Die Briefe Thomas Manns. Regesten und Register, Band 1, bearbeitet von Hans Büring und Hans-Otto Mayer, Frankfurt am Main 1976.
Bullock, Alan: Hitler. Eine Studie über Tyrannei, vollständig überarbeitete Neuausgabe, Kronberg/Düsseldorf 1967.
Bumke, Oswald: Erinnerungen und Betrachtungen. Der Weg eines deutschen Psychiaters, München 1952.
Chamberlain, Houston Stewart: Briefe 1882–1924, Band II, herausgegeben von Paul Pretzsch, München 1926.
Chauncey, George: Gay New York: Gender, Urban Culture, and the making of the Gay Male World. 1890–1914, New York 1994.
Chaussy, Ulrich: Nachbar Hitler: Führerkult und Heimatzerstörung am Obersalzberg, Berlin 2001.
Clemens, Detlev: Herr Hitler in Germany. Wahrnehmung und Deutung des Nationalsozialismus in Großbritannien 1920 bis 1939, Göttingen 1996.
Dannecker, Martin und Reimut Reiche: Der gewöhnliche Homosexuelle. Eine soziologische Untersuchung über männliche Homosexuelle in der Bundesrepublik, Frankfurt am Main 1974.
Demmel, Fritz: Geschichte und G'schichten aus der Gemeinde Garching an der Alz, Garching an der Alz 1999.
Der Judas wider sich selbst. Aus den nachgelassenen Papieren von Arthur Zelvenkamp, herausgegeben von Annemarie v. G., Berlin 1922.
Deuerlein, Ernst (Hg.): Der Hitler-Putsch: Bayerische Dokumente zum 8./9. November 1923, Stuttgart 1962.
Diels, Rudolf: Lucifer ante portas. … es spricht der erste Chef der Gestapo …, Stuttgart 1950.
Dietrich, Otto: 12 Jahre mit Hitler, München 1955.
Diroll, Bernd: Personen-Lexikon der NSDAP, Band 1, SS-Führer A–B, Norderstedt 1998.
Dodd, Martha: Through Embassy Eyes, New York 1939.
Döring, Martin: »Parlamentarischer Arm der Bewegung«. Die Nationalsozialisten im Reichstag der Weimarer Republik, Düsseldorf 2001.
Dörner, Bernward: »Heimtücke«: Das Gesetz als Waffe. Kontrolle, Abschreckung und Verfolgung in Deutschland 1933 bis 1945, Paderborn 1998.
Dollmann, Eugenio: Roma Nazista, Milano 1949.
Domarus, Max (Hg.): Hitler. Reden und Proklamationen 1932–1945. Kommentiert von einem deutschen Zeitgenossen, Band II/2, Wiesbaden 1973.

Dornheim, Andreas: Röhms Mann fürs Ausland. Politik und Ermordung des SA-Agenten Georg Bell, Münster 1998.
Drage, Charles: Als Hitler nach Canossa ging, Berlin 1982.
DuBay, William H.: Gay Identity. The Self Under Ban, Jefferson, N. C. 1987.
Ebermayer, Erich: Denn heute gehört uns Deutschland ... Persönliches und politisches Tagebuch, von der Machtergreifung bis zum 31. Dezember 1935, Hamburg/Wien 1959.
ders.: Gustav Wyneken – Chronik einer großen Freundschaft, Frankfurt am Main 1969.
ders.: Kampf um Odilienburg, Berlin/Wien 1929.
ders.: Magisches Bayreuth: Legende und Wirklichkeit, Stuttgart 1951.
Ebermayer, Ludwig: Fünfzig Jahre Dienst am Recht. Erinnerungen eines Juristen, Leipzig 1930.
Fallois, Immo von: Kalkül und Illusion. Der Machtkampf zwischen Reichswehr und SA während der Röhm-Krise 1934, Berlin 1994.
Fest, Joachim: Hitler. Eine Biographie, 5. Auflage, Frankfurt am Main/Berlin 1973. Ungekürzt, mit einem Vorwort des Autors, Berlin 1995 und München 2000.
ders.: Speer. Eine Biographie, Berlin 1999.
Fischer, H. C. und E. X. Dubois: Sexual Life During the World War, London 1937.
Ford, Henry (Hg.): Der internationale Jude: Ein Weltproblem, Leipzig 1921.
Frank, Hans: Im Angesicht des Galgens. Deutung Hitlers und seiner Zeit auf Grund eigener Erlebnisse und Erkenntnisse. Geschrieben im Nürnberger Justizgefängnis, München-Gräfelfing 1953.
Frank, Leonhard: Links wo das Herz ist, Berlin 1955.
Franz-Willing, Georg: Ursprung der Hitlerbewegung 1919–1922, Preußisch Oldendorf 1974.
Fritsch, Theodor (Hg.): Handbuch der Judenfrage. Eine Zusammenstellung des wichtigsten Materials zur Beurteilung des jüdischen Volkes, Hamburg 1907.
Fröhlich, Ulrich Rudolf: Fritz von Unruhs Spätwerk »Der nie verlor«, Ann Arbor 1980.
Fromm, Bella: Als Hitler mir die Hand küßte, Berlin 1993.
Gay, Peter: Die zarte Leidenschaft. Liebe im bürgerlichen Zeitalter, München 1987.
Geuter, Ulfried: Homosexualität in der deutschen Jugendbewegung. Jungenfreundschaft und Sexualität im Diskurs von Jugendbewegung, Psychoanalyse und Jugendpsychologie am Beginn des 20. Jahrhunderts, Frankfurt am Main 1994.
Gisevius, Hans Bernd: Bis zum bitteren Ende. Vom Reichstagsbrand bis zum 20. Juli 1944, Zürich 1946, Neuauflage Gütersloh 1961.

Godau-Schüttke, Klaus-Detlev: Rechtsverwalter des Reiches. Staatssekretär Dr. Curt Joel, Frankfurt am Main 1981.
Goebbels, Joseph: Die Tagebücher von Joseph Goebbels: sämtliche Fragmente, 15 Bände, herausgegeben von Elke Fröhlich im Auftrag des Instituts für Zeitgeschichte und in Verbindung mit dem Bundesarchiv, München 1987–2001.
Göring, Emmy: An der Seite meines Mannes: Begebenheiten und Bekenntnisse, Göttingen 1967.
Graf, Christoph: Politische Polizei zwischen Demokratie und Diktatur. Die Entwicklung der preußischen Politischen Polizei vom Staatsschutzorgan der Weimarer Republik zum Geheimen Staatspolizeiamt des Dritten Reiches, Berlin 1983.
Granier, Gerhard: Magnus von Levetzow: Seeoffizier, Monarchist und Wegbereiter Hitlers. Lebensweg und ausgewählte Dokumente, Boppard 1982.
Grau, Günter: Homosexualität in der NS-Zeit: Dokumente einer Diskriminierung und Verfolgung, Frankfurt am Main 1993.
Grimm, Hans: Suchen und Hoffen. 1928–1934, 2. Auflage, Lippoldsberg 1972.
Gritschneder, Otto: »Der Führer hat Sie zum Tode verurteilt…«: Hitlers »Röhm-Putsch«-Morde vor Gericht, München 1993.
Grunberg, Bela und Pierre Dessuant: Narzißmus, Christentum und Antisemitismus: eine psychoanalytische Untersuchung, Stuttgart 2000.
Gugenberger, Eduard: Hitlers Visionäre. Die okkulten Wegbereiter des Dritten Reiches, Wien 2001.
Gumbel, Emil Julius: Verschwörer. Zur Geschichte und Soziologie der deutschen nationalistischen Geheimbünde 1918–1924, Wien 1924.
Gun, Nerin Erin: Eva Braun-Hitler: Leben und Schicksal, Kiel 1994.
Hall, Murray G.: Der Paul Zsolnay Verlag. Von der Gründung bis zur Rückkehr aus dem Exil, Tübingen 1994.
Haller, Johannes: Aus dem Leben des Fürsten Philipp zu Eulenburg-Hertefeld, Berlin 1924.
Hamann, Brigitte: Hitlers Wien: Lehrjahre eines Diktators, München/Zürich 1997.
Hancock, Eleanor: Ernst Röhm and the Experience of World War I, in: The Journal of Military History, Bd. 60 (1996), S. 39–60.
Hanfstaengl, Ernst: Hitler: The missing Years, London 1957.
ders.: Tat gegen Tinte. Hitler in der Karikatur der Welt. Ein Bildsammelwerk von Ernst Hanfstaengl, Berlin 1934.
ders.: Zwischen Weißem und Braunem Haus: Memoiren eines politischen Außenseiters, München 1970.
Hanisch, Reinhold: I was Hitler's Buddy. Teil I–III, in: The New Republic vom 5., 12. und 19.4.1939.
Harpprecht, Klaus: Thomas Mann. Eine Biographie, Reinbek bei Hamburg 1995.

Hartmann, Christian: Halder: Generalstabschef Hitlers 1938–1942, Paderborn 1991.
Hayman, Ronald: Hitler & Geli, New York/London 1997.
Hecht, Karsten: Die Harden-Prozesse. Strafverfahren, Öffentlichkeit und Politik im Kaiserreich, Jur. Diss., München 1997.
Heering, Kurt-Jürgen (Hg.): Das Wiener Kaffeehaus, Frankfurt am Main und Leipzig 1993.
Heiber, Beatrice und Helmut Heiber (Hg.): Die Rückseite des Hakenkreuzes: Absonderliches aus den Akten des Dritten Reiches, München 1993.
Heiden, Konrad: Adolf Hitler: das Zeitalter der Verantwortungslosigkeit. Eine Biographie, Zürich 1936.
ders.: Der Führer. Hitler's Rise to Power, Boston 1944.
Heinz, Heinz A.: Germany's Hitler, London 1934.
Heiß, Stephan R.: Ein Schandfleck für das Dritte Reich: Homosexuelle als Opfer von Verfolgung und Vernichtung während der Diktatur des Nationalsozialismus in Bayern, in: Michael Farin (Hg.): Polizeireport München: 1799–1999, Katalog zur gleichnamigen Ausstellung im Münchener Stadtmuseum, 23. April bis 22. August, München 1999.
Hekma, Gert et al. (Hg.): Gay men and the sexual history of the political left, New York 1995.
Herbst, Ludolf: Der Fall Hitler: Inszenierungskunst und Charismapolitik, in: Wilfried Nippen (Hg.): Virtuosen der Macht: Herrschaft und Charisma von Perikles bis Mao, München 2000.
Hergemöller, Bernd-Ulrich: Mann für Mann: Biographisches Lexikon zur Geschichte von Freundesliebe und mannmännlicher Sexualität im deutschen Sprachraum, Hamburg 1998.
ders.: Einführung in die Historiographie der Homosexualitäten, Tübingen 1999.
Herzer, Manfred: Bibliographie zur Homosexualität. Verzeichnis des deutschsprachigen nichtbelletristischen Schrifttums zur weiblichen und männlichen Homosexualität aus den Jahren 1466 bis 1975 in chronologischer Reihenfolge, Berlin 1982.
ders.: Magnus Hirschfeld. Leben und Werk eines jüdischen, schwulen und sozialistischen Sexologen, 2. Auflage, Hamburg 2001.
Heß, Ilse: Ein Schicksal in Briefen. England – Nürnberg – Spandau. Gefangener des Friedens. Antwort aus Zelle Sieben, Leoni am Starnberger See 1984.
Heß, Rudolf: Briefe 1908–1933, herausgegeben von Wolf Rüdiger Heß, mit einer Einführung und Kommentaren von Dirk Bavendamm, München/Wien 1987.
Heß, Wolf Rüdiger: Mord an Rudolf Heß, Leoni am Starnberger See 1989.
Hille, Johann: Mahraun, der Pionier des Arbeitsdienstes, Leipzig 1933.

ders.: Leben gegen die Zeit, Reinbek bei Hamburg 1969.
Hinkel, Hans: Einer unter Hunderttausend, München 1938.
Hipler, Bruno: Hitlers Lehrmeister: Karl Haushofer als Vater der NS-Ideologie, St. Ottilien 1996.
Hirschfeld, Gerhard und Lothar Kettenacker: Der »Führerstaat« – Mythos und Realität. Studien zur Struktur und Politik des Dritten Reiches, Stuttgart 1981.
Hirschfeld, Magnus: Die Homosexualität des Mannes und des Weibes, 2. Auflage, Berlin 1920.
ders. (Hg.): Sittengeschichte des Ersten Weltkriegs, Hanau am Main 1929.
Hirsinger, Hauke: Hitler im Ersten Weltkrieg. Fakten und Legenden, Magisterarbeit, Universität Bremen, 2001.
Hitler, Adolf: Mein Kampf, 3. Auflage, München 1930.
Hitler, Adolf: Reden, Schriften, Anordnungen, Februar 1925 – Januar 1933, Band I, herausgegeben vom Institut für Zeitgeschichte unter der Mitarbeit von Clemens Vollnhals, München 1992.
Hitler, Adolf: Reden, Schriften, Anordnungen, Februar 1925 – Januar 1933, Band II/2, herausgegeben von Bärbel Dusik, München 1992.
Hitler, Adolf: Reden, Schriften, Anordnungen, Februar 1925 – Januar 1933, Band IV/1, herausgegeben von Constantin Goschler und Christian Hartmann, München 1994.
Hitler, Adolf: Reden, Schriften, Anordnungen, April 1932–Januar 1933, Band V/1, herausgegeben von Klaus A. Lankheit u. a., München 1996.
Hitler-Liederbuch 1924, München 1924.
Hitler, Adolf: Bilder aus dem Leben des Führers, herausgegeben vom Cigaretten Bilderdienst, Auswahl und künstlerische Bearbeitung der Bilder von Heinrich Hoffmann. Altona/Bahrenfeld 1936.
Hockerts, Hans-Günther: Die Sittlichkeitsprozesse gegen katholische Ordensangehörige und Priester 1936/37. Eine Studie zur nationalsozialistischen Herrschaftstechnik und zum Kirchenkampf, Mainz 1971.
Höhne, Heinz: Canaris: Patriot im Zwielicht, München 1976.
ders.: Der Orden unter dem Totenkopf: Die Geschichte der SS, Gütersloh 1967.
ders.: Mordsache Röhm: Hitlers Durchbruch zur Alleinherrschaft 1933–1934, Reinbek bei Hamburg 1984.
Hömig, Herbert: Brüning – Kanzler in der Krise der Republik: eine Weimarer Biographie, Paderborn/München/Wien 2000.
Hoffmann, Heinrich: Hitler was my friend, London 1955.
Hoffmann, Peter: Die Sicherheit des Diktators: Hitlers Leibwachen, Schutzmaßnahmen, Residenzen, Hauptquartiere, München/Zürich 1975.
Hohmann, Joachim S.: Der heimliche Sexus. Homosexuelle Belletristik

im Deutschland der Jahre 1920–1970. Erzählungen, Skizzen und Kurzgeschichten von Alfred Arnold, Frankfurt am Main 1979.
Horn, Wolfgang: Der Marsch zur Machtergreifung. Die NSDAP bis 1933, Düsseldorf 1972.
Hull, Isabell V.: Kaiser Wilhelm II. und der »Liebenberger Kreis«, in: Rüdiger Lautmann und Angela Taeger (Hg.): Männerliebe im alten Deutschland. Sozialgeschichtliche Abhandlungen, Berlin 1992.
Igra, Samuel: Germany's National Vice, London 1945.
Jacobsen, Hans-Adolf (Hg.): Karl Haushofer: Leben und Werk, Band 1: Lebensweg 1869–1946 und ausgewählte Texte zur Geopolitik, herausgegeben vom Bundesarchiv Koblenz, Boppard am Rhein 1979.
Jäckel, Eberhard und Axel Kuhn (Hg.): Hitler. Sämtliche Aufzeichnungen 1905–1924, Stuttgart 1980.
dies.: Hitlers Weltanschauung: Entwurf einer Herrschaft, erweiterte und überarbeitete Neuausgabe, 4. Auflage, Stuttgart 1991.
Janßen, Karl-Heinz und Tobias Fritz: Der Sturz der Generäle: Hitler und die Blomberg-Fritsch-Krise 1938, München 1994.
Jellonnek, Burkhard: Homosexuelle unter dem Hakenkreuz. Die Verfolgung der Homosexuellen im Dritten Reich, Paderborn 1990.
Jellonnek, Burkhard und Rüdiger Lautmann (Hg.): Nationalsozialistischer Terror gegen Homosexuelle, Verdrängt und ungesühnt, Paderborn 2002.
Jenks, William A.: Vienna and the Young Hitler, New York 1960.
Jetzinger, Franz: Hitlers Jugend: Phantasien, Lügen und die Wahrheit, Wien 1956.
Joachimsthaler, Anton: Hitlers Weg begann in München 1913–1923, München 2000.
Jochmann, Werner (Hg.): Adolf Hitler: Monologe im Führerhauptquartier 1941–1944, Hamburg 1980, Neuauflage München 2000.
Johe, Werner: Hitler in Hamburg. Dokumente zu einem besonderen Verhältnis, Hamburg 1996.
Junge, Traudl: Bis zur letzten Stunde. Hitlers Sekretärin erzählt ihr Leben unter Mitarbeit von Melissa Müller, München 2002.
Kallenbach, Hans: Mit Adolf Hitler auf Festung Landsberg, bearbeitet von Ulf Uweson, München 1933, bearbeitet von Hans Kallenbach, München 1939, neubearbeitete 4. Auflage, München 1943.
Kaltenborn, Hans von: Fifty Fabulous Years 1900–1950: a personal review, New York 1950.
Keilson-Lauritz, Marita: Die eigene Geschichte: Literatur und Literaturkritik in den Anfängen der Schwulenbewegung am Beispiel des Jahrbuchs für sexuelle Zwischenstufen und der Zeitschrift Der Eigene, Berlin 1997.
Kelley, Douglas M.: Twenty-Two Cells in Nuremberg. A Psychiatrist Examines the Nazi-Criminals, New York 1947.

Kershaw, Ian: Der Hitler-Mythos: Führerkult und Volksmeinung, Stuttgart 1999.
ders.: Hitler, Band 1: 1889–1936, Stuttgart 1998.
ders.: Hitler, Band 2: 1936–1945, Stuttgart 2000.
Kirsten, Holm: Hitlers Besuche in Weimar, Magisterarbeit, Universität Jena, 1999. (Inzwischen erschienen unter dem Titel: ›Weimar im Banne des Führers‹: die Besuche Adolf Hitlers 1925–1940, Köln 2001.)
Kisch, Egon Erwin: Gesammelte Werke, Band 7, Berlin 1992.
ders.: Gesammelte Werke, Band 10, Berlin 1993.
Klabunde, Anja: Magda Goebbels – Annäherung an ein Leben, 3. Auflage, München 1999.
Kläger, Emil: Durch die Quartiere der Not und des Verbrechens: Wien um die Jahrhundertwende, Wien 1908.
Kleemann, Elisabeth: Zwischen symbolischer Rebellion und politischer Revolution: Studien zur deutschen Boheme zwischen Kaiserreich und Weimarer Republik, Frankfurt am Main 1985.
Klotz, Helmuth: Ehren-Rangliste für das Dritte Reich, Berlin 1931.
ders.: Euer Hochwohlgeboren, Berlin 1932. (Die 2. Auflage erschien unter dem Titel: Der Fall Röhm, Berlin 1932.)
ders.: Wir gestalten durch unser Führerkorps die Zukunft, 2. Auflage, Berlin 1932.
Knopp, Guido: Hitler. Eine Bilanz, München 1997.
Koch-Hillebrecht, Manfred: Homo Hitler: Psychogramm des deutschen Diktators, München 1999.
Köhler, Joachim: Wagners Hitler: Der Prophet und sein Vollstrecker, München 1997.
Kraft, Zdenko von: Der Sohn. Siegfried Wagners Leben und Umwelt, mit einem Anhang: Die Nachfolge – Bayreuth 1913–1944, Graz/Stuttgart 1969.
Kraus, Karl: Die chinesische Mauer – Zwölfter Band der Werke, herausgegeben von Heinrich Fischer, Wien 1964.
Krebs, Albert: Tendenzen und Gestalten der NSDAP. Erinnerungen an die Frühzeit der Partei, Stuttgart 1959.
Kroll, Fredric (Hg.): Klaus-Mann-Schriftenreihe, Band 3, Wiesbaden 1979.
ders.: Klaus-Mann-Schriftenreihe, Band 4, Teilband I, Wiesbaden 1992.
Kronfeld, Arthur: Degenerierte an der Macht, Moskau 1941 (Original in russischer Sprache).
Kruck, Alfred: Geschichte des Alldeutschen Verbandes 1890–1939, Wiesbaden 1954.
Kubizek, August: Adolf Hitler: Mein Jugendfreund, 2. Auflage, Graz/Göttingen 1953.
Külz, Wilhelm: Ein Liberaler zwischen Ost und West: Aufzeichnungen 1947–1948, herausgegeben von Hergard Robel, München 1989.

Kugel, Wilfried: Der Unverantwortliche. Das Leben des Hanns Heinz Ewers, Düsseldorf 1992.
ders.: Hannussen. Die wahre Geschichte des Hermann Steinscheider, Düsseldorf 1998.
Kutter, Paul: Das materielle Elend der jungen Münchener Maler, München 1911.
Kuusisto, Sappo: Alfred Rosenberg in der nationalsozialistischen Außenpolitik 1933–1939, Helsinki 1984.
Lang, Jochen von: Der Adjutant: Karl Wolff. Der Mann zwischen Hitler und Himmler, Frankfurt am Main 1989.
Langer, Walter C.: Das Adolf-Hitler-Psychogramm. Eine Analyse seiner Person und seines Verhaltens, verfaßt 1943 für die psychologische Kriegführung der USA, Wien/München/Zürich 1973.
Langoth, Franz: Kampf um Österreich: Erinnerungen eines Politikers, Wels 1951.
Large, David Clay: Hitlers München. Aufstieg und Fall der Hauptstadt der Bewegung, München 1998.
Lauterbacher, Hartmann: Erlebt und mitgestaltet: Kronzeuge einer Epoche 1923 bis 1945, Preußisch Oldendorf 1984.
Lessing, Theodor: Haarmann: Geschichte eines Werwolfs, Berlin 1925.
Leuchtmann, Angela: Der Fall Philipp Eulenburg. Anfang und Ende einer Karriere im wilhelminischen Deutschland, Phil. Diss., München 1998.
Lewis, David: The Secret Life of Adolf Hitler, London 1977.
Linder, Herbert: Von der NSDAP zur SPD. Der politische Lebensweg des Dr. Helmuth Klotz (1894–1943), Konstanz 1998.
Linsert, Richard: Kabale und Liebe: über Politik und Geschlechtsleben, Berlin 1931.
Longerich, Peter: Die braunen Bataillone: Geschichte der SA, München 1989.
Ludecke, Kurt G. W.: I knew Hitler. The story of a Nazi who escaped the blood purge, New York 1937.
Luetgebrune, Walter: Ein Kampf um Röhm, Diessen vor München 1933.
Lukacs, John: Hitler – Geschichte und Geschichtsschreibung, München 1997.
Maar, Michael: Das Blaubartzimmer. Thomas Mann und die Schuld, Frankfurt am Main 2000.
Maasen, Thijs: Pädagogischer Eros: Gustav Wyneken und die Freie Schulgemeinde Wickersdorf, Berlin 1995.
Maecker, Eugen Johannes: Harden-Hirschfeld. Eine Aufklärungsschrift, Berlin (1908).
Maleta, Alfred: Bewältigte Vergangenheit: Österreich 1932–1945, Graz 1981.
Mann, Heinrich: Der Haß. Deutsche Zeitgeschichte, Amsterdam 1933, Neuausgabe Berlin (Ost)/Weimar 1983.

Mann, Klaus und Kurt Tucholsky: Homosexualität und Faschismus, Hamburg 1981, Neuauflage Kiel 1990.
Mann, Klaus: Briefe, herausgegeben von Friedrich Albrecht, Berlin (Ost)/Weimar 1988.
ders.: Tagebücher 1931 bis 1933, herausgegeben von Joachim Heimannsberg, Peter Laemmle und Wilfried F. Schoeller, München 1989.
ders.: Der Wendepunkt. Ein Lebensbericht, Reinbek bei Hamburg 1984.
Mann, Thomas: Politische Reden und Schriften, Band 3, Frankfurt am Main 1968.
ders.: Tagebücher 1933–1934, herausgegeben von Peter de Mendelssohn, Frankfurt am Main 1977.
ders.: Tagebücher 1937–1939, herausgegeben von Peter de Mendelssohn, Frankfurt am Main 1980.
Marchand, W.: Die Knabenliebe in München! Münchens Homosexuelle. Sittenbild aus der Großstadt, München 1904.
Marwell, David George: Unwanted Exile. A Biography of Ernst »Putzi« Hanfstaengl, Ph. D., Universität New York, Ann Arbor 1988.
Maser, Werner: Adolf Hitler: Legende, Mythos, Wirklichkeit, München 1971.
ders. (Hg.): Hitlers Briefe und Notizen: sein Weltbild in handschriftlichen Dokumenten, Düsseldorf 1973.
Matussek, Paul, Peter Matussek und Jan Marbach: Hitler: Karriere eines Wahns, München 2000.
Mauch, Christof: Schattenkrieg gegen Hitler. Das Dritte Reich im Visier der amerikanischen Geheimdienste 1941–1945, Stuttgart 1999.
McKnight, Gerald: The Strange Loves of Adolf Hitler, London 1978.
Meinl, Susanne: Nationalsozialisten gegen Hitler: die nationalrevolutionäre Opposition um Friedrich Wilhelm Heinz, Berlin 2000.
Mend, Hans: Adolf Hitler im Felde 1914–18, Diessen vor München 1931.
Mendelsohn, John (Hg.): Covert Warfare: intelligence, counterintelligence, and military deception during the World War II era, Band 14: A Man Called A. H., New York/London 1989.
Metcalfe, Philip: Berlin 1933. Das Jahr der Machtergreifung: Lebensläufe zu Beginn des Nationalsozialismus, Stuttgart 1989.
Meve, Jörn: »Homosexuelle Nazis«. Ein Stereotyp in Politik und Literatur des Exils, Hamburg 1990.
Michalzik, Peter: Gustaf Gründgens: Der Schauspieler und die Macht, Berlin 1999.
Möller, Horst (Hg.): Die tödliche Utopie. Bilder, Texte, Dokumente, Daten zum Dritten Reich, München 1999.
Molau, Andreas: Alfred Rosenberg: der Ideologe des Nationalsozialismus. Eine politische Biographie, Koblenz 1993.
Moll, Martin (Hg.): Führer-Erlasse 1939–1945: Edition sämtlicher überlieferter, nicht im Reichsgesetzblatt abgedruckter, von Hitler

während des 2. Weltkriegs schriftlich erteilter Direktiven aus dem Bereich Staat, Partei, Wirtschaft, Besatzungspolitik und Militärverwaltung, zusammengefaßt und eingeleitet von Martin Moll, Stuttgart 1997.
Mommsen, Hans: Hitlers Stellung im nationalsozialistischen Herrschaftssystem, in: Hans Mommsen: Von Weimar nach Auschwitz: zur Geschichte in der Weltkriegsepoche, Stuttgart 1999.
Mork, Andrea: Richard Wagner als politischer Schriftsteller: Weltanschauung und Wirkungsgeschichte, Frankfurt am Main/New York 1990.
Mühsam, Erich: Die Jagd auf Harden, Berlin-Schöneberg 1908.
ders.: Namen und Menschen: Unpolitische Erinnerungen. Berlin 1977.
Müller, Joachim und Andreas Sternweiler: Homosexuelle Männer im KZ Sachsenhausen, erschienen zur Ausstellung »Verfolgung Homosexueller Männer in Berlin 1933–45« vom Schwulen Museum in Zusammenarbeit mit der Gedenkstätte Sachsenhausen, herausgegeben vom Schwulen Museum Berlin, Berlin 2000.
München – Hauptstadt der Bewegung, Ausstellung im Münchener Stadtmuseum 22. Oktober 1993 – 27. März 1994, Redaktion Ulrike Haerendel, München 1993.
Naumann, Uwe (Hg.): »Ruhe gibt es nicht, bis zum Schluß«. Klaus Mann (1906–1949). Bilder und Dokumente, Reinbek bei Hamburg 1999.
Neumayr, Anton: Hitler. Wahnideen, Krankheiten, Perversionen, Wien 2001.
Nicolai, Elke: »Wohin es uns treibt ...«: die literarische Generationsgruppe Klaus Manns 1924–1933. Ihre Essayistik und Erzählprosa, Frankfurt am Main/Berlin 1998.
Nipperdey, Thomas: Deutsche Geschichte 1866–1918, Band II, Machtstaat vor der Demokratie, München 1992.
Noakes, Jeremy: Philipp Bouhler und die Kanzlei des Führers der NSDAP, in: Dieter Rebentisch und Karl Teppe (Hg.): Verwaltung contra Menschenführung im Staat Hitlers, Göttingen 1986.
Olden, Rudolf: Hitler, Amsterdam 1935, ungekürzte Neuauflage Frankfurt am Main 1984.
Oosterhuis, Harry: The »Jews« of the Antifascist Left: Homosexuality and Socialist Resistance to Nazism, in: Gert Hekma et. al. (Hg.): Gay men and the sexual history of the political left, New York 1995.
Pachl, Peter P. und Siegfried Wagner: Genie im Schatten, mit Opernführer, Werkverzeichnis, Diskographie, München 1988.
Padfield, Peter: Hess: flight for the Führer, London 1991.
Pätzold, Kurt und Manfred Weißbecker: Rudolf Heß: der Mann an Hitlers Seite, Leipzig 1999.
Pechel, Rudolf: Deutscher Widerstand, Zürich 1947.
Petersen, Jens: Hitler–Mussolini. Die Entstehung der Achse Berlin–Rom. 1933–1936, Tübingen 1973.

Peterson, Walter F.: The Berlin Liberal Press in Exile: A History of the Pariser Tageblatt – Pariser Tageszeitung 1933–1940, Tübingen 1987.
Picker, Henry: Hitlers Tischgespräche im Führerhauptquartier, mit bisher unbekannten Selbstzeugnissen Adolf Hitlers, Abbildungen, Augenzeugenberichten und Erläuterungen des Autors, Wiesbaden 1983.
Plack, Arno: Hitlers langer Schatten, 2. Auflage, München 2001.
Plehwe, Friedrich-Karl von: Reichskanzler Kurt von Schleicher: Weimars letzte Chance gegen Hitler, Frankfurt am Main/Berlin 1989.
Plewnia, Margarete: Auf dem Weg zu Hitler: der »völkische« Publizist Dietrich Eckart, Bremen 1970.
Pool, James: Who Financed Hitler: The Secret Funding of Hitler's Rise to Power. 1919–1933, New York 1997.
Pretzel, Andreas und Gabriele Roßbach (Hg.): Wegen der zu erwartenden hohen Strafen. Homosexuellenverfolgung in Berlin 1933–1945, Berlin 2000.
Pünders, Hermann: Politik in der Reichskanzlei: Aufzeichnungen aus den Jahren 1929–1932, herausgegeben von Thilo Vogelsang, Stuttgart 1961.
Puschner, Uwe: Die völkische Bewegung im wilhelminischen Kaiserreich. Sprache – Rasse – Religion, Darmstadt 2001.
Pyta, Wolfram: Gegen Hitler und für die Republik. Die Auseinandersetzung der deutschen Sozialdemokratie mit der NSDAP in der Weimarer Republik, Düsseldorf 1989.
Rauschning, Hermann: Gespräche mit Hitler, unveränderter Neudruck, Zürich 1940.
Reck-Malleczewen, Friedrich Percyval: Tagebuch eines Verzweifelten, Stuttgart 1947.
Redlich, Frederik C.: Diagnosis of a Destructive Prophet, New York/Oxford 1999.
Reichel, Hans-Günther: Das Königliche Schauspielhaus unter Georg Graf von Hülsen-Häseler 1903–1918, mit Berücksichtigung der zeitgenössischen Tagespresse, Phil. Diss., Freie Universität Berlin, 1962.
Reiter, Ekkehard: Franz Guertner: politische Biographie eines deutschen Juristen 1881–1941, Berlin 1976.
Reuth, Ralf Georg: Goebbels: eine Biographie, München 1990.
Richardi, Hans-Günther und Klaus Schumann: Geheimakte Gerlich/Bell. Röhms Pläne für ein Reich ohne Hitler, München 1993.
Riefenstahl, Leni: Memoiren, München 1987.
Rinke, Günter: Sozialer Radikalismus und bündische Utopie. Der Fall Peter Martin Lampel, Frankfurt am Main 2000.
Rissmann, Michael: Hitlers Gott. Vorsehungsglaube und Sendungsbewusstsein des deutschen Diktators, Zürich 2001.
Roderich-Stoltheim, F. (d. i. Theodor Fritsch): Die Juden im Handel und das Geheimnis ihres Erfolges, Leipzig 1913.

Röhl, John C. G.: Kaiser, Hof und Staat, München 1995.
Röhm, Ernst: Die Geschichte eines Hochverräters, 7. Auflage, München 1934.
Rohe, Karl: Das Reichsbanner Schwarz Rot Gold: Beiträge zur Geschichte und Struktur der politischen Kampfverbände zur Zeit der Weimarer Republik, Düsseldorf 1966.
Rosenbaum, Ron: Die Hitler-Debatte: auf der Suche nach dem Ursprung des Bösen, München/Wien 1999.
Rosenberg, Alfred: Letzte Aufzeichnungen Nürnberg 1945/46, Göttingen 1955.
ders.: Das politische Tagebuch Alfred Rosenbergs. Aus den Jahren 1934/35 und 1939/40, nach der photographischen Wiedergabe der Handschriften aus den Nürnberger Akten, herausgegeben von Hans-Günther Seraphim, Göttingen 1956.
ders. (Hg.): Dietrich Eckart: Ein Vermächtnis, München 1928.
Rossbach, Gerhard: Mein Weg durch die Zeit: Erinnerungen und Bekenntnisse, Weilburg (Lahn) 1950.
Rother, Rainer: Leni Riefenstahl: die Verführung des Talents, Berlin 2000.
Ruppert, Wolfgang: Der moderne Künstler. Zur Sozial- und Kulturgeschichte der kreativen Individualität in der kulturellen Moderne im 19. und frühen 20. Jahrhundert, Frankfurt am Main 1998.
Sabrow, Martin: Der Rathenau-Mord. Rekonstruktion einer Verschwörung gegen die Republik von Weimar, München 1994.
Salomon, Ernst von: Der Fragebogen, Hamburg 1951.
Schaap, Klaus: Oldenburgs Weg ins Dritte Reich, Oldenburg 1983.
Schädlich, Karlheinz: Die Mitford Sisters, Düsseldorf 1993.
Schaenzler, Nicole: Klaus Mann. Eine Biographie, Frankfurt am Main 1999.
Schaub, Julius: Der Führer in der Festung Landsberg, in: Adolf Hitler. Bilder aus dem Leben des Führers, herausgegeben vom Cigaretten Bilderdienst, Altona/Bahrenfeld 1936.
Schaumburg-Lippe, Friedrich Christian zu: … Verdammte Pflicht und Schuldigkeit …: Weg und Erlebnis 1914–1933, Leoni am Starnberger See 1966.
Schirach, Baldur von: Ich glaubte an Hitler, Hamburg 1967.
Schirach, Henriette von: Frauen um Hitler, nach Materialien von Henriette von Schirach, München 1983.
Schlie, Ulrich (Hg.): Albert Speer: »Alles, was ich weiß«: aus unbekannten Geheimdienstprotokollen vom Sommer 1945, München 1999.
Schmidt, Winfried (Hg.): »… war gegen den Führer äußerst frech …«: Der Chefredakteur und nachmalige Tierarzt Hansjörg Maurer und seine Würzburger politischen Tagebuchblätter aus den Jahren 1936 und 1937, Karlstadt 1999.

Schoslack, Renate: Hinter Wahnfrieds Mauern: Gertrud Wagner – ein Leben, Hamburg 1998.
Schramm, Michael: Der Gleichschaltungsprozeß der deutschen Armee 1933–1938: Kulminationspunkte und Linien, Diss. Phil., Universität München, 1990.
Schreck, Julius: Der Führer auf Reisen, in: Adolf Hitler: Bilder aus dem Leben des Führers, herausgegeben vom Cigaretten Bilderdienst, Auswahl und künstlerische Bearbeitung der Bilder von Heinrich Hoffmann, Altona/Bahrenfeld 1936.
Schroeder, Christa: Er war mein Chef: aus dem Nachlaß der Sekretärin von Adolf Hitler, herausgegeben von Anton Joachimsthaler, München 1985.
Schuler, Alfred: Cosmogonische Augen. Gesammelte Schriften, herausgegeben, kommentiert und eingeleitet von Baal Müller, Paderborn 1997.
Schulz, Alexander Paul (Hg.): Rettungen und Hilfeleistungen an Verfolgte 1933–1945 durch Oberleutnant a. D. Paul Schulz, Laichingen 1967.
Schulz, Karola: Fast ein Revolutionär: Fritz von Unruh zwischen Exil und Remigration (1932–1962), München 1994.
Schwarzmüller, Theo: Zwischen Kaiser und »Führer«: Generalfeldmarschall August von Mackensen, Paderborn 1995.
Schwarzwäller, Wulf: Der Stellvertreter des Führers: Rudolf Heß – der Mann in Spandau, Wien/München/Zürich 1974.
Seehofer, Herbert: Mit dem Führer unterwegs: kleine Stimmungsbilder einer großen Reise, München 1939.
Selig, Wolfram: Ermordet im Namen des Führers: Die Opfer des Röhm-Putsches in München, in: Winfried Becker und Werner Chrobak (Hg.): Staat, Kultur, Politik: Festschrift zum 65. Geburtstag von Dieter Albrecht. Beiträge zur Geschichte Bayerns und des Katholizismus, Kallmünz 1992.
Semi-Kürschner: Sigilla Veri. Lexikon der Juden, -Genossen und -Gegner aller Zeiten und Zonen, insbesondere Deutschlands usw., herausgegeben von E. Ekkehard, 2. Auflage, 2. Band, o. O. 1929.
Sereny, Gitta: Das Ringen mit der Wahrheit. Albert Speer und das deutsche Trauma, München 1995.
Severing, Carl: Mein Lebensweg, Band 2: Im Auf und Ab der Republik, Köln 1950.
Sieg, Ulrich: Jüdische Intellektuelle im Ersten Weltkrieg, Berlin 2001.
Sigmund, Anna Maria: Die Frauen der Nazis, Wien 1998.
Skinner, Jody: Bezeichnungen für das Homosexuelle im Deutschen, Essen 1999.
Slapnicka, Harry: Hitler und Oberösterreich: Mythos, Propaganda und Wirklichkeit um den »Heimatgau des Führers«, Grünbach 1998.

ders.: Oberösterreich: die politische Führungsschicht 1918–1938, Linz 1976.
Smith, Bradley F.: Adolf Hitler: his family, childhood and youth, Stanford 1967.
Sombart, Nicolaus: Pariser Lehrjahre. 1951–1954, Hamburg 1994.
ders.: Wilhelm II.: Sündenbock und Herr der Mitte, Berlin 1996.
Sommer, Kai: Die Strafbarkeit der Homosexualität von der Kaiserzeit bis zum Nationalsozialismus: eine Analyse der Straftatbestände im Strafgesetzbuch und in den Reformentwürfen (1871–1945), Frankfurt am Main 1998.
Sommerfeldt, Martin H.: Ich war dabei: die Verschwörung der Dämonen 1933–1939. Ein Augenzeugenbericht, Darmstadt 1949.
Sonderegger, René: Mordzentrale X. Enthüllungen und Dokumente über die Auslandstätigkeit der deutschen Gestapo, Zürich 1936.
Speer, Albert: »Alles, was ich weiß«: aus unbekannten Geheimdienstprotokollen vom Sommer 1945, herausgegeben von Ulrich Schlie, München 1999.
ders.: Erinnerungen, Frankfurt am Main 1969.
Spitzy, Reinhard: So haben wir das Reich verspielt: Bekenntnisse eines Illegalen, München 1986.
Spotts, Frederic: Bayreuth. A History of the Wagner Festival, New Haven/London 1994.
Steakley, James D.: Iconography of a Scandal: Political Cartoons and the Eulenburg-Affair, in: Martin Duberman u. a. (Hg.): Hidden from History. Reclaiming the Gay and Lesbian Past, New York 1989.
Stern-Rubarth, Edgar: Aus zuverlässiger Quelle verlautet ...: ein Leben für Presse und Politik, Stuttgart 1964.
Sternweiler, Andreas (Hg.): Liebe, Forschung, Lehre: der Kunsthistoriker Christian Adolf Isermeyer, Berlin 1998.
Stoiber, Rudolf und Boris Celovsky: Stephanie von Hohenlohe: sie liebt die Mächtigen der Welt, München 1988.
Strasser, Otto: Gangsters around Hitler: with a topical postscript: »Nazi gangsters in South America«, London 1942.
ders.: Hitler und ich, Konstanz 1948.
ders.: Die deutsche Bartholomäusnacht, Zürich 1935.
ders.: Ich kann nicht schweigen, herausgegeben von Walther Korrodi, mit einem Gutachten von Staatsanwalt Dr. E. Zürcher und einem Vorwort des Verlegers, Zürich 1936.
Sward, Keith: The Legend of Henry Ford, New York 1948, unveränderte Neuauflage, New York 1968.
Syberberg, Hans-Jürgen: Syberbergs Filmbuch, München 1976.
Tabary Serge: Theodor Fritsch (1852–1933): le »Vieux Maitre« de l'antisemitisme allemand et la diffusion de l'idée »völkisch«, Strasbourg 1998.

Taylor, Telford: Die Nürnberger Prozesse: Hintergründe, Analysen und Erkenntnisse aus heutiger Sicht, München 1992.
Theweleit, Klaus: Männerphantasien. Bd. 2 – Männerkörper. Zur Psychoanalyse des weißen Terrors, Reinbek 1987.
Thyssen, Fritz: I paid Hitler, London 1941.
Toland, John: Adolf Hitler, Bergisch Gladbach 1977.
Tresckow, Hans von: Von Fürsten und anderen Sterblichen: Erinnerungen eines Kriminalkommissars, Berlin 1922.
Tschirschky, Fritz Günther von: Erinnerungen eines Hochverräters, Stuttgart 1972.
Tyrell, Albrecht (Hg.): Führer befiehl …: Selbstzeugnisse aus der »Kampfzeit« der NSDAP. Dokumentation und Analyse, Düsseldorf 1969.
Ueberschär, Gerd R. und Winfried Vogel: Dienen und Verdienen. Hitlers Geschenke an seine Eliten, Frankfurt am Main 1999.
Unruh, Fritz von: Der nie verlor, Bern 1948.
Wächter, Katja-Maria: Die Macht der Ohnmacht: Leben und Politik des Franz Xaver Ritter von Epp (1868–1946), Frankfurt am Main 1999.
Wagener, Otto: Hitler aus nächster Nähe. Aufzeichnungen eines Vertrauten 1929–1932, herausgegeben von Henry A. Turner, Frankfurt am Main 1978.
Wagner, Friedelind: Nacht über Bayreuth: die Geschichte der Enkelin Richard Wagners, Berlin 1999.
Wagner, Nike: Wagner Theater, 2. Auflage, Frankfurt am Main 1998.
Waite, Robert G. L.: The Psychopathic God: Adolf Hitler, New York 1993.
Waldecke, St. Ch.: Das Wissenschaftlich-humanitäre Komitee. Warum ist es zu bekämpfen und sein Wirken schädlich für das deutsche Volk? Berlin 1925.
Weisenborn, Günther: Memorial, Berlin 1948.
Weiß, Hermann (Hg.): Biographisches Lexikon zum Dritten Reich, Frankfurt am Main 1999.
Weiss, John: Der lange Weg zum Holocaust: die Geschichte der Judenfeindschaft in Deutschland und Österreich, Berlin 1998.
Weißbuch über die Erschießungen des 30. Juni 1934: authentische Darstellung der deutschen Bartholomäusnacht, Paris 1934.
Weller, B. Uwe: Maximilian Harden und die »Zukunft«, Bremen 1970.
Weyrauch, Wolfgang (Hg.): Ausnahmezustand: eine Anthologie aus Weltbühne und Tagebuch, München 1966.
Wiedemann, Friedrich: Der Mann, der Feldherr werden wollte: Erlebnisse und Erfahrungen des Vorgesetzten Hitlers im 1. Weltkrieg und seines späteren Persönlichen Adjutanten, Velbert 1964.
Wilhelm, Hermann: Dichter, Denker, Fememörder: Rechtsradikalismus und Antisemitismus in München von der Jahrhundertwende bis 1921, Berlin 1989.

ders.: Die Münchener Bohème: von der Jahrhundertwende bis zum Ersten Weltkrieg, München 1993.
Willi, Jost Nikolaus: Der Fall Jacob-Wesemann (1935/36), Bern/Frankfurt am Main 1972.
Wisskirchen, Hans: Republikanischer Eros. Zu Walt Whitmans und Hans Blühers Rolle in der politischen Publizistik Thomas Manns, in: Gerhard Härle (Hg.): »Heimsuchung und süßes Gift«. Erotik und Poetik bei Thomas Mann, Frankfurt am Main 1992.
Wyneken, Gustav: Eros, Lauenburg 1921.
Zehnpfennig, Barbara: Hitlers »Mein Kampf«: eine Interpretation, München 2000.
Ziegler, Hans Severus: Adolf Hitler: aus dem Erleben dargestellt, Göttingen 1964.
ders.: Der Führer im alten »Elephanten«: Erinnerungen, in: Fritz Sauckel (Hg.): Der Führer in Weimar 1925–1938, Weimar 1938.
Zinn, Alexander: Die soziale Konstruktion des homosexuellen Nationalsozialisten: zu Genese und Etablierung eines Stereotyps, Frankfurt am Main 1997.
Zuckmayer, Carl: Geheimreport, herausgegeben von Gunther Nickel und Johanna Schrön, Göttingen 2002.

Namenregister

Abkürzungsverzeichnis

BAB	Bundesarchiv Berlin
BAB-DH	Bundesarchiv Zwischenarchiv Dahlwitz-Hoppegarten
BAK	Bundesarchiv Koblenz
BDC	Berlin Document Center
BSB	Bayerische Staatsbibliothek
DAF	Deutsche Arbeitsfront
DLA	Deutsches Literaturarchiv
GStA PK	Geheimes Staatsarchiv Preußischer Kulturbesitz
HStA	(Bayerisches) Hauptstaatsarchiv
IfZ	Institut für Zeitgeschichte
NL	Nachlaß
OÖLA Linz	Oberösterreichisches Landesarchiv Linz
StA	Staatsarchiv
StaBi	Staatsbibliothek
VfZ	Vierteljahreshefte für Zeitgeschichte
PAA	Politisches Archiv des Auswärtigen Amtes

Danksagung

Ohne Malte Ritter hätte ich es nicht geschafft; von allen, die mir geholfen haben, hat er – kompetent, sorgfältig, effizient – am meisten geleistet. Karsten Linne und Hans-Rudolf Wahl danke ich für diverse Zuarbeiten. Und den Freunden Maja Lobinski-Demedts und René Ott dafür, daß sie mir als kluge Kritiker einmal mehr zur Seite standen. Dann gab es noch eine Form von Unterstützung, die nicht weniger hoch zu veranschlagen ist als das, was mir von professioneller Seite zukam: die »Kamingespräche« nämlich, bei denen die leitenden Ideen dieser Studie immer konkretere Züge annahmen. Hier waren es vor allem Anne Tietjen und Kristina Nanns-Eggers, die mich bestärkt oder mir abgeraten haben. Agnes Krup sorgte von New York aus dafür, daß die Herausforderung, ein gutes Buch zu machen, immer größer wurde. Ihrem außergewöhnlichen Engagement ist es zu verdanken, daß die Arbeit gleich in zehn Sprachen erscheinen und damit von einem großen Publikum diskutiert werden konnte. Von den vielen Helfern, die sich in Archiven, Bibliotheken und anderen Einrichtungen um meine Anliegen gekümmert haben, möchte ich stellvertretend folgende Namen nennen: Manfred Herzer, Hauke Hirsinger, Edith Lienenlüke, Jayna Maleri, Jens Müller-Koppe und Michael Sohn. Danke.

Bildnachweis

AP / Süddeutscher Verlag Bilderdienst 106
Bayerische Staatsbibliothek 359
Bayerische Staatsbibliothek, Fotoarchiv Heinrich Hoffmann 165, 346
Bildarchiv Preußischer Kulturbesitz, Heinrich Hoffmann, Foto: Carola Seifert 195
Bertolt-Brecht-Archiv / Bertolt Brecht: Ballade vom armen Stabschef. Stiftung Archiv der Akademie der Künste 253
Bundesarchiv (Bild 119 / 426) 130
Bundesarchiv (Bild 146 / 70 / 71 / 7) 233
Bundesarchiv (Bestand NS 10 – Band 149; Bl. 185–188) 351, 352, 353
Deutsche Presse-Agentur, Bilderdienst 201
Egon Hanfstaengl 151
Heinrich Hoffmann 171
Imperial War Museum 177
Anton Joachimsthaler 130
Eta Jobst 288
Marianne Koppler 71
Scherl / Süddeutscher Verlag Bilderdienst 75, 112, 209
Schiller-Nationalmuseum, Deutsches Literaturarchiv 267
Leopold Stocker Verlag 50
Süddeutscher Verlag Bilderdienst 50, 319
Ullstein Bild 363

Albert Hourani
Die Geschichte der arabischen Völker
Aus dem Englischen
von Manfred Ohl und Hans Sartoriusl
Band 15085

Albert Hourani, einer der ganz großen Orientalisten, erzählt die Geschichte der arabischen Völker vom frühen 7. Jahrhundert bis in die jüngste Vergangenheit und endet mit der Intifada der Palästinenser und dem Golfkrieg. Der Altmeister der Arabistik hat seine moderne Darstellung für ein breites Publikum geschrieben. Nicht umsonst wurde sein Werk in den Vereinigten Staaten, aber auch in der Bundesrepublik zum Bestseller. Hourani beschreibt plastisch und analysiert klug und originell das Entstehen der muslimischen Gemeinde mit ihren vielfältigen Aufspaltungen und Rivalitäten. Er zeigt, wie das islamische Großreich in einer stürmischen Aufbruchphase die arabische Halbinsel, den Nahen Osten, Nordafrika und einen großen Teil Spaniens erobert und beherrscht hat. Umfassend wird das osmanische Zeitalter seit dem 16. Jahrhundert dargestellt, dem das Aufkommen der Nationalstaaten nach dem Ersten Weltkrieg ein Ende bereitete.

Albert Houranis Werk ist eines der seltenen Beispiele von – wie dies ein amerikanischer Rezensent vermerkte – »guter alter erzählender Geschichtsschreibung«.

Fischer Taschenbuch Verlag

fi 15085 / 1

